ADMIS CRPE

CONCOURS 2020-2021

3e édition

PROFESSEUR DES ÉCOLES

Tout le cours
Épreuves écrites et orales

Ouvrage dirigé par Marc Loison
Docteur en histoire de l'éducation et sciences de l'éducation, maître de conférences honoraire en histoire contemporaine de l'université d'Artois, ancien conseiller pédagogique chargé de mission académique pour l'éducation prioritaire

Éric Greff
Professeur agrégé de mathématiques en Espé, docteur en didactique de l'informatique

Guy Houbron
Inspecteur de l'Éducation nationale honoraire

Guy Legrand
Maître de conférences honoraire en lettres

André Mul
Professeur honoraire de mathématiques

Isabelle Pasquier
Professeure certifiée de lettres en Espé, ancienne responsable pédagogique d'IUFM ayant fait fonction d'inspectrice de l'Éducation nationale

Haimo Groenen
Professeur agrégé d'EPS, maître de conférence en STAPS, URePSSS (EA 7369), Espé Lille-Nord de France

Vuibert

ISBN : 978-2-311-20738-5

Conception de la couverture : Séverine Tanguy
Conception de l'intérieur : Bleu T
Réalisation de la couverture : les PAOistes
Composition : So'Graph
Crédit de la photographie de couverture : @Adobe/Stock

Sommaire

Votre concours, votre métier

Vous avez choisi de devenir professeur des écoles. Vous vous interrogez sans doute sur les études à suivre, les modalités de recrutement, le contenu et le calendrier des épreuves et peut-être les perspectives de carrière. Autant de questions auxquelles le présent ouvrage va tenter de rapidement répondre en préambule, avant d'aborder la préparation des épreuves d'admissibilité et d'admission du concours de recrutement des professeurs des écoles (CRPE).

1. Quelques éléments sur le CRPE

A. Conditions de diplômes requises

Pour accéder au métier de professeur des écoles, il faut avoir obtenu un master et satisfaire aux épreuves du concours de recrutement des professeurs des écoles (CRPE).

Le CRPE, dont les épreuves comportent désormais une dimension professionnelle importante, s'adresse principalement aux étudiants qui préparent un master « métiers de l'enseignement, de l'éducation et de la formation » (MEEF) au sein d'une école supérieure du professorat et de l'éducation (ESPE appelée à devenir dans un proche avenir INSPE [Institut national supérieur du professorat et de l'éducation]). Il se déroule en totalité (admissibilité et admission) à la fin de la première année de master. Le CRPE est également ouvert aux étudiants inscrits en master 2 et aux personnes titulaires d'un diplôme de master ou d'un grade équivalent.
Par grade équivalent, il faut entendre :

- un titre ou diplôme sanctionnant un cycle d'études postsecondaires d'au moins cinq années, acquis en France ou dans un autre État, et attesté par l'autorité compétente de l'État considéré ;
- ou un diplôme conférant le grade de master, conformément aux dispositions de l'article D. 612-34 du Code de l'éducation (DESS, DEA, diplôme d'ingénieur) ;
- ou un titre ou diplôme classé au niveau 1 du Répertoire national des certifications professionnelles (RNCP).

Vous êtes dispensé de diplôme, si vous êtes mère ou père d'au moins trois enfants ou sportif de haut niveau. Les étudiants admis au CRPE seront, au cours de leur seconde année de master, rémunérés à plein temps en tant que fonctionnaires stagiaires et effectueront un service d'enseignement à mi-temps.

B. Qualifications requises

En France, les personnels d'enseignement et d'éducation font partie de la fonction publique d'État. Ils sont recrutés sur concours du ministère de l'Éducation nationale. Pour postuler au CRPE, vous devez vous inscrire lors de la campagne menée par le ministère de l'Éducation nationale, sous réserve, rappelons-le, d'être inscrit en master 1 ou d'être titulaire d'un master complet.

Par ailleurs, pour être candidat au CRPE vous devrez obligatoirement justifier :

- d'une attestation certifiant que vous avez réalisé un parcours d'au moins 50 mètres dans une piscine placée sous la responsabilité d'un service public, établie soit par un service universitaire (STAPS, SCAPS), soit par une autorité d'un service public territorial des activités physiques et sportives (piscine municipale), soit par une autre autorité publique habilitée à assurer une formation dans le domaine de la natation ;
- d'une attestation certifiant votre qualification en secourisme reconnue de niveau au moins égal à celui de l'unité d'enseignement « prévention et secours civiques de niveau I » (PSC1) par le ministère de l'Intérieur (sécurité civile). Les candidats détenteurs de l'ancienne formation aux premiers secours (AFPS) n'ont pas à justifier du PSC1.

Les dispenses de diplôme consenties aux mères et aux pères d'au moins trois enfants et aux sportifs de haut niveau ne s'étendent pas aux qualifications en natation et en secourisme exigées.

C. Contenu des épreuves

L'arrêté du 19 avril 2013 paru au *Journal officiel* du 27 avril 2013 fixe les modalités d'organisation du concours externe, du concours externe spécial, du second concours interne, du second concours interne spécial et du troisième concours de recrutement de professeurs des écoles.

Deux grandes séries d'épreuves sont définies par référence aux programmes de l'école primaire (Arrêté du 13 mai 2015, *art. 4*) mais aussi par référence aux compétences professionnelles des maîtres (annexe de l'arrêté du 1er juillet 2013 paru au *JO* du 18 juillet 2013).

Ces compétences sont intégralement réaffirmées dans le nouveau référentiel de formation publié dans le *Journal officiel* du 7 juillet 2019. Ce référentiel qui sera mis en œuvre dès la rentrée scolaire 2019 précise par ailleurs les objectifs, les axes de formation et le niveau de maîtrise des attendus en fin de master MEEF.

Attention, initialement les épreuves du CRPE étaient définies par référence aux programmes de l'école primaire de 2008. Ces derniers ont été modifiées en 2015 et consolidés en 2018. On veillera donc à se reporter au *Bulletin officiel* du 26 mars 2015 pour l'école maternelle et à ceux du 26 novembre 2015 et du 26 juillet 2018 pour l'école élémentaire, et à les lire très attentivement. On consultera, par ailleurs, la récente circulaire de rentrée parue au *Bulletin officiel* n° 22 du 29 mai 2019

Les épreuves du CRPE

Deux épreuves écrites d'admissibilité

Cadre de référence : Programmes de l'école primaire
Niveau attendu : Maîtrise des programmes du collège
Connaissance approfondie des cycles d'enseignement de l'école primaire et des éléments du socle commun de connaissances, de compétences et de culture et des contextes de l'école maternelle et de l'école élémentaire

Épreuve écrite de français sur 40 points		
1. Question sur un ou plusieurs textes littéraires ou documentaires	11 points	**Durée : 4 heures** Note globale ≤ 10 éliminatoire Correction syntaxique et qualité écrite de la production du candidat notées sur 5 points
2. Connaissance de la langue : grammaire, orthographe, lexique et système phonologique. Questions portant sur des connaissances ponctuelles. Analyse d'erreurs types dans des productions d'élèves	11 points	
3. Analyse d'un dossier composé d'un ou plusieurs supports d'enseignement du français (manuels, documents pédagogiques) et de productions d'élèves	13 points	

Épreuve écrite de mathématiques sur 40 points		
1. Problème portant sur un ou plusieurs domaines des programmes de l'école ou du collège ou sur des éléments du socle commun de connaissances	13 points	**Durée : 4 heures** Note globale ≤ 10 éliminatoire 5 points au maximum pour la correction syntaxique et la qualité écrite peuvent être retirés
2. Exercices indépendants complémentaires à la première partie : QCM, réponses construites, analyse d'erreurs types dans des productions d'élèves	13 points	
3. Analyse d'un dossier composé d'un ou plusieurs supports d'enseignement des mathématiques (manuels, documents pédagogiques) et de productions d'élèves	14 points	

Deux épreuves orales d'admission

Entretien avec un jury afin d'évaluer la capacité du candidat à s'exprimer avec clarté et précision et à réfléchir aux enjeux scientifiques, didactiques, épistémologiques, culturels et sociaux que revêt l'enseignement des champs disciplinaires du concours et des rapports qu'ils entretiennent entre eux

Épreuve de mise en situation professionnelle dans un domaine au choix du candidat

Domaines d'enseignement : sciences et technologie, histoire, géographie, histoire des arts, arts visuels, éducation musicale, enseignement moral et civique, langues vivantes étrangères (allemand, anglais, espagnol ou italien, domaine à choisir au moment de l'inscription)
Barème : 60 points **Durée : 1 heure**

1. Remise préalable au jury d'un dossier de dix pages au plus, annexes comprises, portant sur le sujet choisi (format papier accompagné le cas échéant d'un support numérique [clé USB])	**20 points** pour la présentation du dossier par le candidat	**Durée de la présentation : 20 minutes**
2. Présentation du dossier par le candidat : - Synthèse des fondements scientifiques relatifs au sujet retenu. - Description d'une séquence pédagogique relative au sujet et accompagnée de documents		

3. Entretien avec le jury : aspects scientifiques, pédagogiques et didactiques du dossier ; approfondissement dans le domaine considéré notamment sur les différentes théories du développement de l'enfant	40 points pour l'entretien avec le jury	**Durée de l'entretien : 40 minutes**
Entretien à partir d'un dossier		
Objectifs de cet entretien : Évaluer les compétences du candidat pour l'enseignement de l'éducation physique et sportive ainsi que sa connaissance de la place de cet enseignement dans l'éducation à la santé à l'école primaire. Apprécier les connaissances du candidat sur le système éducatif français et plus particulièrement sur l'école primaire (organisation, valeurs, objectifs, histoire et enjeux contemporains). Apprécier la capacité du candidat à se situer comme futur agent du service public (éthique, sens des responsabilités, engagement professionnel) et comme futur professeur des écoles dans la communauté éducative. **Barème : 100 points** **Durée : 1 h 15 Préparation : 3 heures**		
1. Éducation physique et sportive Sujet proposé par le jury et relatif à une activité physique, sportive et artistique praticable à l'école élémentaire ou au domaine des activités physiques et expériences corporelles à l'école maternelle	40 points	**Exposé : 10 minutes** **Entretien: 20 minutes**
2. Exposé à partir d'un dossier de 5 pages maximum fourni par le jury et portant sur une **situation professionnelle** inscrite dans le fonctionnement de l'école primaire. L'exposé vise à attester de la part du candidat de compétences professionnelles en cours d'acquisition. **Entretien** portant sur les acquis et besoins des élèves, sur la diversité des conditions d'exercice du métier et sur les valeurs de la République	60 points Exposé : 20 points Entretien : 40 points	**Exposé : 15 minutes** **Entretien: 30 minutes**

2. Le métier de professeur des écoles

A. Compétences générales exigées

L'arrêté du 1er juillet 2013 a clairement défini les compétences que tous les professeurs et personnels d'éducation doivent maîtriser. Elles sont au nombre de quatorze

1. Faire partager les valeurs de la République
2. Inscrire son action dans le cadre des principes fondamentaux du système éducatif et dans le cadre réglementaire de l'école
3. Connaître les élèves et les processus d'apprentissage.
4. Prendre en compte la diversité des élèves.
5. Accompagner les élèves dans leur parcours de formation.
6. Agir en éducateur responsable et selon des principes éthiques.
7. Maîtriser la langue française à des fins de communication.
8. Utiliser une langue vivante étrangère dans les situations exigées par son métier.
9. Intégrer les éléments de la culture numérique nécessaires à l'exercice de son métier.
10. Coopérer au sein d'une équipe.
11. Contribuer à l'action de la communauté éducative.
12. Coopérer avec les parents d'élèves.
13. Coopérer avec les partenaires de l'école.
14. S'engager dans une démarche individuelle et collective de développement professionnel.

Par ailleurs, outre ces compétences communes aux professeurs et personnels d'éducation, ce même arrêté précise que la maîtrise des savoirs enseignés et une solide culture générale sont la condition nécessaire de l'enseignement. Elles permettent au professeur des écoles d'exercer la polyvalence propre à son métier et d'avoir une vision globale des apprentissages, en favorisant la cohérence, la convergence et la continuité des enseignements. D'autre part, le professeur des écoles est un praticien expert des apprentissages. Il doit donc, en plus des quatorze compétences précitées :

1. Maîtriser les savoirs disciplinaires et leur didactique.
2. Maîtriser la langue française dans le cadre de son enseignement.
3. Construire, mettre en œuvre et animer des situations d'enseignement et d'apprentissage prenant en compte la diversité des élèves.
4. Organiser et assurer un mode de fonctionnement du groupe favorisant l'apprentissage et la socialisation des élèves.
5. Évaluer les progrès et les acquisitions des élèves.

B. Des outils Vuibert au service de la formation professionnelle

Afin d'aider dans leurs pratiques quotidiennes de classe, les professeurs des écoles stagiaires ou débutants, les éditions Vuibert mettent à leur disposition, dans la collection « Métier enseignant », une série d'outils didactiques et pédagogiques. Ces derniers intitulés *Je prépare ma classe de...* couvrent la totalité des cours de l'école primaire et apportent des réponses concrètes en termes de programmations, séquences ou séances d'apprentissage. Dans chaque champ disciplinaire ou domaine d'activités sont proposés quelques exemples de fiches de préparation détaillées. Celles-ci articulent objectifs notionnels et compétences visées, conditions préalables et organisation matérielle de la classe, description du déroulement de l'activité étape par étape, résultats attendus, évaluation et conseils, prolongement ou ouverture transdisciplinaire.

C. Spécialisations et perspectives de carrière

- **Par mutation**

Les mutations sont annuelles dans le cadre du mouvement national des personnels.

- **Par détachement**

Vous pouvez être détaché dans un autre ministère, dans une collectivité territoriale, dans un organisme de recherche...

- **Par changement de fonction**

Un professeur des écoles peut devenir maître de l'enseignement spécialisé, psychologue scolaire, maître formateur, directeur d'école.

Par changement de corps

Vous pouvez passer les concours pour accéder à la fonction d'inspecteur de l'Éducation nationale, de professeur du second degré (concours interne pour les professeurs des écoles titulaires), d'enseignant-chercheur (possibilité de mettre à profit le master « métiers de l'enseignement, de l'éducation et de la formation » pour accéder aux études conduisant au doctorat).

Voici donc à grands traits la carrière que vous embrasserez si vous franchissez avec succès les différentes étapes du concours de recrutement de professeurs des écoles. Pour vous y aider, les éditions Vuibert mettent à votre disposition une nouvelle série d'outils méthodologiques en parfaite conformité avec les épreuves d'admissibilité et d'admission au CRPE et les nouveaux programmes de l'école primaire.

Le présent manuel vous permettra par le biais de points épistémologiques et didactiques de vous préparer efficacement aux épreuves écrites et orales.
C'est le souhait que les auteurs de cet ouvrage et moi-même formulons. Par ailleurs, la mise en œuvre éditoriale de cet ouvrage n'aurait pas été possible sans l'aide précieuse de Michel Ringeisen que je tiens ici personnellement à remercier.

Marc Loison
Maître de conférences honoraire,
directeur de l'ouvrage

PARTIE 1

L'épreuve écrite de français

Présentation de l'épreuve

1. Le texte officiel

L'épreuve telle que définie par l'arrêté du 19 avril 2013 fixant les modalités d'organisation du concours vise à évaluer la maîtrise de la langue française des candidats (correction syntaxique, morphologique et lexicale, niveau de langue et clarté d'expression) ainsi que leurs connaissances sur la langue ; elle doit aussi évaluer leur capacité à comprendre et à analyser des textes (dégager des problématiques, construire et développer une argumentation) ainsi que leur capacité à apprécier les intérêts et les limites didactiques de pratiques d'enseignement du français.

L'épreuve comporte **trois parties** :

1. La production d'une réponse, construite et rédigée, à une question portant sur un ou plusieurs textes littéraires ou documentaires.

2. Une partie portant sur la connaissance de la langue (grammaire, orthographe, lexique et système phonologique) ; le candidat peut avoir à répondre à des questions de façon argumentée, à une série de questions portant sur des connaissances ponctuelles, à procéder à des analyses d'erreurs types dans des productions d'élèves, en formulant des hypothèses sur leurs origines.

3. Une analyse d'un dossier composé d'un ou plusieurs supports d'enseignement du français, choisis dans le cadre des programmes de l'école primaire qu'ils soient destinés aux élèves ou aux enseignants (manuels scolaires, documents à caractère pédagogique), et de productions d'élèves de tous types, permettant d'apprécier la capacité du candidat à maîtriser les notions présentes dans les situations d'enseignement.

L'épreuve est notée sur 40 points : 11 pour la première partie, 11 pour la deuxième et 13 pour la troisième ; 5 points permettent d'évaluer la correction syntaxique et la qualité écrite de la production du candidat.

Une note globale égale ou inférieure à 10 est éliminatoire. Durée de l'épreuve : quatre heures.

CONSEIL Lisez la note de présentation des épreuves parue en juillet 2013 sur le site http://cache.media.education.gouv.fr/file/sujets_0(2014)/59/3/nc_crpe_260593.pdf

2. Des questions pratiques

Le descriptif de l'épreuve amène à se poser un certain nombre de questions d'ordre méthodologique :

■ **Doit-on traiter dans l'ordre les trois questions posées ?**
Rien ne vous y oblige. Mais il va de soi qu'une première lecture intégrale du dossier pour s'en imprégner est indispensable.

■ **Combien de temps consacrer à chaque question ?**
Tendre vers l'idéal ? C'est le barème qui doit vous guider, les trois questions rapportent quasiment le même nombre de points. Cependant il paraît assez évident que c'est la première partie de l'épreuve qui vous demandera un temps de rédaction plus long que les autres. On peut imaginer présenter de façon plus synthétique les parties deux et trois par exemple sous forme de listes, tableaux...

Dans tous les cas, on n'oubliera pas les 5 à 10 minutes de relecture finale... Les 5 points gagnés ou perdus peuvent faire la différence avec la copie d'un autre candidat. N'oublions pas que les correcteurs évaluent des réponses produites par des candidats se destinant au métier d'enseignant, ils recherchent des personnes capables de devenir des modèles pour des élèves aussi bien à l'oral qu'à l'écrit. Force est de constater que certains candidats négligent cet aspect aussi bien dans la présentation, le soin apporté à leur copie qu'à leur qualité en termes de langue.

« L'épreuve vise à évaluer la maîtrise de la langue française des candidats », indique le texte officiel, c'est donc bien aussi d'une épreuve de langue qu'il s'agit.

Vous n'aurez pas le temps de faire un brouillon. Pour progresser, vous devez vous entraîner à rédiger en temps réel. Privilégiez toutes les occasions de composer en quatre heures. C'est par l'entraînement régulier que vous gagnerez en organisation pour être prêt le jour de l'épreuve.

Programme

Langage oral

Lecture, écriture

- **Lecture**
- **Littérature**
- **Rédaction**

Étude de la langue française

- **Vocabulaire**

- **Grammaire**

- **La phrase**

  – Connaissance et emploi pertinent des phrases déclarative, interrogative, injonctive et exclamative, des formes affirmative et négative.
  – Repérage de la différence entre voix active et voix passive.
  – Utilisation adéquate des signes de ponctuation usuels.

- **Les classes de mots**

  – Identification, selon leur nature, des mots suivants : les verbes, les noms, les déterminants (articles définis et indéfinis, déterminants possessifs, démonstratifs, interrogatifs), les adjectifs qualificatifs, les pronoms (personnels, possessifs, relatifs, démonstratifs et interrogatifs), les adverbes, les prépositions.
  – Utilisation adéquate de la substitution pronominale, ainsi que des conjonctions de coordination et autres mots de liaison (adverbes).

- **Les fonctions des mots**

  – Identification du verbe, de son sujet (nom propre, groupe nominal ou pronom), et des compléments du verbe : compléments d'objet direct, indirect et second, compléments circonstanciels (de lieu, de temps).
  – Compréhension de la notion de circonstance.
  – Identification de l'attribut du sujet.
  – Identification des éléments du groupe nominal et de leurs fonctions : déterminant, adjectif qualificatif épithète, complément du nom, proposition relative complément du nom.

- **Le verbe**

– Connaissance du vocabulaire relatif à la compréhension des conjugaisons.
– Repérage dans un texte des temps simples et des temps composés de l'indicatif, et compréhension de leurs règles de formation.
– Première approche de la valeur des temps verbaux et en particulier des temps du passé.
– Conjugaison des verbes des premier et deuxième groupes, d'être et avoir aux temps suivants de l'indicatif : présent, futur simple, imparfait, passé simple ; passé composé, plus-que-parfait, futur antérieur, conditionnel présent ; à l'impératif présent, à l'infinitif présent ; au participe présent et passé.
– Conjugaison d'aller, dire, faire, pouvoir, partir, prendre, venir, voir, vouloir aux temps suivants de l'indicatif : présent, futur simple, imparfait, passé simple, passé composé, conditionnel présent, à l'impératif présent, à l'infinitif présent ; au participe présent et passé.
– Utilisation à bon escient des temps étudiés.

- **Les accords**

Connaissance et utilisation :
– des règles et des marques de l'accord dans le groupe nominal : accord en genre et en nombre entre le déterminant, le nom et l'adjectif qualificatif ;
– des règles de l'accord en nombre et en personne entre le sujet et le verbe ;
– des règles de l'accord du participe passé construit avec être (non compris les verbes pronominaux) et avoir (cas du complément d'objet posé après le verbe).

- **Les propositions**

Distinction entre phrase simple et phrase complexe ; entre proposition indépendante (coordonnée, juxtaposée), proposition principale et proposition subordonnée.

Orthographe

- **Orthographe grammaticale**

– Les élèves sont entraînés à orthographier correctement les formes conjuguées des verbes étudiés, à appliquer les règles d'accord apprises en grammaire (voir plus haut), à distinguer les principaux homophones grammaticaux (à-a, où-ou, etc.).
– Les particularités des marques du pluriel de certains noms (en -al, -eau, -eu, -ou ; en -s, -x, -z) et de certains adjectifs (en -al, -eau, -s, -x) sont mémorisées.

- **Orthographe lexicale**

– L'orthographe relative aux correspondances graphophoniques, y compris la valeur des lettres en fonction des voyelles placées à proximité (s/ss, c/ç, c/qu, g/gu/ge) ou de la consonne suivante (n devenant m devant m, b, p) est maîtrisée.
– L'orthographe des mots les plus fréquents, notamment les mots invariables, ainsi que des mots fréquents avec accents, est mémorisée.

L'apprentissage orthographique repose aussi sur l'application des règles d'orthographe ou régularités dans l'écriture des mots (redoublement de consonnes, lettres muettes, finales de mots de grande fréquence).

Planning de révisions

Périodes*	Thèmes à étudier
Période 1	**Langage oral, lecture et écriture** – La langue. – La langue écrite. – La lecture. – La littérature.
Période 2	**Étude de la langue française** – Les types et formes de phrase. – La phrase : groupes et fonctions. – Les verbes. – Les noms. – Les déterminants. – Les adjectifs qualificatifs. – Les pronoms.
Période 3	**Étude de la langue française** – Les adverbes. – Les prépositions. – Les conjonctions de coordination. – Les conjonctions de subordination. – Le système orthographique français. – Le lexique. – La grammaire de texte.
Période 4	**Méthodologie et analyse didactique**
Période 5	**Révisions générales**

* Sachant qu'une période équivaut à environ 1 mois.

Langage oral, lecture et écriture

Le cours

1 | La langue

1. Définitions : langage, langue, parole

Le langage est la propriété commune à tous les hommes relevant de la faculté de symboliser.

Le langage présente deux manifestations : la langue et la parole.

Le *Dictionnaire de linguistique*[1] définit la langue comme « un instrument de communication, un système de signes vocaux spécifiques aux membres d'une même communauté », chaque signe se définissant à travers les rapports (rapports d'opposition, de différenciation, d'association) qu'il entretient avec les signes qui l'entourent. **La langue** est un produit social en ce sens qu'elle constitue « la partie du langage qui existe dans la conscience de tous les membres de la communauté linguistique, la somme des empreintes déposées par la pratique sociale d'innombrables actes de parole concrets ». Elle se définit aussi comme un contrat collectif liant tous les membres de la communauté linguistique au nom d'un impératif de communication. La langue est donc « extérieure » à l'individu, celui-ci ne pouvant ni la créer, ni la modifier (sauf dans le domaine poétique) et n'ayant d'autre choix que de s'y conformer pour pouvoir communiquer.

La parole se distingue de la langue dont elle est l'une des composantes, en tant que produit *individuel* et *expression d'un acte pratique* de volonté et d'intelligence.

2. Spécificités de la langue parlée

A. Langue parlée/langue écrite : normes et « hiérarchie » oral/écrit

La qualité de la langue se définit par rapport aux *normes linguistiques* qui en régissent l'acceptabilité, en codifient et en règlent l'usage, à travers un cadre de référence (principes et/ou critères de correction). L'idée de norme renvoie à celle de *purisme,* conception empreinte de manichéisme dont les frontières se dessinent autour de deux lignes antinomiques : *le bon usage* et le mauvais usage. Une perception puriste du fonctionnement de la langue implique la pleine adhésion de la communauté linguistique à une représentation de la langue *unique, immuable et*

1. Collectif, *Dictionnaire de linguistique*, Paris, Larousse, 1973.

homogène. En référence à ces normes (ou en leur nom), est communément admise l'idée d'une supériorité marquée de la langue écrite sur la langue orale, cette première forme étant réputée plus correcte que la seconde.

Remettant en cause cette idée communément partagée, Françoise Gadet souligne qu'au-delà de leurs différences l'oral et l'écrit n'en constituent pas moins deux manifestations **d'un même système** (la langue), les phénomènes grammaticaux étant, dans leur grande majorité, communs à ces deux manifestations :

« Aux plans significatifs (donc hors du graphique/phonique), il n'y a pas de spécificités radicales des phénomènes relevant de l'oral et de l'écrit : on ne saurait évoquer une seule forme grammaticale qui soit l'apanage de l'une ou de l'autre. [...] Il y a cependant des différences dans l'exploitation des ressources linguistiques et des préférences tendancielles. Mais rien de structurel, ce qui va à l'encontre de l'idée de sens commun selon laquelle l'oral serait déficitaire ou fautif par rapport à l'écrit [...]. Les différentes caractéristiques syntaxiques de l'oral sont donc reliées entre elles, et sont l'expression d'une modification progressive du système. Si l'écrit échappe en grande partie à une telle évolution, c'est par pression de la standardisation qui a beaucoup moins prise sur l'oral, ce qui fait que l'écrit est une forme de langue conservatrice[1]. »

En outre, l'appréciation de la qualité de la langue orale se fonde le plus souvent sur des critères incertains. Lorsque ces critères se révèlent être plus précis, ils se réfèrent de fait le plus souvent aux normes de la langue **écrite**. Blanche-Benveniste nous fait ainsi observer que des publications portant des intitulés du type « *Ne dites pas... mais dites...* » sont, de fait et malgré leurs titres, des manuels du **bien écrire**. Or, comme nous allons le voir, cette assimilation se révèle aller contre nature, si l'on se réfère aux conditions d'élaboration des énoncés dans l'un et l'autre cas.

B. Des différences oral/écrit qui tiennent aux conditions d'élaboration du message

Il s'agit donc de distinguer oral et écrit non pas à travers un ordre hiérarchique se référant à une proximité ou à une distance par rapport aux normes d'une langue idéale mais plutôt à travers la prise en compte des situations qui en régissent le fonctionnement.

Les différences – souvent notables – entre les formes des énoncés écrits et les formes des énoncés oraux relèvent essentiellement des distinctions radicales qui marquent leurs conditions d'élaboration. L'oral, rappelle Françoise Gadet, « intervient préférentiellement in situ, ce qui y rend possible des structures qui apparaîtraient peu explicites si l'on devait les considérer hors de leurs conditions de production, bien qu'elles soient tout à fait adaptées aux situations d'énonciation [...], la co-présence des locuteurs, aspect caractéristique du fonctionnement de l'oral, peut donc avoir des effets sur sa forme ». Les formes particulières de l'oral se présentent donc comme les conséquences visibles de sa dimension « présentielle » qui place nécessairement le locuteur en interaction directe avec d'autres locuteurs.

1. Françoise Gadet, « L'oral : quelles modalités de production pour quelles significations », extrait des actes du séminaire national *Perspectives actuelles de l'enseignement du français*, Paris, 23, 24 et 25 octobre 2000.

À la différence de l'écrit dont la production s'inscrit le plus souvent dans un processus impliquant une suite organisée de phases (planification, premier jet, révision, réécriture, etc.) visant à communiquer au récepteur un produit, lissé, affranchi des scories de son élaboration, fini…, l'énoncé oral s'inscrit dans l'immédiateté du discours, rendant à cet égard visibles les mécanismes de son élaboration. Communication « en direct » (par opposition à la communication « différée » et « enregistrée » de l'écrit), l'énoncé oral porte de manière indélébile les traces de sa production. Les différences entre manifestation écrite et manifestation orale de la langue tiennent donc, pour l'essentiel, à l'omniprésence de ces « traces » manifestant les accidents de déroulement du message, à travers les aspects suprasegmentaux et à travers la situation émetteur/récepteur. C'est ainsi que les productions orales peuvent apparaître disparates, insuffisamment structurées, voire parfois confuses à l'instar de cette image de l'oral que nous renvoient Mary-Annick Morel et Laurent Danon-Boileau : « De l'oral à l'écrit, il y a un monde. La différence est si grande que la description du français oral ressemble plus souvent à celle d'une langue exotique qu'à la grammaire du français écrit tel que nous le connaissons[1]. »

Mise en perspective des situations de production orale et écrite

Aspects observables	Production orale Linéarité temporelle	Production écrite Linéarité temporelle et spatiale
Accidents du déroulement de la production	Traces d'élaboration visibles dans l'énonciation : hésitations, bafouillages, reprises, pauses, redites, anticipations, incomplétudes, interruptions, etc.	Communication au récepteur d'un produit fini, exempt des scories de son élaboration (brouillons, corrections intermédiaires de toutes natures).
Aspects suprasegmentaux Facteurs prosodiques : intonation, accentuation, débit, rythme	Effets des facteurs prosodiques sur la signification équivalents à ceux de la ponctuation ou à ceux de certains éléments de l'écrit.	
Déroulement matériel arrimé à la situation	La production in situ autorise le recours à des structures linguistiques que les informations portées par le contexte permettent de rendre totalement signifiantes (ex. : *Le beurre est **là***).	La production écrite doit compenser les manques informationnels consécutifs à la distance séparant l'émetteur du récepteur. *Tu trouveras le beurre dans **l'étagère du bas du placard de cuisine.***

C. Quelques caractéristiques des énoncés oraux

a. Les phénomènes langagiers typiques de la langue : les variations langagières

Si la langue constitue un contrat collectif liant – au nom des impératifs communicationnels – l'ensemble des membres d'une communauté linguistique donnée à un système de signes et de normes auxquels ces membres sont astreints, elle admet

1. Mary-Annick Morel, Laurent Danon Boileau, *Grammaire de l'intonation : l'exemple du français oral*, Paris, Ophrys, 1998, p. 234.

cependant des variations, celles-ci touchant en particulier, au **niveau de langue**. On parle alors d'une langue *relâchée, populaire, familière, courante, soutenue ou savante*. Les spécificités linguistiques observées (langue technique d'une profession, langue argotique, dialectale ou patoisante, particularismes linguistiques régionaux, etc.) renvoient à des **catégories déterminées de locuteurs**.
Blanche-Benveniste distingue ainsi[1] :

– les « fautes typantes » qui agissent comme des marqueurs sociaux constituant des formes d'« infractions » (à la langue) que certains locuteurs ont appris très jeunes à éviter, sous l'influence de la famille et de l'école ;
– les « régionalismes » marqués par des particularités linguistiques régionales, ces particularités n'étant traitées de « fautes » que lorsqu'elles sont appréciées « de l'extérieur », du point de vue de communautés linguistiques appartenant à d'autres régions.

Types de fautes langagières	Exemples
1. Quelques fautes typantes	
Absence de subjonctif (substitution du présent de l'indicatif).	*Il faut que je **vais** travailler.*
Auxiliaire *avoir* pour *être*.	*J'ai venu te voir.*
Emploi récurrent de la locution *« tout le monde il »*.	***Tout le monde il** pense qu'il y a trop de chômage.*
Emploi de *il (ils)* pour la reprise d'un groupe nominal féminin.	***Les filles, ils** réussissent mieux que les garçons à l'école.*
2. Quelques régionalismes	
Intensifs (*beaucoup, tant, autant*, etc.) portant sur des adjectifs.	*Elle est **beaucoup** inquiète* (sud de la France).
Quantifieurs suivis de *des, du* (au lieu de *de*).	*Il y a **beaucoup des** gens qui l'ont fait.*
Emploi de *comme* pour *comment*.	*Il ne m'a pas dit **comme** il avait fait.*
Adverbes et négations placés devant les participes présents.	*Il ne sait pas ses leçons, même en **bien** les apprenant.*
Tournures particulières.	*Je n'y veux pas (j'en veux pas). J'ai personne vu. Ça fait pas rien. J'en ai point...* (région franco-provençale).

b. Les phénomènes langagiers typiques de l'exercice de la langue en situation d'oralité

Consécutifs aux efforts du locuteur à l'élaboration et à la régulation du message en cours de production, les phénomènes langagiers propres à l'oral relèvent en grande partie de la situation particulière de communication orale. Le tableau qui suit[2] rend compte de phénomènes langagiers généraux typiques de la production orale et de leurs origines.

1. Blanche-Benveniste, *Approche de la langue parlée en français*, Paris, Ophrys, 2000.
2. D'après l'ouvrage de Blanche-Benveniste précédemment cité.

A. Origine du phénomène	B. Phénomène langagier	C. Exemples/Commentaires
1. Visée lexicale Recherche par le locuteur des mots nécessaires ou des mots les mieux appropriés pour la formulation de son message.	*« Entassements paradigmatiques » :* – Énumération de mots, avec présence simultanée de plusieurs éléments du paradigme. – Passage en revue de différentes formes d'un même mot. – Suspension du discours liée à la recherche d'un mot par le locuteur et expression par celui-ci – intégrée au fil du discours – de sa difficulté à trouver ce mot...	*Ce qui était fantastique dans ce... dans ce... dans ce* ***camping****, cet* ***hôtel****...* *C'était peut-être* ***les Vychissi, les Vychistes*** *les responsables.* *Alors, j'ai étalé l'enduit avec une.... Ah ! J'arrive plus à trouver le nom !... une... truelle... Non... une spatule.*
2. Visée auto-corrective Le locuteur révise sa production pour la compléter ou pour la modifier.	*Incohérence syntaxique :* – Les différents états d'élaboration de l'énoncé se surajoutent dans la linéarité de la production. – Certains énoncés sont inachevés : les va-et-vient discursifs du locuteur ont pour effet de lui faire perdre le fil de sa production orale.	*J'ai retrouvé un camarade dans le train, il... Je l'avais connu au lycée. C'était un élève brillant... nous avons longuement discuté...*
3. Visée de clarification discursive Le locuteur recherche une plus grande précision dans l'expression de sa pensée, justifie le choix d'un mot, etc.	*Insertion d'incidentes* dans la structure de certaines phrases.	*Cette année-là (****il me semble que c'était en 1973****), l'hiver avait été particulièrement rude.*
4. Interactions locuteur/auditeur Le locuteur s'efforce d'adapter son message en fonction du *feed back* de communication.	*Réajustements linguistiques et/ou informationnels* visant à répondre aux signaux de réception émis par le récepteur (*feed back* de communication).	Le locuteur « lit » en cours d'énonciation les réactions verbales et non verbales du destinataire et amende progressivement son message en conséquence.

2 | La langue écrite

1. Écrire est un acte de communication qui se réalise à travers un processus

Écrire est un acte de communication entre l'auteur de l'écrit et son (ou ses) destinataire(s). Le message est porteur d'une intentionnalité de l'auteur à l'égard du lecteur, selon les cas : émouvoir ou amuser, convaincre, expliquer, etc. La conception et la réalisation du message doivent être en adéquation avec cette intentionnalité pour que le but fixé par l'auteur puisse être atteint.

Cette volonté de l'auteur trouve sa concrétisation à travers la mise en œuvre d'un processus d'écriture. Nous ferons dans un premier temps le point sur les grandes orientations communicatives portées par l'écriture et sur les différents types de texte qui y répondent. Puis nous nous pencherons sur les modèles théoriques rendant compte du processus d'écriture du rédacteur.

2. Les types de texte

A. Pour quoi on écrit : les visées d'écriture

Un texte se définit d'abord à travers la situation de sa production et par rapport à une visée communicative tournée vers le récepteur du message, en l'occurrence le lecteur. En nous référant aux travaux de Jean-Michel Adam, nous retiendrons comme intentionnalités fondamentales du scripteur sous-tendant les productions d'écrits : informer le lecteur, lui apporter une explication, faire évoluer son point de vue, lui décrire une réalité, l'amener à adopter un comportement ou à réaliser une action, lui faire partager une émotion, lui apporter un plaisir esthétique.

Les visées communicatives de l'auteur se traduisent par différents types de texte dont les caractéristiques générales sont orientées vers la réponse la plus adéquate possible à ces visées. On pourrait dire, par analogie aux fonctions du langage de Jakobson, que les différents types de texte remplissent différentes fonctions communicatives fondamentales.

Werlich distingue ainsi cinq types de texte, à savoir les types : *descriptif, narratif, expositif, argumentatif et instructif (ou prescriptif ou exhortatif)*. Jean-Michel Adam détermine des catégories similaires avec parfois des variantes terminologiques (*expositif* ou *explicatif, prescriptif/injonctif* pour *instructif/exhortatif* selon Werlich) et en y ajoutant les types *conversationnel, prédictif et rhétorique.*

Le tableau de la page suivante rend compte de ces différentes catégories avec leurs visées communicationnelles, leurs caractéristiques et des références aux types d'écrits les plus courants renvoyant à ces catégories.

B. Types de texte et séquences textuelles

Cette catégorisation en types de texte correspond à une vision théorique du paysage textuel. Dans la réalité, un écrit combine fréquemment différentes séquences textuelles empruntant leurs caractéristiques aux différentes « familles » que nous venons de présenter. Même s'il est de dominante narrative, le texte d'un conte intègre ainsi des séquences descriptives (lieux, portraits) et des séquences conversationnelles (dialogues entre les personnages). De la même manière, un écrit publicitaire – prenons le cas d'une publicité émanant d'une agence touristique – comportera une séquence introductive descriptive visant à présenter l'objet à vendre (en l'occurrence, un lieu de séjour), qui constituera par ailleurs une plateforme argumentative pour vendre cet objet. La plupart des écrits sont de nature hybride, à l'exception sans doute d'écrits particulièrement typés tels, par exemple, les écrits prescriptifs ou prédictifs.

Les types de texte

Types	Fonction	Caractéristiques	Réalisation du type
Informatif Term. : *Informatif* (1, 2)	Il a pour objectif de renseigner, de communiquer des connaissances sur un sujet donné.	**Système des temps :** présent de vérité générale ou d'actualité. **Système de connecteurs :** connecteurs logiques de type chronologique : *d'abord*, *ensuite*, etc. **Aspects matériels :** typographie et mise en page mettant en valeur des définitions, des lexiques spécialisés.	Type de texte rarement littéraire. On le trouve dans les ouvrages scientifiques, les encyclopédies, les manuels scolaires, les guides touristiques.
Explicatif Term. : *Explicatif* (1, 2)	Sa vocation est fondamentalement pédagogique. Il est considéré comme le niveau supérieur du texte informatif, il prépare l'argumentation et cherche à informer, à expliquer et à rendre plus clair un sujet que le lecteur ou l'interlocuteur est censé ignorer.	**Système des temps :** présent de l'indicatif. **Système de connecteurs :** termes d'articulation du discours pour marquer les étapes de l'explication (*d'abord*, *ensuite*, etc.)	Comme le type informatif, ce type de texte est rarement littéraire. On le trouve également dans les ouvrages scientifiques, les encyclopédies, les manuels scolaires, les guides touristiques.
Argumentatif Term. : *Argumentatif* (1, 2)	Il vise à convaincre le lecteur de la justesse d'une idée, d'une pensée, d'un avis en s'appuyant sur des arguments et des exemples qui ont une valeur de preuves.	**Système des temps :** présent de l'indicatif ayant valeur de vérité générale, d'actualité, d'atemporalité. **Système de connecteurs :** connecteurs logiques (par conséquent, mais, en effet, en outre, par contre, donc, etc.) pour instaurer des articulations logiques (opposition, concession, consécution, etc., entre les thèses, arguments et exemples exprimés).	Textes portant sur des débats de société (par exemple : *Pour ou contre les éoliennes*), plaidoyers d'avocats, démonstrations scientifiques, etc.

Types	Fonction	Caractéristiques	Réalisation du type
		Lexique : dominante d'un vocabulaire abstrait et appréciatif. **Procédés de persuasion :** figures rhétoriques et stylistiques.	
Descriptif Term. : *Descriptif* (1, 2)	Évoquer des réalités (lieux, personnages) que le lecteur ne voit pas mais que les mots lui permettront d'imaginer. La description peut viser une représentation objective de la réalité évoquée ou être teintée de subjectivité en intégrant les impressions du « descripteur ».	**Système des temps :** imparfait ou présent de l'indicatif. **Système de connecteurs :** connecteurs spatiaux pour localiser les lieux et donner des informations sur les caractéristiques de ces lieux. **Lexique :** vocabulaire descriptif **Figures de rhétorique :** comparaisons, métaphores.	Portraits (physiques, moraux, psychologiques), description de lieux, d'objets.
Narratif Term. *Narratif* (1, 2)	Il raconte un fait, un événement en situant son déroulement dans le temps et dans l'espace. Il en retrace les étapes et en fixe la durée.	**Système des temps :** passé simple ou passé composé (premier plan) et imparfait/plus-que-parfait (arrière-plan). Ou présent à valeur narrative (premier plan et arrière-plan). **Système de connecteurs :** dominante de connecteurs spatiaux marquant la chronologie du récit et temporels marquant l'enchaînement temporel des actions. **Système verbal :** dominante de verbes d'action marquant les actions de premier plan.	Contes, nouvelles, fables, paraboles, reportages journalistiques, scénarios de cinéma, PV d'accident, etc.
Injonctif Term. : *Injonctif* (1) *Prescriptif* (1, 2) *Instructif,* *Exhortatif* (2)	Il vise à amener le lecteur à réaliser une action, à appliquer des consignes. Il implique le conseil, l'ordre ou l'interdiction.	**Système des temps :** selon le type d'écrit : impératif présent ou infinitif présent ou (plus rarement) présent de l'indicatif ou futur simple ou subjonctif présent à valeur injonctive. Emploi de la 2e personne du singulier (impératif présent), 2e personne du singulier ou du pluriel (présent de l'indicatif). **Organisation spatiale du texte particulière :** par exemple, passages à la ligne fréquents pour marquer les étapes de réalisation d'une recette. **Lexique :** champs lexicaux spécifiques au type d'écrit. Recette de cuisine, par exemple : ingrédients alimentaires, ustensiles de cuisine, verbes relatifs aux opérations spécifiques des activités culinaires (rôtir, éplucher, cuire, etc.).	Dans ses emplois les plus courants, ce type de texte s'incarne surtout dans les modes d'emploi, les notices de montage, les recettes de cuisine, les règlements, etc.

Types	Fonction	Caractéristiques	Réalisation du type
Prédictif Term. : *Prédictif* (1)	Fournir au lecteur une anticipation sur des événements à venir.	**Système des temps :** futur simple, présent de l'indicatif à valeur prédictive.	Horoscopes, bulletins météo, pronostics (sportifs, hippiques), prophéties, etc.
Dialogique Term. : *Dialogique* (1)	Communiquer des actes de parole (réels ou fictifs).	**Système des temps :** tous les temps utilisés dans le discours direct. **Organisation spatiale du texte particulière :** passages à la ligne pour marquer la variation de locuteur (livret théâtral), marque spatiale des différentes questions et réponses (interview), etc. **Marques typographiques :** caractères gras pour marquer les questions dans une interview, par exemple.	Interview de presse écrite, PV de police, dialogues théâtraux, etc.
Rhétorique Term. : *Rhétorique* (1)	Selon les types d'écrits appartenant à cette catégorie très éclectique : émouvoir le lecteur, susciter la sensibilité esthétique de celui-ci, « installer » une idée auprès des récepteurs, etc.	Manipulations particulières de la langue avec recours aux figures de rhétorique.	Poème, prose poétique, discours politique, slogan, dicton, maxime, chanson, prière, etc.

(1) Terminologie de J. M. Adam.
(2) Terminologie de Werlich.

3. Le processus d'écriture : les modèles théoriques

La rédaction d'un texte est généralement conçue comme un processus social (c'est un acte de communication), orienté par des objectifs tournés vers le (ou les) lecteurs(s) (selon les cas, convaincre, expliquer, informer, amener à réaliser une action ou à adopter un comportement, etc.). La mise en œuvre de ce processus est soumise à de multiples contraintes : les contraintes générales de la langue (contraintes syntaxiques, orthographiques, lexicales) et celles plus spécifiques liées au type de texte commandé par la situation d'écriture.

En ce qu'il convoque simultanément des compétences multiples et de natures très diverses, le travail d'écriture se caractérise aussi par le fait qu'il est « coûteux » en ressources cognitives et attentionnelles. La compréhension des mécanismes de ce processus a suscité de nombreuses recherches qui nous ont fourni différents modèles théoriques. Avant le modèle de Hayes et Flower (1980) que nous développerons plus loin, deux conceptions prévalaient.

A. Le modèle classique linéaire en étapes du processus de rédaction

Envisagé comme une suite d'étapes successives organisée linéairement, le processus rédactionnel se développe en trois temps successifs : une phase de **préécriture**, une phase d'**écriture** et une phase de **réécriture**. Cette conception rejoint le modèle de Murray qui, dans la fin des années 1970, décrit le processus d'écriture selon trois stades : la **prévision**, la **vision** et la **révision**.

B. Le modèle de processus rédactionnel issu de la psychologie cognitive

La seconde conception, issue de la psychologie cognitive, présentait la production de texte comme un processus de formulation visant à assurer le transfert d'une *représentation conceptuelle* du message à communiquer à la *représentation textuelle* de ce message. Les modèles correspondants décrivaient un processus d'écriture en deux temps où la révision était absente :
1. **génération/planification** du message ;
2. **traduction** du message conceptuel en texte.

C. Le modèle de Hayes et Flower (1980)

Le modèle de Hayes et Flower repose sur des expérimentations visant à identifier les processus rédactionnels, à déterminer l'origine des difficultés rencontrées dans la mise en œuvre de ces processus et à déterminer dans quelles conditions il était possible d'améliorer les productions.

a. Les composantes du modèle

Hayes et Flower ont construit un modèle fondé sur trois composantes : l'environnement de la tâche, les connaissances conceptuelles, situationnelles et rhétoriques stockées en mémoire à long terme par le scripteur et le processus d'écriture.

L'environnement de la tâche comprend tous les paramètres liés à la tâche d'écriture : thématiques abordées, destinataire du message, moyens disponibles, motivation du scripteur envers le projet d'écriture, etc.

La mémoire à long terme regroupe :
- toutes les connaissances, déclaratives et procédurales du sujet ;
- les métaconnaissances de ce sujet, susceptibles d'intervenir dans le contexte de la tâche d'écriture (métaconnaissances du type « *Je sais que je suis faible en orthographe donc il faut que je me relise attentivement* »…) ;
- toutes les données d'expériences antérieures dans lesquelles le sujet peut trouver un intérêt à puiser de l'information pour mener à bien son projet d'écriture et qui peuvent être réactualisées dans la situation d'écriture.

Le processus d'écriture comporte quatre opérations (ou sous-processus), à savoir : la **planification**, la **textualisation** (ou **mise en texte**), la **révision** et le **contrôle**.

b. Les opérations du processus d'écriture

La planification

Le processus de planification vise la récupération – à des fins opérationnelles – des informations stockées en mémoire à long terme et la prise d'informations en situation, au service du message à produire. Cette opération réalisée, s'en suivent la sélection et l'organisation des éléments informationnels récupérés. La planification est guidée par la structure des connaissances ainsi activées et par les objectifs pragmatiques de la rédaction projetée.

La mise en texte

Les opérations de mise en texte du message sont tournées vers la sélection et l'utilisation des différentes marques linguistiques et paralinguistiques à même de traduire le plus correctement possible et de la manière la plus adéquate les choix sémantiques, pragmatiques et textuels opérés par le rédacteur.

Ces opérations touchent notamment au processus mis en œuvre pour « linéariser » le texte, c'est-à-dire en assurer la cohésion à travers : la progression de l'information, le recours aux connecteurs et aux reprises anaphoriques, le système des temps verbaux.

La réalisation de l'écrit implique en outre un travail d'encodage et de traitement linguistique de la production (gestion orthographique, syntaxique et lexicale du texte en voie d'élaboration).

La révision

Pour Hayes (1987), le ***revising*** fait référence « à l'ensemble du processus par lequel le réviseur tente d'améliorer un texte ».

Le processus de révision apparaît donc essentiellement comme une opération d'auto-évaluation et d'autocorrection. L'auteur analyse le résultat d'un jet d'écriture réalisé pour en évaluer l'adéquation formelle et « fonctionnelle » à la situation d'écriture. La révision entraîne le plus souvent un travail de réécriture visant à apporter au texte les aménagements nécessaires (qui peuvent être, selon les cas, de natures très diverses : corrections orthographiques, syntaxiques, lexicales, amélioration du système anaphorique, etc.).

REMARQUE Selon Hayes et Flower, il n'y a pas à proprement parler de hiérarchisation des opérations entrant dans le processus général, ces opérations étant à tout moment susceptibles de passer au « premier plan » cognitif ou pouvant être imbriquées. Fayol considère également que les trois grands processus rédactionnels (planification, mise en texte et révision) interviennent de manière flexible, en s'articulant les uns avec les autres.

4. Écrire : un acte complexe mobilisant un champ étendu de compétences

Les travaux de Hayes et Flower (1980) ont orienté des recherches postérieures. Les chercheurs du *groupe d'Écouen* s'en sont ainsi inspiré pour définir un modèle didactique utilisable à l'école dans le premier et le second degré.

Le groupe d'Écouen synthétise dans un document intitulé : « Questions pour évaluer les écrits[1] » les différents champs de compétences devant être mobilisées pour produire un écrit. Ce tableau comporte en effet 29 items se présentant sous la forme de questions que le rédacteur doit nécessairement se poser pour réaliser sa tâche d'écriture. Si l'on considère ensuite que chacun de ces items met lui-même en jeu des compétences multiples, on mesure aisément la complexité de la tâche d'écriture au regard de l'étendue des compétences à mobiliser, d'autant que cette mobilisation implique le plus souvent la sollicitation **simultanée** de compétences de natures très diverses.

Sans rendre compte dans le détail de cette multiplicité, retenons simplement que ces compétences touchent à des aspects aussi variés que :

– les orientations *pragmatiques* de la tâche d'écriture : prise en compte de la situation d'écriture, choix du type d'écrit à produire, guidage du lecteur, adaptation des marques d'énonciation, etc. ;

– la prise en compte de la dimension sémantique de la production : homogénéité et adaptation du vocabulaire, cohérence sémantique, acceptabilité sémantique des phrases, qualité de l'articulation entre les propositions, les phrases, les parties textuelles (utilisation des connecteurs) ;

– la prise en compte de la dimension morpho-syntaxique : pertinence du système des temps, respect des valeurs des temps verbaux, concordance des temps et des modes, morphologie verbale, etc. ;

– l'intégration des aspects matériels de la production : pertinence du type de support retenu, adaptation de la typographie et de l'organisation de la page, maîtrise de la ponctuation, segmentation des unités de discours (sous-titres, paragraphes, etc.), etc.

1. Groupe EVA, *Évaluer les écrits à l'école primaire*, Paris, Hachette Livre, 1991, p. 35.

3 | La lecture

1. Les supports de lecture

A. Les supports traditionnels

La question de la lecture est indissociable de celle des supports sur lesquels elle s'exerce. François Richaudeau qui a étudié en profondeur les interactions entre techniques de lecture et supports de l'écrit faisait ainsi observer dès les années 1980 : « Que l'écrit change de forme et cela a aussitôt des incidences sur les techniques employées par le lecteur. Inversement, le lecteur, par ses pratiques, influence et impose des techniques de mise en forme de ce même écrit. »

Depuis l'affiche publicitaire jusqu'à l'écran de l'ordinateur en passant par le mode d'emploi, le paysage des « objets à lire » est particulièrement vaste et éclectique. Dans les actes les plus banals de notre vie quotidienne, nous sommes confrontés à une quantité d'écrits de natures très différentes dont il serait quasiment impossible de dresser une liste véritablement exhaustive.

La pluralité des supports à lire entraîne une pluralité des modes de lecture. On ne lit pas un roman comme on lit un horaire de train : chaque support, chaque type d'écrit particulier implique un mode de lecture spécifique adapté à sa forme qui soit susceptible de répondre aux visées communicatives de cet écrit (et, bien entendu, au projet du lecteur). Pour prendre un exemple se rapportant à un acte courant, lorsque je consulte un dictionnaire, ma lecture est d'abord sélective et elle ne se préoccupe aucunement du sens lorsqu'elle vise à repérer l'article recherché. Cette lecture devient ensuite linéaire et vise la compréhension du texte, lorsqu'elle s'exerce directement sur cet article. La lecture d'un récit littéraire sera de nature encore différente : le lecteur sera amené à introduire une dimension prospective à son activité en émettant des hypothèses sur les suites de ce récit (Comment le personnage va-t-il résoudre le problème qui lui est posé ? Que va-t-il lui arriver ensuite ?...), à construire des inférences de manière à dégager l'implicite du texte, d'en interpréter certains aspects, le cas échéant en s'appuyant sur sa culture (car tout n'est pas dit dans le texte littéraire, l'auteur intégrant à son acte de production les savoirs et la créativité du lecteur)...

Le champ des objets à lire évolue avec les nouvelles technologies. En son temps, l'invention de l'imprimerie bouleversa l'univers du livre et de la lecture ; il en est aujourd'hui de même avec l'essor – considérable cette dernière décennie – des nouvelles technologies de l'information et de la communication.

B. Les nouveaux supports

a. Nouveaux supports et nouvelles problématiques de lecture

Cet aspect fera l'objet d'un développement particulier, compte tenu de l'ampleur sociale du phénomène qu'il représente et des spécificités inédites qu'il présente. Nous alimenterons notre réflexion aux travaux du Centre de la lecture de Paris, en nous référant au numéro de septembre 1998 de la revue *Les Actes de la lecture* où le problème est excellemment posé par Michel Violet. Avec l'arrivée des nouveaux supports informatiques : cédérom et hypertexte, les schémas classiques d'exploration de l'écrit, les distributions des rôles bien huilés entre le lecteur et l'auteur tels qu'ils sont traditionnellement définis depuis des décennies ont été (et sont encore) en bien des aspects mis à mal.

b. La lecture du texte tabulaire

S'il est vrai qu'elles se sont d'abord développées sur des supports papiers (notamment à travers la presse écrite depuis la fin du XIXe siècle), les configurations tabulaires où se conjuguent des messages textuels et des messages iconiques ont « explosé » avec les supports électroniques. Le parcours de lecture pouvant s'amorcer à partir de n'importe quelle unité illustrative figurant sur la page et opérer à partir d'elle de multiples trajets laissés à l'entière initiative du lecteur, on observera que de telles configurations impliquent une délinéarisation de la lecture, celle-ci – fragmentaire, subjective et parfois aléatoire – s'opérant pour reprendre la formule de Vandendooren (1999) « dans une synthèse personnelle fortement teintée d'affectivité ».

c. La « lecture » des cédéroms

Où est l'auteur ? interroge Michel Violet, faisant observer que l'objet cédérom (dont le contenu informationnel est sans commune mesure avec celui du support-papier) est le produit d'équipes techniques agissant en lieu et place de l'auteur classique. Pas d'intention claire et précise de cet « auteur » envers le lecteur : le statut dévolu au « lecteur-modèle » (selon les termes d'Umberto Eco) à travers ce type de support est aujourd'hui difficile à cerner. « Ce dernier – souligne Michel Violet – doit développer des techniques encore plus sophistiquées de recherche et de déductions pour appréhender ce qu'on cherche à lui dire et à lui cacher, la direction qu'on cherche à lui faire prendre. Quelles techniques doit-on développer pour tenter de débusquer les intentions de cet auteur ? Face à la masse d'informations mises à sa portée sans véritable « mode d'emploi », le lecteur se trouve livré à lui-même. » Le lecteur doit en effet, selon ses propres repères, gérer la profusion des documents et des informations (ce qui pose la question des techniques à mettre en place pour éliminer, classer, trier les informations en fonction du projet initial) et en évaluer la fiabilité.

d. La maîtrise de l'hypertexte

La possibilité offerte par les écrits numériques de faire fonctionner des « liens hypertextes » pose également au lecteur des problèmes inédits. Pour ne pas se perdre dans l'« inextricable labyrinthe des clics », le lecteur doit savoir anticiper à la fois la logique des liens qui lui sont proposés et ce que leur utilisation est susceptible de lui apporter. Pour imager le défi qui lui est posé, nous dirons que celui-ci doit être en mesure de déterminer sa « carte de navigation » et, bien entendu, de la suivre de manière efficace. Ce parcours à bifurcations multiples se démarque radicalement du parcours traditionnel qui s'exerce dans l'espace confiné de l'objet-livre, selon des techniques souvent éprouvées. Ici, en effet, le lecteur est beaucoup moins guidé par la forme matérielle du document et se trouve par conséquent beaucoup plus livré à ses propres initiatives. Cette forme matérielle n'est plus inscrite dans le concret de l'objet mais « se trouve enfouie dans une structure abstraite à découvrir et à entretenir ».

C. Les nouvelles technicités

Ces nouvelles exigences et ces nouvelles maîtrises appellent, de la part du lecteur, de nouvelles technicités. Nous en retiendrons deux qui nous paraissent essentielles.

a. La maîtrise d'un « nouveau langage médiatique »

Fondamentalement fonctionnel, ce nouveau langage répond à un souci d'économie (gagner du temps dans les manipulations et les recherches) et de précision. Il repose sur un système de signes (par exemple, le signe flèche droite en bas de page signifiant « aller à la page suivante ») appelé par certains spécialistes « la schématique », système qui va en se développant et se complexifiant.

b. La maîtrise de nouvelles modalités de lecture et de traitement des informations

On observe le développement de supports tendant à incruster, telles les poupées russes, un type d'écrit dans un autre. Michel Violet illustre ce phénomène en se référant à *Teddy Bear*, bande dessinée interactive se déroulant à la fin de la Seconde Guerre mondiale qui permet au lecteur de croiser sa lecture fictive avec la consultation au cours de cette lecture, de documents historiques, de cartes, d'animations relatives aux opérations, etc., imbriquant ainsi de manière étroite lecture documentaire et lecture de fiction.

La structure hypertextuelle est en passe de modifier profondément les pratiques de la lecture et l'identité même de ce qu'on entend par « texte ». Sur le plan de la lecture, l'hypertexte introduit une dimension nouvelle d'interactivité qui fait du lecteur le créateur de son propre parcours et, d'une certaine manière, le co-auteur de son texte. Cette mutation de la fonction lecteur vers une fonction auteur est encore accentuée dans tous les cas où le lecteur peut intervenir en annotant ou réécrivant le texte qu'il est en train à la fois de lire et de composer.

2. L'acte de lecture

A. Le rapport du lecteur au texte : l'activité du lecteur

Le texte a longtemps été considéré comme le produit exclusif d'un auteur. Cette conception cantonnait le lecteur dans un rôle passif de réception de significations données une fois pour toutes par le texte sur lequel il n'avait aucune influence. Elle a été remise en cause, dans les années 1970, par un courant théorique porté par Goodman et Smith.

Ces auteurs ont en effet défendu l'idée que la lecture n'était pas fondamentalement une activité de prise d'informations à partir de lettres et de mots, mais qu'elle consistait pour l'essentiel en l'élaboration d'hypothèses sur la signification du texte lu, hypothèses que le lecteur soumettrait régulièrement à examen en les confrontant avec les données recueillies – pas nécessairement de manière systématique – dans le texte lu. C'est dire qu'on insistait, dans cette perspective, **sur la contribution fondamentale du lecteur lui-même**, à travers notamment les connaissances initiales qu'il peut mettre en œuvre face au texte. Ceci explique qu'on ait été conduit, à partir de ces analyses théoriques, à définir les composantes de l'acte communicatif qu'est la lecture et à mettre l'accent sur les stratégies du lecteur (rôle du contexte, des attentes, des références, etc.).

B. Les modèles de la compréhension en lecture

a. Le modèle ascendant (ou « de bas en haut » ou « bottom up ») : primauté du texte sur le lecteur

Selon G. Chauveau faisant référence aux travaux de Laberge et Samuels (1974), l'acte de lire peut – dans le cadre de ce modèle – être ainsi schématisé :

1. Opérations perceptives sur les graphèmes
2. Appréhension des unités lexicales
3. Opérations syntaxico-cognitives
4. Déterminations sémantiques.

En conséquence, ce traitement donne la priorité au traitement des lettres pour accéder en dernier ressort au sens du texte. Ce modèle est qualifié d'ascendant dans la mesure où il part des unités de « bas niveau » (les lettres) pour n'arriver au texte qu'en final. Il donne en conséquence la priorité au travail sur le code comme voie unique d'accès au sens.

Dans cette perspective, on considère que seul le texte est porteur d'informations qu'il appartient au lecteur de saisir à travers son travail de décryptage. D'où la prédominance de la stratégie graphophonétique, le lecteur ne pouvant selon ce modèle accéder au sens du texte qu'à travers un exercice maîtrisé des correspondances entre les graphèmes et les phonèmes (d'où le statut de la lecture orale à l'école).

b. Les modèles descendants (ou « de haut en bas » ou « top down ») : primauté du lecteur sur le texte

Le modèle dit *descendant* traduit une conception inverse mettant **l'activité du lecteur au centre du processus de lecture**. Celui-ci, prenant appui sur ses connaissances stockées dans sa mémoire à long terme, anticipe la signification possible du texte pour « descendre » ensuite vers ce texte. La lecture se joue en trois actes : anticipation sur le sens du texte, vérification du sens supposé et enfin confirmation (ou infirmation) de l'hypothèse de sens. Ce processus n'implique pas la captation de tous les indices visuels portés par le texte. S'inscrivant dans une logique de résolution de problème et privilégiant la compréhension, il mobilise prioritairement le recours aux stratégies de reconnaissance globale, contextuelle et encyclopédique. Ainsi, selon Goodman (1985) : « La lecture est un jeu d'essais et d'erreurs où le lecteur choisit dans les signes graphiques les indices les plus productifs, anticipe la suite du texte, vérifie ses hypothèses. »

Les modèles d'enseignement qui découlent de cette conception suggèrent d'initier les lecteurs débutants à partir de textes et de phrases qui leur sont familiers et dont la signification leur est connue dans le but de faciliter l'anticipation et la mémorisation globale des mots.

c. Le modèle interactif

Le modèle interactif pose quant à lui l'identification des mots comme dépendant à la fois des données graphiques du texte (aspect renvoyant au modèle ascendant) et de ses données contextuelles (aspect renvoyant au modèle descendant). Plutôt que d'opposer ces éléments antagonistes, l'approche interactive non seulement les accepte mais les inclut dans son dispositif d'apprentissage. Les effets de ces deux composantes ne font pas que s'additionner dans l'acte de lecture : l'interactivité implique en effet entre elles un jeu d'influence réciproque conduisant à l'accès au sens. Jean-Pierre Gaté résume ainsi les termes de cette association : « le code comme outil au service de l'acte lexique et le sens comme visée de l'acte sont interdépendants et autant nécessaires l'un que l'autre[1] ».

C. Les stratégies de lecture

a. Définition

On parle de stratégies de lecture pour désigner la manière dont on lit un texte. Deux paramètres sont essentiels dans la définition des stratégies de lecture : la situation et les objectifs visés par la lecture. La maîtrise d'un éventail ouvert de stratégies et l'aptitude à choisir dans une situation donnée la stratégie la mieux adaptée constituent des compétences de lecture essentielles.

b. Les types de stratégies

Sans prétendre établir une typologie scientifique de ces stratégies, nous en donnerons quelques exemples, en nous référant à certains chercheurs qui se sont intéressé à cet aspect.

---

1 Jean-Pierre Gaté, *Éduquer au sens de l'écrit*, Nathan, 1998, page 34.

Citons **S. Moirand** (1980) qui, évoquant différentes manières de lire, donne les exemples de la **lecture sélective** et de ses contraires : la **lecture intégrale,** le **déchiffrage** ou encore la « **traduction mot à mot** ».

F. Cicurel propose dans sa typologie une gamme beaucoup plus large de stratégies. On peut observer que ces stratégies se définissent, pour l'essentiel, en référence aux objectifs poursuivis par le lecteur. La nature du texte détermine également la stratégie dans le cas de la « lecture-action ».

Type de stratégie	Objectif visé par la lecture
Lecture studieuse	Tirer le maximum d'informations du texte.
Lecture balayage	Prendre connaissance de l'essentiel du texte.
Stratégie de sélection	Rechercher une information ponctuelle.
Lecture-action	Réaliser une action à partir d'un texte contenant des consignes.
Lecture oralisée	Communiquer une information écrite.

D. Les processus en jeu dans l'acte de lire

Dans cette partie, nous nous référerons largement aux concepts et aux terminologies définis par J. Giasson. Celle-ci distingue les structures et les processus.

Les **structures** étant « les caractéristiques que possède le lecteur indépendamment des situations de lecture », en l'occurrence les connaissances relatives à la langue et les connaissances sur le monde (connaissances de tous ordres : historiques, géographiques, biologiques, mathématiques, pragmatiques, etc.), les **processus** renvoient « aux habiletés nécessaires pour aborder un texte ».

J. Giasson distingue cinq types de processus :

- **les microprocessus :** touchant à l'identification des mots et à la compréhension de l'information contenue dans une phrase ;
- **les processus d'intégration** ayant pour fonction « d'effectuer les liens entre les propositions ou les phrases » ;
- **les macroprocessus** qui portent sur la compréhension globale du texte (identification des idées principales et perception de la structure du texte) ;
- **les processus d'élaboration** qui permettent au lecteur d'aller chercher la signification du texte hors de ce texte, le lecteur s'appuyant dans cette perspective sur ses connaissances, sur sa culture et sur ses capacités d'inférence pour combler les « blancs » du texte, en interpréter les allusions et les ambiguïtés...
- **les processus métacognitifs**, enfin qui permettent de réguler la compréhension en fonction de la lecture.

Le microprocessus d'identification des mots

Les instructions officielles de 2007 de l'école primaire décrivent de manière explicite le processus de reconnaissance des mots tel qu'il est officiellement acté : « Pour identifier un mot, le lecteur doit relier une information visuelle (le mot écrit) à un savoir déjà acquis du fait de l'apprentissage de la parole : l'image acoustique de ce mot (la représentation des phonèmes qui le constituent) et sa (ou ses) signification(s). Deux manières de parvenir à ce résultat sont disponibles : la voie directe et la voie indirecte. »

■ **Identification des mots par voie indirecte : le déchiffrage :** « On peut retrouver un mot dont on n'a pas mémorisé l'image orthographique en recourant à la voie indirecte, c'est-à-dire son déchiffrage. Dans ce cas, les lettres sont assemblées pour constituer des syllabes prononçables, le mot est prononcé et comparé aux mots proches dont on a déjà la mémoire auditive dans la mémoire. »

■ **Identification des mots par voie directe : lecture courante :** « Ce type d'identification est possible si le lecteur dispose déjà, dans sa mémoire, d'une image orthographique du mot. Dans ce cas, le mot est quasi instantanément reconnu, à la fois visuellement, auditivement et sémantiquement. On sait aujourd'hui que le lecteur ne s'appuie pas sur la silhouette du mot pour l'identifier mais sur la perception très rapide des lettres qui le composent. »

L'identification par voie directe constitue donc le mode expert d'accès à l'identification et à la compréhension des mots, la reconnaissance par voie indirecte ne constituant qu'une étape transitoire pour accéder à la maîtrise de ce mode. Lorsque le lecteur connaît déjà le mot à lire, il le reconnaît visuellement en identifiant les lettres qui le composent puis il active simultanément trois représentations du mot : sa représentation orthographique (aspect visuel), sa représentation phonologique (sa prononciation), sa représentation sémantique (sa signification). Pour autant, les auteurs des textes officiels laissent implicitement entendre que les compétences acquises dans la phase d'identification directe entrent dans le processus d'accès direct aux mots, dans la mesure où cet accès s'appuie sur « la perception très rapide des lettres » qui composent les mots, autrement dit sur une pratique « virtuose » de l'identification par voie indirecte.

E. En conclusion...

D'une manière générale, le lecteur expert est « polyvalent », en ce qu'il mobilise pour lire différents types de capacités. L'exercice de cette polyvalence répond à une triple nécessité d'adaptation : adaptation de la lecture au type de texte pratiqué, adaptation au type de support qui porte le texte, adaptation à la situation qui en motive la lecture. Pour lire, il est de fait nécessaire de mobiliser efficacement des compétences de natures différentes :

– la capacité à définir un projet de lecture adéquat au regard de ce qui motive l'acte de lecture : lecture-plaisir gratuite, affranchie de toute visée utilitariste (lecture de poésie, par exemple), lecture fonctionnelle tournée vers le faire (lecture d'un mode d'emploi, d'une recette, etc.), lecture pour apprendre (manuel scolaire), etc. ;

– la capacité à anticiper les stratégies de lecture adaptées à la réalisation de ce projet et à sélectionner le mode de lecture adéquat. Ce qui suppose que le lecteur dispose d'une palette de lecture suffisamment ouverte intégrant des modes de lecture diversifiés à même de répondre aux différentes situations et aux différents supports que ce lecteur est susceptible de rencontrer.

4 | La littérature

1. Quelques caractéristiques de l'œuvre littéraire et de sa lecture

A. Statut du lecteur

L'une des particularités du texte littéraire tient dans le rapport particulier qu'il entretient avec le lecteur. Si ce type de production répond, comme c'est le cas pour tout texte, à une visée communicative de l'auteur, il n'en demeure pas moins que celui-ci instaure une relation au lecteur originale en bien des aspects. Parmi ces aspects, nous soulignerons la charge d'implicite et d'ambiguïté dont le texte littéraire est intrinsèquement porteur. Le texte littéraire convoque en effet des itinéraires d'information souvent déroutants pour un récepteur « ordinaire » qui ne rechercherait, à travers la lecture, que l'accès à un message doté d'un sens irréfutable et unique, susceptible d'établir un consensus auprès de tout lecteur : parties volontairement elliptiques que le lecteur doit combler par ses hypothèses et son imagination, espaces textuels sciemment livrés à l'interprétation de ce lecteur, indispensable médiation de l'intertextualité pour comprendre pleinement le texte, etc.

La communication entre l'auteur et le lecteur est encore affectée par les décalages plus ou moins marqués entre l'espace-temps de l'émission et l'espace-temps de la réception du « message » littéraire. Ce qui est clairement signifiant pour un lecteur en un lieu et à un moment donnés ne l'est plus nécessairement (ou plus autant) en un autre lieu ou à une autre période. Or, il se trouve qu'à la différence des écrits éphémères et utilitaires, l'œuvre littéraire a pour particularité de traverser le temps et les cultures. Comment, par exemple, est reçu et compris un texte de littérature médiévale par un lecteur du XXIe siècle non initié à la culture de cette époque ? Quel est le degré de contre-sens porté par l'interprétation d'un « message » littéraire lié au décalage entre le temps de sa production et celui de sa réception ?

Ces questions essentielles posent le problème plus général du rôle du lecteur dans la construction du sens véhiculé par le texte.

B. L'interprétation : apprécier le sens pluriel d'un texte

Alors qu'une tradition fondée sur l'histoire de la littérature a longtemps mis en avant l'auteur comme garant exclusif du sens (*intentio operis*), le XXe siècle déplace les centres d'intérêt vers la lecture et la réception (*intentio lectoris*). De simple récepteur d'un sens définitivement donné et verrouillé par l'auteur, le lecteur acquiert le statut de producteur de sens. C'est que le texte littéraire n'est pas, comme nous l'avons souligné précédemment, investi d'une signification unique. Idée que souligne Roland Barthes indiquant qu'interpréter un texte « ce n'est pas lui donner un sens, c'est au contraire **apprécier de quel pluriel il est fait** ».

Cependant, si le travail du lecteur est aujourd'hui pleinement reconnu comme un acte d'engagement et d'initiative dépassant la simple compréhension du texte, la marge d'initiative de ce lecteur reste – très légitimement – balisée par des données textuelles tangibles, objectives et vérifiables : on ne peut en effet (et heureusement !) faire dire au texte ce que l'auteur n'aurait voulu dire. La lecture interprétative doit être conçue comme l'expression d'un juste équilibre entre les « droits » du texte (la reconnaissance de ce que ce texte exprime de manière sûre et incontestable mais aussi, de toute évidence, de ce qu'il ne peut pas vouloir dire) et les « droits » du lecteur (ce que les espaces d'initiative ménagés par l'auteur autorisent ce lecteur à « faire dire » au texte). On peut donc définir l'interprétation comme le *plausible* du texte attesté par le *certain* du texte. Cet aspect essentiel est clairement développé dans les travaux de Catherine Tauveron et repris dans les compléments aux programmes de littérature de l'école primaire de 2002 (qui fixent les concepts-clés de la littérature).

C. L'intertextualité

Depuis 2002, les programmes de l'école primaire associent la didactique de la littérature au concept de « lecture en réseau » renvoyant à la notion générale d'intertextualité. Rien d'étonnant à ce que les programmes de 2015 réitèrent les références explicites à cet aspect fondamental touchant à l'essence même de la littérature[1]. La notion d'intertextualité est issue des travaux des formalistes russes et en particulier de Mikhaïl Baktine. L'intertextualité peut être conçue comme une étude des sources, allusions et références y compris implicites mais aussi, selon L. Kenny, comme « le travail de transformation et d'assimilation de plusieurs textes opéré par un texte centreur qui garde le leadership du sens ». L'intertextualité se définit encore comme l'ensemble des liens existant entre les textes de toutes époques ou de la même époque, du même auteur ou d'auteurs multiples.

De nombreux textes de natures diverses tirent en partie leur substance d'autres textes écrits antérieurement. Ces textes sources, ressources ou références peuvent avoir été produits par l'auteur même du texte (c'est le cas d'un premier jet ou d'un jet intermédiaire d'écriture, par exemple) ou émaner d'un autre ou d'autres émetteurs. On ne saurait assimiler ces « emprunts » à des entreprises de plagiat. Il faut en effet rappeler que le plagiat se définit comme une appropriation indue et comme une simple copie, l'intertextualité renvoie, pour sa part, à une assimilation limitée et « honnête » qui s'inscrit dans le tissu d'un texte créé et non simplement reproduit. Refusant la spécialisation propre aux textes scientifiques, la littérature dont les productions sont par essence « culturellement lourdes » constitue le terrain d'excellence des rencontres et des enchevêtrements intertextuels.

L'intertextualité peut se manifester à travers :

1. *Le Bulletin officiel spécial* n° 11 du 26 novembre 2015, qui précise les repères de progressivité du cycle 3, indique notamment à ce propos : « Ces lectures s'organisent autour d'entrées qui appellent les mises en relation entre les textes et d'autres documents ou œuvres artistiques. La lecture d'œuvres intégrales est ainsi mise en relation avec des extraits d'autres œuvres ainsi qu'avec des œuvres iconographiques ou cinématographiques. »

– **l'imitation de modèles antérieurs**: du XVIe au XVIIIe siècle, les auteurs s'inspirent d'œuvres antiques gréco-latines (écrivains de la Pléiade du XVIe siècle, dramaturges du XVIIe siècle tels Corneille ou Racine).

– **les « échos » intertextuels du texte**:
- citations à l'intérieur d'une œuvre, allusions explicites ou implicites à d'autres œuvres (du même auteur ou d'autres auteurs);
- variations particulières, dans différentes œuvres, sur un thème commun;
- réactualisations d'œuvres antérieures (versions avec transposition de personnages, de lieux, d'époques, etc.).

– **la parodie ou le pastiche**[1].

2. Présentation de quelques genres notoires

Face à l'extrême diversité des types existant dans le champ littéraire, nous nous limiterons à ne répertorier ici que quelques genres notoires couramment pratiqués en milieu scolaire dont nous dégagerons les caractéristiques les plus marquantes.

A. Œuvres de fiction à portée didactique et morale: conte et fable

a. Le conte

Le conte peut être défini à travers trois caractéristiques:
– c'est une œuvre de fiction, les événements imaginés pouvant toucher au merveilleux (présence du surnaturel accepté comme tel par le lecteur);
– sa vocation est de distraire tout en instruisant: à l'origine, le conte est souvent porteur d'une morale explicite et formelle[2]; il véhicule toujours une morale implicite à travers son récit;
– il tire ses racines de la tradition orale et relève du folklore au même titre que les chansons.

b. La fable

Le *Dictionnaire du français contemporain* définit la fable comme un: « petit récit, écrit généralement en vers et illustrant un précepte, une morale ». Définition trouvant écho dans le *Dictionnaire du littéraire* qui – tout en soulignant les fluctuations conceptuelles qui affectent la signification du mot – dégage quelques caractéristiques fortes de ce type de production littéraire:
– présence d'animaux;

1. Voir plus loin les définitions de ces deux concepts.
2. Cette morale est souvent occultée dans les éditions modernes destinées aux enfants (voir sur ces aspect les premières éditions des contes de Perrault).

– présence d'un personnage roué usant de la ruse pour résoudre ses problèmes ;
– caractère fictif et allégorique du récit ;
– portée exemplaire et didactique de ce récit.

On peut observer que si la forme versifiée est évoquée comme étant d'utilisation courante dans la fable, elle n'est pas pour autant retenue comme un aspect essentiel de ce concept.

B. Œuvres s'appuyant sur une (ou des) œuvre(s) préexistante(s) : parodie, pastiche et réécriture

a. Parodie, pastiche

La **parodie** est l'imitation d'un modèle canonique détourné de son sens initial. Dans le domaine littéraire, il s'agit d'une transformation de texte à des fins comiques ou satiriques. S'il y a également imitation dans le **pastiche,** cette imitation reste exclusivement stylistique (elle porte sur le style d'un auteur ou d'une époque). D'autre part, contrairement à la parodie, cette imitation ne vise pas nécessairement un effet comique.

b. Réécriture

Strictement, la réécriture est une action par laquelle un auteur écrit une nouvelle version de l'un de ses textes. Plus largement, ce terme s'applique à toute reprise d'une œuvre antérieure, indépendamment de son auteur, que les références à l'œuvre originale y soient explicites ou implicites.

C. Œuvres dont le sujet est centré sur l'auteur

a. Biographie

La biographie est un genre consacré au récit de vies authentiques. Ce genre répond à des visées édifiantes en mettant en lumière les valeurs incarnées par les vies relatées ou leur importance historique.

b. Autobiographie

Ce genre particulier se définit selon P. Lejeune cité par le *Dictionnaire du littéraire*, comme un « récit rétrospectif en prose qu'une personne réelle fait de sa propre existence, lorsqu'elle met l'accent sur sa vie individuelle, en particulier sur l'histoire de sa personnalité ». Le mot autobiographie désigne donc une catégorie de mémoires essentiellement focalisés sur la vie de leurs auteurs.

Un auteur peut travestir la dimension autobiographique de sa production en attribuant des faits de sa vie réelle à un personnage fictif (roman autobiographique). Sans être globalement autobiographique, une œuvre peut intégrer des éléments relevant du vécu réel de l'auteur. Il est fréquent qu'un texte littéraire présente des « résurgences » parfois involontaires et peut-être « inconscientes » de faits de vie relevant de l'histoire personnelle de l'auteur.

Les formes littéraires associées à ce genre sont multiples : souvenirs, journaux intimes, carnets, romans autobiographiques, etc.

3. Le récit littéraire

A. Statut des personnages

a. Le modèle sémio-pragmatique

Dans la lignée des travaux effectués par Umberto Eco dans *Lector in fabula*[1], une approche sémio-pragmatique étudie le personnage comme « effet de lecture ». En d'autres termes, la narration (la manière dont le narrateur effectue sa présentation, sa mise en scène) influence l'image que retient le lecteur d'un personnage et les sentiments qu'il lui inspire.

Selon Vincent Jouve, les personnages peuvent induire trois types différents de lecture : « Un personnage peut se présenter comme **un instrument textuel** (au service du projet que s'est fixé l'auteur dans un roman particulier), **une illusion de personne** (suscitant, chez le lecteur, des réactions affectives), ou **un prétexte** à l'apparition de telle ou telle scène. »

b. L'approche sémiologique du récit[2]

Une approche est qualifiée de sémiologique lorsqu'elle choisit d'étudier un aspect (par exemple le personnage) sur le modèle du signe linguistique. Ainsi, le personnage devient le « signe » du récit et se prête à la même qualification que les signes de la langue. De ce fait, on peut classer les personnages d'un récit en trois catégories :

- **les personnages référentiels** : ils visent à refléter la réalité (personnages historiques [Napoléon], mythologiques [Vénus, Zeus] ou sociaux [l'ouvrier, le chevalier]) ;
- **les personnages embrayeurs** : ils dessinent la place de l'auteur ou du lecteur dans la fiction (narrateur-témoin, observateur) ;
- **les personnages anaphores** : ils ont pour fonction de rappeler des données importantes ou de préparer la suite du récit (historien, enquêteur, biographe, devin, prophète, etc.).

B. Structure du texte narratif

a. Le schéma actantiel

Reprenant l'idée d'anthropologie structurale développée par Lévi-Strauss dans les années 1960, Greimas essaie de décrire la structure profonde globale des textes narratifs. Dans cette perspective, il pose l'hypothèse que tout récit classique est fondé sur une opposition fondamentale entre les personnages, opposition qui peut être résolue ou non dans l'espace de la narration[3]. Le parcours narratif peut être assimilé à la réalisation d'un contrat qui amène le héros à subir plusieurs épreuves

1. Voir Umberto Eco, *Lector in fabula, le rôle du lecteur*, Grasset, 1985.
2. Voir Philippe Hamon, « Pour un statut sémiologique du personnage », in *Poétique du récit*, Seuil, 1977.
3. Voir Julien Greimas, *Sémantique structurale*, Larousse, 1966.

pour la réalisation de ce contrat. Dans la problématique de Greimas, les actants correspondent à des archétypes fonctionnels, pouvant s'incarner de manière très variée dans des contextes discursifs multiples. Le célèbre **schéma actanciel** défini par A. J. Greimas en 1966 rend compte de cette problématique.

- Une **quête** est « commandée » par un émetteur (ou destinateur) au bénéfice d'un destinataire. La quête est tournée vers un « objet » : conquête d'un objet dans son sens matériel (la quête du Graal), mais aussi conquête d'un sentiment (amitié, amour d'une princesse convoitée, etc.). En tout état de cause, la quête constitue le moteur du récit. Tous les personnages qui en tirent profit sont les *bénéficiaires*.
- **Un personnage central, le héros**, poursuit la quête en ayant pour projet ou pour mission d'obtenir l'objet de la quête au prix d'épreuves.
- Les **adjuvants** : personnages, événements ou objets positifs aident le héros dans sa quête.
- Les **opposants** : personnages, événements ou objets négatifs cherchent à l'inverse à faire obstacle à la réalisation de la quête.

b. Le schéma quinaire

Le schéma quinaire est un type de schéma narratif initié par les travaux de Tzvetan Todorov qui décrit la structure du récit en ces termes : « Un récit idéal commence par une situation stable qu'une force quelconque vient perturber. Il en résulte un état de déséquilibre ; par l'action d'une force dirigée en sens inverse, l'équilibre est rétabli ; le second équilibre est bien semblable au premier, mais les deux ne sont jamais identiques. Il y a par conséquent deux types d'épisode dans un récit ; ceux qui décrivent un état (d'équilibre ou de déséquilibre) et ceux qui décrivent le passage d'un état à l'autre[1]. »

Selon Paul Larivaille, l'intrigue (l'histoire) se résume dans toute œuvre selon le schéma quinaire.

1. **Situation initiale (ou situation d'équilibre)** : le décor est planté, le lieu et les personnages introduits et décrits.
2. **Complication (ou problème ou élément déclencheur)** : un événement vient perturber la situation initiale et enclenche une suite d'épreuves.
3. **Actions (ou épreuves)** : les personnages s'efforcent de résoudre le problème à travers ces épreuves.
4. **Résolution (sanctions)** : conséquences des actions engagées pour résoudre le problème.
5. **Situation finale** : résultante de la résolution, retour à un équilibre final.

C. Rapports récit/histoire – ellipses narratives

Pour comprendre la portée de l'ellipse, il faut d'abord se référer aux distinctions fondamentales apportées par Gérard Genette entre *histoire* et *récit*. L'*histoire* désigne l'ensemble des données considérées dans toute leur plénitude et dans tous leurs détails, susceptibles de rendre compte de manière exhaustive d'événements

1. Tzvetan Todorov, *Qu'est-ce que le structuralisme ?*, tome 2, *Poétique*, Seuil, 1968.

réels ou fictifs. Le *récit* est la restitution – écrite ou orale – que l'on fait de ces mêmes événements. Quels que soient le souci d'exhaustivité du narrateur et la précision de sa restitution, celle-ci – qui se mesure en mots, lignes, pages, chapitres – est nécessairement finie. Le narrateur dilate certains aspects de l'histoire (un instant de l'histoire peut donner lieu à des développements sur plusieurs pages), réduit d'autres aspects (des décennies d'événements peuvent être « résumés » en quelques lignes, voire en quelques mots) et en passe d'autres totalement sous silence. Un récit ne peut rendre compte de l'histoire dans son intégralité (on pourrait consacrer des chapitres entiers à une simple description), ces omissions appelées ellipses narratives expriment également des options d'auteur, celui-ci ménageant volontairement des zones d'ombre dans son récit et laissant alors à l'imaginaire de son lecteur le soin de les combler.

La notion de point de vue narratif

La focalisation fait référence au foyer de perception de l'univers contenu dans un texte narratif à partir duquel les éléments de cet univers sont décrits et racontés. On distingue habituellement trois types de focalisation conceptualisés par le théoricien de la littérature, Gérard Genette : focalisation zéro, interne et externe.

- **Focalisation zéro** (point de vue omniscient) : le narrateur démiurge sait **tout des personnages** (pensées, sentiments, passé, avenir, etc.). La focalisation est donc, dans ce cas de figure, totale, exhaustive et subjective.
- **Focalisation interne** : le narrateur raconte tout ce qu'il voit, tout ce qu'il sait, tout ce que pense un personnage. La réalité portée par le texte narratif est décrite de manière subjective du point de vue particulier de ce narrateur.
- **Focalisation externe** : l'histoire est racontée à travers le regard d'un narrateur extérieur à l'histoire et qui n'y participe pas. Témoin exclusif des événements et des personnages dont il rend compte, le narrateur est « condamné » à la neutralité et à l'objectivité. Le lecteur est enfermé dans un point de vue qui ne lui livre que la surface des choses.

REMARQUE Dans la majorité des romans, les trois points de vue coexistent en alternance et s'inscrivent donc dans la focalisation variable : la focalisation se déplace d'un personnage à un autre ou est indéterminable.

Étude de la langue française

Le cours

1 | Les types et formes de phrase

La langue française présente quatre types de phrase et huit formes de phrase.

Types de phrase
Déclaratif (ou assertif) Impératif Interrogatif Exclamatif

Formes de phrase
Actif/Passif Neutre/Emphatique Personnel/Impersonnel Affirmative/Négative

1. Les types de phrase

Les types de phrase se définissent par rapport aux modalités. Les modalités désignent l'attitude de l'énonciateur envers son énoncé. Chaque phrase est obligatoirement affectée d'une modalité et d'une seule. Il existe dans notre langue quatre modalités possibles : la modalité assertive, la modalité interrogative, la modalité jussive et la modalité exclamative.

Modalité	Type de phrase	Attitude de l'énonciateur
Assertive	Déclarative	Vise l'affirmation d'une réalité.
Interrogative	Interrogative	Sollicite une réponse de l'interlocuteur.
Jussive	Impérative	Vise à obtenir de l'interlocuteur un comportement ou la réalisation d'une action.
Exclamative	Exclamative	Témoigne d'une émotion, d'une perception subjective de l'énonciateur.

A. La phrase interrogative

a. Cadre d'utilisation

La phrase interrogative correspond généralement à un acte de langage bien déterminé : questionner. Impliquant le dialogue, la phrase interrogative ne peut, d'une manière générale, se retrouver que dans des types de texte impliquant des séquences dialogiques (textes narratifs) ou dans des types d'écrit de nature dialogique (texte de théâtre, interview, etc.).

Valeurs particulières de la phrase interrogative

Certaines situations de communication impliquent des emplois particuliers de la phrase de type interrogatif qui peut alors avoir :

– une **valeur injonctive**

Exemple : En classe : *Allez-vous vous taire ?*, phrase de valeur équivalente à : *Taisez-vous !*

– ou une ***valeur rhétorique***

Exemple : *Qu'avez-vous à me reprocher ?*, phrase de valeur équivalente à : *Vous n'avez rien à me reprocher* ou *Je vous mets au défi de me citer un seul fait susceptible de m'être reproché.*

b. Interrogation totale, interrogation partielle

■ **Interrogation totale**

À travers celle-ci, le locuteur vise à obtenir des informations sur la véracité d'un fait. Cette question appelle obligatoirement de la part de l'interlocuteur une réponse positive ou négative.

Exemple : *Pleut-il ?* Réponse : *Non, il fait beau temps* ou *Oui, il tombe des seaux.*

■ **Interrogation partielle**

Le locuteur détient déjà certaines informations sur une réalité ; sa question vise uniquement à compléter ces informations.

Il faut ainsi distinguer :

- *Tu viendras ?* : interrogation totale appelant une réponse affirmative ou négative ;
- *Quand viendras-tu ?* : interrogation partielle ne portant ici que sur **le moment** où se réalisera un fait déjà connu du locuteur, à savoir le moment de la venue de l'interlocuteur.

Il est à noter que, dans le second cas, l'aspect particulier sur lequel porte l'interrogation (l'aspect temporel) est marqué par le mot interrogatif (*quand*) introduisant la phrase.

c. Caractéristiques de la phrase interrogative

Interrogation totale	Interrogation partielle
– Intonation ascendante culminant sur la dernière syllabe à l'oral. – Point d'interrogation en fin de phrase à l'écrit. – Emploi de la particule interrogative : est-ce que située en tête de phrase. L'ordre des constituants reste le même que dans la phrase assertive *(Est-ce que tu viens à la maison ?)*. – ou inversion du sujet *(Viens-tu ?)* avec adjonction d'un trait d'union entre le sujet et le verbe.	– Intonation descendante : le ton le plus haut porte sur le mot interrogatif situé en tête de phrase. – Point d'interrogation en fin de phrase à l'écrit. – Inversion du sujet avec adjonction d'un trait d'union. – Emploi de mots introducteurs, selon les cas : déterminants, pronoms interrogatifs ou adverbes interrogatifs.

Inversion du sujet

- **Interrogation totale :**

 – Inversion simple

 Si le sujet est un pronom personnel, il est placé :

 – immédiatement après le verbe (forme simple) : *Dort-**il** ?*

 – entre l'auxiliaire et le verbe (forme composée) : *Ont-**ils** terminé ?*

 Lorsque la forme verbale se termine par une voyelle, on intercale *t* à l'oral et on ajoute un *t* à l'écrit entre le verbe et le pronom personnel de troisième personne : *Passera-**t**-il ?, A-**t**-il terminé ?*

 – Inversion complexe

 Présence, dans ce cas de figure, d'un pronom personnel de reprise venant « doubler » un nom propre, un groupe nominal ou un pronom autre que personnel :

 – ***Pierre** viendra-t-**il** ?*

 – ***Les chiens de Pierre** ont-**ils** été promenés ?*

 – ***Quelqu'un** est-**il** venu ?*

- **Interrogation partielle :**

L'inversion du sujet est impossible lorsque l'interrogation porte sur le sujet : *Lequel est venu ? Qui parle ?*

Mots introducteurs dans l'interrogation partielle

- **Utilisation de déterminants**, lorsque l'interrogation porte sur un constituant du groupe nominal ou sur l'identité du référent.

Exemple : Interrogation sur l'identité : **Quel (s), Quelle (s) :** *Quel livre voulez-vous ?*

- **Utilisation de pronoms interrogatifs lorsque l'interrogation porte sur :**

 – le sujet : ***Qui** est venu ?;*

 – le COD : ***Qui** demandez-vous ?;*

 – le COI : ***À quoi** pensez-vous ?;*

 – l'attribut du sujet : ***Quel** est cet homme ?*

- **Utilisation d'adverbes interrogatifs, lorsque l'interrogation porte sur un complément de phrase :**

***Où** es-tu ? Je suis **dans la cuisine**.*

***Pourquoi** ris-tu ? Je ris **parce que tu as du noir sur ton nez**.*

***Quand** viendras-tu ? Je viendrai **demain soir**.*

Un mot interrogatif peut être renforcé par *est-ce que* ou *est-ce qui* (qui, normalement, marque l'interrogation totale) : on peut en effet dire : *qui parle ? Ou qui **est-ce qui** parle ?*

- **Renforcement des mots introducteurs par est-ce que/est-ce qui :**

Le mot introducteur peut être renforcé par la particule interrogative *est-ce que* (*est-ce qui*, lorsque l'interrogation porte sur le sujet), normalement utilisée pour l'interrogation totale.

Exemple : *Qui **est-ce qui** fait du bruit ?*

La langue familière présente d'autres marqueurs de l'interrogation qui permettent d'éviter toute inversion.

Considérons ainsi la chaîne des expressions possibles de l'interrogation partielle allant du registre courant au registre très relâché :

***Qui** vois-tu ?* (construction typique : introduction de la phrase par le mot interrogatif *qui*) ***Qui est-ce que** tu vois ?* (renforcement du mot interrogatif par la particule interrogative *est-ce-que* entraînant la suppression de l'inversion sujet-verbe) *Qui **c'est que** tu vois ?* (emploi de *c'est qui* pour *est-ce qui*) *Qui **que** tu vois ?* (emploi de *qui*, forme réduite de *c'est qui*).

B. La phrase impérative

La phrase impérative exprime un ordre (injonction positive) ou une interdiction (injonction négative). Elle est utilisée dans une situation de discours mettant en relation au moins deux personnes : le locuteur s'adresse à une ou plusieurs personnes. Son usage est donc privilégié à l'oral. À la différence de la phrase interrogative, elle implique non pas une réponse mais un acte.

Caractéristiques de la phrase impérative

- **Intonation descendante** à l'oral.
- **Absence de sujet exprimé**, celui-ci étant spécifié par la situation d'énonciation : le sujet est celui à qui s'adresse l'énoncé. Le pronom personnel correspondant au sujet peut cependant être mis en apostrophe. Comparez : *Sortez !* (sujet non exprimé) à : *Vous, sortez !* (sujet en apostrophe exprimé).
- **Verbe à l'impératif** (présent ou passé) **ou au subjonctif** (présent ou passé).

  Le subjonctif est employé lorsque l'injonction s'adresse à une personne extérieure à l'échange *(Qu'il parte, si cela ne lui convient pas !)* ou lorsque le locuteur s'adresse à lui-même (*Que le diable m'emporte !*). Il est introduit par la conjonction *que*.

  Le verbe à l'impératif peut avoir comme compléments des pronoms personnels dont la place est spécifique :
  - ils sont postposés au verbe : *Écoute-le ;*
  - si le verbe a deux pronoms compléments, l'ordre est V, COD, COI : *Donne-le-moi…*
- Dans certains textes injonctifs (recette de cuisine, mode d'emploi, par exemple), le verbe est à **l'infinitif** : *Faire bouillir 1 kg de pommes de terre…*

REMARQUE L'injonction ne s'exprime pas uniquement à travers les phrases impératives, elle peut aussi passer par l'emploi de :
- phrases de type déclaratif ayant valeur d'injonction dans leur contexte d'énonciation *(Vous ne sortez pas !)*. À l'oral, la valeur injonctive est marquée par l'intonation descendante. Les phrases déclaratives à valeur injonctive sont fréquemment employées dans les textes réglementaires ou dans les consignes *(Vous ouvrez votre livre de lecture page 10…)* pour préciser la norme d'un comportement ;
- phrases interrogatives : *Allez-vous vous taire ?* phrase dont le sens équivaut à la phrase impérative : *Taisez-vous !*

C. La phrase de type exclamatif

a. Dimension affective de la phrase exclamative

L'exclamation ne s'inscrit pas dans les trois actes fondamentaux de langage (constater, questionner, ordonner) et ne constitue donc pas un acte de parole qui implique une relation entre le locuteur et le destinataire. « Elle est seulement – selon Roberte Tomassone – l'expression d'une attitude affective subjective du locuteur. » Les caractéristiques syntaxiques et morphologiques de la phrase exclamative ne permettent pas de la distinguer sûrement des trois autres types de phrase. L'exclamation peut s'exprimer dans les structures de la phrase déclarative et s'accommode de la structure de la phrase injonctive (*Taisez-vous donc !*).

Son identité réside dans une intonation qui lui est spécifique et non dans sa construction. Dans *Pour enseigner la grammaire*, Roberte Tomassone fait observer que cette intonation qui marque la subjectivité du locuteur peut à elle seule révéler la nuance affective marquant l'énoncé exclamatif. L'exclamation exprime un haut degré quantitatif ou qualitatif.

Il existe une ressemblance formelle importante entre phrases exclamatives et phrases interrogatives que seule la ponctuation permet de départager à l'écrit (*Il vient !/Il vient ?).*

b. Marques de l'exclamation

- L'intonation (à l'oral).
- Phrases nominales ou atypiques : *Quel temps ! J'ai eu une peur... !*
- Présence de termes introducteurs similaires à ceux marquant l'interrogation partielle dans les phrases interrogatives.

c. Emploi de la phrase exclamative dans les textes

Pour reprendre la formule de R. Tomassone : « L'exclamation suppose un je qui s'exclame : elle appartient donc à l'énonciation discursive. » Omniprésente à l'oral, on trouve la phrase exclamative à l'écrit dans :

- les textes théâtraux ;
- le discours rapporté au style direct ;
- les textes narratifs, notamment dans les récits à la première personne ;
- les intrusions du style indirect libre dans un récit à la troisième personne.

2. Les formes de phrase

Une phrase peut être :

- active ou passive ;
- personnelle ou impersonnelle ;
- neutre ou emphatique ;
- positive ou négative.

Une phrase a *toujours* un seul type et *quatre formes*.

A. La forme passive

a. Mécanismes de transformation actif/passif

Soit l'exemple : ***Le chien*** poursuit ***le chat.***
Sujet **COD**

Le chat est poursuivi ***par le chien***.
Sujet **C. d'agent**

- Le sujet et le complément d'objet de la phrase active permutent. Le sujet de la phrase active *(le chien)* devient complément prépositionnel de la phrase passive *(par le chien)* et son complément d'objet (*le chat*) en devient le sujet.
- Introduction du verbe être dans l'expression du verbe. Le temps et le mode du verbe sont identiques (*poursuit/est poursuivi :* présent de l'indicatif) mais c'est le verbe être qui les porte ainsi que la marque de personne (*est*). Le verbe de la phrase active est exprimé dans la phrase passive sous la forme d'un participe passé.
- Dans la phrase passive, le complément du passif ou complément du participe passé appelé « complément d'agent » dans la terminologie traditionnelle est introduit par la préposition *par* ou *de (*par le chien).

Limites de la passivation : En règle générale, seules les phrases de forme active construites à partir d'un verbe transitif direct (selon le schéma Sujet + Verbe + COD) sont passivables.

Mais il existe des cas de blocage :
– La présence de certains verbes ou compléments du verbe à la forme active : *J'ai déjà lu ces deux livres / *Ces deux livres ont déjà été lus par moi.*
*Tout le monde connaît quelqu'un de malade / *Quelqu'un de malade est connu par tout le monde. Pierre possède trois maisons / *Trois maisons sont possédées par Pierre. Ce meuble sent la lavande / *La lavande est sentie par ce meuble.*
– La présence de « avoir » comme verbe plein : *Paul a deux voitures / *Deux voitures sont eues par Paul.*

b. Le passif incomplet

Le passif est dit incomplet lorsque la phrase passive n'a pas de complément. C'est le cas lorsque le locuteur ne peut identifier l'agent de l'action (dans l'énoncé : *Mon livre a été déchiré,* l'auteur du larcin est inconnu du locuteur) ou si celui-ci souhaite en taire l'identité, quitte parfois à la sous-entendre.

La non-expression du complément peut aussi avoir une visée « résultative », l'énoncé ne visant à exprimer que le résultat d'un phénomène (comparez : *La ville a été inondée* ***par la mer*** [passif complet] et *la ville a été détruite* [passif incomplet]). Toute phrase comportant le verbe être suivi d'un participe passé n'est pas pour autant une phrase passive : *Les pommiers sont fleuris* n'est pas un passif qui aurait pour équivalence : *Les pommiers sont fleuris par...*

REMARQUE Il ne faut pas confondre l'emploi du verbe être dans la phrase passive et son emploi dans un temps composé.

B. La forme emphatique

a. Définition

En linguistique, l'emphase désigne tout procédé d'insistance, de mise en relief d'éléments de la phrase. D'un point de vue grammatical, la phrase emphatique est caractérisée par le détachement de l'un de ses constituants : selon le cas le thème ou le propos. Le détachement s'opère à travers le recours à deux structures d'emphase différentes : *l'extraction et la dislocation.*

b. Extraction, dislocation

■ **L'extraction**

L'extraction permet d'inverser l'ordre canonique thème-propos, à travers l'emploi d'un présentatif : *c'est ... qui* (pour l'extraction du groupe sujet)/*c'est ... que* (pour toute autre fonction).

Comparez : *Je veux des résultats immédiatement/**C'est** immédiatement **que** je veux des résultats !*

Cette construction fait porter sur le propos énoncé en début de phrase (*immédiatement* dans notre exemple) un effet d'insistance et induit une opposition (implicite) avec une autre éventualité exprimée ou non dans la phrase (dans notre exemple, implicitement : *immédiatement **et non pas dans un mois***).

■ **La dislocation**

On retrouve l'ordre normal thème-propos. L'élément détaché est le thème de l'énoncé. Ce détachement correspond donc à une opération de ***thématisation.*** Le détachement porte sur le sujet ou sur un complément d'objet. Le groupe détaché est repris dans le propos par un pronom personnel.

Comparez : *La terre tourne/La terre, **elle*** (reprise du thème sujet) *tourne.*

*Tu m'as déjà joué cette comédie/Cette comédie, tu me **l'***(reprise du COD) *as déjà jouée.*

C. La forme impersonnelle

a. Définition

La phrase à la forme impersonnelle est construite avec le « pronom » *il.*

Ce « pronom impersonnel » fonctionne comme un sujet et occupe la position habituelle du sujet mais, contrairement à un « vrai » pronom, il n'a pas de contenu sémantique et ne présente aucune valeur référentielle (dans : *il pleut, il* ne renvoie à rien). Ce *il* n'est qu'une marque grammaticale.

Il faut distinguer les phrases contenant des verbes impersonnels des phrases à construction impersonnelle.

b. Les verbes impersonnels

Ces verbes ont une propriété lexicale – constante ou occasionnelle – qui est d'appeler nécessairement un sujet impersonnel et de ne pouvoir fonctionner qu'avec ce type de sujet.

Les expressions verbales temporelles (*il est 8 heures, il se fait tard*) ou météorologiques (*il pleut, il vente, il tonne*) se construisent habituellement avec le *il* sujet non référentiel, et les verbes météorologiques ne présentent qu'exceptionnellement un complément essentiel (*il pleut des cordes ou des hallebardes*).

Certains verbes impersonnels sont à complément obligatoire: *Il vaut mieux* ***qu'il l'ignore****; Il ne s'agit pas* ***de reculer****.*

c. Les constructions impersonnelles

Ces constructions ont recours à des verbes pouvant fonctionner dans des phrases personnelles ou impersonnelles. Le groupe qui constitue la suite du verbe impersonnel peut être sujet dans la phrase personnelle correspondante.

Exemple: *Il est recommandé* ***de boire avec modération/Boire avec modération*** *est recommandé.*

Exemple: *Il est arrivé* ***du courrier/Du courrier*** *est arrivé.*

La possibilité de constructions impersonnelles est liée aux caractéristiques des phrases personnelles correspondantes:

- caractéristiques du groupe nominal sujet: celui-ci doit comporter un déterminant **indéfini** et il ne peut être pronom personnel;
- caractéristiques du groupe verbal: les verbes sont nécessairement transitifs. Certains verbes pronominaux seulement permettent la construction impersonnelle.

d. L'emploi des phrases impersonnelles

On peut trouver cet emploi dans la plupart des types d'écrits. L'utilisation de phrases de forme impersonnelle est toutefois fréquent dans les textes réglementaires. On y observe: l'effacement de l'énonciateur, l'effacement du destinataire, dans certains cas l'effacement à la fois de l'énonciateur et du destinataire, ce qui convient à des textes dont la caractéristique est précisément d'être de portée générale.

D. La phrase de forme négative

a. Définition

Toute phrase est nécessairement pensée positivement ou négativement par le locuteur. La négation grammaticale se caractérise par l'emploi de termes négatifs et par les modifications formelles apportées à la phrase de forme positive correspondante.

b. Caractéristiques de phrase de forme négative

- **Marques de la négation:** *Ne* est le premier terme de la négation généralement employé en corrélation avec un second élément. Parmi les éléments associés à *ne*, le plus couramment utilisé est *pas*.

- **Formation de la phrase négative**

  On peut distinguer trois cas de figure:

  – Addition simple de termes négatifs à la phrase positive. L'introduction de la négation n'entraîne aucune modification des éléments constituant la phrase positive.

  Exemple: *Je lis mon journal/Je* ***ne*** *lis* ***pas*** *mon journal.*

– Substitution du second terme négatif à un élément de la phrase positive (dont il exprime alors le contraire, d'un point de vue sémantique).
Exemples: *Je vois* ***quelque chose****/Je ne vois* ***rien****.*
J'aime ***tout****/Je n'aime* ***rien****.*
Je travaille ***toujours****/Je ne travaille* ***jamais****.*

– Substitution et déplacement:
Exemple: *Il donnera son avis* ***tôt ou tard****/Il ne donnera* ***jamais*** *son avis.*

Dans la phrase négative, *jamais* est antéposé au complément d'objet direct *son avis;* le terme auquel *jamais* se substitue *(tôt ou tard)* était **postposé** à ce complément dans la phrase affirmative.

c. Marques de la négation: les éléments associés à ne

Parmi les éléments associés à *ne*, le plus couramment utilisé est *pas (point* dans un registre soutenu). Au-delà de cet emploi, les utilisations les plus fréquentes portent sur: *plus, rien, jamais, nulle part, personne, aucun*, etc. Ces termes se substituent à un constituant de la phrase positive (le constituant correspondant à l'antonyme du terme de négation utilisé).

Le second élément nuance la négation dans certains cas en lui donnant un aspect moins catégorique. C'est par exemple le cas de *guère* (comparez: *Je n'aime* ***pas*** *les oranges* et *je n'aime* ***guère les oranges****).*

On parle alors parfois de *négation partielle* (la négation catégorique étant qualifiée de *totale*), par analogie avec le concept d'*interrogation partielle.* Parallèle qu'il faut considérer avec beaucoup de prudence, selon Roberte Tomassone.

d. Cas particuliers

■ **La double négation**
On double le second terme de la négation. L'usage de la double négation donne à la phrase négative la valeur sémantique d'une phrase positive (le terme surajouté annulant d'une certaine manière l'autre terme).

Comparez ainsi: *Ce* ***n'****est* ***rien*** (négation simple) avec *Ce* ***n'****est* ***pas rien*** (double négation).

■ **La négation-phrase**
À l'exception de *pas* (et du mot négatif équivalent *point*), les seconds termes de négation peuvent constituer des phrases non verbales.
Exemple: *As-tu déjà menti? Jamais.*

E. Toute phrase combine quatre formes

Une phrase ne peut relever que d'un seul type de phrase: elle relève du type déclaratif **ou** interrogatif **ou** impératif **ou** exclamatif (bien que le type exclamatif, d'orientation subjective, renvoie à des productions plus délicates à situer).

Mais elle cumule nécessairement quatre formes. Toute phrase est en effet « simultanément » positive ou négative, personnelle ou impersonnelle, neutre ou emphatique, active ou passive.

Nous en donnerons quelques exemples à titre d'illustrations, sachant que d'autres combinaisons sont évidemment possibles.

Phrase	Type	Formes
Exemple 1 : *Ne viendras-tu pas demain ?*	Interrogatif	Active Neutre Personnelle Négative
Exemple 2 : *Il n'a pas plu cette nuit.*	Déclaratif	Active Neutre Impersonnelle Négative
Exemple 3 : *Cet homme, il n'a pas été servi par la chance !*	Exclamatif	Passive Emphatique Personnelle Négative
Exemple 4 : *Ne vous laissez pas influencer par ces résultats.*	Impératif	Passive Neutre Personnelle Négative

2 | La phrase : groupes et fonctions

Les phrases tenues pour correctes présentent une telle diversité de réalisation que leur description nécessite une proposition de classification, qui, partant d'un modèle canonique général fait place à la diversité des énoncés et des phrases à construction particulière (comme les phrases non verbales, les phrases à présentatif, etc.).

À un niveau élémentaire, on peut décrire le modèle canonique de la manière suivante sachant que ce modèle repose sur la phrase verbale :

- un ensemble organisé de mots formant un groupe sujet ;
- un ensemble organisé de mots constituant un groupe verbal prédicat, lié aux caractéristiques de complémentation du verbe (caractéristiques participant de ce qu'on appelle parfois la valence du verbe). Ce groupe verbal est composé soit du verbe conjugué employé seul ou de celui-ci accompagné de ses **compléments essentiels** (complément d'objet direct, complément d'objet indirect et leur éventuel attribut, attribut du sujet).
- un ensemble organisé de mots non liés aux caractéristiques de complémentation du verbe. Ce sont des compléments parfois appelés compléments circonstanciels.

Chacun de ces ensembles est descriptible en termes de fonctions : les fonctions sont les relations grammaticales que l'analyse des énoncés permet de mettre au jour, entre les différents éléments de la phrase. Les termes rassemblés autour d'un mot qui centralise ces relations constituent un groupe. Il existe des groupes nominaux, infinitifs, adjectifs, verbaux, etc., qui seront vus dans les paragraphes relatifs aux classes. Les groupes nominaux, infinitifs, adjectifs exercent des fonctions : ils sont alors, par commodité, désignés par leur fonction : groupe sujet, groupe complément d'objet direct, etc.

Les principaux outils utilisés dans les analyses de fonction sont le remplacement ou la substitution de mots ou de groupes, leur suppression ou effacement, leur déplacement, l'addition ou l'ajout de mots, l'extraction ou l'encadrement de mots ou groupes par *c'est… qui* ou *c'est… que*, le type de questionnement, etc.

■ La notion de prédicat

C'est une notion complexe et donc très discutée. Pour s'en convaincre, très superficiellement et très partiellement, il n'est que de lire sur le site du Ministère de l'Éducation Nationale, *Eduscol*, à la rubrique « Ressources d'accompagnement du programme de français aux cycles 2 et 3 : étude de la langue », sous-rubrique « Les notions à enseigner : enjeux, propriétés, progressivité », puis « Les fonctions syntaxiques de sujet et de prédicat au sein de la phrase », un exemple par lequel les rédacteurs ont voulu faire prendre conscience aux maîtres de la diversité de la notion : *Dans certains cas, un adjectif peut être également le prédicat de la phrase (par exemple dans la phrase* « Chauds, les marrons chauds », *où le groupe nominal* les marrons *est le sujet* et chauds *le prédicat*). Un autre type d'exemple bien connu est représenté par la phrase : *Le voisin, mon père ne l'a jamais aimé* qui peut être analysée de deux points de vue. Selon la distinction thème/prédicat (ce dont on dit quelque chose / ce que l'on en dit) il est clair que *Le voisin* est le thème, et *mon père ne l'a jamais aimé* le prédicat. Selon la distinction en cause dans le texte ministériel, il est tout aussi clair que *mon père* est le sujet grammatical et *ne l'a jamais aimé* le groupe verbal prédicat.

Les rédacteurs du document d'accompagnement du programme justifient ainsi l'introduction du terme « prédicat » dans le programme : *Le terme de prédicat de la phrase permet de séparer le nom d'une classe de mot spécifique – le verbe – et la fonction syntaxique que ce même verbe peut tenir dans une phrase en étant conjugué, avec ou sans compléments. Il s'agit de différencier ainsi, sur le plan terminologique, les classes grammaticales et les fonctions syntaxiques.* Son introduction dans les programmes scolaires oblige à donner à la notion de prédicat un contenu simplement délimité. On admettra, comme le suggère le texte ministériel, qu'un groupe verbal constitué soit d'un verbe employé seul, soit d'un verbe accompagné de ses **compléments essentiels** a une fonction de prédicat. En vis-à-vis de la notion de « groupe nominal sujet », il s'agit donc d'introduire la notion de « groupe verbal prédicat », comme le montre le tableau issu du document d'accompagnement du programme :

Le sujet de la phrase	Le prédicat de la phrase
Pierre	joue au ballon
Le garçon	mange des frites chaudes
Il	dort
La petite souris	grignote un fromage
Dormir	est agréable

On peut ajouter deux remarques : l'une, mineure, est que toutes les activités pédagogiques présentées comme liées à cette notion pouvaient se réaliser antérieurement ; l'autre, plus consistante est qu'un mode de caractérisation du sujet qui réapparaît à cette occasion peut s'avérer problématique si l'on n'y prend garde.

Le texte d'accompagnement du programme déclare que le sujet « renvoie à ce dont on parle ». Or, presque tous les élèves diront que, dans une phrase simple comme « Les cousins ont invité Marie », on parle des cousins et de Marie, voire que dans une phrase comme « J'ai invité Marie », on parle surtout de Marie. Mieux vaudra, pour isoler le sujet grammatical, utiliser les caractéristiques présentées plus bas dans les paragraphes consacrés à cette question.

1. Le groupe sujet

A. Identification

- Le noyau du groupe sujet impose ses marques de nombre et de personne au verbe.
- Les pronoms personnels sujets forment une liste close (voir le paragraphe correspondant dans les classes). Il faut noter que les pronoms *lui* et *eux* peuvent être sujets.
- Le sujet se trouve habituellement devant le groupe verbal.
- Le groupe sujet peut être encadré par *c'est… qui* suivi du groupe verbal. Une variante de ce moyen est la réponse aux questions *qui…* ou *qui est-ce qui…* ou *qu'est-ce qui…* suivies du groupe verbal : dans ces manipulations, les pronoms *je, tu, il, ils*, prennent alors dans la réponse les formes *moi, toi, lui, eux*.
- Le sujet des formes impersonnelles est bien le pronom qui impose son accord au verbe.

B. Caractéristiques

- Le groupe sujet ne peut être supprimé. Il est effacé dans les types de phrase à l'impératif et non répété parfois en coordination sauf avec *car* et *or* : *Marchons. Il est venu et s'est montré très content. Il est venu car il est très curieux.*
- Le groupe sujet se place habituellement avant le verbe sauf dans des cas finalement assez nombreux, surtout à l'écrit (déplacement obligatoire ou facultatif) :
  - dans certaines formes d'interrogation : *Que fait* ***le voisin****? Entendez-****vous****?*
  - après un adverbe ou un groupe circonstanciel : *Ici habita* ***Robespierre****. Après de longs discours arriva enfin* ***le moment le plus important****. Quand il voyait la brume envahir les collines s'insinuaient en lui* ***d'indicibles nostalgies***;
  - dans une subordonnée relative ou conjonctive : *C'est le plus grand plaisir que pouvaient me faire* ***les amis****. Napoléon croyait que reviendraient* ***les jours de gloire***;
  - en proposition incise : *Je ne t'aime pas, dit-****elle*** *brutalement*;
  - en proposition indiquant un souhait ou une hypothèse : *Puisse* ***votre mère*** *vous aider. Soit* ***un cercle de centre O***;
  - dans des phrases exclamatives : *Que d'efforts a exigés* ***ce travail****!*
  - en cas d'intention manifestement stylistique : *Pures étaient* ***ses intentions***;
  - dans des cas où le groupe sujet est très long : *Surgissent* ***d'arides îlots sans arbres sur lesquels se distinguent des pans de murs ruinés témoins d'une occupation que personne jusqu'ici n'a pu élucider****.*

Exemples de groupes sujets :
Le voisin *repique des salades.*
Je *reviendrai demain.*
Cela *m'indiffère complètement.*
Les amis avec qui je marche habituellement en montagne *sont indisponibles.*
Supporter une telle injustice *serait aussi lâche que coupable.*
Qu'il soit absent *ne m'étonne pas.*

2. Le groupe complément d'objet direct

A. Identification

- Le groupe complément d'objet direct répond aux questions *qui* ou *quoi* après strictement l'association **sujet-verbe** ou *qui est-ce que* ou *qu'est-ce que* suivies de sujet-verbe ou que suivi de verbe-sujet : Jean admire cette maison/Jean admire quoi ? (familier)/Qu'est ce que Jean admire ?/Qu'admire Jean ? Une variante de ce procédé est l'encadrement du COD par *c'est… que* suivi de **sujet-verbe exclusivement**.

  Toute autre combinaison peut aboutir à une erreur : *Je prendrai ma valise dimanche* ; le procédé ne peut être que *c'est* ***ma valise*** *que* ***je prendrai*** et non *c'est dimanche que je prendrai ma valise.*

- Le groupe COD entre dans le système de pronominalisation présenté dans le tableau qui suit (n'est pas considérée la pronominalisation en pronom relatif) ; le pronom se situe normalement avant le verbe.

Composition des groupes (COD)	Type de pronominalisation du COD Exemples
Noms propres Noms comptables précédés d'un article défini, d'un adjectif démonstratif ou d'un adjectif possessif Infinitif	s'effectue par *le, la, les, cela, ça* *J'ai vu Pierre/Je l'ai vu.* *Pierre aime danser/Pierre aime ça.*
Noms comptables précédés de l'article indéfini *un*, d'un adjectif indéfini ou d'un adjectif numéral	s'effectue par *en…* suivi de la forme correspondante du déterminant *J'ai vu un gendarme/J'en ai vu un.* *J'ai vu plusieurs gendarmes/J'en ai vu plusieurs.* *J'ai vu trois gendarmes/J'en ai vu trois.*
Noms comptables précédés de l'article indéfini *des*	s'effectue par *en* *J'ai vu des gendarmes/J'en ai vu.*
Noms non comptables et noms de substance précédés d'un article partitif *du, de l', de la, des*	s'effectue par *en* *J'ai bu de la soupe/J'en ai bu.*

B. Caractéristiques

- Pour les verbes transitifs directs nécessitant un complément, le COD est obligatoire : *J'aperçois Paul/*J'aperçois.*
- Le complément d'objet direct n'est pas précédé de préposition. Cependant dans des énoncés comme *Pierre a demandé à partir, partir* est bien un objet direct car la question posée serait *Qu'a demandé Pierre ?* et non **À quoi a demandé Pierre*, et la pronominalisation serait bien *Pierre l'a demandé* ou *Pierre a demandé cela. À* n'est pas ici une préposition mais un marqueur d'infinitif ou complémenteur.
- Le complément d'objet direct se place derrière le verbe, sauf dans les cas suivants :
  - le COD est un pronom conjoint : *Je* ***la*** *regarde* (mais impératif *regarde-la*) ;
  - le COD est un pronom relatif : *Tu as perdu la montre* ***que*** *je t'avais achetée* ;

– lorsque le COD est un pronom interrogatif ou qu'il a pour déterminant un adjectif interrogatif : ***Qui** as tu rencontré ? **Quel livre** as-tu choisi ?*
– en phrase exclamative : ***Quelle belle robe** tu as !*
– antéposition emphatique d'un COD ; dans ce cas, la reprise du COD par un pronom dans l'entourage du verbe est obligatoire : ***Cette maison**, mon grand-père **l'**a construite de ses mains.*

ATTENTION L'inversion du sujet peut engendrer des confusions entre sujet et COD : *Bientôt, reprirent leurs enfants les mères les plus inquiètes.*

■ Le COD placé avant un verbe à un temps composé impose un accord en genre et en nombre au participe passé : *Tu as perdu la montre **que** je t'avais achetée.*

Exemples de groupes COD :
*Pierre a rencontré **ses amis de Paris**.*
*Pierre **les** a rencontrés.*
*Pierre **en** avait rencontré **plusieurs**.*
*Pierre aimait **plaisanter**.*
*Pierre aimait **qu'on le complimente**.*

3. Le groupe complément d'objet indirect et indirect de lieu et de manière

A. Identification

■ Le groupe complément d'objet indirect répond à des questions en *à qui* ou *à quoi, de qui, de quoi, sur qui, sur quoi, …* (et *où, d'où* pour les compléments indirects de lieu des verbes *aller, provenir,* etc.) posées strictement sur l'association **sujet-verbe**.

■ Le groupe COI est un complément indirect, donc introduit par une préposition *à, de, sur, contre,* etc., qui fait partie de la construction verbale, à tel point que cette préposition apparaît liée au verbe lorsque l'on énonce celui-ci à l'infinitif : *ressembler à, s'efforcer de, compter sur, s'élever contre.* Elle est nécessaire à la complémentation du verbe transitif indirect. Les verbes de mouvements comme *aller, provenir,* qui nécessitent une préposition pour la construction du complément sont parfois assimilés aux verbes transitifs indirects et leur complément est dit indirect de lieu. Des verbes de comportement entraînent un complément indirect de manière obligatoire : *Il s'est conduit/comporté avec désinvolture.*

■ La notion de COI s'étend à des verbes qui peuvent s'employer sans complément prépositionnel mais lorsqu'il y en a un, il est peu ou pas déplaçable : *Ils ont commencé par ranger les tables.*

■ Certains verbes peuvent avoir une double construction, l'une directe et l'autre indirecte : *donner des cours à son neveu.* Dans ce cas, le complément d'objet indirect est appelé complément d'objet indirect second. Il y a aussi des constructions à double complémentation indirecte (voir les constructions du groupe verbal dans le chapitre sur les verbes).

■ Lorsque des pronominalisations affectent les énoncés et rendent difficile l'analyse, il est recommandé de restaurer les groupes pronominalisés afin de mieux percevoir les fonctions : *C'est le compliment* ***dont*** *tu* ***l'****avais gratifié ;* la subordonnée devient : *tu avais gratifié* ***Pierre d'un compliment*** d'où il apparaît que *l'*est complément d'objet direct, et *dont* complément d'objet indirect second.

■ Le COI et le complément indirect de lieu entrent dans le système de pronominalisation suivant où le traitement de la proposition est différent selon les cas :

Extension de la pronominalisation	Trait des groupes pronominalisés	Type de pronominalisation Exemples
La pronominalisation du groupe complément efface la préposition. Le pronom se situe normalement avant le verbe.	animé	pronominalisation par *lui, leur* Pierre donne le livre à Marie/Pierre lui donne le livre. Dans ce cas, il peut y avoir aussi une pronominalisation du COD qui se situe en tête des pronoms : Pierre le lui donne. Pierre parle à Marie et Jeanne/Pierre leur parle.
	non animé	pronominalisation par *en, y* Pierre parle de sa succession/Pierre en parle. Pierre doute que Marie l'ait oublié/Pierre en doute. Pierre se prépare au départ/Pierre s'y prépare. Pierre va à Milan/Pierre y va. Ces fruits proviennent du Congo/Ces fruits en proviennent.
La pronominalisation du groupe complément n'efface pas la préposition. Le pronom se situe après le verbe	animé	pronominalisation par *lui, elle, eux* Marie parle de ses amis / Marie parle d'eux
	non animé	pronominalisation par *de cela, par cela...* Pierre a parlé de l'opacité des comptes/Pierre a parlé de cela. Ils ont commencé par examiner les comptes/Ils ont commencé par cela.

B. Autres caractéristiques

■ Le complément d'objet indirect se place derrière le verbe sauf dans les cas suivants où il est antéposé au verbe :

- le COI est un pronom conjoint : *Je* ***lui*** *parle.*
- il s'antépose plus facilement que le COD, sans rappel pronominal, en particulier pour des raisons de mise en relief, dans des formes emphatiques : ***À son père*** *il obéit.* Il faut noter que cette facilité n'est pas généralisable : **À Pierre cette voiture appartient.*
- en questionnement : ***À qui*** *pensez-vous ?*
- en subordonnée, lorsque le pronom relatif est COI : *L'immeuble* ***dont*** *les insurgés s'étaient emparés était vide.*

■ La participation de la préposition à la construction verbale présente des caractéristiques particulières. La préposition n'est pas commutable : *appartenir à,* ou alors le sens initial du verbe change : *compter sur, compter pour.* Un verbe comme *se plaindre* dans *Pierre se plaint de son travail,* qui entraîne la préposition *de,* peut certes être suivi de locutions prépositives mais elles seront toujours formées sur *de* :

FRANÇAIS
Étude de la langue française

Pierre se plaint à propos de, au sujet de son travail. Ce verbe *se plaindre,* comme *parler,* peut être suivi des deux prépositions *de* et/ou *à* qui font partie de la construction verbale, mais ces prépositions sont liées chacune à un sens bien particulier : par exemple, dans ce cas, *à* indique le destinataire de la parole et *de* le thème de cette parole : *parler à Marie ; parler de Marie.* Des énoncés à deux compléments indirects sont possibles : *Parler de Marie à Pierre.*

■ À l'inverse, la préposition d'un complément circonstanciel ne fait pas partie de la construction verbale : la préposition *dans* de la phrase *Pierre joue dans le jardin* n'est manifestement pas liée au verbe *jouer* comme l'est la préposition *de* de *douter* dans *Pierre doute de ses capacités ; douter* sera spontanément associé à *de* par un locuteur francophone compétent mais *dans* ne sera pas spontanément associé à *jouer.* Secondement, cette préposition *dans* de la phrase *Pierre joue dans le jardin* peut facilement commuter avec d'autres prépositions : *Pierre joue près de / devant / derrière le jardin.*

■ Les prépositions *à* et *de* ne pouvant pas introduire de proposition, les propositions relatives ou conjonctives complément d'objet indirect reçoivent l'appui du pronom neutre *ce,* d'ordre nominal, qui permet à la préposition d'introduire la subordonnée : *Je m'attends à ce qu'il vienne. Je témoigne de ce qu'il est honnête.* Parfois, la tournure *de ce que* alterne avec *que* : *Je témoigne qu'il est honnête.* Dans ces trois exemples, les subordonnées sont des conjonctives.

Exemples de groupes COI, COIS, compléments indirects de lieu ou de manière :
*Je m'attends **à sa venue**.*
*Je m'**y** attends. Je m'attends **à cela**.*
*Le poète se souvient **de ses amours**.*
*Il s'**en** souvient.*
*Ces kiwis proviennent **du Béarn**.*
*Il s'est conduit **de manière inadmissible**.*
*Il compte **sur cet emprunt**.*
*Il a prêté sa voiture **à son frère**.*
***À qui** pensez-vous ?*
*Il pense **à partir**.*
*Je tiens **à ce que tu viennes**. Elle se plaint **de ce que son fils ne travaille pas**. Elle se plaint **que son fils ne travaille pas*** (conjonctives).
*Il s'adresse **à qui veut l'entendre*** (relative sans antécédent).
*C'est bien la photo **dont** tu **nous** avais parlé.*

4. Le groupe attribut du sujet

A. Identification

■ L'attribut se situe dans le groupe verbal, après des verbes relatifs à l'existence ou la continuité, à l'apparence ou la réputation, à la transformation : *être, demeurer, rester, apparaître, avoir l'air, passer pour, sembler, devenir,* dits « essentiellement attributifs ». Certains verbes sont occasionnellement attributifs : *mourir, naître, s'appeler, tomber, vivre*: leur complément peut présenter des caractéristiques formelles et sémantiques de l'attribut.

■ Il exprime une caractéristique du sujet du verbe: propriété inhérente, état ou statut, *Pierre est gentil, en colère, ingénieur.* À cet égard, il répond aux questions *comment, que (qu'), qui* posées sur le segment sujet-verbe.

■ L'attribut s'accorde au sujet s'il est un adjectif (originel ou participe passé employé comme adjectif ou adjectif verbal): *Elle est gentille, détendue, charmante.*

■ L'attribut ne peut être effacé sauf parfois avec des verbes occasionnellement attributifs; dans ce cas il peut d'ailleurs y avoir un changement de sens: *Il est devenu désabusé/*Il est devenu. Il est tombé malade/Il est tombé* mais le sens a changé. *Il est mort désabusé/Il est mort.*

■ Avec les verbes essentiellement attributifs, l'attribut se pronominalise souvent par *le*: *Il est de mon avis/Il l'est. Il reste serein/Il le reste. Il est devenu médecin/Il l'est devenu.* Lorsque l'attribut est un GN dont le déterminant est indéfini ou partitif, ou avec *avoir l'air* la pronominalisation, comme celle du COD, peut se réaliser avec *en*: *C'est un bon garçon/C'en est un. Ces renseignements sont de l'or/Ils en sont. Il a l'air perdu/Il en a l'air.*

B. Autres caractéristiques

■ La phrase attributive ressemble parfois formellement à une phrase non attributive : *Pierre est un gentil garçon / Pierre a un gentil garçon. Pierre est un voisin / Pierre a un voisin.* En phrase attributive, il y a une seule entité ; en phrase non attributrive, il y en a deux.

■ L'attribut du sujet se place dans le groupe verbal à la droite du verbe sauf:
- s'il est un pronom personnel conjoint: *Pierre est courageux/Pierre l'est.*
- en exclamation ou en interrogation: *Quel homme calme il est devenu! Que devient-il?*
- pour des raisons stylistiques: *Rares sont les gens qui savent méditer.*

■ Contrairement au nom COD, le nom attribut du sujet commute avec l'adjectif: *Pierre est un artiste / Pierre est gentil. Le chat regarde la souris/Le chat regarde...*
- Le nom attribut du sujet peut se présenter sans déterminant: *Il est architecte.* À comparer avec *Il est un architecte réputé.*

Exemples de groupes attributs du sujet:
Pierre était ***content de me voir.***
Il a toujours été ***grand amateur d'art.***
Si j'étais ***vous...***
Elle est ***beaucoup mieux.***
Cela s'appelle ***vivre.***
Il est ***sans reproches.***
Cela reste ***à prouver.***
Cet homme n'est pas ***qui vous croyez.***
La vérité est ***qu'ils sont dans une situation délicate.***

5. Le groupe attribut du complément

Identification

- Il exprime une caractéristique du complément du verbe : propriété inhérente, état ou statut : *Il juge son collègue incapable. Il sait Pierre dans la peine. Ils ont élu Pierre président. Il considère son voisin comme un paresseux.*
- L'attribut s'accorde au complément s'il est un adjectif (ou participe passé employé comme adjectif) : *Cela a rendu Jacqueline méchante.*
- Les verbes attributifs du complément d'objet sont du type : *avoir, considérer comme, élire, faire passer pour, juger, nommer, prendre pour, qualifier de, rendre, savoir, trouver...*
- La pronominalisation discrimine nettement l'attribut du COD de l'épithète du COD : l'attribut du COD n'est pas intégré à la pronominalisation alors que l'épithète l'est. *J'ai trouvé Pierre maigri/J'ai regardé le tournoi final. Je l'ai trouvé maigri/*Je l'ai regardé final.*
- L'attribut du complément ne peut généralement pas être effacé sous peine d'incorrection ou de changement de sens : *Il a les yeux bleus/*Il a les yeux. Je trouve tes propos inadmissibles/* Je trouve tes propos.*
- L'attribut du complément se trouve dans le groupe verbal et ne peut être déplacé hors du GV : *On a élu Pierre président/*Président on a élu Pierre.*

Exemples de groupes attributs du complément :
Il a rendu ses collaborateurs ***dépressifs****.*
Ils l'ont trouvé ***agressif****.*
Ils vous prennent ***pour leur servante****.*
Ils ont qualifié l'initiative ***de nocive****.*

6. Le groupe complément d'agent

Voir la rubrique « Forme passive » dans le chapitre sur les verbes.

7. Le groupe complément circonstanciel

Le terme circonstanciel est maintenu ici parce qu'il est utilisé dans les textes officiels. L'expression complément de phrase, sans être une appellation idéale, est cependant meilleure car des « circonstances » traditionnelles n'entrent pas dans le champ définitionnel de ces types de compléments aujourd'hui.

Identification

■ Le complément circonstanciel présente syntaxiquement trois caractéristiques majeures:

1. Il est grammaticalement déplaçable dans la phrase: ***Demain****, Pierre présentera ses travaux/Pierre,* ***demain****, présentera ses travaux/Pierre présentera* ***demain*** *ses travaux/Pierre présentera ses travaux* ***demain****.*
Il viendra ***quand il aura fini/Quand il aura fini****, il viendra.*

2. Il peut facilement faire l'objet du test de dislocation ou dispersion, au moyen de proverbes: *le faire* ou *se faire, se passer, se produire, arriver* et l'appui éventuel du pronom sujet *cela.*
Il s'est mis à travailler ***sur les injonctions de son père****/Il s'est mis à travailler,* ***il l'a fait sur les injonctions de son père****.*
Il nous a agonis d'injures ***de son jardin****/Il nous a agonis d'injures,* ***il l'a fait de son jardin****.*
Pierre a réussi ***de justesse****/Pierre a réussi,* ***cela s'est fait de justesse****/Pierre a réussi,* ***il l'a fait de justesse****.*
Comparer avec les dislocations incorrectes:
Il l'ont emmené ***à l'hôpital****/*Ils l'ont emmené,* ***ils l'ont fait à l'hôpital****.*
Il s'est conduit ***avec magnanimité****/ *Il s'est conduit,* ***il l'a fait avec magnanimité****.*
D'ailleurs ni ***à l'hôpital*** ni ***avec magnanimité*** ne sont déplaçables: *À l'hôpital, ils l'ont emmené* serait admissible à condition d'avoir un autre sens. **Avec magnanimité, il s'est conduit* est incorrect.
Dans ces cas, le complément ***à l'hôpital*** est un complément indirect de lieu inséré dans les compléments d'objet indirect, il est bien la cible de l'action et non une circonstance. Le cas de ***avec magnanimité*** est différent: il s'agit d'une circonstance, mais l'expression n'est absolument pas déplaçable dans la phrase: elle n'est pas un complément circonstanciel (complément de phrase) au sens envisagé ici. Elle est un complément du groupe verbal, complément indirect de manière.

3. Alors qu'une toute petite minorité de compléments d'objet indirect peut s'effacer, la quasi-totalité des compléments circonstanciels peut l'être, **grammaticalement du moins**.

■ Le complément circonstanciel (complément de phrase) au sens défini ici n'est donc lié en aucune façon aux nécessités de construction syntaxique du verbe, comme le sont les compléments d'objet indirect, en particulier il n'est pas lié aux prépositions que le verbe admet ou pas. C'est pourquoi le complément circonstanciel n'est pas un complément intégré au groupe verbal, il lui est extérieur.

Exemples de groupes compléments circonstanciels:
Il travaille le fer ***avec dextérité****.*
Il lit les journaux ***le soir****.*
Il a pris les paquets ***sans se soucier de rien****.*
Il est revenu ***pour se disculper****.*
Il viendra ***demain****.*
Il t'a offert un cadeau ***parce qu'il t'aime****.*
Il t'a offert ce livre ***en espérant te faire plaisir****.*

8. Les groupes compléments du nom ou expansions du nom

Identification et exemples

Les groupes compléments du nom présentent une grande variété de comportements syntaxiques en ce qui concerne la place (soit strictement avant ou après le nom, possiblement avant et après dans des cas restreints, avec parfois un changement de sens (voir le chapitre sur les adjectifs), la possibilité de suppression ou non (souvent en fonction du contexte). Ils présentent aussi de nombreuses incidences sémantiques, qualifiant, classifiant ou déterminant le nom auquel ils se rapportent, précisent une propriété passagère ou permanente, un état, un statut, etc. Mais dans l'ensemble, ils présentent une caractéristique commune : il y a toujours la possibilité que le groupe qu'ils forment avec le nom puisse être réduit à un seul pronom comme dans les groupes ci-après qui peuvent être pronominalisés en *il, elle, celle-ci, (de) ceux-ci/ceux-là, l', la* (mais aussi *le, les* en d'autres exemples) : *un voile bleuâtre, un curieux voile bleuâtre, une meute hurlant d'excitation, une meute battant le maquis, des torrents aux eaux puissantes, la porte du garage, le lac Saint-Georges, le livre que tu m'as prêté, l'idée que tu viennes, l'éventualité qu'il vienne.*

Le nom se complète aussi bien en groupe sujet qu'en groupe verbal ou en groupe circonstanciel. Les compléments du nom se présentent essentiellement sous six types :

– **des groupes épithètes** : *Un voile **bleuâtre** ne pouvait occulter totalement la lune. À l'horizon, s'étendait un **curieux** voile **bleuâtre***;

– **des groupes participes présents** : *Une meute **hurlant d'excitation** battait le maquis. J'étais effrayé par cette meute **battant le maquis***;

– **des groupes prépositionnels appelés traditionnellement complément du nom au sens restreint** : *Le torrent **aux eaux puissantes** vrombissait. J'aime le vrombissement des torrents **aux eaux puissantes**. La porte **du garage** est usée. Il repeint la porte **du garage***;

– **des GN non prépositionnels** : *À cet endroit le lac **Saint-Georges** ressemble presque à une mer intérieure*;

– **des subordonnées relatives** : *Le livre **que tu m'as prêté** est passionnant. Je ne retrouve plus le titre du livre **dont tu m'avais parlé*** (voir d'autres exemples dans le chapitre sur les pronoms relatifs). Parmi les relatives compléments du nom antécédent, il y a lieu de faire une distinction sémantique :

*Les voisins **qui se moquaient de Pierre sous le manteau** ont été bien étonnés de sa réussite.*

*Les voisins, **qui se moquaient de Pierre sous le manteau,** ont été bien étonnés de sa réussite.*

La première subordonnée isole, parmi les voisins, la catégorie de ceux qui se moquaient de Pierre. Elle restreint parmi les voisins le trait de ceux qui se moquaient : elle sert à les déterminer, elle est appelée restrictive ou déterminative.

La seconde subordonnée englobe tous les voisins sans distinction. Elle ne sert qu'à les qualifier tous en général. On la dit explicative ou appositive (car elle est entre virgules comme certaines appositions) ;

– **des subordonnées conjonctives**: *L'idée* ***que tu viennes*** *me ravit. J'examine l'éventualité* ***qu'il vienne*** (voir d'autres exemples dans le chapitre sur les conjonctions de subordination).

9. Les épithètes détachées et noms en apposition

Comme les compléments de nom et l'attribut, ils se rapportent à un terme dont ils précisent une propriété inhérente ou passagère ou un état, un statut, mais ces fonctions jouissent parfois d'une grande liberté dans la phrase, qui les fait ressembler par ce trait à des compléments circonstanciels :

– épithètes détachées : ***Agacées par cette présence****, les perruches ne cessaient de piailler/Les perruches,* ***agacées par cette présence****, ne cessaient de piailler/Les perruches ne cessaient de piailler,* ***agacées par cette présence.***

– appositions : ***Terreur des forêts****, le lion rugisssait abominablement/Le lion,* ***terreur des forêts****, rugissait abominablement. Le lion rugissait abominablement,* ***terreur des forêts.***

Des appositions peuvent être liées : *Notre chatte* ***Lili****.*

10. Le complément d'adjectif

Un complément d'adjectif placé après un adjectif ou un participe passé en précise le sens.

Il se réalise principalement par :

– un groupe prépositionnel : *Ils sont sûrs* ***de leur coup****. Ils sont flattés* ***de ton succès*** ;

– un pronom : *Elle* ***en*** *est meurtrie* (de cet esclandre) ;

– une subordonnée conjonctive : *Ils sont accablés* ***de ce que leur témoignage n'a servi à rien****. Ils sont contents* ***que tu sois revenu****.* La préposition *de* ne peut introduire une subordonnée. Celle-ci est donc précédée du pronom neutre *ce*, élément de catégorie nominale que la préposition admet et qui permet l'introduction de la subordonnée. Une autre solution est mise en œuvre par l'usage : négliger la préposition, qui reste cependant constitutive de la construction de *accabler* et utiliser directement la conjonction *que* après le verbe.

11. Phrases complexes et subordonnées

Une phrase simple ne comporte qu'un seul verbe doté d'un sujet ou d'un agent. Elle constitue une proposition dite parfois indépendante.

Les phrases comportant plusieurs verbes dotés de sujet ou d'agent sont dites complexes.

Il existe trois types de phrases complexes.

■ **La phrase à juxtapostion :** *Pierre est venu, il est très en colère.* Cette phrase comporte deux réseaux de fonctions, qui pourraient correspondre chacune à une phrase isolée. C'est l'absence de ponctuation forte entre les deux réseaux qui suggère de considérer l'ensemble comme une phrase et l'on dit parfois que ce genre de phrase est constitué de propositions indépendantes juxtaposées.

■ **La phrase à coordination :** *Pierre est venu mais il n'est pas resté longtemps.* Cette phrase est aussi constituée de deux propositions indépendantes, qui sont cependant reliées par une conjonction de coordination (voir le chapitre consacré aux conjonctions de coordination).

■ **La phrase à subordination**

La subordonnée est un des composants qui peuvent apparaître dans chacun des groupes fonctionnels examinés plus haut. Elle consiste à enchâsser, dans une phrase organisée autour d'un verbe principal, un constituant lui-même organisé autour d'un verbe selon les procédures suivantes grossièrement évoquées. Soit une phrase de départ : *Il nous a exposé un cas.* Dans cette phrase peut être insérée une autre phrase comportant une idée s'y rapportant, comme *Nous n'avons jamais rencontré ce cas.* La particule *que* sert à ces opérations ; on considère qu'elle va représenter le terme *cas* effacé de la seconde phrase. Il faudra donc analyser *que* comme un pronom, dénommé tardivement relatif. L'ensemble aboutit à : *Il nous a exposé un cas* ***que*** *nous n'avons jamais rencontré (~~ce cas~~).*

La phrase insérée est devenue désormais un élément du groupe nominal complément d'objet direct de *exposer : un cas que nous n'avons jamais rencontré* et *que nous n'avons jamais rencontré* est une subordonnée relative (voir le chapitre sur les pronoms).

Dans le cas de subordonnées conjonctives, la conjonction de subordination, mot invariable, ne subit pas de changement et ne sert qu'à l'insertion de la subordonnée, sans assumer de fonction : *Il m'avait certifié que Pierre viendrait.*

Aux subordonnées déjà rencontrées (subordonnées conjonctives et relatives), il convient d'ajouter d'autres types de subordonnées.

a) La **subordonnée interrogative**. Elle ne porte pas d'interrogation à proprement parler mais il s'agit plutôt d'une information recherchée, d'une information qu'on donne ou qu'on ignore. On la trouve avec des verbes comme *demander, dire, examiner, ignorer, savoir, se souvenir...* Le subordonnant est la conjonction *si* ou un autre mot interrogatif : adjectif interrogatif, pronom ou adverbe. *Je me demande* ***s'il viendra****. On ignore* ***si cet endroit était fréquenté****. Je ne sais pas* ***qui était là****. Ils ont bien expliqué* ***pourquoi ils protestaient****.* ***Quelle personne a été choisie*** *est encore un secret.* Ces groupes sont compléments d'objet ou sujets.

b) La **subordonnée participiale** est formée d'un participe passé ou présent et de son « sujet » exprimé et distinct de celui du verbe principal : ***Le beau temps revenant****, nous pourrons refaire des promenades.* ***Votre signature apposée****, il n'est plus possible de revenir en arrière.* Ces groupes sont compléments circonstanciels.

On peut se demander si la notion de subordonnée est bien opératoire dans ces cas, mais la grammaire traditionnelle ne se pose pas cette question.

c) Le cas de la traditionnelle **subordonnée infinitive** est encore plus controversé par de nombreuses études. Du point de vue traditionnel, deux conditions sont exigées pour parler de subordonnée infinitive :

– le verbe de la principale appartient à une série limitée : *faire, laisser, écouter, entendre, voir, regarder, sentir, emmener, envoyer, conduire...*

– elle doit avoir un « sujet » propre différent de celui du verbe principal.

Les exemples peuvent être : *J'entends Pierre* ***chanter dans sa chambre****. Je sens* ***la situation se dégrader****.*

Un tableau ci-dessous, loin d'être exhaustif, récapitule les différentes subordonnées rencontrées et classées avec des exemples selon leur nature et leur fonction.

Fonctions	Subordonnée relative	Subordonnée conjonctive ayant une fonction dans le GS ou le GV (elle est dite parfois complétive)	Subordonnée conjonctive ayant une fonction dans la phrase	Subordonnée interrogative indirecte	Subordonnée participiale	Subordonnée infinitive
Sujet	**Qui n'a jamais vu une trainée de lave en feu** n'a rien vu.	**Qu'il vienne** me surprendrait.		**Quelle personne a été choisie** est encore un secret.		
COD	Il apprécie **qui le flatte**.	Le directeur affirme **que tout va bien**.		Je me demande **s'il viendra**. On ignore **si cet endroit était fréquenté**. Je ne sais pas **qui était là**. Ils ont bien expliqué **pourquoi ils protestaient**.		J'entends Pierre **chanter dans sa chambre**. Je sens **la situation se dégrader**.
COI	Il parle à **qui veut bien l'écouter**.	Il tient à **ce que tu viennes**.		Il ne se souvenait pas de quoi était fait l'objet retrouvé.		
Attribut du sujet	Cet homme n'est pas **qui vous croyez**.	La vérité est **qu'ils sont dans une situation délicate**.				
Complément circonstanciel	Le chien filait **où son flair l'emmenait**.		Il viendra dès qu'il pourra (et toutes les subordonnées circonstancielles).		**Le beau temps revenant**, nous pourrons refaire des promenades. **Votre signature apposée**, il n'est plus possible de revenir en arrière.	

Complément d'adjectif		Ils sont accablés **de ce que leur témoignage n'ait servi à rien**. Ils sont contents **que tu sois revenu**.				
Fonctions	Subordonnée relative	Subordonnée conjonctive ayant une fonction dans le GS ou le GV (elle est dite parfois complétive)	Subordonnée conjonctive ayant une fonction dans la phrase	Subordonnée interrogative indirecte	Subordonnée participiale	Subordonnée infinitive
Complément du nom	Le sentier **qui mène au moulin** disparaît sous les ronces. J'ai retrouvé le livre **que tu m'avais prêté**. Les voisins **qui se moquaient de lui sous le manteau** ont été bien étonnés de sa réussite.	L'idée **que tu viennes** me ravit. J'examine l'éventualité **qu'il vienne**. La perspective qu'on se rencontre ne me réjouit pas. J'étudie la possibilité **qu'on puisse écarter cette solution**.				
Complément du pronom	J'ai vu quelqu'un **qui te connaissait**. Pierre a retrouvé celui **dont je lui avais parlé**.					
Complément du présentatif	C'est **à quoi je pensais**. Voilà **de quoi il est capable**.	Voici **qu'ils arrivent**.				
Complément de verbe impersonnel		Il est vrai **qu'ils s'entendent bien**.				

3 | Les verbes

1. Aspects sémantiques

Le nom et le verbe sont souvent mis en rapport et opposés. Des radicaux partiellement ou totalement identiques ou de mêmes racines se trouvent dans des noms et des verbes : désir, désirer ; danse, danser ; travail, travailler ; entrée, entrer ; course, courir ; amour, aimer, etc. Les verbes sous leur forme infinitive peuvent se substituer à des noms sans altération du sens :

La marche est bonne pour la santé/Marcher est bon pour la santé.

Mais alors que le nom est associé à la désignation (il désigne tout objet de pensée et son (ses) occurrence(s) matérielle(s) particulière (s) dans le monde), le verbe, particulièrement sous ses formes conjuguées, est associé au déroulement, au déploiement, à la réalisation, à l'effectuation. Les verbes peuvent relever d'une action ou d'un état mais de nombreux verbes expriment d'autres notions et l'on parle plutôt de « procès » pour rendre compte de la composante sémantique la plus générale de la catégorie verbale.

À propos du procès, sont fournies, dans un énoncé, des informations sur son caractère plus ou moins avéré, virtuel, ou souhaité, sur ses déterminations temporelles, sur ses phases de développement. Ces informations proviennent partiellement des marques que le verbe reçoit du processus de conjugaison : *Pierre regrette son ancienne voiture. La nouvelle a déjà eu deux pannes. Il va en acheter une autre prochainement. Espérons qu'il n'en soit pas de nouveau mécontent.*

La conjugaison permet d'évoquer un procès présent (*regrette*), passé (*a eu*), futur proche (*va acheter*), un procès correspondant à un vœu exprimé de manière volontariste (*espérons*), un procès de réalisation souhaitée mais incertaine (*soit*).

Enfin, dans la plupart des cas, le verbe permet, sur un élément appelé « thème », d'apporter ou d'introduire une information nouvelle appelée « prédicat » :

Paul (thème) *a protesté* (prédicat). *Son voisin* (thème) *a aussi dénoncé les manœuvres* (prédicat).

2. Aspects syntaxiques

Il existe des phrases nominales : *Pas sérieux ce propos/Dans ce paysage morne, et jusqu'à l'horizon, rien que des masures aux lignes floues.* Cependant, la mise en relation de groupes (nominaux ou autres) ne peut continuellement se réaliser sans le rôle structurant du verbe. C'est, la plupart du temps, autour de lui que s'organise la phrase : *Le concierge* ***ouvrit/ferma/repoussa/entrouvrit/se dirigea vers*** *la porte.* Le plus souvent, le verbe conjugué est donc entouré de termes parfois appelés « arguments » : groupe sujet, et éventuellement un ou plusieurs groupes compléments, dans l'exemple précédent : *le concierge* et *la porte.*

Selon la complémentation qu'ils supportent, les verbes se répartissent en types différents et sont le noyau de groupes verbaux (GV) différents :

- certains n'admettent pas de complément d'objet (verbes intransitifs) ;
- certains nécessitent ou admettent un complément d'objet direct, c'est-à-dire que la construction de base normale du verbe ne comporte pas de préposition (verbes transitifs directs) ;
- certains nécessitent ou admettent un complément d'objet indirect, c'est-à-dire que la construction de base normale du verbe comporte une préposition (verbes transitifs indirects) (dans ces deux dernières catégories, certains verbes admettent une double ou triple complémentation) ;
- certains verbes permettent d'attribuer une qualité à leur sujet ou leur complément d'objet : ce sont les verbes attributifs.

Forme du GV	Construction verbale	Exemples
Verbes intransitifs ou transitifs. Les groupes qu'on trouve associés aux verbes transitifs sont potentiellement formés sur le nom, sur l'infinitif, sur la subordonnée conjonctive.		
V	*Verbes intransitifs n'acceptant aucun complément d'objet*	aboyer, arriver, chuter, frissonner, récidiver, scintiller, etc. *Le chien aboie.*
– V ou – V+GN – V+GInf – V+Sub conj	*Verbes transitifs directs nécessitant ou acceptant un complément d'objet direct*	arranger, attendre, attraper, apercevoir, avoir, battre, blesser, chanter, continuer, demander, écouter, essayer, embrasser, empêcher, habiller, installer, louer, manger, perdre, plaindre, reconnaître, regarder, rencontrer, réveiller, souhaiter, sauver, traverser, etc. *Pierre a aperçu les enfants.* *Pierre les a aperçus.* *Pierre souhaite partir.* *Pierre reconnaît qu'il s'est trompé.* *Pierre demande que tu viennes.* *Pierre attend/P. attend le métro/P. attend que Jean s'en aille.* *Pierre mange/P. mange une pomme.*
– V ou – V+GPrépN – V+GPrépInf – V+ce Sub conj	*Verbes transitifs indirects nécessitant ou acceptant un complément d'objet indirect*	aller, s'abstenir, s'apercevoir, se préparer, se mettre, se méfier, mentir, parler, parvenir, renoncer, ressembler *Pierre va à Paris.* *Pierre ressemble à son frère.* *Pierre s'aperçoit de son erreur.* *Pierre ment/P. ment à ses parents.* *Pierre se prépare à partir.* *Pierre renonce à ce que tu partes.* (Ne pas confondre le *ce que* de cette phrase avec le *ce que* de phrases à relatives comme dans *J'ai félicité Pierre de ce qu'il a fait.* Cette dernière phrase s'oppose à *J'ai félicité Pierre de ce qu'il a fait un beau travail* qui est bien une phrase à conjonctive comme *Pierre renonce à ce que tu partes.*)

Forme du GV	Construction verbale	Exemples
– V + GN+GPrépN – V+GN+GPrépInf – V+Sub conj+ GPrépN	*Verbes transitifs acceptant deux compléments d'objet, l'un direct, l'autre indirect (appelé, dans ce cas, complément d'objet indirect second)*	demander, dire, donner, écrire, promettre, proposer, raconter, vendre *(qqch à qqn)* présenter *(qqn à qqn)* obliger, préparer, mêler, occuper, *(qqn à qqch)* prier *(qqn de qqch)* ajouter, enlever, mêler, préférer, *(qqch à qqch)* excuser, charger, faire, plaindre, prévenir, punir, sauver *(qqn de qqn ou de qqch)* entourer, envelopper, *(qqch de qqch)* attendre, recevoir, *(qqch de qqn)* *Pierre a écrit une lettre à Marie.* *Pierre a prié Jacques de partir.* *Pierre pousse son fils à réviser.* *Pierre a proposé à l'assemblée que la date de la prochaine réunion soit repoussée.*
– V+GPrépN+ GPrépN – V+GPrépN+ GPrépInf – V+GPrépN+(ce) Sub conj	*Verbes transitifs indirects acceptant deux compléments d'objet indirects*	parler, se plaindre, servir *(à qqn de qqch ou de qqn)* *Pierre parle de son petit-fils à ses collègues.* *Pierre se plaint à son directeur de commencer trop tôt le matin.* *Pierre se plaint à son directeur que les négociations n'avancent pas (ou de ce que…).*
V+GN+GPrépN +GPrépN	*Verbes transitifs acceptant trois compléments d'objet, un direct et deux indirects*	*traduire (qqch de qqch en qqch)* monter *(qqch de qqpart à qqpart)* *Pierre a traduit l'article de l'anglais en hébreu.*
Verbes attributifs		
– V+GAdj – V+GN – V+GPrépN – V+GAdv – V+GInf	*Constructions à attribut du sujet. Verbes nécessitant un complément attribut qui se rapporte au sujet. Ces verbes sont relatifs à l'existence ou la continuité, à l'apparence ou la réputation, à la transformation.*	être, demeurer, rester, vivre, mourir. apparaitre, avoir l'air, passer pour, sembler. devenir, tomber. *Pierre semblait soucieux.* *Pierre est ingénieur.* *Pierre est devenu notre président.* *Pierre est en colère.* *Pierre a l'air bien.* *Souffler n'est pas jouer.*
– V+GN+GAdj – V+GN+GN – V+GN+GPrépN etc.	*Constructions à attribut du complément d'objet. Verbes transitifs nécessitant un complément attribut qui se rapporte au complément d'objet. Ces verbes transitifs se réfèrent à une préférence ou une perception, un choix ou une dénomination, une opinion, une constatation, une relation, une transformation.*	aimer, appeler, avoir (pour), considérer (comme), croire, élire, juger, nommer, penser, prendre (pour), regarder (comme), rendre, savoir, sentir, tenir (pour), traiter (de), se voir. *L'habitude rend les gens inattentifs.* *Il mange toujours sa viande bien cuite.* *Ils ont appelé leur bébé Pierre.* *Toute la famille le savait amateur de vin.* *Il avait Pierre pour collègue.* *Ils considéraient leur voisin comme un naïf.* *Pierre les a traités d'incapables.*
Formes unipersonnelles ou impersonnelles		
– V – V+GN – V+GInf	*Verbes unipersonnels ou pouvant présenter une forme impersonnelle.*	neiger ; convenir ; falloir ; arriver, rester. *Il neige.* *Il convient de rester calme.* *Il faut de la patience.* *Il est arrivé un incident.* *Il reste des pommes.*

Forme du GV	Construction verbale	Exemples
– Présentatif+GN – Présentatif+GAdv – Présentatif+Sub conj	*Présentatifs (les présentatifs incluent tous une forme verbale ou en sont issus). (« C'est » suivi d'un adjectif n'est pas considéré comme un présentatif.)*	Il y a, il était une fois, il était, c'est, voici, voilà. *Il y a une surprise.* *Voici votre billet.* *C'est Pierre.* *C'est ici.* *Ce n'est pas que nous soyons ravis.*

Il faut noter que :

1. Les mêmes verbes peuvent être affectés de plusieurs constructions, par exemple « compter » est à la fois transitif direct et transitif indirect mais selon la construction, le sens peut se spécialiser :

– *Pierre compte les entrées.*

– *Pierre compte sur Jean.*

2. Le fait qu'un verbe soit transitif direct ou indirect se décide en fonction de sa construction de base repérée par le type de questionnement que son complément peut susciter. Ainsi, à propos de :

1re série	2e série
Pierre demande à partir. *Pierre attend de partir.* *Pierre s'interdit de riposter.*	*Pierre s'attend à partir.* *Pierre se plaint de partir.*

les formes en infinitif paraissent identiques mais les cas sont très différents. Les questionnements engendrés par la seconde série sont bien celles de verbes transitifs avec préposition *À quoi s'attend Pierre ?, De quoi se plaint Pierre ?* Les questions normales correspondant à la première série sont *Que demande Pierre ?, Qu'attend Pierre ?, Que s'interdit Pierre ?* et non **À quoi demande Pierre ?,*De quoi attend Pierre ?, *De quoi s'interdit Pierre ?* L'interrogation manifeste bien que les « à » et « de » ne font pas partie de la construction des verbes de la 1re série (« à » et « de » y sont parfois appelés complémenteurs) alors qu'en font partie les « à » ou « de » de la 2e série (s'attendre à, se plaindre de). De même, *Pierre s'aperçoit qu'il a fait une erreur* ne va pas engendrer la question **Que s'aperçoit Pierre ?* mais bien *De quoi s'aperçoit Pierre ?* D'ailleurs, on retrouve la préposition dans une forme aujourd'hui considérée comme apprêtée de la phrase : *Pierre s'aperçoit* **de** *ce qu'il a fait une erreur.*

3. Aspects morphologiques

Le verbe français est la classe de mots affectée des plus grandes variations morphologiques.

Les catégories morphologiques de variation sont la personne et le nombre, le mode, le temps et l'aspect, des formes diverses dont l'une était dénommée voix.

A. Personne et nombre

Il existe six formes personnelles du verbe : trois au singulier et trois au pluriel, correspondant à des pronoms de conjugaison.

Singulier	Pluriel	Caractéristiques discursives
P1 : je	P4 : nous	Personnes engagées dans le processus de communication. P1 – P4 ont l'initiative de la locution, P2 et P5 la reçoivent. Il y a échange, en cas d'interlocution. Les personnes de rang P4 et P5, bien que théoriquement de nombre pluriel, ne correspondent pas forcément à une pluralité de personnes de rang P1 et P2. *Nous* peut être un pronom d'autorité, ou associer un *je* et d'autres personnes extérieures à la communication. *Vous* peut être une variante de politesse du singulier.
P2 : tu	P5 : vous	
P3 : il, elle	P6 : ils, elles	Actants (êtres, choses, notions) exclus du processus de locution ou d'interlocution directe P1-P4/P2-P5. Ce sont les actants dont on parle. Ces personnes, à la forme pronominale, varient aussi en genre. Les formes unipersonnelles se conjuguent avec la P3 *il* : *il pleut, il apparaît que...*

On est un pronom de grande flexibilité qui peut se substituer à presque toutes les personnes, selon les choix d'énonciation.

L'impératif se conjugue aux personnes de rang P2, P4 et P5, sans recours aux pronoms : *prends, prenons, prenez.*

B. Les modes

Traditionnellement, le mode exprime l'attitude du sujet parlant à l'égard de son énoncé, sa manière d'envisager le degré de réalisation, de certitude, de nécessité, de possibilité, ou de souhait dont est affecté le procès désigné par le verbe. En fait, ces catégories ne sont pas exclusivement manifestées par le verbe (un adverbe comme « peut-être » le fait aussi) et, dans la classe du verbe, elles ne sont pas non plus manifestées seulement au moyen d'une répartition nette entre modes : l'indicatif, mode de ce qui est considéré ou envisageable (dans l'interrogation) comme vrai (*Il finira demain, Finira-t-il demain* ?) est aussi, par ses temps présent et imparfait, par exemple, un mode apte à rendre compte en certains contextes, de l'hypothèse, de la condition : *Si tu* ***viens****, tu seras bien accueilli, Si tu* ***venais*** *tu serais bien accueilli, Je viendrai s'il* ***présente*** *des excuses.* Le mode est donc plutôt à distinguer comme un système de groupement des formes verbales appelées temps. Par exemple, l'indicatif est le mode qui permet les conjugaisons à tous les temps, contrairement au subjonctif et plus encore à l'impératif et à ce titre, il permet d'intégrer de nombreuses informations au procès. Les nuances relatives au degré de réalisation, de certitude, etc., sont parfois appelées aujourd'hui modalités.

On distingue habituellement des modes impersonnels qui ne peuvent recevoir de détermination de personne et des modes personnels.

a. Les modes impersonnels

Les modes impersonnels sont l'infinitif, le participe, le gérondif.

L'infinitif est la forme nominale du verbe qui ne retient que le contenu lexical du procès en réalisation effective ou virtuelle sans permettre une dynamique de conjugaison : *Chanter est bon pour le moral.* Il se présente sous une forme temporelle basique : infinitif dit « présent » (*chanter*), correspondant au procès en accomplissement, infinitif dit « passé » (*avoir chanté*) correspondant au procès accompli. Du point de vue formel, on classe traditionnellement les verbes en trois groupes :

- verbes du 1er groupe à l'infinitif en désinence *-er* (sauf aller) : arriver, avancer, etc.
- verbes du 2e groupe à l'infinitif en *-ir* et faisant leur participe présent en *-issant* : finir, etc.
- verbes du 3e groupe faisant leur infinitif en *-ir* (les autres verbes en *-ir* que ceux du 2e groupe), en *-oir, -re* : *ouvrir, partir/voir, pouvoir, savoir, boire, faire, dire, prendre.*

Le participe a deux formes : le participé passé (*fleuri*), qui situe le procès accompli dans son résultat, et le participe présent (*fleurissant*) qui situe le procès dans la durée ou même dans les conséquences de son déroulement. Ces formes sont parfois utilisées comme adjectif : *Cet arbre est fleuri. Cet enfant est usant.*

Le gérondif, forme en *-ant* précédée de *en*, précise les circonstances dans lesquelles s'effectue un procès principal : *Ils marchaient en chantant.*

b. Les modes personnels

Les modes personnels sont l'indicatif (dans lequel on intègre aujourd'hui le conditionnel), le subjonctif, l'impératif.

L'indicatif a été pris comme exemple, on l'a vu, de la modification de la notion de mode par rapport aux descriptions classiques. Il est le seul mode à posséder des formes qui permettent de situer un événement dans l'une des trois époques du temps chronologique. Il permet aussi d'établir le procès évoqué dans le monde de ce qui peut être tenu ou envisageable comme vrai par l'énonciateur, même dans le cas indécidable de l'interrogation (*Pierre travaille-t-il ?*) et même dans les cas d'hypothèse, de condition, de réalisation conditionnelle. C'est, en partie, cette flexibilité de l'indicatif qui a fait classer les temps du conditionnel dans le mode indicatif.

Le subjonctif est pauvre en temps (subjonctif présent, passé, imparfait, plus-que-parfait). Il signale certes qu'une chose a pu, peut ou pourra se passer mais sans le détail de l'appareil temporel de l'indicatif. Son rôle n'est pas principalement de situer un procès dans une époque. Il est le mode qui permet d'insister, non pas sur la matérialité de la réalisation, mais sur un doute, une exigence, une déploration, une affirmation sélective. Cette intervention se concrétise par la possibilité (ou l'obligation) pour le locuteur de marquer le verbe qui fait l'objet de cette intervention par une émission sous la forme du subjonctif, lequel réduit à peu les marques de temps. Comparez :

Je suppose qu'il vient. *Je me demande s'il vient.* *Je crois qu'il viendra.* *Je suis sûr qu'il viendra.* *Je savais qu'il viendrait.*	*Je ne crois pas qu'il vienne. Je ne suis pas sûr qu'il vienne.* (On trouve aussi aujourd'hui dans ces deux cas des formes *qu'il viendra*). *Je ne croyais pas qu'il vienne.* *Je n'étais pas sûr qu'il vienne.* *Je souhaite qu'il vienne.* *Il faut qu'il vienne.* *Qu'il vienne!* *Je regrette qu'il vienne; je regrette qu'il soit venu.* *C'est bien le seul qui soit venu!*

L'impératif est encore plus pauvre en temps que le subjonctif (impératif présent: *Ne te laisse pas influencer*, et rarement aujourd'hui l'impératif passé: *Aie fini ton travail quand j'arriverai*) et il ne comporte que trois personnes (P2, P3, P4). L'impératif a une orientation directive, suggestive ou mobilisatrice. L'émetteur vise, par ce moyen, à influencer le comportement du récepteur. Les nuances peuvent être l'ordre, le conseil, la suggestion, la demande polie, l'exhortation, le vœu.

C. L'aspect

L'aspect concerne la manière dont la durée du procès est considérée.

a. Aspects accompli/inaccompli

Parfois, le procès exprimé par le verbe est considéré comme en cours, dans son déroulement: *il **travaille**, il **travaillait**, il **travailla**, il **travaillera** pendant ses vacances*. L'action évoquée par le verbe est en cours de déroulement, que ce soit dans le passé, le présent ou le futur. C'est l'aspect inaccompli. Au contraire, l'aspect accompli correspond à un procès considéré au-delà de sa borne finale, dont le déroulement est achevé: *Quand il **eut mangé**, il ouvrit son courrier. Quand **il a mangé**, il se remet au travail. Quand il **aura mangé**, il sera plus calme*. La différence entre aspect accompli et aspect inaccompli se manifeste par l'opposition entre les formes simples du verbe et les formes composées. Le verbe à la forme composée indique un accompli et peut signaler qu'un nouvel état de choses résulte de cet accomplissement.

b. Aspects borné/non borné

Dans le cadre de procès inaccomplis, exprimés par des formes verbales simples, des événements peuvent être rendus comme par un effet de perception interne. D'autres sont rapportés comme des événements ponctualisés, qui font irruption, même s'ils durent longtemps et si début et fin ne sont pas précisément mentionnés: on peut opposer *il chantait* et *il chanta*. L'exemple suivant permet de faire la différence en contexte entre ces deux temps d'aspect inaccompli, mais différents sous l'aspect « borné »/« non borné »: imparfait « non borné » et passé simple « borné ».

Exemple: Il faisait une lourdeur abominable et l'on traînait sa vie; tous étaient exténués. Un orage se préparait. Il éclata. Ce fut un soulagement, mais il dura longtemps. Tout à coup, l'air parut plus léger. On revivait.

L'imparfait, d'aspect non borné, insère le lecteur dans l'intériorité des procès rapportés à ce temps. Le passé simple, implicitement ou explicitement, borne et ponctualise les événements rapportés même si les bornes ne sont pas signalées, il présente les événements comme des surgissements qui peuvent être affectés d'une certaine durée.

D. Les temps

a. Temps et jeu des temps

Traditionnellement, la notion de temps en langue évoque trois époques : passé, présent, futur. Cependant, les usages langagiers portent à relativiser cette présentation. Les temps verbaux ne correspondent pas forcément à un temps chronologique historique. Par exemple, l'imparfait peut correspondre à du passé mais aussi du présent et même du futur.

Exemples :
Il était en vacances à Quiberon.
S'il était là, ambiance assurée !
On serait soulagés s'il réussissait son concours.

D'autre part, ces époques sont à prendre en considération relativement à plusieurs repères :

- premièrement, le moment de l'énonciation, de l'émission du discours (point d'énonciation : Pén) ;
- secondement, le moment de l'action, du procès dans le temps (point d'événement 1 : Pév1) ;
- troisièmement, un autre moment de l'action, du procès (point d'événement 2 : Pév2) repéré à partir du point d'événement 1. (Théoriquement, le processus peut ainsi se répéter.). Le texte suivant rend compte de ces phénomènes : *Il y a huit jours, j'étais à Turin. La veille, la neige s'était mise à tomber et je ne savais pas que le lendemain des orages déverseraient des torrents.*

Pén est le moment d'énonciation, par rapport auquel l'événement rapporté est situé dans le passé, au Pév1, au moyen de l'imparfait (*j'étais à Turin*). Un autre événement, au Pév2, est situé antérieurement dans le passé par rapport à ce Pév1, par le truchement d'un plus-que-parfait (*La veille, la neige s'était mise à tomber*). Un troisième événement est situé à un Pév3, dans le futur de ce Pév1 (*le lendemain des orages déverseraient des torrents*) au moyen d'un conditionnel qui se montre clairement être un futur dans le passé. Ainsi, la succession se trouve formalisée par le tableau suivant.

Pév2	Pév1	Pév3	Pén
la neige s'était mise à tomber *Passé par rapport à Pév1, passé dans le passé par rapport à Pén* la veille	j'étais à Turin *Passé par rapport à Pén et en même temps nouveau point de repère pour Pév2 et Pév3* (il y a) 8 jours	des orages déverseraient des torrents *Futur par rapport à Pév1, dans le passé par rapport à Pén* le lendemain	Présent du point d'énonciation principal il y a (8 jours)

Le point d'énonciation principal reste, à chaque stade, la référence d'ancrage du discours dans le jeu des temps verbaux mais il est clair que Pév1 devient un point de repère relais pour Pév2 et pour Pév3.

Ce système de repérage est capital dans le jeu correct des temps, appelé souvent « concordance des temps ». On le trouve aussi, de manière simple, dans des exemples comme *Je sais qu'il viendra/Je savais qu'il viendrait. Je ferme mon ordinateur quand j'ai terminé mon travail/Je fermais mon ordinateur quand j'avais terminé mon travail/Je fermerai mon ordinateur quand j'aurai terminé mon travail.*

b. Les différents temps verbaux

La liste des temps verbaux se présente selon un principe général d'organisation en formes simples et formes composées. Les formes simples sont constituées sur le radical du verbe complété de désinences qui correspondent à des informations sur la personne, le temps, éventuellement le mode (*Nous marchions prudemment sur l'arête*). Les formes composées associent le participe passé du verbe porteur du sens principal et un verbe dit auxiliaire (avoir ou être) qui seul prend les marques de conjugaison (*J'ai marché sur un silex, je suis tombé*). Les formes simples et composées sont appelées temps simples et temps composés. À un temps simple est apparié un temps composé. Le tableau suivant rend compte de leur organisation.

Modes	Temps simples		Temps composés
Infinitif	présent *préparer* *revenir*		passé *avoir préparé* *être revenu*
Participe	présent *préparant* *revenant*	passé *préparé* *revenu*	passé (composé) *ayant préparé* *étant revenu*

Indicatif	présent *je prépare* *il revient*	passé composé *j'ai préparé* *il est revenu*
	imparfait *je préparais* *il revenait*	plus-que-parfait *j'avais préparé* *il était revenu*
	passé simple *je préparai* *il revint*	passé antérieur *j'eus préparé* *il fut revenu*
	futur simple *je préparerai* *il reviendra*	futur antérieur *j'aurai préparé* *il sera revenu*
	conditionnel présent *je préparerais* *il reviendrait*	conditionnel passé (composé) *j'aurais préparé* *il serait revenu*
Subjonctif	présent *(que) je prépare* *(que) je revienne*	passé (composé) *(que) j'aie préparé* *(que) je sois revenu*
	imparfait *(que) je préparasse* *(que) je revinsse*	plus-que-parfait *(que) j'eusse préparé* *(que) je fusse revenu*
Impératif	présent *prépare* *reviens*	passé *aie préparé* *sois revenu*

c. Formation des verbes conjugués

Chaque forme de verbe conjugué peut être analysée en radical (une partie initiale stable ou relativement stable et récurrente du verbe, à partir de laquelle il se conjugue) et les désinences (ajouts qui permettent la conjugaison en personne, temps, mode).

■ Radical et bases

Pour une grande partie des verbes, le radical est de forme constante, par exemple pour *chanter,* le radical *-chant* se retrouve dans toute la conjugaison et forme ce qu'on appelle la seule « base » de la conjugaison. Cependant, pour un nombre important de verbes, il n'en est pas ainsi. Par exemple, d'autres verbes du 1er groupe, comme appeler ou envoyer, les verbes du 2e groupe et les verbes du 3e groupe présentent deux ou plusieurs bases de conjugaison écrite :

	Radical de l'infinitif	Base 1	Base 2	Base 3	Base 4	Base 5	Base 6
Appeler	appel-	appell-(e)	appel-(ons)				
Finir	fin-	fini-(s)	finiss-(ons)	fin-(is) fin-(irent)			

Craindre	craind-	crain-(s)	craign-(ons)	craind-(rai)			
Envoyer	envoy-	envoi-(e)	envoy-(ons)	enver-(rai)			
Recevoir	recev-	reçoi-(s)	recev-(ons)	reçoiv-(ent)	reç-(us)		
Connaître	connaît	connai-(s)	connaiss-(ons)	connaît-(rai)	conn-(us)		
Vouloir	voul-	veu-(x)	voul-(ons)	veul-(ent)	voud-(rai)	veuill-(e)	
Venir	ven-	vien-(s)	ven-(ons)	viend-(rai)	v-(ins)	vienn-(e)	
Pouvoir	pouv-	peu-(x)	pouv-(ons)	peuv-(ent)	pour-(rai)	p-(us)	puiss-(e)

REMARQUE - La forme *finis* s'analyse de deux manières différentes : au présent de l'indicatif, la base commune aux P1 et P2 est bien *fini-* avec la désinence du présent des verbes des groupes 2 et 3 à ces personnes : *-s*. Au passé simple, *finis* s'analyse selon la base *fin-* suivie de la désinence de P1 et P2 au passé simple *-is*.
- Parfois, le terme « radical » est utilisé comme générique, sans inconvénient, alors que sont distingués ici « radical » de l'infinitif et « base » de conjugaison. Le radical de l'infinitif se retrouve toujours comme base de conjugaison, mais à un temps et une personne variables.

Les désinences

Les bases sont complétées par les désinences que le tableau suivant présente :

Modes	Temps	1er groupe	2e et 3e groupes
Infinitif	présent	-er	-ir, -oir, -re
Participe	présent	-ant	
	passé	-é	-i, *(fini)*, -u, *(connu)*, -is (*pris*) -t (*dit*), -ert *(ouvert)*
Indicatif	présent	-e -es -e -ons -ez -ent	-e, -s, -x (*peux*) -es, -s, -x (*peux)* -e, -t, -d, Ø (*va*) -ons -ez, -tes (*dites, faites)* -ent, -ont (*font*)
	imparfait	-ais -ais -ait -ions -iez -aient	

	passé simple	-ai -as -a -âmes -âtes -èrent	-is -is -it -îmes -îtes -irent	-us -us -ut -ûmes -ûtes -urent	-ins -ins -int -înmes -întes -inrent
	futur simple	-erai -eras -era -erons -erez -eront	-rai -ras -ra -rons -rez -ront		
	conditionnel présent	-erais -erais -erait -erions -eriez -eraient	-rais -rais -rait -rions -riez -raient		
Subjonctif	présent	-e -es -e -ions -iez -ent			
	imparfait	Les formes de l'imparfait du subjonctif sont aujourd'hui très rarement usitées			
Impératif	présent	-e -ons -ez	-s, -x, -e (*veux* ou *veuille*) -ons -ez		

Les verbes auxiliaires *avoir* et *être,* très utilisés, présentent quelques formes spécifiques utiles, rassemblées dans le tableau suivant :

	Présent de l'indicatif	Passé simple	Présent du subjonctif
avoir	j'ai, tu as, il a, nous avons, vous avez, ils ont	j'eus, tu eus, il eut, nous eûmes, vous eûtes, ils eurent	(que) j'aie, tu aies, il ait, nous ayons, vous ayez, ils aient
être	je suis, tu es, il est, nous sommes, vous êtes, ils sont	je fus, tu fus, il fut, nous fûmes, vous fûtes, ils furent	(que) je sois, tu sois, il soit, nous soyons, vous soyez, ils soient

■ Caractérisations de l'usage de différents temps verbaux

Elles sont à mettre en relation avec les caractéristiques générales évoquées précédemment en ce qui concerne les temps, les modes et l'aspect.

• Présent de l'indicatif

Il est le temps qui présente la plus grande polyvalence d'usage. Le présent de l'indicatif :

– indique la correspondance entre le moment d'énonciation et le déroulement du procès, dans une perspective descriptive, narrative ou de constatation : *Pierre bêche le jardin* ;

– indique une habitude : *Il suit ses cours le mercredi toute la journée* ;

– sert à indiquer un procès qui va se dérouler dans un futur proche : *Je vais bientôt à Berlin. Je passe chez vous demain* ;

– sert à indiquer un procès qui s'est déroulé dans un passé récent à la condition d'une insertion dans une suite d'événements : *La semaine dernière, je rencontre Pierre ; il me fait la tête* ;

– sert à signaler la vérité générale d'un procès : *La Terre tourne autour du Soleil. Qui veut voyager loin ménage sa monture* ;

– peut être affecté d'une modalité comme l'injonction : *Tu finis ton travail ou je me fâche !* ou exprimer l'hypothèse ou la condition, dans un système présent-futur : *Si tu* ***viens****, tu seras bien accueilli* ;

– est le temps d'une « détemporalisation », souvent provisoire, du récit, lorsque tous les repères sont bien établis. On dit parfois qu'il s'agit de rendre le récit « plus vivant ». *Robinson voulait partir en Amérique mais il échoua sur une île dans le plus grand dénuement. Une tempête terrible avait détruit le bateau et fait disparaître l'équipage. Il cédait souvent au découragement et sentait qu'il sombrait peu à peu dans la folie. Un jour, il* ***pense*** *que ce serait stupide de finir ainsi ; il* ***décide*** *de réagir et de construire au moins un abri. Peu à peu, il* ***reprend*** *goût à la vie.*

• **Passé composé**

C'est la forme composée correspondant au présent. C'est donc un temps d'aspect accompli, qui peut marquer une antériorité par rapport au présent.

– Il marque un accompli par rapport au présent : *Nous avons déchargé les caisses/Nous déchargeons les caisses. Je suis allé au marché/Je vais au marché.*

– De ce fait, il marque aussi un antérieur d'un procès rapporté au présent : *Quand il a mangé, il fait la sieste. Il a plu, les routes sont glissantes.*

– On perçoit que les deux séries de procès précédents (*manger, faire la sieste ; pleuvoir, glisser*) peuvent être en relation d'explication ou de cause-conséquence. Le passé composé établit un lien entre le présent et un événement passé, lorsqu'un événement passé a encore une influence dans le présent de l'énonciation ; il entre ainsi en concurrence avec le passé simple et l'imparfait. Le passé composé est aussi préféré pour l'effet de proximité qu'il crée : *Je me souviens encore de ce qu'il m'a raconté à cette époque/Je me souviens encore de ce qu'il me raconta à cette époque. Je me souviens encore de ce qu'il me racontait à cette époque.*

– Le passé composé, dans ce cadre, entre même de plus en plus en concurrence directe avec le passé simple pour rendre compte d'événements d'un passé lointain, *Jules César a vaincu Vercingétorix, La révolution a éclaté en 1789,* ou d'événements du récit de fiction : *Le Petit Chaperon rouge a marché/marcha longtemps dans la forêt en cueillant des fleurs puis elle est arrivée/arriva enfin chez sa grand-mère. Elle a frappé/frappa à la porte.*

– La flexibilité du passé composé va jusqu'à l'expression du futur : *Dans une semaine, j'ai fini.*

• **Imparfait de l'indicatif**

– Sert à exprimer un procès passé, d'aspect non accompli et non borné : *Hier à cette heure, nous marchions sur la plage.*

– Signale une action répétée, une habitude : *À cette époque, nous passions toutes nos vacances dans le Larzac.*

– Est employé, dans le récit, pour dresser la toile de fond, décrire une situation dans laquelle surgit un événement au passé simple : *Il faisait une lourdeur abominable et l'on traînait sa vie; tous étaient exténués. Un orage se préparait. Il éclata.*
– Inversement, est employé, dans le récit, pour rappeler une situation sur laquelle débouchent des événements précédemment rapportés au passé simple : *Le Petit Chaperon rouge marcha longtemps dans la forêt en cueillant des fleurs puis elle arriva enfin chez sa grand-mère. Elle frappa à la porte. Malheureusement, le loup* ***était*** *là.*
– Dans un contexte au passé, transpose, au discours indirect, un présent de discours direct : *Il a dit/Il avait dit : « J'arrive. ». Il a dit/il avait dit qu'il arrivait.*
– Peut être porteur de diverses modalités : il sert à exprimer l'hypothèse ou la condition dans un système imparfait/conditionnel : *Si tu* ***venais*** *tu serais bien accueilli.* Il sert à manifester la politesse d'une demande : *Excusez-moi ; je voulais simplement demander quelque chose.*

- **Plus-que-parfait**

C'est le temps composé correspondant à l'imparfait, donc d'aspect accompli : *Nous déchargions les caisses/Nous avions déchargé les caisses.*
– Il possède les emplois de l'imparfait, mais en indiquant qu'un procès s'est déroulé avant un autre situé dans le passé : *Pierre a attendu à l'arrêt mais le bus était déjà passé.*
– Il permet de transposer, au discours indirect, un passé composé de discours direct : *Il avait dit : « Je n'ai voulu blesser personne ». Il avait dit qu'il n'avait voulu blesser personne.*
– Le plus-que-parfait peut servir à exprimer un futur irréalisable : *Sans cet incident, dans une semaine j'avais fini.*

- **Futur de l'indicatif**

– Sert à exprimer un procès à venir, d'aspect non accompli : *Tu termineras ton travail après le repas. Une fois arrivé à Québec, il prendra l'avion pour le Grand Nord.*
– Sert à exprimer un fait soumis à un autre dans le cadre d'un système hypothétique ou conditionnel fondé sur le présent : *Si tu viens, tu* ***verras*** *Pierre.*
– Peut aussi être affecté de diverses modalités comme, par exemple, l'injonction : *Tu ne tueras point.*

Un futur dit « proche » peut être rendu par des périphrases fondées sur les verbes ou expressions verbales *aller, devoir, être sur le point de : Je vais partir demain. Je dois le rencontrer bientôt. Je suis sur le point de partir.*

- **Passé simple**

– Sert à exprimer une action passée, d'aspect non accompli, *Il chanta* (par opposition au passé antérieur *[Quand] il eut chanté*) mais d'aspect borné, ponctualisé. Dans ce cas l'action est considérée comme d'un point de vue externe, dans une succession (*Il chanta* par opposition à *il chantait*) : *Le Petit Chaperon rouge marcha longtemps dans la forêt en cueillant des fleurs puis elle arriva enfin chez sa grand-mère. Elle frappa à la porte.*

– Est employé, dans le récit, pour faire surgir un événement sur une toile de fond, dans une situation décrite à l'imparfait: *Il faisait une lourdeur abominable et l'on traînait sa vie; tous étaient exténués. Un orage se préparait. Il* ***éclata***.

Le passé simple est réservé à la langue écrite.

• Passé antérieur

C'est le temps composé, donc d'aspect accompli, correspondant au passé simple. C'est donc un temps de l'écrit.

Il se rencontre rarement en proposition indépendante.

Dans une suite principale-subordonnée, il exprime l'antériorité par rapport au passé simple: *Dès qu'il eut terminé son travail, il se replongea dans la lecture du roman.*

• Conditionnel

– Est un futur dans le passé, qui permet de rapporter un fait ultérieur à un autre fait du passé: *La veille, la neige s'était mise à tomber et je ne savais pas que le lendemain des orages* ***déverseraient*** *des torrents.*

– Est porteur de diverses modalités: il sert à exprimer un fait soumis à un autre dans le cadre d'un système hypothétique ou conditionnel fondé sur l'imparfait: *Si tu venais, tu rencontrerais Pierre;* il permet de rendre compte d'un souhait ou d'un désir: *J'aimerais passer des vacances à Tahiti,* ou d'un regret : *Je n'aurais pas dû… ;* il sert à manifester la politesse d'une demande: *Pourriez-vous m'aider à ouvrir la porte?;* permet de présenter un procès considéré comme incertain ou éventuel: *Le ministre n'aurait pas encore pris sa décision. Connaîtriez-vous ce monsieur?*

– Dans un contexte au passé, transpose, au discours indirect, un futur de discours direct: *Il a dit/Il avait dit « Je ne viendrai pas ». Il a dit/Il avait dit qu'il ne viendrait pas.*

• Infinitif, subjonctif, impératif: voir les paragraphes correspondant dans la rubrique des modes.

d. Différentes formes verbales

Les verbes se présentent sous des formes diverses habituellement répertoriées en active, passive, pronominale, impersonnelle, auxiliaire.

■ Actif – passif – pronominal

La grammaire citait traditionnellement une voix active, une voix passive et une voix pronominale du verbe, la voix étant la catégorie de conjugaison qui permettrait de distinguer les rapports entretenus entre le sujet et les compléments du verbe.

Ainsi *Jeanne baigne son bébé* est à la voix active: le sujet est l'agent, le complément d'objet correspond au patient. *Le bébé est baigné par sa mère* est à la voix passive: le patient logique occupe la place de sujet du verbe, l'agent, ancien sujet de la forme active devient complément. *L'enfant se baigne seul maintenant, Les contraires s'attirent,* sont à la voix pronominale: l'agent est le sujet grammatical mais il est rappelé sous forme de pronom complément car le procès s'exerce aussi sur celui ou ceux qui le réalisent, ils en sont aussi les patients. Ce modèle théorique est fondé sur des catégories d'analyse infirmées par de trop nombreux usages. Souvent le sujet ne peut pas être dit agent : *Pierre s'endort, Pierre souffre, Pierre a subi de sévères réprimandes/le mauvais caractère de sa voisine/des opérations multiples.* Dans la plupart de ces cas, même s'il y a un complément d'objet, le passage au passif est impossible : *Pierre possède trois maisons/*Trois maisons sont possédées par Pierre ; Tout le monde connaît quelqu'un de malade/*Quelqu'un de malade est connu par tout le monde.* D'autre part, dans le cas de la présence d'un pronom conjoint devant le verbe, ce pronom ne correspond pas à l'analyse précédente, il ne représente pas le « patient » du procès ainsi dans *s'enfuir, se souvenir, s'évanouir, se taire.* Certains verbes se prêtent à une double analyse : dans *Pierre s'aperçoit dans la glace, s'* représente bien le patient, l'objet du procès mais dans *Pierre s'aperçoit qu'il avait tort,* il n'en est pas ainsi.

Aujourd'hui, le terme de « voix » qui ressortissait à une catégorie presque automatique de la conjugaison est souvent abandonné mais les phénomènes en question sont évoqués par le terme « forme ».

■ La forme passive

Cf. page 51.

■ Les formes pronominales

On regroupe sous cette appellation tous les verbes construits avec un pronom personnel conjoint complément, coréférentiel au sujet et correspondant à l'une des six personnes (P1 me, P2 te, P3 se, P4 nous, P5 vous, P6 se). Ces formes se conjuguent aux temps composés avec l'auxiliaire *être.*

On distingue :

Les verbes essentiellement pronominaux	qui s'emploient uniquement à la forme pronominale ou qui, dans la forme pronominale, ont un sens différent de la forme non pronominale : *s'abstenir, s'apercevoir, s'efforcer, s'exclamer, se méfier, se repentir, se soucier, se taire.*
Les verbes occasionnellement pronominaux qui peuvent apparaître aussi dans des constructions non pronominales. Parmi ceux-ci, on différencie habituellement :	les verbes à pronom réfléchi pour lesquels le procès s'exerce sur l'agent (le sujet du verbe) : *(laver/se laver).*
	les verbes à pronom réciproque dont l'agent (le sujet du verbe) est au pluriel et pour lesquels le procès s'exerce réciproquement sur ceux qui y prennent part : *Les contraires s'attirent ; Les enfants se battaient.*
	les verbes dits de sens passif dont la construction pronominale entretient des rapports avec une phrase passive non pronominale et avec une phrase active correspondante et, d'autre part, dont le pronom ne peut entraîner aucune interprétation réfléchie ou réciproque : *Les légumes se vendent bien depuis quelques semaines/Les légumes ont été bien vendus depuis quelques semaines/On vend bien les légumes depuis quelques semaines.* On trouve ces constructions avec des verbes comme *se faire, se juger, s'échanger,* etc.

■ Les formes impersonnelles

Ces formes sont encore appelées unipersonnelles. Elles se caractérisent par la présence du pronom *il* invariable. Elles ont trois origines :

– des verbes uniquement ou presque uniquement unipersonnels ou qui, dans la construction unipersonnelle présentent un sens spécialisé : neiger, pleuvoir, faire beau ; sembler, convenir, falloir, paraître ;

– des constructions émanant de variantes personnelles aux troisièmes personnes : *Un accident est arrivé/Il est arrivé un accident. Quelques livres restent*

sur l'étagère/Il reste quelques livres sur l'étagère. Le sujet du verbe de la forme personnelle devient complément dans la forme impersonnelle;
– des présentatifs: *Il y a, Il était, Il était une fois. Il y a des encombrements. Il était un village isolé sur le Causse. Il était une fois une princesse malheureuse.*

Les auxiliaires

Le nom d'auxiliaire est attribué à des verbes qui interviennent dans l'emploi d'autres verbes, qui portent les marques de conjugaison et qui respectent deux des trois critères suivants: altération de leur sens lexical courant (*j'ai chanté,* « avoir » n'a plus son sens habituel), cohésion du groupe présumé auxiliaire-auxilié (*Il est parti en Afrique/*Il est en Afrique parti; Il a toujours fumé/*Fumé, il l'a toujours; Je vais partir en vacances/*Je vais en vacances partir; Il fait lire Pierre/*Il fait Pierre lire; Il devait reprendre le train/*Il devait le train reprendre*), possibilité pour le verbe de former avec lui-même un groupe présumé auxiliaire/auxilié (*j'ai eu des soucis, je vais aller en vacances*).

On distingue les auxiliaires:
– *avoir* qui sert pour former les temps composés des verbes transitifs et de beaucoup de verbes intransitifs;
– *être* qui sert pour les temps composés des verbes exprimant un déplacement ou une transformation: *aller, arriver, devenir, entrer, mourir, naître, partir, rester, sortir, tomber, venir,* etc., ainsi que pour les temps composés des verbes pronominaux: *Il s'est aperçu de ton absence; il s'est souvenu de toi.* Être sert aussi à conjuguer le passif à tous les temps: *Une tempête est annoncée par la météo* est au présent; *Une tempête avait été annoncée par la météo* est au plus-que-parfait;
– comme *aller, devoir, faire, venir de* qui servent à préciser divers modes de réalisation d'un procès qui est sous forme d'infinitif. *Aller* sert à former le futur proche ou futur périphrastique.

4 | Les noms

1. Caractéristiques sémantiques

Le nom désigne tout objet de pensée et son (ses) occurrence(s) matérielle(s) particulière(s) dans le monde : [l'] [cet] [un] *arbre*, [les] [plusieurs] [cinquante] *arbres*, [la] *rapidité*, [la] *pitié*, [la] *cause*, [l'] *intelligence*, *Paris*, [la] *Seine*, *Apollinaire*. Les noms communs peuvent désigner des classes d'objets de pensée tandis que les noms propres ne désignent qu'un seul référent à la fois : *Paul*, *Mars*, [les] *Pyrénées*. Les noms communs peuvent partager de nombreux éléments de sens avec des mots de la même famille de nature différente (*fermeture*/fermer, *bonté*/bon), cependant, même dans des usages proches ils manifestent des différences de comportement syntaxique et morphologique :

- *la marche est bonne pour la santé/marcher est bon pour la santé ;*
- *deux marches de 10 et 15 kilomètres sont proposées/*deux marcher de 10 et 15 kilomètres sont proposés.*

2. Caractéristiques morphologiques

■ Le genre des noms

Les noms tiennent d'eux-mêmes le genre, masculin ou féminin. Un même radical peut donner lieu à un mot masculin et un mot féminin : *ami/amie, chanteur/chanteuse, rédacteur/rédactrice* etc., selon des procédés assez nombreux écrits et/ou oraux. Dans la catégorie des noms animés, certains sont aptes à s'utiliser sans différence de forme aux deux genres : ce sont les noms épicènes comme *élève*.

■ La formation du féminin à l'écrit : les procédures essentielles

On examine ici la formation du féminin des noms et adjectifs : ils relèvent des mêmes procédures.

1. Simple ajout du « e » du féminin

- *aigü, ami, bleu, enchanté, fleuri, joli, majeur, mûr, oral, ours, rendu, vrai…*

Dans les cas des paragraphes 2 à 4 qui suivent, trois phénomènes, de nature orale, peuvent s'ajouter au « e » du féminin :

(a) la prononciation de la dernière lettre-consonne du mot masculin ;
(b) l'ouverture de la dernière voyelle du mot masculin ;
(c) la dénasalisation de la dernière voyelle de ce mot et la prononciation du [n].

Ces phénomènes apparaissent indépendamment ou en combinaison. Dans les paragraphes 2, 3, 4, ils seront repérés par les indices (a), (a + b), (c + a).

2. « **e** » + à l'oral, **prononciation ajoutée de la dernière lettre-consonne muette** du mot masculin écrit (procédure a)

À l'oral ajout du phonème [d] : - *bavard, froid, grand, lourd, rougeaud…*	À l'oral ajout du phonème [g] (le « e » du féminin est précédé d'un « u » pour éviter la prononciation du « g » en [ʒ]) : - *long, oblong.*
À l'oral ajout du phonème [t] : - *distrait, droit, écrit, étonnant, fort, saint…*	À l'oral ajout du phonème [z] (la lettre « s » s'oralise en [z]) : - *gris, mis, niais, précis, ras, reclus…*

3. « **e** » + à l'oral, **prononciation ajoutée de la dernière lettre-consonne muette** du mot masculin écrit **[t]** et consécutivement **ouverture de la dernière voyelle** [o]>[ɔ] (procédure a + b)

– *dévot, falot, huguenot, idiot.*

4. « **e** » + à l'oral, **dénasalisation de la dernière voyelle et prononciation ajoutée de la dernière lettre** du mot masculin écrit ([n]) (procédure c + a)

[ɛ̃] > [ɛ] : - *américain, châtelain, hautain, lointain, plein, sain…* (plein est le seul mot en « ein » qui se mette au féminin et qui appartienne à cette liste)	[ɛ̃] > [i] : - *argentin, cousin, féminin, orphelin, voisin…*
[œ̃] > [y] : - *aucun, brun, commun, opportun…*	[ɑ̃] > [a] : - *birman, courtisan, médian, partisan…*

Dans les cas qui suivent (paragraphes 5 à 10), quatre phénomènes, de nature écrite, peuvent s'ajouter au « e » du féminin. Ils sont indicés ici par les lettres de w à z :

w) la graphie d'un accent grave sur la dernière lettre-voyelle du mot masculin ;

x) le doublement de la lettre-consonne finale du mot masculin, qu'elle soit prononcée ou non ;

y) le remplacement de la lettre-consonne finale du mot masculin, qu'elle soit prononcée ou non ;

z) le remplacement du graphème complexe final (deux ou plusieurs lettres correspondant à un phonème) du mot masculin.

Ces phénomènes peuvent se combiner entre eux et à ceux de nature orale énoncés en tête du paragraphe 2.

D'autre part, au paragraphe 10, le phénomène (y) de remplacement de la lettre-consonne finale entraîne une autre modification de nature orale notée (d) (après les modifications orales (a), (b), (c) signalées en paragraphe 1) :

d) la fermeture de la dernière lettre-voyelle du mot masculin.

5. « e » + graphie d'un accent grave sur la dernière lettre-voyelle du mot masculin (**« e » > « è »**) (procédure (w))

- *amer, cher, fier.*

6. « e » + graphie d'un accent grave sur la dernière lettre-voyelle du mot masculin (**« e » > « è »**) (procédure (w)) ; et à l'oral, **prononciation de la dernière lettre-consonne muette** du mot masculin écrit ([t]) (procédure (a) énoncée en tête du paragraphe 2)

- *complet, discret, inquiet, secret...*

7. « e » + graphie d'un accent grave sur la dernière lettre-voyelle du mot masculin (**« e » > « è »**) (procédure (w)) ; et à l'oral, **ouverture en** [ɛ] **de la dernière voyelle** prononcée [e] au masculin (procédure b) et prononciation [R] **de la dernière lettre** du mot masculin écrit (procédure (a)) (voir procédures (a) et (b) en tête du paragraphe 2)

- *cuisinier, dernier, fermier, léger...*

8. « e » + doublement de la « lettre consonne » finale du masculin, prononcée ou non, (procédure (x)) et **remodelage oral éventuel de la fin du mot**

- *Doublement de la lettre finale prononcée :*

La lettre finale est « l » ; deux séries se présentent :

1) actuel, bel, mol, nul, réel...

2) pareil, vieil, vermeil (dans ce cas, le « l » se réalise à l'oral dans la combinaison phonétique [ɛj]).

- *Doublement de la lettre finale non prononcée au masculin :*

La lettre finale est « l » (à l'oral la prononciation au féminin est [j]) : - *gentil* (cas unique).	La lettre finale est « n » (à l'oral, il y a dénasalisation de la dernière voyelle et prononciation du [n], selon la procédure (c) énoncée en tête du paragraphe 2) : - [ɑ̃] > [a] : *paysan, chouan.* - [ɔ̃] > [ɔ] : *bon, bûcheron, champion, espion, lion, mignon...* - [ɛ̃] > [ɛ] : *ancien, chien, chirurgien, italien, magicien, moyen, (le) sien...*
La lettre finale est « s » (à l'oral la prononciation au féminin est [s]) : - *bas, épais, gras, gros, las, métis.*	La lettre finale est « t » (à l'oral la prononciation au féminin est [t]) ; deux séries se présentent) : - *chat, coquet, muet (à l'oral la prononciation du mot n'est pas changée) ;* - *pâlot, sot...* (à l'oral, [o] > [ɔ] ouverture de la voyelle selon la procédure (b) énoncée en tête du paragraphe 2).

9. « e » + remplacement de la lettre-consonne finale muette du masculin, (procédure y) ; et à l'oral, **prononciation de la nouvelle lettre-consonne finale** (procédure semblable à (a), énoncée en tête du paragraphe 2)

La lettre « c » est remplacée par « ch » (la prononciation est [ʃ]) : - *blanc, franc.*	La lettre « p » est remplacée par « v » (la prononciation est [v] : - *loup* (cas unique).
La lettre « s » est remplacée par « c » (la prononciation est [s]) : - *tiers* (gars est un autre cas mais n'est plus ressenti comme tel). par « ch » (la prononciation est [ʃ]) : - *frais* (cas unique).	La lettre « x » est remplacée par « s » (la prononciation est [z]) : - *époux, jaloux, sérieux, heureux…* Par « ss » (la prononciation est [s]) : - *roux, faux.* Par « c » (la prononciation est [s]) : - *doux* (cas unique).

10. « e » + remplacement de la lettre-consonne finale prononcée au masculin (procédure y) ; et à l'oral **prononciation de la nouvelle consonne** (procédure semblable à (a), énoncée en tête du paragraphe 2) **et modification éventuelle de la graphie ou de la prononciation de la dernière voyelle**

La lettre « c » est remplacée par « ch » ; graphie d'un accent grave sur le « e » (procédure w) ; à l'oral transformation du [k] en [ʃ] : - *sec* (cas unique). Par « que » : - *caduc, laïc, public, turc.*	La lettre « f » est remplacée par « v » ; quand il est présent (dans le cas de « bref ») le « e » avant dernière lettre du mot masculin, reçoit un accent grave. (procédure w) ; à l'oral transformation de [f] en [v]) : - *bref, chétif, neuf, passif, vif…*
La lettre « r » est remplacée par « s » qui se prononce [z]. À l'occasion de la réalisation d'un [z], la voyelle [œ]) subit une fermeture et devient [ø] au féminin (phénomène de nature orale noté (d)). Ce mode de formation concerne une partie des mots en « eur ». Pour le reste de ces mots, voir les paragraphes 12 et 13 : - *danseur, menteur, patineur, rêveur, songeur, vendeur…* (On peut faire un participe présent de ces mots en « eur » à partir de la racine contrairement à ceux du paragraphe 13.)	

11. Remplacement du graphème complexe final (procédure z) + **« e »**
Cette mise au féminin est en relation avec l'étymologie des mots concernés.

Remplacement de « eau » par « ell » : - *beau, nouveau.*	Remplacement de « ou » par « oll » : - *fou, mou.*
Remplacement de « eux » par « eill » : - *vieux* (cas unique).	Remplacement de « in » par « ign » : - *bénin, malin.*

12. Insertion de suffixes du féminin en « esse »

Ajout de « esse » sans transformation du mot masculin sauf chute du « e » final : - *âne, comte, hôte, prince, tigre…*	Ajout de « esse » avec transformation du mot masculin : - *dieu (déesse), duc (duchesse)…*
Substitution de « eresse » à « eur » (à l'oral, [œ] prononcé dans « eur » devient [ə] dans « eresse ») : - *demandeur, enchanteur, pécheur, vengeur…* (Ces mots ont gardé leur féminin d'ancien français, contrairement à ceux qui font leur féminin en « euse ».)	

13. Insertion de « rice »

Substitution de « rice » à « eur »
- acteur, animateur, créateur, directeur, lecteur, perturbateur, protecteur...
(Ces mots se terminaient en « tor » / « trix » en latin ou bas-latin)

14. Ajout de lettre(s) et du « e » du féminin

Ajout de « d » (cette lettre est prononcée) : - *esquimau.*	Ajout de « qu » (la prononciation ne change pas) : - *grec.*
Ajout de « t » (cette lettre est prononcée) : - *coi, favori, rigolo...*	Ajout de « s » (cette lettre est prononcée [z]) : - *andalou.*

Nombre et personne

Le nombre du nom, singulier ou pluriel, est le plus souvent du choix de l'énonciateur. Les noms communs sont affectés du pluriel par l'intermédiaire des marques *-s* ou *-x*, en particulier sept noms en *-ou* (*bijou, caillou, chou, genou, hibou, joujou, pou*). Le *x* est associé parfois à une modification de la finale du nom quand celle-ci se termine par *-l* ou *-il* (*travail/travaux, œil/yeux, ciel/cieux*).

Le nom impose de lui-même la troisième personne (singulier ou pluriel) en conjugaison, sauf dans les cas d'apostrophe où il transmet la deuxième personne en tant qu'instance de communication : *Pierre, qui connait cette question, dis-nous ce que tu en penses.*

Formes du nom

Le nom peut se présenter de forme simple (*route*) ou complexe. De ce dernier cas relèvent les noms composés (*brise-glace, arrière-boutique, pomme de terre)* mais aussi les noms dérivés préfixaux (*anticorps, sous-officier*) ou suffixaux (*amourette, routier*).

3. Caractéristiques syntaxiques

En général, le nom commun est précédé d'un déterminant. Ce dernier est toujours porteur d'informations. Lorsque ces informations ne sont pas ou plus nécessaires, le nom peut être introduit sans déterminant: *mon frère est artisan; je pense à mes parents et amis; justice nous a été rendue; lapins et perdrix pullulaient dans la plaine.*

Beaucoup de noms propres s'emploient sans déterminant car ils désignent des référents uniques dotés d'une bonne notoriété publique ou privée *(Lyon, Napoléon, Pasteur, Pierre).* Cependant, certains prennent un déterminant: des noms de pays, de fleuves, de régions, d'événements historiques, etc. *(l'Italie, le Rhin).*

Par une conversion (ou dérivation impropre) au moyen d'un déterminant, des mots d'autres catégories peuvent être employés comme noms: *Le **mieux** est l'ennemi du **bien**. Il faut toujours peser le **pour** et le **contre**. Le **vert** est sa couleur préférée.*

Le nom est le noyau d'un groupe nominal. Le groupe nominal (GN) peut se présenter principalement sous les aspects suivants :

– dét-nom : *le chat* ;
– dét-adj-nom ou dét-nom-adj : *le petit chat, le chat noir* ;
– dét-nom-adjectif détaché : *le chat, toujours méfiant* ;
– dét-nom-groupe prépositionnel nominal : *le chat de la voisine ; un chat au-dessus de tout soupçon* ;
– dét-nom-groupe prépositionnel nominal détaché : *le chat, d'humeur joueuse* ;
– dét-nom-groupe prépositionnel infinitif : *un chat à surveiller* ;
– dét-nom-subordonnée relative : *le chat qui chasse les merles ; le chat, qui était d'humeur joueuse* ;
– dét-nom-subordonnée conjonctive : *l'éventualité qu'il vienne ne me réjouit pas* ;
– dét-nom-nom apposé éventuellement détaché entre virgules : *notre chatte Lili ; notre chatte, terreur des merles du voisinage ;*
– dét-nom-de-adj : *il y a encore un carreau de cassé.*

Les éléments qui complètent le nom sont aussi appelés ses expansions ou ses modificateurs ou modifieurs.

4. Les fonctions du nom

Certaines fonctions, comme l'attribut du complément d'objet, sont négligées ici.

Le nom noyau du groupe nominal transfère sa fonction à l'ensemble de son groupe ; le GN a donc les mêmes fonctions que le nom qui en est le noyau.

Sujet : *[Des **chats** du voisinage] viennent parfois rôder dans le jardin.*

Complément d'objet direct : *Dans certaines régions, on vénérait [les **chats**].*

Complément d'objet indirect : *Le chien s'est bien accommodé [du **chat**].*

Attribut du sujet : *Le chat roux toujours dans l'arbre est [le **chat** du voisin].*

Complément du nom : *Les histoires [de **chat**] passionnent nos enfants.*

Complément de l'adjectif : *Il avait préparé une assiette pleine [de **lait**].*

Complément circonstanciel : *Le chat s'est enfui [dans le **jardin**].*

Complément d'agent : *Il a été griffé [par le **chat**].*

Complément d'objet second : *J'ai donné sa pâtée [au **chat**].*

Apposition : *Le chat, [**animal** un peu mystérieux], a souvent fasciné les écrivains.*

5 | Les déterminants

1. Caractéristiques sémantiques générales

Par opposition à un état isolé et virtuel dans un stock (en liste quelconque, mémoire, dictionnaire, etc.), par exemple *ballon*, les déterminants :

– joignent au nom de premières informations de natures diverses : emploi antérieur ou non dans le discours, nombre, relation à un être, type d'insertion dans la situation d'énonciation, *un ballon, le ballon, trois ballons, mon ballon, ce ballon* (en ce sens ils « déterminent » un nom) ;

– permettent l'utilisation du nom dans un acte langagier, *ballon* par opposition à *Passe-moi ce ballon* (en ce sens ils « actualisent », ils concrétisent un nom).

Les déterminants présentent des emplois spécifiques et des emplois génériques.

Dans les emplois spécifiques, on distingue, du point de vue sémantique, deux types de déterminants :

– les déterminants définis s'appliquent à des entités précisément identifiables par l'auditeur ou le lecteur en fonction de la situation ou du contexte : *le chien, ce chien, mon chien* ;

– les déterminants indéfinis s'appliquent à des entités quelconques, non précisément identifiables par l'auditeur ou le lecteur : *un chien, des chiens, trois chiens, plusieurs chiens, aucun chien, quel chien ?*

Dans les emplois génériques, l'article défini singulier ou pluriel et l'article indéfini singulier peuvent être associés à des noms qui réfèrent non plus à des entités, des individus mais à l'ensemble d'une classe : *le chien est un bon compagnon, les chiens sont de bons compagnons, un chien est un bon compagnon.*

2. Formes et sens

A. Les déterminants définis

Leur variation en genre est neutralisée au pluriel.

a. Les articles définis (*le, la, l'* – forme élidée –, *les*)

Ils reçoivent leur genre du nom (masculin ou féminin), le pluriel est la plupart du temps de l'initiative de l'énonciateur en fonction des réalités dont il veut rendre compte. Il l'applique en même temps au nom et au déterminant. L'article défini, dans ses emplois spécifiques, présuppose, à propos de l'entité ou des entités déterminée(s), une existence minimalement connue soit par l'antériorité du discours soit par l'expérience ou la situation : *l'arbre a été déraciné.*

Les articles définis *le, l', les* présentent une particularité formelle : lorsqu'ils entreraient en contact avec les prépositions *à* et *de* ils subissent un amalgame avec cette préposition. Ils sont alors, de manière tout à fait arbitraire, dénommés articles définis *contractés*.

	le	les
à	*au*	*aux*
de	*du*	*des*

**Je vais à le jardin/je vais au jardin/*je vais à les champs/je vais aux champs.*
**Je reviens de le jardin/je reviens du jardin/*je reviens de les champs/je reviens des champs.*

b. Les déterminants démonstratifs *(ce, cet, cette, ces)*

Ils présentent les mêmes particularités d'accord avec le nom que les articles définis. Des emplois dits déictiques précèdent un référent présent dans la situation ou envisageable à partir de cette situation : *prenez cette chaise, je viendrai ce soir.* Des emplois dits anaphoriques renvoient dans le discours à un référent déjà évoqué : *j'avais acheté une voiture d'occasion [...] mais cette voiture avait été accidentée.* Les déterminants démonstratifs peuvent être suivis des adverbes *ci* ou *là* après le nom et joints à lui par un trait d'union.

c. Les déterminants possessifs

Outre les informations générales que véhiculent les autres déterminants définis, ils apportent une précision sur la relation établie entre le terme déterminé (*chat* dans *son chat*) et un autre terme présent ou non dans le discours. Cette relation peut être de possession, de parenté (*mon oncle*), très générale (*ma ville*), etc. Le déterminant varie selon le genre et le nombre du terme déterminé et selon la personne du terme en relation (souvent dit le « possesseur ») : *ma voiture, ta voiture, sa voiture*, etc.

B. Les déterminants indéfinis

a. L'article indéfini (*un, une, des, de* – forme réduite –, *d'* – forme élidée)

Il précède un terme qui n'a pas été repéré, cité ou identifié précédemment. Il varie en genre et en nombre selon l'objet déterminé ; la variation en genre est neutralisée au pluriel.

b. Les déterminants numéraux

Leur série (*un, deux, dix, soixante, quatre-vingts, cent, mille*, etc.) correspond à la suite des numéraux. Leur orthographe présente des particularités (arrêté du 28 décembre 1976 et rectifications orthographiques du 6 décembre 1990).

c. Les articles partitifs

L'article partitif (*du, de la, de l',* rarement *des*) se trouve devant des noms dits massifs (*viande, vin, épinards, or*) ou des noms dits abstraits (*courage, abnégation*) qui présentent la particularité de correspondre à des entités non directement comptables.

d. Les déterminants interrogatifs et exclamatifs

Ils présentent une ressemblance formelle, fondée sur les variations de *quel* en genre et en nombre, et sur la forme invariable *combien de.* Ces termes concernent une interrogation sur les caractéristiques du référent du groupe nominal ou l'appréciation qualitative portée sur lui: *Quelles traces a-t-il vues? Combien d'animaux a-t-il recensés? Quel bon chien avez-vous là! Combien de bêtes n'ont-elles pas été sacrifiées inutilement! Que de* en alternance avec *combien de* est parfois recensé comme un déterminant exclamatif.

e. Les «adjectifs indéfinis»

Le terme «adjectif indéfini» est repris ici de manière contestable mais il évite la reprise du terme générique «déterminants indéfinis» en l'absence d'une terminologie pratique.

Parmi ces déterminants, certains expriment une quantité, considérée sous divers aspects et ne faisant pas l'objet d'un dénombrement: la quantité nulle (*aucun, nul, pas un*), la quantité imprécise (*plusieurs, quelques, certains, divers, différents, une foule de, beaucoup de, trop de, peu de,* etc.), la totalité (*chaque, tout [e, s es], n'importe quel*).

Tel, autre, même portent plutôt quant à eux sur l'identité de l'être désigné. (Voir l'alinéa ci-dessous pour l'utilisation de *autre* et *même.*)

3. Aspects syntaxiques

Les déterminants se placent devant le nom qu'ils déterminent.
Quelques cas sont à examiner plus précisément.

A. Les déterminants composés

Les déterminants définis peuvent former des groupes composés en association avec d'autres éléments, par devant comme *tout, tous* ou à la suite comme *autre, même, quelques*, etc.: *tous les enfants, ces quelques enfants, mes trois enfants. Autre* et *même* ne s'emploient aujourd'hui qu'en association avec d'autres déterminants. Ainsi, on peut trouver des groupes déterminants composés de trois termes, par exemple: *les trois autres candidats.*

B. La réduction du déterminant

Dans certains cas, les déterminants formés sur *d-* peuvent apparaître sous la forme réduite *de* ou *d'*, à ne pas confondre avec la préposition *de* :

- dans une phrase négative : *je prends du sucre/je ne prends pas de sucre* (de article partitif) ; *je n'avais jamais rencontré une personne aussi courageuse/je n'avais jamais rencontré de personne aussi courageuse* (*de* article indéfini) ;
- lorsqu'un adjectif qualificatif sépare le nom du déterminant : *il mange des (grandes, énormes) tartines/il mange de grandes tartines, d'énormes tartines* (*de, d'*articles indéfinis).

C. L'absence de déterminant devant les noms communs

Les noms communs se présentent assez souvent sans déterminant. Dans tous ces cas, il semble que les circonstances d'emploi ne nécessitent pas la concrétisation ou les informations minimales qu'apporte le déterminant. Voici quelques exemples :

- après une préposition : *un homme sans scrupules, une porte de garage, sur terre* ;
- lorsqu'un adjectif apporte une détermination suffisante : *je n'ai jamais rencontré semblable espèce, a-t-on jamais imaginé pareille histoire ?, il y avait grande foule* ;
- en attribut : *il est ingénieur* ;
- en apposition : *le lion, animal cruel* ;
- en coordination ou en juxtaposition : *il confond rêve et réalité ; lièvres, lapins et perdrix s'ébattaient au petit matin* ;
- derrière un verbe : *prendre peur, avoir faim, faire connaissance*, etc.
- après le présentatif *il y a* : *il y avait foule, contestation*, etc.

6 | Les adjectifs qualificatifs

On garde ici l'appellation « adjectif qualificatif », contestable dans sa généralité mais qui est reprise par les textes officiels.

1. Caractéristiques sémantiques

L'adjectif qualificatif est descriptif, il indique une caractéristique, essentielle ou momentanée, relative au terme auquel il se rapporte. Contrairement au nom, il ne permet pas de désigner (sauf lorsqu'il subit un traitement syntaxique de conversion qui le nominalise : *le beau, le vrai*).

On distingue, selon le sens, au moins deux emplois de l'adjectif qualificatif :

– les adjectifs « qualifiants » qui rendent compte d'une propriété et reflètent un point de vue, un jugement de l'énonciateur : *une altercation violente, un paysage magnifique, une œuvre remarquable, un voisin nerveux ;*

– les adjectifs « classifiants » qui indiquent une caractéristique indépendante du point de vue ou du jugement éventuel de l'énonciateur : *la cavité pulmonaire, l'étoile polaire, un produit solaire, une décision judiciaire, un tribunal administratif, les industries métallurgiques, l'autorité parentale, un parc régional, le centre spatial, la viande bovine.* Des adjectifs de couleur ou de forme, par leur sens, peuvent parfois se classer dans cette catégorie en fonction des emplois : *rond, noir*, etc. Certains adjectifs classifiants ont un rôle proche du complément de nom : *une décision judiciaire/de justice, la viande bovine/de bœuf*, etc.

Des adjectifs peuvent être tantôt classifiants tantôt qualifiants : *le cercle polaire/un climat presque polaire.* Un nom peut être accompagné à la fois d'un adjectif quasiment « classifiant » et d'un adjectif « qualifiant » : *elle portait une robe noire très élégante. Noir* n'implique aucun choix du locuteur sinon celui de mentionner ce trait, tandis que *élégant* relève d'un jugement éventuellement modulable ou discutable.

2. Approches morphologiques

A. Inventaire

- Des adjectifs viennent directement du latin : *beau, gentil* ; d'autres sont dérivés de noms, de verbes ou d'adjectifs : *communal, lavable, simplet, rougeaud.*
- Des participes passés sont employés comme adjectifs : *du verre **brisé**.*
- Les formes en -ant qui s'accordent sont des adjectifs verbaux : *une réflexion **cassante**.*
- Des adjectifs peuvent être composés : *rouge sombre, bleu vert, ivre mort.*

B. Les accords

L'adjectif est une classe de mots variables. Il reçoit ses marques d'accord en genre et en nombre du terme qu'il complète. Le féminin est obtenu par des procédés nombreux, dont certains se retrouvent dans la formation du féminin des noms. Le pluriel se forme le plus souvent par l'ajout d'un *-s*. Les adjectifs terminés en *-eau, -au, -eu* forment leur pluriel en *-x*, ainsi que les adjectifs en *-al* sauf *bancal, fatal, natal, naval*. Les adjectifs de couleur composés sont invariables : *des chemises vert olive*. Certains adjectifs de couleur provenant d'un nom ne prennent pas l'accord : *des reflets cerise*.

3. Caractéristiques syntaxiques

A. Les degrés

Seuls les adjectifs qualifiants peuvent être l'objet des procédés suivants :

- être affecté d'un adverbe d'intensité : *un peu, assez, très, trop… exubérant;*
- être affecté d'un adverbe exprimant un degré de comparaison : comparatif de supériorité, d'égalité, d'infériorité : *plus, aussi, moins aimable*. Ces tournures sont suivies d'un corrélatif en *que;*
- être affecté d'un superlatif d'infériorité ou de supériorité : *le moins intéressant, le plus intéressant*. Ces tournures sont suivies d'un corrélatif en *de*.

Trois formes dites synthétiques ont été conservées du latin : *meilleur* (pour *bon*), *pire* (pour *mauvais*) *moindre* (pour *petit*).

B. La place et ses corrélats sémantiques

La place la plus fréquente de l'adjectif épithète est la postposition par rapport au nom. Cependant se placent avant le nom :

- des adjectifs qualifiants courts et fréquents : *beau, bon, grand, gros, jeune, joli, petit, vieux*, etc. ;
- des adjectifs qualifiants dont l'énonciateur veut spécialement marquer la portée : *une intéressante réunion, de charmants collègues.*

Certains adjectifs qualifiants prennent un sens différent selon qu'ils sont placés avant ou après le nom : *un pauvre homme/un homme pauvre, un triste personnage/un personnage triste, une verte réprimande/un fruit vert.*

Un adjectif qualifiant peut se trouver en position détachée : *Furieux et blessés, ils préférèrent se retirer.*

La place et la configuration syntaxique sont aussi en relation avec l'extension de sens de l'adjectif :

- *les concurrents peu entraînés abandonnèrent;* l'adjectif est restrictif, il détermine un sous ensemble parmi les concurrents ; il y avait ceux qui étaient peu entraînés et les autres*;*

– *les concurrents, peu entraînés, abandonnèrent/peu entraînés, les concurrents abandonnèrent;* l'adjectif qualifient tous les concurrents, il apporte une précision sur tous, il est non restrictif.

C. Le groupe adjectival

L'adjectif peut être le noyau d'un groupe adjectival qui peut se présenter principalement sous les aspects suivants :

– adv + adj : *très gentil, extrêmement nerveux;*

– adj + adj : *bleu foncé;*

– adj + groupe prépositionnel nominal : *rouge de honte, impatient du résultat, gorgé de pluie, las de ce conflit;*

– adj + groupe prépositionnel pronominal : *instruit de cela, en être fier, y demeurer attaché;*

– adj + groupe prépositionnel infinitif : *prêt à partir, soucieux de résoudre la question;*

– adj + subordonnée conjonctive : *heureux qu'une solution ait été trouvée, triste que Paul s'en aille.*

Le groupe adjectival est parfois introduit par la particule *de* : *c'est quelqu'un de très gentil, il y a encore un carreau de cassé.*

4. Les fonctions

- Épithète : *grand jardin, jardin fleuri.*
- Épithète détachée : *Découragés, les derniers concurrents abandonnèrent; les derniers concurrents, découragés, abandonnèrent; les derniers concurrents abandonnèrent, découragés.*
- Attribut du sujet : *ce vin est fruité.*
- Attribut du complément d'objet : *le jury a trouvé ton argument très contestable.*

7 | Les pronoms

1. Caractéristiques syntaxiques générales et fonctions

La caractéristique syntaxique essentielle du pronom est qu'il peut assurer la fonction ou le rôle non seulement d'un groupe nominal prépositionnel ou non, mais aussi d'un adjectif qualificatif, d'un verbe, d'une subordonnée, d'une phrase. C'est pourquoi le pronom est dénommé aussi « substitut ». Il peut remplir toutes les fonctions du nom, en particulier les fonctions du nom qui serait à sa place.

Exemples:
Le voisin du dessous *est venu/****Il*** *est venu* (sujet).
Pierre avait promis ***son aide****/Pierre avait promis* ***la sienne*** (COD).
J'ai acheté ***du pain****/j'****en*** *ai acheté* (COD).
Pierre avait souhaité ***partir****/Pierre* ***l'****avait souhaité/Pierre avait souhaité* ***cela*** *(COD).*
Pierre avait promis ***qu'il viendrait****/Pierre l'avait promis (COD).*
Mon fils rêve ***d'un voyage en Polynésie****/Il* ***en*** *rêve (COI).*
Il convient de son erreur/Il ***en*** *convient (COI).*
Il consent ***à cette solution****/Il* ***y*** *consent (COI).*
Jeanne a téléphoné ***à son père****/Jeanne* ***lui*** *a téléphoné (COI).*
Pierre est ***serviable****/Pierre* ***l'****est vraiment (attribut).*

Par ailleurs, un pronom peut aussi être le substitut d'une phrase: ***Pierre est minutieux****; je* ***l'****admets.*

Certains pronoms peuvent être le noyau d'un groupe, lorsqu'ils sont suivis d'expansions: *Ceux* ***de ton groupe*** *sont les plus débrouillards/Trois* ***d'entre eux*** *sont partis/****Plusieurs de ses amis*** *l'ont abandonné.*

2. Caractéristiques sémantiques générales

Les pronoms sont en relation avec des déterminants (déterminants/pronoms possessifs, démonstratifs, indéfinis, numéraux).

On peut distinguer de manière essentielle deux catégories de pronoms.

Les pronoms de reprise ou représentants se substituent à un terme antérieur du contexte qu'on dénomme leur antécédent (dans ce cas, on les dit anaphoriques) ou même ils anticipent un terme postérieur: *je l'avais bien remarqué* ***qu'il boudait***. Dans ce second cas (représentant un terme postérieur), on les dit parfois cataphoriques. La reprise peut avoir une extension différente de celle du terme apparemment antécédent: *il craignait de fortes pluies, elle n'a été que légère; j'ai vu plusieurs films cette semaine, je préfère celui que j'ai vu au Palace.*

Les pronoms peuvent aussi ne pas être des représentants. Ils évoquent immédiatement par eux-mêmes ce qu'ils désignent. Ils signifient sans référence à un antécédent et assurent de manière indépendante le rôle d'un nom. Pour cette raison, on les appelle pronoms nominaux. Parmi ces pronoms, on distingue :

– les pronoms indépendants du contexte ou de la situation : *quelqu'un, chacun, personne*, etc. ;

– les pronoms personnels de première et deuxième personne, formant instance de communication et ne pouvant être remplacés eux-mêmes par un nom propre par exemple, sous peine de langage incorrect ou psychologiquement problématique à long terme (*je, tu*, pronoms souvent dits déictiques, *nous, vous* partiellement déictiques mais dont le statut est plus complexe) ;

– les pronoms qui ne réfèrent pas à un terme du contexte mais à un élément de la situation de communication sans en être une instance : *Je n'ai jamais vu ça*, en parlant d'un fait qui vient d'arriver.

3. Les différents pronoms

A. Les pronoms personnels

a. Sens

Les pronoms personnels sont répartis en deux catégories, *je, tu, il, on, nous, vous*, généralement nominaux, qui correspondent à un ou des locuteur(s) et interlocuteur(s) et les pronoms de troisième personne, généralement représentants, extérieurs à l'instance de communication directe.

Le pronom *nous* désigne la personne qui parle et une ou d'autres personnes qui peuvent correspondre à *toi, vous, lui, eux*, ou *elles*.

Le sens du pronom personnel *on* varie selon les cas : il peut désigner une personne indéterminée, une communauté de personnes, un *je* qui se camoufle derrière un *on*, signifier *nous*, il peut remplacer un *vous* dans une énonciation un peu oblique.

Les pronoms *en* et *y* relèvent plutôt de pronoms adverbiaux quand ils réfèrent à des lieux, comme dans *il en vient*, et non à des objets ou des faits comme dans les exemples : *il en convient, il y consent*.

Le pronom dit réfléchi *se* est davantage une sorte de particule préverbale ou une composante du verbe qu'un véritable pronom dans des exemples comme *s'apercevoir de/que*.

b. Morphologie, syntaxe

Les pronoms personnels sujets sont employés pour la conjugaison.

Ces pronoms présentent des variations selon la personne (1, 2 ou 3), selon le nombre singulier ou pluriel, selon le genre (à la personne 3), selon la place par rapport au verbe, selon la fonction.

Des formes dites conjointes ou clitiques sont placées avant le verbe sans en être séparées. Des formes disjointes peuvent être placées après ou avant le verbe en en étant séparées par une préposition ou une ponctuation. Elles peuvent être suivies de *même*.

Nombre Personne	Formes conjointes			Formes disjointes fonctions diverses
	Sujet	Complément direct	Complément indirect	
sg 1	je, j'	me, m'	me, m'	moi
sg 2	tu	te, t'	te, t'	toi
sg 3	il, elle on il (de forme impersonnelle)	le, la, l' se, s' en	lui se, s' en, y	lui, elle, soi
pl 1	nous	nous	nous	nous
pl 2	vous	vous	vous	vous
pl 3	ils, elles	les se, s' en	leur se, s' en, y	eux, elles

B. Les pronoms possessifs

a. Sens

Ils sont en rapport avec les déterminants possessifs dont ils recèlent la valeur sémantique, mais bien plus large que la « possession ».

Le pronom possessif est généralement un pronom représentant, ne reprenant pas forcément un groupe nominal déterminé par un possessif : *j'ai essayé une nouvelle voiture hybride mais la mienne me convient mieux*. On perçoit que le pronom possessif ne désigne pas la même réalité que son antécédent, car dans l'exemple choisi il n'est même pas sûr que la voiture qui convient mieux au locuteur soit elle-même hybride.

b. Morphologie

Le pronom possessif est composé de deux éléments : un article défini qui prend le genre du nom antécédent et le transfère à la seconde partie du pronom, cette dernière indiquant la personne grammaticale du « possesseur ». Le nombre n'est imposé que par le choix du locuteur.

Rang personnel	Singulier		Pluriel	
	Masculin	Féminin	Masculin	Féminin
P 1 P 2 P 3	le mien le tien le sien	la mienne la tienne la sienne	les miens les tiens les siens	les miennes les tiennes les siennes

P 4 P 5 P 6	le nôtre le vôtre le leur	la nôtre la vôtre la leur	les nôtres les vôtres les leurs

C. Les pronoms démonstratifs

a. Sens

Les pronoms démonstratifs sont en relation avec les déterminants démonstratifs. Ils en présentent les mêmes caractéristiques sémantiques. Les pronoms démonstratifs ne fonctionnent que comme représentants avec une extension possiblement différente de celle de l'antécédent : *j'ai visité plusieurs appartements, je préfère celui de la grand-place.*

b. Morphologie

Les formes masculines et féminines, singulier et pluriel sont accompagnées par une forme neutre qui peut reprendre un antécédent de tout genre ou nombre, mais cette forme neutre est toujours au masculin singulier : *les vacances, c'est bien ; cette histoire, c'est beau.* Des formes composées intègrent les particules *ci* ou *là/la*, agglomérées ou non.

		Masculin	Féminin	Neutre
Formes simples	singulier pluriel	celui ceux	celle celles	ce, c', ça
Formes composées	singulier pluriel	celui-ci/là ceux-ci/là	celle-ci/là celles-ci/là	ceci cela

c. Syntaxe

Les formes neutres fonctionnent isolément mais les formes simples en singulier ou pluriel requièrent impérativement un complément qui les détermine, qui peut être un groupe nominal, un infinitif, un adverbe, une subordonnée, un groupe participe : *... ceux de Pierre, ... celui de lire, ... celle d'hier, ... celui que j'avais acheté, ... ceux reçus de ma mère.* Ils sont ainsi le noyau d'un groupe.

Le pronom *ce* présente plusieurs usages très particuliers. Il fonctionne comme pronom clitique, conjoint au verbe être, dans *c'est*, dans *c'est... qui, c'est... que, est-ce que...* Il fonctionne aussi comme antécédent indéterminé du pronom relatif (*il croit ce que tu dis*), participe à l'insertion de la subordonnée interrogative indirecte (*j'ignore ce qu'il fait*), sert d'appui à la complétive introduite par un verbe qui garde une préposition dans certains cas : *je me réjouis que les enfants soient réconciliés/je me réjouis de ce que les enfants soient réconciliés.*

Les formes composées fonctionnent comme représentants mais peuvent être aussi des nominaux : *celui-là commence à m'énerver.*

D. Les pronoms indéfinis

a. Sens

Certains pronoms indéfinis sont en relation avec les déterminants indéfinis (articles indéfinis et « adjectifs indéfinis ») et présentent les mêmes caractéristiques sémantiques rappelées dans le tableau ci-après. Les pronoms indéfinis sont aussi bien des pronoms nominaux (*Chacun est conscient du problème*) que des pronoms de reprise (*Les projets ont été présentés. Aucun n'est véritablement satisfaisant*).

b. Forme

Certains pronoms indéfinis sont variables en genre et/ou en nombre, d'autres sont invariables.

Les pronoms indéfinis invariables

Masculin singulier : *autre chose, autrui, je ne sais qui, je ne sais quoi, n'importe qui, n'importe quoi, personne, quelque chose, quiconque.*
Masculin ou féminin pluriel : *beaucoup, d'aucuns, la plupart, peu, plusieurs.*

Les pronoms indéfinis variables

Rares sont les pronoms indéfinis à présenter une variation complète : l'un… les uns, etc.

	Singulier		Pluriel	
	Masculin	Féminin	Masculin	Féminin
Quantité nulle	aucun nul pas un	aucune nulle pas une		
Quantité unaire	un quelqu'un	une quelqu'une (rare)		
Quantité une à une ou imprécise sans atteindre la totalité	l'un l'autre le même un autre tel (rare)	l'une l'autre la même une autre telle (rare)	les uns les autres les mêmes d'autres certains divers différents plus d'un tels (rare) quelques-uns	les unes les autres les mêmes d'autres certaines diverses différentes plus d'une telles (rare) quelques-unes
Totalité	n'importe lequel chacun	n'importe laquelle chacune	n'importe lesquels tous	n'importe lesquelles toutes

c. Syntaxe

Beaucoup de ces pronoms sont aptes, comme le nom, à recevoir un complément soit en *de* (*aucun de ces projets, chacun des participants, beaucoup de ses propos*), soit en pronom relatif (*pas un qui…, certains qui…*) et devenir ainsi le noyau d'un groupe.

E. Les pronoms numéraux

a. Sens

Les pronoms numéraux réfèrent à la quantité cardinale pure. Ce sont généralement des pronoms de reprise : *Les cartons sont arrivés, trois sont détériorés.*

b. Forme

Elle est celle des déterminants numéraux.

c. Syntaxe

Le pronom numéral peut être précédé de l'article défini : *Vous aviez commandé des livres. Les trois sont arrivés.* Employé comme complément d'objet direct, le pronom numéral est associé au pronom *en* : *Il n'y a que trois livres mais j'**en** avais commandé **cinq**.*

F. Les pronoms relatifs

a. Rôle

Le pronom relatif a deux rôles. Il est d'une part un outil de liaison et un marqueur de subordination ; à ce titre, il permet l'insertion d'une subordonnée dans une principale (comme le fait une conjonction de subordination). D'autre part, il est un pronom, souvent un pronom représentant.

Soit la phrase complexe : *Je viens de lire un ouvrage **que** Jean m'avait prêté.*
Au départ de cette phrase complexe, on peut considérer qu'il y a deux phrases simples sous-jacentes : *Je viens de lire un ouvrage ; Jean m'avait prêté cet ouvrage.*

- *Que* va relier les deux phrases ;
- Mais, en même temps, *que* va représenter le groupe *cet ouvrage*, effacé de la seconde phrase.

Si l'on ne retenait du pronom relatif que la représentation, un pronom personnel pourrait suffire : *Je viens de lire un ouvrage ; Jean me l'avait prêté.*

Si l'on ne retenait du pronom relatif que le rôle de liaison, on pourrait aboutir à des phrases incorrectes du type :

**Je viens de lire un ouvrage que Jean m'avait prêté cet ouvrage.*

**Je viens de lire un ouvrage que Jean me l'avait prêté,*

formes de phrase que l'on trouve d'ailleurs approximativement dans certains parlers et dans lesquelles *que* n'est que conjonction de subordination.

Dans la configuration de la phrase complexe correcte : *Je viens de lire un ouvrage que Jean m'avait prêté, que* est pronom relatif. Comme pronom, il a une fonction dans la subordonnée *que Jean m'avait prêté ;* il est ici complément d'objet direct du verbe prêter (fonction qu'avait le terme *ouvrage* qu'il représente). Comme outil de liaison et subordonnant, il relie et subordonne *Jean m'avait prêté* à *Je viens de lire un ouvrage.*

Dans la nouvelle phrase *Je viens de livre un ouvrage que Jean m'avait prêté, que* se trouve en relation de référence à *ouvrage*, qui est ainsi son antécédent et la subordonnée *que Jean m'avait prêté* est complément du nom antécédent *ouvrage*.

Se trouve ainsi constitué un groupe nominal, *un ouvrage que Jean m'a prêté*, dont le noyau est ouvrage.

Cette analyse vaut pour les pronoms relatifs représentants, qui ont un antécédent. Certains pronoms relatifs sont seulement nominaux, ils fonctionnent de manière autonome, sans antécédent: *J'irai où tu iras; Qui paie ses dettes s'enrichit; Vous êtes parvenu à quoi je pensais.*

b. Formes

Le pronom relatif se présente sous trois types de formes.

Les formes de base simples: *qui, que, quoi* (cette forme *quoi* est utilisée avec une préposition et elle est vouée à la catégorie de l'inanimé).

Deux formes associées au phénomène de relativisation: *dont, où.*

Les formes composées en *-quel*: les seules à varier en fonction du genre et du nombre de l'antécédent: lequel, laquelle, lesquels, lesquelles. Ces formes peuvent être combinées aux prépositions *à* et *de*: auquel, auxquels, auxquelles, duquel, desquels, desquelles.

c. Syntaxe

Le pronom relatif peut permettre d'insérer une proposition à la suite d'une autre: *Ils ont gagné le match* ***qu'il ne fallait pas perdre***.

La proposition subordonnée peut aussi se trouver insérée à l'intérieur de la principale, ainsi divisée en deux parties: *Les plages* ***que je fréquentais dans ma jeunesse*** *sont malheureusement quelquefois polluées.*

Aujourd'hui, il est requis le plus souvent que le pronom relatif se trouve immédiatement à la suite de son antécédent, **Les plages sont polluées, que je fréquentais autrefois.*

d. Fonctions

Comme il a été mentionné au paragraphe sur les « Caractéristiques générales et fonctions » des pronoms, le pronom relatif peut remplir les fonctions du nom qui serait à sa place (attention: ce n'est pas la fonction de son antécédent !). Quelques exemples sont ici rappelés.

- Sujet: *J'ai vu le voisin* ***qui rentrait***; ***Qui sème*** *le vent récolte la tempête; J'ai retrouvé (celui)* ***qui avait fait*** *le coup.*
- Attribut du sujet: *Ils ont bien connu le voyou* ***qu'****il* ***était***.
- Complément d'objet direct: *Pierre a retrouvé le livre* ***que*** *j'****avais perdu***.
- Complément d'objet indirect: *Les voisins ont revu le témoin à* ***qui*** *ils* ***avaient parlé***; *C'est quelqu'un sur* ***qui*** *on peut* ***compter***; *C'est à* ***quoi*** *j'****avais pensé***; *Les recherches* ***auxquelles*** *ils* ***ont procédé*** *ont été laborieuses; Rapportez-nous les faits* ***dont*** *il vous* ***a parlé***.

- Complément d'objet indirect second : *J'ai retrouvé la personne à **qui** Pierre **avait prêté** la tronçonneuse.*
- Complément circonstanciel : *La maison **où** je **suis né** est en ruines.*
- Complément du nom : *Aucun indice n'a été trouvé dans cet appartement **dont** on a pourtant examiné tous les **recoins**.*
- Complément de l'adjectif : *Il a su tirer parti de cette épreuve **dont** il semblait vraiment **meurtri**.*

G. Le pronom interrogatif

Le pronom interrogatif partage les formes du pronom relatif sauf les formes *dont* et *où* (*où* interrogatif est adverbe) et les formes composées du pronom interrogatif : *Qui est-ce qui, qui est-ce que, qu'est-ce qui, qu'est-ce que.*

La forme du pronom interrogatif varie selon le caractère animé ou inanimé de son référent : *quoi, qu'est-ce qui, qu'est-ce que* sont spécialisés dans les non-animés.

Fonctions du pronom interrogatif :

- Sujet : *Qui a vu l'accident ? Lequel était présent ? Qui est-ce qui ose dire cela ? Qu'est-ce qui arrivera ?*
- Attribut du sujet : *Qui est-il ? Que sont devenus les collègues de cette époque ?*
- Complément d'objet direct : *Que penses-tu ? Qui as-tu vu ? Qui est-ce que cela intéresse ? Quoi manger ?*
- Complément d'objet indirect : *À qui pensais-tu ? À quoi faites-vous allusion ? Sur quoi comptez-vous ? À laquelle fais-tu confiance ? Duquel te méfies-tu ?*
- Complément circonstanciel : *Avec quoi allez-vous travailler ?*

8 | Les adverbes

L'adverbe est une catégorie hétéroclite qui comporte des termes d'origine et de fonctionnements très différents, regroupés en raison de quelques caractéristiques majoritaires : invariabilité (sauf *tout*), dépendance – l'adverbe n'a pas d'autonomie sauf les adverbes d'acquiescement (*oui*), de dénégation (*non*), d'appréciation (*peut-être*) ou d'apostrophe (*Doucement !*) –, l'adverbe n'introduit pas de compléments nominaux (ce qui le distingue de la préposition : *il est venu avant, avant* est adverbe, *il est venu avant la fin*, *avant* est préposition).

1. Caractères sémantiques

Traditionnellement, les adverbes sont classés en rubriques sémantiques :

- le temps : *aujourd'hui, autrefois, bientôt, déjà, demain, hier, jadis, naguère, parfois, souvent, tout à coup, toujours*, etc. ;
- le lieu : *à côté, ailleurs, dedans, dehors, derrière, devant, ici, là, loin, partout*, etc. ;
- la manière : *bien, mieux, vite* et tous les adverbes en -ment ;
- l'affirmation, la négation : *oui, si, assurément, volontiers, non, ne... pas, ne... guère, ne... jamais*, etc. ;
- l'évaluation : *à peu près, bien, bon, dur, haut, fort, tout à fait*, etc. ;
- l'appréciation : *curieusement, heureusement*, etc. ;
- le doute, la probabilité : *peut-être, probablement, sans doute, vraisemblablement*, etc. ;
- l'intensité : *extrêmement, peu, très*, etc. ;
- la comparaison : *aussi, autant, moins, plus*, etc. ;
- la quantité : *beaucoup, davantage, peu, presque*, etc. ;
- l'interrogation : *comment, où, quand, pourquoi*, etc. ;
- l'exclamation : *comme, que*, etc.

Ces catégories peuvent être multipliées.

Évidemment, des adverbes peuvent, au fil du discours et selon l'interprétation, ressortir à plusieurs d'entre elles : *Pierre a bien travaillé* : *bien*, manière, il a effectué un travail de qualité ; *bien*, quantité, il a beaucoup travaillé.

2. Caractéristiques morphologiques

A. Invariabilité

L'adverbe est invariable sauf l'adverbe *tout* qui varie traditionnellement devant un mot féminin commençant par une consonne ou un h dit aspiré. Mais l'arrêté du

28 décembre 1976 concernant les tolérances grammaticales et orthographiques admet la variation de *tout* adverbe en tout environnement, si bien que l'on peut dire aujourd'hui : *Elles sont sorties toutes étonnées, toutes confuses et toutes honteuses*, alors qu'avant cet arrêté, *tout étonnées* était de rigueur.

B. Origine et formation

Certains adverbes proviennent du stock latin : *hier, bien, tant*, etc.

D'autres ont été formés par composition : *quelquefois, partout, peu à peu.*

Certains adverbes proviennent de dérivation impropre : des adjectifs comme *bon, cher, dur, fort, froid, juste* sont devenus adverbes (*valoir cher, sentir bon, manger froid, secouer dur, parler juste*).

Des locutions formées au cours de l'histoire sont adverbiales : *ne... pas, ne... point*, etc.

Un effectif important d'adverbes est formé en -ment. Cette formation est diversifiée, quatre cas principaux se dégagent :

- Normalement on ajoute -ment au féminin d'un adjectif : *lent, lente, lentement.*
- Certains adverbes adjoignent -ément à leur masculin : *profondément.*
- Lorsqu'un adjectif est terminé par é, i, u, on ajoute -ment au masculin : *aisément, hardiment, éperdument.*
- Lorsqu'un adjectif se termine par -ant ou -ent au masculin, on forme l'adverbe en -amment ou -emment : *savant/savamment, fréquent/fréquemment.*

Il y a, en outre, des cas de formations irrégulières comme *bref/brièvement.*

3. Rôles syntaxiques et fonctions

Un grande partie des adverbes sont des adverbes de mots ou d'énoncés.
Ainsi l'adverbe :

- modifie l'adjectif : *Les résultats sont* ***fort*** *intéressants* ;
- modifie le verbe : *Il travaille* ***sérieusement****. Sommes-nous* ***d'accord*** *?*
- modifie l'adverbe : *Il travaille* ***très*** *sérieusement* ;
- modifie le nom : *C'est une femme* ***bien*** ;
- modifie le déterminant numéral : ***À peu près*** *trente personnes étaient sur le bateau* ;
- modifie la préposition (ou le groupe prépositionnel) : ***Presque*** *avant la fin, il y a eu un incident* ;
- est complément circonstanciel (complément de phrase en l'occurrence) : ***Autrefois****, les moulins à vent couronnaient les collines.*

Des adverbes portent sur toute la phrase : ce sont les adverbes d'interrogation et d'exclamation : *Pourquoi ne vient-il pas ce soir ? Comme ce paysage l'enchantait !*

Des adverbes sont des articulateurs du discours : ces adverbes du type *ainsi, alors, cependant, donc, d'abord, ensuite, premièrement, puis*, etc., contribuent à organiser et structurer le discours. Lorsqu'ils se trouvent en tête d'énoncé ou à proximité, ils sont dénommés connecteurs: *d'abord nous examinerons objectivement les faits, ensuite nous discuterons.*

Des adverbes, supra phrastiques ou de discours, expriment l'appréciation ou l'attitude de l'énonciateur sur le contenu de ce qui est dit. Ces rôles de l'adverbe présentent des caractéristiques syntaxiques communes. Dans ces cas, les adverbes doivent respecter les trois critères:
– peuvent se placer en tête de phrase: *Évidemment, heureusement, certainement, forcément, il n'a pas fumé, il a fumé. * Beaucoup, modérément, un peu, il n'a pas fumé, il a fumé.*
– peuvent, contrairement à d'autres, se placer avant la particule *pas* de la négation: *Il n'a évidemment, heureusement, certainement, forcément pas fumé. *Il n'a beaucoup, modérément, un peu, rarement, souvent, tellement pas fumé.*
– ne peuvent être intégrés à une interrogation: **A-t-il fumé évidemment, heureusement, certainement, forcément? A-t-il fumé beaucoup, modérément, un peu, souvent?*

Des adverbes permettent à l'énonciateur de situer la manière dont il énonce son discours. Ces adverbes sont du type *sincèrement, justement.*

Justement/sincèrement, je souhaitais vous en parler.

9 | Les prépositions

1. Morphologie

Les prépositions sont des mots invariables. Elles sont de formes très diverses, simples ou locutions prépositionnelles.

Les prépositions simples proviennent :

– d'un fonds latin originel ou d'un fonds roman, constitué de prépositions ou d'adverbes ayant pu subir diverses opérations : *à, avant, après, avec, chez, contre, dans, de, depuis, derrière, devant, dès, en, entre, hors, malgré, outre, par, parmi, pendant, pour, sans, sur, vers*, etc. ;

– d'adjectifs : *plein* (les poches, la tête), *sauf* (les présents), etc. ;

– de participes présents : *durant* (les vacances), *moyennant* (une cotisation), *suivant* (les règles), etc. ;

– de participes passés : *excepté, vu*, etc., certains ayant pu subir une composition : *hormis*, etc.

Les locutions prépositionnelles sont nombreuses et en constant accroissement ou renouvellement, elles proviennent :

– d'un stock ancien formé au Moyen Âge et parfois affecté de soudure graphique : *à travers, afin de, autour de, par dessus*, etc. ;

– de groupes nominaux eux-mêmes prépositionnels (préposition + nom) et figés dans un emploi de préposition à différentes époques, depuis le XVIe siècle et jusqu'à aujourd'hui : *à cause de, à côté de, à force de, à l'aide de, à l'égard de, à l'occasion de, au lieu de, aux alentours de, en comparaison de, en face de, en faveur de, en vue de, sous prétexte de*, etc. ;

– de groupes nom + préposition : *face à, grâce à*, etc. ;

– de groupes nom + participe passé : *compte tenu de*, etc. ;

– de groupes adverbe + préposition : *contrairement à, conformément à, indépendamment de, loin de, parallèlement à*, etc. ;

La proximité de certaines prépositions et de certains adverbes (*après, devant, depuis*, etc.) peut être une source de confusion, aisément levée si on se reporte comparativement aux fonctionnements syntaxiques de la préposition et de l'adverbe (voir ci-après).

2. Syntaxe

La préposition introduit et subordonne un terme ou un groupe : *je partirai* ***avant son arrivée***; *il est parti* ***sans nous saluer***. Contrairement à la conjonction de subordination à laquelle elle est apparentée, la préposition ne peut être suivie d'une subordonnée complément d'objet. Cela se manifeste bien lorsqu'une préposition indispensable à la construction d'un verbe (par exemple *s'opposer **à***) se trouverait en contact avec une proposition (par exemple ***qu'il vienne***) : la phrase **Je m'oppose à qu'il vienne* est incorrecte ; derrière la préposition sera inséré un pronom neutre *ce* afin de rendre l'énoncé correct : *Je m'oppose à **ce** qu'il vienne.*

Certains termes fonctionnent, en raison de leur origine, aussi bien comme préposition que comme adverbe. La distinction est simple : la préposition comporte à sa droite, on vient de le voir, des termes qu'elle introduit et subordonne, l'adverbe n'introduit pas de complément. Dans *Je viendrai après la réunion*, *après* est préposition. Dans *Je viendrai après*, *après* est adverbe.

La préposition forme un groupe, dénommé « groupe prépositionnel », avec les termes qu'elle introduit comme le laissent penser les manipulations suivantes :
J'ai écrit à Paul/Je lui ai écrit.
Il travaille dans ces bureaux/Il y travaille.
Pierre est à l'œuvre, en colère, en pleine croissance/Pierre l'est.
La pronominalisation y intègre la préposition dans la procédure de suppléance.

La préposition entre dans les constructions suivantes :

■ **Préposition + groupe nominal**
*La rue sera interdite **à la circulation des camions**. Je compte **sur votre mansuétude**. L'homme **à la voiture rouge** s'est encore manifesté. Il passe **pour un original**.*

Dans ces constructions, le nom peut ne pas être précédé d'un déterminant : *en pleine forme, de santé délicate, en colère, en bois*. D'autre part, il y a agglomération de la préposition et de l'article défini dans les articles contractés : *Il revient **du** jardin, **des** champs.*

■ **Préposition + groupe infinitif**
*C'est une occasion **à saisir**. Son idée **de repeindre la façade** me semblait curieuse. Il avait un travail **à finir**. Il tient **à venir**. Il refuse **de partir**.*

■ **Préposition + pronom**
*Il reviendra **avec nous**. Il le fera **pour elle**. Il reviendra **vers les siens**. C'est une personne **sans qui** on ne peut traiter la question. Elle a été la plus rapide **de toutes**.*

■ **Préposition + groupe prépositionnel**
*Il ne va pas tarder à revenir **de chez le dentiste**.*

■ **Préposition + adverbe**
*Il est passé **par derrière, par là, par ici**.*
*Cela est **de toujours, depuis toujours**.*

REMARQUE Certaines prépositions peuvent former avec **que** une locution conjonctive de subordination et introduire ainsi des subordonnées circonstancielles : *après que…, depuis que…, dès que…, outre que…, pour que…, sans que…* (voir rubrique « Conjonction de subordination »).

3. Aspects sémantiques

Les prépositions et locutions prépositionnelles sont porteuses d'une multitude de valeurs sémantiques à la diversité et aux nuances sans doute inépuisables.

On repère des prépositions qui présentent un sens relativement stable : *chez* exprime une notion de localisation, *malgré* une opposition, *sans* la privation. Les locutions prépositionnelles présentent aussi assez souvent un sens récurrent, par exemple causal avec *à cause de, en raison de.*

En revanche de nombreuses prépositions sont munies d'une palette assez diverse de possibilités sémantiques.

En est, par exemple, associée au lieu *(en classe, en France)*, au temps *(en ce temps-là)*, à la manière *(en vitesse, en douceur)*, à la locomotion *(en avion, en voiture, en train)*, à la matière *(en bois, en or)*, au moyen *(en contrebande).*

Avec sera associé à l'accompagnement, la participation *(avec Pierre)*, à la manière *(avec enthousiasme, avec sang-froid)*, à la composition *(avec du sucre, avec de la farine, avec de la lavande)*, au moyen *(avec une bêche, avec une fourchette)*, à la possession et ses diverses nuances *(J'ai un voisin avec un gros 4 x 4, avec un chien adorable).*

Les prépositions les plus flexibles du point de vue sémantiques sont *de* et *à* jusqu'à être parfois considérées comme de simples complémenteurs syntaxiques comme la conjonction *que*, notamment dans des constructions verbales comme *apprendre à* (lire, nager), *se refuser à, décider de* (partir), *refuser de* (s'alimenter). Néanmoins, des oppositions permettent de circonscrire des aires d'emploi de ces deux prépositions : *passer d'un état à un autre, aller de Paris à Marseille* ; *à* marquera davantage la direction vers un aboutissement, *de* l'éloignement depuis une origine.

10 | Les conjonctions de coordination

Les conjonctions de coordination relient sans les subordonner l'un à l'autre des éléments de nature possiblement différente mais dotés d'une compatibilité syntaxique et sémantique.

1. Données syntaxiques

La liste des conjonctions de coordination s'établit clairement si l'on exige que soit respecté l'un ou l'autre des deux critères suivants : le terme conjonctif ne peut jamais se placer à l'intérieur d'un des membres mis en liaison, le terme conjonctif ne peut être associé aux deux conjonctions de base *et* et *ou*. Dès lors, la liste se limite à *et, ou, ni, or, mais, car, puis*. Par exemple *puis* peut s'associer à *et* mais ne se trouvera jamais à l'intérieur d'un élément en liaison, contrairement à *donc*, adverbe, qui n'est pas retenu dans la liste. Comparez :

Je terminerai ce travail puis j'assisterai à la réunion.
**Je terminerai ce travail, j'assisterai puis à la réunion.*

Je serai revenu donc j'assisterai à la réunion.
Je serai revenu, j'assisterai donc à la réunion.

Ce critère permet d'écarter tous les adverbes de liaison, qui effectivement peuvent jouer le rôle de connecteurs, mais ne sont pas des particules de coordination au sens retenu ici.

Du point de vue de la construction, les conjonctions de coordination sont placées entre les deux éléments coordonnés et la coordination de propositions permet la non-répétition du sujet quand il est identique : *il mange beaucoup mais ne grossit pas*. Cette facilité ne fonctionne cependant pas avec *car* et *or*.

2. Statut syntactico-sémantique

Les membres coordonnés peuvent être pratiquement de toutes natures catégorielles, fonctionnelles et structurelles compatibles. À cet égard, la coordination pose des problèmes assez fins de logique. Il ne suffit pas que des éléments soient de même nature et de même fonction ou de même structure pour supporter la coordination, en revanche des éléments de nature et de structure différentes peuvent être coordonnés.

Exemples:

– **une décision judiciaire et équitable* sera rejeté bien que les deux termes envisagés pour la coordination soient tous les deux adjectifs et épithètes : il se trouve que l'un est adjectif qualifiant (*équitable*) et l'autre classifiant (*judiciaire*).

– **il a été blessé à la jambe et à la foire* sera rejeté bien qu'il s'agisse apparemment de deux localisations nominales, mais l'une est corporelle et l'autre géographique.

– *un objet vert et d'un aspect étrange* sera accepté bien que coordonnant deux segments de nature différente (adjectif et groupe prépositionnel nominal), tandis que * *un garçon serviable et d'une campagne proche* sera refusé.

Bien que ces deux énoncés associent tous deux un adjectif épithète et un complément composé lui-même d'un nom et d'un adjectif épithète, la différence est que, dans le premier énoncé, l'épithète et le complément répondent tous deux à la question *Comment est l'objet ?* tandis que, dans le second, la question *Comment est le garçon ?* ne peut s'appliquer à *d'une campagne proche* dont on tente la coordination.

– *Mon oncle était un homme charmant mais qui ne plaisantait pas* est acceptable bien que l'un des membres coordonnés soit un adjectif et l'autre une subordonnée relative.

– *Des ballons rouges et des ballons verts* pourrait, sur le plan simplement grammatical, être abrégé en *des ballons rouges et verts*, mais on voit bien que sur le plan sémantique cela est inacceptable, car si le premier énoncé indique qu'il y a deux sortes de ballons, le second signifie clairement qu'il n'y en a qu'une sorte, ils sont bicolores, rouges et verts à la fois. Certains grammairiens, assez artificiellement, préconisent le recours à l'accord pour établir une différence : *des ballons rouges et verts* pour deux sortes de ballons, *des ballons rouge et vert* pour une seule sorte.

3. Valeurs sémantiques des conjonctions de coordination

La valeur sémantique qu'apportent les coordonnants à l'énoncé est souvent subtile.

Le *et* porte souvent le sens d'une adjonction (dont on vient de signaler qu'elle peut aboutir à une réunion ou une intersection), mais il signale aussi la succession temporelle : *je finirai ce travail et j'assisterai à la réunion*, une simultanéité ou une succession logique : *tu relis et tu corriges*, une opposition ou une disjonction : *il mange et ne grossit pas*, une exigence : *et regarde-moi s'il te plaît.*

Ou présente diverses possibilités de disjonction ou d'alternative : *vous prenez les blancs ou les rouges, tu rentres ou tu sors.*

Ni est la négation de *et* et de *ou*.

Mais apporte une valeur d'argumentation, de justification, de correction, parfois adversative : *il est efficace mais pas commode.*

Car marque une justification plus qu'une cause et entre à la fois en proximité et en concurrence fine avec *parce que* et *puisque* :

Il n'est pas venu parce que Pierre était là.
Il n'est pas venu puisque Pierre était là.
Il n'est venu car Pierre était là.

Mais on peut comparer :
S'il n'est pas venu ce n'est pas parce que Pierre était là.
**S'il n'est pas venu ce n'est pas car Pierre était là.*

Puisque Pierre était là, il n'est pas venu.
**Car Pierre était là, il n'est pas venu.*

où il apparait clairement que *car* serait un subordonnant dans les seconds énoncés de ces deux paires de phrases, ce qu'il n'est pas, et qu'il fonctionne bien différemment de *parce que* et *puisque*.

Or présente une valeur nettement argumentative que l'on perçoit bien dans les syllogismes.

11 | Les conjonctions de subordination

1. Morphologie

On distingue les conjonctions et les locutions conjonctives.
Les conjonctions sont de forme simple ou composée :

- formes simples : *que, comme, quand, si* ;
- formes composées en -*que* graphiquement soudées : *lorsque, puisque, quoique* (dans le sens de *bien que : Il n'a jamais rappelé quoiqu'il connaisse mon numéro*).

Les locutions conjonctives sont des formes non soudées composées avec la conjonction *que* :

- le mot associé à *que* provient des prépositions : *après que, avant que, depuis que, dès que, pour que* ;
- le mot associé à *que* provient des adverbes : *alors que, aussitôt que, bien que* ;
- les termes associés à *que* proviennent d'un groupe nominal prépositionnel : *à condition que, à mesure que, de peur que, sous réserve que*, etc. ;
- les termes associés à *que* proviennent de formes verbales (infinitif, participe passé, gérondif : *à supposer que, vu que, en attendant que*, etc.) ;
- les termes associés à *que* comportent le démonstratif originel *ce : parce que, jusqu'à ce que*. Une occurrence particulière de ces formes est à noter : des verbes qui, dans certains emplois, se construisent obligatoirement avec une préposition (*s'opposer à, tenir à, veiller à*, etc.) intercalent le *ce* devant *que* : *Paul s'oppose à, tient à, veille à* ***ce qu****'elle vienne* à comparer avec **Paul s'oppose à, tient à, veille à, qu'elle vienne.*

Les conjonctions et locutions conjonctives sont invariables.

2. Rôle, place

A. Rôle et subordonnées introduites

La conjonction de subordination (ou la locution conjonctive) est un pur outil de liaison, plus précisément de subordination. Elle se distingue du pronom relatif et de la conjonction de coordination. Comme le pronom relatif, elle permet d'intégrer et de subordonner une proposition à une proposition principale. Mais tandis que le pronom relatif a, en outre et comme son nom l'indique, un statut de pronom et donc une fonction dans la subordonnée qu'il introduit, la conjonction de subordination n'a pas de fonction mais seulement un rôle de lien et d'introduction subordonnante.

Dans *Ce sont les livres qu'il m'a prêtés*, *que* est pronom relatif complément d'objet direct de *prêter*, alors que dans les phrases suivantes, le terme subordonnant est une conjonction de subordination sans fonction dans la subordonnée :

*Pierre pense **qu'**elle viendra.*
*Jeanne regrette **qu'**il vienne.*
*Il viendra **s'**il est invité.*
*Il viendra **quand** tu l'inviteras.*
*Il ment **comme** il respire.*
*Nous finirons le travail **avant que** vous ne partiez.*
*Il a pu travailler, **bien que** les circonstances ne s'y prêtent pas.*

Contrairement à la conjonction de coordination, la conjonction de subordination ne relie pas des éléments de même statut. Celui qu'elle introduit dépend de la principale ou d'un terme de celle-ci.
Deux cas de dépendance sont présentés dans les phrases précédentes. D'une part, celui qui correspond à :
– *Pierre pense qu'elle viendra.*
– *Jeanne regrette qu'il vienne.*

Les propositions subordonnées *qu'il viendra* ou *qu'il vienne* dépendent de *pense* ou de *regrette* comme l'attestent les pronominalisations *je le pense* ou *je le regrette* ou encore *je pense cela, je regrette cela*, les propositions subordonnées sont complément d'objet direct de *pense* et *regrette*.

L'autre configuration représente un deuxième type de dépendance :
Il viendra s'il est invité.
Nous finirons le travail avant que vous ne partiez.
Il a pu travailler, bien que les circonstances ne s'y prêtent pas.

Les propositions subordonnées ont, dans cette configuration, une fonction de complément circonstanciel dont elles présentent les caractéristiques (voir cette fonction).

B. Place

La conjonction de subordination se place en tête de la subordonnée, que celle-ci se situe elle-même à la suite de la principale ou, dans certains cas, devant elle : *Quand tu m'inviteras, je viendrai.* Cette possibilité d'antéposition de la proposition précédée de la conjonction différencie aussi la majorité des conjonctions de subordination et les conjonctions de coordination (voir « Conjonctions de coordination »).

3. Syntaxe particulière de la conjonction *que*

La conjonction *que* se signale par plusieurs caractéristiques.

– Elle peut introduire des propositions qui ont des fonctions objet ou sujet :
Pierre croit ***qu'elle viendra*** (proposition complément d'objet direct).
Qu'il vienne *m'étonnerait* (proposition sujet).

– Elle fonctionne comme particule universelle de subordination, pouvant reprendre une autre conjonction ou locution conjonctive :
Quand *tu passes par ici et* ***que*** *tu as le temps, viens donc nous dire bonjour.*
Comme *il passait devant la maison et* ***qu'****il nous a vus, il est entré.*

– Elle forme des locutions conjonctives (voir « Morphologie »).

– Elle introduit des propositions subordonnées dites corrélatives en relation avec un adverbe de degré dans la proposition principale :
Il est si passionnant que le public se presse à ses conférences.
Il décourage tellement ses amis qu'il fait le vide autour de lui.

– Elle sert de support à la conjugaison du subjonctif.

4. Valeur sémantique des conjonctions et locutions conjonctives

Que est une particule de base de la subordination mais aussi, on l'a vu, une particule universelle pouvant reprendre des conjonctions de sens divers.

Quand présente un rapport de temps mais aussi rarement d'hypothèse : *Quand il reviendrait, elle ne voudrait pas le revoir.*

Si exprime un rapport d'hypothèse, *s'il revenait, elle accepterait de lui parler*, de condition, *je le recevrai s'il retire ses propos désobligeants*, d'opposition ou de confrontation, *si j'ai été ironique, il n'a pas manqué de l'être aussi.*

Comme exprime un rapport de manière ou de comparaison : *il travaille comme son père le faisait dans les années 1950*, de temps : *comme je sortais, il arrivait*, de cause : *comme tu travailles sérieusement, tu trouveras une clientèle.*

La grande variété des autres conjonctions et locutions conjonctives permet aussi d'exprimer des rapports de temps (*alors que, dès que, lorsque, pendant que*, etc.), de but (*afin que, pour que*, etc.), de cause (*parce que*, etc.), de conséquence (*de sorte que, si bien que*, etc.), de justification (*puisque, vu que, étant donné que*, etc.), de crainte (*de peur que, de crainte que*, etc.), d'hypothèse (*en admettant que*, etc.), de condition (*à condition que, pourvu que*, etc.), de concession, de restriction (*bien que, encore que, quoique*, etc.).

12 | Le système orthographique français

1. Définition de la notion d'orthographe

L'origine latine (*orthographia*) du mot orthographe est liée à deux mots grecs antérieurs : *orthos* et *graphia* signifiant respectivement *correctement* et *écriture*. Dans l'acception générale du terme, l'orthographe touche donc à la manière d'écrire les sons et les mots au regard des normes d'une langue donnée, à une époque donnée. Elle se définit par rapport à la conformité de l'écriture au système de transcription graphique en vigueur à l'époque de référence et aux règles des autres sous-systèmes régissant le fonctionnement de la langue : la morphologie, la syntaxe, etc.

Plus spécifiquement, l'orthographe correspond aussi aux différentes manières d'écrire qui se distinguent de la norme générale (ainsi en est-il des variétés de français et des variétés d'auteurs) ou encore à la manière particulière dont un individu donné met en application cette norme (avoir une *bonne* orthographe, une *mauvaise* orthographe, une orthographe *incertaine*...).

2. Éclectisme des erreurs orthographiques découlant des particularités du système français : le plurisystème graphique de Nina Catach

Notre système orthographique présente des particularités qui en expliquent la complexité. Sans viser à l'exhaustivité, nous citerons parmi ces particularités :

- la non-correspondance systématique des lettres et des sons, un même son pouvant être traduit par plusieurs lettres ou groupes de lettres différents (exemple : [s] transcrit par *t* dans *potion*, *ç* dans *maçon*, *ss* dans *poisson*, *c* dans *cité*), une même lettre pouvant transcrire plusieurs sons différents (voir par exemple la valeur sonore de *x* dans les mots *luxe, exact, six* et *dixième*), certains sons n'ayant pas de signe propre et certains signes graphiques ne correspondant à aucun son (*h* muet dans *homme,* consonnes finales non prononcées dans *almanach*...) ;
- les nombreuses homophonies *(vingt, vain, vin, vint)* ;
- une accentuation des mots présentant des règles fluctuantes liées à l'histoire de notre langue écrite et à ses réformes ;
- les influences étymologiques ;
- la dimension grammaticale de notre système orthographique.

Docteur ès lettres et maître de recherche au CNRS, Nina Catach présente l'orthographe comme relevant d'un « plurisystème » dans lequel se dégagent :

- des fonctionnements majeurs comme celui qui assure la liaison grapho-phonétique ;
- des fonctionnements « seconds », tel le fonctionnement régissant les marques morphologiques ;
- des fonctionnements « hors-système » qui expliquent la présence de lettres étymologiques, voire historiques dans un mot.

La complexité de notre langue porte potentiellement les germes d'erreurs de natures très diverses que l'on retrouve tout naturellement dans les productions écrites et en particulier dans les essais d'écriture des élèves. Nina Catach distingue ainsi cinq grandes catégories d'erreurs (comportant elles-mêmes des sous-catégories) :

- les erreurs à dominante phonétique ;
- les erreurs à dominante phonogrammique ;
- les erreurs à dominante morphogrammique ;
- les erreurs relatives aux homophones ;
- les erreurs relatives aux idéogrammes et les erreurs concernant les lettres non fonctionnelles.

Chaque type d'erreur identifié par Nina Catach renvoie à une caractéristique orthographique (et donc à une difficulté orthographique) de notre langue.

A. Les erreurs à dominante phonétique

Ce type d'erreur découle de productions orales inadéquates ; il est la conséquence directe d'une perception défaillante et/ou d'une mauvaise prononciation des sons : confusion consonnes sourdes/sonores (p/b : *taber* pour *taper*, f/v : *cafe* pour *cave*, t/d : *carde* pour *carte*), adjonctions et omission de lettre ou de syllabe : (*arbruste/arbuste*, *bienteur/bienfaiteur*). Ainsi, la déformation – typique chez le jeune enfant – du mot *maman* restitué sous la forme *manman* traduit l'assimilation du phonème [*a*] (première syllabe) au phonème de sonorité proche [*ã*] présent dans la seconde syllabe. Au regard de ce type d'erreur, on comprend le poids d'une bonne maîtrise de l'oral et de la conscience phonologique dans la maîtrise de l'orthographe, même si l'on ne touche là qu'au niveau le plus basique de cette maîtrise.

B. Les erreurs à dominante phonogrammique

Les phonogrammes sont les graphèmes ayant vocation à transcrire les phonèmes. Ils peuvent être simples comme *p* (transcrivant le phonème [*p*]), ou composites comme le digramme *ph* (transcrivant le phonème [*f*]) ou le trigramme *am* (correspondant au phonème [*ã*]). Les erreurs « à dominante phonogrammique » portent sur la transcription des sons en faisant correspondre à un oral correct un écrit erroné : le scripteur est capable de distinguer auditivement les sons mais il n'en restitue pas la forme exacte à l'écrit. Selon les cas, l'erreur commise altère ou n'altère pas la valeur phonique du mot. Ainsi, les graphies *merite* (pour *mérite)* ou *briler* (pour *briller)* modifient la valeur phonique du mot. Le problème est différent si l'on écrit *il ut* pour *il eut* ou *pensser* pour *penser*, la forme sonore du mot n'étant pas, dans ces cas, touchée par l'erreur de transcription graphique.

C. Les erreurs à dominante morphogrammique

À la différence des phonogrammes, les morphogrammes sont des graphèmes n'ayant pas pour fonction de transcrire des phonèmes; ils peuvent être muets (cependant il existe certains contextes spécifiques, comme celui des liaisons, qui sonorisent des terminaisons normalement muettes). Ces « suppléments graphiques » véhiculent des « valeurs » morphologiques, lexicales ou syntaxiques. Il s'agit de:

- marques grammaticales:
  - les morphogrammes de genre: *e* comme dans *marchande*,
  - les morphogrammes de nombre: *s*, *x* dans *les hommes*, *des canaux*,
  - les morphogrammes verbaux: *e*, *es*, *e* dans *je chante*, *tu chantes*, *il chante*;
- de marques lexicales:
  - marques finales de dérivation: *grand/grandeur*,
  - marques internes de dérivation: *main/manuel*.

Les erreurs à dominante morphogrammique sont donc tantôt d'origine lexicale, tantôt d'origine grammaticale. En voici quelques types relevés par Nina Catach.

a. Erreurs portant sur les morphèmes grammaticaux

Cette catégorie étant extrêmement ouverte, en ce qu'elle renvoie aux règles grammaticales qui prolifèrent dans notre langue, nous nous limiterons à quelques aspects à titre d'exemples: non-respect des règles d'accord (accord sujet/verbe, déterminant/nom, nom/adjectif, etc.), confusion entre les formes du pluriel (*chevaus/chevaux*, *verroux/verrous*), relations mal établies entre les catégories grammaticales: *les ombres passes/les ombres passent*…

b. Erreurs portant sur les morphèmes lexicaux

- Non reconnaissance des mots: *un évier/un névier, l'avion/le lavion.*
- Ignorance de la famille lexicale: *inabité/habité.*
- Ignorance des préfixes, des suffixes: *anterrement/enterrement.*
- Ignorance du maintien ou non du radical: *nous vogons/nous voguons.*

D. Les erreurs relatives aux homophones (ou encore logogrammes)

L'homophonie constitue dans notre langue une source importante d'erreurs orthographiques. Nina Catach distingue différents cas liés à l'existence:

- des homophones de discours (l'homophonie porte alors sur plusieurs mots entretenant entre eux une relation syntaxique: *l'arme/larme; encore sage/en corsage;*
- des homophones lexicaux: *chant/champ; voie/voix; pin/pain;*
- des homophones grammaticaux: *à/a; et/est; où/ou; son/sont; ce/se…*

E. Les erreurs relatives aux idéogrammes

Est considéré comme idéogramme, tout signe qui ne relève pas de l'alphabet. Pour Nina Catach, l'emploi de ces signes relève de l'orthographe. Cette catégorie recouvre : l'emploi des majuscules, de l'apostrophe, du trait d'union, de la ponctuation et tout autre signe entrant dans l'écrit.

13 | Le lexique

1. Processus de création de mots nouveaux : dérivation, composition

A. Distinction des processus de composition et de dérivation

Par **composition**, « on désigne la formation d'une unité sémantique à partir d'éléments lexicaux susceptibles d'avoir par eux-mêmes une autonomie dans la langue[1] ». Ainsi, les mots : *chou* et *fleur* peuvent fonctionner de manière autonome, indépendamment du mot *chou-fleur*.

On lui oppose traditionnellement la **dérivation** qui « constitue des unités lexicales nouvelles en puisant éventuellement dans un stock d'éléments non susceptibles d'emplois indépendants[2] ». Ainsi, le préfixe *dis* (marquant la séparation) et entrant dans la construction du mot *disjoindre* ne peut fonctionner seul.

Ces deux processus de formation de mots se distinguent donc essentiellement par l'autonomie (ou non) des éléments constitutifs mobilisés.

B. Composition : les critères

La nomenclature traditionnelle ne reconnaît comme « composés » que les mots dont les composantes :
- sont **graphiquement soudées** comme *portefeuille* ou *malheureux ;*
- ou **reliés par un trait d'union** tels *casse-tête*, *porte-bagages*, *chou-fleur*, etc.

La reconnaissance, par les lexicologues, comme mots composés, de mots tels *pomme de terre, chemin de fer, lampe de chevet, machine à laver...* (association dans un mot unique des éléments constitutifs par **l'utilisation d'une préposition**) traduit une évolution plus récente.

C. Dérivation

La dérivation est un processus de formation de mots nouveaux à partir d'un radical (ou base)[3] auquel on adjoint un affixe : préfixe (antéposé à la base) ou suffixe (postposé à la base). Les préfixes et les suffixes sont des morphèmes[4] relevant d'une

---

1. *Dictionnaire didactique des langues*, dirigé par R. Galisson et D. Coste, Hachette, 1973.
2. *Ibid.*
3. C'est-à-dire ce qui reste du mot dérivé si on lui enlève tous ses affixes.
4. Un morphème est l'unité minimal de la langue porteuse de sens, c'est un segment identifiable de mot porteur de sens mais ne pouvant avoir une existence autonome (*ex-* signifie au dehors mais cette signification ne peut se réaliser que dans le contexte d'un mot).

catégorie finie et fermée d'éléments[1] (on peut en trouver une nomenclature exhaustive dans les dictionnaires) ne pouvant fonctionner qu'en s'ajoutant à un radical pour former un mot. Des mots dérivés à partir d'un même radical constituent une famille de mots (formule couramment utilisée : « mots de la même famille »).

On parle de dérivation impropre lorsque l'on est en présence d'un mot nouveau ayant conservé la forme d'un mot originel tout en modifiant sa nature grammaticale. Le mot *bougie*, nom commun qui désigne un objet d'éclairage est dérivé du mot *Bougie*, nom propre désignant une ville d'Afrique du Nord, le mot *poubelle* renvoie au nom de l'inventeur de l'objet qu'il désigne, le *déjeuner* est dérivé du verbe *déjeuner*.

a. Préfixation

Le préfixe est un affixe qui, ajouté à l'initiale d'un mot de base, forme avec lui un mot nouveau appelé dérivé (*immobile* : *im* + *mobile*, *ultra-sensible* : *ultra* + *sensible*, etc.). Antéposé à un mot dérivé, il peut former un autre mot. Plusieurs préfixes peuvent donc se succéder à l'initiale du mot de base (*redéfaire* : *re* + *dé* + *faire*).

À la différence du suffixe, le préfixe ne change jamais la classe du mot de base (*agréable*, adjectif qualificatif : *désagréable*, adjectif qualificatif ; *commencer*, verbe : *recommencer*, verbe, etc.).

b. Suffixation

La suffixation peut avoir comme effet de modifier la classe grammaticale de l'élément de base : *torrent* (nom) donne *torrentiel* (adjectif qualificatif) par adjonction du suffixe *-iel*, *étonner* (verbe) débouche sur *étonnement* (nom commun), etc.

La suffixation remplit une fonction syntaxique en marquant certaines opérations de transformation : le groupe nominal : *l'éradication des rats* (avec la structure dét. + nom + comp. de nom introduit par une préposition) peut ainsi être transposé sous la forme du mot unique : *dératisation*.

On appelle parfois dérivation régressive (ou dérivation inverse ou dérivation à suffixe zéro) le cas d'un nom obtenu à partir d'un verbe par la suppression des marques verbales de celui-ci : *coupe* (*couper*), *oubli* (*oublier*), etc. Ce type de dérivation débouche parfois sur la création d'homographes qui se distinguent par le genre : *casser* (verbe) donne *casse* par suppression de la marque verbale (suffixe *-er*), on peut ensuite distinguer *le casse* de *la casse*.

c. Tableaux des affixes

- **Préfixes**

Valeur sémantique	Préfixes	Exemples
Négation, défaut privation, séparation	*a, an, dé, dés, des, dis, di, in, im, ir, il, mé, més, non*	*apesanteur, mécontent disjoindre, non-sens*

1. Voir tableau des affixes qui suit.

Position ou mouvement (dans l'espace, dans le temps): dans, entre en dehors, au-delà avant après au-dessus au dessous à travers en arrière au loin, à distance	*en, em, entr, entre, inter* *ex, extra,* *anté, anti, ex, pré,* *post* *sur, super* *infra, sous, sub* *trans* *rétro* *télé*	*encercler, interligne* *extraterrestres* *antidater, ex-conjoint* *postopératoire* *surcôte, superviser* *infrarouge, sous-sol* *transpercer* *rétroactif* *télécommande*
Intensité: intensité forte intensité faible	*archi, extra, hyper, super, sur, ultra* *hypo, sous*	*archiplein, suréquipé* *hypotension*
Quantité: moitié un deux trois plusieurs	*demi, mi, semi* *mono, uni* *bi, bis, di, dis* *tri, tris* *multi, poly, pluri*	semi-automatique monoplace bimoteur triporteur polysémique
Opposition ou association: contre pour, avec	*anti, contre, para* *pro, co, con, com*	*parapluie* *co-auteur*
Autres sens: **réciprocité** **répétition** **hiérachie**	*entre, entr, inter* *re, ré, r* *sous, vice*	*s'entre-tuer, entraide* *rechute, rattacher* *sous-chef, vice-roi*

Suffixes

Valeur sémantique	Suffixes	Exemples
Expression d'une action	*-ment, -tion, -ade*	*diminution, promenade*
Résultat d'une action	*-ure, -ement, -is*	*blessure, rangement*
Agent d'une action	*-trice, -ataire, -eur*	*signataire, voleur, lectrice*
Personne exerçant une profession	*-ien, -ier, -iste*	*gardien, plombier, garagiste*
Qualité ou état	*-té, -age, -esse*	*bonté, esclavage, jeunesse*
Opinion, doctrine	*-isme*	*catholicisme, islamisme*
Instrument ou objet	*-oir, -euse, -ière*	*arrosoir, tondeuse, cafetière*
Lieu	*-erie, -oir*	*croissanterie, abattoir*
Ensemble, collection d'objets	*-ière, -age, -aie*	*érablière, plumage, roseraie*
Quantité, mesure	*-aine, -ée*	*centaine, pincée*

2. Les rapports entre les mots : synonymie, antonymie, hétéronymie, homonymie, paronymie

Les notions de synonymie, d'antonymie, d'homonymie et de paronymie touchent aux relations formelles et sémantiques entretenues entre les signes d'une langue. D'un point de vue comparatif, les mots se différencient, se rapprochent, s'apparentent, s'assimilent parfois au niveau de leurs signifiés (leurs sens) et/ou, de leur signifiant (leur forme graphique à l'écrit et sonore à l'oral).

A. Synonymes

Il s'agit de termes de sens équivalent, c'est-à-dire substituable dans **certains** contextes.

On ne trouve pas de synonymes parfaits, interchangeables dans n'importe quel contexte : une synonymie totale serait un luxe inutile, en contradiction avec la loi de l'économie qui caractérise le langage. Saussure indique ainsi : « Dans l'intérieur d'une même langue, tous les mots qui expriment des idées voisines se limitent réciproquement ».

B. Antonymes

L'antonymie exprime une relation entre deux signes dont les sens sont dits « contraires ».

Exemple : *petit* est l'antonyme de *grand* et inversement.

Comme les synonymes, les antonymes ont un dénominateur commun

Exemple : la hauteur pour *petit* et *grand.*

C. Hétéronymes

Dans une langue donnée[1], les hétéronymes sont les mots dont les signifiés se recoupent partiellement (rapport d'intersection) autour d'un ou plusieurs éléments de sens qui leur sont communs, sans que l'on puisse cependant les classer comme synonymes ou comme antonymes. Les hétéronymes présentent par conséquent des racines différentes tout en formant ensemble une structure sémantique cohérente. Les noms de parenté (*oncle, tante, cousin*, etc.), de couleurs (*bleu, jaune, vert*, etc.), de grades militaires, de meubles dont les usages sont du même ordre (*chaise, fauteuil, banc, tabouret*, etc.) sont des hétéronymes.

1. On ne peut parler de synonymie que pour des mots appartenant à une même langue. D'une langue à l'autre, certains mots présentent des sens équivalents (mais jamais identiques) et peuvent donc être utilisés pour réaliser des traductions.

D. Homonymes

Il s'agit de mots dont le signifiant (la forme) est identique, à l'oral et/ou à l'écrit. L'appellation est souvent réservée aux mots de même catégorie grammaticale (*maire* et *mère*).

Il faut distinguer

- les **homographes**: mots ayant la **même forme graphique** (le faux et la faux);
- les **homophones**: mots ayant la **même forme sonore** mais dont le signifiant graphique est différent (sein et saint).

E. Paronymes

Les paronymes sont des mots proches des homonymes. Ce sont des mots de **formes proches mais dont les significations diffèrent totalement** présentant des analogies graphiques (à l'écrit) et phonétiques (à l'oral) si marquées que l'on peut les confondre.

Exemple: *allusion/illusion, conjecture/conjoncture.*

REMARQUES RELATIVES AU BARBARISME

1. Le terme *barbarisme* recouvre l'emploi d'une forme inexistante. Le mot défaillant est un mot fabriqué de toute pièce ou, plus fréquemment, un mot existant mais déformé. Le barbarisme ne répond pas à l'usage et à la norme du moment. Il faut toutefois bien distinguer:

- le barbarisme subi résultant d'une application incorrecte des règles de la langue et qui traduit une erreur involontaire du scripteur ou du locuteur;
- le barbarisme volontaire issu d'une application des règles correcte mais dérogeant à l'usage du moment.

Si le mot *infractus* (utilisé fréquemment pour *infarctus*) est un barbarisme dans toute l'acception du terme, le mot *liberticide* aujourd'hui entré dans le lexique et assez communément utilisé, pouvait être perçu comme un barbarisme (et sans doute l'était-il) lors de ses premières apparitions.

2. Ne pas confondre *barbarisme* (production d'un mot inexistant) et *confusion paronymique* (utilisation d'un mot pour un autre mot de forme graphique et de sonorité proches).

3. Champ de signification du mot: polysémie, champ sémantique

A. Polysémie/monosémie

Un signifiant unique peut recouvrir un seul signifié (mot monosémique) ou porter plusieurs significations (mot polysémique).

Cloisonnage, cloutage marquent une action technique précise qui renvoie à un sens unique. De même *clivia* (plante ornementale d'Afrique du Sud) ou *Camargue* (région marécageuse de Provence) sont des mots monosémiques n'acceptant qu'un signifié.

À l'inverse, *calotte* recouvre six significations dans le *Dictionnaire Hachette encyclopédique*, à savoir : « 1. Petit bonnet rond qui ne couvre que le sommet du crâne, 2. Ensemble du clergé et de ses partisans. 3. (en anatomie) Partie supérieure du crâne 4. (en géométrie) Portion de sphère délimitée par un plan ne passant pas par le centre. 5. (en architecture) Voûte hémisphérique dont le cintre a peu d'élévation. 6. (en géographie) Épaisse couche de glace des régions polaires. »

« Calotte » est par conséquent un mot polysémique.

B. Les « champs » en linguistique

Le champ se définit en linguistique comme un : « ensemble de termes (en particulier unités lexicales) liés par une structure de relations[1] ». Le terme est ambigu, dans la mesure où il peut porter sur un mot (on parlera alors de champ sémantique) ou sur un ensemble de mots présentant entre eux des parentés conceptuelles (on parlera alors de champ lexical). C'est qu'un champ peut être constitué à partir de différentes entrées. Nous définirons ici trois types de champ : le champ morphologique, le champ sémantique et le champ lexical et thématique.

a. Le champ morphologique

Le champ morphologique repose sur des similitudes formelles (portant sur le signifiant des mots) : mots ayant le même préfixe, le même suffixe, le même radical.

b. Le champ sémantique

Le dictionnaire de linguistique définit le terme « champ sémantique » comme une « notion linguistique qui désigne les différentes acceptions qu'un mot est susceptible de prendre dans un état de langue donné, selon les contextes dans lesquels ont le trouve ».

c. Le champ lexical

C'est la référence au signifié (le sens) qui détermine la constitution du champ. Les mots d'un même champ sémantique ont un dénominateur sémantique commun qui justifie leur appartenance à ce champ. Le champ lexical est réservé pour désigner « l'ensemble des mots désignant les aspects divers » d'une technique, d'une relation, d'une idée, etc.[2] Par exemple, le champ sémantique de la mer comporte des mots présentant un rapport de sens avec le thème général (la mer) et par conséquent un rapport de sens entre eux. On pourra y trouver les mots : grève, plage, vagues, côte, île, mouette, poisson, bateau, barque, mais aussi : marée, raz de marée, naufrage… Il est difficile de distinguer cette notion de la notion de **champ thématique.**

---

1. *Dictionnaire didactique des langues*, dirigé par R. Galisson et D. Coste se référant à Rey, Hachette, 1973, p. 82.
2. Collectif, *Dictionnaire de linguistique*, Paris, Larousse, 1973.

14 | La grammaire de texte

1. Qu'est-ce qu'un texte ?

Jusqu'à présent, l'étude grammaticale à l'école a porté essentiellement sur le mot et sur la phrase. Munis de ces savoirs grammaticaux, les élèves devaient pouvoir écrire des textes grammaticalement corrects. Or, on le sait, un texte est bien autre chose qu'une suite de phrases grammaticalement correctes et ayant un sens intelligible. Un texte ne saurait se réduire à une simple addition de phrases : il représente le produit d'un patient travail de « tissage » pour utiliser une image qui nous renvoie à l'essence étymologique (tissu) du mot. La cohérence du texte transcende la cohérence strictement « interne » de ses composantes (phrases, paragraphes, parties, etc.) : c'est un système structuré véhiculant un message et réalisant une intention de communication. Il représente une unité qui a ses propres lois dont certaines relèvent de son type (texte narratif, argumentatif, etc.) et de son genre (conte, annonce publicitaire, fiche signalétique, éditorial, etc.) alors que d'autres relèvent de la grammaire de texte. La recherche en grammaire du texte est relativement récente. Elle consiste à étudier principalement les caractéristiques linguistiques visibles du texte qui contribuent à la reconnaissance de sa cohérence, c'est-à-dire de son unité, de son intégrité par le lecteur. Quelles sont les règles dont le respect est à même d'assurer la cohérence d'un texte ?

2. Quelques aspects caractérisant un texte

A. Les marques graphiques d'organisation du texte

Tout texte de plus d'une phrase présente des marques extérieures qui visent à le faire reconnaître comme un tout. En général, un texte comporte un titre souvent complété par d'autres intitulés (sous-titre, surtitre, intertitre), le plus souvent présentés sous la forme de phrases non verbales. Ces marques aident à caractériser le type et le genre de texte. Un autre facteur de différenciation d'un texte réside dans sa disposition graphique (entre autres, la division en paragraphes) et dans le recours à divers procédés typographiques et d'illustrations. Une nouvelle journalistique, un article de vulgarisation scientifique, une publicité, un poème, un chapitre dans un manuel de géographie, un roman n'utilisent pas les mêmes ressources graphiques et typographiques.

B. L'organisation du texte en paragraphes

Le paragraphe constitue une unité cohérente de sens. Il présente généralement des traits distinctifs signalant son ouverture (organisateurs textuels, substituts pronominaux, etc.) et sa fermeture (phrase synthèse, termes récapitulatifs ou conclusifs, énoncé qui annonce une nouvelle articulation dans le développement, etc.). C'est donc, pour le lecteur, un repère visuel important dont on peut définir ainsi les fonctions :

- initier une pause de lecture permettant au lecteur de fixer ce qu'il vient d'apprendre du texte tout en amorçant une projection vers la suite de ce texte ;
- faciliter la compréhension du texte en signifiant les différentes unités de sens qui le composent, en marquant la progression de l'information et en assurant ainsi le balisage de sa lecture ;
- inciter le lecteur à dialoguer avec le texte : à la lecture d'un paragraphe, le lecteur est amené à se poser une question dont la réponse pourra se trouver dans le paragraphe suivant.

C. Les organisateurs textuels

Ce sont des phrases, des groupes de mots ou des mots qui indiquent l'organisation d'un texte. Ils annoncent un nouveau passage, résument, marquent une transition, concluent, etc. Ils sont souvent placés au début ou à la fin d'un paragraphe. Ils peuvent indiquer que, dans une même séquence textuelle, on change de lieu, de temps, d'aspect traité, d'argument, etc., ou souligner explicitement qu'on change de sujet (*en ce qui concerne... quant à...*) ou encore indiquer qu'on veut clore le passage (*enfin*, *en conclusion*, etc.). En ce sens, ils jouent un rôle discursif différent des marqueurs de relation ; ils interviennent sur des passages du texte qui sont présentés comme des unités cohérentes. Précisons qu'un même mot hors contexte peut tantôt jouer le rôle d'organisateur textuel, tantôt servir de marqueur de relation, par exemple, donc (dans les deux cas, sa fonction syntaxique est d'être un coordonnant).

D. La reprise de l'information par l'emploi de substituts

On a dit qu'un texte doit reprendre des éléments pour que soit assurée sa continuité. Cependant, les standards stylistiques et des normes scolaires (grille de correction des épreuves) condamnent la répétition. Aussi faut-il enseigner aux élèves les différentes façons d'assurer la reprise de l'information sans nécessairement reprendre les mêmes mots et les mêmes structures. Plusieurs mécanismes de reprise existent ; ils doivent être observés, reconnus et expérimentés.

3. Les règles de cohérence textuelle

ATTENTION Les spécialistes distinguent les concepts de cohésion et de cohérence. Ainsi, pour Halliday et Hansan (*Cohesion in English*, 1976), la cohérence concerne le niveau global, l'interprétabilité du texte, la cohésion relevant quant à elle du niveau local, c'est-à-dire la continuité textuelle entre les énoncés qui constituent le texte manifestée par des marques formelles : connecteurs, anaphores, etc. Cependant, ces notions donnent lieu, dans les nombreux travaux portant sur le texte, à presque autant de définitions qu'il y a d'auteurs. Pour simplifier notre présentation, nous nous limiterons donc à l'utilisation du terme *cohérence* signifiant la notion de cohérence textuelle prise au sens large, c'est-à-dire renvoyant à tous les éléments qui font qu'une suite de phrases forme une unité, constitue un texte adapté, ces éléments étant d'ordre linguistique et d'ordre contextuel.

Les « métarègles » de Charolles

Charolles part de l'organisation interne de l'information pour dégager un certain nombre de règles régissant la cohérence textuelle qu'il appelle *métarègles* : métarègles de répétition, de progression, de non contradiction, de relation.

La métarègle de répétition renvoie à l'utilisation de procédés de rappel, le texte devant comporter des éléments qui, d'une phrase à une autre, d'un paragraphe à un autre, d'un passage à un autre, en constituent le « fil d'Ariane ».

La métarègle de progression renvoie à un principe fondamental de cohérence : la progression de l'information. Pour présenter un intérêt communicatif, un texte doit introduire progressivement des informations nouvelles, au fil des phrases qui le composent.

La métarègle de non-contradiction implique que le texte soit exempt de contradictions internes entre les éléments sémantiques qui le composent.

La métarègle de relation renvoie à la prise en considération de la situation de communication qui préside à la production du texte : aspects contextuels, intention de l'énonciateur, type de texte.

4. Les éléments de cohérence textuelle

A. La progression de l'information ou progression thématique

Il peut être intéressant de comprendre comment un texte progresse par apports successifs d'informations de phrase en phrase. On appelle « progression thématique » la façon dont l'information progresse dans un texte (Genevay, 1994).

a. Thème et propos

Analysée du point de vue de l'information, toute phrase comporte généralement un thème et un propos (ou rhème). Le thème fait référence à de qui (ou ce dont) on parle, le propos désignant ce que l'on en dit. Ainsi dans la phrase: « Paul et les enfants se promènent dans le jardin », *Paul et les enfants* constitue le thème, *se promènent dans le jardin* étant le propos.

Si le thème se situe généralement en tête de phrase, il ne s'agit pas là d'une règle absolue car il arrive que l'ordre canonique thème-propos soit inversé. Ce n'est pas la position d'un élément dans la phrase qui détermine sa valeur informative.

Il existe par ailleurs des phrases sans thème: les titre des articles de presse ou la formulation des dépêches de l'AFP en constituent des exemples courants (phrases nominales du type: *Carambolages en cascade sur l'autoroute A1. De nombreux blessés.*)

b. Les règles de progression de l'information

Pour qu'il y ait texte et non simplement suite de phrases, il faut qu'il y ait progression de l'information d'une phrase à l'autre, ce de manière ininterrompue du début à la fin de l'énoncé. Cette progression suppose la satisfaction conjointe de deux règles:

1. **la règle de répétition** voulant que l'on retrouve d'une phrase à l'autre la permanence d'un élément connu;

2. **la règle de progression** exigeant parallèlement l'apport d'informations nouvelles, d'une phrase à l'autre.

Le connu est porté par le thème, le nouveau étant contenu dans le propos. Le thème remplit donc le rôle de support pour la progression de l'information, cette progression passant par le propos.

c. Les différents types de progression thématique

■ La progression à thème constant

D'une phrase à une autre, on retrouve le même thème (élément connu) associé à un propos différent (élément nouveau). L'information portée par le thème peut être exprimée sous une forme unique (exemple 1) ou sous des formes diverses (exemple 2), ces formes pouvant elles-mêmes relever de natures grammaticales variées.

Exemple 1: ***Marie*** *peste dans sa cuisine. Il faut dire que* ***Marie*** *n'aime pas cuisiner. D'ailleurs,* ***Marie*** *n'a jamais aimé cuisiner.* Le thème: *Marie* est constant et adopte une forme similaire (nom propre) dans les différentes phrases.

Exemple 2: ***Louis*** *traverse la cour.* ***Il*** *pousse la porte entrebâillée de la maison et entre dans la cuisine. Puis* ***le visiteur*** *se dirige vers le salon…* Le thème est constant puisque dans les différentes phrases de cette séquence textuelle on parle de *Louis*, même si la désignation du personnage change.

Schéma de la progression à thème constant:
Ph1 (*Th1*+ Pr1). Ph2 (*Th1*+ Pr2). Ph 3 (*Th1*+ Pr3)…

■ **La progression linéaire**
Dans ce type de progression, le thème de chaque phrase est issu du propos de la phrase précédente (sauf, bien entendu, pour ce qui concerne le thème de la phrase amorçant la séquence).

Exemple : *J'ai rencontré pour la première fois* ***Paul*** *dans le métro.* ***Celui-ci*** *lisait son journal, debout au milieu* ***des voyageurs*** *serrés.* ***Des voyageurs*** *indifférents et fatigués.*

> Schéma de la progression linéaire :
> Ph1 (Th1+ *Pr1*). Ph2 (*Th2/Pr1*+ *Pr2*). Ph3 (*Th3/Pr2* + *Pr3*)...

■ **La progression à thèmes dérivés**
Les phrases inscrites dans la progression sont construites sur des thèmes différents mais renvoyant à un hyperthème commun. Ce type de progression trouve essentiellement ses applications dans les séquences ou les textes descriptifs.

Exemple : ***La maison*** *de mes parents est une vaste et agréable demeure.* ***Le rez-de-chaussée*** *comporte trois pièces.* ***Une cuisine*** *lumineuse donne sur le jardin.* ***Un salon*** *confortable prolonge une bibliothèque cossue...*

Ici, les différents thèmes renvoient à un thème général qui organise la description : la maison.

> Schéma de la progression à thèmes dérivés :
> Ph1 (*Th1* + Pr1). Ph2 (*Th2* + Pr2). Ph3 (*Th3* + Pr3)...
> Hyperthème : (*Th1, TH2, TH 3*, Th4)

■ **La progression complexe**
Un même type de progression peut difficilement être conservé au-delà de quelques phrases. Sauf dans le cas de textes très particuliers, un texte associe donc les différents types de progression (par exemple : progression à thème constant, puis à thème linéaire, puis à thèmes dérivés, puis à thème constant...), selon un enchaînement de séquences plus ou moins longues. Il arrive que la rupture thématique soit brutale en amenant un passage inopiné du premier plan à l'arrière-plan.

B. Les connecteurs

Les connecteurs signalent et assurent l'organisation des textes en fixant les relations entre les propositions, les phrases, les parties du texte. Ils n'appartiennent pas à la phrase et ne reprennent aucun élément antérieur.

■ On peut catégoriser les connecteurs en fonction de leur valeur. On distingue alors les connecteurs selon trois catégories :
- Ceux articulant le texte aux réalités qui y sont décrites :
- **les connecteurs spatiaux** (renvoyant aux espaces évoqués) : ce sont des adverbes, locutions adverbiales ou des groupes prépositionnels qui permettent

la localisation dans l'espace en référence au contexte linguistique ou à la situation de communication : *ici/là-bas, à gauche/à droite, au-dessus/au-dessous...*,

– **les connecteurs temporels** organisant le texte selon le déroulement chronologique des événements : ce sont des adverbes, conjonctions de coordination, groupes nominaux marquant la succession pure et simple (*puis, alors, après...*), la succession par paliers (*d'abord, ensuite, puis, enfin...*), etc.

– Ceux marquant les étapes et la progression d'un raisonnement : **les connecteurs logiques ou argumentatifs** : *car, donc, or, par contre, par conséquent, en outre, mais...*

■ On peut également apprécier le rôle des connecteurs au regard de l'échelle textuelle où ils interviennent :

– **connecteurs intraphrasiques** intervenant à l'interne de la phrase pour assurer l'articulation entre propositions : *Il fait beau* ***mais*** *le fond de l'air est frais.*

– **connecteurs interphrasiques** articulant des phrases qui se suivent : *Éplucher des oignons. Les faire revenir* ***ensuite*** *dans une poêle...*

– **connecteurs textuels** marquant une partie déterminée du texte : *D'abord... Enfin... Il était une fois* (situation initiale du conte). ***Depuis ce jour,*** *ils vécurent heureux...* (situation finale du conte).

C. Les anaphores

a. Les concepts : anaphore et antécédent

L'avancée d'un texte suppose à la fois la reprise d'éléments déjà évoqués et l'introduction d'informations nouvelles. Le traitement de la chaîne anaphorique est l'un des processus d'intégration qui permet d'établir des liens entre les propositions ou entre les phrases.

On désigne par le terme « **anaphores** » les mots ou les expressions évoquant un même référent (personnage, objet, idée, etc.) à travers l'emploi de différents termes, le plus souvent en évitant les répétitions dans le discours. L'anaphore désigne « toute reprise d'un élément antérieur dans un texte ». La nécessité de désigner dans un texte un même objet (ou référent) par des termes différents pose la question de l'interprétation des éléments de reprise par le lecteur. Pour que ces éléments soient interprétables, il faut que le système de substituts adopté permette au lecteur de reconnaître sans ambiguïté un même référent sous les différents modes de reprise utilisés pour l'évoquer.

La première évocation du référent est réalisée par **l'antécédent** qui est repris selon différentes modalités dans les phrases qui suivent. Sauf volonté stylistique de l'auteur du texte (par exemple, dans le but générer une ambiguïté sur l'identité d'un personnage et d'embrouiller le lecteur), l'antécédent doit permettre au lecteur de déterminer le référent sans la moindre ambiguïté. C'est donc généralement un nom qui est utilisé pour fixer l'antécédent.

Exemple : ***L'épouse de Pierre*** (antécédent : groupe nominal, nom + complément de nom) *est vraiment une femme charmante.* ***Elle*** *ne sait que faire pour rendre la vie agréable à son entourage.* ***Cette aimable personne*** *sème la joie et la sérénité autour d'elle.*

b. Les modalités de reprise anaphorique

Claude Vargas[1] distingue trois modes de reprise :

- **L'anaphore par répétition**

Ce procédé n'est porteur d'aucune ambiguïté, dans la mesure où le référent est désigné à plusieurs reprises par le même terme ;
Exemple : ***Paul*** *refuse d'aller dans la piscine. Il est vrai que* ***Paul*** *n'a jamais aimé l'eau.*

- **L'anaphore par substitution**

Un même référent est repris par des termes différents dont la nature grammaticale peut varier d'un substitut à l'autre.

- **L'anaphore « zéro »**

Le référent n'est exprimé par **aucun terme** : c'est le contexte et la construction syntaxique de la phrase qui en permettent l'identification.
Exemple : *Paul arrive frappe à la porte et entre.*
Cette phrase équivaut à la phrase : *Paul arrive, il frappe à la porte et il entre* ou *Paul arrive, Paul frappe à la porte et Paul entre.*
Les thèmes de la seconde et de la troisième proposition (*Paul* ou *il*) n'y sont pas exprimés.

c. Les différents types d'anaphore

On distingue les anaphores grammaticales et les anaphores lexicales.

- Les anaphores grammaticales

On parle d'anaphores grammaticales lorsque le substitut est un pronom, un déterminant ou un terme d'une autre nature à l'exception d'un groupe nominal.

Les pronoms :
– pronoms personnels à la troisième personne :
Exemple 1 : **pronom personnel sujet**
Julie s'est endormie : ***elle*** *était fatiguée.*
Exemple 2 : **pronom personnel complément d'objet direct COD**
Julie est dans le jardin : je ***la*** *vois.*
Exemple 3 : **pronom personnel complément d'objet indirect**
Julie n'écoute jamais quand on ***lui*** *parle.*

– pronoms relatifs :
Exemple 1 : **pronom relatif sujet**
L'homme ***qui*** *me parle au téléphone est un vieil ami.*
Exemple 2 : **pronom relatif complément d'objet indirect**
Le livre ***auquel*** *je pense n'est plus édité.*

– pronoms possessifs :
Exemple 1 : **pronom possessif sujet**
Ma voiture est en panne, ***la leur*** *fonctionne toujours.*
Exemple 2 : **pronom possessif complément d'objet direct**

---

1. Claude Vargas, *Grammaire pour enseigner*, volume 1, Paris, Armand Colin, 1999.

J'avais perdu mon livre, alors il m'a prêté ***le sien****.*

– **pronoms démonstratifs :**

Exemple : **pronoms démonstratifs sujets**

Les hommes sont très différents les uns des autres : ***celui-ci*** *est petit,* ***celui-là*** *est grand,* ***ceux-ci*** *sont blancs…*

Les déterminants :

– **adjectifs possessifs de la 3e personne (+ nom)**

REMARQUE L'adjectif possessif est l'équivalent d'un complément de nom *(Anouck promène son chat = Anouck promène le chat d'Anouck).* Il a donc valeur de substitut. Il renvoie :
- à un seul possesseur : son, sa, ses ;
- ou à plusieurs possesseurs : leur, leurs.

Les adverbes :

Exemple : *il* ***n'a pas été à la hauteur de la situation****. C'est* ***ainsi*** *qu'il a été licencié (= C'est* ***en n'étant pas à la hauteur de la situation*** *qu'il a été licencié.)*

L'adverbe ainsi est un substitut de l'ensemble du groupe verbal.

Les groupes verbaux :

Exemple : ***J'ai pris mon bain*** *comme* ***je le fais*** *chaque soir. (=* ***J'ai pris mon bain*** *comme* ***je prends mon bain*** *chaque soir).*

Le groupe verbal *Je le fais* remplace le groupe verbal *j'ai pris mon bain.*

■ **Les anaphores lexicales**

On parle d'anaphore lexicale lorsque le substitut est un groupe nominal organisé autour d'un nom commun.

Ce type de substitution est fréquemment utilisé pour éviter la répétition d'un nom propre. De nombreux substituts lexicaux sont ainsi constitués de périphrases caractérisant le nom propre.

Exemple : *J'ai découvert* ***Paris*** *en 1968. À cette époque, la ville lumière vivait un véritable feu d'artifice social…*

Il peut aussi porter sur un nom commun ou un groupe nominal organisé autour d'un nom commun.

Le substitut peut être issu d'une nominalisation (à base adjective, verbale out complétive)

Exemple (nominalisation à base verbale) :

On a ***mesuré la résistance du sol*** *au cisaillement.* ***Cette mesure*** *a été faite sur place.*

La reprise nominale peut porter sur autre nom ou groupe nominal mais aussi sur une partie de phrase, une proposition voire sur une phrase entière ou plusieurs phrases.

Exemple : *Le juge a travaillé sur* ***l'affaire d'abus de biens sociaux de la ville de X. Ce dossier*** *est délicat.*

d. Les rapports de l'anaphore au référent : représentation totale, partielle ou conceptuelle

La représentation est « totale » lorsque le référent auquel renvoie le substitut est exactement le même que celui de l'antécédent :
Exemple : ***Lise** riait et je **la** regardais rire.*

La représentation est « partielle » lorsque le substitut ne représente pas strictement le référent.
Exemple : ***Tous ces amis** dont j'ai oublié les noms et les visages ! **Les uns*** côtoyés *dans les cours de récréation, **les autres** dans la cour d'une caserne.*

Les substituts de *les uns* et de *les autres* ne renvoient que partiellement au référent de *tous ces amis*. Les référents de *les uns* et de *les autres* sont en quelque sorte « inclus » dans le référent de *tous ces amis*.

La représentation est « conceptuelle » lorsque le substitut renvoie au même concept que l'antécédent sans recouvrir le même référent que celui-ci.
Exemple : ***Une année** s'achève. **Une autre** commence.*

Une autre (mise pour *une autre année*) renvoie au même concept : le concept d'année que l'antécédent *une année* figurant dans la première phrase, sans renvoyer pour autant au même référent dans la mesure où l'énoncé fait référence à deux années différentes.

Dans ce cas, la représentation est dite « conceptuelle ».

5. Le système des temps : un facteur essentiel de cohérence textuelle

Il faut bien distinguer la question des rapports entre les temps et modes des verbes conjugués à l'intérieur d'une même phrase (rapports dont les mécanismes sont fixés par les règles de la **concordance des temps**) du problème de la cohérence de l'emploi des temps dans un texte. Le système des temps constitue un élément fondamental de cohésion textuelle, au même titre que les connecteurs, les anaphores et la progression thématique.

Nous en examinerons le fonctionnement dans le cadre du texte narratif.

A. Le système des temps dans le récit

Nous examinerons successivement trois systèmes de temps couramment utilisés dans les productions narratives : le système à l'imparfait/passé simple, le système à l'imparfait/passé composé et le système au présent. Selon quels principes est gérée la distribution des temps utilisés dans chacun de ces systèmes ?

a. Le système imparfait/passé simple

Pour répondre à cette question essentielle, il faut se référer aux notions de **vision bornée** et de **vision non bornée**. Le passé simple saisit le procès dans sa globalité, supposant un début et une fin et rendant ainsi compte de la vision bornée d'un fait (événement ou idée). À l'inverse, l'imparfait saisit un procès qui n'est pas arrivé à son terme, à un moment de son déroulement, une partie étant déjà accomplie et l'autre restant à venir.

Cette opposition fondamentale entre l'imparfait et le passé simple fonde la distribution de ces deux temps dans le texte entre les actions de premier plan et les actions de second plan. L'indétermination des bornes du procès confère à l'imparfait le statut de toile de fond du récit et en implique l'utilisation pour exprimer les actions de second plan, l'expression des actions de premier plan étant assurée par le passé simple.

Toute erreur dans la distribution des temps entre actions de premier et de second plan altère gravement la cohérence du texte. Soit le texte suivant où la distribution imparfait/passé simple est correctement gérée : *Les nuages noirs couraient éperdument dans le ciel et les vagues se brisaient sur la digue, ce qui fit penser à Georges que la tempête menaçait et qu'il fallait prévenir les villageois. Alors, il enfourcha son vélo, partit à toute allure sur le chemin caillouteux et disparut rapidement à l'horizon.*

Imaginons que l'on ait écrit : *Les nuages noirs* ***coururent*** *éperdument dans le ciel et les vagues se brisaient sur la digue, ce qui fit penser à Georges que la tempête* ***menaça*** *et qu'il fallait prévenir les villageois. Alors, il* ***enfourchait*** *son vélo,* ***partait*** *à toute allure sur le chemin caillouteux et disparut rapidement à l'horizon.*

On perçoit bien, à travers cet exemple, quel est le prix d'une gestion maîtrisée du système des temps.

b. Le système imparfait/passé composé

Un récit au passé peut aussi emprunter le système imparfait/passé composé où la distribution des temps répond à la même logique que celle du système précédent. Dans ce cas de figure, l'imparfait couvre l'arrière-plan et le passé composé exprime les éléments de premier plan.

Ainsi, on pourrait trouver les actions de premier plan du texte précédent couvertes par l'emploi du passé composé. On lirait alors : *Les nuages noirs couraient éperdument dans le ciel et les vagues se brisaient sur la digue, ce qui* ***a fait*** *penser à Georges que la tempête menaçait et qu'il fallait prévenir les villageois. Alors,* ***il a*** *enfourché son vélo,* ***est parti*** *à toute allure sur le chemin caillouteux et* ***a disparu*** *rapidement à l'horizon.*

c. L'opposition passé simple/passé composé

Cette « interchangeabilité » fonctionnelle du passé simple et du passé composé pour couvrir les actions de premier plan dans un système au passé ne signifie pas une équivalence totale de ces deux temps. Les linguistes soulignent les différences fondamentales qui distinguent ces deux temps.

Dans son célèbre ouvrage, *Problèmes de linguistique générale*, Benveniste fait ainsi observer que le passé composé « établit un lien vivant entre l'événement passé et le présent où son évocation trouve place. C'est le temps de celui qui relate en témoin, en participant ; c'est donc le temps que choisira quiconque veut faire retentir jusqu'à nous l'événement rapporté et le rattacher à notre présent ». On peut d'ailleurs noter, pour illustrer cette spécificité du passé composé, que les enfants privilégient dans leurs récits son emploi aux côtés de l'imparfait. Plus particulièrement dans leurs récits de vie et plus particulièrement encore dans leurs récits de vie oraux, là où l'implication personnelle du narrateur-témoin est la plus forte.

Temps par excellence de l'énonciation historique et des faits coupés du présent, le passé simple introduit en revanche une distanciation maximale entre les faits rapportés, celui qui les rapporte et, par ricochet, le récepteur de l'énoncé.

d. Le système du présent

Il est courant que le présent de l'indicatif (appelé alors présent de narration) soit utilisé pour raconter un récit. Dans ce cas particulier, les actions de premier et de second plan sont indistinctement couvertes par le présent.

Pour illustrer ce cas de figure, nous pouvons à nouveau transposer notre texte initial et obtenir alors : *Les nuages noirs **courent** éperdument dans le ciel et les vagues **se brisent** sur la digue, ce qui **fait** penser à Georges que la tempête **menace** et qu'il **faut** prévenir les villageois. Alors, il **enfourche** son vélo, **part** à toute allure sur le chemin caillouteux et **disparaît** rapidement à l'horizon.*

B. La règle d'« homogénéité » du système des temps

Nous nous référerons d'abord aux cas les plus courants avant de nous pencher sur le cas de traitements plus particuliers qui nous amèneront à relativiser la remarque préliminaire qui suit.

Si nous considérons les cas d'emploi les plus courants, le système des temps est, en règle générale, homogène. Si le choix du système est optionnel, lorsque plusieurs sont possibles pour un type de texte donné, l'adoption d'un système doit être globale. Dans un récit au passé, on ne peut dans un même texte alterner de façon aléatoire l'utilisation du passé simple et du passé composé pour marquer les actions de premier plan. On ne peut davantage « mixer », au sein d'un même texte, des séquences ayant recours aux temps du passé avec des parties utilisant le présent de narration.

Cette règle d'homogénéité n'est pas spécifique aux textes narratifs. Prenons le cas du texte prescriptif. Une recette de cuisine peut porter différents systèmes de temps, à savoir :

– l'impératif présent : *Épluchez trois oignons, faites-les revenir à la poêle avec de l'huile, ajoutez-y ensuite du persil… ;*

– l'infinitif présent : *Éplucher trois oignons, les faire revenir à la poêle avec de l'huile, y ajouter ensuite du persil… ;*

– voire (emploi plus spécifique à l'oral) : *Vous épluchez trois oignons, vous les faites revenir à la poêle avec de l'huile, vous y ajoutez ensuite du persil…*

L'énonciateur doit opter pour l'un des systèmes et s'y tenir ensuite du début à la fin de son énoncé. Par exemple, il ne peut en aucun cas écrire : *Épluchez trois oignons, les faire revenir à la poêle avec de l'huile, vous y ajoutez ensuite du persil…*

Analyse didactique

Méthodologie et conseils

Ce chapitre a pour objectif de vous permettre d'appréhender au mieux les éléments de l'épreuve de français se rattachant aux objets présentés dans les premiers chapitres.

Afin d'établir le lien avec les éléments théoriques travaillés lors de la partie précédente de cet ouvrage, nous ferons porter votre attention sur les parties 2 et 3 de l'épreuve de français.

Vous pourrez sans difficultés procéder par va-et-vient entre cette partie de l'ouvrage et les éléments théoriques présentés dans les chapitres : langage oral, lecture et écriture et étude de la langue française.

1 | La partie 2 de l'épreuve

La partie 2 de l'épreuve de français vise clairement à vérifier les connaissances des candidats sur la langue : **grammaire, orthographe, lexique et système phonologique.**

Il est donc nécessaire de bien s'accorder sur les termes et d'envisager ces notions dans la perspective d'un enseignement adapté au premier degré.

1. Quelles sont les connaissances à maîtriser ?

Les principales notions à réviser

Grammaire :
- les différentes grammaires : discours, texte, phrase
- les genres et types d'écrits
- la cohérence et cohésion dans un texte
- la chronologie : ordre de la narration
- l'énonciation, le point de vue
- la progression dans un texte
- le discours direct, les discours rapportés
- les connecteurs logiques, spatio-temporels
- les procédés de substitution
- les fonctions autour du verbe, autour du nom
- les types et formes de phrases, les différentes propositions
- le groupe verbal
- le groupe nominal, les déterminants, les expansions du nom
- la notion de complément

Orthographe :
- l'orthographe
- la ponctuation
- les temps verbaux : modes, temps, valeurs, concordance, morphologie

Lexique :
- polysémie
- homonymie
- antonymie
- terme spécifique
- terme générique
- dérivation
- affixes
- connotation
- dénotation
- champ sémantique
- champ lexical

Système phonologique

A. Quelques définitions

Grammaire

Observons sa définition dans un dictionnaire :

– C'est « l'ensemble des structures et des règles qui permettent de produire tous les énoncés appartenant à une langue et seulement eux » (*Le Petit Robert*).

– C'est la description, la modélisation, la théorisation de la structure, du fonctionnement d'une langue donnée ou encore « l'étude systématique d'une langue », « l'étude des formes et des fonctions » (*Le Petit Robert*).

– C'est l'ensemble des règles qui garantissent la correction, la conformité aux normes de la langue orale ou écrite, « l'ensemble des règles à suivre pour parler et écrire correctement une langue » (*Le Petit Robert*).

Il s'agit aussi bien de maîtriser **grammaire de discours, de texte que de phrase** ; même si les programmes de l'école portent essentiellement sur la grammaire de phrase, vous ne pouvez vous dispenser de maîtriser la grammaire dans son ensemble.

Orthographe

On distingue ordinairement deux orthographes : l'orthographe lexicale et l'orthographe grammaticale. L'une permet d'écrire sans erreur les mots du lexique quelle que soit leur place dans la phrase. Elle est appelée ordinairement orthographe d'usage. L'autre nécessite une analyse morphosyntaxique de la phrase. Elle s'intéresse aux formes verbales (radicaux, modes, temps) ; aux accords dans le groupe nominal, dans la phrase verbale et dans le texte ; aux marques d'énonciation, de genre et de nombre ; à la segmentation et aux homophonies.

Lexique

Même si ces deux substantifs sont bien souvent employés indifféremment, il n'en reste pas moins qu'il est nécessaire pour le candidat de distinguer lexique et vocabulaire, qui recouvrent **deux acceptions bien distinctes**. On considère généralement que :

– le lexique renvoie à l'ensemble des mots disponibles dans une langue donnée ;

– le vocabulaire recouvre l'ensemble des mots qu'un individu emploie.

Le lexique s'intéresse à la formation et à la morphologie des mots, aux liens entretenus entre eux.

- **Système phonologique**

La phonologie peut être définie comme la science qui étudie les sons du langage du point de vue de leur fonction dans le système de communication linguistique. Ainsi, on lie nécessairement système phonologique et orthographique.

B. Comment se préparer ?

Outre la partie précédente de cet ouvrage, vous pouvez prendre appui sur une **grammaire usuelle**, le niveau attendu du candidat n'est pas celui d'un agrégé de grammaire. Tout manuel récent de grammaire **de classe de 3e** constituera un support de travail utile.

2. Qu'attend-on du candidat ? Analyse du texte officiel

Nous vous proposons une analyse du texte officiel de cadrage des épreuves afin de mieux cerner les attentes des correcteurs.

Que peut-on vous demander ?

- **Ce que dit le texte :**

« Le candidat peut avoir à répondre à des questions de façon argumentée, à une série de questions portant sur des connaissances ponctuelles, à procéder à des analyses d'erreurs types dans des productions d'élèves, en formulant des hypothèses sur leurs origines. »

- **Quelle lecture en faire ?**

1. Répondre à des questions de façon argumentée laisse à penser que votre réponse se doit d'être organisée – aidez les correcteurs à percevoir vos capacités d'organisation, de réflexion –, hiérarchisée et appuyée sur des connaissances. Vous devez montrer ostensiblement par votre réponse que vous maîtrisez la ou les notions dont il est question. Pour mémoire, n'hésitez pas à définir en quelques mots la ou les notions abordées sans pour autant vous lancer dans la récitation écrite d'un cours, il va de soi.

2. Qu'entendre par **répondre à une série de questions portant sur des connaissances ponctuelles** ? Il s'agit ici de ce que l'on peut qualifier de questions de cours : « Relever et analyser dans un texte une nature grammaticale » par exemple. L'expression « série de questions » laisse à penser à des questions assez courtes et relativement rapides à traiter. Ordinairement, ces questions prennent appui sur l'un ou l'autre des textes du corpus.

Vous trouverez plus bas un exemple de ce qui pourrait vous être demandé.

3. Procéder à des analyses d'erreurs types dans des productions d'élèves, en formulant des hypothèses sur leurs origines : on sollicite ici à la fois connaissances académiques, savoirs à enseigner et savoirs pour enseigner puisque l'on vous demande de formuler l'origine possible de ces erreurs. En outre, il s'agit de s'appuyer cette fois-ci sur des productions d'élèves, formulation très large qui peut recouper tout écrit produit en classe par des élèves. Tout aussi bien des productions autonomes ou « prescrites » par l'enseignant.

Par conséquent, on peut vous faire corriger des erreurs au sein de dictées et/ou de rédactions, de comptes rendus, de traces écrites, de prise de notes… toute production écrite que l'élève peut réaliser en classe dans le domaine du français comme dans d'autres domaines disciplinaires d'ailleurs.

Le texte ne précise pas si ces productions sont exclusivement écrites, on pourrait donc envisager l'éventualité de transcription de productions orales. C'est pourquoi nous les envisagerons dans la liste d'erreurs types que nous vous proposerons.

ATTENTION Soyez attentif aux consignes ! Régulièrement, des candidats (pressés par le temps, tendus par le stress) se trompent de paragraphes, de lignes dans des relevés, font plus (rarement moins) que ce qui leur est demandé. Perte d'énergie et de temps considérables bien évidemment ! Et perte de points !

3. Comment s'y prendre concrètement ?

Si vous procédez à un **relevé d'occurrences d'un phénomène dans l'ordre du texte** sur le document qui vous est fourni, vous devez en revanche **sur votre copie proposer au correcteur un classement des occurrences** observées.

Pour ce faire, vous devez vous appuyer sur vos connaissances théoriques.

Ainsi, pour établir un relevé d'**erreurs orthographiques**, on emploie habituellement la grille de **Nina Catach** voire une grille inspirée de ses travaux mais plus directement professionnalisante. Pour relever les pronoms personnels, on les présente sous forme de regroupement cohérent, etc. Plus vous faciliterez la tâche du correcteur en proposant une réponse organisée qui lui prouvera que vous dominez votre sujet, plus celui-ci se trouvera dans de bonnes dispositions à votre égard… Sans réciter un long cours de grammaire, pensez à **faire le point sur la notion évoquée en début de question**. Montrez au correcteur que vous savez ce dont vous parlez.

On peut également vous demander de « **commenter** », d'« **analyser** » des phénomènes, de formuler des hypothèses sur l'origine des erreurs.

Là encore sachez **faire preuve de discernement**. Ne portez pas de jugement excessif concernant une production d'élève : « Ce type d'erreur est inexcusable en CM2 ! » De même, n'émettez pas d'hypothèses que vous ne pouvez vérifier : « Peut-être l'élève a-t-il eu un CP perturbé par des absences ? »

Pour les productions d'élèves, sachez que l'on peut vous fournir le niveau de scolarité de l'élève : « CM1-septembre », par exemple. **N'oubliez donc pas de vous référer aux programmes, cela sera valorisé**. Les compétences de l'élève correspondent-elles aux attentes des programmes et des repères de progressivité ?

4. Comment faire pour répondre à des questions ponctuelles ?

Il s'agit de montrer au correcteur que vous maîtrisez une notion grammaticale, que vous êtes capable de la relever et de l'analyser. Nous vous proposons un exemple issu de sujets antérieurs du concours mais qui relève bien de l'esprit de ce type de question.

1. Vous **relèverez** et **classerez** les pronoms personnels selon leur **fonction.** (2 points)
2. Dans les énoncés 12, 16 et 21, vous **commenterez les emplois des pronoms personnels** que vous aurez relevés. (2 points)
Voici le texte qui sert de support :

[La classe examine le classement du groupe A qui a mis: « *mais / mes parents » dans une catégorie intitulée « erreurs de pluriel »]

12 Margaux : « erreur de pluriel » / ça peut pas pour [må] (ou [me] ?) / il est toujours comme ça /

13 Pauline : mais aussi / « mes parents » / c'est une erreur de phonème /

14 M : toi / tu as été sensible à la différence entre [å] et [e] /

15 Célia : lorsqu'on parle de pluriel ou de singulier / on peut pas les mettre aux déterminants / parce qu'il faut les accorder avec les noms /

16 M : le nom / il n'est pas au pluriel ou au singulier à cause du déterminant / c'est ça ? /

Célia : euh … /

(…)

18 El. 4 : « mais » et « mes » / ça n'a rien à voir /

19 M : d'accord / mais comment est-ce que tu peux dire à quelqu'un / « ça ne va pas » ?

20 El. 4 : c'est pas la même signification /

21 Célia : il a aussi / pas pensé aux phonèmes /

22 M : il y a les deux / (se tournant vers l'élève 4) est-ce qu'on peut dire / à peu près le même son / mais pas le même sens / est-ce que ça / ils y ont pensé ?

Dans un premier temps, vous procédez au relevé exhaustif des occurrences du pronom personnel. Ici par surlignage, puis, une fois ce relevé effectué, vous devez vous demander comment le classer :

– par ordre chronologique d'apparition et par fonction ?

– par regroupement des personnes et par fonction ?

Les deux sont possibles. Choisissons ce qui nous sera le plus utile pour répondre à la question 2, soit le classement par énoncés.

Notre présentation peut donc prendre la forme d'un tableau.

Ligne	Fonction sujet	Fonction COD	Fonction COI	Fonction apostrophe
12	Il est toujours comme ça			
14	Tu as été sensible			toi
15	Lorsque l'on parle On ne peut pas les mettre	On ne peut pas les mettre il faut les accorder		
16	Il n'est pas au pluriel			
19	Tu peux dire à quelqu'un			
21	Il a aussi pensé			
22	On peut dire Ils y ont pensé		ils y ont pensé	

On signalera au correcteur que l'on a fait le choix ici de ne pas relever deux occurrences de « il », formellement pronom personnel, mais qui ici introduit des constructions impersonnelles.

On a facilité la tâche du correcteur en soulignant les pronoms personnels concernés dans le tableau.

Nous devons maintenant **mener un commentaire** sur les emplois des pronoms personnels relevés en énoncés 12, 16 et 21. Attention ! **Pas d'erreurs de lignes**, reprenons les pronoms demandés. Notre disposition de tableau nous y aide... On nous interroge donc sur l'emploi de « il » dans chacun de ces énoncés.

Que constatons-nous ? Quelles différences d'emploi ? Revenir sur les fonctions serait une erreur puisque nous l'avons déjà traité en question 1 et que la fonction de « il » est la même dans les trois occurrences.

Donc, il s'agit d'autre chose... le pronom personnel renvoie à ?

On constate aisément que dans les énoncés 12 et 16, le pronom « il » est anaphorique, il reprend un mot déjà présent dans l'énoncé, [me] en 12 et « le nom » en 16. Dans l'énoncé 21, par contre, le pronom « il » ne renvoie pas à un référent dans le texte mais on ne le comprend que grâce à la situation de communication, « il » renvoyant à un élève de la classe.

Voici ce que peut attendre un correcteur de votre part.

5. Comment procéder à l'analyse d'erreurs types dans des productions d'élèves, en formulant des hypothèses sur leurs origines ?

Si on peut s'attendre à ce que l'analyse d'erreurs types porte essentiellement sur l'orthographe, il n'est pas exclu qu'elle puisse porter sur des erreurs liées à la grammaire, au lexique ou au système phonologique. Nous vous proposons par conséquent d'envisager l'ensemble de ces cas.

A. Les erreurs types des élèves en orthographe

Les erreurs les plus fréquemment commises par les élèves relèvent de cinq grandes catégories :

- les erreurs à dominante phonétique ;
- les erreurs à dominante phonogrammique ;
- les erreurs à dominante morphogrammique ;
- les erreurs relatives aux homophones ;
- les erreurs relatives aux idéogrammes et les erreurs concernant les lettres non fonctionnelles.

Chaque type d'erreur tel qu'identifié par Nina Catach renvoie à une caractéristique orthographique et donc à une difficulté orthographique de notre langue.

a. Quelques hypothèses d'erreurs

Il ne s'agit pas de procéder par « pédagogie fiction » en imaginant l'origine potentielle des erreurs, dans la vie quotidienne de l'élève par exemple. N'émettez pas d'hypothèses que vous ne sauriez étayer : difficultés personnelles de l'élève, problèmes de concentration, élève ayant doublé une classe, absences répétées...

Les sources d'erreurs chez l'élève sont connues et objectivables : contexte de production (évaluation, brouillon, exercice...), conditions matérielles de production (bruit, travail de groupe, individuel...), autant de paramètres que vous ne pourrez prendre en compte qu'en connaissant précisément les conditions dans lesquelles la production a eu lieu.

Si l'âge de l'élève vous est fourni et/ou la date de production dans l'année scolaire, cela peut être aussi un indice en termes de compétences atteintes.

Cela n'est d'ailleurs pas réservé à l'analyse orthographique.

Par contre, en orthographe, certaines erreurs peuvent trouver leur explication dans des raisonnements implicites de l'élève que l'on peut convoquer. Ainsi un élève peut écrire : « Ils marches » car il a bien perçu qu'il s'agissait d'un pluriel mais il confond verbe et nom, la même erreur à l'inverse pour : « les marchent ». De même le sens des mots ou sa représentation du monde peut influer sur le raisonnement de l'élève : « la neiges tombe », l'élève met un « s » final car il y a beaucoup de flocons ; de même « beaucoups » car à « plusieurs » on met un « s » pour montrer que les personnages sont nombreux par exemple.

L'élève peut aussi procéder par analogie : « copin » car au féminin cela donne « copine ».

On trouve aussi des erreurs liées à la conjugaison, par exemple et très classiquement « il réponda », l'élève perçoit bien qu'il s'agit d'un passé simple mais il emploie une terminaison d'un autre groupe que celui attendu.

On peut aussi rencontrer des erreurs directement liées à des modalités d'apprentissage relevant de trucs ou techniques par exemple « il avait mang<u>er</u> » car l'élève applique que lorsque deux verbes se suivent le second est toujours à l'infinitif.

On pourra d'ailleurs indiquer qu'il est judicieux d'interroger l'élève sur sa démarche pour envisager la source de l'erreur et pouvoir y remédier.

b. Un exemple pour vous aider à mieux comprendre

Voici une question telle qu'elle pourrait vous être posée :

Relever et classer les erreurs d'orthographe commises par cet élève de CM2 lors d'une rédaction qui porte sur la description du tableau *Le Tricheur à l'as de carreau* de Georges de La Tour en 1635 :

Voici le texte fourni au candidat pour analyse :

> « En 1635 Trois personne sont autour d'une table, il joue au carte, ce jeu de carte s'appelle "le lansquenet". Il joue dans une salle sombre, une fenêtre laisse passé de la lumière. Une servante arrive une coupe a la main est une carafe de vin. Une belle courtisane joue avec un tricheur et un beau jeune homme qui a leur d'avoir plein d'argent. La servant remplie la coupe.
>
> Le jeune consentré sur son jeux près a donné une carte ne s'apperçoix pas que la servante est un train de le soullé. La courtissane temp la main délicantement, pour que personne ne sens apercoive, ver le tricheur elle ve nous montres quelque

chose. Mais, leur recarde de la servante, la courdisane est la tricheur se croise, mais leurs mains aussi. ces trois personnage sont complice il veule déhouillé le jeune homme de son argent, il veront tout ce qu'il y a en leur pouvoir pour déhouiller se pauvre jeune homme qui est naife qui ce l'aise avoir. »

Question d'ordre pratique : faut-il recopier les erreurs commises par l'élève ?

Nous pensons que oui mais en les rectifiant (correctement !) entre parenthèses à côté, méthode que nous employons dans le corrigé suivant.

REMARQUE Soyez très attentif à ne pas commettre d'erreurs dans votre relevé ! Veillez à l'exhaustivité, ne laissez pas d'erreur de côté. Traitez chaque erreur : ainsi, à l'intérieur d'un même mot, plusieurs erreurs peuvent apparaître qui n'appartiennent pas toutes à la même catégorie et n'ont pas la même origine. Soyez capable de les distinguer.

Voici une proposition de réponse telle qu'elle pourrait être formulée :

Nous nous appuierons sur la grille proposée par Nina Catach dans son ouvrage *L'Orthographe*, afin de proposer un classement des erreurs commises par cet élève de CM2 avant de conclure en faisant un point sur le niveau de l'élève au regard des compétences attendues en fin de cycle 3.

Classement théorique :

Erreurs extragraphiques	
À dominante calligraphique	Ici pas de sens puisque le texte est fourni sous forme tapuscrite, il peut arriver que l'on vous fournisse un fac-similé de la production de l'élève.
Coupure des mots	l'aise (laisse)
Erreurs phonétiques (oubli ou transformation de sons)	un (en) – délicantement (délicatement) – recarde (regarde) – courdisane (courtisane) – déhouiller (dépouiller) – veront (feront) – servant (servante) – que ? (qui)
Erreurs graphiques	
Erreurs phonogrammiques (problème de transcription ou de position) avec transformation de sons ou non	consentré (concentré) – trein (train) – courtissane (courtisane) – apercoive (aperçoive) – ve (veut) – montres (montrer) – perssonage (personnage) – l'aise (laisse) – naife (naïf) – leur (l'air)
Erreurs morphogrammiques – de type grammatical – de type lexical	jeux (jeu) – donné (donner) – apperçoix (aperçoit) – soullé (saouler) – montres – (montrer) – perssonnage (personnages) – complice (complices) – il (ils) – veule (veulent) – dépouillé (dépouiller) – Trois personne (personnes) – joue (jouent) – au carte (aux cartes) – de carte (de cartes) – passé (passer) – remplie (remplit) – se croise (se croisent) – Près (prêt)
Erreurs logogrammiques – de type lexical – de type grammatical	ver (vers) – a (à) – temp (tend) – sens (s'en) – est (et) – se (ce) – ce (se)
Erreurs idéogrammiques	ces (Ces)
Erreurs non fonctionnelles	souller (saouler) – consentré (concentré) -

c. Du classement théorique à l'analyse didactique...

On peut attendre du candidat qu'il émette un avis sur les compétences orthographiques de l'élève. Pour ce faire, vous devez prendre appui sur les attendus de fin de cycle 3, cycle de consolidation, et les repères de progressivité concernant plus particulièrement le CM1 et le CM2.

Voilà un exemple d'analyse didactique rédigée :

Les correspondances graphophoniques ne sont pas toujours respectées, les doublements de consonnes ne sont pas assurés, les règles d'accords ne sont pas systématiquement appliquées. Les erreurs ne sont pas maintenues en ce sens que l'élève écrit tantôt d'une manière tantôt d'une autre le même mot. Cette fluctuation est nettement plus problématique qu'une erreur commise systématiquement car il est plus compliqué pour l'enseignant d'aider l'élève à y remédier.

Selon l'époque de l'année scolaire, l'avis à émettre pourra bien sûr différer, si la production date de décembre elle sera bien sûr envisagée différemment d'une production de fin d'année scolaire.

d. Un même texte : deux approches possibles ?

Vous ne devez pas rester prisonnier d'une démarche. Vous pouvez tout à fait construire votre réponse à partir de critères variés à condition bien sûr que ceux-ci soient scientifiquement étayés. Afin d'éclairer ce propos, nous vous proposons d'observer une même production d'élève selon deux « grilles » différentes.

Voici un texte produit par un élève de CM2 lors d'une dictée :

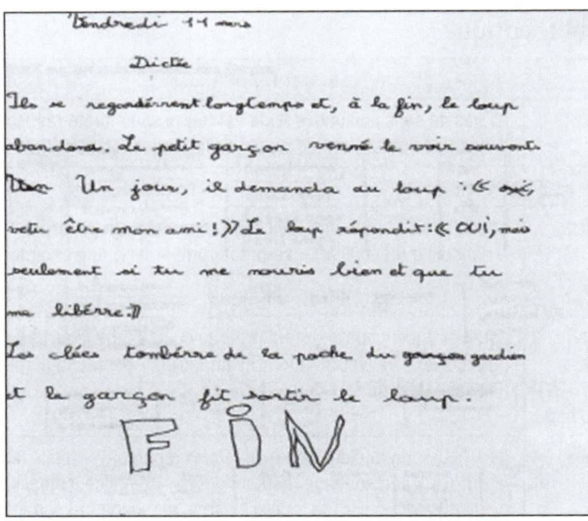
Vendredi 11 mars

Dictée

Ils se regardérrent longtemps et, à la fin, le loup abandona. Le petit garçon venné le voir souvent. Un jour, il demanda au loup : « vetu être mon ami ! » Le loup répondit : « OUI, mais seulement si tu me nouris bien et que tu me libérre. »

Les clées tombérre de la poche du garçon gardien et le garçon fit sortir le loup.

FIN

En voici la transcription :

Ils se regardérrent longtemps et, à la fin, le loup abandona. Le petit garçon venné le voir souvents (?). Un jour, il demanda au loup : « vetu être mon ami ! » Le loup répondit : « OUI, mais seulement si tu me nouris bien et que tu me libérre. »

Les clées tombérre de la poche du gardien et le garçon fit sortir le loup.

FIN

À NOTER Nous attirons votre attention sur le fait que contrairement au texte précédent élaboré lors d'une rédaction, ce texte-ci a été écrit lors d'une séance de dictée, par conséquent d'un moment spécifiquement dédié à l'évaluation orthographique.

Le correcteur attend de vous que vous vous référiez à un classement raisonné, c'est-à-dire que votre analyse prenne appui sur une méthode éclairée par vos connaissances. Ainsi vous pouvez travailler en vous appuyant sur les écrits de Catach mais aussi en employant une grille simplifiée. Vous pouvez également employer une grille que nous pourrions qualifier de plus professionnelle en ce sens qu'elle serait proche d'une grille que vous pourriez employer au sein d'une classe.

En voici un exemple sur ce même texte , si vous employez la grille Catach, votre analyse sera la suivante :

Erreurs extragraphiques	
À dominante calligraphique	On peut signaler que « OUI » est écrit en majuscule d'imprimerie dans la réponse faite par le loup. On peut imaginer que l'élève veut signifier que la réponse est produite d'une voix forte. Emploi du point d'exclamation à la fin de la phrase interrogative au lieu du point d'interrogation.
Coupure des mots	
Erreurs phonétiques (oubli ou transformation de sons)	
Erreurs graphiques	
Erreurs phonogrammiques (prolème de transcription ou de position) avec transformation de sons ou non	abandona (abandonna) – nouris (nourris) – vetu (veux-tu) – venné (venait) – regardérrent (regardèrent) – libérre (libères) – tombérre (tombèrent)
Erreurs morphogrammiques – de type grammatical – de type lexical	libérre (libères) – tombèrre (tombèrent) – venné (venait)
Erreurs logogrammiques – de type lexical – de type grammatical	clées (clés ou clefs) – souvents (?) (souvent)

e. Vers le métier d'enseignant... Une grille d'analyse à coloration professionnelle

Si vous optez pour une grille plus proche de celle qui serait employée en classe par un enseignant mais qui s'appuie néanmoins sur une approche théorique, voici la réponse que vous pourriez fournir :

Je n'entends pas le mot juste parce que...	J'oublie des lettres	Vetu-
	J'ajoute des lettres	Venné-
	Je confonds les lettres	
	Je change la place des lettres	
	J'oublie les accents	
	Je me trompe d'accent	Regardérrent – tombérre
	Je confonds les sons	

J'entends le mot juste mais je ne lis pas le mot juste	Je mets une lettre en trop	Souvents – tombérre – clées – regardérrent – libérre
	Je confonds les lettres	
	J'inverse les lettres	
	J'oublie une lettre	Abandona- nouris
Je ne réalise pas l'accord correct	Dans le groupe nominal	
	Dans le groupe verbal	Tombérre - libérre
Je confonds	Les marques du pluriel	
	Les terminaisons des verbes	Venné-
	Les mots qui se lisent de la même façon	

CONSEIL Que vous employiez l'un ou l'autre des procédés, commencez toujours par dire quel outil vous allez utiliser et pour quelle raison.
Vous pouvez aisément constater que votre analyse, d'une manière comme d'une autre, doit être justifiée et ne peut être issue d'un avis général sur la production voire d'un point de vue alimenté par des informations relativement vagues.
Ne vous engagez pas par exemple à évoquer des cas de dyslexie ou de dysorthographie sans étayer votre propos.

FOCUS : Dyslexie et dysorthographie

La dyslexie

Elle reflète les altérations des mécanismes fondamentaux du langage écrit dans leur structure même. Ces altérations peuvent être de différents ordres :
– mnésique : problème d'inscription, de rétention du vécu pour ce qui est du domaine linguistique ;
– visuel : exploration rapide du champ visuel et coordination oculomotrice difficile ;
– de représentation des organes phonatoires délicate (mettre un geste graphique sur un mouvement de ces organes) ;
– phonétique : capacité d'organiser la syllabe difficile (déconstruction/reconstruction) ;
– graphique.

Quelles conséquences ces altérations entraînent-elles ?
– **L'enfant confond à la lecture certaines lettres de formes voisines ou proches phonétiquement** : m, n, et u, p, b, d, q et g, s et ch, f et v, a et an, a et o, u et ou, on et o, un et u, in et i.

– Les consonnes constrictives (s, ch, j, z, f, v) sont remplacées par les consonnes occlusives (t, k, p, d, g).
– Les consonnes sonores (b, d, g, v, j, z) sont remplacées par les consonnes sourdes (p, t, k, f, ch, s), etc. « Piton » devient « bidon », « hippopotame » devient « hippopapame »...
Ces confusions ne sont pas systématisées et, selon les moments, l'enfant peut lire correctement ou substituer une lettre à une autre lettre.
– **Il inverse l'ordre des lettres** (« on » est lu « no », « bras » est lu « bar » ou « rab », « plat » est lu « pal » ou « lap », « aéroplane » devient « aréoplane »...), de certaines syllabes, de certains mots.
– Il omet certains sons : « fil » est lu « il », « bar » est lu « ba », « parapluie » devient « parapuie ».
– Il en ajoute d'autres : « poltron » est lu « polteron », « escapade » est lu « cascapade », etc.
– **La lecture est hachée, hésitante, incompréhensible.** L'enfant ne réussit pas à transformer les symboles écrits en phonèmes.
L'enfant dyslexique ne retire pas de sens, ou seulement partiellement, de ce qu'il déchiffre. Le message du texte lui échappe totalement ou partiellement. Il n'aime pas lire et rejette souvent les matières ou activités qui font appel à l'écrit.
Une dyslexie est généralement suivie d'une dysorthographie.

La dysorthographie

Une dysorthographie succède souvent à la dyslexie mais peut aussi être indépendante. Il s'agit d'un trouble spécifique de l'écriture. Le terme de dysorthographie désigne les erreurs d'orthographe. Elle se manifeste non par l'ignorance d'une règle grammaticale mais par la difficulté ou l'impossibilité de considérer la phrase comme un ensemble organisé. La dysorthographie est un trouble spécifique de l'écriture. L'enfant fait des fautes, saute des lettres, des syllabes ou des mots, oublie des syllabes, coupe les mots de manière fantaisiste...
Chez l'enfant dysorthographique, on constate des problèmes liés spécifiquement à l'écriture que l'on ne retrouve pas dans le langage parlé. La détection de ce trouble peut se faire dès le CP, lorsque l'enfant commence l'apprentissage de la lecture et de l'écriture.
On peut distinguer chez l'enfant dysorthographique :
– les difficultés auditives (alors que l'audition est normale) : confusions de sons, difficultés à analyser les données auditives ;
– les difficultés dans l'organisation de l'espace, du temps et de la phrase elle-même (il ne distingue pas les fonctions différentes des mots dans la phrase) ;
– la confusion de lettres ou de syllabes ;
– les inversions ;
– le mauvais découpage des mots ;
– la méconnaissance du vocabulaire ;
– la méconnaissance de la grammaire.

B. Les erreurs types des élèves en grammaire

Elles peuvent concerner des problèmes liés :

- à la cohésion dans un texte ;
- à la cohérence dans un texte ;
- aux phénomènes de substitution dans un texte ;
- à la chronologie dans un texte ;
- au non-respect de la norme syntaxique (le non-respect de l'organisation des mots au sein de la phrase).

Pour bien sérier les entrées, il est nécessaire d'être au clair sur les notions. Nous vous proposons quelques points théoriques rapides vous permettant de présenter aux correcteurs des réponses adaptées.

a. La cohésion dans un texte

Pour évaluer la cohésion dans un texte, on observe les procédés qui permettent de lier les phrases entre elles, c'est-à-dire les connecteurs temporels, logiques et spatiaux, les procédés de substitution ainsi que les champs lexicaux.

b. La cohérence dans un texte

Pour évaluer la cohérence d'un texte, il faut tenir compte de différents aspects :

- la cohérence thématique (progression de l'information, absence d'ambiguïté dans les enchaînements) ;
- la cohérence sémantique (absence de contradiction d'une phrase à l'autre, substituts nominaux appropriés, explicites) ;
- la cohérence syntaxique (utilisation d'articles définis, de pronoms de reprise) ;
- la cohérence temporelle.

c. Qu'entend-on par thème ?

- Parler consiste toujours à dire quelque chose à propos de quelque chose.
- Dans une phrase on distingue donc le thème (ce dont on parle) et ce qu'on en dit (le propos).
- Du point de vue de l'information, un texte est constitué à la fois de reprise d'éléments déjà connus (le thème) et de l'apport d'informations nouvelles (le propos). Le propos est donc la partie de la phrase qui apporte l'information nouvelle.

ATTENTION Sauf dans le cas de tournures emphatiques, seul le contexte permet de déterminer la limite entre thème et propos.

- Distinguer thème et propos permet de comprendre les nuances de sens qui dépendent de l'ordre des mots dans la phrase et d'observer la façon dont les phrases s'enchaînent dans un texte, dans la mesure où un texte n'est pas constitué de phrases isolées… mais ressort d'un contexte.
- Dans un texte cohérent, l'information progresse par l'apport d'un propos nouveau à chaque phrase, le thème rattachant la phrase à celles qui précèdent.

d. Les ruptures thématiques

- Lorsqu'un texte est assez long, il est impossible qu'il garde le même type de progression au-delà de quelques phrases. On observe donc des alternances de progression ; on dit qu'il y a rupture chaque fois qu'une forme de progression thématique est remplacée par une autre.
- Dans un texte, les ruptures sont fréquentes, lorsque l'on aborde un nouveau sujet ou que l'on introduit une nuance.
- Il est donc intéressant de repérer les ruptures et d'en analyser les causes et les effets. Si celles-ci relèvent d'une intention chez les auteurs (changement de personnage, insertion d'une description, un commentaire, passage du premier plan à l'arrière-plan dans le récit), ce n'est pas vraiment le cas chez nos élèves et l'on observe alors un certain nombre de dysfonctionnements…
- La progression à thème **constant** s'emploie souvent dans les récits : elle s'organise autour d'un personnage. Chaque propos permet de mentionner une action ou une pensée nouvelle. Avec le passé simple, elle insiste sur le déroulement temporel des faits ; avec l'imparfait, elle permet un effet d'accumulation.
- La progression linéaire (en escalier) donne l'impression d'un mouvement de caméra qui finit par s'arrêter sur un détail important. Souvent, le propos précédent n'est pas repris dans son intégralité, mais il est également possible de reprendre toute une phrase ou un ensemble de phrases précédentes. Sa souplesse convient à de nombreux textes **descriptifs** et **explicatifs**.
- La progression à thèmes **dérivés** (en éventail) permet d'organiser des **textes narratifs** et des descriptions. Les compléments de temps *(à midi, vers trois heures, le soir, le lendemain…)* ou de lieu *(à gauche, à droite, au fond, en avant…)* détachés en tête de phrase permettent de structurer le déroulement chronologique ou la situation dans l'espace. Elle structure également les textes informatifs de façon très claire. On l'utilise pour la **prise de notes**.
- On peut donc vous demander d'analyser la progression des informations au sein d'un texte d'élève et les principales difficultés rencontrées par cet élève pour faire progresser son texte. Pour ce faire vous pouvez vous appuyer sur les éléments qui précèdent.

e. La substitution dans un texte

Pour évaluer les phénomènes de substitution dans un texte, on s'attache à observer l'emploi des pronoms, des adjectifs possessifs, démonstratifs, des articles, des groupes nominaux.

f. La chronologie dans un texte

Pour évaluer la maîtrise de la chronologie dans un texte, on observe l'emploi des temps. Il ne s'agit pas de s'intéresser aux erreurs de conjugaison en elles-mêmes mais d'analyser la valeur d'emploi des temps verbaux. On observe à la fois le choix des temps en fonction de leur valeur d'emploi – par exemple un passé simple employé pour une partie descriptive, des actions de second plan – mais aussi les phénomènes d'ellipses, de pauses, de sommaires, d'analepse, de prolepse qui seraient de toute évidence involontaires de la part de l'élève. Par contre, les anachronismes qui sont assez fréquents dans les textes d'élèves ne sont pas à envisager d'un point de vue strictement grammatical : ils ont plus à voir avec l'univers de référence de l'enfant et sa représentation du monde.

FOCUS : La chronologie dans un récit

Du point de vue de la durée du récit :
– **Ellipse** : c'est un phénomène d'omission, volontaire dans le cas d'un auteur expert. Il s'agit d'un événement plus ou moins long qui n'est pas rapporté dans un récit, il est comme passé sous silence. Dans un texte d'élève, il peut ne pas être présent tout simplement car l'enfant l'a clairement en tête mais ne perçoit pas qu'un lecteur (qui n'est donc pas lui) ne peut le deviner s'il ne l'évoque pas.
– **Pause** : il s'agit d'un arrêt du récit. L'auteur s'arrête sur un événement capital à ses yeux, pour décrire un lieu, un personnage. On parle alors de pause descriptive. Le temps est comme dilaté.
– **Sommaire** : c'est au contraire un résumé d'événements en quelques lignes.
– **Scène** : lorsque le temps du récit équivaut au temps des événements rapportés.
– **Ralenti** : lorsque le temps du récit est dilaté par rapport au temps des événements rapportés.

Du point de vue de l'ordre du récit :
– **Analepse** : c'est un phénomène de rupture temporelle, l'auteur procède à un retour en arrière, un flash-back dirait-on au cinéma.
– **Prolepse** : autre phénomène de rupture temporelle, il est contraire à la précédente. Il s'agit d'annoncer de manière anticipée un événement à venir.

g. Un exemple pour mieux comprendre

Voici un exemple de ce que l'on pourrait analyser à partir du texte suivant produit par Matthéo, un élève de CM1, février 2013 :

> Un soir Madame Quiloutou était en train de prendre sa douche quand elle entendit un bruit qui venait de la salle et tout à coup elle vue un homme avec un couteau et soudain l'homme assassinait Madame Quiloutou.
>
> Quelques minutes après, son voisin frappa à la porte et personne ne répondit. Il appela la police et quelques instants plus tard, l'inspecteur Banae arriva d'un instant à l'autre. Il inspectait toutes les pièces de l'immeuble. Il interrogea toutes les pièces de l'immeuble. Il y a un voisin qui dit avoir entendu du bruit vers 19 heures. L'inspecteur sait que le meurtre a lieu en début de soirée. Il faisait beaucoup de recherches et trouva l'assassin M. Patate grâce aux indices le couteau plein de sang avec des empreintes de doigts et l'heure du meurtre. M. Patate allait en prison deux ans. Cette enquête à été la meilleur.

Quelle analyse didactique pouvons-nous mener de cette production écrite du point de vue de la chronologie et de l'emploi des temps ?

Matthéo propose un récit qu'il situe dans le passé. Pour ce faire, il emploie les temps de l'indicatif : imparfait, passé simple mais aussi le présent et le passé composé. S'il maîtrise au début du texte l'alternance imparfait/passé simple pour distinguer une action secondaire en train de se dérouler (était) d'une action principale (entendit), cette maîtrise n'est pas constante puisque lors de l'évocation de l'assassinat il emploie l'imparfait au lieu du passé simple qui lui aurait permis de placer l'événement au premier plan.

On rencontre également des erreurs d'emploi de l'imparfait dans « il inspectait toutes les pièces », « il faisait beaucoup de recherches » qui ne permettent pas de rendre compte d'une série d'actions qui se succèdent dans le temps. Dans « M. Patate allait en prison deux ans », on attend que l'élève emploie le passé simple pour signifier une action qui est achevée dans le passé. L'élève peut commettre une erreur d'emploi liée à une représentation erronée de l'imparfait que certains manuels véhiculent encore, c'est-à-dire comme une action qui dure dans le passé par opposition au passé simple qui représenterait une action brève dans le passé.

Matthéo commet également une erreur dans « l'inspecteur sait que le meurtre a lieu en début de soirée » : ici on peut envisager un emploi du présent de l'indicatif ayant comme valeur un présent de narration par exemple, mais l'erreur est nette sur la concordance des temps dans « a lieu » au lieu de « a eu lieu » l'élève emploie le présent à la place du passé composé. Enfin on peut regretter dans la phrase finale l'emploi de ce même passé composé « à été la meilleur », on aurait pu attendre « fut la meilleure ».

Concernant les phénomènes chronologiques dans le récit, on peut signaler un emploi d'indicateur de temps non adapté « d'un instant à l'autre » qui annonce une action imminente et non une action passée alors que l'élève emploie précédemment le passé simple.

On peut enfin remarquer des ellipses importantes notamment vers la fin du récit : découverte des indices, condamnation et qualité de l'enquête s'enchaînent de manière rapide et sans explications particulières qui aideraient le lecteur dans sa compréhension du texte.

On remarquera que nous avons passé volontairement sous silence les erreurs d'orthographe portant sur les verbes « vue », « interroga », « à » puisque ce n'était pas l'objet de la consigne.

h. Pour vous permettre de bien cerner les consignes et d'y répondre précisément

On voit parfois des candidats, maîtrisant un certain nombre de savoirs, échouer à des questions de langue en raison de la lecture erronée qu'ils font des consignes du sujet.

Vous devez être attentif à cibler précisément les attentes et ne pas vous laisser perturber par exemple par les erreurs orthographiques, notamment lorsque celles-ci sont particulièrement importantes, si elles ne sont pas l'objet de la question posée.

Vous devez vous attacher à répondre à la consigne posée et à rien d'autre. Vous perdriez à la fois du temps et potentiellement des points en procédant autrement.

C'est pourquoi pour mieux vous permettre d'appréhender les différentes entrées qui peuvent être sollicitées sur une production d'élève nous vous proposons plusieurs questionnements possibles à partir d'un même texte.

Il s'agit d'un texte produit par un élève de CM1 en février 2013 que nous reproduisons ci-dessous :

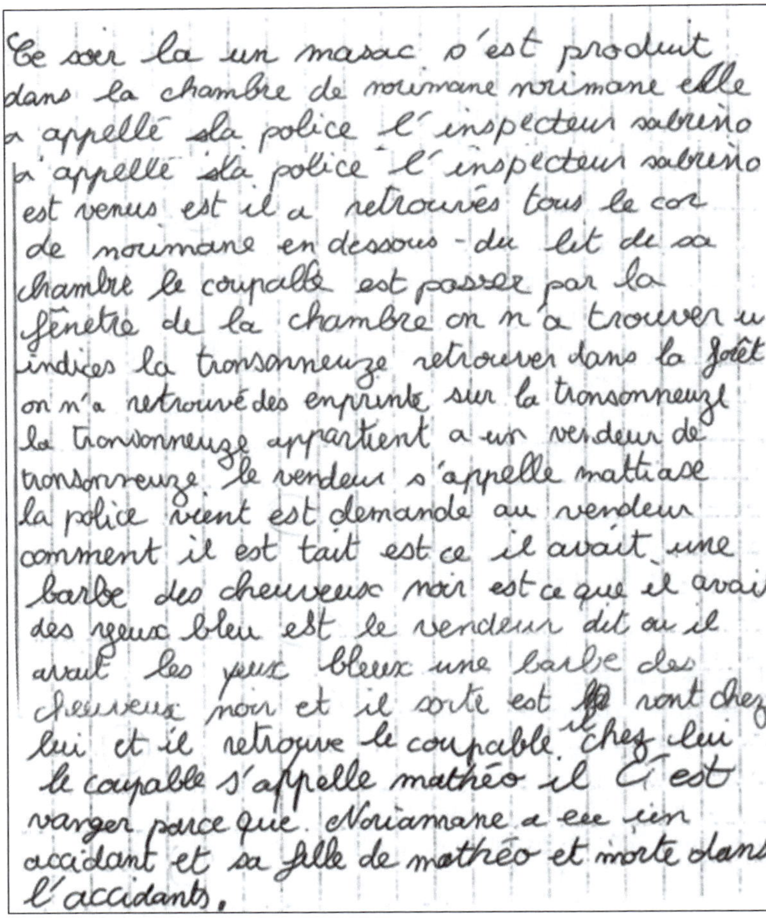
Ce soir la un masac s'est produit
dans la chambre de norimane norimane elle
a appellé sla police l'inspecteur sabreno
a appellé sla police l'inspecteur sabreno
est venus est il a retrouvés tous le cor
de norimane en dessous - du lit de sa
chambre le coupable est passer par la
fênetre de la chambre on n'a trouver u
indices la tronsonneuze retrouver dans la forêt
on n'a retrouvé des enprinte sur la tronsonneuze
la tronsonneuze appartient a un vendeur de
tronsonneuze le vendeur s'appelle mattiase
la police vient est demande au vendeur
comment il est tait est ce il avait une
barbe des cheuveux noir est ce que il avait
des yeux bleu est le vendeur dit oui il
avait les yeux bleux une barbe des
cheuveux noir et il sorte est vont chez
lui et il retrouve le coupable il chez lui
le coupable s'appelle mathéo il C'est
vanger parce que Noriamane a eu un
accidant et sa fille de mathéo et morte dans
l'accidants.

et que nous transcrivons pour en faciliter la lecture :

Ce soir la un masac s'est produit dans la chambre de norimane norimane elle a appellé la police l'inspecteur sabrino est venus est il à retrouvés tous le cor de norimane en dessous- du lit de sa chambre le coupable est passer par la fênetre de la chambre on n'a trouver un indices la tronsonneuze retrouver dans la forêt on n'a retrouveé des enprintes sur la tronsonneuze la tronsonneuze appartient a un vendeur de tronsonneuze. Le vendeur s'appelle mattiase la police vient est demande au vendeur comment il est tait est-ce il avait une barbe des cheuveux noir est ce que il avait des yeux bleu est le vendeur dit oui il avait les yeux bleux une barbe des cheuveux noir et il sorte est il vont chez lui et il retrouve le coupable. chez lui le coupable s'appelle mathéo il c'est vanger parce que Noriammane a eu un accidant et sa fille de mathéo et morte dans l'accidants.

Florian

Dans un premier temps, imaginons que l'on vous demande d'analyser les erreurs orthographiques dans ce texte, voici ce à quoi vous pouvez aboutir si vous retenez la grille « professionnelle » :

Je n'entends pas le mot juste parce que...	J'oublie des lettres	Masac
	J'ajoute des lettres	Cheuveux-
	Je confonds les lettres	Tronsonneuze-
	Je change la place des lettres, des accents	Fênetre- retrouveé- Noriammane-
	J'oublie les accents	
	Je me trompe d'accent	Soir la-
	Je confonds les sons	Masac- est tait- sorte- et
J'entends le mot juste mais je ne lis pas le mot juste	Je mets une lettre en trop	N'a- mattiase-
	Je confonds les lettres	Enprintes- vanger- accidant-
	J'inverse les lettres	
	J'oublie des lettres	Mattiase-
Je ne réalise pas l'accord correct	Dans le groupe nominal	Indices- tronsonneuze-noir-bleu-bleux-accidants
	Dans le groupe verbal	Venus- retrouvés- retrouveé- retrouve-
Je confonds	Les marques du pluriel	il-
	Les terminaisons des verbes	Passer- trouver- retrouver- vanger-
	Les mots qui se lisent de la même façon	Est- à- tous- cor- a- est tait- c'est-

Le bilan global de la production de cet élève de CM1 est assez loin des attentes. La lecture est d'ailleurs rendue difficile par l'accumulation d'erreurs, en outre la ponctuation, ni respectée, ni maîtrisée, représente un facteur de gêne supplémentaire pour le lecteur.

Florian nécessite un suivi particulièrement attentif par l'enseignant.

Mais on pourrait aussi vous interroger sur les erreurs liées à la cohésion et la progression au sein de ce texte.

On attendrait que vous puissiez analyser :

- les connecteurs temporels, logiques, spatiaux et temporels : ce soir-là, de nombreux « et » qui sont censés faire progresser le récit, or on rencontre des difficultés de compréhension en raison du manque de cohésion lié aux connecteurs temporels et spatiaux ; ainsi le lecteur a du mal à se représenter les différents lieux où le récit est censé se dérouler : dans une chambre d'abord, puis nous ne parvenons guère à identifier où les scènes suivantes peuvent se dérouler ;
- les procédés de substitution : l'élève ne maîtrise pas correctement ces procédés ;
- l'élève imite une langue orale fautive, à la fois en doublant le prénom « norimane » et en le redoublant par la présence du pronom personnel « elle », ce qui s'apparente à la langue orale mais chez un enfant plus jeune qu'un élève de CM :

« untel, il me dit... ». De même les personnages principaux ne sont substitués que par les pronoms personnels « il », « elle ». Ce qui amène en outre Florian à employer de très nombreuses répétitions : « tronçonneuse », « vendeur ». On note une certaine incertitude sur l'emploi de ces pronoms, « il » par exemple dont on ne sait à qui il renvoie dans « demande au vendeur comment il était », ce qui peut poser un problème d'interprétation ;
– la ponctuation très fautive est à signaler car si elle est bien menée, elle peut aider à établir la connexion entre les phrases, signaler une relation de cause, de conséquence par l'emploi de deux-points par exemple. Ici le passage récit/dialogue n'est pas marqué par l'emploi de deux-points et de guillemets ;
– les champs lexicaux : on trouve un modeste champ lexical pour la chambre avec « lit », « fenêtre » ; du récit policier – plus développé – avec « indices, coupable, détective, police, mort, venger ». On n'observe pas de description des personnages afin de se les représenter ;
– la progression : le texte progresse par à-coups. Le type de progression employé est assez caractéristique d'un élève en difficulté lors de la production d'écrit. Progression linéaire très plate. L'élève progresse de ligne en ligne plus que de phrase en phrase puisque son écrit (22 lignes) ne comporte qu'une seule phrase.

Le texte officiel qui régit les épreuves du concours parle « d'erreurs types dans les productions d'élèves », or il ne précise pas s'il s'agit de productions écrites ou orales. On peut donc penser qu'il peut s'agir aussi bien des unes que des autres. Il nous paraît ainsi utile de traiter des erreurs potentielles commises par les élèves en situation orale et de vous permettre de sérier ces difficultés.

C. Les erreurs types liées au système phonologique

Il est difficile d'imaginer que l'on vous demande une analyse exclusivement phonologique d'une production d'élève. Cependant, le système phonologique étant lié au système orthographique français, on pourrait vous demander de mener une analyse d'erreurs orthographiques liées au système phonologique au sein d'une production d'écrit par exemple. On pourrait aussi vous proposer une production orale transcrite en vous demandant de repérer et d'analyser les erreurs commises par l'élève.

a. Le système phonologique

À NOTER Pour vous permettre de vous faire une idée assez claire de ce qu'est le système phonologique français, nous nous appuyons sur une présentation à la fois claire et synthétique que la circonscription de Mortain dans le département de la Manche présente sur son site :
http://www.ac-caen.fr/ia50/circo/mor/IMG/pdf/2._systeme_francais.pdf

LE SYSTEME PHONOLOGIQUE DU FRANÇAIS

Références bibliographiques :

- *Comment les enfants apprennent l'orthographe ? Béatrice Pothier – Retz*
- *Didactiques de l'orthographe – Jean Pierre Jaffré – Hachette*
- *Savoir orthographier – Angoulard, Jaffré, Rilliard, Sandon, Catach - Hachette*

Le système phonologique français est composé de 36 phonèmes
17 sont dits consonantiques ; ils mettent en jeu les 20 consonnes de l'alphabet
16 sont dits vocaliques ; ils mettent en jeu les 6 voyelles de l'alphabet
3 sont intermédiaires et appelés semi-consonantiques ou semi-vocaliques.

1. <u>Les phonèmes consonantiques</u>

➢ Chacun des 17 phonèmes consonantiques de la langue peut se définir selon 4 critères (ou traits phonétiques). Ces critères sont également appelés opposition dans la mesure où ils permettent aux phonèmes de se distinguer entre eux, par paire.

[p]	de	paon	[f]	de	faon
[b]	de	banc	[v]	de	vent
[t]	de	temps	[d]	de	dent
[s]	de	sans	[z]	de	zan
[ʃ]	de	chant	[ʒ]	de	Jean
[g]	de	gant	[k]	de	quand
[l]	de	lent	[ʀ]	de	rend
[m]	de	ment	[n]	de	non
[ɲ]	de	pagne			

➢ Opposition de sonorité
Selon que le phonème fait (ou non) intervenir les cordes vocales.
Si elles vibrent au moment du passage de l'air, le phonème est dit « sonore ». S'il ne fait pas vibrer les cordes vocales, le phonème est dit « sourd ».
Ces phénomènes correspondent exactement deux par deux ce qui permet de classer les 12 phonèmes concernés par paire.

Phonèmes sourds	Phonèmes sonores
[p]	[b]
[f]	[v]
[t]	[d]
[s]	[z]
[ʃ]	[ʒ]
[k]	[g]

Types d'erreurs : « il tompe » pour « il tombe » – « la vlac » pour « la flaque »

➢ Opposition du point d'articulation

Pour réaliser un phonème consonantique, on doit mettre en action deux organes de la cavité buccale, un organe fixe et un organe mobile. Le point d'articulation est le point de rencontre ou de rapprochement d'un organe fixe et d'un organe mobile.

- Organes fixes (organes de la cavité buccale qui ne peuvent aller à la rencontre d'un autre) : la lèvre supérieure, les dents supérieures, les alvéoles, le palais dur, le velum.
- Organes mobiles (ceux qui vont à la rencontre des organes fixes) : la lèvre inférieure, l'apex, le dos de la langue, la racine de la langue.

Il est possible de définir 6 modes d'articulations qui portent le nom des organes concernés (voir liste jointe).

1. Articulation bilabiale : [p] , [b] , [m]
   La lèvre inférieure avec la lèvre supérieure.

2. Articulation labio-dentale : [f] , [v]
   La lèvre inférieure avec les dents du haut.

3. Articulation apico-dentale : [t] , [d] , [n]
   L'apex (extrémité de la langue) avec les dents du haut.

4. Articulation apico-alvéolaire : [s] , [z] , [l]
   L'apex avec les alvéoles (renflement alvéolé en arrière des dents du haut).

5. Articulation dorso-palatale : [ʃ] , [ʒ]
   Le dos de la langue avec le palais dur (voûte du palais qui sépare la cavité buccale des fosses nasales).

6. Articulation vélaire : [k] , [g] , [ɲ]

Types d'erreurs : « rouze » pour « rouge », « antore » pour « encore », « dosse » pour « bosse »

➢ Opposition d'occlusivité / fricativité

Elle découle de l'opposition du point d'articulation.

Phonème occlusif : l'organe mobile et l'organe fixe sont en contact serré ; l'air bloqué s'accumule dans la cavité buccale et s'échappe d'un seul coup avec un bruit de plosion.

Phonème fricatif : l'organe mobile se rapproche de l'organe fixe sans le toucher ; l'air est gêné pour sortir et passe avec un bruit de friction.

Phonèmes sourds et phonèmes sonores fonctionnent par paire. En conséquence, si un des deux phonèmes est occlusif, son équivalent le sera aussi.

Phonèmes occlusifs			Phonèmes fricatifs		
[p]	donc	[b]	[f]	donc	[v]
[t]	donc	[d]	[s]	donc	[z]
[k]	donc	[g]	[ʃ]	donc	[ʒ]

➢ Opposition de nasalité

Le velum peut prendre deux positions. En position relevée, il bouche l'accès aux cavités nasales et l'air passe par la cavité buccale. Le phonème est dit oral. En position abaissée, il empêche l'accès de la cavité buccale à l'air expiré, qui passe alors par les cavités nasales.

Phonème nasal : vélum en position abaissée
3 phonèmes sont nasalisés : [m] , [n] , [ɲ]

Phonème oral : vélum en position relevée
Les 14 autres sont oraux :

[p]	/	[b]	[f]	/	[v]
[t]	/	[d]	[s]	/	[z]
[l]			[ʃ]	/	[ʒ]
[k]	/	[g]	[ʀ]		

Type d'erreurs : cartame pour cartable

➢ En quoi cela affecte-t-il l'orthographe ?
Concept de pertinence : ce concept explique un certain nombre d'erreurs que font les élèves lorsqu'ils écrivent. Certains phonèmes sont phonétiquement très proches, si bien qu'un élève qui ne maîtrise pas (ou mal) ces difficultés de la langue orale, risque fort de réaliser des erreurs de transcription graphique.
Le type d'erreurs en jeu tient à une maîtrise phonologique défaillante qui peut générer des erreurs dans la formation de la représentation phonologique des mots, entraînant des erreurs dans la formation de leur représentation orthographique. La référence qu'il aura sera ce qu'il peut « entendre dans sa tête » lorsqu'il décompose le mot à écrire, et, s'il prononce de façon erronée, il transcrira ce qu'il « entend ».
Dans ces cas, les difficultés orthographiques ne sont pas prises en compte comme telles, puisque c'est l'aspect oral qui pose problème.
En analysant les 4 types d'opposition pré-citée, il est possible de constater qu'il est pertinent d'affirmer que certaines erreurs de transcription prennent leur origine dans une mauvaise maîtrise phonologique.

➢ Le phénomène de l'archiphonème
Lorsqu'un phonème sonore est suivi d'un phonème sourd, le premier s'assourdit au contact du phonème sourd et tend vers le phonème sourd qui lui correspond.
Phonème sonore + phonème sourd = phonème assourdi + phonème sourd
Exemple : absent - [b] est suivi de [s] ; le phonème sonore [b] tend vers le phonème sourd [p]

L'inverse est vrai également :
Phonème sourd + phonème sonore = phonème sonorisé + phonème sonore
Exemple : afghan – [f] est suivi de [g] ; le phonème sourd [f] tend vers le phonème sonore [v]

Le phénomène de l'archiphonème peut se rencontrer, soit à l'intérieur d'un même mot graphique, soit lors de la rencontre sonore terminal d'un terme et d'un phonème consonantique sonore initial du terme suivant.
Exemple : un cep de vigne, un pot d(e) fleurs, un œuf dur

Il existe un autre cas d'archiphonème dans le cas de la rencontre de deux phonèmes consonantiques comme dans ch(e)val, ch(e)vet, éch(e)veau.

2. Le système vocalique du français

La langue française comprend 16 phonèmes vocaliques, alors que l'alphabet utilisé pour en rendre compte ne comporte que 6 voyelles.

[a]	de	patte	[œ]	de	œuf
[ɑ]	de	pâte	[ø]	de	feu
[ɑ̃]	de	pente	[o]	de	côte
[ə]	de	petit, je	[o]	de	cotte
[e]	de	pré	[ɔ̃]	de	conte
[ɛ]	de	prêt	[i]	de	nid
[ɛ̃]	de	brin	[y]	de	nu
[œ̃]	de	brun	[u]	de	nous

- Les phonèmes vocaliques sont tous sonores puisqu'ils font vibrer les cordes vocales. Ceci implique que si l'on veut savoir si un phonème consonantique est sourd ou sonore, il ne faut pas l'accompagner d'un phonème vocalique ; l'air étant libre de passer, il ne peut y avoir ni point d'articulation, ni opposition d'occlusivité/fricativité. Cependant, la réalisation d'un phonème consonantique seul n'est ni facile, ni naturelle.

Tableau du système vocalique français

		Antérieurs		Central	Postérieurs
		Etirés	Arrondis		Arrondis
Fermés	Aperture	[i]	[y]		[u]
Semi-fermés		[e]	[ø]	[ə]	[o]
Semi-ouverts		[ɛ] [ɛ̃]	[œ] [œ̃]		[ɔ] [ɔ̃]
Ouverts		[a]			[ɑ] [ɑ̃]

- Ces phonèmes se distinguent entre eux par 4 oppositions :

➢ L'opposition de nasalité

Elle est due aux deux positions du velum (voile du palais). 12 phonèmes sont oraux : l'air passe par la cavité buccale. 4 phonèmes vocaliques sont nasalisés ; ils s'opposent à 4 phonèmes oraux (parmi les 12).

Phonème oral	Phonème nasalisé
[ɑ]	[ɑ̃]
[ɛ]	[ɛ̃]
[œ]	[œ̃]
[ɔ]	[ɔ̃]

Exemple : patalon pour pantalon

➢ L'opposition d'aperture

Lors de réalisation des phonèmes vocaliques, la bouche s'ouvre plus ou moins et selon 4 degrés d'aperture (d'ouverture) : fermé, semi-fermé, semi-ouvert, ouvert.

Phonèmes fermés : [i] [y] [u]

Phonèmes semi fermés : [e] [ø] [ə] [o]

Phonèmes semi ouverts : [ɛ] [ɛ̃] [œ] [œ̃] [ɔ] [ɔ̃]

Phonèmes ouverts : [a] [ɑ] [ɑ̃]

➢ L'opposition de labialisation

Certains phonèmes vocaliques sont réalisés avec les lèvres étirés ; ce sont les phonèmes non labialisés ou étirés. Les autres phonèmes sont produits en arrondissant les lèvres : ce sont les phonèmes labialisés ou arrondis.

Phonèmes non labialisés ou étirés : [i] [e] [ɛ] [ɛ̃] [a]

Phonèmes labialisés ou arrondis : [y] [u] [ø] [o] [œ] [œ̃] [ɔ] [ɔ̃] [ɑ] [ɑ̃]

Le phonème [ə] dépend des phonèmes consonantiques qui l'entourent et ne peut être classé dans l'une ou l'autre des 2 catégories.

L'opposition de localisation

Les phonèmes vocaliques ne se réalisent pas tous au même niveau de la cavité buccale. Certains sont formés dans la partie antérieure de la cavité buccale, d'autres dans la partie centrale, d'autres enfin dans la partie postérieure.

Phonèmes antérieurs	[i] [y] [e] [ø] [ɛ] [ɛ̃] [œ] [œ̃] [a]
Phonème central	[ə]
Phonèmes postérieurs	[u] [o] [ɔ] [ɔ̃] [ɑ] [ɑ̃]

Exemple : confusion entre « je » et « jeu », entre « de » et « deux ».

➢ Le concept de pertinence

Un enfant a plus de difficulté à différencier deux phonèmes qui ne s'opposent que par un seul trait au lieu de plusieurs. L'analyse de ces traits d'opposition permet de conclure que, dans la réalité du matériel langagier, les phonèmes peuvent s'opposer, de manière pertinente, par un seul trait.

3. Les phonèmes semi-consonantiques ou semi-vocaliques : les phonèmes liquides

Ils sont de deux ordres : les phonèmes « consonantiques liquides » et les phonèmes « liquides coulants ».

➢ Les phonèmes consonantiques liquides

Il s'agit des phonèmes [l] et [ʀ]. ce sont ceux que les bébés acquièrent le plus rapidement lorsqu'ils s'amusent à faire fonctionner leur appareil phonatoire.
[l] est liquide, latéral. Lors de sa réalisation, l'apex vient en contact avec les alvéoles (apico-alvéolaire) et l'air passe des deux côtés de la langue.
[ʀ] est liquide, vibrant. Quelle que soit la façon de le prononcer en français, sa réalisation donne lieu à des vibrations.

Celui qui s'apparente à la réalisation des Parisiens
Celui qui s'apparente à la réalisation des Bourguignons et de certains Bretons, dit r roulé
Celui qui est plutôt réalisé dans l'Est du pays, dit r grasseyé.
Ces différences ne sont que phonétiques et non phonologiques.

Lorsqu'il y a un enchaînement important de phonèmes consonantiques, et qu'un phonème consonantique liquide en fait partie, il est souvent occulté (phénomène d'archiphonème).
Exemple : « ouvre la fenêtre » peut devenir « ouv(e)e la fenêt(re) » ; « i(ls) sont à vend(re) pas cher »…

➢ Les phonèmes liquides coulants

Ce sont le [j] de fille, le [ɥ] de lui, le [w] de Louis.
Ces trois phonèmes ont deux caractéristiques :

- ils ne peuvent se réaliser seuls et sont toujours accompagnés d'un phonème vocalique.

Exemple : une oie, une fois, un doigt, il fait froid, François…
Un coin, du foin, oui, l'ouïe, un fouet, un rouet, il est doué…

- Ils empêchent la segmentation et on ne peut donc les isoler. Leur transcription orthographique est difficile.

Exemple : le [j] de abeille qui s'oppose au [i] de abbaye
Le [ɥ] de cuit qui s'oppose au [y] de Q.I.
le [w] de trois qui s'oppose au [u] de troua

Tableau des systèmes consonantiques
et semi consonantiques du français

Occlusifs	[p] [b] [m]	[t] [d] [n]	[k] [g] [ɲ]	Sourds (oraux) Sonores (oraux) Nasalisés
	Bilabiaux	Apico dentaux	Vélaires	
Liquides				
	Latéral	Vibrant	Coulants	
Fricatifs	[f] [v]	[s] [z]	[ʃ] [ʒ]	Sourds (oraux) Sonores (oraux)
	Labio dentaux	Apico alvéolaires	Dorso palataux	

Pour conclure, on peut dire que l'on distingue habituellement **cinq moments dans les niveaux de conscience phonologique** :

– le niveau où l'enfant est conscient des sons qu'il reconnaît, par exemple dans la capacité à scander les rimes dans une comptine ;
– le niveau où il est capable de comparer et contraster les sons, par exemple en lui faisant distinguer des mots qui ont des sons semblables ou différents au début, à la fin ou au milieu du mot ;
– le niveau où l'enfant parvient à fusionner et segmenter les mots en syllabes ;
– le niveau où il parvient à segmenter les phonèmes ;
– enfin, le niveau où l'enfant réussit à manipuler les phonèmes pour créer de nouveaux mots.

b. Les différentes formes de retard

Ne pas confondre :

– **Un retard de langage :** l'enfant commence à parler à 2 ans 1/2 ou 3 ans et moins bien par rapport à la norme (atteinte du vocabulaire et de la syntaxe : **moi a vu un animau*). Si ce retard est rééduqué dès la maternelle, le langage s'améliore avant 6 ans.

– **Un retard de parole :** les productions verbales de l'enfant sont déformées :
- il simplifie les mots (parapluie/papui) ;
- il omet la syllabe finale des mots (beurre/beu) ;
- il élimine certains sons (porte/pote) ;
- il déplace les phonèmes (brouette/bourette) ;
- il ajoute des phonèmes (crocodile/crocrodile) ;
- il postériorise (train/crain) ;
- il antériorise (crabe/trabe) ;
- ou encore il réalise de fausses liaisons (oiseau/zoiseau).

Le retard de langage se caractérise également par le fait que ces déformations sont stables (l'enfant déformera toujours de la même façon).

Si ces retards sont pris en charge à temps, ils évoluent favorablement tandis que la dysphasie constitue un déficit sévère et durable du langage oral.

On pourrait vous demander de relever et d'analyser au sein d'une production d'élève les erreurs d'orthographe directement liées au système phonologique français. Vous prendriez alors en compte uniquement les erreurs à dominante phonétique et celles à dominante phonogrammique.

2 | La partie 3 de l'épreuve

La partie 3 de l'épreuve de français est celle qui rapporte le plus de points et dont le caractère professionnel est le plus sensible.

1. Qu'attend-on du candidat ?

A. Le dossier

Reprenons le texte officiel, il s'agit de proposer : « une analyse d'un dossier composé d'un ou plusieurs supports d'enseignement du français, choisis dans le cadre des programmes de l'école primaire qu'ils soient destinés aux élèves ou aux enseignants (manuels scolaires, documents à caractère pédagogique), et de productions d'élèves de tous types, permettant d'apprécier la capacité du candidat à maîtriser les notions présentes dans les situations d'enseignement ».

Le dossier peut donc porter aussi bien sur l'école maternelle que sur l'école élémentaire. La référence aux instructions officielles de 2015 et aux contenus du socle est attendue.

Que peut recouper l'expression « Supports d'enseignement du français destinés aux élèves ou aux enseignants » ?

Le texte officiel précise « manuels scolaires, documents à caractère pédagogique mais aussi productions d'élèves de tous types ».

Nous pouvons donc envisager que les supports retenus puissent être :

– une ou plusieurs pages de manuels scolaires de français, par conséquent destinés prioritairement à l'école élémentaire (par pages de manuels on peut aussi entendre sommaire). On sera attentif au fait qu'au sein de manuels de français on peut tout à fait trouver des éléments ne relevant pas exclusivement de la « discipline français » telle qu'on l'envisage ordinairement, par exemple : des groupements de textes documentaires sur un thème donné ;

– fiches, exemples d'exercices ;

– productions d'élèves (corrigées ou non) : écriture inventée, rédactions, traces écrites, carnets d'expériences, comptes rendus de sortie, articles, évaluations, etc. ;

– documents à caractère pédagogique, documents pour l'enseignant :
  - fiches de préparation (séquence, séance),
  - programmations, progressions, projets d'enseignant,
  - guide du maître,
  - articles portant sur la didactique et/ou la pédagogie.

Définitions

Projet : on entend le but que l'on se propose d'atteindre en fin de séquence d'apprentissage (elle-même constituée de plusieurs séances). Il s'agit souvent d'une production au sens large du terme qui articule cohérence des activités et sens des apprentissages. C'est pourquoi à l'école on entend fréquemment parler de pédagogie de projet.
Progression : on pourrait simplifier en disant qu'il s'agit d'une suite ordonnée de notions. On parle fréquemment à l'école de progression spiralaire, ce qui signifie que les notions déjà abordées ne manquent pas d'être régulièrement revisitées afin d'en permettre un ancrage plus assuré.
Programmation : c'est une planification des activités dans le temps, dans le cadre du calendrier scolaire, elle concerne l'ensemble des domaines disciplinaires.

B. Développer une réflexion sur une situation d'enseignement

On attend de vous que vous vous montriez capable d'analyser un dossier qui peut comprendre plusieurs supports et des productions d'élèves. Vous devez donc montrer que vous savez développer **une réflexion sur une situation d'enseignement.**
On peut donc vous demander de :

- comparer deux ou plusieurs pages ou extraits de manuels portant sur une même notion, un même niveau ;
- analyser des productions d'élèves (a priori sans que la question porte sur la langue puisque ce point a fait l'objet de la question deux) ;
- analyser l'intervention de l'enseignant sur des productions d'élèves : annotations, corrections, etc. ;
- analyser, comparer des fiches de préparation de séances, de séquences d'apprentissage ;
- mettre en relation différents documents :
  - fiche de préparation et production d'élèves pour estimer le degré d'atteinte des objectifs poursuivis par l'enseignant,
  - fiche de préparation et pages de manuels pour envisager la pertinence du choix des supports,
  - progressions et programmations différentes pour un même niveau afin d'analyser les différences d'approche d'enseignants,
  - articles didactiques et/ou pédagogiques et documents professionnels d'enseignant, etc.

A priori, le texte ne vous demande pas d'élaborer vous-même des outils : exercices, séances, séquences, etc., il attend une analyse des documents fournis étayée par vos connaissances, pour autant une telle demande est toujours possible.

Le terme de « dossier » indique qu'il s'agit d'un ensemble de documents qui résonnent entre eux autour d'une thématique commune.

2. Si la question demande de comparer des extraits de manuels

A. Les supports

Il faudra vous intéresser :

– aux **titres** des manuels (pour voir si les auteurs de ces manuels considèrent les disciplines de la maîtrise de la langue de manière cloisonnée ou décloisonnée, cela n'ayant pas obligatoirement à voir avec la date de parution…) ;
– à leur **date** de parution (pour situer / programmes en vigueur, ne déduisez pas qu'un ouvrage paru après 2015 est de fait conforme aux programmes officiels) ;
– au **niveau d'enseignement** concerné ;
– à la **pagination** (parfois, cela donne une indication intéressante sur la place de la leçon dans le manuel et donc informe sur la progression…) ;
– à la **présence d'un titre particulier** aux pages proposées ;
– aux **liens éventuels vers d'autres disciplines** et aux relations de ces derniers avec le programme de la classe ;
– à la **mise en page** :
  - présence d'**images** ? (reproduction de tableau ? photo ? etc. en lien avec la notion ?),
  - présence d'**illustrations** ? (réalisées pour l'occasion ? correspondant au texte support si l'on a un extrait de littérature, par exemple, comme une reproduction de première de couverture, en lien avec la notion ?),
  - **rôle des images et des illustrations** ? sont-elles simplement « décoratives » ? exploitées dans un questionnement et donc participant de la construction de la notion ?
  - **présence de textes authentiques** ? de textes adaptés ? traduits ? quel est leur type d'écrit ? le genre auquel ils appartiennent ? ces textes ou leurs auteurs sont-ils connus ? ces textes appartiennent-ils à la littérature de jeunesse ? à la littérature patrimoniale ou classique ? appartiennent-ils aux listes officielles ? quelle est la longueur de ces textes ? est-elle adaptée ?
  - **présence d'exercices** ?
  - présence d'une **leçon** ou d'un **bilan** récapitulatif ?
  - présence de **repères visuels** ? (titres ? typographie ? puces ?),
  - se demander dans quel **ordre** ces éléments apparaissent (cela amène des réflexions sur la démarche pédagogique, cf. infra).

B. Les activités proposées aux élèves

Il faudra :

– analyser **les questions** :
  - sont-elles ouvertes ou fermées ?
  - quel type de compréhension visent-elles ? globale ? de détails ? (si les questions portent sur un texte),
  - quel est leur thème ? que cherchent-elles à faire repérer à l'élève ?

- quel rapport entretiennent-elles avec la notion étudiée ?
- présentent-elles une progression : logique ? chronologique ? du simple au complexe ?

– vérifier **en quoi le questionnement permet à la notion d'émerger, met les élèves en recherche** ;

– analyser la **leçon ou le bilan** (quand il y en a un) :
- que disent-ils de la notion étudiée ?
- sont-ils complets ? incomplets ? erronés ? pourquoi ? (il s'agit ici de réfléchir aux choix didactiques effectués par les auteurs du manuel qui retiennent certains aspects d'une notion et en délaissent d'autres, ce qui correspond ici à situer la place et le niveau de traitement de la notion) ;

– analyser **les exercices** :
- observer les consignes : à quel mode les verbes sont-ils utilisés : à l'infinitif ? à l'impératif (et si tel est le cas, à quelle personne, de manière à observer la manière dont les auteurs s'adressent à l'élève) ?
- chercher si des exercices du même type sont donnés plusieurs fois ;
- regarder s'il y a une progression dans les exercices ;
- caractériser les exercices : réécriture avec transformation, application, production écrite, manipulation, structuration, à trous, questionnaire à renseigner, grille d'évaluation, etc. ;
- en déduire la part d'activité de l'élève (passif s'il applique, actif s'il recherche, crée, etc.) ;
- vérifier si la leçon permet à l'élève de faire les exercices ;
- regarder si les exercices affichent une volonté de différenciation pédagogique, c'est-à-dire s'ils envisagent la prise en compte des compétences particulières des élèves en termes de difficultés ou de réussites. Y a-t-il des exercices différenciés ? qui font appel à des situations simples, complexes, qui demandent de mobiliser une ou plusieurs compétences...

– en déduire la démarche pédagogique : inductive ? déductive ? et quand vous avez déterminé sa nature, demandez-vous si les apparences ne sont pas trompeuses... En tout cas, gardez-vous de porter des jugements péjoratifs ou laudatifs, mais non pédagogiques et non professionnels, du type : il s'agit d'une « bonne » démarche, d'une « mauvaise » démarche : cela n'a pédagogiquement pas de sens.

C. Pour être au clair sur les démarches pédagogiques

Un concepteur de manuel tout comme un enseignant, dans l'élaboration de ses fiches de préparation, conçoit ses séances d'apprentissage selon une certaine démarche pédagogique. Il prend appui sur sa connaissance des courants pédagogiques, du développement de l'enfant pour notamment prendre en compte les réactions des élèves, leurs représentations mais il s'appuie aussi sur la façon dont il considère son rôle : transmetteur ? passeur ? médiateur ?

Cela renvoie au concept triangulaire qui relie élève, savoirs et enseignant.

Pour simplifier, on peut considérer qu'il existe trois grands types de démarches pédagogiques.

■ **La démarche transmissive :** elle est dite magistrale au sens que l'on donne à cet adjectif lorsqu'il fait référence à un cours magistral. On expose les savoirs à maîtriser, les notions à connaître, les règles à apprendre. Les exercices sont purement fonctionnels, techniques, d'application. L'élève n'est pas amené à construire son savoir, il est considéré comme un réceptacle. L'évaluation est sommative, c'est-à-dire qu'elle vise à vérifier le degré d'acquisition finale des savoirs transmis. On ne prend pas en compte par une évaluation de départ – dite diagnostique – ce que les élèves peuvent déjà connaître du sujet traité, de la notion, du concept abordé. On ne se préoccupe pas non plus des représentations qui pourraient être les leurs sur l'objet d'apprentissage retenu.

■ **La démarche déductive :** part du général pour aller vers le particulier. Elle consiste à donner des règles pour pouvoir les appliquer suivant le schéma: concepts, règles, analyses, exemples. Un enseignant qui adopte ce type de démarche cherche à développer chez l'élève un raisonnement logique. C'est une approche néanmoins active pour l'élève.

■ **La démarche inductive (constructiviste) :** l'élève y est également acteur mais on souhaite en adoptant cette démarche qu'il construise son savoir, qu'il s'apprenne en quelque sorte. Cette démarche (que vous éviterez de qualifier de récente, Montaigne au XVIe siècle la décrivait déjà) envisage l'apprentissage comme un processus d'acquisition de connaissances au sens large (y compris donc de savoir-faire). L'apprentissage se fait par l'interaction entre le sujet qui apprend et l'objet de l'apprentissage. Le sujet apprend en agissant sur le monde, en s'adaptant à son milieu.

Dans la démarche inductive, on amène les élèves à analyser l'information ou les données et à faire des hypothèses, à découvrir des phénomènes, à remettre en cause ce qu'ils pensent et à en tirer une conclusion. La démarche inductive part d'un ou de plusieurs exemples qui amènent les élèves à construire une généralisation. L'erreur y joue une grande place. On pourrait dire que dans cette démarche l'apprentissage passe par l'erreur. Le rôle du professeur consiste à proposer un environnement structuré et riche pour que l'élève découvre par lui-même les contradictions qu'il est prêt à affronter en inventant de nouvelles structures intellectuelles. Cette tendance est particulièrement marquée dans l'enseignement scientifique.

Ces démarches ne sont pas exclusives les unes des autres, un enseignant, un manuel, selon les notions, les besoins, peut avoir recours à telle ou telle démarche au sein d'une même séquence, voire d'une même séance.

Lorsqu'il s'agit de travailler certaines exceptions orthographiques, lexicales par exemple, on ne voit pas pourquoi ne pas passer par une démarche transmissive rapide et adaptée.

3. Analyser une page de manuel ? Un exemple…

Nous vous proposons de mener l'analyse de la double page du manuel *Pépites CM1* paru chez Magnard en 2012. Il s'agit de vous interroger sur la pertinence des activités proposées aux élèves afin de leur permettre de développer des compétences de lecteur.

La consigne pourrait être : En quoi cette double-page de manuel permet-elle aux élèves de développer leurs compétences de lecteurs ?

4 Une boîte de conserve bien mystérieuse

Un matin, le facteur livre un étrange colis à Mme Bartolotti. Il s'agit d'une énorme boîte de conserve dont elle ignore le contenu. Elle se décide à l'ouvrir.

Le ruban de fer-blanc avait commencé à se détacher. Elle continua donc à tirer. Il y eut comme un sifflement. Elle acheva de tirer, la moitié supérieure de la boîte se retrouva posée de travers sur la moitié inférieure et le sifflement cessa. Ça sentait le phénol[1], l'hôpital et le parfum d'air frais à l'ozone[2].

« Jamais mangé un corned-beef[3] ayant une odeur pareille ! À moins que ce ne soit un corned-beef de très mauvaise qualité ? » se dit Mme Bartolotti en soulevant la moitié supérieure de la conserve.

Elle eut alors de la chance qu'une chaise de cuisine se trouve placée juste dans son dos, car la frayeur la contraignit à s'asseoir. Elle se mit à trembler comme une feuille, depuis la racine argentée de ses cheveux jusqu'aux ongles de ses doigts de pied laqués vert pomme. Une sorte de vertige lui fit tourner la tête, elle vacilla sur ses jambes et chut[4] lourdement sur la chaise.

L'être accroupi dans la boîte dit alors en inclinant poliment la tête :

« Bonjour, chère maman. »

Quand Mme Bartolotti éprouvait une frousse bleue, elle ne se contentait pas d'avoir des vertiges et de trembler comme un jeune saule. Quand elle avait vraiment très, très peur, elle apercevait aussi de petites étoiles dorées entourées de halos violets.

Or Mme Bartolotti venait d'avoir horriblement peur. Elle vit donc de petites étoiles cernées de halos violets et, au-delà, émergeant de la moitié inférieure de la boîte de conserve, une sorte de nain rabougri qui la dévisageait. Elle aperçut en effet une tête rabougrie ridée de mille plis emmanchée sur un cou rabougri, planté sur un torse rabougri, doté de bras rabougris.

La bouche toute rabougrie de ce nain rabougri s'ouvrit de nouveau :

« Ma chère maman, le bouillon de culture est dans le couvercle. »

1. Produit chimique.
2. Gaz odorant.
3. Viande de bœuf en conserve.
4. Tomba.

Mme Bartolotti hocha la tête et battit des paupières pour tenter de chasser les étoiles et les halos violets. Les étoiles s'éteignirent mais les halos violets persistèrent sans pour autant l'empêcher d'apercevoir dans la moitié supérieure de la boîte un sachet bleu ciel portant une inscription en majuscules :

BOUILLON DE CULTURE

puis en dessous en minuscules :

Vider le contenu du sachet dans quatre litres d'eau tiède et les verser sur le contenu de la boîte dès ouverture.

Christine Nöstlinger, *Le môme en conserve*, trad. A. Royer © Livre de Poche Jeunesse, 2007.

Je découvre le texte

1. **Dans cet extrait, le narrateur est-il un personnage de l'histoire ? Justifie ta réponse.**
2. **Quels sont les personnages de cette histoire ? Relève les mots qui les désignent.**
3. **D'après toi, où se déroule cette scène ? Justifie ta réponse.**

Je comprends le texte et j'explore le vocabulaire

4. **Choisis parmi ces propositions celle qui est exacte. Justifie ta réponse.**
   a. Mme Bartolotti est assise dans la boîte, le nain rabougri est près d'elle.
   b. Mme Bartolotti est assise sur une chaise, le nain rabougri est debout près de la boîte.
   c. Mme Bartolotti s'assoit sur une chaise, le nain rabougri est dans la boîte de conserve.
5. VOCABULAIRE **Relève dans le texte les expressions qui indiquent que Mme Bartolotti a peur.**
6. DÉBAT **Pourquoi Mme Bartolotti a-t-elle peur ?**
7. VOCABULAIRE **Propose un synonyme du verbe *vaciller* (ligne 12) et du verbe *dévisager* (ligne 21).**
8. **Choisis la phrase qui résume le mieux l'extrait.**
   a. Mme Bartolotti reçoit du corned-beef en conserve.
   b. Mme Bartolotti reçoit un enfant dans une boîte de conserve.
   c. Mme Bartolotti nourrit son enfant avec du corned-beef en conserve.
9. DÉBAT **Quel adjectif qualifie le mieux la scène racontée ? Justifie ta réponse.**
   effrayante — étrange — comique — triste
10. DÉBAT **Selon toi, pourquoi l'être qui est au fond de la boîte appelle-t-il Mme Bartolotti « chère maman » (ligne 14) ?**

J'écris pour mieux comprendre

11. **Mme Bartolotti suivit les indications et coupa le sachet de bouillon. Écris en sept lignes ce qui va se passer ensuite.**

Chapitre 1 : Trouver des indices pour comprendre un texte 17

Quelles observations pouvons-nous tirer de la lecture attentive de cette double-page ?

- La pagination (pages 16/17) nous permet de dire qu'il s'agit d'activités de début d'année : « trouver des indices pour comprendre un texte », ce qui pourrait tout à fait permettre une évaluation diagnostique pour l'enseignant qui accueille des élèves dont il ne connaît pas encore les compétences.
- Le choix de retenir un extrait de roman destiné à la jeunesse est tout à fait judicieux d'autant qu'il s'agit d'un support de littérature de qualité, titre inscrit sur la liste de référence des œuvres de littérature pour le cycle 3.
- Le texte, de bonne longueur pour des élèves de CM1, est illustré, ce qui peut permettre une meilleure compréhension et la mise en œuvre d'interactions texte/image : l'enseignant peut s'appuyer sur les deux pour à la fois interroger les élèves et développer des compétences de lecteur.
- Les activités proposées sont précédées de formules permettant d'impliquer l'élève : « je ... ». Elles fixent explicitement un ou des objectifs aux élèves.
- Le mode de questionnement : on trouve des questions fermées, ouvertes, à choix multiple, on remarquera que les trois propositions sont proches les unes des autres et qu'elles demandent de lire avec précision aussi bien le texte que les propositions qui demandent systématiquement à l'élève de justifier ce qui permet de développer des compétences de lecteur et non de simplement vérifier la compréhension.
- On demande de relever un champ lexical : celui de la peur.
- L'élève lecteur est sollicité dans son travail, il doit interpréter et justifier l'interprétation qu'il mène de sa lecture.
- La production d'écrit finale qui demande à l'élève d'imaginer la suite est aussi une manière de vérifier la compréhension du texte. On se situe dans une démarche de type « écrire pour mieux lire ».
- Le questionnaire peut être employé par l'enseignant aussi bien à l'oral, à l'écrit de façon individuelle, collective ou par petits groupes.
- Le questionnement proposé sollicite des processus d'élaboration et d'intégration et ne se cantonne ni à des micro-processus, ni à un prélèvement d'informations explicites qui n'aideraient pas à construire des compétences de lecteur.
- On notera l'emploi du mot « débat » qui vise à interroger la réaction du lecteur, sa réception du texte à l'aide du choix à opérer au sein des quatre adjectifs portant sur la tonalité de l'extrait. En employant des expressions telles que « selon toi », « d'après toi » les concepteurs du manuel s'appuient sur les théories de la réception, le rapport texte/lecteur, le « travail » du lecteur qui coopère avec le texte pour le comprendre et l'interpréter. On voit également que les réponses, potentiellement diverses, peuvent prêter au débat, terme explicitement utilisé par le manuel. Ceci sera propice aux échanges au sein de la classe et aux pratiques interprétatives.

On peut donc porter un regard tout à fait positif sur la démarche mise en œuvre par ce manuel. On pourra regretter la présence en paratexte d'explications de vocabulaire. Il eût été préférable de laisser les élèves construire leur propre interprétation du sens plutôt que d'une part leur pointer certains mots comme étant difficiles et d'autre part leur fournir le sens du mot dans le texte.

4. Comparer des manuels scolaires ? Un exemple…

Nous vous proposons l'étude suivante sur la comparaison de deux pages de manuels de lecture de CP portant sur l'étude du même phonème, [b].

Pour analyser avec une certaine pertinence ce type de support vous devez à la fois faire preuve de connaissances notionnelles mais aussi mettre en œuvre un questionnement méthodologique judicieux.

A. Pour être au clair sur phonème, graphème, morphème

On distingue dans un mot (à condition qu'il soit plurisyllabique évidemment…) **plusieurs syllabes**. En français, on considère que la présence d'un « e » muet à la fin d'un mot ne crée pas une nouvelle syllabe. Donc « maison » = 2 syllabes, « plantation » = 3, et « malade » = 2. Attention, selon le mot suivant, cela peut modifier la prononciation du mot : « crabe » = 1 syllabe, « crabe bleu » = 2 syllabes.

La syllabe peut être divisée en deux unités plus petites, l'**attaque** et la **rime** : « crabe » = 1 syllabe, attaque « kr » et rime « ab ».

Chacune de ces unités est divisible en unité minimale : le **phonème**. Dans « crabe », on trouve 4 phonèmes. Un phonème permet de distinguer deux mots entre eux. Un phonème se transcrit à l'écrit par un graphème. Un graphème est composé souvent d'une seule lettre, parfois de plusieurs.

Pour être prêts à prendre conscience des phonèmes, les élèves doivent être capables de comprendre qu'il existe des unités à l'intérieur de la syllabe.

Décoder c'est donc apprendre à traiter la correspondance entre phonème et graphème.

Exemples d'exercices de repérage du plus simple au plus complexe :

- Faire repérer la nature des unités : syllabes, attaques, rimes, phonèmes.
- Faire repérer la position : syllabe en position initiale, interne, finale, phonème en attaque, en rime ou en position interne.
- Faire repérer la structure des syllabes, phonèmes, attaques, rimes par les lettres : V, CV, CCV, CVC…

On peut décomposer un mot selon des règles phonologiques mais aussi selon des règles morphologiques. C'est-à-dire en unités de signification : la plus petite unité de signification s'appelle le morphème.

Chat = 1 morphème
Chaton = 2 morphèmes (animal + petit de l'animal)
Chatons = 3 morphèmes (animal + petit de l'animal + pluriel)

On peut s'appuyer aussi sur la morphologie pour mener à bien l'apprentissage du décodage et aussi de l'encodage.

S'intéresser à la morphologie, c'est aider les élèves à acquérir une meilleure orthographe.

B. De la nécessité d'une analyse approfondie

Voici les deux extraits de manuels issus de la même maison d'édition, ce qui peut être particulièrement intéressant pour vous sensibiliser au fait que vous ne devez pas procéder par raccourcis en considérant qu'un même éditeur renvoie nécessairement à une seule méthode. Une maison d'édition peut très bien faire le choix d'offrir aux enseignants des manuels variés pouvant correspondre aux divers « profils pédagogiques » d'enseignants.

ATTENTION Soyez vigilant ! Nous vous précisons à cette occasion qu'un manuel scolaire est un objet commercial et n'a pas le statut de document officiel, contrairement au *BO*, aux programmes par exemple.
De nombreux candidats imaginent qu'à partir du moment où ils lisent sur la couverture de l'ouvrage « conforme aux programmes » le manuel est en quelque sorte nécessairement respectueux de ceux-ci. C'est bien évidemment le plus souvent le cas mais cette indication n'est pas délivrée par le ministère de l'Éducation nationale qui ne relit pas les ouvrages avant parution.

Je lis **Mona a mis ses bottes et une robe en laine. Elle part marcher dans la forêt avec Tom et Fifi. Tom a mis des bananes et des bonbons dans ses poches. Il est toujours affamé.**

Les enfants découvrent une biche et son bébé, roulés en boule sous un arbre.
– Ils ont faim et froid ! dit Mona.

Tom pose son blouson sur la biche. Ensuite, Mona et ses cousins ramènent la biche et son petit faon au chalet. Ils font brûler des bûches dans la cheminée, pour les réchauffer.

Tom pose un bol de lait sous la table, pour la maman, et donne le biberon au faon.

– J'aimerais qu'ils restent là tout le temps, dit Fifi.

– Non, répond Mona, demain ils repartiront dans la forêt. C'est leur maison à eux.

Compréhension

- Pourquoi Mona et ses cousins ramènent-ils la biche et le faon au chalet ?
- Explique avec tes mots l'expression « roulés en boule ».

Expression orale

- Mona a mis des bottes et une robe en laine. Et toi, quels vêtements mettrais-tu à la montagne ?
- Quels autres animaux peut-on rencontrer à la montagne ?

64

J'étudie le code

[b]

b B *b B*

une banane

une banane

Je vois b dans les mots et j'entends [b].

un blouson

un bébé

une table

une biche

Je lis des syllabes et des mots.

ba bi bu be bo bou bon bé bui

bé → bébé	bi → biberon	bou → bouton	bui → buisson
bon → bonté	bom → bombe	ble → table	ble → sable
bre → brebis	bru → brune	brou → brouter	bar → barbe

Je sais lire tout seul

- **des syllabes**

  ba – fi – cha – bou – to – bui – bé – bu – bra
- **des mots**

  ma balle ▸ mes balles ton bol ▸ tes bols
- **des phrases**

  Il y a une biche et son bébé sous un arbre.
  Mona, Fifi et Tom les ramènent au chalet. Mona met des bûches dans la cheminée. Puis Tom prépare du lait.
  Plus tard, la biche et son petit repartiront dans la forêt.
- **une histoire**

  Boris et Bruno sont dans le parc. Ils ont un ballon.
  Mais le ballon tombe dans la mare. Boris est très triste car c'est son ballon.

Mots-outils

toujours
dans

65

Source : *Je lis avec Mona et ses amis*, Magnard, 2012.

[b]

Je cherche

b B
b B

une robe
une robe

J'observe

un bonhomme

un banc

un tablier

6 *Le Petit Bonhomme de pain d'épices* • 1

Je combine

ba bu bi bé bei bra ble

bli bri bar bou ban brou

Je déchiffre

un **bébé**	un **a**r**bre**	un ta**bou**ret	il ha**bi**te
une **ba**lle	un **bou**quet	une **bu**lle	elle **brou**te
un **ba**lai	un **bu**ffet	un a**bri**	**ble**u
une **bar**be	une **bre**bis	une **ban**que	**bl**anc

Je lis et je comprends

La dame qui habite ici prépare de la pâtisserie, sous le regard attendri de son mari. Elle a mis sur la table : un bol, du beurre, de la farine...
Que va-t-elle faire de cette boule de pâte ? Une brioche ? Des madeleines ? Une tarte ? Des biscuits ? Mystère !
Tous ces préparatifs lui mettent l'eau à la bouche !

▲ **Vrai ou faux ?**
1 La dame fait de la cuisine.
2 Elle a fait une boule de pâte.
3 Elle prépare de la soupe dans un bol.
4 Il y a du beurre dans sa recette.

Le Petit Bonhomme de pain d'épices • 1 7

Source : *Rue des Contes*, Magnard, 2006.

ATTENTION Vous veillerez à distinguer le terme de manuel de celui de méthode, les candidats confondant souvent les deux substantifs.
Un manuel = livre scolaire se référant à une méthode = démarche d'apprentissage.

Afin de vous permettre d'étayer votre réponse théoriquement, il est nécessaire de vous appuyer sur vos connaissances liées à l'apprentissage de la lecture.

Le point théorique rapide suivant, synthétisé par Ana Dias-Chiaruttini, maître de conférences en sciences de l'éducation à l'université Lille 3, a pour but de vous y aider.

C. Pour être au clair sur les méthodes de lecture

Nous vous présentons un rapide panorama des différentes méthodes d'apprentissage de la lecture.

a. Méthodes donnant la priorité à l'apprentissage du code

Ces **méthodes « ascendantes »** ont pour point commun de se vouloir cartésiennes et d'aller du simple au complexe, à savoir de la lettre – ou du phonème – à la syllabe, de la syllabe au mot, du mot à la phrase.

1. Méthode syllabique

Ces méthodes sont dites syllabiques ou synthétiques car elles partent des lettres ou des sons pour constituer des syllabes avec lesquelles pourront être formés des mots.

- **À partir des lettres**

C'est le **B A, BA**, c'est la méthode Boscher, 1928 : études des voyelles, puis découverte de consonne ce qui permet en assemblant les deux de former une syllabe ma / te / si / po / ru.

D'autres manuels mettent en œuvre le même principe avec une progression dans l'apprentissage des voyelles et des consonnes qui sécurisent les maîtres (cf. *Ratus et ses amis*, *Léo et Léa*).

- **À partir des sons**

Dans les années 1970 arrive en France une méthode qui nous vient du Canada et qui semble bouleverser l'apprentissage de la lecture. Il s'agit d'une **méthode à base phonologique** appelée « Le Sablier ». L'essentiel du travail consistait en l'épellation phonétique, l'analyse de la chaîne parlée, pour y repérer ou isoler des phonèmes dans des phrases et des mots. On apprenait alors les différentes correspondances phonie/graphie qui faisaient le travail de la semaine. On y rencontre une **accumulation de graphies très variées pour un même phonème**, de natures très différentes (par exemple, une même leçon sur le son [é] présente les graphèmes « é », « er », « ez »). Le danger était surtout une **réduction du système orthographique à des relations graphophoniques** qui nie la morphologie et ignore ainsi des terminaisons porteuses de sens lexical ou grammatical.

Cette méthode a rapidement disparu mais il en reste le point de départ phonologique, majoritaire dans les manuels et les pratiques et l'habitude d'entraîner les enfants à constater la présence ou l'absence de phonème (cf. le « j'entends / j'entends pas »). C'est le cas de *Paginaire* au CP ou *Au fil des mots.*

Il est par ailleurs intéressant d'observer les progressions proposées par ces manuels et la fréquence des phonèmes en français.

LA FRÉQUENCE DES PHONÈMES EN FRANÇAIS (1)

PHONÈMES	EXEMPLES (%)	FRÉQUENCE	PHONÈMES (%)	EXEMPLES	FRÉQUENCE
[a]	plat	8,1	[y]	rue	2,0
[r]	rat	6,9	[ ]	ton	2,0
[l]	lait	6,8	[ ]	jeu	1,7
[e]	dé	6,5	[o]	bosse	1,5
[s]	sac	5,8	[ ]	brin	1,4
[i]	[illegible]	5,6	[f]	tin	1,3
[e]	paix	5,3	[b]	bain	1,2
[ ]	cheval	4,9	[j]	taille_—	1,0
[t]	tas	4,5	[w]	oui	0,9
[k]	cas	4,5	[ ]	puis	0,7
[p]	pas	4,3	[z]	zèbre	0,6
[d]	dos	3,5	[ ]	pneu	0,6
[m]	mot	3,4	[ ]	vache	0,5
[ ]	blanc	3,3	[ ]	brun	0,5
[n]	nid	2,8	[œ]	coeur	0,3
[u]	cour	2.7	[g]	gare	0.3
[v]	vie	2.4	[ ]	pâte	0.2
[o]	mot	2,21	[ ]	borgne	0.1

(1) J. Peytard et E. Genouvrier, *Linguistique et enseignement du français*, Larousse, 1970.

2. Méthode globale et ses dérivées

Ces méthodes **ne recourent pas à un manuel** et étaient à l'origine centrées sur l'enfant (cf. les recommandations de l'éducateur belge Ovide Decroly). Aujourd'hui, la méthode globale ne s'inspire pas de cette pédagogie. On part de **phrases significatives** pour l'enfant et leur confrontation permet de **retrouver des mots identiques dans des phrases différentes**. Ils constituent alors un capital de mots que l'on isole, des lettres à partir desquelles on compose des syllabes qui servent à leur tour à composer des mots.

3. La méthode naturelle (Célestin Freinet)

Son originalité réside dans le **recours dominant et parfois quasi exclusif à des textes produits par des élèves d'autres classes**, ceux qu'ils reçoivent en retour de leurs correspondants. De plus, il y a recours à l'imprimerie. Aujourd'hui les enfants utilisent l'informatique pour écrire leurs textes.

4. Les méthodes dites mixtes

Beaucoup de manuels de lecture ont été qualifiés par leurs auteurs de méthodes mixtes à départ global. Ils avaient pour objectif de fournir aux enseignants une méthode « clés en mains » permettant aux enfants de se **constituer un capital de mots durant les premières semaines de CP avant de passer à l'étude des correspondances entre l'oral et l'écrit**, maîtriser la combinatoire, et accéder ainsi au déchiffrement et à la reconnaissance des mots.

L'inconvénient était surtout dans le contenu et l'intérêt des histoires : des phrases simplistes présentant une famille et des animaux. Par ailleurs ces méthodes sont constituées de différents éléments : livres, livrets, posters, etc.

b. Les méthodes privilégiant l'accès au sens

Les années 1970 voient apparaître une conception nouvelle de l'apprentissage de la lecture qui s'appuie sur le **modèle ascendant** et postule pour l'essentiel que l'enfant doit être entraîné d'emblée à se comporter face à l'écrit comme un lecteur expert dont on pense alors avoir compris la conduite. On retrouve ce postulat décliné par A. Bentolila (*Gafi le fantôme*, 1992), É. Charmeux (*La Lecture à l'école*, 1975), J. Foucambert (*La Manière d'être lecteur,* 1976).

L'apprentissage de la lecture doit porter sur des écrits sociaux vrais et non plus sur des écrits scolaires aménagés. La notion même de manuel de lecture est récusée comme une aberration puisque tous les livres sont écrits pour être lus, sauf un : le manuel de lecture qui ne procure ni plaisir ni information. Il faut surtout proscrire l'oralisation pour que l'enfant accède directement au sens sans passer par le son. Aujourd'hui personne ou presque ne nie l'intérêt de lire avec un projet, de travailler sur des écrits vrais et non trafiqués, des écrits complets.

La question posée à l'époque était la **nécessité ou non d'apprendre la combinatoire**. Éveline Charmeux affirmait en effet : « Le système de correspondances phonies-graphies, loin d'être absent de l'apprentissage y tient une place importante mais comme aboutissement de l'apprentissage et non comme point de départ. » (*Apprendre à lire, échec à l'échec,* Milan éducation, 1998). J. Foucambert bannit lui aussi cet apprentissage puisque l'oralisation et le déchiffrement sont absents du bon lecteur.

c. Les méthodes interactives

Certains enseignants prennent pour support des activités d'apprentissage de la combinatoire des textes qui leur paraissent plus à même de faire sens pour les élèves, et dans des proportions variables selon les classes :

- des extraits tirés d'album ;
- des écrits sociaux dont la lecture a été rendue nécessaire par les projets menés en classe : recettes, invitation, affiches, etc. ;
- des textes écrits par les enseignants à partir des récits de vie racontés par les enfants ;
- des textes écrits par les enfants eux-mêmes, ceux que nécessitent les activités de la classe, ceux qu'ils envoient, reçoivent des correspondants.

Certains manuels sont conçus dans cette volonté de privilégier l'interactivité :

- des ouvrages comportant très tôt des types d'écrits divers : *Dame Broca*, livre d'élève imitant la forme textuelle et la présentation d'un album. L'appareil pédagogique est absent du livre de l'élève ;
- des ouvrages faisant travailler les enfants sur de vrais albums : *Lire-écrire avec Cadou* ;
- des manuels qui s'affranchissent des méthodes et proposent classeur, mallette... cf. *Mika*, *Animalire, le compagnon d'apprentissage des enfants du CP.*

ATTENTION Pour se faire une idée précise des attentes ministérielles actuelles, on lira obligatoirement le livret *Pour enseigner la lecture et l'écriture au CP.* http://cache.media.eduscol.education.fr/file/Actualites/23/2/Lecture_ecriture_versionWEB_939232.pdf

D. Mise en œuvre d'un tableau de synthèse

Afin de vous permettre de construire une analyse organisée, vous pouvez employer un tableau de synthèse qui envisage les différents paramètres à prendre en compte :

Caractéristiques	point de départ des séances (texte, image, etc.)
	mise en projet du lecteur
	méthode retenue
	place réservée au questionnement sur le sens
	types d'exercices d'entraînement proposés
Contenu	univers de référence
	nature des textes (textes authentiques ? artificiels ?)
	variété des types de textes (fictionnels, fonctionnels, etc.)
Matériaux non linguistiques	qualité de l'illustration
	lien illustration/texte
	fonctionnement du support (utilisation réelle de l'image, par exemple)
	signes repères (présence de code, de pictogrammes, etc.)
Matériaux linguistiques	lisibilité
	syntaxe
	vocabulaire

REMARQUE L'analyse porte uniquement sur les deux doubles-pages proposées. Elle ne prend pas en compte les nombreux éléments complémentaires fournis dans les manuels ou guides du maître.

		Rue des contes (2006)	*Je lis avec Mona et ses amis* (2012)
Caractéristiques	Point de départ des séances ?	Illustration où l'élève doit trouver des mots contenant le phonème travaillé	Présence d'un titre, épisode 3, illustration, texte en couleurs destiné à la lecture de l'élève, texte d'une dizaine de lignes que l'élève peut entendre et lire
	Mise en projet du lecteur	Limitée amorce lecture du conte à venir	Mise en relation textes /illustrations pour émission d'hypothèses
	Méthode retenue	Entrée par le code	Entrée par la compréhension

	Place réservée au questionnement sur le sens	Limitée : elle se présente sous la forme d'un vrai/faux en 4 affirmations simples. On peut penser que le maître va poser des questions par ailleurs, ce qui serait souhaitable	On voit apparaître une sous-partie « compréhension » et « expression orale » qui vise la vérification de la compréhension
	Types d'exercices d'entraînement	Observer graphie, lire des syllabes (combinatoire) déchiffrer de nouveaux mots, lire en réinvestissant, progressivité	Observer graphie, voir et entendre lettre et phonème, lire des syllabes, des mots et des phrases (court texte)
Contenu	Univers de référence	Univers du conte Le petit bonhomme de pain d'épices	Univers de référence du manuel, univers de référence de l'enfance
	Nature des textes	Un seul texte : récit au présent, 3e personne du singulier	Récit pour lecture individuelle élève, récit pour lecture du maître et/ou écoute, récits au présent, 3e personne du singulier, avec introduction de courts dialogues
	Variété des types de textes	Un seul texte	Appartiennent tous au récit
Matériaux non linguistiques	Qualité de l'illustration	Illustration de qualité proche de celle d'albums de littérature de jeunesse	Illustrations enfantines réalisées pour le manuel
	Lien illustration/ textes	Recherche de mots, recherche d'informations, aide à la compréhension	Recherches d'hypothèses, d'informations, vérification de compréhension
	Signes repères	Logos, couleurs, implique l'élève : « je cherche, j'observe, je combine, je déchiffre, je lis et je comprends »	Couleurs, logos, entrées impliquant l'élève : « je lis », « j'étudie le code », « je vois et j'entends », « je lis des syllabes et des mots »...
	Fonctionnement du support	Clarté de la disposition, aérée	Clarté de la disposition, aérée
Matériaux linguistiques	Lisibilité	Lisible, emploi de couleurs	Lisible, emploi de couleurs
	Syntaxe	Phrases courtes, parfois syntaxiquement un peu éloignées de la norme : « La dame fait de la cuisine » à la place de « La dame fait la cuisine »	Diversité de la longueur des phrases, approche de la notion de pluriel : « ma balle ⇨ mes balles » lecture de textes, lecture de phrases présence de mots-outils
	Vocabulaire	Adapté	Adapté

À partir de cette analyse comparative, vous pouvez décrypter les activités proposées par le manuel, par exemple, en réception :

– repérer si le son est dans les mots illustrés, puis, dans un deuxième temps, de localiser le son dans le mot ;
– lire seul des syllabes comprenant ou non le son.

On constatera que ces manuels ne proposent pas de phase de production, ce qui n'est guère surprenant car bien souvent ces phases sont travaillées en classe avec le maître mais aussi à l'aide des cahiers d'exercices fréquemment associés aux manuels.

CONSEIL Pour faire la différence... n'hésitez pas à faire appel aux connaissances et compétences acquises lors d'éventuels stages d'observation ou de pratique accompagnée pour appuyer votre approche des documents qui vous sont proposés.

Si l'on peut constater un certain nombre de points communs, on perçoit néanmoins que ces deux manuels privilégient des entrées différentes et que le premier propose une démarche donnant la priorité à l'apprentissage du code tandis que le second privilégie une entrée par la compréhension. Aucun des deux manuels n'évacue l'une ou l'autre des démarches. Il s'agit plutôt de percevoir que ce sont les portes d'entrée qui diffèrent.

5. Si la question demande d'analyser une production d'élève

Il faut citer les principales compétences attendues à la fin du cycle concerné par le niveau de classe de l'élève dans le domaine à traiter pour en tirer des conclusions sur le niveau réel de l'élève, ce qui correspond ici à situer la place et le niveau de traitement de la notion, même si le terme « notion » est réducteur dans ce cas.

Si l'analyse porte sur une **production écrite**, s'appuyer sur la grille **EVA** mise au point par les chercheurs du groupe EVA (INRP, département Didactiques des disciplines, équipes français 1er degré).

ATTENTION N'oubliez pas de toujours annoncer dans une rapide introduction les modalités d'analyse que vous privilégiez et pourquoi.

A. Pour être au clair sur l'évaluation des écrits à l'école

- **Cohérence pragmatique**

Opérations intellectuelles pratiquées avant la production :

– le texte produit correspond-il au but visé ?
– le genre du texte est-il adéquat ?
– dans le contexte scolaire, le texte répond-il à la consigne ?

- **Cohérence textuelle**

Structuration du texte

1. Superstructure, schéma résumant l'écrit :

– schéma narratif : situation initiale, rupture, action, sanction, situation finale ;
– schéma actantiel : relations entre les personnes ;
– introduction/développement/conclusion.

2. Organisateurs du texte :
- mise en page : paragraphes, sauts de lignes, retraits ;
- respect des caractéristiques du type de texte.

3. Cohérence du système des temps, au niveau du texte globalement :
- emploi des temps en fonction du type d'écrit.

4. Cohérence de la progression des idées, règles de la rhétorique :
- règle de répétition : les éléments repris d'une phrase à l'autre ne doivent pas être répétés, mais remplacés par des anaphores ou des ellipses ;
- règle de progression : d'une phrase à l'autre, le texte doit apporter des informations nouvelles.

Thème : objet, personne dont on parle. Rhème : apporte des précisions, des informations sur le thème.

+ Progression à thème constant : la narration reprend le thème d'une phrase à l'autre.

+ Progression à thème éclaté : la narration reprend le thème d'une phrase à l'autre, mais sous forme de sous-thèmes appartenant au thème.

+ Progression linéaire : le rhème d'une phrase devient thème dans la phrase suivante.

- règle de non-contradiction : aucun élément, d'une phrase à une autre, ne doit être en contradiction avec les informations apportées ;
- règle de relation : les faits décrits doivent être reliés les uns aux autres, même si certaines informations peuvent ne pas être données explicitement.

■ **Cohérence énonciative**
- énonciation : qui écrit ? à qui ? où ? quand ? comment ? pourquoi ?
- permanence du régime énonciatif choisi : cacher ou montrer l'énonciation ;
- fonction de guidage du lecteur : utilisation d'embrayeurs et de déictiques, concordance des temps ;
- intégration et pertinence des dialogues.

■ **Cohérence sémantique**
- niveau de langue pertinent ;
- vocabulaire adapté à l'écrit produit ;
- articulation entre les phrases.

■ **Morphosyntaxe**
- les phrases sont-elles correctes ?
- concordance des temps au niveau de la phrase ;
- maîtrise de la morphologie verbale et de l'orthographe.

■ **Cohérence matérielle**
- choix du support adapté ;
- typographie : police, lisibilité ;
- organisation de la page ou silhouette du texte.

Cette grille que l'on peut qualifier de « théorisée » n'est évidemment pas un outil employé par l'enseignant avec ses élèves, néanmoins, elle est à l'origine de nombreuses grilles d'évaluation critériées que l'on rencontre dans les classes.

ATTENTION Certains correcteurs considèrent que des modèles de grilles peuvent être trop enfermants et contraignants aussi bien pour l'enseignant que pour les élèves. Sachez faire preuve de modération en ne prônant pas l'emploi de grilles très détaillées en toutes circonstances.
Mais veillez à faire reposer néanmoins vos analyses sur des observables clairs, compréhensibles et surtout construits avec les élèves.

Si on vous demande d'analyser les compétences de scripteur d'un élève, vous devez vous appuyer sur des éléments théoriques clairs. C'est pourquoi nous vous proposons un point rapide sur ce sujet.

B. Pour être au clair sur l'apprentissage de l'écriture

Comment les élèves apprennent-ils à écrire ? Savoir distinguer : graphie et écriture.

Les textes ci-dessous sont des extraits du programme de l'école maternelle dans la partie Mobiliser le langage dans toutes ses dimensions.

- **Les exercices graphiques**

Il faut plusieurs années aux enfants pour acquérir les multiples habiletés nécessaires à l'écriture : utiliser leur regard pour piloter leur main, utiliser de façon coordonnée les quatre articulations qui servent à tenir et guider l'instrument d'écriture (épaule, coude, poignet, doigts), contrôler les tracés, et surtout tracer volontairement des signes abstraits dont ils comprennent qu'il ne s'agit pas de dessins mais de lettres, c'est-à-dire d'éléments d'un code qui transcrit des sons. Les exercices graphiques, qui permettent de s'entraîner aux gestes moteurs, et l'écriture proprement dite sont deux choses différentes. L'enseignant veille à ce qu'elles ne soient pas confondues.

En petite section, les exercices graphiques, en habituant les enfants à contrôler et guider leurs gestes par le regard, les entraînent à maîtriser les gestes moteurs qui seront mobilisés dans le dessin et l'écriture cursive, à prendre des repères dans l'espace de la feuille. En moyenne et grande sections, ils s'exercent régulièrement à des tâches de motricité fine qui préparent spécifiquement à l'écriture. Ils s'entraînent également aux gestes propres à l'écriture et ils apprennent à adopter une posture confortable, à tenir de façon adaptée l'instrument d'écriture, à gérer l'espace graphique (aller de gauche à droite, maintenir un alignement…). L'enseignant varie les modèles et accorde du temps aux démonstrations qui permettent l'apprentissage de leur reproduction.

L'écriture en capitales, plus facile graphiquement, ne fait pas l'objet d'un enseignement systématique ; lorsqu'elle est pratiquée par les enfants, l'enseignant veille au respect de l'ordre des lettres et met en évidence les conséquences du respect ou non de cet ordre sur ce qui peut ensuite être lu. L'écriture cursive nécessite quant à elle un entraînement pour apprendre à tracer chaque lettre et l'enchaînement de plusieurs lettres, en ne levant qu'à bon escient l'instrument d'écriture. Cet entraînement ne peut intervenir que si les enfants ont acquis une certaine maturité motrice : s'il peut avec certains être commencé en moyenne section, c'est en grande section qu'il a le plus naturellement sa place, et souvent en deuxième partie d'année. Il devra être continué de manière très systématique au cours préparatoire. L'écriture régulière du prénom fournit une occasion de s'y exercer, les enfants ayant un moindre effort de mémoire à fournir et pouvant alors se concentrer sur la qualité du tracé.

À partir de la moyenne section, et régulièrement en grande section, l'enseignant explique la correspondance des trois écritures (cursive, script, capitale). Les enfants s'exercent à des transcriptions de mots, phrases, courts textes connus, à leur saisie sur ordinateur. Travaillant alors en binôme, ils apprennent nombre de relations entre l'oral et l'écrit : un enfant nomme les lettres et montre, le second cherche sur le clavier, ils vérifient ensemble sur l'écran, puis sur la version imprimée.

L'objectif étant de construire la valeur symbolique des lettres, l'enseignant veille à ne jamais isoler les trois composantes de l'écriture : la composante sémantique (le sens de ce qui est écrit), la composante symbolique (le code alphabétique) et la composante motrice (la dextérité graphique).

- **Les essais d'écriture de mots**

Valoriser publiquement les premiers tracés des petits qui disent avoir écrit, c'est mettre toute la classe sur le chemin du symbolique. S'il s'agit de lignes, signes divers ou pseudo-lettres, l'enseignant précise qu'il ne peut pas encore lire. À partir de la moyenne section, l'enseignant fait des commandes d'écriture de mots simples, par exemple le nom d'un personnage d'une histoire. Le but est que les enfants se saisissent des apports de l'enseignant qui a écrit devant eux, ou des documents affichés dans la classe qui ont été observés ensemble et commentés. Leurs tracés montrent à l'enseignant ce que les enfants ont compris de l'écriture. Une fois les tracés faits, l'enseignant lit, ou bruite ou dit qu'il ne peut pas encore lire. Il discute avec l'enfant, il explique lui-même les procédés utilisés et écrit la forme canonique en faisant correspondre unités sonores et graphèmes. L'activité est plus fréquente en grande section.

L'enseignant ne laisse pas croire aux enfants que leurs productions sont correctes et il ne cherche pas non plus un résultat orthographique normé : il valorise les essais et termine par son écriture adulte sous l'essai de l'élève.

- **Les premières productions autonomes d'écrits**

Lorsque les enfants ont compris que l'écrit est un code qui permet de délivrer des messages, il est possible de les inciter à produire des messages écrits. En grande section, les enfants commencent à avoir les ressources pour écrire, et l'enseignant les encourage à le faire ou valorise les essais spontanés. L'enseignant incite à écrire en utilisant tout ce qui est à leur portée. Une fois qu'ils savent exactement ce qu'ils veulent écrire, les enfants peuvent chercher dans des textes connus, utiliser le principe alphabétique, demander de l'aide. Plus ils écrivent, plus ils ont envie d'écrire. L'enseignant accepte qu'ils mêlent écriture en capitales pour résoudre des problèmes phonographiques et écriture en cursive. Lorsqu'ils ne se contentent plus de recopier des mots qu'ils connaissent, mais veulent écrire de nouveaux mots, ils recourent à différentes stratégies, en les combinant ou non : ils peuvent recopier des morceaux pris à d'autres mots, tracer des lettres dont le son se retrouve dans le mot à écrire (par exemple les voyelles), attribuer à des lettres la valeur phonique de leur nom (utiliser la lettre K pour transcrire le son /ca/). La séparation entre les mots reste un problème difficile à résoudre jusqu'au CE1.

Les premiers essais d'écriture permettent à l'enseignant de voir que les enfants commencent à comprendre la fonction et le fonctionnement de l'écriture, même si ce n'est que petit à petit qu'ils en apprendront les règles. Il commente ces textes avec leurs auteurs (ce qu'ils voulaient dire, ce qu'ils ont écrit, ce qui montre qu'ils ont déjà des savoirs sur les textes écrits), puis il écrit en français écrit normé en soulignant les différences. Il donne aussi aux enfants les moyens de s'entraîner, notamment avec de la copie dans un coin écriture aménagé spécialement (outils, feuilles blanches et à lignes, ordinateur et imprimante, tablette numérique et stylets, tableaux de correspondance des graphies, textes connus). Un recueil individuel de ces premières écritures peut devenir un dossier de référence pour chaque élève, à apporter pour leur rentrée au CP.

6. Si la question porte sur l'analyse de « documents-enseignant »

Si la question porte sur une fiche de préparation, vous devez vous interroger sur :

- La place de la séance, de la séquence au sein de l'année ;
- A-t-on des informations précises sur le ou les objectifs travaillés ? On peut vous demander de les déduire ou de les préciser ;
- Quelles références aux programmes ? Au socle ?
- Quelle durée des activités ? Cette durée est-elle adaptée à l'âge des élèves ?
- Sur l'activité de l'élève, du maître ? Qui travaille ? Quelles activités proposées ? À quel rythme, avec quelle variété ? Intérêts et limites des activités ?
- Quelles démarches pédagogiques sont employées ?
- Comment la différenciation pédagogique est-elle prise en compte si elle l'est ?
- Quelle formulation des consignes ? Claires, explicites, composées de plusieurs parties ?
- Quels dispositifs pédagogiques retenus ? Travaux de groupes, binômes, individuel... ? Sont-ils variés ?
- Comment l'erreur est-elle envisagée ? Est-elle anticipée ? Y a-t-il des variantes de l'activité prévues en cas d'échec des élèves ?
- Quelles modalités d'évaluation retenues (diagnostique, formative, sommative) ?

FOCUS : L'évaluation diagnostique, formative, sommative et certificative

L'évaluation fait partie intégrante du processus d'apprentissage. Elle joue un rôle essentiel en fournissant des renseignements utiles pour guider l'enseignant, pour aider les élèves à atteindre les compétences attendues et pour vérifier les progrès et les réalisations. L'évaluation est une prise d'information. Vous veillerez à ne pas systématiquement superposer les notions d'évaluation et de notation.

Pour l'évaluation en classe, les enseignants recourent à toutes sortes de stratégies et d'outils différents, et ils les adaptent de façon à ce qu'ils répondent au but prévu et aux besoins individuels des élèves.

On distingue ordinairement :

– l'**évaluation diagnostique** : située en début de séance, de séquence, elle vise à prendre des informations sur l'état des connaissances, représentations des élèves sur l'objet abordé ;

– l'**évaluation formative** : de forme souple, orale, écrite, elle permet de vérifier l'état des compétences des élèves en cours d'apprentissage et donc de réguler son enseignement. Quand les critères sont élaborés avec les élèves on parle d'évaluation formatrice ;

– l'**évaluation sommative** : elle intervient en fin de séance, de séquence et vise à vérifier le degré d'atteinte des compétences travaillées ;

– l'**évaluation certificative** : elle est sommative et elle permet d'attester un niveau de compétences.

7. Si la question porte sur une programmation ou sur une progression

N'oubliez pas la **référence aux programmes** !

Pour mémoire, une programmation correspond à la déclinaison des programmes dans l'année scolaire tandis qu'une progression part des compétences de fin de cycle, les décline selon les différents niveaux du cycle et envisage les critères d'évaluation qui leur seront associés.

Vous devez bien évidemment vous référer aux programmes en vigueur. N'hésitez pas à vous abonner à la liste de diffusion initiée par le ministère de l'Éducation nationale pour accompagner la mise en œuvre des nouveaux programmes[1] .

On peut avoir à analyser une programmation et une progression de français prévues par un enseignant ou une équipe d'enseignants.

On s'attachera à observer l'ordre, la durée, la progressivité, la progression (spiralaire ou non), l'articulation des séquences entre elles, la variété des supports envisagés.

Compte tenu de la mise en place des nouveaux cycles de la rentrée 2016, on pourrait imaginer que l'on vous demande de comparer deux séances de français, l'une élaborée par un enseignant de CM2, l'autre par un professeur de 6e. Dans un ordre

1. https://liste-diff.adc.education.fr/wws/subscribe/ressources-programmes-2016

d'idée approchant, on pourrait soumettre aux candidats une comparaison de deux manuels traitant de la même notion grammaticale, orthographique, lexicale, voire d'un même texte.

Ces entrées ne sont bien sûr pas exclusives et peuvent être intriquées entre elles.

8. Si la question demande de faire un choix raisonné d'activités

La question peut aussi demander de **choisir** parmi **des supports** proposés (ensemble d'exercices) ceux qui sont **pertinents pour l'enseignement de la notion à un niveau donné**. On vous demandera le plus souvent de définir les objectifs d'apprentissages recherchés, les intérêts et les limites des activités proposées. On pourra vous demander à votre tour, en vous appuyant sur les supports, de présenter quelques activités que vous jugeriez pertinentes.

Lisez très attentivement la question pour vérifier si :

- le choix doit se faire uniquement parmi les supports soumis à l'étude ;
- si vous devez vous-même proposer l'ensemble des activités ;
- si vous pouvez mêler activités du support et activités de votre cru.

Pensez à :

- associer à chaque activité retenue (qu'elle vienne de vous ou des supports) une justification en termes d'objectifs (du côté du maître) ou de compétences (du côté de l'élève) – par exemple : pour travailler ceci…, je proposerais cela…
- sans oublier de situer ces objectifs et compétences par rapport aux textes officiels relatifs au cycle concerné et à la classe ;
- organiser les activités dans une progression de type : évaluation diagnostique, mise en place du problème, conceptualisation, structuration, évaluation formatrice, remédiation, évaluation finale (mais on ne vous demande pas toujours une progression complète ! et tous les thèmes de travail ne le permettent pas…) ;
- ne pas plaquer des activités passe-partout mais bien vérifier la pertinence de vos propositions par rapport aux notions et compétences à faire travailler…
- ne pas oublier de **présenter quelques activités pédagogiquement différenciées.**

CONSEIL Gardez toujours en tête le référentiel de compétences professionnelles des enseignants de juillet 2013 et n'hésitez pas à y faire référence.

9. Si la question porte sur une mise en situation d'enseignement (analyse d'évaluations, de transcriptions…)

Ce type de question reprend certaines entrées des analyses précédentes… On s'intéresse à la fois à l'**activité de l'élève** mais aussi à **celle de l'enseignant.**

On peut analyser les supports de la même manière, en circonscrivant les observations à ce que l'on a sous les yeux (par exemple, pas la peine de s'interroger sur la présence ou l'absence d'illustrations dans une préparation d'enseignant…).

Si l'on vous demande par exemple d'analyser l'intervention de l'enseignant (dans les interlignes) sur cette production de récit réalisée par une élève de CM1. Il s'agit ici d'une suite de texte, c'est-à-dire de poursuivre un récit déjà entamé :

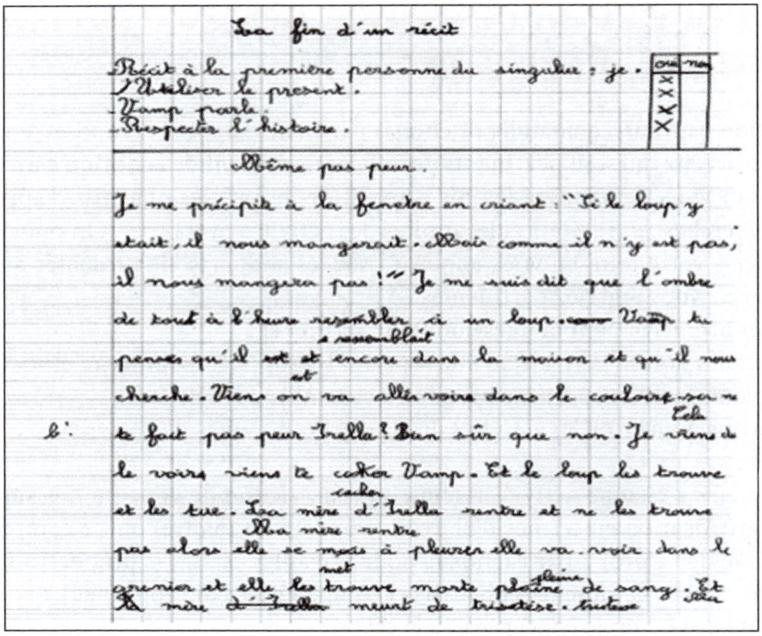

La fin d'un récit

	oui	non
Récit à la première personne du singulier : je.	X	
Utiliser le present.	X	
Vamp parle.	X	
Respecter l'histoire.	X	

Même pas peur.

Je me précipite à la fenetre en criant : "Si le loup y
etait, il nous mangerait. Mais comme il n'y est pas,
il nous mangera pas !" Je me suis dit que l'ombre
de tout à l'heure resembler à un loup. Vamp te
ressemblait
penses qu'il est et encore dans la maison et qu'il nous
est
cherche. Viens on va aller voire dans le couloire sa ne
Cela
l': te fait pas peur Irella ? Bien sûr que non. Je viens de
le voire viens te cotter Vamp. Et le loup les trouve
cacher
et les tue. La mère d'Irella rentre et ne les trouve
Ma mère rentre
pas alors elle se mets à pleurer elle va voir dans le
met
pleine
grenier et elle les trouve morte plaine de sang. Et
la mère d'Irella meurt de trisetèse. tristesse

Dans un premier temps, vous devez analyser la consigne, la production de l'élève en elle-même avec ses réussites et ses lacunes et constater que le maître a pris la peine de faire précéder la production d'une grille d'évaluation critériée.

Ceci vous donne l'occasion de montrer au correcteur que vous êtes capable de « décrypter » le support que vous avez sous les yeux. Vous rappelez en quelques mots ce qu'est la production d'écrit, signalez qu'il s'agit d'une production individuelle évaluée donc potentiellement d'une version qui ne relève pas d'un premier jet.

Vous procédez à votre propre analyse de la production de l'élève, la mettez en regard avec les critères d'évaluation. Et enfin, vous vous attachez à analyser l'intervention du maître sur la copie.

Vous pourriez constater que l'enseignant, s'il connaît l'existence de grille d'évaluation critériée, ici une grille d'auto-évaluation, ne se penche que sur les erreurs orthographiques commises par l'élève. C'est-à-dire qu'il ne s'attache absolument pas aux problèmes de cohérence, cohésion, énonciation particulièrement importants dans ce récit.

PARTIE 2

L'épreuve écrite de mathématiques

Programme et planning de révisions

Programme

- Le nombre et les nombres (entiers, décimaux, rationnels, réels) et les relations entre diverses représentations (fractionnaire, décimale, scientifique).
- Opérations sur les nombres.
- Représentations des relations entre les nombres : égalité, ordre, approximation.
- Notions de proportionnalité (fonction linéaire).
- Mesures (longueur, masse, durée, vitesse, aire, volume) en relation avec les sciences expérimentales.
- Éléments simples de géométrie plane (droite, angles, figures classiques et propriétés principales, symétries, homothéties, rotations) et de géométrie dans l'espace (quelques solides usuels et propriétés principales).
- Éléments sur l'utilisation des calculatrices électroniques et d'outils informatiques simples (tableurs).
- Représentation et interprétation simple de données (tableaux, diagrammes, graphiques).

Planning de révisions

Périodes*	Thèmes à étudier	
Période 1	– Numérisation – Division euclidienne – Alignement	– Parallélisme et perpendicularité – Fractions décimaux – Addition et soustraction
Période 2	– Équation et inéquation – Résolution de problèmes – Triangles – Quadrilatères	– Multiples et diviseurs – Théorème de Pythagore – Cercle et disque
Période 3	– Polygones – Proportionnalité – Pourcentages	– Théorème de Thalès – Durées – Vitesse et échelles
Période 4	– Fonctions – Graphiques – Symétrie	– Aires et périmètre – Volumes – Solides
Période 5	Révisions générales	

* Sachant qu'une période équivaut à environ 1 mois.

Nombres

Le cours

1 | Nombres et opérations

1. Les fractions

Afin de procéder à des partages et à des répartitions, les Égyptiens et les Babyloniens ont inventé les fractions, mais de manière indépendante. Alors que les premiers n'employaient que des fractions de numérateur 1, les seconds utilisaient des fractions ayant comme dénominateurs des puissances de 60. Les Grecs, qui ne considéraient pas les fractions comme des nombres mais comme des **rapports**, les employaient constamment dans leurs calculs, en astronomie particulièrement. Au xe siècle après J.-C., les mathématiciens arabo-musulmans ont introduit les **fractions décimales** qui représentèrent une innovation très importante.

> Une fraction est décimale quand elle est égale à une fraction ayant une puissance de 10 (10, $10^2 = 100$, $10^3 = 1\,000$, $10^4 = 10\,000$, etc.) comme dénominateur.

Exemple : $\frac{3}{5}$ est une fraction décimale car $\frac{3}{5} = \frac{3 \times 2}{5 \times 2} = \frac{6}{10}$. Même chose pour $\frac{12}{75}$ car on a $\frac{12}{75} = \frac{12 \div 3}{75 \div 3} = \frac{4}{25} = \frac{4 \times 4}{25 \times 4} = \frac{16}{100}$.

> Soit p et q deux entiers naturels quelconques. Une fraction dont le dénominateur est de la forme $2^p \times 5^q$ est décimale. Une fraction irréductible dont le dénominateur n'est pas de la forme $2^p \times 5^q$ n'est pas décimale.

Exemples :

a. $\frac{11}{2^3 \times 5^2} = \frac{11 \times 5}{2^3 \times 5^3} = \frac{55}{(2 \times 5)^3} = \frac{55}{10^3} = \frac{55}{1\,000}$.

b. $\frac{6}{5^4} = \frac{6 \times 2^4}{5^4 \times 2^4} = \frac{6 \times 16}{625 \times 16} = \frac{96}{10\,000}$.

c. Malgré les apparences, $\frac{3}{15}$ est une fraction décimale car, après simplification, $\frac{3}{15} = \frac{1}{5}$.

2. Les nombres décimaux

Tout nombre décimal représente une somme de fractions décimales.

Exemple : 0,72 peut être représenté par
$\frac{7}{10} + \frac{2}{100}$; 3,437 peut être représenté par $3 + \frac{4}{10} + \frac{37}{1\,000}$; $\frac{47}{10\,000}$ représente 0,0047.

Toute fraction décimale représente un nombre décimal. On obtient ce nombre en divisant le numérateur de la fraction par le dénominateur.

Exemple : $\frac{432}{100}$ représente le nombre décimal 4,32.

L'ensemble des nombres décimaux est désigné par le symbole $\mathbb{D}$.

Les entiers doivent être considérés comme étant des nombres décimaux puisqu'ils peuvent eux aussi être représentés par des fractions décimales.
Par exemple, $1 = \frac{100}{100}$.

3. Les nombres relatifs

Des nombres tels que + 5, − 7 ou − 34 sont des **entiers relatifs**. Ils ont été inventés aux environs du Ve siècle après J.-C. par des mathématiciens indiens qui désiraient améliorer la tenue de leurs comptes mais, pendant des siècles, ces nouveaux nombres ont été délaissés par de nombreux mathématiciens qui n'y voyaient qu'artifice !

L'ensemble des entiers relatifs est désigné par le symbole $\mathbb{Z}$.

4. Les nombres rationnels

La division des nombres décimaux a réservé quelques surprises quand on s'est rendu compte que le quotient de deux entiers n'est pas toujours un nombre entier ni même un nombre décimal. Il existe des divisions qui conduisent à des quotients ayant un nombre illimité de décimales ! Ainsi la division de 14 par 3 donne 4,66666… ; celle de 52 par 33 donne 1,5757575757… Ces deux quotients sont des **nombres périodiques** : à partir d'un certain rang, le même groupe de chiffres qu'on appelle la **période** revient tout le temps dans la partie après la virgule. La période du quotient de 14 par 3 possède 1 chiffre, celle du quotient de 52 par 33 en possède 2.

D'une façon générale, le quotient de deux entiers est soit un nombre entier, soit un nombre décimal, soit un nombre périodique. En effet, de deux choses l'une : ou la division tombe juste (et le quotient est entier ou décimal) ou bien elle ne tombe pas juste. Dans ce cas, le nombre des restes possibles est limité puisque, dans une division, le reste est nécessairement inférieur au diviseur. Le reste 0 étant exclu, on doit retrouver les mêmes restes dans le même ordre au bout d'un certain temps.

Divisons par exemple 22 par 7. Les restes étant inférieurs à 7, il y en a six possibles : 1, 2, 3, 4, 5 et 6.

$$\begin{array}{l|l} 22 & 7 \\ \hline \ 10 & \\ \ \ 30 & 3{,}1428571\ldots \\ \ \ \ 20 & \\ \ \ \ \ 60 & \\ \ \ \ \ \ 40 & \\ \ \ \ \ \ \ 50 & \\ \ \ \ \ \ \ \ 10 & \end{array}$$

22 n'étant pas un multiple de 7, on est assuré que la division ne peut jamais tomber juste. On doit donc retrouver les six restes possibles de façon périodique.

Observons cependant que le caractère périodique du quotient est souvent masqué. Ainsi, déterminé à l'aide d'une calculatrice, le quotient de 47 par 19 est 2,473684211… (il s'agit d'une valeur approchée). Malgré les apparences, ce nombre est périodique mais sa période n'apparaît pas car elle possède 18 chiffres.

Les surprises de l'infini

Considérons le nombre périodique $x = 0{,}9999999\ldots$
On a $10\,x = 9{,}99999\ldots = 9 + x$.
On en déduit $9x = 9$ d'où $x = 1$.
On a donc $1 = 0{,}999999\ldots$ Il n'y a pas de piège, c'est vrai !

On appelle **nombre rationnel** et on note $\frac{a}{b}$ le quotient de deux entiers quelconques a et b, b étant toutefois différent de 0. L'ensemble des nombres rationnels est désigné par le symbole $\mathbb{Q}$.

5. Les nombres réels

Au XIXe siècle, on a démontré qu'il existe des nombres réels qui ne sont ni décimaux ni périodiques. On les appelle des nombres **irrationnels**.

Des nombres tels que $\sqrt{2}$, $\sqrt{5}$ ou π sont irrationnels.

Le symbole $\sqrt{2}$ (lire racine carrée de 2) désigne le nombre a dont le carré est 2.

Les nombres rationnels et les nombres irrationnels constituent l'ensemble $\mathbb{R}$ des nombres réels.

6. Les différents ensembles de nombres

L'opposition entre les différentes sortes de nombres n'est pas aussi radicale qu'il y paraît. Pour des raisons de cohérence, les mathématiciens ont été amenés à considérer qu'un entier naturel peut être identifié à un entier relatif positif. On a donc $\mathbb{N} \subset \mathbb{Z}$:

lire « l'ensemble des entiers naturels est contenu dans l'ensemble des entiers relatifs » ou bien « tout entier naturel est aussi un entier relatif ».

D'une façon générale, les différents ensembles de nombres sont contenus les uns dans les autres selon le schéma suivant : $\mathbb{N} \subset \mathbb{Z} \subset \mathbb{D} \subset \mathbb{Q} \subset \mathbb{R}$

Faisons le point, dans le tableau suivant, sur la façon de reconnaître les différents types de nombres.

Un nombre est un décimal	– s'il est écrit sous la forme d'un nombre à virgule possédant un nombre fini de décimales. Exemple : 6,784 ; – s'il est écrit sous la forme d'une fraction égale à une fraction décimale.
Un nombre est un rationnel	– s'il est écrit sous la forme d'une fraction quelconque ; – s'il est écrit sous forme d'un nombre.

7. Propriétés de l'addition et de la multiplication

Quels que soient les nombres utilisés, l'addition et la multiplication sont :
– **associatives** : $(a + b) + c = a + (b + c)$ et $(a \times b) \times c = a \times (b \times c)$; cette propriété permet d'écrire les sommes et les produits sans parenthèses ;
– **commutatives** : $a + b = b + a$ et $a \times b = b \times a$.
La multiplication est **distributive** par rapport à l'addition et à la soustraction : $a \times (b + c) = (a \times b) + (a \times c)$ et $a \times (b - c) = (a \times b) - (a \times c)$.

Cette dernière propriété est souvent utilisée en calcul mental. Par exemple, $61 \times 45 = 60 \times 45 + 1 \times 45 = 2\,700 + 45 = 2\,745$.

Cependant, **les opérations inverses ne sont pas toujours définies**. Si on emploie des entiers naturels a et b, la différence $a - b$ n'existe que si $a \geqslant b$. Le mot « existe » signifie ici « est un entier naturel ».

Si on emploie des décimaux a et b et si b est différent de 0, la division de a par b est toujours possible mais ne donne pas toujours un décimal.

Pour simplifier l'écriture des calculs, on convient de certaines **priorités** : la multiplication et la division ont priorité sur l'addition et sur la soustraction. Ainsi $3 \times 2 + 5 = 6 + 5 = 11$ tandis que $3 \times (2 + 5) = 3 \times 7 = 21$.

Valeurs approchées

Dans les calculs numériques, on remplace très souvent les valeurs exactes de certains nombres par des valeurs approchées par défaut ou par excès. Il existe trois raisons à cela :

– certaines opérations ne « tombent pas juste », la division ou l'extraction d'une racine carrée par exemple ;
– les données utilisées dans les calculs ne sont pas toujours connues avec suffisamment de précision ;
– il est inutile de donner un résultat avec trop de décimales.

Exemples : 1,414 est une valeur approchée par défaut de $\sqrt{2}$; 3,1415926 est une valeur approchée par défaut du nombre π.

On peut obtenir des valeurs approchées d'un nombre à virgule en le **tronquant** ou en l'**arrondissant**.

> **Tronquer** un nombre décimal à l'unité, c'est ne conserver que sa partie entière.
> Tronquer un nombre décimal au dixième, c'est ne conserver que sa partie entière et la première décimale.
> Tronquer un nombre décimal au centième, c'est ne conserver que sa partie entière et les deux premières décimales.
> On peut également tronquer un nombre décimal au millième, au dix-millième, etc.

Exemples : 5,6 est la troncature au dixième de 5,673 ; 5,67 est une troncature de ce même nombre au centième.

> **Arrondir** un nombre décimal au dixième, c'est le remplacer par le nombre décimal qui en est le plus proche et qui n'a qu'une seule décimale.
> Arrondir un nombre décimal au centième, c'est le remplacer par le nombre décimal qui en est le plus proche et qui n'a que deux décimales.

Exemples : 3,6 est l'arrondi au dixième de 3,61 car $3{,}7 - 3{,}61 = 0{,}09$ tandis que $3{,}61 - 3{,}6 = 0{,}01$.
3,7 est l'arrondi au dixième de 3,666 car $3{,}7 - 3{,}666 = 0{,}034$ tandis que $3{,}666 - 3{,}6 = 0{,}066$.
3,67 est l'arrondi au centième de 3,666 car $3{,}67 - 3{,}666 = 0{,}004$ tandis que $3{,}666 - 3{,}66 = 0{,}006$.

> On signale qu'un calcul donne un résultat approché en remplaçant le signe $=$ par le signe $\approx$.

Exemple :
On écrira $3{,}5 + \frac{7}{3} \approx 5{,}833$ mais $3{,}5 + \frac{7}{3} = \frac{35}{6}$.

Le calcul $3{,}5 + \frac{7}{3} \approx 5{,}833$ se lit « $3{,}5 + \frac{7}{3}$ *donne 5,833 comme résultat approché* ».

8. Encadrements

Dans les calculs scientifiques et techniques, il est rare d'avoir affaire à des calculs donnant des résultats rigoureusement exacts. Les résultats sont donnés à l'aide de « fourchettes » ou encadrements.

> Dire que deux nombres a et b constituent un **encadrement** d'un nombre x, c'est dire qu'on peut écrire $a < x < b$. Le nombre $b - a$ est l'**amplitude** de l'encadrement.

Exemple : $4{,}242 < \sqrt{18} < 4{,}243$ est un encadrement d'amplitude 0,001 de $\sqrt{18}$.

9. Écriture scientifique des nombres

Pour les avantages qu'elle procure, les scientifiques utilisent une écriture particulière des nombres. À titre d'exemple, choisissons deux nombres décimaux quelconques, par exemple 1 267,35 et 0,0045. On peut écrire 1 267,35 = 1,26735 × 1 000 = 1,26735 × 10^3 et 0,0045 = 4,5 × 0,001 = 4,5 × 10^{-3}. On dit que l'écriture 1,26735 × 10^3 est l'**écriture scientifique** du nombre 1 267,35 ; de même, l'écriture 4,5 × 10^{-3} est l'écriture scientifique de 0,0045.

L'**écriture scientifique** d'un nombre décimal est une écriture de la forme $a \times 10^n$. Dans cette écriture, a est un nombre décimal supérieur ou égal à 1 mais toujours inférieur à 10, n est un entier positif ou négatif.

Les puissances de 10 peuvent s'écrire avec des exposants.
$10^2 = 100$; $10^3 = 1\,000$; $10^4 = 10\,000$; $10^5 = 100\,000$; etc.
$10^{-1} = 0{,}1$; $10^{-2} = 0{,}01$; $10^{-3} = 0{,}001$; $10^{-4} = 0{,}0001$; $10^{-5} = 0{,}00001$; etc.

Quand on connaît l'écriture scientifique d'un nombre décimal, on peut encadrer ce nombre décimal par deux puissances consécutives de 10. Les scientifiques disent que la plus petite de ces puissances est un **ordre de grandeur** de ce nombre.

Exemple : 5 367,8 = 5,3678 × 10^3 ; donc 5 367,8 est compris entre 10^3 et 10^4. On en déduit que 10^3 est un ordre de grandeur de 5 367,8.

2 | Multiples et diviseurs

1. La division euclidienne

Voici deux divisions. Celle de gauche est une **division euclidienne** et celle de droite n'est pas une division euclidienne, c'est une division décimale.

```
4 9 5 9 | 1 2              4 9 5 9     | 1 2
  1 5   |------              1 5       |----------
    3 9 | 4 1 3                3 9     | 4 1 3, 2 5
      3 |                        3 0   |
                                   6 0 |
                                     0 |
```

Dans une division euclidienne ne figurent que des entiers !

Dans la division euclidienne de gauche, 12 est le **diviseur**, 4 959 est le **dividende**, 413 est le **quotient** et 3 le **reste**.

> La division euclidienne d'un entier naturel D par un entier naturel d non nul est une opération qui permet de trouver deux entiers naturels q et r, appelés respectivement le **quotient euclidien** et le **reste euclidien** de la division. Ces deux nombres sont uniques. On a alors $D = d \times q + r$.
> **Le reste r peut être nul mais il est toujours strictement inférieur au diviseur d: $0 \leqslant r < d$.**

En ligne, la division euclidienne de 4 959 par 12 peut s'écrire :
$4\,959 = 12 \times 413 + 3$.

2. Multiples et diviseurs

Faisons la division euclidienne de 901 par 17 : le quotient est 53 et le reste 0. On dit que 901 est un **multiple** de 17 ou, ce qui revient au même, que 17 est un **diviseur** de 901.

> On dit qu'un entier b est **divisible par** un entier a différent de 0 si la division euclidienne de b par a tombe juste et donne un reste égal à 0. On dit aussi que a est un **diviseur de** b et que b est un **multiple de** a.

3. Critères de divisibilité

En principe, une simple division euclidienne suffit pour savoir si un nombre entier est divisible par un autre mais, en pratique, on utilise souvent d'autres moyens appelés **critères de divisibilité**. Voici les principaux, tous très simples à mettre en œuvre.

Un entier est divisible :
- par 2 si son dernier chiffre est 0, 2, 4, 6 ou 8 ;
- par 4 si le nombre formé par ses deux derniers chiffres est divisible par 4 ;
- par 5 si son dernier chiffre est 0 ou 5 ;
- par 10 si son dernier chiffre est 0 ;
- par 3 si la somme de ses chiffres est elle-même divisible par 3 ;
- par 9 si la somme de ses chiffres est elle-même divisible par 9.

Pour reconnaître la divisibilité par 11, le critère est un peu plus complexe à utiliser.
Pour savoir si un entier N est divisible par 11 :
- faire la somme des chiffres qui ont des rangs pairs ;
- faire la somme des chiffres qui ont des rangs impairs.

Si la différence entre ces deux sommes est égale à 0 ou à un multiple de 11, N est divisible par 11.

Exemples :
6 457 est divisible par 11 car $(6 + 5) - (4 + 7) = 0$.
47 619 est divisible par 11 car $(4 + 6 + 9) - (7 + 1) = 19 - 8 = 11$.
7 777 est divisible par 11 car $(7 + 7) - (7 + 7) = 0$.
784 n'est pas divisible par 11 car $7 + 4 - 8 = 3$.

Considérons le nombre 195 qui est divisible par 39. Comme 39 est lui-même divisible par 13, 195 est divisible par 13. On peut généraliser ce résultat :

Soient N, a et b trois entiers non nuls. Si a divise N et si b divise a alors b divise N.

4. Nombres premiers

Il existe une infinité d'entiers tels que 2, 5 ou 17 qui ne sont divisibles que par 1 ou eux-mêmes. Ces entiers sont des **nombres premiers**.

Un nombre entier supérieur ou égal à 2 est premier s'il admet deux diviseurs et seulement deux, 1 et lui-même.

Le nombre 1 ne possède qu'un seul diviseur : il n'est pas premier. Le nombre 2 est donc le plus petit nombre premier. C'est le seul qui soit pair.

		2	3	4	5	6	7	8	9
10	11	12	13	14	15	16	17	18	19
20	21	22	23	24	25	26	27	28	29
30	31	32	33	34	35	36	37	38	39
40	41	42	43	44	45	46	47	48	49
50	51	52	53	54	55	56	57	58	59
60	61	62	63	64	65	66	67	68	69
70	71	72	73	74	75	76	77	78	79
80	81	82	83	84	85	86	87	88	89
90	91	92	93	94	95	96	97	98	99

Les nombres premiers inférieurs à 100 apparaissent en rouge dans le tableau.

Pour construire ce tableau, on a inscrit tous les entiers compris entre 2 et 100 puis on a éliminé d'abord les entiers pairs, ensuite ceux qui sont divisibles par 3, par 5, par 7, etc. À la fin, il ne reste plus que les nombres premiers.

Au IIIe siècle avant J.-C., Euclide a démontré qu'il existe une infinité de nombres premiers mais, après des siècles d'étude, on ne sait toujours pas comment ils se répartissent. Pour prouver qu'un nombre est premier, il suffit en théorie d'essayer de le diviser par tous les diviseurs possibles. Malheureusement, dès qu'on a affaire à des grands nombres, cette méthode devient impossible à mettre en œuvre. Pour démontrer par exemple que le nombre 1 111 111 111 111 111 111 est premier (ce qui est vrai), il faudrait faire des milliers de divisions ! Les mathématiciens contemporains cherchent donc des méthodes plus efficaces… mais forcément beaucoup plus complexes !

5. Décomposition d'un entier naturel en un produit de facteurs premiers

Intéressons-nous par exemple au nombre 4 200. On peut écrire 4 200 sous la forme de produit d'un certain nombre de nombres premiers : $4\,200 = 2 \times 2 \times 2 \times 3 \times 5 \times 5 \times 7$. De façon plus brève, on peut écrire $4\,200 = 2^3 \times 3 \times 5^2 \times 7$.

On dit qu'on a **décomposé** 4 200 en un **produit de facteurs premiers**.

> L'écriture 2^3 se lit 2 exposant 3 ou encore 2 puissance 3. Elle représente le nombre $2 \times 2 \times 2$.

> La décomposition d'un entier en un produit de facteurs premiers est unique. Pour trouver cette décomposition, on essaye de diviser le nombre choisi par chacun des nombres premiers qui lui sont inférieurs, autant de fois que c'est possible pour chacun.

En pratique, on simplifie la recherche en utilisant, si on en connaît, des diviseurs du nombre à factoriser.

Prenons le cas par exemple du nombre 816. On peut observer que 816 est divisible par 3 (la somme de ses chiffres est $8 + 1 + 6 = 15$) et par 4 (ses deux derniers chiffres forment un nombre divisible par 4). On a alors $3 \times 4 = 12$ et $816 \div 12 = 68$.

Mais $68 = 34 \times 2$ soit $2 \times 2 \times 17$. On a donc $816 = 3 \times 4 \times 2 \times 2 \times 17$, d'où la décomposition cherchée : $816 = 3 \times 2 \times 2 \times 2 \times 2 \times 17$.
Finalement $816 = 2^4 \times 3 \times 17$.

6. PPCM de deux entiers naturels

Un entier est un **multiple commun** à plusieurs autres entiers s'il est un multiple de chacun. Ainsi 54 est un multiple commun à 9 et à 27, 100 est un multiple commun à 5 et à 10.

Parmi tous les multiples qui sont communs à deux entiers *a* et *b*, il en existe un qui est le plus petit de tous : c'est leur **plus petit multiple commun**, en abrégé, leur **PPCM**.
Par exemple, 63 est le PPCM de 9 et de 7, 144 est celui de 36 et 48.

Observons que le PPCM de deux entiers n'est pas forcément égal à leur produit. Mais le PPCM de deux entiers est toujours plus grand que chacun d'eux.

Pour calculer le PPCM de deux entiers naturels :
- on les décompose en produits de facteurs premiers ;
- on fait le produit de tous les nombres premiers apparus dans les deux décompositions, qu'ils soient communs ou non, en affectant chacun de son exposant le plus grand.

Exemple :
$12\,600 = 2^3 \times 3^2 \times 5^2 \times 7$ et $528 = 2^4 \times 3 \times 11$.
Le PPCM de ces deux nombres est égal à $2^4 \times 3^2 \times 5^2 \times 7 \times 11$, soit à 277 200.
On vérifie que $277\,200 = 22 \times 12\,600$ et $277\,200 = 525 \times 528$.

7. PGCD de deux entiers naturels

Un entier *d* est un **diviseur commun** à deux entiers *a* et *b* s'il divise à la fois *a* et *b*. Ainsi, 9 divise à la fois 63 et 108 : c'est un diviseur commun à ces deux nombres.

Deux entiers quelconques mais non nuls ont au moins un diviseur en commun : c'est le nombre 1. Ils peuvent n'avoir que ce seul diviseur en commun.

Exemples : 1 est le seul diviseur commun à 15 et à 28 ; 20 et 30 ont 4 diviseurs communs : 1, 2, 5, 10.

Parmi tous les diviseurs qui sont communs à deux entiers *a* et *b* non nuls, il en existe un qui est le plus grand de tous : c'est leur **plus grand diviseur commun**, en abrégé, leur **PGCD**.

Exemples : 10 est le PGCD de 30 et de 50, 24 est celui de 72 et de 120.

Pour calculer le PGCD de deux entiers naturels :
- on les décompose en produits de facteurs premiers ;
- on fait le produit des nombres premiers qui sont communs aux deux décompositions en affectant chacun de son exposant le plus petit.

Bien qu'étant le plus grand de leurs diviseurs communs, le PGCD de deux entiers est toujours inférieur à chacun d'eux.

Exemples :

a. Reprenons les nombres 12 600 = $2^3 \times 3^2 \times 5^2 \times 7$ et 528 = $2^4 \times 3 \times 11$.
Le PGCD de ces deux nombres est égal à $2^3 \times 3$, soit 24.
On vérifie que 12 600 = 525 × 24 et 528 = 24 × 22.

b. Cherchons le PGCD de 840 et de 150.
$840 = 10 \times 84 = 2 \times 5 \times 21 \times 4 = 2 \times 5 \times 3 \times 7 \times 2 \times 2 = 2^3 \times 3 \times 5 \times 7$;
$150 = 10 \times 15 = 5 \times 2 \times 3 \times 5 = 2 \times 3 \times 5^2$.
Les nombres premiers communs aux deux décompositions sont 2, 3 et 5.
Le PGCD de 840 et 150 est donc 2 × 3 × 5 = 30.

8. Nombres premiers entre eux

Le PGCD de deux entiers peut être égal à 1. Prenons l'exemple des nombres 34 et 25.

34 possède quatre diviseurs : 34, 17, 2 et 1 ; 25 en possède trois : 25, 5 et 1.

Seul le nombre 1 est un diviseur commun à 34 et à 25 : on dit que ces deux nombres sont **premiers entre eux**.

Deux nombres entiers sont **premiers entre eux** quand leur PGCD est égal à 1.

Le résultat qui suit rend bien des services dans l'étude de la divisibilité des entiers :

Soit a, b et N trois nombres entiers. Si a et b divisent N et si a et b sont premiers entre eux alors $a \times b$ divise N.

Ainsi, 4 et 9 sont des diviseurs de 3 744 et sont premiers entre eux, donc 4 × 9 = 36 divise également 3 744 puisque 3 744 = 36 × 104. Mais attention ! Si a et b divisent N et si a et b ne sont pas premiers entre eux, alors $a \times b$ ne divise pas nécessairement N. En fait on ne peut rien conclure !

Par exemple, on peut observer que 280 est divisible par 4, par 5, par 10 et par 20. Ses deux diviseurs 4 et 10 ne sont pas premiers entre eux mais 4 × 10 divise 280. Ses deux diviseurs 5 et 20 ne sont pas premiers entre eux non plus mais leur produit ne divise pas 280.

Bien que d'un emploi beaucoup plus difficile, le **théorème de Gauss**[1] peut également se révéler utile.

Soit a, b et d trois nombres entiers. Si d divise le produit ab et si d est premier avec a alors d divise b.

Exemple : Soit a un nombre entier non nul. Si on sait que 7 divise le nombre $45 \times a$, on peut en déduire que 7 divise le nombre a car 7 est premier avec 45.

1. Mathématicien allemand du XIXe siècle qui a beaucoup fait progresser la théorie des nombres.

3 | Fractions, nombres rationnels et écritures fractionnaires

1. Fractions égales

Recourir à des divisions pour vérifier l'égalité de deux fractions n'est pas la meilleure solution car ces opérations peuvent ne pas tomber juste. Ainsi $\frac{89}{55} = 1{,}618\ldots$ et $\frac{233}{144} = 1{,}618\ldots$ et pourtant les deux fractions ne sont pas égales. Pour reconnaître l'égalité de deux fractions, il vaut mieux utiliser ce moyen :

Deux fractions $\frac{a}{b}$ et $\frac{c}{d}$ sont égales si et seulement si $a \times d = b \times c$.

Exemples : $\frac{30}{48} = \frac{10}{16}$ car $30 \times 16 = 48 \times 10 = 480$; $\frac{9}{12} = \frac{21}{28}$ car $9 \times 28 = 12 \times 21 = 252$.

Pratiquement, on obtient une fraction égale à une fraction donnée de deux façons :
- on peut multiplier ses deux termes par le même nombre entier (non nul) ;
- on peut aussi diviser ses deux termes par le même nombre.

Exemples : $\frac{4}{10} = \frac{4 \times 7}{10 \times 7} = \frac{28}{70}$ mais aussi $\frac{4}{10} = \frac{4 \div 2}{10 \div 2} = \frac{2}{5}$.

De même, on peut très facilement remplacer un nombre entier par une fraction de dénominateur donné. Ainsi $1 = \frac{2}{2} = \frac{3}{3} = \frac{4}{4} = \frac{5}{5}$, etc.

2. Simplification des fractions

Pour simplifier une fraction, il faut diviser ses deux termes par un diviseur commun. S'il est différent de 1, l'emploi du PGCD des deux termes de la fraction permet d'obtenir la simplification maximale.

Exemples : $\frac{12}{20} = \frac{12 \div 4}{20 \div 4} = \frac{3}{5}$; le PGCD de 48 et 60 est 12, donc $\frac{48}{60} = \frac{48 \div 12}{60 \div 12} = \frac{4}{5}$.

Si les deux termes d'une fraction sont premiers entre eux, on ne peut pas simplifier cette fraction. On dit qu'elle est **irréductible**.

Exemples : $\frac{5}{9}, \frac{13}{30}, \frac{45}{77}$ sont des fractions irréductibles.

MATHÉMATIQUES
Nombres

3. Réduction au même dénominateur

Réduire des fractions au même dénominateur, c'est remplacer chacune d'elles par une fraction égale de telle façon que les nouvelles fractions aient toutes le même dénominateur. Pour réduire des fractions au même dénominateur, il faut d'abord trouver un dénominateur commun aux nouvelles fractions. Tout multiple des anciens dénominateurs convient, en particulier leur PPCM.

Exemples : $\frac{4}{5} = \frac{4 \times 8}{5 \times 8} = \frac{32}{40}$; $\frac{5}{8} = \frac{5 \times 5}{8 \times 5} = \frac{25}{40}$.

4. Comparaison des fractions

Il est facile de comparer des fractions ayant le même dénominateur car il suffit alors de comparer leurs numérateurs. Ainsi $\frac{32}{40} > \frac{25}{40}$.

> Si des fractions ont le même dénominateur, la plus grande est celle qui a le plus grand numérateur.

Pour comparer des fractions qui n'ont pas le même dénominateur, il faut les réduire au même dénominateur puis appliquer la règle précédente.

Exemples : $\frac{4}{5} > \frac{5}{8}$ car $\frac{4}{5} = \frac{32}{40}$ et $\frac{5}{8} = \frac{25}{40}$.

5. Opérations sur les fractions

Les fractions peuvent être additionnées, soustraites, multipliées ou divisées.

> Pour **additionner des fractions** qui ont le même dénominateur, on garde le dénominateur commun et on fait la somme des numérateurs. Si les fractions ont des dénominateurs différents on les réduit au même dénominateur puis on applique la règle précédente.
> Pour additionner des fractions et des nombres entiers, on transforme les nombres en fractions et on applique la règle précédente.

Exemples : $\frac{2}{7} + \frac{3}{7} = \frac{5}{7}$; $\frac{2}{5} + \frac{3}{4} = \frac{8}{20} + \frac{15}{20} = \frac{23}{20}$; $3 + \frac{2}{5} = \frac{15}{5} + \frac{2}{5} = \frac{17}{5}$.

> Pour **calculer la différence de deux fractions** qui ont le même dénominateur, on garde le dénominateur commun puis on fait la différence des numérateurs. Si les fractions ont des dénominateurs différents, on les réduit au même dénominateur puis on applique la règle précédente.
> Pour calculer la différence entre une fraction et un nombre, on transforme le nombre en fraction et on applique la règle précédente.

Exemples : $\frac{9}{13} - \frac{5}{13} = \frac{4}{13}$; $\frac{7}{8} - \frac{1}{4} = \frac{7}{8} - \frac{2}{8} = \frac{5}{8}$; $2 - \frac{6}{7} = \frac{14}{7} - \frac{6}{7} = \frac{8}{7}$.

Pour multiplier deux fractions, on multiplie leurs numérateurs et on multiplie leurs dénominateurs.
Pour multiplier une fraction par un entier, on garde le dénominateur de la fraction et on multiplie son numérateur par le nombre.

Exemples : $\frac{4}{5} \times \frac{2}{3} = \frac{4 \times 2}{5 \times 3} = \frac{8}{15}$ et $7 \times \frac{2}{3} = \frac{14}{3}$.

Pour calculer une fraction d'une fraction, on multiplie les deux fractions.

Exemples : $\frac{4}{5}$ de $\frac{2}{3} = \frac{4}{5} \times \frac{2}{3} = \frac{8}{15}$.

Pour diviser une fraction $\frac{a}{b}$ par un entier n non nul, on peut :
- diviser son numérateur par n, on a alors $\frac{a}{b} \div n = \frac{a \div n}{b}$;
- multiplier son dénominateur par n, on a alors $\frac{a}{b} \div n = \frac{a}{b \times n}$;
- multiplier $\frac{a}{b}$ par l'inverse de n, on a alors $\frac{a}{b} \div n = \frac{a}{b} \times \frac{1}{n}$

Exemples : $\frac{3}{4} \div 5 = \frac{3}{4} \times \frac{1}{5} = \frac{3}{20}$; $\frac{4}{9} \div 6 = \frac{4}{9} \times \frac{1}{6} = \frac{4}{54} = \frac{2}{27}$.

Pour diviser une fraction $\frac{a}{b}$ par une fraction $\frac{c}{d}$, on multiplie $\frac{a}{b}$ par la fraction $\frac{d}{c}$ qui est l'inverse de la fraction $\frac{c}{d}$.

Exemples : $\frac{3}{5} \div \frac{2}{7} = \frac{3}{5} \times \frac{7}{2} = \frac{21}{10}$; $\frac{5}{9} \div \frac{10}{11} = \frac{5}{9} \times \frac{11}{10} = \frac{5 \times 11}{9 \times 10} = \frac{11}{9 \times 2} = \frac{11}{18}$.

De manière plus générale on retiendra que diviser par un nombre, c'est multiplier par son inverse.

4 | Éléments de calcul algébrique

1. Expressions algébriques

Une **expression algébrique** comprend des nombres (entiers, rationnels ou réels) et des lettres qui représentent des constantes ou des variables numériques. On y trouve également divers symboles mathématiques : des signes d'opérations, des parenthèses, des exposants, des radicaux, etc.

La façon d'exécuter les opérations qui figurent dans une expression algébrique est indiquée par des parenthèses. Ainsi $(7 - 5) - (3 - 1) = 2 - 2 = 0$ tandis que $(7 - (5 - 3)) - 1) = (7 - 2) - 1 = 5 - 1 = 4$.

Pour alléger l'écriture, on convient de ne pas écrire le signe $\times$. On écrira par exemple $3\,(a + 5)$ au lieu de $3 \times (a + 5)$ et $(a + 5)(a - 3)$ au lieu de $(a + 5) \times (a - 3)$. On convient également de remplacer le signe usuel de la division par une barre de fraction.

C'est ainsi qu'on écrira $\dfrac{\frac{a}{b}}{3}$ au lieu de $(a \div b) \div 3$.

La barre qui indique la dernière division à effectuer est toujours placée sur la ligne principale d'écriture. Par convention toujours, la multiplication et la division seront considérées comme **prioritaires** par rapport à l'addition et à la soustraction : $2 + 3 \times 4 = 2 + 12 = 14$ tandis que $(2 + 3) \times 4 = 5 \times 4 = 20$. Une expression algébrique porte le nom de la dernière opération à être exécutée : $(3a - 4) + (5b + 3)$ est une somme ; $(3a - 4) - (5b + 3)$ est une différence ; $(3a - 4)(5b + 3)$ est un produit ; $\dfrac{3a - 4}{5b + 3}$ est un quotient.

2. Sommes algébriques

Une expression algébrique telle $(5a + 6) + 3\,(4b + 5) - \dfrac{3}{5}(a - 1)$ est une **somme algébrique**.

Elle est formée de trois termes qui sont $(5a + 6)$, $3\,(4b + 5)$ et $\dfrac{3}{5}(a - 1)$. Dans cette somme algébrique, chaque terme est placé entre des parenthèses mais cela n'a rien d'obligatoire.

> Une **somme algébrique** est une expression algébrique qui comprend des termes ajoutés ou soustraits les uns aux autres. Ces termes peuvent être des nombres, des variables numériques ou des expressions algébriques.

Exemples :
– La somme algébrique $3x - 2$ est composée de 2 termes.
– La somme algébrique $(5 - (7 - 2)) + (4 - 3)$ est composée de 2 termes également.
– La somme algébrique $3a - 2 + 5b + 7$ est composée de 4 termes.
– La somme algébrique $(5x - 1) + (2x - 3) + 1$ comporte 3 termes.
– La somme algébrique $3x^2 + 5x + 1$ comporte elle aussi 3 termes.
La valeur d'une somme algébrique ne dépend pas de l'ordre dans lequel sont placés les termes qui la composent. On démontre par exemple que $(a - 5) - (b + 3) + 7 = 7 + (a - 5) - (b + 3) = (a - 5) + 7 - (b + 3)$.

On peut changer l'ordre des termes d'une somme algébrique à condition de respecter les règles suivantes :
– quand on déplace un terme, on déplace aussi le signe qui le précède ;
– si le premier terme d'une somme algébrique n'est précédé d'aucun signe, on fait comme s'il était précédé du signe + ;
– si on place en première position un terme précédé du signe +, on ne recopie pas le signe +.

Exemple : Soit la somme algébrique $S = 3b + 5a + 6 + 7b - 3a - 1$. Il est intéressant de déplacer certains termes pour regrouper les termes semblables (les *a* avec les *a*, les *b* avec les *b* et les nombres connus ensemble). Ainsi on peut écrire $S = 5a - 3a + 7b + 3b + 6 - 1$ ou encore $S = 7b + 3b + 5a - 3a + 6 - 1$.

3. Comment réduire une somme algébrique ?

Reprenons la somme algébrique $S = 5a - 3a + 7b + 3b + 6 - 1$. Sous cette forme, on peut diminuer le nombre de ses termes, c'est-à-dire la **réduire**.

On a ainsi $S = 2a + 10b + 5$.

Pour réduire une somme algébrique, on peut :
– supprimer deux termes égaux qui sont précédés de deux signes opposés ;
– remplacer les termes précédés du signe + par leur somme effectuée ;
– remplacer les termes précédés du signe − par leur somme effectuée ;
– remplacer un terme précédé du signe + et un terme précédé du signe − par leur différence effectuée en plaçant devant le résultat le signe qui convient.

4. Comment simplifier une somme algébrique ?

Quand une somme algébrique contient des expressions placées entre des parenthèses, on peut la ***simplifier*** en enlevant ces parenthèses.

> Pour enlever des parenthèses dans une somme algébrique, on dispose des règles suivantes :
> – quand des parenthèses sont précédées du signe +, on enlève les parenthèses et le signe + qui est devant puis on recopie tout ce qui est écrit entre les parenthèses sans rien changer ;
> – quand des parenthèses sont précédées du signe −, on enlève les parenthèses et le signe − qui est devant puis on recopie tout ce qui est écrit entre les parenthèses en remplaçant chaque terme par son opposé ;
> – quand il n'y a pas de signe devant des parenthèses, on fait comme s'il y avait le signe +.

Une fois les parenthèses supprimées, on peut généralement **réduire** le résultat obtenu. Pour cela, il faut regrouper les termes semblables en les changeant de place puis réduire les sommes partielles qui ont été obtenues.

Exemple : Considérons $S = (5a + 3) - (2b + 5 - 3a) + (7a - 5b - 4)$.
En enlevant les parenthèses, on obtient $S = 5a + 3 - 2b - 5 + 3a + 7a - 5b - 4$.
En regroupant les termes semblables, on obtient : $S = 5a + 3a + 7a - 2b - 5b + 3 - 5 - 4$.
Après réduction, $S = 15a - 7b - 6$.

5. Comment développer un produit ?

Développer un produit, c'est effectuer la ou les multiplication(s) de façon à présenter le résultat sous la forme d'une somme algébrique. On peut donc être amené à multiplier une somme algébrique par un nombre. Par exemple : $5\,(3a + 4b) = 15a + 20b$ ou encore $7\,(3a - 2b) = 21a - 14b$.

> Pour multiplier une somme algébrique par un nombre, on multiplie chaque terme de la somme algébrique par ce nombre.

On peut également être amené à multiplier une somme algébrique par une autre. Par exemple, $(3a+4)(2b-5) = (3a)\times(2b) + (3a)\times(-5) + 4\times(2b) + 4\times(-5) = 6ab - 15a + 8b - 20$.

De même $(5x-4)(2+x) = 5x\times 2 + 5x\times x - 4\times 2 - 4\times x = 10x + 5x^2 - 8 - 4x = 5x^2 + 6x - 8$.

> Pour multiplier une somme algébrique par une autre, on multiplie chaque terme de la première par chaque terme de la seconde.

> On rappelle la règle des signes pour la multiplication :
> + par + donne + ;
> + par − et − par + donnent − ;
> − par − donne +.

6. Comment factoriser une somme algébrique ?

Chaque terme d'une somme algébrique peut être un produit et il arrive que le même facteur y soit présent. Dans ce cas, on peut écrire la somme algébrique sous la forme d'un produit de plusieurs facteurs.

Exemple : L'expression $3n - 9$ peut s'écrire $3n - 3 \times 3$ ou encore $3(n - 3)$. L'expression a été factorisée.

Malheureusement, la factorisation d'une somme algébrique n'est pas toujours aussi facile que dans l'exemple précédent ! Pour factoriser, on utilise souvent des produits remarquables (voir ci-après).

Factoriser une somme algébrique, c'est l'écrire sous la forme d'un produit.

7. Puissances

Le tableau suivant résume les définitions à connaître.

Définitions	Exemples
Soit n un entier naturel et soit a un nombre réel. L'écriture a^n désigne le produit de n facteurs égaux au nombre a. L'entier n est **l'exposant** de la puissance. a^n se lit « a puissance n » ou encore « a exposant n ». Pour $n = 2$ et $n = 3$, on dit « a au carré » et « a au cube ».	8^2, 5^3 et 2^5 désignent respectivement les nombres 8×8, $5 \times 5 \times 5$ et $2 \times 2 \times 2 \times 2 \times 2$.
Soit a un nombre différent de 0 et soit n un entier. L'écriture a^{-n} désigne le nombre $\frac{1}{a^n}$ qui est **l'inverse** de a^n. En particulier, $10^{-n} = \frac{1}{10^n}$.	$5^{-3} = \frac{1}{5^3} = \frac{1}{5 \times 5 \times 5} = \frac{1}{125} = 0{,}008.$ Les écritures $10^{-3} = 0{,}001$, $10^{-2} = 0{,}01$, $10^{-1} = 0{,}1$, $10^1 = 10$, $10^2 = 100$, $10^3 = 1\,000$, $10^4 = 10\,000$, etc., représentent des *puissances de 10*.

Pratiquement, on calcule le carré d'un nombre grâce à la touche $\boxed{x^2}$ d'une calculatrice scientifique. On calcule les autres puissances en utilisant la touche $\boxed{y^x}$.

Les principales règles de calcul sur les puissances sont les suivantes :

Règles	Exemples
Soit a un nombre différent de 0 et soit n et m deux entiers naturels. $a^0 = 1$; $a^1 = a$; $a^n \times a^m = a^{n+m}$ $(a^n)^m = a^{nm}$; $\frac{a^n}{a^m} = a^{n-m}$	$3^5 \times 3^4 = 3^{5+4} = 3^9$ $(3^4)^5 = 3^{4 \times 5} = 3^{20}$
Soient a et b deux nombres différents de 0 et soient n et m deux entiers naturels. $a^n \times b^n = (ab)^n$; $\left(\frac{a}{b}\right)^n = \frac{a^n}{b^n}$	$2^5 \times 3^5 = (2 \times 3)^5 = 6^5$ $\left(\frac{2}{3}\right)^5 = \frac{2^5}{3^5}$

MATHÉMATIQUES
Nombres

8. Produits remarquables

Certains produits sont souvent utilisés et doivent être mémorisés.

Produits remarquables	Exemples
$(a+b)^2 = a^2 + 2ab + b^2$ $(a-b)^2 = a^2 - 2ab + b^2$ $(a+b)(a-b) = a^2 - b^2$	$(a+5)^2 = a^2 + 2 \times 5 \times a + 5^2 = a^2 + 10a + 25$ $(a-5)^2 = a^2 - 2 \times 5 \times a + 5^2 = a^2 - 10a + 25$ $(a+5)(a-5) = a^2 - 5^2 = a^2 - 25$

On les utilise pour **développer** mais aussi pour **factoriser** certaines expressions algébriques.

Exemples :

1. $(x^2 - 1) + (x - 3)(x + 1) = (x + 1)(x - 1) + (x - 3)(x + 1) = (x + 1)[(x - 1) + (x - 3)] = (x + 1)(2x - 4) = 2(x + 1)(x - 2)$.

2. $(a + 3)^2 - (a - 1)^2 = (a^2 + 6a + 9) - (a^2 - 2a + 1) = a^2 + 6a + 9 - a^2 + 2a - 1 = 8a + 8 = 8(a + 1)$

mais aussi $(a + 3)^2 - (a - 1)^2 = (a + 3 + a - 1)(a + 3 - a + 1) = (2a + 2)(4) = 8(a + 1)$

9. Racines carrées

On a $2 \times 2 = 4$ et $3 \times 3 = 9$ ou encore $10 \times 10 = 100$: on dit que les nombres 2, 3 et 10 sont les racines carrées respectives des nombres 4, 9 et 100.

Si a est un nombre réel positif sa **racine carrée**, qui s'écrit $\sqrt{a}$, est le nombre positif dont le carré est égal à a. Le symbole $\sqrt{\ }$ est un **radical.**

Exemples : $\sqrt{36} = 6$, $\sqrt{400} = 20$, $\sqrt{2} = 1{,}4142...$, $\sqrt{30{,}56} = 5{,}528109984...$

Pratiquement, on calcule une racine carrée grâce à la touche $\boxed{\sqrt{x}}$ d'une calculatrice scientifique.

Le tableau ci-dessous présente les règles de calcul qui permettent de simplifier des écritures qui emploient des radicaux.

Règles de calcul	Exemples
Soit a un nombre positif. $(\sqrt{a})^2 = a$ et $\sqrt{a^2} = a$.	$(\sqrt{4})^2 = \sqrt{4} \times \sqrt{4} = 4$ $\sqrt{4^2} = \sqrt{16} = 4$
Soit a et b deux nombres positifs. $\sqrt{a \times b} = \sqrt{a} \times \sqrt{b}$.	$\sqrt{80} = \sqrt{16 \times 5} = \sqrt{16} \times \sqrt{5} = 4 \times \sqrt{5}$
Soit a et b deux nombres positifs. Si b n'est pas nul $\sqrt{\frac{a}{b}} = \frac{\sqrt{a}}{\sqrt{b}}$:	$\frac{\sqrt{80}}{\sqrt{32}} = \sqrt{\frac{80}{32}} = \sqrt{\frac{16 \times 5}{16 \times 2}} = \sqrt{\frac{5}{2}}$ $\frac{\sqrt{5}}{\sqrt{2}} = \frac{\sqrt{5} \times \sqrt{2}}{\sqrt{2} \times \sqrt{2}} = \frac{\sqrt{5 \times 2}}{2} = \frac{\sqrt{10}}{2}$

5 | Étude de quelques fonctions numériques

1. Les fonctions numériques

Les **fonctions numériques** sont les fonctions qui sont le plus souvent employées mais il existe d'autres types de fonctions. Pour définir mathématiquement une telle fonction, il faut d'abord choisir un ensemble de nombres : ce peut être une partie de $\mathbb{N}$, de $\mathbb{D}$, un intervalle de $\mathbb{R}$, etc.

> Dans $\mathbb{R}$, l'intervalle $[2 ; 5]$ par exemple est l'ensemble des nombres réels x qui vérifient $2 \leqslant x \leqslant 5$.

Il faut ensuite faire correspondre un nombre y et un seul à chaque nombre x de l'ensemble choisi. La fonction définie est elle-même désignée par une lettre : f, g, h, etc.

Si on a choisi la lettre f, on écrit alors $y = f(x)$ (lire f de x). On dit que y est l'**image** de x par la fonction f. On dit aussi que x est l'**antécédent** de y par la fonction f. Dans la grande majorité des cas, on détermine le nombre y à l'aide d'un calcul (qui peut être plus ou moins compliqué).

Exemple : La fonction f étant définie par $f(x) = \dfrac{3x + 1}{2x + 5}$, on a $f(1{,}4) = \dfrac{3 \times 1{,}4 + 1}{2 \times 1{,}4 + 5} = \dfrac{5{,}2}{7{,}8} = \dfrac{26}{39}$ et $f(2) = \dfrac{3 \times 2 + 1}{2 \times 2 + 5} = \dfrac{7}{9}$.

2. Représentation graphique d'une fonction

Soit f une certaine fonction définie sur l'ensemble $\mathbb{R}$ des nombres réels. Le plan étant muni d'un repère, l'ensemble des points du plan dont les coordonnées sont x et y constitue une **représentation graphique** de la fonction f.

Exemple : La figure 1 montre une représentation graphique de la fonction f définie par $f(x) = x^2 - 3$.

La fonction f est représentée par une courbe appelée parabole.

Figure 1

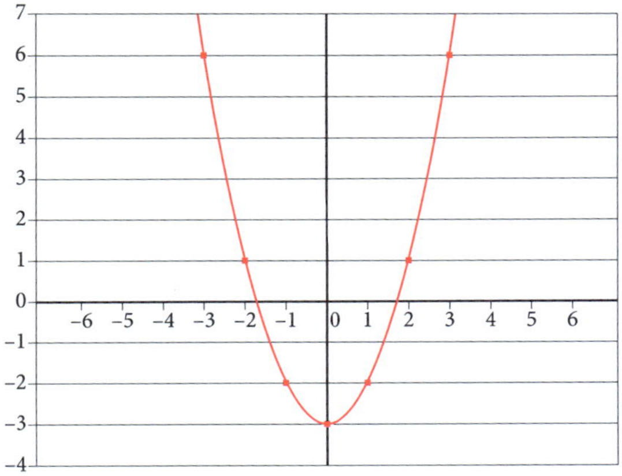

3. Les fonctions linéaires

Revenons aux fonctions numériques.

Exemple : Un kilogramme de fruits vaut 2 euros. Le prix y (en euros) de x kilogrammes de ces fruits est donc $y = 2x$. On dit que la fonction f qui associe le nombre $2x$ au nombre x est une **fonction linéaire** de coefficient 2. En prenant comme unités de longueur 1 carreau pour 1 kg sur l'axe horizontal et 1 carreau pour 1 euro sur l'axe vertical, on obtient la représentation graphique suivante pour $0 \leqslant x \leqslant 4$:

Figure 2

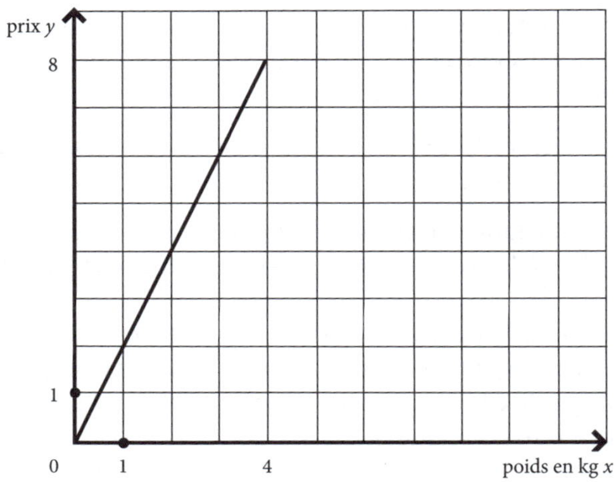

Observons que cette représentation graphique passe par l'origine du repère.

> Soit a un nombre connu et constant, soit x un nombre variable d'un intervalle I de l'ensemble $\mathbb{R}$. On définit **une fonction linéaire de coefficient a** en associant à chaque nombre x de l'intervalle I le nombre $y = ax$. Selon le choix de l'intervalle I, la représentation graphique d'une fonction linéaire est un segment de droite, une demi-droite ou une droite complète.
> Si c'est une droite complète, elle passe par l'origine du repère et son équation est $y = ax$.
> Si c'est un segment, il est porté par la droite d'équation $y = ax$ qui passe par l'origine du repère.

Sur la figure 2, la fonction représentée est croissante : quand x augmente $f(x)$ augmente aussi.

> Une fonction linéaire f définie par $f(x) = ax$ est **croissante** pour $a > 0$: cela signifie que si $x < x'$ alors $f(x) < f(x')$.
> Pour $a < 0$, elle est **décroissante** : cela signifie que si $x < x'$ alors $f(x) > f(x')$.

4. Les fonctions affines

Étudions un nouvel exemple.

Exemple : Une entreprise loue du matériel de peinture aux conditions suivantes : une somme fixe de 10 euros plus 20 euros par jour. Pour x jours de location, le prix y à payer (en euros) est donc $y = 20x + 10$.
On dit que la fonction f qui associe le nombre $20x + 10$ au nombre x est une **fonction affine.** En prenant comme unités 1 carreau pour 1 jour sur l'axe horizontal et 1 carreau pour 10 euros sur l'axe vertical, on obtient, pour $0 \leqslant x \leqslant 8$, la représentation graphique de la figure 3.

Figure 3

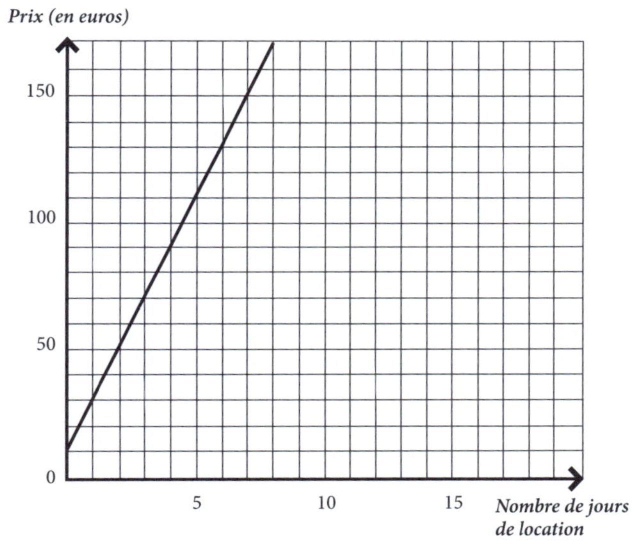

REMARQUE Dans le cas de l'exercice proposé, les seuls points de la représentation graphique à considérer sont ceux qui ont des abscisses entières. En effet, la location ne peut s'effectuer que pour un nombre entier de jours.

Soit a et b deux nombres connus et constants. Soit x un nombre variable choisi dans un certain intervalle I. On définit une **fonction affine** en associant à chaque nombre x de l'inter-valle I, le nombre $y = ax + b$.
Selon le choix de l'intervalle I, la représentation graphique d'une fonction affine est un segment de droite, une demi-droite ou une droite complète. Si c'est une droite complète, son équation est $y = ax + b$. Si c'est un segment, il est porté par la droite d'équation $y = ax + b$.
Sur la figure précédente, la fonction représentée est croissante : quand x augmente, $f(x)$ augmente aussi.
Une fonction affine f définie par $f(x) = ax + b$ est croissante pour $a > 0$ mais décroissante pour $a < 0$.

5. Les fonctions constantes et les fonctions affines par morceaux

Considérons encore l'exemple suivant.

Exemple : L'achat d'un appareil de prix x (en euros) doit supporter une taxe fixe de 2 euros tant que le prix de l'appareil ne dépasse pas 40 euros. On dit que la fonction f qui associe le nombre 2 à chaque valeur de x de l'intervalle $[0 ; 40]$ est une fonction constante sur cet intervalle. En prenant comme unités 1 carreau pour 10 euros sur l'axe horizontal et 1 carreau pour 1 euro sur l'axe vertical, on obtient, pour $0 \leqslant x \leqslant 40$, la représentation graphique de la figure 4.

Figure 4

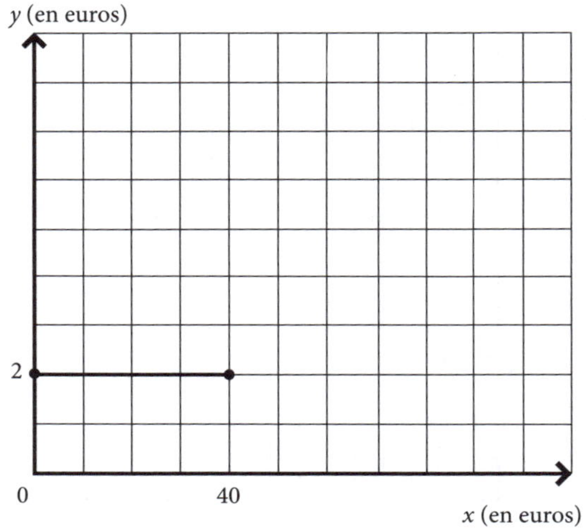

Cette représentation graphique est constituée d'un segment parallèle à l'axe des x. Les deux gros points indiquent que les extrémités font partie de cette représentation graphique.

Soit c un nombre connu et constant et soit x un nombre variable choisi dans un certain intervalle I. On définit une **fonction constante** en associant le même nombre c à chaque nombre x de l'intervalle I. Selon le choix de l'intervalle I, la représentation graphique d'une fonction constante sur l'intervalle I est un segment de droite, une demi-droite ou une droite complète.
Si c'est une droite complète, son équation est $y = c$. Si c'est un segment, il est porté par la droite d'équation $y = c$

Reprenons l'exemple précédent : si le prix de l'appareil dépasse 40 euros, la taxe représente alors 5 % du prix. Pour $0 \leqslant x \leqslant 100$ on définit alors une **fonction affine par morceaux**. Avec les mêmes unités sur les axes, la représentation graphique de cette fonction est celle de la figure 5.

Figure 5

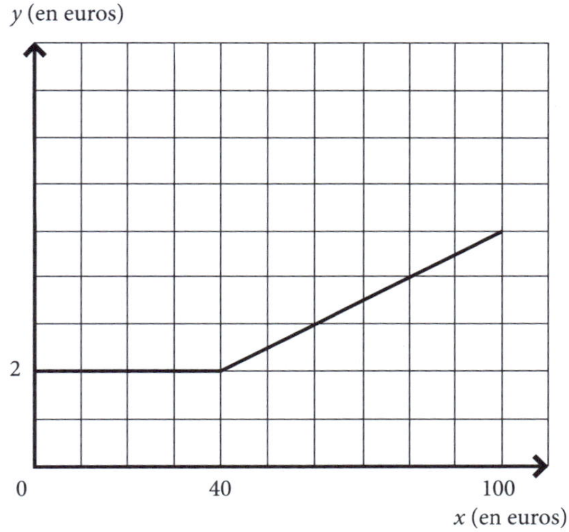

Cette représentation graphique est constituée de deux « morceaux » : un segment parallèle à l'axe des x et une demi-droite.

Décomposons un intervalle I en plusieurs sous-intervalles de telle façon que chaque nombre de l'intervalle I appartienne à un sous-intervalle et à un seul. On dit qu'une fonction f définie sur l'intervalle I est **affine par morceaux** si elle est constante, linéaire ou affine sur chacun des sous-intervalles de I.

La représentation graphique d'une fonction affine par morceaux est composée de plusieurs « morceaux » de droites : des segments, des demi-droites.

6 | Équations et systèmes d'équations

1. Introduction

Des expressions comme $5 = (3 + 8) - 10 + (7 - 3)$ ou bien $7 - 2(a - 2) = 2 + a$ sont des égalités. Dans une égalité, ce qui est écrit à gauche du signe = constitue le **premier membre** de l'égalité tandis que ce qui est écrit à droite du signe = constitue le **second membre** de l'égalité. Une **équation** est une égalité qui n'est vérifiée que pour certaines valeurs attribuées aux lettres qu'elle contient.

Exemples : L'équation $x + 1 = 3x - 5$ est vérifiée par $x = 3$ car $3 + 1 = 3 \times 3 - 5 = 4$. On dit que 3 est **une solution de l'équation** $x + 1 = 3x - 5$. L'équation n'est pas vérifiée par $x = 2$ car $2 + 1 = 3$ tandis que $3 \times 2 - 5 = 1$. On dit que 2 n'est pas **une solution de l'équation** $x + 1 = 3x - 5$.

2. Propriétés des égalités

Quand on dispose d'une égalité, on peut la « transformer » en appliquant certaines règles et obtenir ainsi d'autres égalités.

> On peut transformer une égalité en une nouvelle égalité :
> – en ajoutant (ou en retranchant) un même nombre à ses deux membres ;
> – en multipliant (ou en divisant) ses deux membres par un même nombre non nul.

Exemple : Si $4x + 8 = 12x - 16$, on peut diviser les deux membres par 4 et écrire $x + 2 = 3x - 4$.

La règle suivante, dite **règle de transposition**, joue également un rôle important.

> Si les deux membres d'une égalité sont des sommes algébriques, on peut faire passer un terme d'un membre dans l'autre à condition de changer le signe qui le précède. On dit alors qu'on a **transposé** ce terme. Si $a + b = c$, alors $a = c - b$ et réciproquement.

Exemples :

a. Si $3x = x + 5$ on peut écrire $3x - x = 5$.

b. Si $a + 3 = b - c + 2$ on peut écrire, en transposant 3 termes, $a + c - 2 = b - 3$.

3. Les équations du premier degré à une inconnue

Une équation est une **équation à une seule inconnue** si elle ne contient qu'un seul nombre inconnu (mais celui-ci peut figurer plusieurs fois dans chaque membre).

> Une équation à une inconnue est du **premier degré** si l'inconnue est sans exposant.

Exemple : L'égalité $5x - 4 = 3 + 2\,(3x + 1)$ est une équation du premier degré à une inconnue.

4. Résolution d'une équation du premier degré à une inconnue

Pour résoudre une équation du premier degré à une inconnue, on utilise les règles du calcul algébrique ainsi que les règles qui permettent de transformer les égalités. Voici par exemple, étape par étape, la résolution de l'équation $3\,(2x - 5) - 4 = (x + 1) - 2\,(x - 3)$.

Étapes	Nature des transformations effectuées	Résultats obtenus
1	On effectue les produits indiqués dans chaque membre en plaçant les résultats entre des parenthèses.	$(6x - 15) - 4 = (x + 1) - (2x - 6)$
2	On supprime les parenthèses.	$6x - 15 - 4 = x + 1 - 2x + 6$
3	On réduit chaque membre séparément.	$6x - 19 = 7 - x$
4	On transpose le terme $-x$ du second membre dans le premier et le terme -19 du premier dans le second.	$6x + x = 7 + 19$
5	On réduit chaque membre.	$7x = 26$
6	On divise les deux membres par 7.	$x = \frac{26}{7}$. La solution est trouvée.

On démontre que toute équation du premier degré à une inconnue peut se mettre, après transformation, sous la forme $ax = b$. Si a n'est pas nul, l'équation possède alors une solution et une seule : $\frac{b}{a}$.

5. Résolution graphique d'une équation du premier degré à une inconnue

Soit à résoudre l'équation $3x - 4 = \frac{1}{2}x - 3$. Les deux membres peuvent être considérés comme les équations de deux droites (d) et (d') : $y = 3x - 4$ et $y = \frac{1}{2}x - 3$. Une seule valeur de x correspond à la solution de l'équation proposée : c'est l'abscisse du point

MATHÉMATIQUES
Nombres

de rencontre (s'il existe) des deux droites. En représentant graphiquement ces deux droites, on pourra lire les coordonnées de leur intersection. La figure 1 montre cette représentation graphique et on voit que x vaut approximativement 0,4.

Figure 1

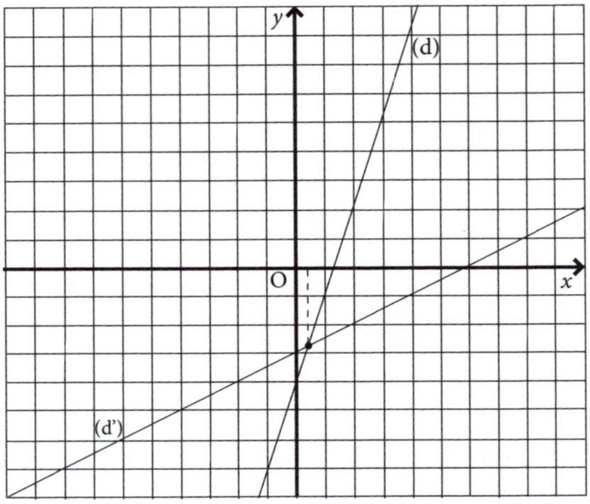

6. Résolution d'un problème

Un certain nombre de problèmes peuvent être résolus à l'aide d'une équation. Dans les cas les plus simples, on utilise une équation du premier degré à une inconnue. Pour traiter un problème « algébriquement », il faut successivement :

- choisir l'inconnue en précisant les contraintes qu'elle doit respecter ;
- écrire une équation ;
- la résoudre ;
- vérifier que la solution trouvée est acceptable.

Les problèmes traités de cette façon peuvent être purement numériques ou relever de la géométrie.

Exemple :

ABCD est un trapèze rectangle en A et D, de bases [AB] et [CD] et de hauteur [CH]. On donne AB = 8 cm, CD = 5 cm et CH = 4 cm. On place un point M sur la base [AB] et on pose AM = x.

Figure 2

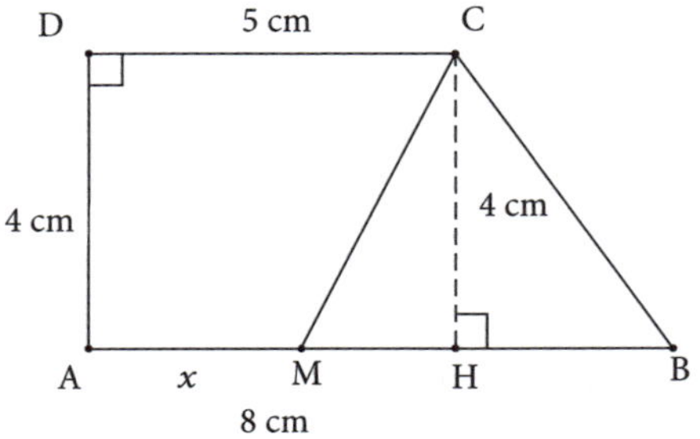

Où faut-il placer M pour que le trapèze AMCD et le triangle MCB aient des aires égales ?

Réponse : L'aire du trapèze AMCD est $\frac{(x+5) \times 4}{2}$ soit, après simplification, $2(x+5) = 2x + 10$.

On a $MB = AB - AM = 8 - x$. L'aire du triangle MBC est $\frac{4 \times (8-x)}{2}$ soit, après simplification, $2(8-x) = 16 - 2x$.

Écrivons que $2x + 10 = 16 - 2x$ puis résolvons l'équation.

On obtient d'abord $4x = 16 - 10 = 6$ puis $x = 1{,}5$.

7. Systèmes de deux équations du premier degré à deux inconnues

Soient x et y deux nombres inconnus. Écrivons une première égalité, par exemple $x - 2y = 1$. Elle possède une infinité de solutions : $x = 3$ et $y = 1$; $x = 5$ et $y = 2$; $x = 7$ et $y = 3$, etc.

Supposons maintenant que les mêmes nombres x et y doivent vérifier une seconde équation du premier degré, par exemple $2x - y = 11$. Cette deuxième équation admet elle aussi une infinité de solutions, par exemple : $x = 6$ et $y = 1$; $x = 7$ et $y = 3$; $x = 8$ et $y = 5$, etc.

On peut observer et démontrer que le couple $x = 7$ et $y = 3$ est la seule solution des deux équations à la fois.

Quand on recherche deux nombres x et y qui doivent vérifier deux équations du premier degré à deux inconnues, on dit qu'on cherche à résoudre le système formé de ces deux équations. On dit alors que les deux équations forment **un système de deux équations du premier degré à deux inconnues**. On écrit les deux équations d'un système l'une en dessous de l'autre derrière une accolade. En général, on numérote les équations.

Exemple : Les deux équations précédentes forment le système $\begin{cases} x - 2y = 1 \ (1) \\ 2x - y = 11 \ (2) \end{cases}$ la solution est le couple $x = 7$ et $y = 3$.

Pour résoudre un système de deux équations du premier degré à deux inconnues, on peut procéder de plusieurs façons. La plus commode est certainement la méthode qui repose sur **l'élimination de l'une des deux inconnues par combinaison des équations**. On démontre que, selon les valeurs des coefficients numériques qui figurent dans les équations, un système de deux équations du premier degré à deux inconnues peut : avoir une solution, n'avoir aucune solution ou avoir une infinité de solutions. La procédure de résolution indique laquelle des trois possibilités se produit.

> On multiplie chaque équation du système par un nombre bien choisi de façon que l'une des inconnues ait le même coefficient numérique dans chaque équation. Selon le cas, on ajoute ou on retranche les deux équations membre à membre de façon à faire disparaître une inconnue. Il ne reste plus alors qu'une simple équation du premier degré à une inconnue.

> Pour trouver la valeur de la deuxième inconnue, on reporte la valeur trouvée pour la première dans l'une des deux équations et on résout l'équation qui en résulte.

Exemple : Résolvons le système $\begin{cases} 7x - 2y = 4 \ (1) \\ 3x - y = 1 \ (2) \end{cases}$. Pour cela, multiplions l'équation (1) par 3 et l'équation (2) par 7 : on obtient le nouveau système $\begin{cases} 21x - 6y = 12 \ (3) \\ 21x - 7y = 7 \ (4) \end{cases}$.

Retranchons membre à membre l'équation (4) à l'équation (3) : on obtient $(21x - 6y) - (21x - 7y) = 12 - 7$ soit, après suppression des parenthèses et regroupement des termes $7y - 6y = 5$. On en tire $y = 5$.

Portons cette valeur dans l'une des deux équations, la (2) par exemple : elle devient $3x - 5 = 1$.

On en tire $x = \dfrac{1 + 5}{3} = 2$.

8. Résolution graphique d'un système

On peut considérer que chacune des deux équations d'un système de deux équations du premier degré à deux inconnues représente l'équation d'une droite. On construit graphiquement ces deux droites et on lit sur le dessin obtenu les deux coordonnées x et y du point commun aux deux droites (s'il existe). Quand elles existent, ces deux coordonnées représentent le couple solution du système.

La figure 2 montre la résolution graphique du système $\begin{cases} 3x - y = 2 \ (1) \\ 2x + y = 3 \ (2) \end{cases}$.

On a tracé les deux droites d'équations respectives $y = 3x - 2$ et $y = -2x + 3$.

Figure 3

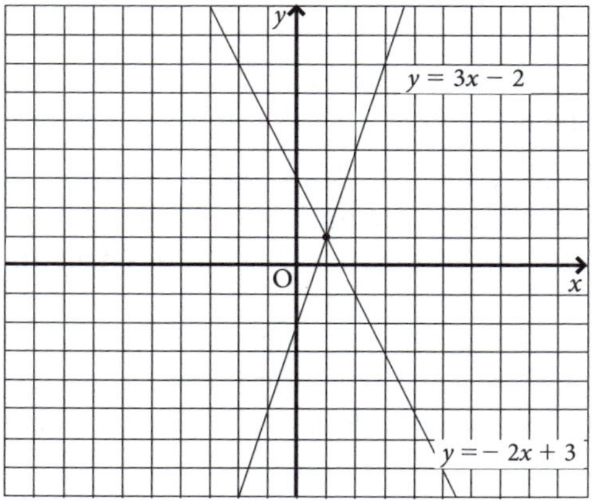

On lit la solution $x = 1$ et $y = 1$.

Géométrie

Le cours

1 | Les bases de la géométrie plane

1. Introduction

Dans ce chapitre, nous nous contenterons de rappeler quelques définitions et quelques notations sans donner d'exercices particuliers.

2. Les noms des objets géométriques

En géométrie, les points sont désignés par des lettres capitales. Les noms des figures sont constitués à l'aide des noms des points qui les caractérisent.

Soit A et B deux points différents.

a. La notation (AB) désigne la **droite** qui passe par A et par B.

Figure 1

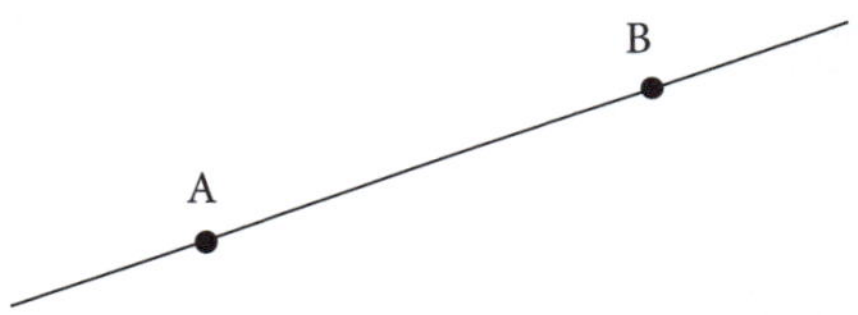

b. La notation [AB) désigne la **demi-droite** d'origine A qui passe par B.

Figure 2

c. La notation [AB] désigne le **segment** d'extrémités A et B ; la notation AB désigne la **longueur** du segment [AB].

Figure 3

Soit A, B et C trois points différents. La notation $\widehat{BAC}$ désigne un **angle** de sommet A dont les côtés passent respectivement par les points B et C.

Figure 4

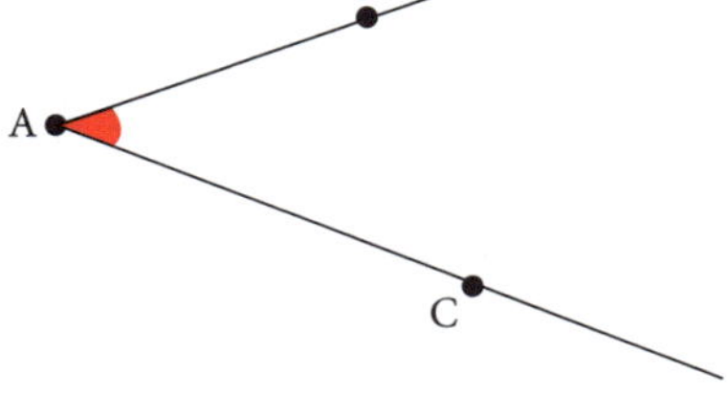

Les noms des polygones sont constitués de la succession des noms de leurs sommets pris dans l'ordre où on les rencontre si on suit le bord de ce polygone dans un sens ou dans l'autre. C'est ainsi qu'un carré ABCD peut être désigné en tout par huit noms différents : ABCD, BCDA, CDAB, DABC, ADCB, DCBA, CBAD et BADC.

3. Points et droites

Si des points appartiennent à une même droite, on dit qu'ils sont **alignés**.

Figure 5

Figure 6

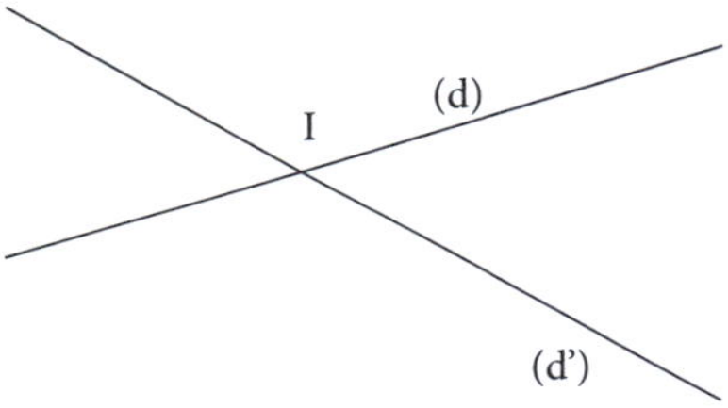

Si deux droites (d) et (d') ont un point commun et un seul appelé I, on dit qu'elles sont **sécantes** en I. On dit aussi que I est l'**intersection** des droites (d) et (d').

Figure 7

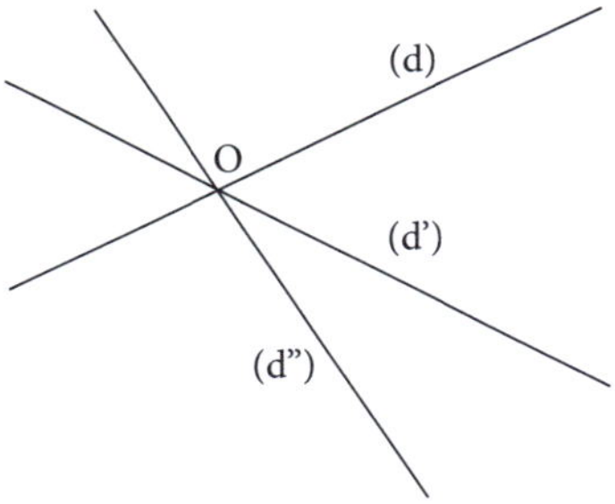

Si trois droites (d), (d') et (d") ont un point commun O, on dit qu'elles sont **concourantes** en O. On dit que O est leur **point de concours**.

4. Angles particuliers

Un angle se mesure avec un rapporteur. Sa mesure s'exprime généralement[1] en degrés, dixièmes de degré, centièmes de degré, etc. Par définition, un **angle droit** mesure 90°. Un angle de 180° est un **angle plat**.

Un angle **aigu** est inférieur à 90°. Un angle **obtus** est compris entre 90° et 180°.

Figure 8

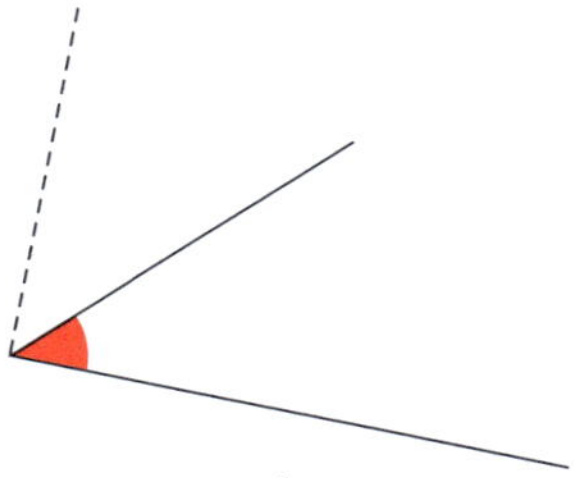

Un angle aigu

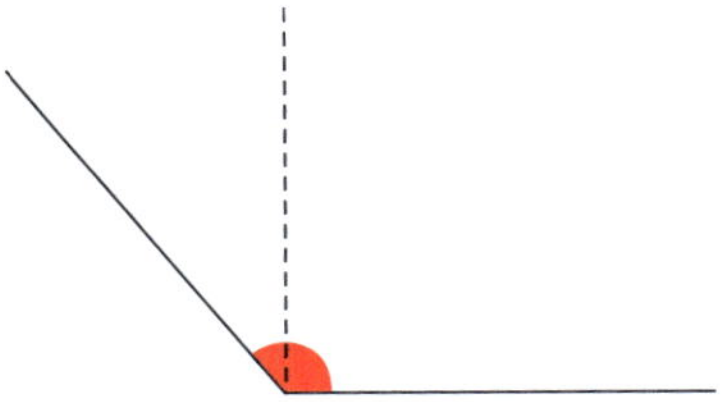

Un angle obtus

1. On peut l'exprimer également en grades ou en radians.

5. Angles associés

Deux angles aigus sont **complémentaires** quand la somme de leurs mesures vaut 90°.

Figure 9

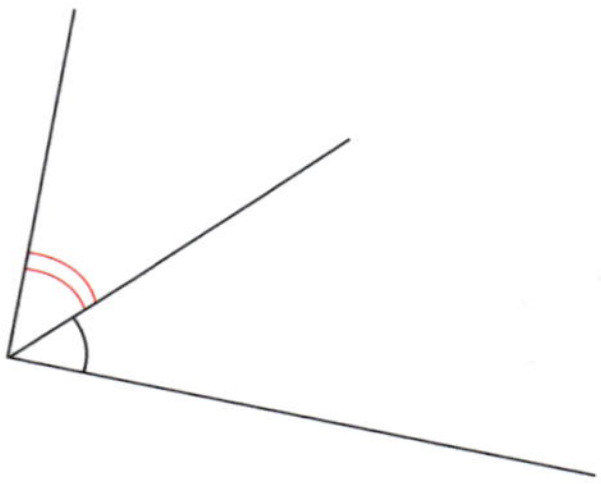

Deux angles complémentaires

Figure 10

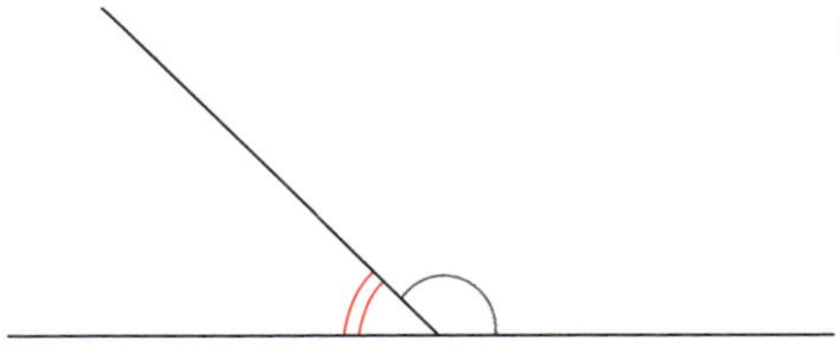

Deux angles supplémentaires

Deux angles sont **supplémentaires** quand la somme de leurs mesures vaut 180°.

Deux angles **opposés par le sommet** sont égaux.

Figure 11

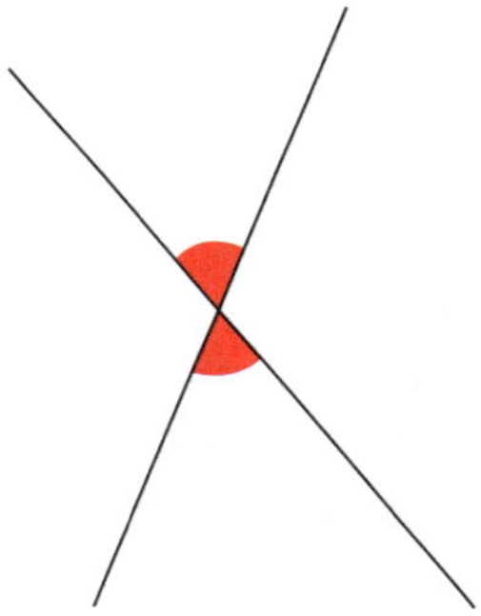

Une sécante qui coupe deux droites forme avec elles deux paires d'**angles alternes-internes** (figure 12) et quatre paires d'**angles correspondants** (figure 13).

Figure 12

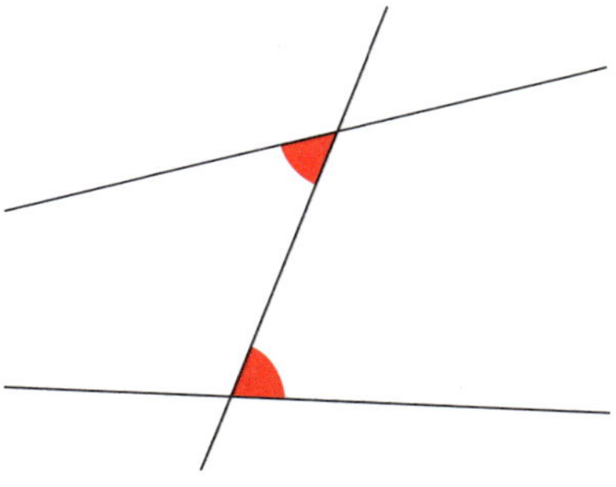

Figure 13

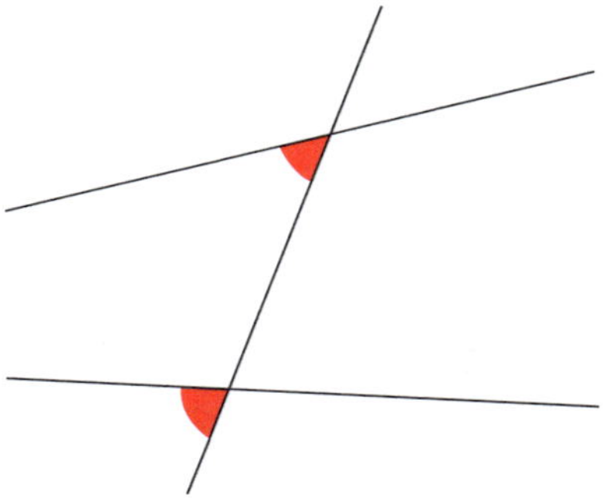

6. Droites perpendiculaires

Figure 14

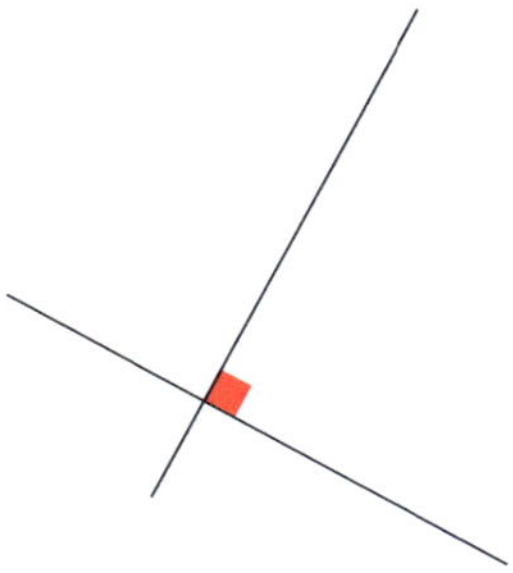

Deux droites sont perpendiculaires quand elles forment un angle droit. Comme sur la figure 14, on utilise très souvent un codage pour indiquer que deux droites sont perpendiculaires.

Par un point donné, on ne peut faire passer qu'une seule droite perpendiculaire à une droite donnée.

7. Droites parallèles

Figure 15

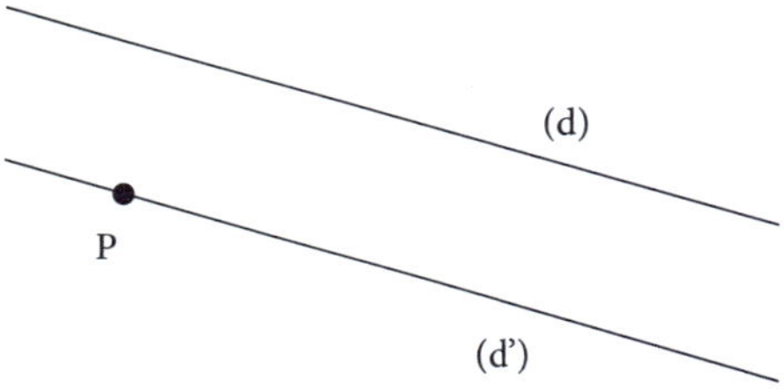

Deux droites parallèles n'ont aucun point commun. Un axiome très célèbre, celui d'Euclide, affirme que par un point qui n'appartient pas à une droite on peut faire passer une parallèle et une seule à cette droite.

Si deux droites sont parallèles, toute parallèle à l'une est parallèle à l'autre.

8. Parallèles et perpendiculaires

Figure 16

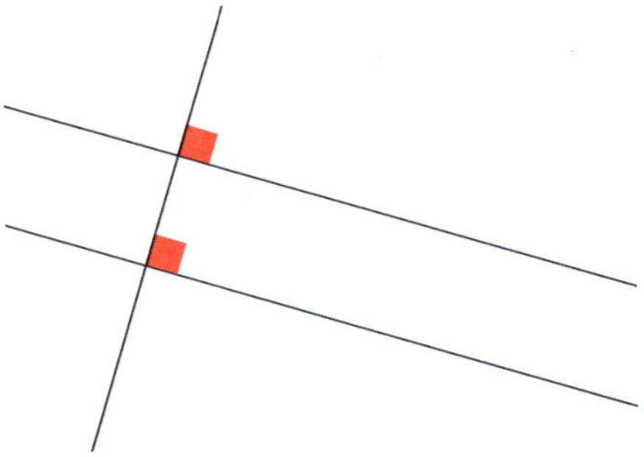

La figure 16 illustre les quatre propriétés désignées ci-dessous.

a. Si deux droites sont perpendiculaires à une même droite alors elles sont parallèles entre elles.

b. Si deux droites sont parallèles alors toute perpendiculaire à l'une est perpendiculaire à l'autre.

c. Si deux droites sont perpendiculaires, toute parallèle à l'une est perpendiculaire à l'autre.

d. Si deux droites sont perpendiculaires, toute perpendiculaire à l'une est parallèle à l'autre.

MATHÉMATIQUES
Géométrie

9. Angles et parallélisme

Si une sécante coupe deux droites parallèles, alors les angles alternes-internes d'une même paire sont égaux.

Réciproquement, si une sécante coupe deux droites en formant avec elles une paire d'angles alternes-internes égaux, alors ces deux droites sont parallèles.

Figure 17

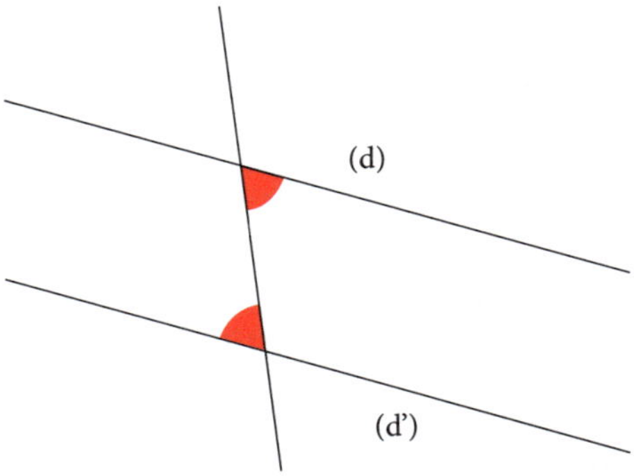

Si une sécante coupe deux droites parallèles, alors les angles correspondants d'une même paire sont égaux. Réciproquement, si une sécante coupe deux droites en formant avec elles une paire d'angles correspondants égaux, alors ces deux droites sont parallèles.

Figure 18

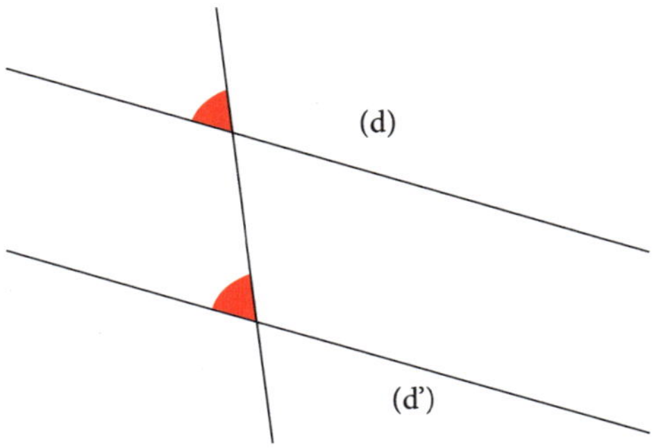

2 | Constructions avec la règle et le compas

1. Construire une droite perpendiculaire à une droite donnée passant par un point donné

Soit P un point quelconque et soit (d) une droite. Pour construire la perpendiculaire à (d) qui passe par P, il nous faut considérer deux cas.

1er cas : P appartient à la droite (d) – De P comme centre, tracer deux arcs de cercle de même rayon qui coupent (d) en A et B ; – tracer un arc de centre A et un arc de centre B de même rayon qui se coupent en C ; – (PC) est la droite cherchée.	**Figure 1** 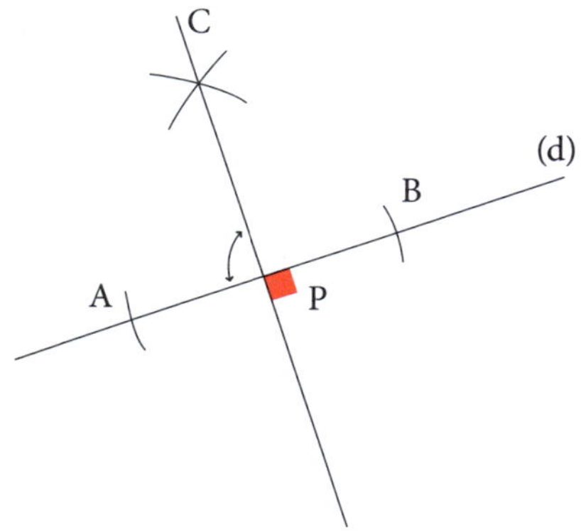
2e cas : P n'appartient pas à la droite (d) – De P comme centre, tracer un arc de cercle qui coupe (d) en A et B ; – avec le même rayon, tracer un arc de centre A et un arc de centre B : ils se coupent en C ; – (PC) est la droite cherchée.	**Figure 2** 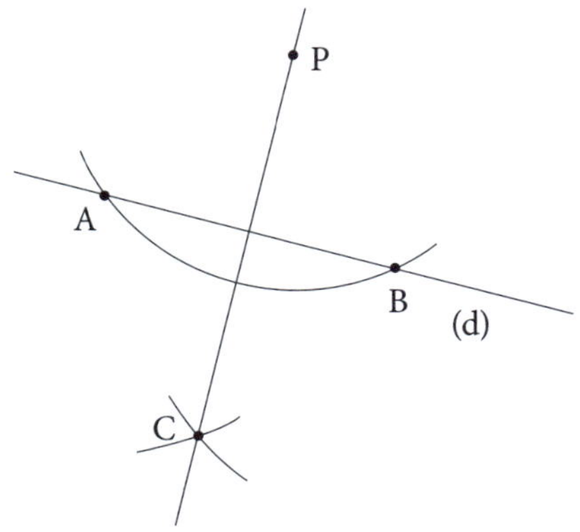

2. Distance d'un point à une droite

Soit (d) une droite quelconque et soit P un point du plan. La perpendiculaire à (d) qui passe par P la rencontre en H.

Figure 3

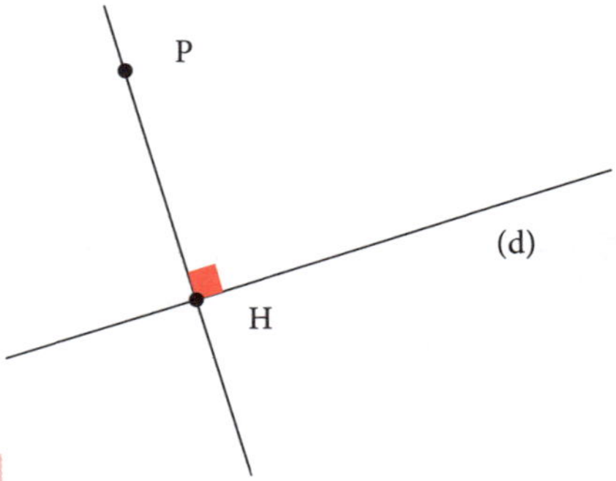

Le point H est le projeté orthogonal de P sur la droite (d). Si P appartient à la droite (d) on a évidemment H = P.

Soit H le projeté orthogonal d'un point P sur une droite (d). La longueur PH est la **distance du point P à la droite (d).**
Si H = P cette distance vaut évidemment 0.

Soit M et N deux points et soit (d) une droite.
Si M et N sont situés tous les deux dans l'un des demi-plans déterminés par la droite (d) et s'ils sont à la même distance de (d) alors la droite (MN) est parallèle à la droite (d).
Réciproquement, si la droite (MN) est parallèle à la droite (d), alors M et N sont à la même distance de (d).

Figure 4

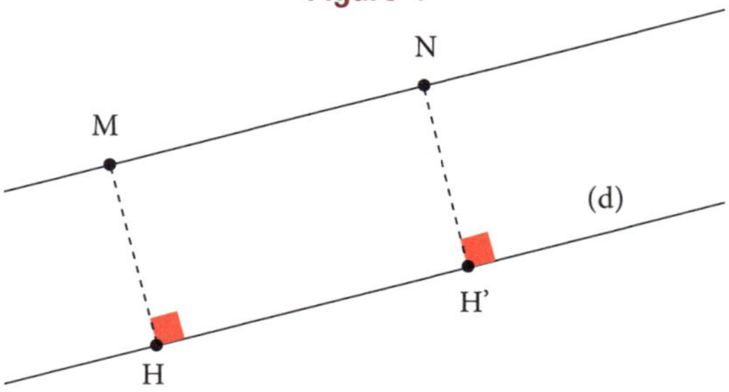

3. Construire une droite parallèle à une droite donnée passant par un point donné

Par un point P qui n'appartient pas à une droite (d), on ne peut faire passer qu'une seule droite parallèle à (d). Un point P et une droite (d) étant donnés, on peut effectuer cette construction de deux façons différentes.

Première méthode : avec des perpendiculaires
– Construire la perpendiculaire (d') à (d) qui passe par P ;
– construire ensuite la perpendiculaire (d'') à (d') qui passe par P : (d'') est la parallèle à (d) qui passe par P.

Figure 5

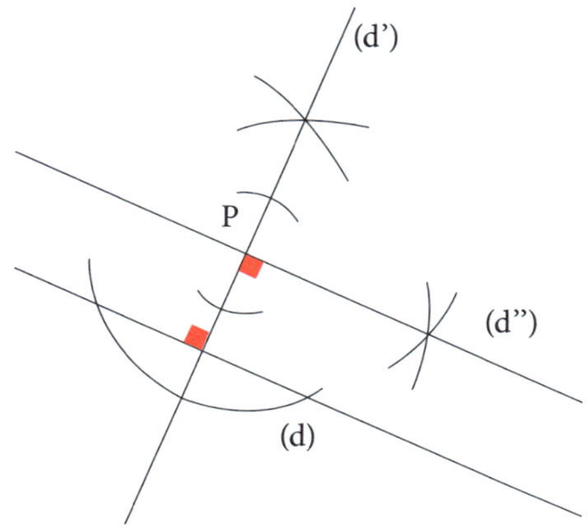

La seconde méthode est beaucoup plus rapide car elle n'utilise que deux arcs de cercle.

Seconde méthode : avec deux arcs de cercle seulement
– Marquer deux points A et B quelconques sur (d) ;
– de P comme centre, tracer un arc de rayon AB ;
– de B comme centre, tracer un arc de rayon AP ;
– les deux arcs se coupent en C : la droite (PC) est la droite cherchée.

Figure 6

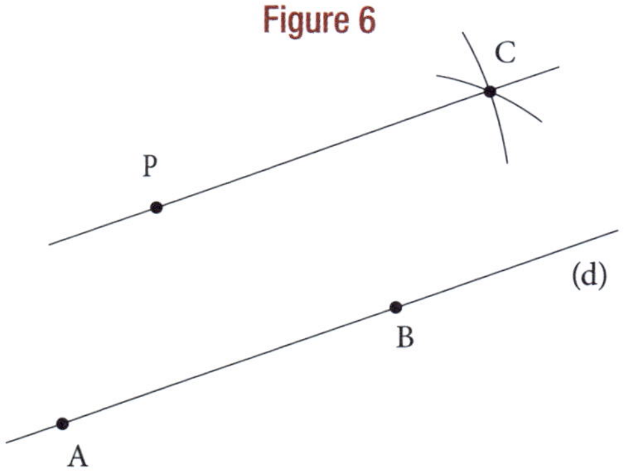

4. Construire la médiatrice d'un segment

La définition et les propriétés de la médiatrice d'un segment jouent un rôle important dans l'étude des symétries orthogonales.

> La médiatrice d'un segment est la droite qui passe par le milieu de ce segment et qui lui est perpendiculaire.

Soit P un point du plan et soit [AB] un segment.
Si P appartient à la médiatrice du segment [AB] alors il est équidistant de A et de B.
Réciproquement, si P est équidistant de A et de B alors il appartient à la médiatrice de [AB].

Construction d'une médiatrice

Soit [AB] un segment. Pour construire sa médiatrice, il faut :

– tracer deux arcs de cercle de même rayon, l'un de centre A et l'autre de centre B ;

– ces deux arcs se coupent en C et D : la droite (CD) est la médiatrice du segment [AB].

Figure 7

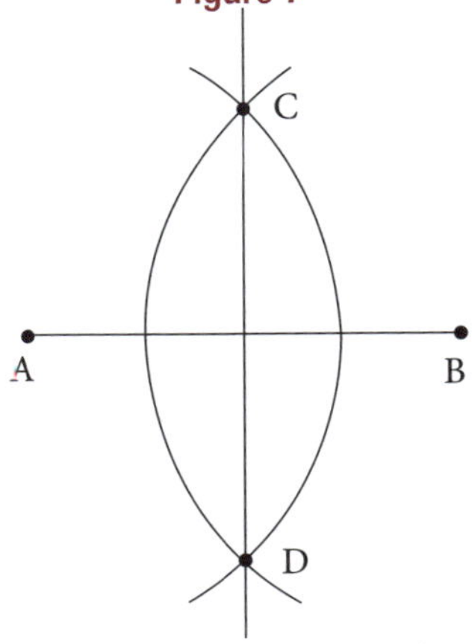

5. Construire un angle égal à un angle donné

Soit $\widehat{xOy}$ un angle donné et soit O' un point donné. On peut utiliser la règle et le compas pour construire un angle de sommet O' qui soit égal à l'angle $\widehat{xOy}$.

Construction d'un angle égal à un angle donné

– Tracer un arc quelconque de centre O : il coupe le côté [Ox) de $\widehat{xOy}$ en A et le côté [Oy) de $\widehat{xOy}$ en B ;

– tracer une demi-droite [O'x') qui sera le premier côté de l'angle à construire ;

– tracer l'arc de centre O' de rayon OA : il coupe [O'x') en A' ;

– tracer l'arc de centre A' de rayon AB : il coupe l'arc précédent en B' ;

– tracer la demi-droite [Oy') passant par B'.

Figure 8

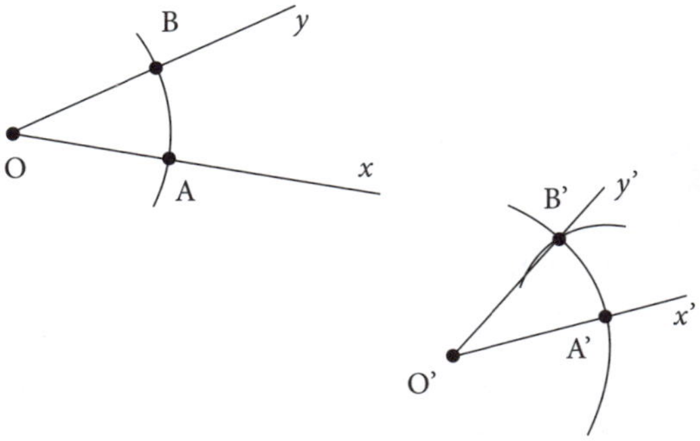

6. Construire la bissectrice d'un angle

La bissectrice d'un angle est la demi-droite issue du sommet de l'angle qui le partage en deux angles égaux. Elle se construit à l'aide de trois arcs de cercle.

Construction d'une bissectrice

Soit $\widehat{xOy}$ un angle donné. Pour construire la bissectrice de cet angle, il faut :

– tracer un arc de centre O qui coupe les côtés de l'angle $\widehat{xOy}$ en A et en B ;

– tracer, avec la même ouverture de compas, un arc de centre A et un arc de centre B : ces deux arcs se coupent en C ;

– [OC) est la bissectrice de l'angle $\widehat{xOy}$.

Figure 9

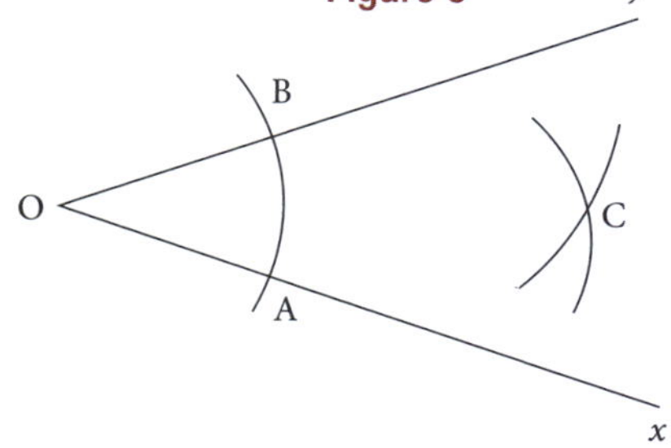

Marquons un point P sur la bissectrice d'un angle $\widehat{xOy}$ et construisons ses projetés orthogonaux H et H' sur les côtés de l'angle : alors PH = PH'.

> Si un point appartient à la bissectrice d'un angle alors il est équidistant des côtés de cet angle.
> Réciproquement, si un point est équidistant des côtés d'un angle, alors il appartient à la bissectrice de cet angle.

Figure 10

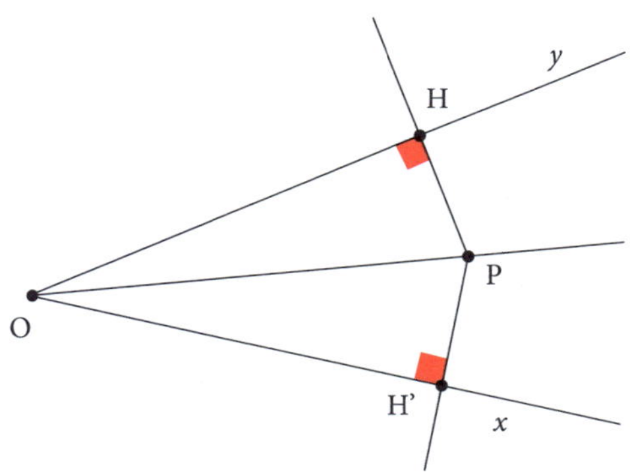

7. Construction de certains angles

Pour construire un angle de mesure donnée, on utilise en général le **rapporteur** mais, dans certains cas, on peut utiliser la règle et le compas. Pour construire un angle droit, il suffit de construire deux droites perpendiculaires. Pour construire un angle de 60°, il suffit de construire un triangle équilatéral.

<table>
<tr>
<td>

Construction d'un angle de 60°

– Tracer une demi-droite [O*x*) : ce sera le premier côté de l'angle à construire ;

– tracer un arc quelconque de centre O : il coupe [O*x*) en A ;

– tracer un arc de centre A qui passe par O : il coupe l'arc précédent en B ;

– l'angle $\widehat{AOB}$ mesure 60°.

</td>
<td>

Figure 11

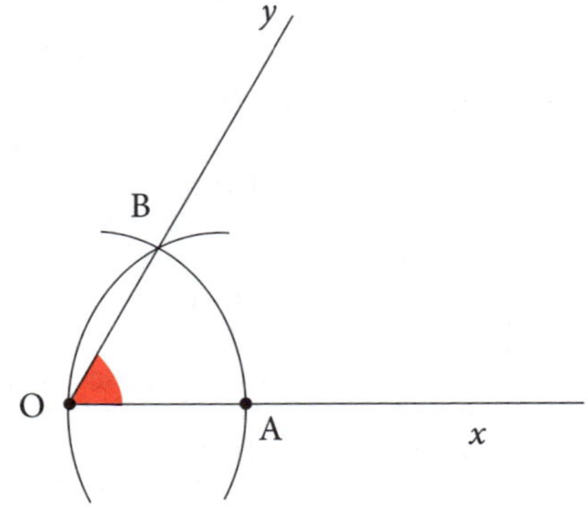

</td>
</tr>
</table>

Les constructions de perpendiculaires, celle d'un angle de 60°, celle d'une bissectrice et celle du report d'un angle permettent de construire des angles de 45° et de 135°, de 30° et de 120° et d'autres encore avec la règle et le compas.

D'une façon générale, on peut construire avec la règle et le compas tout angle dont la mesure est un multiple de 3°.

3 | Triangles et polygones

1. Introduction

En géométrie élémentaire, les triangles jouent un rôle essentiel. Dans ses *Éléments*, rédigés au IIIᵉ siècle avant J.-C., Euclide démontre par exemple que la somme des angles d'un triangle est une constante qui ne dépend ni de la forme ni des dimensions du triangle. Pour cela, il utilise les propriétés des droites parallèles qui forment avec une sécante quelconque des angles égaux. Un triangle ABC étant donné, il mène par le sommet A une parallèle au côté [BC] du triangle.

Figure 1

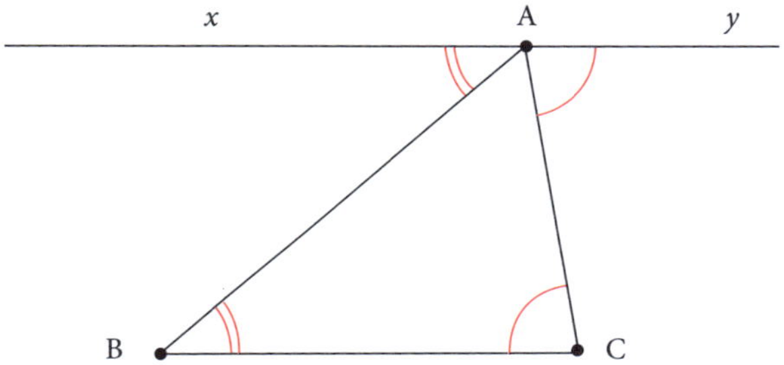

Sauriez-vous retrouver la démonstration d'Euclide ?

Réponse : On a $\widehat{BAx} + \widehat{BAC} + \widehat{CAy} = 1$ angle plat.

Les parallèles (xy) et (BC) et la sécante (AB) déterminent des angles alternes-internes égaux : $\widehat{BAx} = \widehat{ABC}$.

Les parallèles (xy) et (BC) et la sécante (AC) déterminent des angles alternes-internes égaux : $\widehat{CAy} = \widehat{ACB}$.

L'égalité précédente devient $\widehat{ABC} + \widehat{BAC} + \widehat{ACB} = 1$ angle plat.

2. Deux propriétés générales du triangle

La somme des angles d'un triangle est toujours égale à 180°.

Il est facile de calculer l'un des trois angles d'un triangle quand on connaît les deux autres. Si, par exemple, les angles $\widehat{A}$ et $\widehat{B}$ d'un triangle ABC mesurent respectivement 54° et 61°, l'angle $\widehat{C}$ est égal à $180° - (54° + 61°) = 180° - 115° = 65°$.

Un autre résultat, valable pour tous les triangles, est l'**inégalité triangulaire**.

Dans un triangle, la longueur d'un côté est inférieure à la somme des longueurs des deux autres côtés, mais supérieure à leur différence.

3. Droites remarquables dans le triangle

Les **médianes** d'un triangle sont les segments qui joignent chaque sommet au milieu du côté opposé. Les **hauteurs** sont les segments (ou les droites) qui passent par chaque sommet et qui sont perpendiculaires au côté opposé. Les **médiatrices** d'un triangle sont les médiatrices de ses côtés. Les **bissectrices** d'un triangle sont les bissectrices de ses angles.

> Les trois **médianes** d'un triangle sont concourantes. Leur point commun est appelé le **centre de gravité** du triangle. Il se trouve aux deux tiers de chaque médiane, à partir du sommet.

> Les trois **hauteurs** d'un triangle sont concourantes. Leur point commun est appelé l'**orthocentre** du triangle.

Figure 2

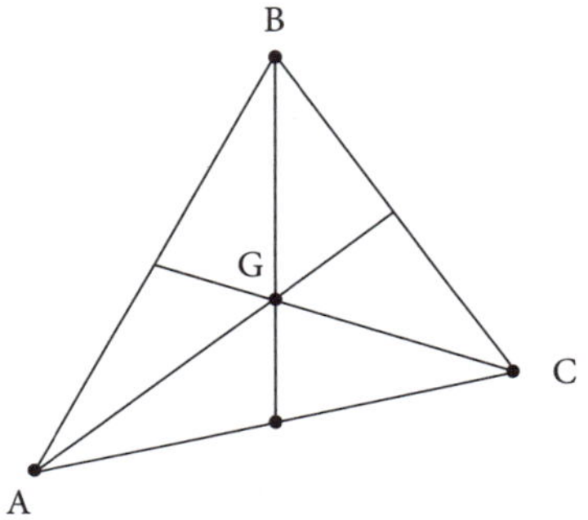

Médianes et centre de gravité

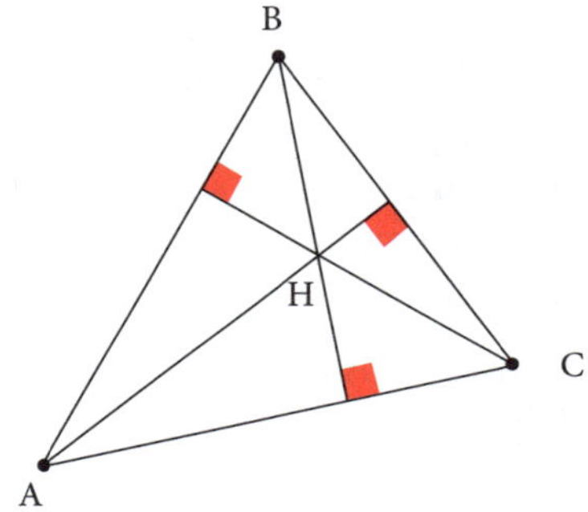

Hauteurs et orthocentre

> Les trois **médiatrices** d'un triangle sont concourantes. Leur point commun est le centre du **cercle circonscrit** au triangle. Ce cercle passe par les trois sommets du triangle.

> Les trois **bissectrices** intérieures d'un triangle sont concourantes. Leur point commun est le centre du **cercle inscrit** dans le triangle. Ce cercle est tangent aux trois côtés du triangle.

Figure 3

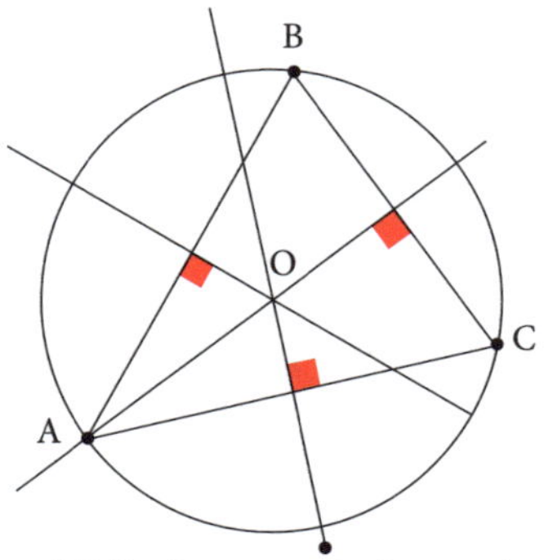

Médiatrices et cercle circonscrit

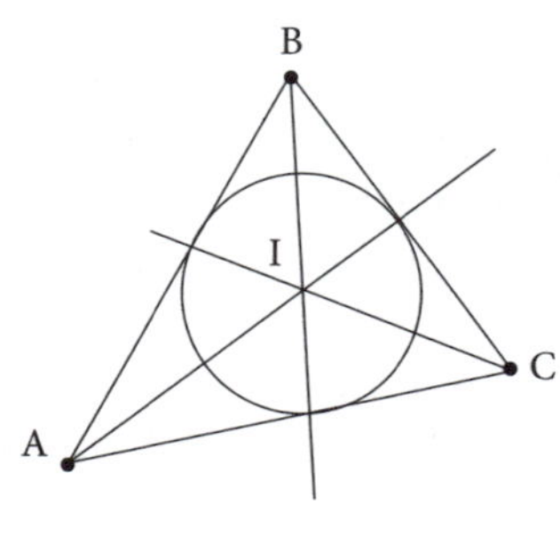

Bissectrices intérieures et cercle inscrit

4. Aire du triangle

Figure 4

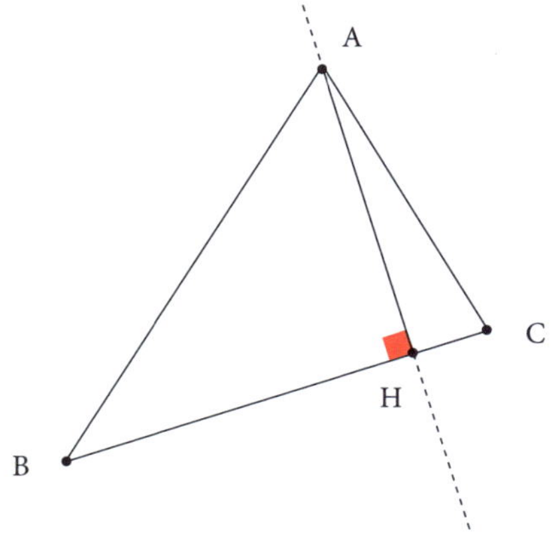

Soit ABC un triangle et [AH] l'une de ses hauteurs.

L'aire de ce triangle est égale à $\frac{1}{2}$ AH × BC.
Si BC = 6 cm et si AH = 4 cm, l'aire du triangle est 12 cm^2.

L'aire d'un triangle s'obtient en multipliant la longueur d'un côté par la hauteur relative à ce côté et en divisant par 2 le résultat obtenu.

REMARQUE

- Dans un triangle, il y a trois hauteurs, donc trois façons de calculer l'aire de ce triangle;
- une hauteur peut se situer à l'extérieur du triangle.

5. Le triangle isocèle

Un triangle ABC est isocèle en A s'il possède l'une des propriétés suivantes:
– ses côtés [AB] et [AC] ont la même longueur;
– ses angles $\widehat{ABC}$ et $\widehat{ACB}$ sont égaux;
– sa médiane [AM] est perpendiculaire au côté [BC].
Si l'une des trois propriétés est vraie, les deux autres le sont aussi.

6. Le triangle équilatéral

Un triangle ABC est **équilatéral** s'il possède l'une des propriétés suivantes:
– ses trois côtés ont la même longueur;
– ses trois angles sont égaux et valent 60° chacun.
Si l'une de ces propriétés est vraie, l'autre l'est aussi.

7. Le triangle rectangle

Un triangle est rectangle quand l'un de ses angles est droit. Si on connaît les longueurs des trois côtés d'un triangle, on peut prouver qu'il est rectangle à l'aide de la réciproque du théorème de Pythagore (voir le chapitre « Le théorème de Pythagore »).

Le cercle circonscrit à un triangle rectangle est particulièrement facile à construire.

> Le centre du cercle circonscrit à un triangle rectangle est le milieu de l'hypoténuse.
> Réciproquement, trois points A, B et C étant donnés, si A appartient au cercle de diamètre [BC], alors le triangle ABC est rectangle en A.

Figure 5

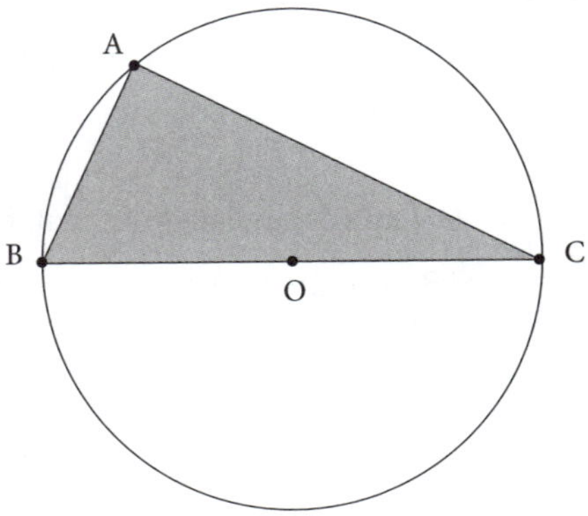

8. Les quadrilatères

Un **quadrilatère** est un polygone qui possède quatre côtés. Les quadrilatères peuvent être convexes ou non.

> On dit qu'un quadrilatère est **convexe** si une règle placée sur l'un quelconque de ses côtés ne le traverse pas.

Si la règle le traverse, il n'est pas convexe.

Figure 6. Un quadrilatère convexe

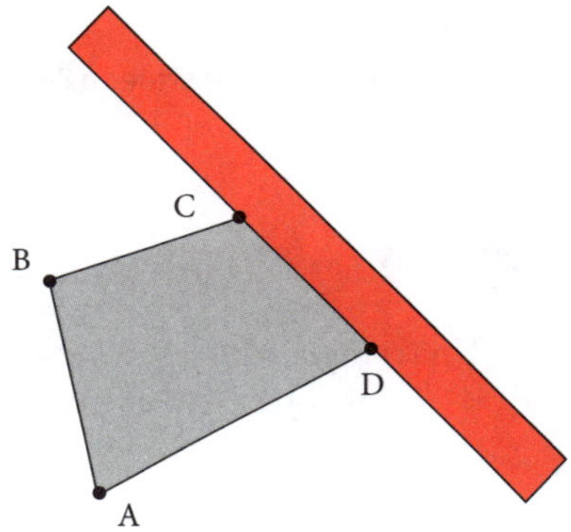

Figure 7. Deux quadrilatères non convexes

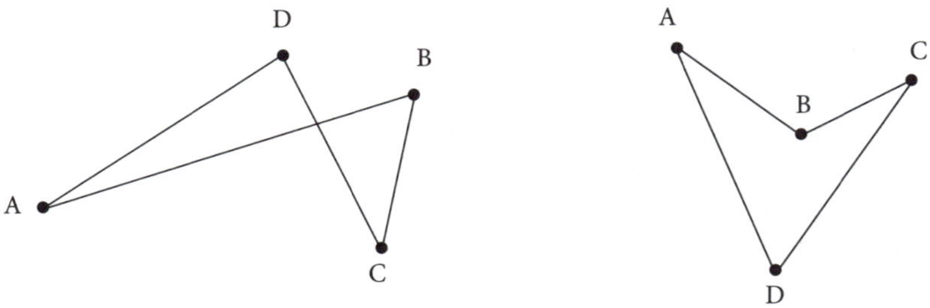

> La somme des angles d'un quadrilatère convexe est égale à 360°.

> Un **trapèze** est un quadrilatère convexe qui possède deux côtés parallèles.
> S'il possède un axe de symétrie, il est **isocèle**. Il a alors deux côtés et deux angles égaux.
> S'il possède un angle droit, c'est un **trapèze rectangle**.

Figure 8

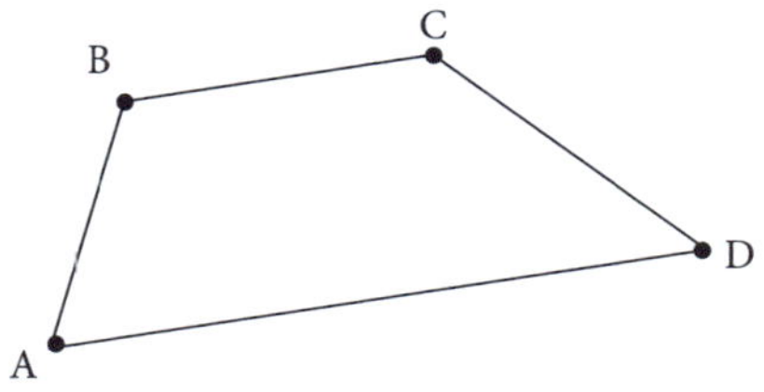

Un trapèze quelconque

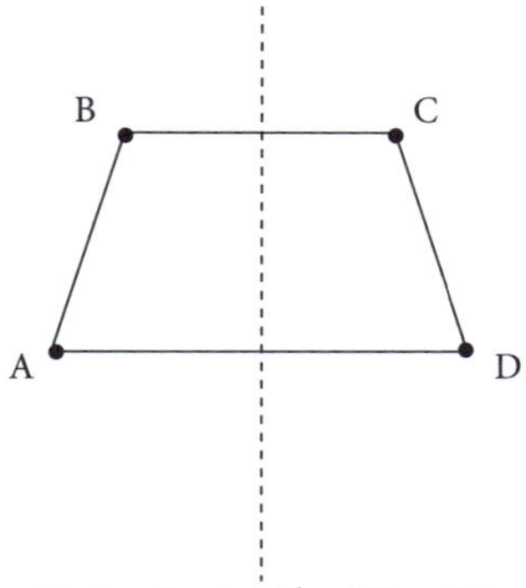

Un trapèze isocèle : AB = CD

Un **parallélogramme** est un quadrilatère convexe qui possède l'une des propriétés suivantes :
– ses deux diagonales ont le même milieu ;
– ses côtés opposés sont parallèles deux à deux ;
– ses côtés opposés ont la même longueur ;
– deux de ses côtés opposés sont parallèles et ont la même longueur ;
– ses angles consécutifs sont supplémentaires.
Si l'une de ces cinq propriétés est vraie, les autres le sont aussi.

Figure 9

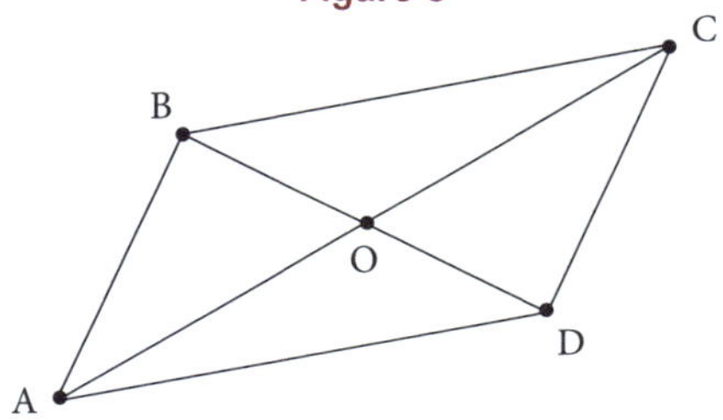

Un **rectangle** est un parallélogramme qui possède l'une des propriétés suivantes :
– ses diagonales ont la même longueur ;
– l'un de ses angles est droit.
Si l'une de ces deux propriétés est vraie, l'autre l'est aussi. Il en résulte qu'un rectangle a quatre angles droits.

Un **losange** est un parallélogramme qui possède l'une des propriétés suivantes :
– ses diagonales sont perpendiculaires ;
– deux de ses côtés consécutifs ont la même longueur.
Si l'une de ces deux propriétés est vraie, l'autre l'est aussi. Il en résulte qu'un losange a des côtés de même longueur.

> Un **carré** possède à la fois les propriétés du rectangle et celles du losange. Il a donc quatre angles droits et quatre côtés de même longueur.

9. Aire d'un quadrilatère

Désignons par A l'aire d'un quadrilatère. Le tableau suivant rappelle les formules qui permettent de calculer A.

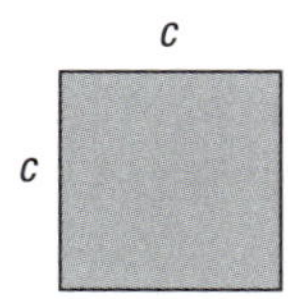	Aire du carré : $A = c \times c$
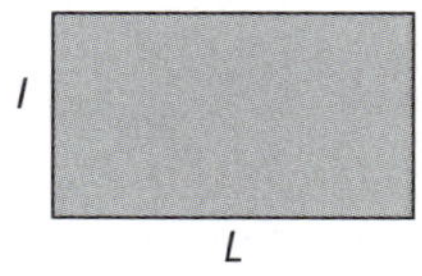	Aire du rectangle : $A = L \times l$
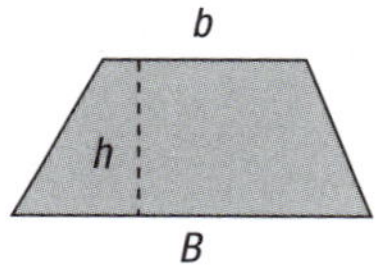	Aire du trapèze : $A = \dfrac{(B + b) \times h}{2}$
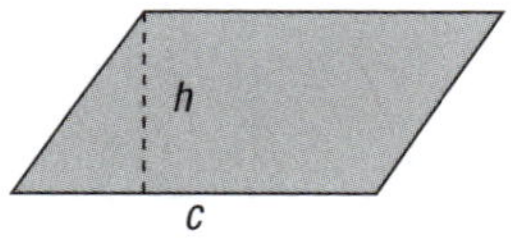	Aire du parallélogramme : $A = c \times h$
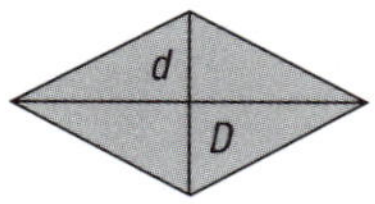	Aire du losange : $A = \dfrac{d \times D}{2}$

4 | Cercles et disques

1. Cercles et disques

Figure 1

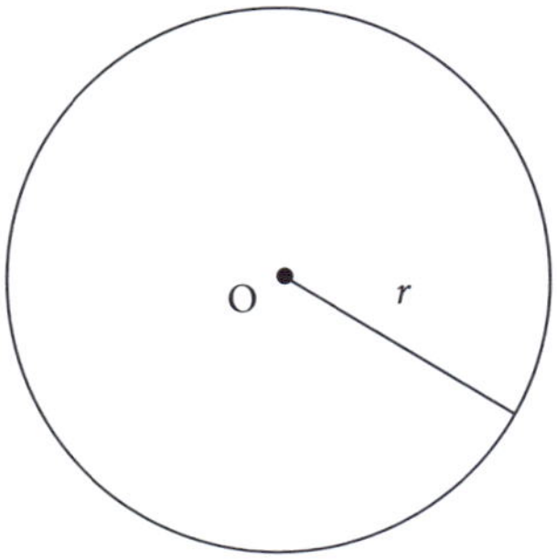

Soit O un point du plan et soit r une longueur quelconque. Le **cercle** de centre O et de rayon r est la ligne courbe formée par l'ensemble des points du plan qui sont situés à la distance r du point O.
Le **disque** de centre O et de rayon r est la partie du plan qui comprend tous les points dont la distance à O est inférieure ou égale à r.

Les points du plan dont la distance à O est inférieure au rayon r du cercle appartiennent au disque de centre O et de rayon r. On dit aussi qu'ils sont situés **à l'intérieur du cercle**. Les points du plan dont la distance à O est supérieure au rayon r du cercle n'appartiennent ni au disque ni au cercle de centre O et de rayon r. On dit aussi qu'ils sont situés à **l'extérieur du cercle**.

Figure 2

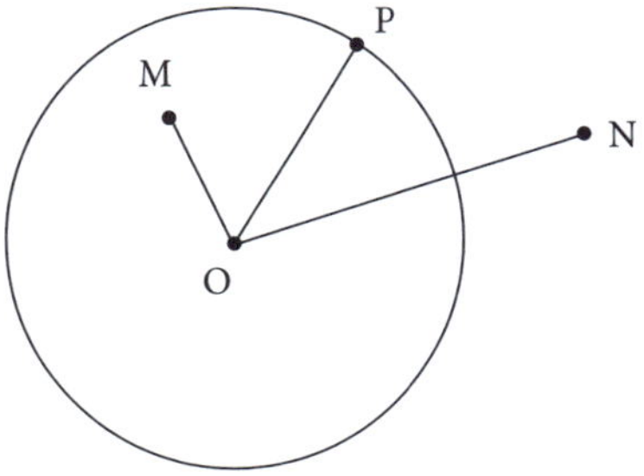

Sur la figure 2, M est à l'intérieur du cercle tandis que N est à l'extérieur du cercle. On a : $OM < r$ et $ON > r$.

2. Cordes, diamètres et rayons

Considérons un cercle de centre O et deux points A et B de ce cercle.

Le segment [AB] est une **corde** du cercle. La corde [AA'] qui passe par le centre O du cercle est un **diamètre** de ce cercle. On dit que A et A' sont **diamétralement opposés**. Le segment [OB] est un **rayon** du cercle.

Les mots **diamètre** et **rayon** ont deux sens distincts : ils désignent des segments de droite mais aussi des longueurs attachées aux cercles.

Figure 3

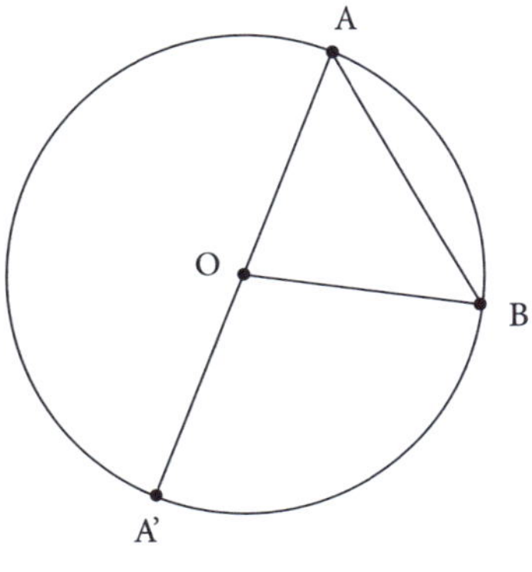

3. Périmètre et aire du disque

Le périmètre L d'un disque de rayon r est donné par la formule $L = 2 \times \pi \times r$.
Le périmètre du disque est égal à la **longueur du cercle** qui le limite.
L'aire A d'un disque de rayon r est donnée par la formule $A = \pi \times r^2$

Le nombre π est un nombre réel qui a pour approximation décimale 3,1415926… Ce développement décimal possède une infinité de décimales. On en connaît aujourd'hui quelques milliards mais, pour des calculs qui ne réclament pas une grande précision, on adopte généralement la valeur approchée 3,14. Considérons par exemple un cercle de 6 cm de rayon. Avec $\pi \approx 3{,}14$, une valeur approchée de son périmètre est $2 \times 3{,}14 \times 6$, soit 37,68 cm. Une valeur approchée de son aire est $3{,}14 \times 6 \times 6$, soit 113,04 cm^2.

4. Angles au centre et angles inscrits

Sur la figure 4, les points A et B partagent le cercle en deux **arcs de cercle** dont ils sont les extrémités. Pour nommer un arc, on utilise généralement les noms de ses extrémités. Si une confusion est possible, on utilise un troisième point, situé entre les deux extrémités de l'arc à nommer.

Sur la figure 4, l'angle $\widehat{AOB}$ est un **angle au centre** qui **intercepte l'arc** $\overset{\frown}{AB}$. L'angle $\widehat{EDF}$ est un **angle inscrit** qui intercepte l'arc $\overset{\frown}{EF}$.

Figure 4

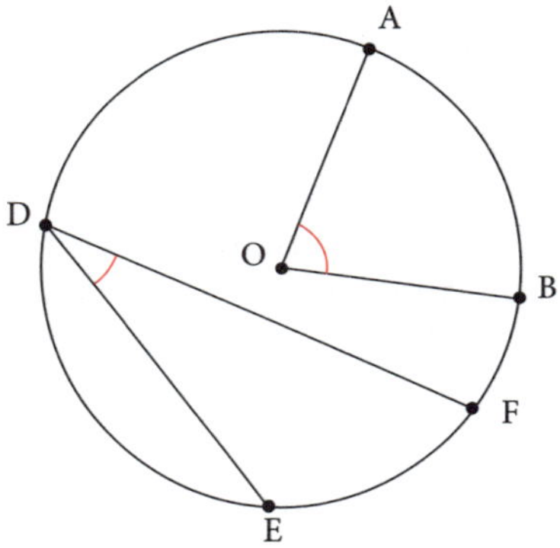

Un angle au centre qui intercepte un demi-cercle vaut $\dfrac{360°}{2} = 180°$.
Un angle au centre qui intercepte un quart de cercle vaut $\dfrac{360°}{4} = 90°$.

D'une façon générale, un angle au centre qui intercepte une fraction $\dfrac{p}{q}$ de cercle vaut $\dfrac{360° \times p}{q}$.

Un **angle inscrit** vaut la moitié de l'angle au centre qui intercepte le même arc.

Figure 5

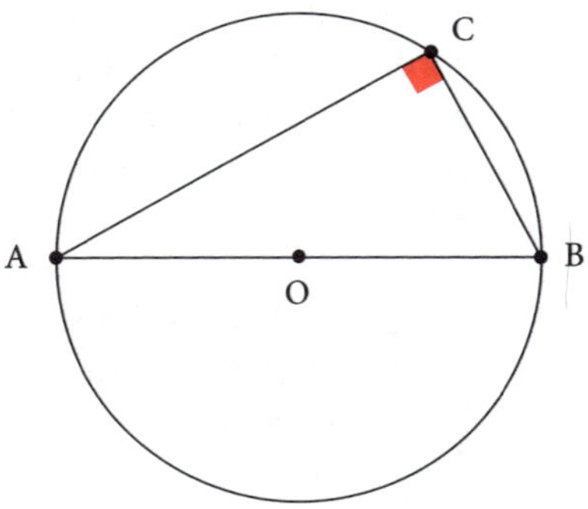

Sur la figure 6, l'angle au centre $\widehat{BOC}$ vaut deux fois l'angle inscrit $\widehat{BAC}$ car ils interceptent tous les deux l'arc $\overset{\frown}{BC}$.

Figure 6

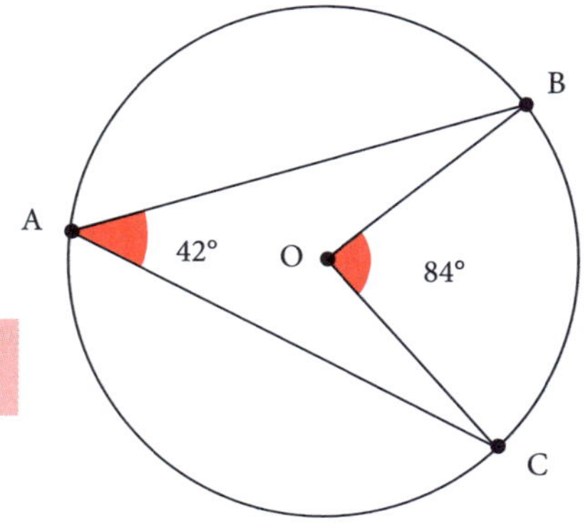

> Deux angles inscrits qui interceptent le même arc ou des arcs égaux sont égaux.

Sur la figure 7, les angles inscrits $\widehat{BAC}$ et $\widehat{BDC}$ sont égaux car ils interceptent tous les deux l'arc $\overset{\frown}{BC}$.

Figure 7

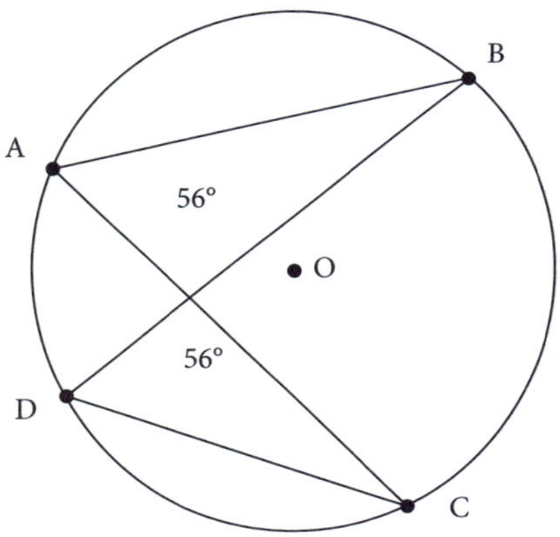

5. Mesure et longueur d'un arc de cercle

Sur la figure 8, l'angle au centre $\widehat{AOB}$ mesure 60°. Comme il intercepte l'arc de cercle $\overset{\frown}{AB}$, on dit que la **mesure** de cet arc vaut 60°.

Figure 8

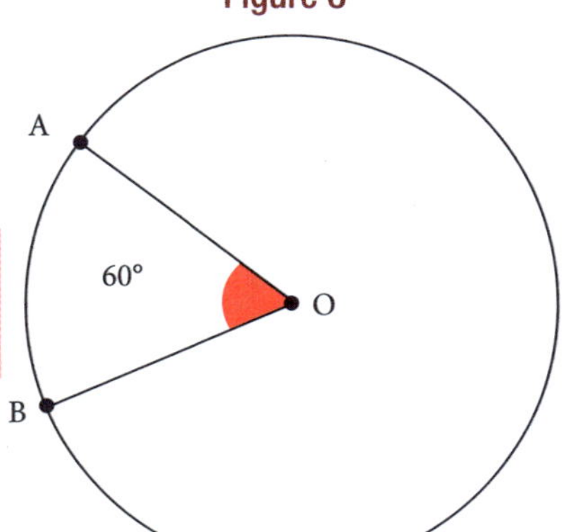

> Dire qu'un arc $\overset{\frown}{AB}$ d'un cercle de centre O mesure α° c'est dire que l'angle $\widehat{AOB}$ au centre mesure α°.

Dans un cercle de rayon donné, la longueur d'un arc de cercle est proportionnelle à sa mesure.

La longueur d'un arc de 90° vaut $\frac{1}{4}$ de la longueur du cercle entier, la longueur d'un arc de 60° vaut $\frac{1}{6}$ de la longueur du cercle entier, etc.

> La longueur d'un arc de cercle est proportionnelle à sa mesure. Comme la longueur du cercle correspond à un angle de 360°, il suffit de multiplier cette longueur par la fraction $\frac{\alpha}{360}$ pour obtenir la longueur d'un arc de α°.

Calculons par exemple la longueur d'un arc de cercle de 80° pris sur un cercle de 6 cm de rayon. La longueur du cercle a pour valeur approchée $2 \times 3{,}14 \times 6 = 37{,}68$ cm. La longueur de l'arc de 80° représente $\frac{80}{360}$ de cette longueur, soit 8,37 cm approximativement.

6. Droites et cercles

Figure 9

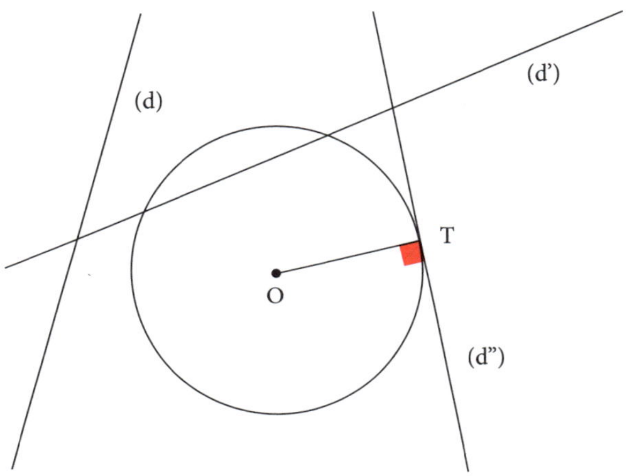

La figure 9 montre trois droites (d), (d') (d") et un cercle de centre O. On peut voir que :

– la droite (d) et le cercle n'ont aucun point commun ;

– la droite (d') rencontre le cercle en deux points ;

– la droite (d") et le cercle ont un seul point commun.

On dit que la droite (d") est **tangente** au cercle. On peut démontrer que, dans ce cas, (d") est perpendiculaire au rayon du cercle qui aboutit au point de contact.

> Si une droite est tangente en T à un cercle (C) de centre O alors elle est perpendiculaire au rayon [OT].
> Réciproquement, si T est un point d'un cercle (C) de centre O alors la perpendiculaire en T à la droite (OT) est tangente au cercle (C) en T.

7. Construction d'une tangente à un cercle

Soit P un point donné et soit (C) un cercle de centre O. Si P appartient au cercle (C), il existe une seule droite qui passe par P et qui est tangente au cercle (C) : c'est la perpendiculaire en P à (OP).

Si P est situé à l'extérieur du disque limité par le cercle (C) alors il existe exactement deux tangentes au cercle (C) qui passent par P. La figure 10 montre leur construction à la règle et au compas.

Figure 10

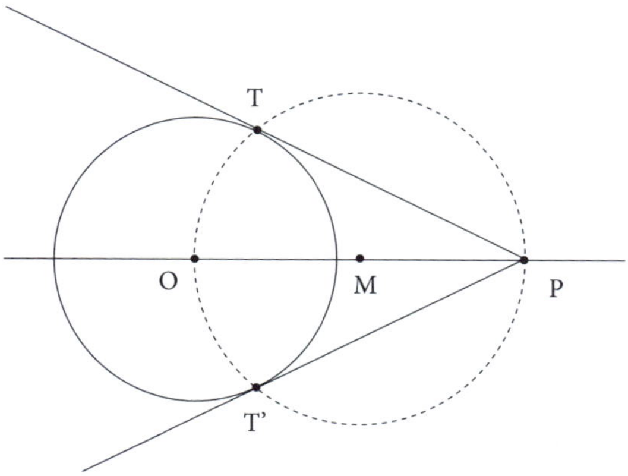

On trace le cercle de diamètre [OP] : il coupe le cercle de centre O en T et en T' qui sont les points de contact des deux tangentes avec le cercle de centre O. Les triangles OTP et OT'P étant rectangles, on peut utiliser le théorème de Pythagore pour calculer les longueurs des deux tangentes (voir le chapitre « Le théorème de Pythagore »).

8. Cercles tangents

Deux cercles peuvent avoir en commun 0, 1 ou 2 points. Quand deux cercles ont 2 points en commun, on dit qu'ils sont **sécants**. Quand ils ont un seul point commun, on dit qu'ils sont **tangents**. Dans ce dernier cas, il existe deux possibilités : les deux cercles peuvent être **tangents intérieurement** ou bien **tangents extérieurement**.

> Quand deux cercles sont tangents, leurs centres et leur point de contact sont alignés.

Figure 11

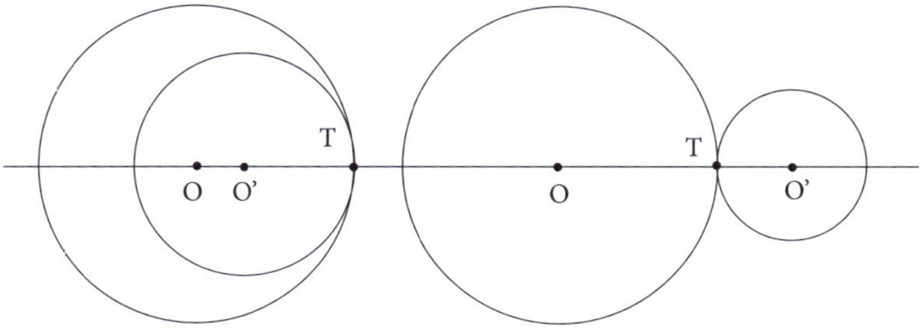

5 | Le théorème de Pythagore

1. Définition

Soit ABC un triangle rectangle en A. On peut énoncer le théorème de Pythagore de plusieurs façons. Nous présenterons deux énoncés parmi les plus courants.

> Si un triangle est rectangle alors la somme des carrés des longueurs des côtés de l'angle droit est égale au carré de la longueur de l'hypoténuse.

Enfin on peut employer les noms donnés aux sommets du triangle.

> Si un triangle ABC est rectangle en A alors $BC^2 = AB^2 + AC^2$.

2. Comment utiliser le théorème de Pythagore?

Les calculs sont conduits de deux façons différentes selon qu'on calcule la longueur de l'hypoténuse ou celle de l'un des côtés de l'angle droit.

Exemple : Soit, par exemple, un triangle ABC rectangle en A. On sait que AB = 6 cm et que AC = 9 cm. Quelle est la longueur de l'hypoténuse [BC] ? Comment construire ce triangle à la règle et au compas ?

Figure 1

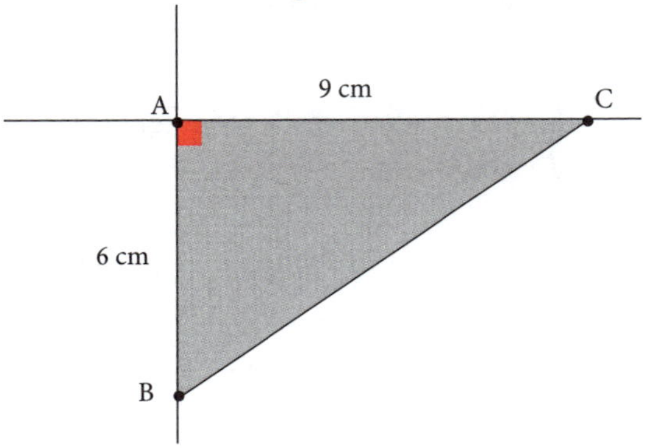

Solution : Le triangle ABC étant rectangle en A, on peut lui appliquer le théorème de Pythagore et écrire $BC^2 = AB^2 + AC^2$.

En remplaçant AB par 6 et AC par 9, on obtient $BC^2 = 6^2 + 9^2 = 36 + 81 = 117$, d'où $BC = \sqrt{117} \approx 10{,}82$ cm.

Pour construire le triangle ABC, on commence par construire un angle droit de sommet A. On marque ensuite, sur les côtés de cet angle, les points B et C tels que AB = 6 cm et AC = 9 cm.

- Le carré d'un nombre a est noté a^2 et est égal à $a \times a$.
- La racine carrée d'un nombre a positif est notée $\sqrt{a}$: on a $\sqrt{a} \times \sqrt{a} = a$.

Exemple : Considérons maintenant un triangle ABC rectangle en A avec BC = 10 cm et AC = 5 cm. Quelle est, au mm près, la longueur de [AB] ? Comment construire ce triangle à la règle et au compas ?

Solution : Puisque le triangle ABC est rectangle en A, on peut lui appliquer le théorème de Pythagore et écrire $BC^2 = AB^2 + AC^2$ soit $10^2 = AB^2 + 5^2$. En remplaçant BC par 10 et AC par 5, on obtient $100 = AB^2 + 25$, d'où

$AB^2 = 100 - 25 = 75$. On en tire

$AB = \sqrt{75} \approx 8{,}7$ cm.

Pour construire le triangle ABC avec la règle et le compas, on commence par tracer un segment [BC] de 10 cm de longueur.

Figure 2

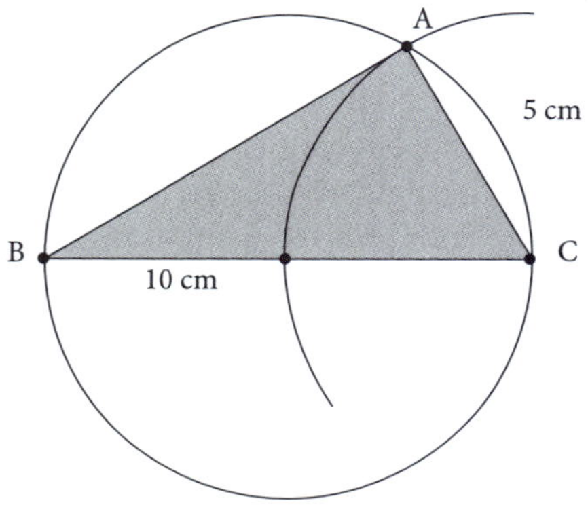

Puisque l'angle $\widehat{BAC}$ est droit, le point A appartient au cercle de diamètre [BC]. Il appartient aussi au cercle de centre C, de rayon 5 cm.

3. Deux applications du théorème de Pythagore

Le théorème de Pythagore est très souvent utilisé en géométrie plane mais, pour calculer la diagonale d'un carré ou la hauteur d'un triangle équilatéral, il vaut mieux retenir deux formules plutôt que refaire les calculs complets à chaque fois.

La longueur de la diagonale d'un carré de côté c est égale à $c\sqrt{2}$. On prend généralement 1,414 comme valeur approchée de $\sqrt{2}$.

Ainsi, un carré de 6 cm de côté a des diagonales qui mesurent $6 \times \sqrt{2} \approx 6 \times 1{,}414 \approx 8{,}48$ cm.

La hauteur d'un triangle équilatéral de côté c est égale à $c\,\dfrac{\sqrt{3}}{2}$. On prend généralement 1,732 comme valeur approchée de $\sqrt{3}$.

Exemple : Soit un triangle équilatéral ABC de 9 cm de côté. En appliquant la formule précédente, on peut facilement calculer sa hauteur puis son aire.

En effet, la hauteur du triangle est égale à $9 \times \dfrac{\sqrt{3}}{2} \approx 9 \times \dfrac{1{,}732}{2} \approx 9 \times 0{,}866 \approx 7{,}79$ cm.

L'aire du triangle vaut donc $\dfrac{9 \times 7{,}79}{2} \approx 35{,}06\ \text{cm}^2$.

MATHÉMATIQUES
Géométrie

4. Ce triangle est-il rectangle ou non ?

Supposons qu'on connaisse les longueurs des trois côtés d'un triangle. Pour prouver que le triangle est rectangle, on utilise la **réciproque du théorème de Pythagore**.

> Si les longueurs des côtés [AB], [AC] et [BC] d'un triangle ABC vérifient la relation $BC^2 = AB^2 + AC^2$, alors le triangle ABC est rectangle en A.

Exemple : Soit un triangle ABC dans lequel AB = 5 cm, AC = 12 cm et BC = 13 cm. On a $AB^2 = 5 \times 5 = 25$, $AC^2 = 12 \times 12 = 144$ et $BC^2 = 13 \times 13 = 169$.
On peut vérifier que $169 = 25 + 144$. Cela veut dire que $BC^2 = AB^2 + AC^2$, donc le triangle ABC est rectangle en A.
Pour prouver qu'un triangle n'est pas rectangle, on utilise une autre formulation du théorème de Pythagore.

> Soit [BC] le côté le plus long d'un triangle ABC. Si BC^2 n'est pas égal à $AB^2 + AC^2$ le triangle ABC n'est pas rectangle.

Exemple : Considérons un triangle ABC tel que AB = 4 cm, AC = 5 cm et BC = 6,4 cm. Une fois construit, le triangle semble rectangle en A, mais l'est-il vraiment ?

Calculons AB^2, AC^2 et BC^2 : on a $AB^2 = 4 \times 4 = 16$, $AC^2 = 5 \times 5 = 25$, $BC^2 = 6,4 \times 6,4 = 40,96$. $AB^2 + AC^2 = 41$ est différent de $BC^2 = 40,96$. On peut conclure que le triangle ABC n'est pas vraiment un triangle rectangle.

Figure 3

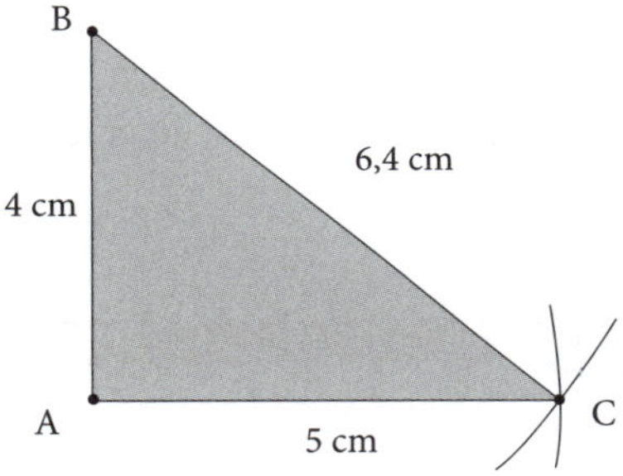

5. Le théorème de Pythagore et l'espace

La formule suivante est fondée sur le théorème de Pythagore.

> La longueur de la diagonale d'un cube de côté c est égale à $c\sqrt{3}$ avec $\sqrt{3} = 1,732\ldots$

Exemple : Considérons un cube ABCDEFGH de côté 8 cm. Quelle est la longueur des diagonales de ses faces ? Quelle est la longueur de ses diagonales ?

Les diagonales des faces mesurent $8 \times \sqrt{2} \approx 8 \times 1,414\ldots \approx 11,31$ cm par défaut.

Les diagonales du cube mesurent $8 \times \sqrt{3} \approx 8 \times 1,732 \approx 13,86$ cm par excès.

Figure 4

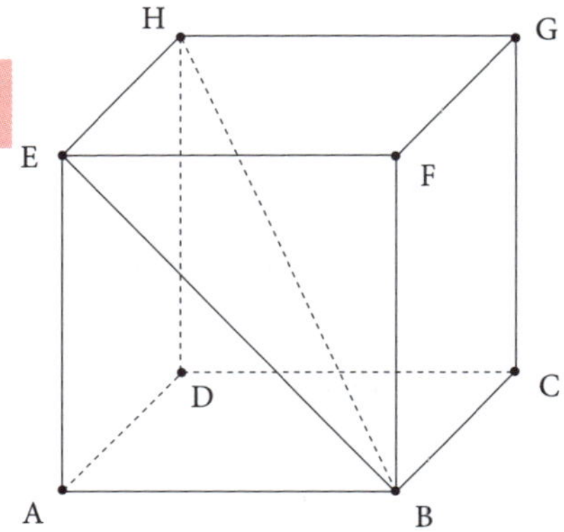

D'une façon générale, en géométrie dans l'espace, le théorème de Pythagore et sa réciproque constituent des outils très efficaces.

6 | Le théorème de Thalès

1. Introduction

Le croquis ci-dessous montre un sapin de sommet S isolé sur une pelouse supposée parfaitement horizontale. Le tronc [TH] du sapin mesure 1,60 m. L'ombre [HB] du sapin est bien visible sur le sol et mesure 13 m. L'ombre [HA] du tronc mesure 2,60 m. Le Soleil étant situé à une grande distance de la Terre, on considère que ses rayons sont parallèles.

Figure 1

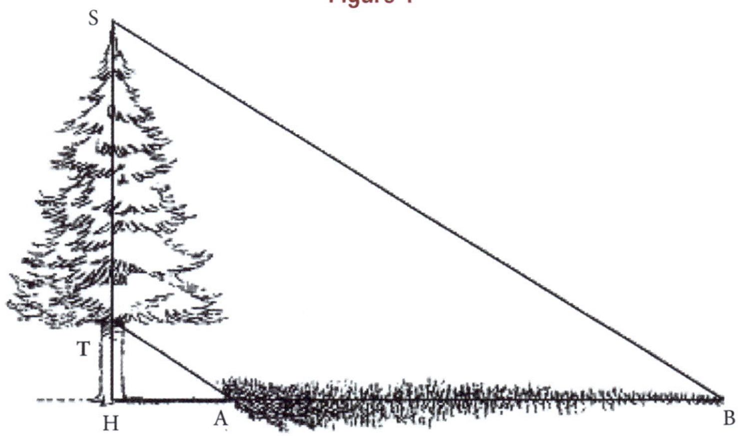

Exemple : Comment peut-on calculer la hauteur SH du sapin à partir des trois données fournies ?
Réponse : Observons que AH représente $\frac{1}{5}$ de HB car 2,60 m $= \frac{1}{5}$ de 13 m. Si nous supposons que TH représente aussi $\frac{1}{5}$ de SH, on en déduit SH $= 5 \times 1{,}60$ m $= 8$ m.

Nous venons d'appliquer le **théorème de Thalès**, du nom d'un mathématicien grec qui fut le premier à jeter un pont entre le parallélisme et le calcul des longueurs.

2. Le théorème de Thalès

Dans le cas particulier des triangles, qui seul nous retiendra ici, le théorème de Thalès peut être énoncé sous deux formes. Voyons d'abord la forme générale :

> Soit un triangle ABC. Soit M un point de la droite (AB) et soit N un point de la droite (AC). Si les droites (MN) et (BC) sont parallèles, alors $\frac{AM}{AB} = \frac{AN}{AC}$.

Selon la position des points M et N, il nous faut distinguer trois cas de figure.

MATHÉMATIQUES
Géométrie

Figure 2

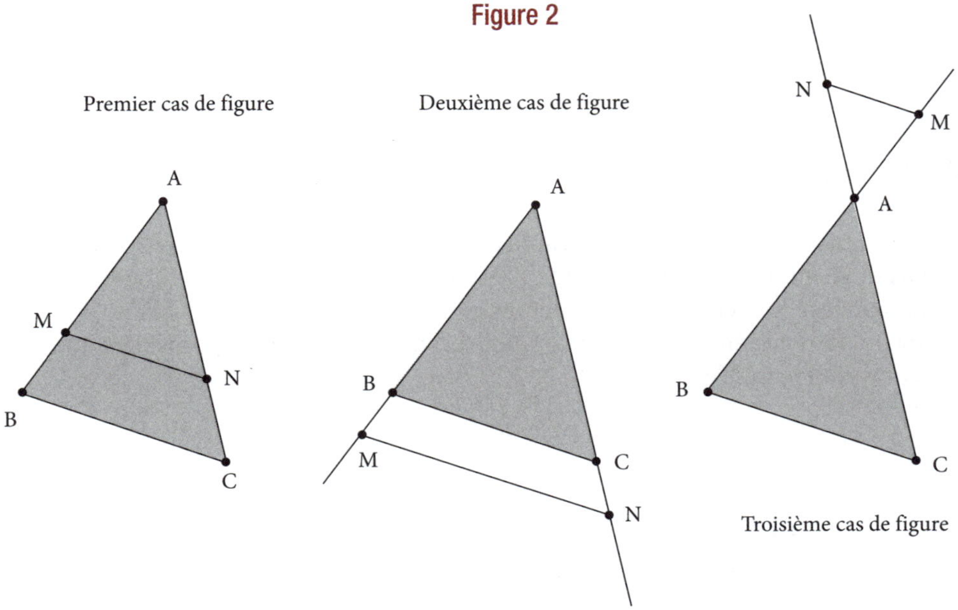

Parfois, comme dans l'exercice traité en introduction, le théorème de Thalès peut être formulé de façon plus simple.

> Soit un triangle ABC. Soit M un point de la droite (AB) et soit N un point de la droite (AC). Si (MN) est parallèle à (BC) et si AM représente une certaine fraction de AB alors AN représente la même fraction de AC.

3. Une construction à la règle et au compas

On peut appliquer le théorème de Thalès au partage d'un segment en parties égales. À titre d'exemple, proposons-nous de partager un segment [AB] en trois parties égales de façon purement géométrique, au moyen d'une règle non graduée et d'un compas, sans faire ni mesures ni calculs.

On trace une demi-droite quelconque [Ax) puis on marque un point M quelconque sur cette demi-droite. Le compas permet de placer des points M' et M'' sur la demi-droite de façon que AM = MM' = M'M''. Les parallèles à (M''B) menées par M et par M' coupent (AB] en N et en N' respectivement. Le théorème de Thalès permet de démontrer que AN = NN' = N'B = $\frac{1}{3}$ de AB.

On peut utiliser cette construction pour partager un segment en 5, 6, 7 parties égales, etc.

Figure 3

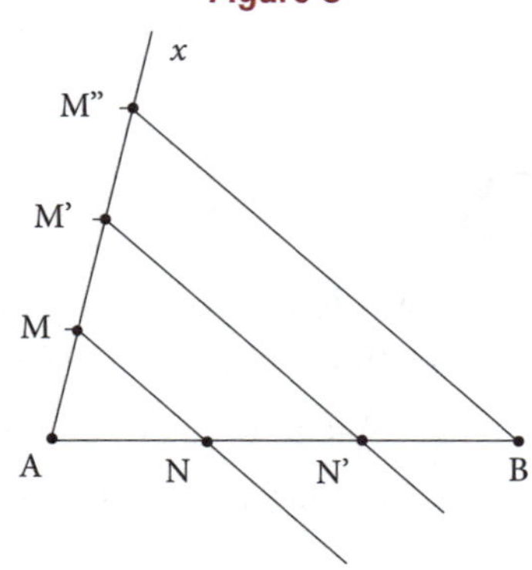

4. La réciproque du théorème de Thalès

La réciproque du théorème de Thalès est plus délicate à énoncer que le théorème direct car il faut tenir compte de l'**ordre** dans lequel les points sont placés.

> Soit ABC un triangle et soit (d) une droite qui coupe (AB) en M et (AC) en N. Si les points A, B, M d'une part et les points A, C, N de l'autre sont placés dans le même ordre respectivement sur les droites (AB) et (AC) et si $\frac{AM}{AB} = \frac{AN}{AC}$ alors (MN) est parallèle à (BC).

Exemples :

Sur la figure 4, les droites (MN) et (BC) sont parallèles car :

– A, M, B et A, N, C sont placés de la même façon (M est entre A et B, N est entre A et C) ;

– on a $\frac{AM}{AB} = \frac{AN}{AC}$ puisque $\frac{20}{50} = \frac{18}{45} = \frac{2}{5}$.

Figure 4

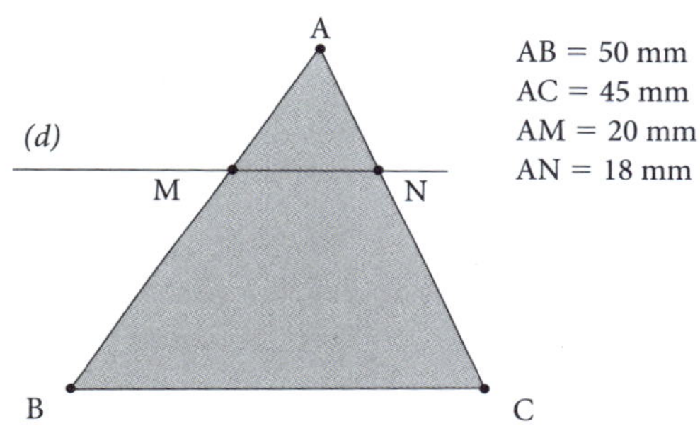

Si les points A, M, C et A, N, B ne sont pas placés de la même façon, les droites (MN) et (BC) ne sont pas parallèles même si $\frac{AM}{AB} = \frac{AN}{AC}$. Sur la figure 5, par exemple, (MN) n'est pas parallèle à (BC) : on a bien $\frac{AM}{AB} = \frac{AN}{AC} = \frac{1}{4}$ mais, alors que M est situé entre A et B, N n'est pas situé entre A et C.

Figure 5

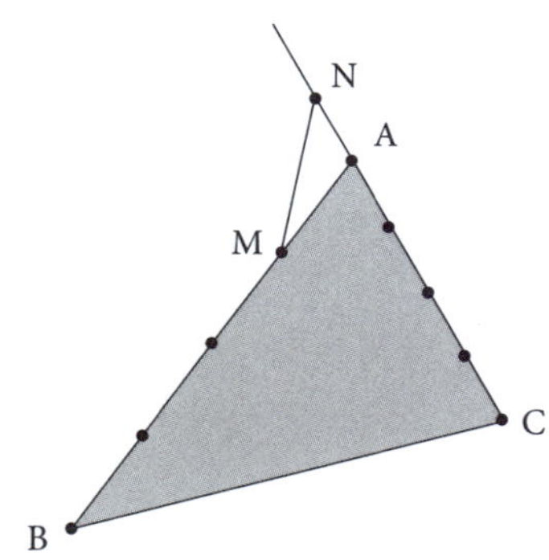

5. Le théorème des triangles homothétiques

Considérons un triangle ABC et deux points M et N qui appartiennent respectivement aux droites (AB) et (AC). Lorsque les droites (MN) et (BC) sont parallèles, on dit que les triangles ABC et AMN sont **homothétiques**. On dit alors que les côtés [AM] et [AB], [AN] et [AC], [MN] et [BC] sont des côtés **homologues**. On dit également que les angles $\widehat{BAC}$ et $\widehat{MAN}$, $\widehat{ABC}$ et $\widehat{AMN}$, $\widehat{ACB}$ et $\widehat{ANM}$ sont des angles homologues.

Figure 6

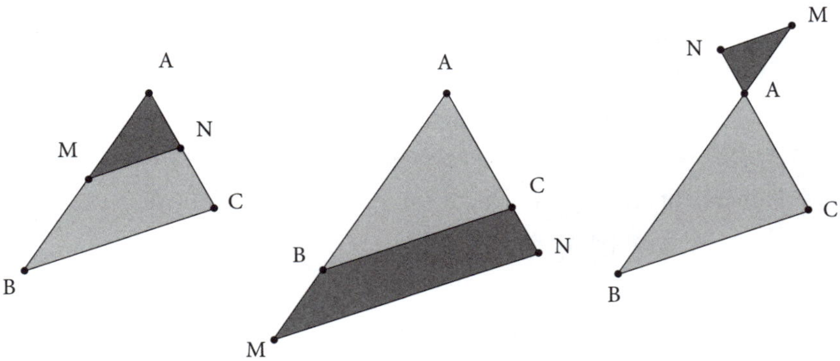

Observons que deux triangles homothétiques ont toujours un sommet commun et deux côtés distincts mais parallèles. Leurs autres côtés sont partiellement superposés.

Soit ABC et AMN deux triangles homothétiques.
– Leurs angles homologues sont égaux.
– Leurs côtés homologues ont des longueurs proportionnelles : $\dfrac{AM}{AB} = \dfrac{AN}{AC} = \dfrac{MN}{BC}$.

6. Le théorème des milieux et sa réciproque

Le théorème de Thalès, sa réciproque et le théorème des triangles homothétiques prennent des formes particulièrement simples quand M et N sont les milieux respectifs des côtés [AB] et [AC]. Voici par exemple le **théorème des milieux** :

Si M et N sont les milieux des côtés [AB] et [AC] d'un triangle ABC alors la droite (MN) est parallèle à la droite (BC) et $MN = \dfrac{BC}{2}$.

Et voici la réciproque du théorème des milieux :

Soit M le milieu du côté [AB] d'un triangle ABC. La parallèle à (BC) qui passe par M rencontre [AC] en son milieu N.

7 | Transformations du plan

1. Conservation de certaines propriétés

Soit (F) une figure plane et soit (F') son image dans une transformation géométrique quelconque.

Si (F) possède une certaine propriété géométrique et si (F') possède la même propriété géométrique, on dit que la transformation a conservé cette propriété.

Exemples :

– Soit A et B deux points distincts et soit A' et B' leurs images par une certaine transformation. Si A'B' = AB on dit que la transformation **conserve les longueurs**.

– Soit A, B et C trois points distincts et soit A', B' et C' leurs images.

Si A, B et C sont alignés et si A', B' et C' le sont aussi, on dit que la transformation **conserve les alignements**.

Si $\widehat{A'B'C'} = \widehat{ABC}$ on dit que la transformation **conserve les angles**.

– Supposons maintenant que l'image d'une droite par une certaine transformation géométrique soit encore une droite.

Si les images de deux droites parallèles sont parallèles elles aussi, on dit que la transformation conserve le parallélisme.

Si les images de deux droites perpendiculaires sont perpendiculaires elles aussi, on dit que la transformation conserve l'orthogonalité.

2. Les symétries centrales

Deux points M et M' sont **symétriques par rapport à un point O** si O est le milieu du segment [MM'].

Figure 1

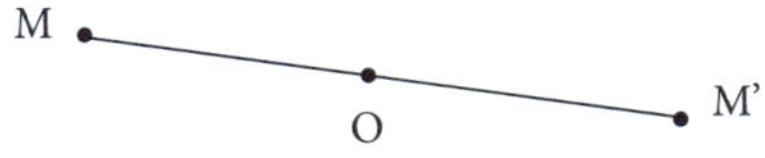

Observons que O est son propre symétrique : c'est le seul point du plan qui soit invariant.

Dire que deux figures sont symétriques par rapport à un point O c'est dire que chaque point de l'une a pour symétrique par rapport à O un point de l'autre.

Figure 2

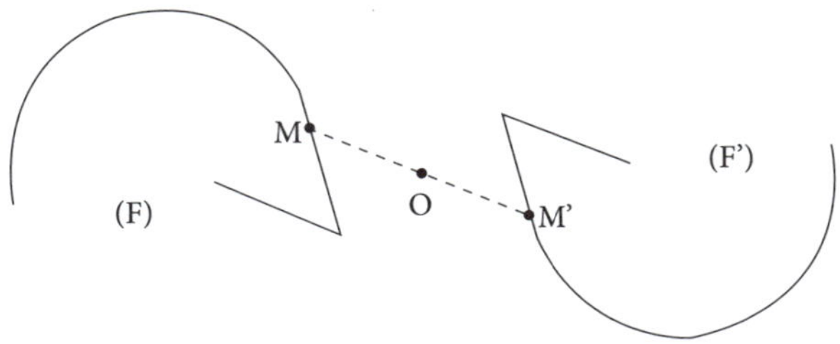

> Si les droites (d) et (d') sont symétriques par rapport à un point alors elles sont parallèles.

> Si deux figures sont symétriques par rapport à un point alors elles sont superposables, c'est-à-dire qu'elles ont la même forme et les mêmes dimensions. Une symétrie centrale conserve les alignements, les longueurs, les angles, le parallélisme et l'orthogonalité. On dit que c'est une isométrie.

Figure 3

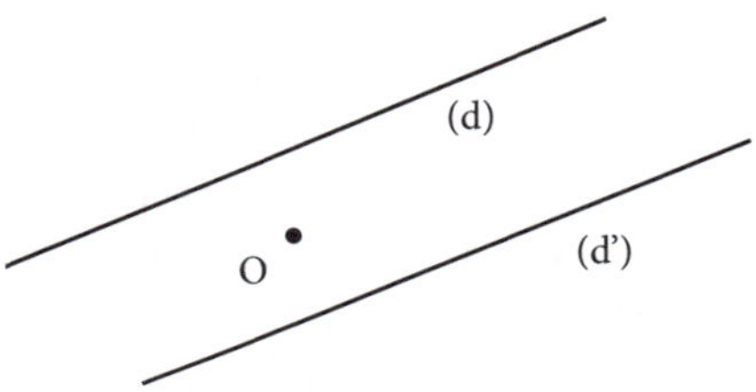

C'est ainsi que, dans une symétrie centrale, le symétrique d'un carré est un carré de même dimension.

Figure 4

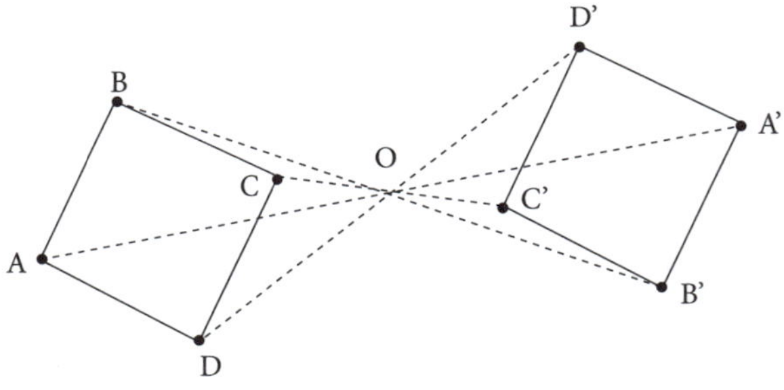

3. Centre de symétrie d'une figure

> Un point O est le **centre de symétrie** d'une figure (F) si celle-ci coïncide avec sa symétrique par rapport à ce point O. Sauf pour les droites et les bandes du plan à bords parallèles, les figures qui ont un centre de symétrie ne peuvent en avoir qu'un seul.

Par exemple, le point de rencontre O des diagonales du parallélogramme ABA'B' est le centre de symétrie de ce parallélogramme.

Cela vient du fait que O est le milieu de chaque diagonale. D'autres figures possèdent un centre de symétrie. Le tableau ci-dessous en indique quelques-unes.

Figure 5

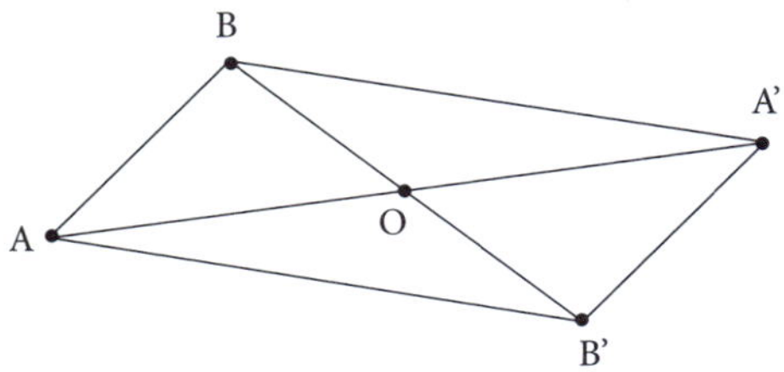

Figures	Quel est leur centre de symétrie ?
Segment	son milieu
Rectangle	point de rencontre de ses diagonales
Losange	point de rencontre de ses diagonales
Carré	point de rencontre de ses diagonales
Cercle	son centre
Polygone régulier ayant un nombre pair de côtés	centre de son cercle circonscrit

Observons qu'un polygone régulier ayant un nombre impair de côtés n'a pas de centre de symétrie.

4. Les symétries orthogonales (ou axiales)

On dit que deux points M et M' sont symétriques par rapport à une droite (d) si celle-ci est la médiatrice du segment [MM'].

Observons que tout point de (d) est son propre symétrique : ce sont les seuls points du plan qui possèdent cette particularité. La droite (d) est donc invariante.

On peut construire le symétrique d'un point M par rapport à une droite (d) avec une équerre et un compas mais il est plus rapide d'employer le compas seul.

Figure 6

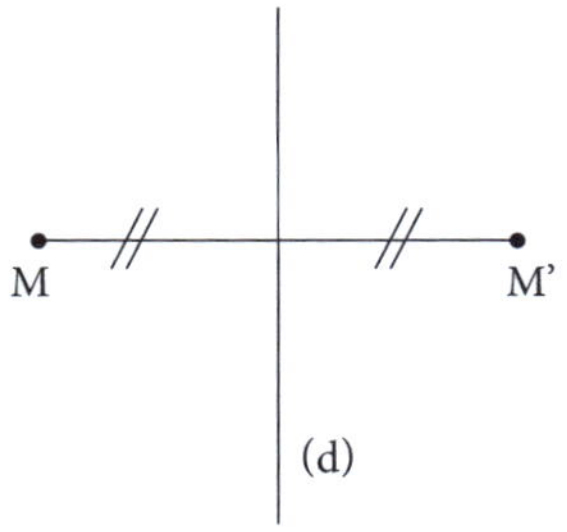

Figure 7

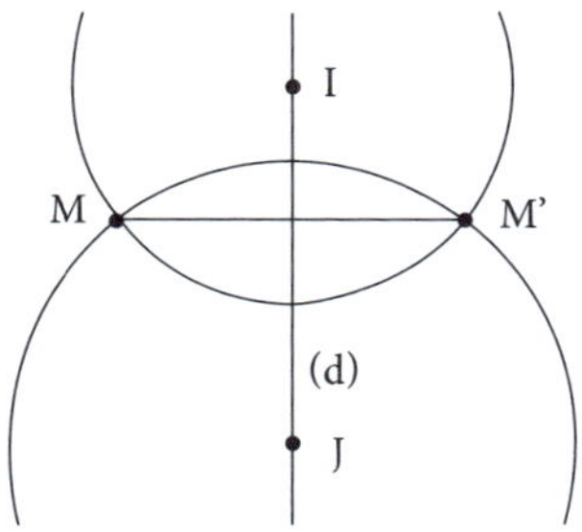

Pour construire le symétrique M' de M par rapport à une droite (d), il faut :

- marquer deux points quelconques I et J sur la droite (d) ;
- tracer l'arc de cercle de centre I qui passe par M ;
- tracer l'arc de cercle de centre J qui passe par M ;
- les deux arcs se coupent en M'.

Dire que deux figures sont symétriques par rapport à une droite (d), c'est dire que chaque point de l'une a pour symétrique par rapport à (d) un point de l'autre.

Figure 8

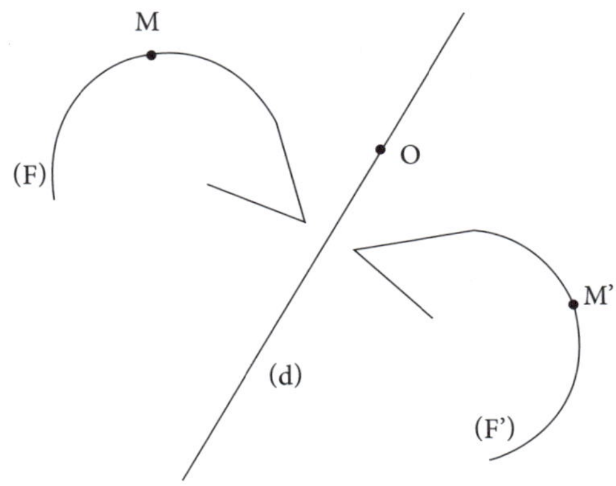

Si deux figures sont symétriques par rapport à une droite alors elles sont superposables, c'est-à-dire qu'elles ont la même forme et les mêmes dimensions. Une symétrie orthogonale conserve les alignements, les longueurs, les angles, le parallélisme et l'orthogonalité. C'est une isométrie.

On peut voir par exemple que le symétrique d'un carré par rapport à une droite est un carré de même dimension.

Figure 9

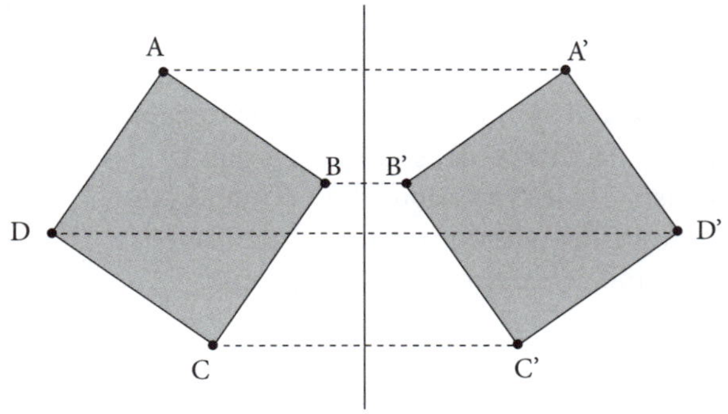

5. Axe(s) de symétrie d'une figure

> Une droite (d) est un **axe de symétrie** d'une figure (F) si celle-ci coïncide avec sa symétrique par rapport à cette droite (d). Une figure peut avoir plusieurs axes de symétrie.

Par exemple, un hexagone régulier possède 6 axes de symétrie. Tous passent par le centre de l'hexagone.

Figure 10

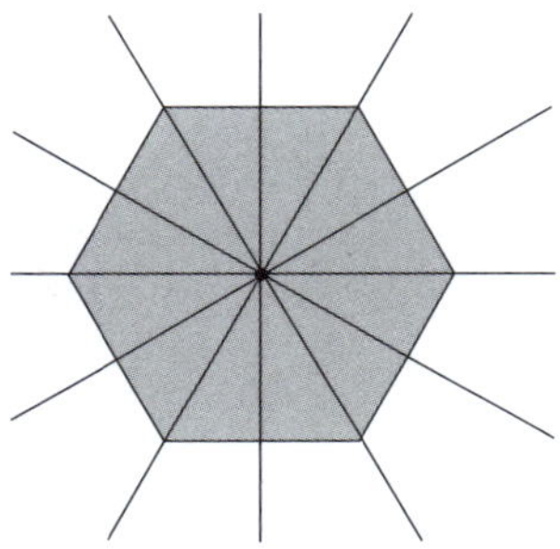

D'autres figures possèdent un ou plusieurs axes de symétrie. Le tableau ci-dessous en indique quelques-unes.

Figures	Axe(s) de symétrie
Segment	sa médiatrice
Angle	sa bissectrice
Triangle isocèle	hauteur issue du sommet principal
Triangle équilatéral	ses trois hauteurs
Rectangle	ses deux médianes
Losange	ses deux diagonales
Carré	ses deux médianes et ses deux diagonales
Cercle	ses diamètres
Polygone régulier de *n* côtés	il a *n* axes de symétrie

8 | Les solides

1. Introduction

La figure 1 représente un **solide** dessiné en perspective cavalière. Il s'agit de l'un des cinq **polyèdres réguliers**. Ce solide, un icosaèdre régulier, est représenté comme s'il était opaque. Certaines faces sont cachées et ne sont donc pas visibles sur le dessin.

Figure 1

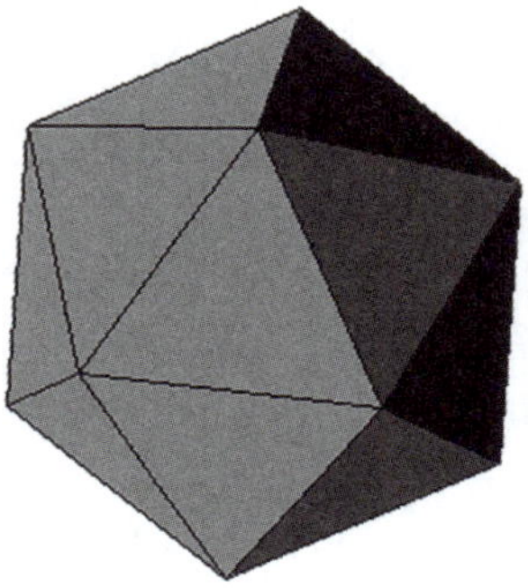

Toutes les **faces** du solide, il y en a 20, sont des triangles équilatéraux identiques. Toutes ses **arêtes** ont donc la même longueur. Chaque **sommet** est commun à 5 faces.

2. Le patron d'un solide

Pour construire une maquette d'un solide, on peut utiliser un **patron**. Il s'agit d'une figure plane qui est formée par des polygones strictement identiques à ceux qui constituent les faces du solide. Un même solide admet toujours plusieurs patrons différents.

3. Le cube

La figure 2 représente un cube dessiné en perspective cavalière. Un cube a 6 faces, 12 arêtes et 8 sommets. Ses six faces sont des carrés.

Figure 2

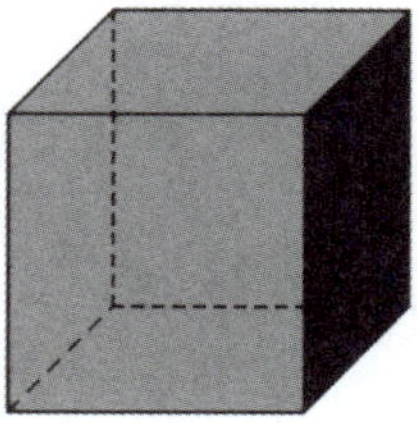

Le volume V d'un cube de côté c est $V = c \times c \times c = c^3$.

4. Les prismes droits

Les figures 3 et 4 montrent deux **prismes droits** dessinés en perspective cavalière.

Figure 3

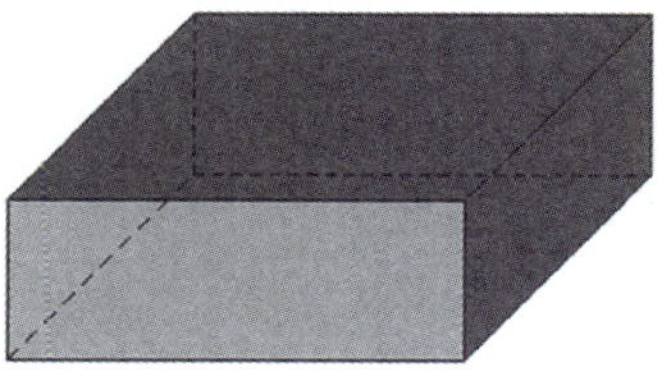

Figure 4

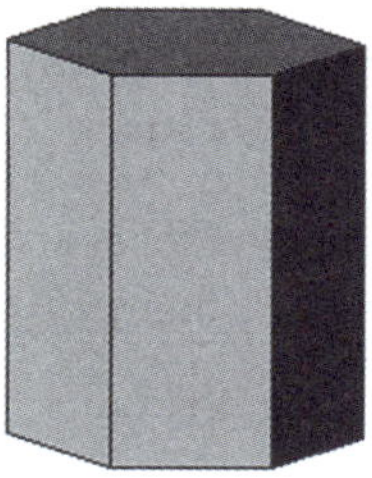

Celui de gauche est un **parallélépipède rectangle**, celui de droite est un **prisme droit à bases hexagonales**.

Les **faces latérales** d'un prisme droit sont toujours des rectangles. Les **arêtes latérales** d'un prisme droit sont perpendiculaires aux bases, parallèles entre elles. Elles ont la même longueur.

Les deux **bases** d'un prisme droit sont deux polygones identiques : des triangles, des carrés, des rectangles, etc. Le **cube** et le **parallélépipède rectangle** sont des prismes droits particuliers.

Pour dessiner un prisme droit en perspective cavalière, on peut choisir l'une de ses bases comme face avant. Les faces latérales sont alors représentées par des parallélogrammes. On peut également choisir l'une des faces latérales comme face avant.

Pour calculer le volume d'un parallélépipède rectangle, on multiplie ses trois dimensions entre elles. D'une façon générale, on calcule le volume d'un prisme droit en multipliant l'aire de sa base par sa hauteur.

5. Les cylindres

La figure 5 représente un **cylindre de révolution** dessiné en perspective cavalière.

Un tel cylindre peut être « engendré » par un rectangle qui tourne autour d'un axe passant par les milieux de deux côtés opposés. Dans l'expression « **cylindre de révolution** » le mot « **révolution** » se rapporte donc au fait de tourner. Les deux **bases** d'un cylindre de révolution sont des disques de même rayon. Le segment qui joint leurs centres est la **hauteur** du cylindre : ce segment est perpendiculaire aux plans qui contiennent les bases.

Figure 5

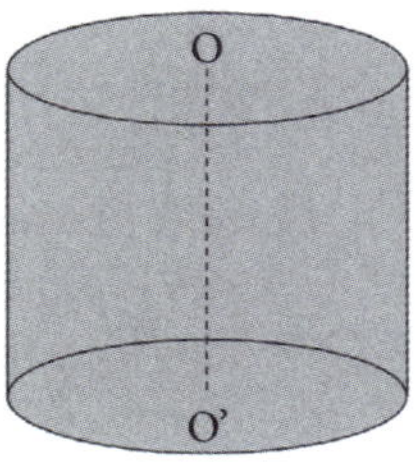

Pour calculer le volume d'un cylindre de révolution de rayon r et de hauteur h on multiplie l'aire d'une base par la hauteur : $V = \pi r^2 h$.

Comme le montre la figure 6, il existe également des cylindres obliques. La hauteur d'un tel cylindre est la distance qui sépare les plans contenant les bases.

Pour calculer le volume d'un cylindre oblique, on utilise la même formule que pour le cylindre droit.

Figure 6

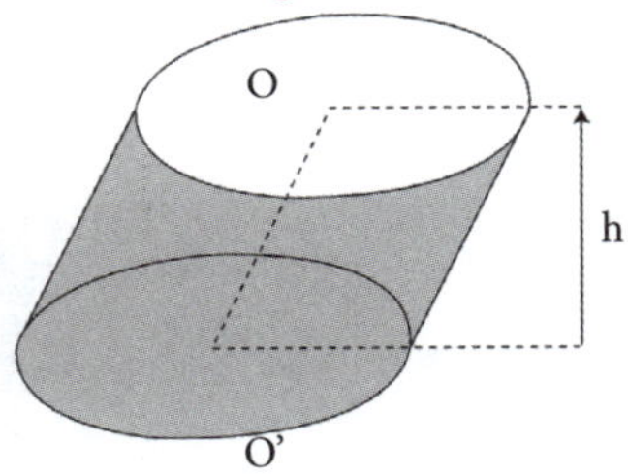

6. Le patron d'un cylindre de révolution

Considérons un cylindre de révolution de 6 cm de diamètre et de 10 cm de hauteur. Proposons-nous de réaliser une maquette de ce cylindre à partir d'un patron.

Chaque base du cylindre est un disque de 6 cm de diamètre. La surface latérale du cylindre est un rectangle qui a 10 cm de largeur. Comme sa longueur est égale au périmètre de l'une des bases, elle vaut donc $6 \times \pi \approx 18{,}8$ cm par défaut à 0,05 cm près.

La figure 7 représente un patron du cylindre.

Figure 7

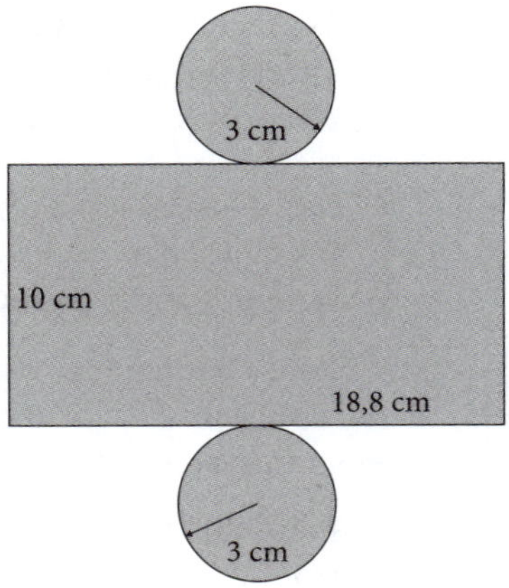

7. Les pyramides et les troncs de pyramide

La figure 8 représente une **pyramide régulière à base carrée** SABCD dessinée en perspective cavalière.

Le point S est le **sommet principal** de la pyramide. Les segments [SA], [SB], [SC] et [SD], qui ont des longueurs égales, sont les **arêtes latérales** de la pyramide.

Les **faces latérales** de la pyramide sont les triangles SAB, SBC, SCD et SDA : ce sont des triangles isocèles identiques.

Figure 8

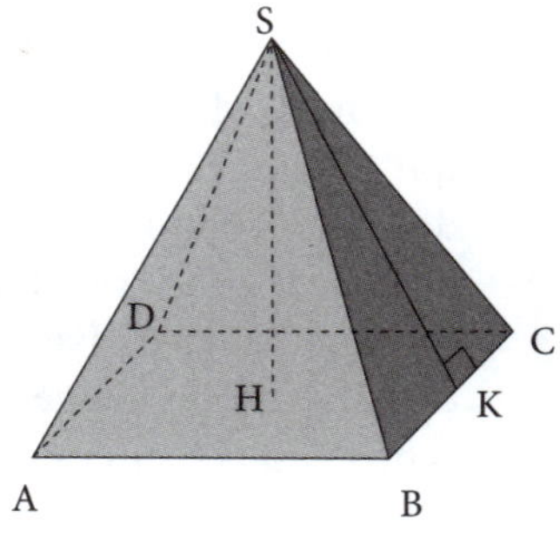

Observons la face SBC : la hauteur [SK] issue du sommet principal est l'**apothème** de la pyramide.

H désignant le centre de la base, le segment [SH] est la **hauteur de la pyramide**. Il est perpendiculaire au plan qui contient la base ABCD de la pyramide.

Quand une pyramide est régulière le segment qui joint son sommet principal au centre de sa base est perpendiculaire au plan qui contient cette base. Il représente la hauteur de la pyramide.
Les faces d'une pyramide régulière sont des triangles isocèles identiques. Sa base est un polygone régulier.

Pour calculer le volume V d'une pyramide régulière, on multiplie l'aire A de sa base par sa hauteur h et on divise le résultat par 3 : $V = \frac{1}{3} Ah$.

Si on coupe une pyramide par un plan parallèle à celui qui contient sa base, on obtient un **tronc de pyramide** comme celui de la figure 9.

Pour calculer le volume d'un tronc de pyramide, on fait généralement la différence entre les volumes de deux pyramides mais il existe une formule qui permet de calculer directement ce volume à partir des aires de ses bases et de sa hauteur.

Figure 9

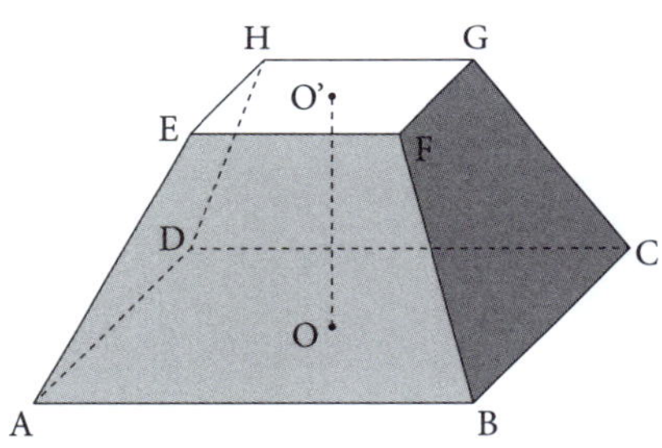

8. Le patron d'une pyramide régulière

Considérons une pyramide régulière de sommet principal S, de hauteur SH = 8 cm et dont la base est un carré ABCD de 5 cm de côté.

Proposons-nous de réaliser une maquette de ce solide à partir d'un patron. Il nous faut d'abord calculer la longueur d'une arête de cette pyramide, par exemple [SB]. Le triangle SHB étant rectangle en H, on peut appliquer le théorème de Pythagore : $SB^2 = SH^2 + HB^2$.

Comme H est le centre du carré ABCD, $HB = \frac{BD}{2} = \frac{AB\sqrt{2}}{2} = \frac{5\sqrt{2}}{2}$.

Figure 10

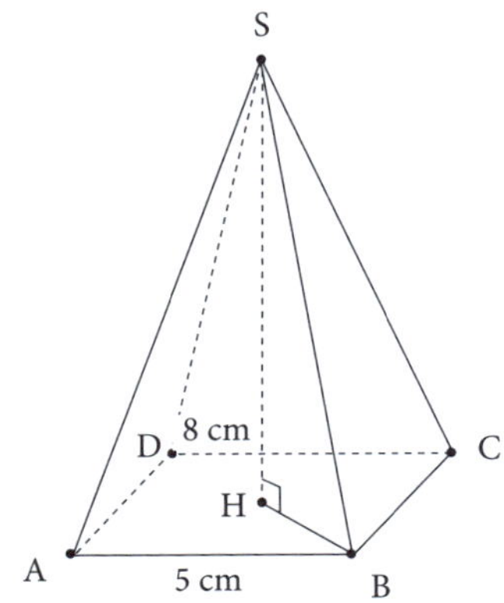

On obtient alors $SB^2 = 8^2 + \left(\frac{5\sqrt{2}}{2}\right)^2 = 64 + \frac{50}{4} = \frac{306}{4}$ d'où $SB = \sqrt{\frac{306}{4}} \approx 8{,}7$ cm par défaut à 0,05 cm près.

La figure 11 représente un patron de la pyramide.

Figure 11

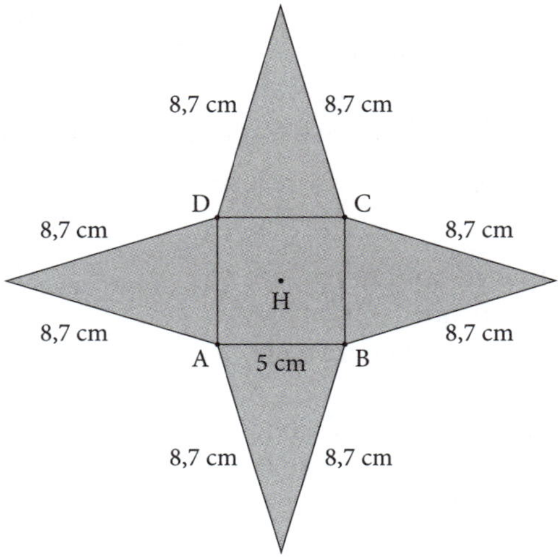

9. Les cônes et les troncs de cône

Figure 12

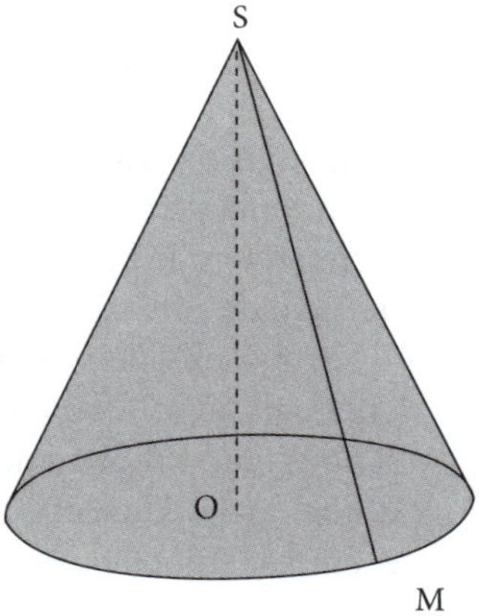

La figure 12 représente un **cône de révolution à base circulaire** dessiné en perspective cavalière.

Un cône de révolution est « engendré » par un triangle rectangle qui tourne autour de l'un de ses côtés. Le point S est le **sommet** du cône. Un segment tel que [SM] est une **génératrice** du cône. Le disque de centre O est la **base** du cône. Le segment [SO] est perpendiculaire au plan qui contient la base du cône. Ce segment est la **hauteur** du cône.

> Un cône à base circulaire est un **cône de révolution** quand la droite qui passe par son sommet et par le centre de sa base est perpendiculaire au plan qui contient celle-ci.
> Pour calculer le volume *V* d'un cône de révolution, on multiplie l'aire *A* de sa base par sa hauteur *h* et on divise le résultat par 3 : $V = \frac{1}{3}Ah$.

Si on coupe un cône par un plan parallèle à celui qui contient sa base, on obtient un **tronc de cône** comme celui de la figure 13 dessiné en perspective cavalière.

Pour calculer le volume d'un tronc de cône de révolution, on calcule la différence entre les volumes de deux cônes de révolution.

Figure 13

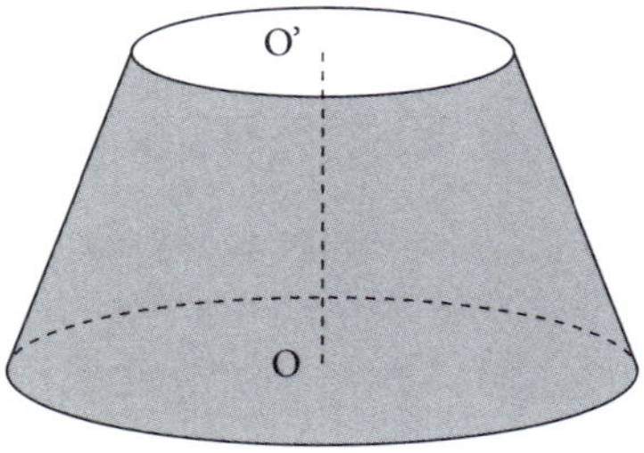

10. Le patron d'un cône de révolution

Considérons un cône de révolution de hauteur 8 cm, de sommet S, ayant pour base un disque de centre O de 6 cm de diamètre.

Proposons-nous de réaliser une maquette de ce solide à partir d'un patron.

Figure 14

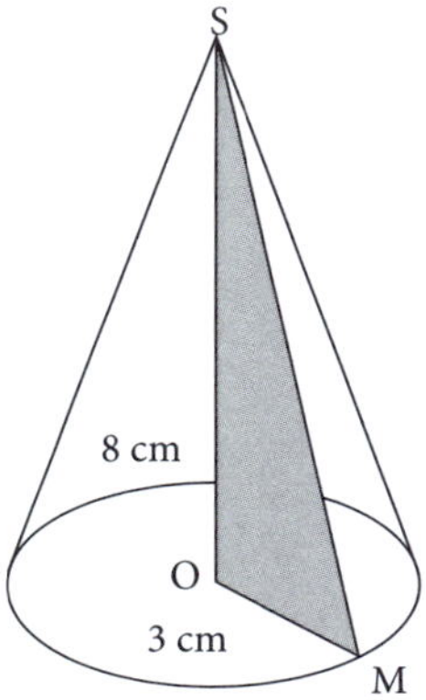

Soit M un point quelconque du cercle de base. Si nous coupons la surface latérale du cône selon la droite (SM) et si nous mettons à plat cette surface, nous obtiendrons un secteur de cercle semblable à celui que montre la figure 15.

Figure 15

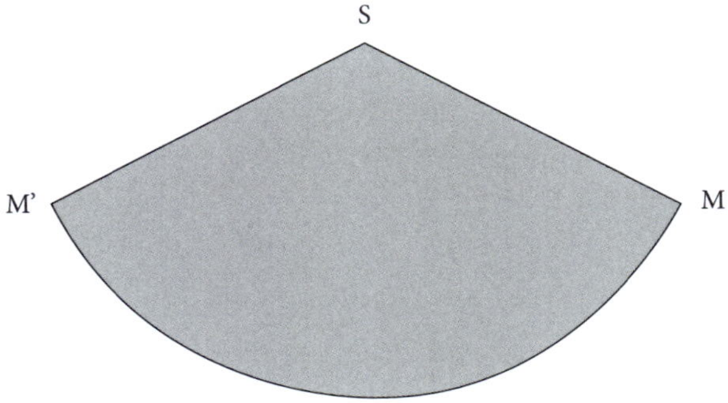

Calculons la longueur SM. Le triangle SOM étant rectangle en O, on peut appliquer le théorème de Pythagore : $SM^2 = SO^2 + OM^2$. On obtient donc $SM^2 = 8^2 + 3^2 = 73$, d'où $SM = \sqrt{73}$ cm soit 8,5 cm par défaut à 0,05 cm près.

Calculons maintenant l'angle $\widehat{M'SM}$. La longueur de l'arc $\overset{\frown}{MM'}$ est égale au périmètre de la base du cône. Elle vaut donc $\pi \times 6$.

Puisque la longueur d'un arc est proportionnelle à l'angle au centre qui l'intercepte, on a $\frac{\widehat{M'SM}}{360°} = \frac{\text{longueur de l'arc } \widehat{MM'}}{\text{longueur du cercle de rayon SM}}$. On en tire $\widehat{M'SM} = \frac{360° \times (6 \times \pi)}{2 \times \pi \times SM} = \frac{6 \times 360°}{2 \times \sqrt{73}} \approx 126°$.

La figure 16 représente un patron du cône.

Figure 16

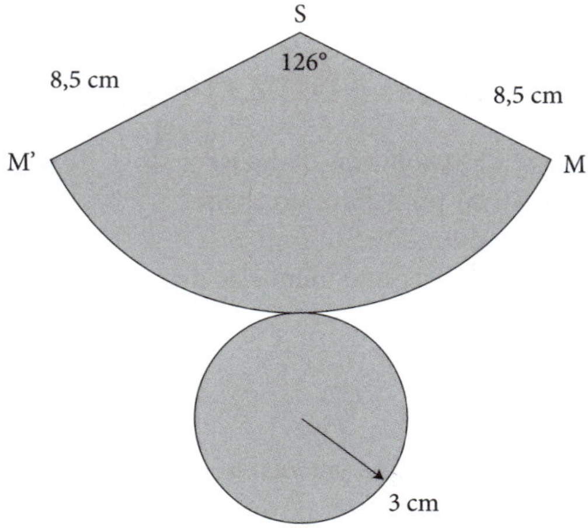

11. La sphère et la boule

Dans l'espace, l'ensemble des points situés à une distance r d'un point O est une surface (non plane !) qu'on appelle une **sphère**. La portion de l'espace qui est limitée par une sphère est une **boule**.

> Le volume V d'une boule de rayon r se calcule à l'aide de la formule $V = \frac{4}{3}\pi r^3$. L'aire d'une sphère de rayon r est égale à $4\pi r^2$.

Grandeurs et gestion des données

Le cours

1 | Les grandeurs usuelles

1. Introduction

Les longueurs, les prix, les aires, les volumes, les capacités, les masses, les durées, les vitesses, etc., sont des **grandeurs** qui peuvent être mesurées.

La **mesure** d'une grandeur dépend de l'unité choisie.

Dans le système actuellement en vigueur, les unités de mesure forment un système cohérent et sont rattachées les unes aux autres. C'est ainsi que les longueurs se mesurent en m, les aires en m^2 et les volumes en m^3, etc.

2. La mesure des aires

L'unité principale de mesure des aires est le mètre carré (symbole m^2) : c'est l'aire d'un carré de 1 m de côté.

Les principaux multiples du mètre carré sont le kilomètre carré (km^2) et l'hectomètre carré (hm^2) ou hectare (ha) : $1\ km^2 = 1\,000\,000$ de m^2 et $1\ hm^2 = 1$ ha $= 10\,000\ m^2$.

Les principales formules de calcul ont été rappelées dans les chapitres « Triangles et polygones » et « Cercles et disques ».

3. Les volumes et les capacités

L'unité principale de mesure des volumes est le **mètre cube** (symbole m^3). Les principales formules de calcul ont été rappelées dans le chapitre « Les solides ».

L'unité principale de mesure des capacités est le **litre** : $1\ L = 1\ dm^3$.

4. Les masses

La masse d'un « corps » correspond à la quantité de matière qui forme ce corps. L'unité principale de mesure des masses est le kilogramme (symbole kg).

Les multiples usuels sont la **tonne** (1 000 kg) et le **quintal** (100 kg).

Les principaux sous-multiples sont le gramme, le décigramme, le centigramme et le milligramme.

On appelle masse volumique d'un corps homogène la masse de l'unité de volume de ce corps. Si la masse d'un corps homogène est M et si son volume est V, la masse volumique m de ce corps est donnée par la formule $m = \frac{M}{V}$. Attention aux unités !

Ainsi, la masse volumique de l'eau est 1 kg/dm^3 ; celle du plomb est 11,6 kg/dm^3.

5. Les durées

L'unité principale de mesure des durées est la **seconde** qui n'est plus définie aujourd'hui à partir de la rotation de la Terre autour du Soleil mais à l'aide d'horloges atomiques.

Ses multiples sont l'heure et la minute : 1 h = 60 min et 1 min = 60 s.

L'usage du nombre 60 est très ancien puisqu'il nous vient de Mésopotamie.

Le mois, le trimestre, le semestre, l'année et le siècle ne sont pas de véritables multiples de la seconde car ces unités n'ont pas des durées constantes.

6. Les vitesses

Un **mobile** (une voiture, un train, un avion, un piéton, etc.) se déplace d'un **mouvement uniforme** si les distances parcourues sont proportionnelles aux temps mis à les parcourir. La **vitesse** d'un mouvement uniforme est la distance parcourue pendant l'unité de temps.

Si D est la distance parcourue et T la durée du parcours, la vitesse V d'un mouvement uniforme est $V = \frac{D}{T}$.

Il est rare qu'un mouvement soit réellement uniforme. En pratique, la **vitesse moyenne** d'un mobile réel est la vitesse d'un mobile animé d'un mouvement uniforme qui aurait parcouru la même distance que le mobile réel et pendant le même temps.

7. Rapports de deux grandeurs

Pour comparer deux grandeurs de même nature, on calcule leur **rapport**.

Exemple 1 : Soit une masse m_1 de 345 g et une masse m_2 de 525 g. Le rapport $\frac{m_1}{m_2}$ est égal à $\frac{345}{525}$ soit 0,66 par excès à 0,01 près. Cela signifie que $m_1 \approx m_2 \times 0,66$.

Le rapport inverse est $\frac{m_2}{m_1} = \frac{525}{345} \approx 1,52$ par défaut à 0,01 près.

Cela signifie que $m_2 \approx m_1 \times 1,52$.

Exemple 2 : Considérons un disque de diamètre d et de périmètre L. Les deux longueurs L et d ont pour rapport le nombre $\frac{L}{d}$ qui est égal à π.

Soient G_1 et G_2 deux grandeurs de même nature dont les mesures respectives m_1 et m_2 sont exprimées avec la même unité. On appelle **rapport de la grandeur G_1 à la grandeur G_2** le rapport $\frac{m_1}{m_2}$ de leurs mesures. Un rapport est un nombre qui s'exprime donc sans unité.

Attention, quand on parle du rapport de deux grandeurs de mesures respectives m_1 et m_2, une confusion risque de se produire car il existe deux rapports $\frac{m_1}{m_2}$ et $\frac{m_2}{m_1}$. Ces deux rapports sont inverses l'un de l'autre : $\frac{m_1}{m_2} \times \frac{m_2}{m_1} = \frac{m_1 \times m_2}{m_2 \times m_1} = 1$.

C'est le contexte qui permet de savoir de quel rapport on veut parler.

8. Appliquer un pourcentage à une grandeur

Des écritures telles que 5 % ; 7,3 % ; 10 %, 50 % ou 125 % désignent des **taux de pourcentages**. Par convention, ces écritures désignent les nombres $\frac{5}{100} = 0{,}05$; $\frac{7{,}3}{100} = 0{,}073$; $\frac{10}{100} = 0{,}1$; $\frac{50}{100} = 0{,}5$; $\frac{125}{100} = 1{,}25$.

REMARQUE

Le symbole % date du XIVe siècle. C'est une abréviation de l'italien *per cento*.

Pour calculer t % d'une grandeur G, on multiplie cette grandeur par t et on divise le résultat par 100.

À chaque taux est associé un coefficient numérique appelé coefficient multiplicateur. Le tableau qui suit en donne quelques-uns.

Taux	5%	10%	50%	75%	100%	200%
Coefficient associé	0,05	0,10	0,50	0,75	1	2

Calculer un certain pourcentage d'une grandeur G, c'est multiplier cette grandeur par le coefficient multiplicateur associé.

Dans tous les calculs qui font intervenir des taux de pourcentages, il est recommandé d'utiliser les coefficients multiplicateurs car cela rend les calculs plus courts à effectuer et plus simples à écrire.

Exemple : Pour calculer 20 % de 540 euros, il vaut mieux faire $540 \times 0{,}20 = 108$ euros que faire et écrire $\frac{540 \times 20}{100} = 108$ euros.

9. Augmentations, diminutions et pourcentages

Très souvent, les variations d'une grandeur sont exprimées en pourcentages de celle-ci. Dans la vie courante, on trouve de nombreux exemples de prix qui augmentent ou qui baissent. La plupart du temps, les hausses et les réductions de ces prix sont données en pourcentages de ceux-ci. Pour déterminer les prix qui en résultent, l'usage des coefficients multiplicateurs est fortement recommandé.

Exemple 1 : Une voiture neuve est marquée 18 000 euros, mais on peut bénéficier d'une réduction de 6 %. À quel prix peut-on l'acheter ?

Réponse : Le pourcentage indiqué porte évidemment sur le prix marqué. Baisser celui-ci de 6 % revient à ne faire payer que 94 % de ce prix. Mais prendre 94 % d'un prix c'est le multiplier par 0,94. Le prix à payer après réduction sera donc $18\,000 \times 0{,}94 = 16\,920$ euros.

> Diminuer une grandeur d'un certain pourcentage, c'est la multiplier par un nombre inférieur à 1.

Exemple 2 : Un article est marqué 65,50 euros. Ce prix doit augmenter de 6 %. Quel sera le nouveau prix ?

Réponse : Ajouter 6 % de sa valeur à un prix c'est passer de 100 % à 106 % de ce prix. Or prendre 106 % d'une grandeur c'est la multiplier par 1,06.
Le nouveau prix vaudra donc $65{,}50 \times 1{,}06 = 69{,}43$ euros.

> Augmenter une grandeur d'un certain pourcentage, c'est la multiplier par un nombre supérieur à 1.

L'emploi des coefficients multiplicateurs facilite considérablement le raisonnement quand on doit appliquer **successivement** plusieurs taux.

Exemple : Sur l'achat d'une voiture, on bénéficie d'une première réduction de 5 %. Sur le solde, on bénéficie d'une seconde réduction de 4 %. Quel est le taux global des réductions ?

Réponse : Le taux global n'est pas 9 % car des taux ne peuvent s'additionner que lorsqu'ils portent sur une seule et même grandeur.
Soit P le prix de la voiture avant toute réduction. Après la première réduction, le prix à payer représente 95 % du prix initial. Il est donc égal à $P \times 0{,}95$. Le prix définitif représente 96 % du prix qui vient d'être calculé. Il vaut donc $(P \times 0{,}95) \times 0{,}96$ soit $P \times 0{,}912$.
Comme $1 - 0{,}912 = 0{,}088$, le taux global de réduction est donc 8,8 %.

> On ne peut additionner des taux que lorsqu'ils portent sur une même grandeur.

10. Retrouver la grandeur à laquelle on a appliqué un taux de pourcentage

L'emploi des coefficients multiplicateurs associés aux taux permet d'éviter certaines erreurs de raisonnement.

Exemple : Après une hausse de 10 %, le prix marqué d'un article est devenu 60,50 euros. Quel était le prix de cet article avant l'augmentation ?

Réponse : La réponse à la question posée n'est pas 60,50 − 10 % de 60,50 = 54,45 euros. La hausse de 10 % se rapporte à l'ancien prix *que nous ne connaissons pas* ! Par conséquent, diminuer 60,50 euros de 10 % est une erreur de raisonnement.
Cependant, on peut dire qu'en augmentant un prix de 10 %, on le multiplie par 1,10.
On a donc *ancien prix* × 1,10 = *nouveau prix* soit *ancien prix* × 1,10 = 60,50.
On en tire *ancien prix* = 60,50 ÷ 1,10 = 55 euros exactement.

11. Exprimer une grandeur en pourcentage d'une autre

Pour comparer deux grandeurs, on exprime souvent l'une **en pourcentage** de l'autre.

> Si G_1 et G_2 sont deux grandeurs de même nature exprimées avec la même unité, on exprime G_1 **en pourcentage de** G_2 en faisant $100 \times \dfrac{G_1}{G_2}$.

Exemple : 75 euros représentent 12,50 % de 600 euros : $100 \times \dfrac{75}{600} = 12{,}5$.

2 | La proportionnalité

1. Introduction

Pour faire une purée pour 4 personnes, il faut 800 g de pommes de terre, 30 cl de lait et 40 g de beurre. Compléter le tableau suivant en inscrivant les quantités pour 20 personnes.

	Pommes de terre	Lait	Beurre
Quantités pour 4 personnes	800 g	30 cl	40 g
Quantités pour 20 personnes			

Pour traiter cette question il existe plusieurs façons de faire. La méthode la plus rapide consiste à multiplier toutes les quantités par 5 puisque 20 personnes c'est 5 fois 4 personnes. En procédant ainsi, nous avons appliqué les règles de la **proportionnalité**. Cette notion joue un rôle très important, non seulement dans la résolution de problèmes pratiques, mais aussi sur le plan théorique. On utilise la proportionnalité en calcul, mais aussi en géométrie.

2. Tableaux de proportionnalité

Le tableau ci-dessous met en regard les côtés de cinq carrés et leurs périmètres.

Côté (en cm)	7	12	28	35	50
Périmètre (en cm)	28	48	112	140	200

On peut observer que, dans chaque colonne :
– le nombre de la seconde ligne s'obtient en multipliant le nombre de la première par 4 ;
– inversement, le nombre de la première ligne s'obtient en multipliant le nombre de la seconde par $\frac{1}{4} = 0{,}25$ ou bien encore en le divisant par 4.
On dit que ce tableau est un **tableau de proportionnalité**.

Dans chaque colonne d'un tableau de proportionnalité, le nombre qui figure sur la ligne du bas est égal au produit de celui qui figure sur la ligne du haut par un nombre constant appelé le **coefficient de proportionnalité** du tableau.

3. Proportions

Considérons les six nombres a, b, c, a', b' et c' dont aucun n'est nul. Si $\frac{a}{a'} = \frac{b}{b'} = \frac{c}{c'}$, le tableau

a	b	c
a'	b'	c'

est un tableau de proportionnalité. Ainsi, le tableau

5	8	6
15	24	18

est un tableau de proportionnalité car $\frac{5}{15} = \frac{8}{24} = \frac{6}{18}$.

Dans le cas d'un tableau de proportionnalité qui ne comprend que 4 nombres disposés en deux lignes et deux colonnes, on parle de proportion.

> Quatre nombres non nuls a, b, c et d forment une **proportion** si $\frac{a}{b} = \frac{c}{d}$. On a alors $a \times d = b \times c$.

Il est facile de calculer l'un des quatre nombres d'une proportion quand on connaît les trois autres. Calculons par exemple le nombre x qui figure dans la proportion $\frac{8}{x} = \frac{4}{5}$. La réponse est $x = 10$. On a en effet $8 \times 5 = 4 \times x$, d'où $x = \frac{40}{4} = 10$.

Les proportions interviennent dans de nombreux problèmes.

Exemple : Au cours du jour, on peut échanger 125 dollars US pour 100 euros.
1. Quelle somme en euros peut-on obtenir à ce cours en vendant 190 dollars US ?
2. Quelle somme en dollars US peut-on obtenir à ce cours en vendant 300 euros ?

Réponse : On peut résoudre ces deux questions de plusieurs façons. Tout d'abord, on peut chercher à exprimer chaque unité monétaire en fonction de l'autre :
- 1 dollar US vaut $100 : 125 = 0{,}8$ euro, donc 190 dollars US valent :
$190 \times 0{,}8 = 152$ euros.
- 1 euro = 1,25 dollar US, donc 300 euros permettent d'obtenir :
$300 \times 1{,}25 = 375$ dollars US.

On peut aussi, et c'est plus rapide, écrire une proportion du type $\frac{\text{somme en euros}}{\text{somme en dollars US}} = \frac{100}{125}$.

Dans le premier cas, cette proportion devient $\frac{x \text{ euros}}{190} = \frac{100}{125}$, d'où $x = \frac{190 \times 100}{125} = 152$ euros.

Dans le deuxième cas, la proportion devient $\frac{300}{x \text{ dollars US}} = \frac{100}{125}$, d'où $x = \frac{125 \times 300}{100} = 375$ dollars US.

4. Grandeurs proportionnelles

Le périmètre d'un carré s'obtient très simplement en multipliant le côté du carré par 4 : on dit que le périmètre d'un carré est **proportionnel** à la longueur de son côté.

Deux grandeurs sont **proportionnelles** quand la mesure de l'une s'obtient en multipliant la mesure correspondante de l'autre par un même nombre. Ce nombre est appelé le **coefficient de proportionnalité**.

5. La double proportionnalité

Dans un certain nombre de problèmes, on utilise deux tableaux de proportionnalité ou deux séries de grandeurs proportionnelles (quelquefois plus !). On parle alors de double proportionnalité.

Exemple : Le baril de pétrole brut vaut 52 dollars US. Quel est le prix d'un litre en euros ? On donne 1 baril = 170 litres et 1 dollar US = 0,845 euro.

Réponse : Les données de l'énoncé peuvent être regroupées en deux tableaux de proportionnalité.

1 dollar	0,845 euro
52 dollars	x euros

170 litres	x euros
1 litre	p euros

Le tableau 1 nous donne la proportion $\frac{1}{52} = \frac{0,845}{x}$ d'où $x = 52 \times 0,845 = 43,94$ euros.
Le tableau 2 nous donne la proportion $\frac{170}{1} = \frac{x}{p}$ soit $\frac{170}{1} = \frac{43,94}{p}$.
On en tire $p = \frac{43,94}{170} = 0,258$ euro. 1 litre de pétrole brut vaut 0,258 euro.

6. Partages proportionnels

Exemple : Pour procéder à des partages ou à des répartitions, on utilise diverses méthodes, selon les résultats escomptés. L'une de ces méthodes, très utilisée dans la vie courante, consiste à faire appel à la proportionnalité. Prenons l'exemple de trois copropriétaires qui doivent répartir une dépense de 1 000 euros proportionnellement à leurs surfaces habitables : 65 m^2, 75 m^2 et 110 m^2. Quelle doit être la somme payée par chacun ?

Réponse : La somme des surfaces habitables est 65 + 75 + 110 = 250 m^2. On fait payer 1 000 ÷ 250 = 4 euros par m^2.

Les copropriétaires paieront donc respectivement $65 \times 4 = 260$ euros, $75 \times 4 = 300$ euros et $110 \times 4 = 440$ euros.
La répartition est bien proportionnelle aux surfaces habitables puisque $\frac{260}{65} = \frac{300}{75} = \frac{440}{110} = 4$.

7. Proportionnalité et représentation graphique

Le tableau ci-dessous montre la distance parcourue par un cycliste qui roule à vitesse constante pendant des temps différents :

Temps du parcours	1 h	1 h 30	2 h	3 h 30	4 h
Distance parcourue	20 km	30 km	40 km	70 km	80 km

Puisque la vitesse est constante, les distances parcourues sont proportionnelles aux durées des parcours. Représentons graphiquement les distances parcourues en fonction des durées.

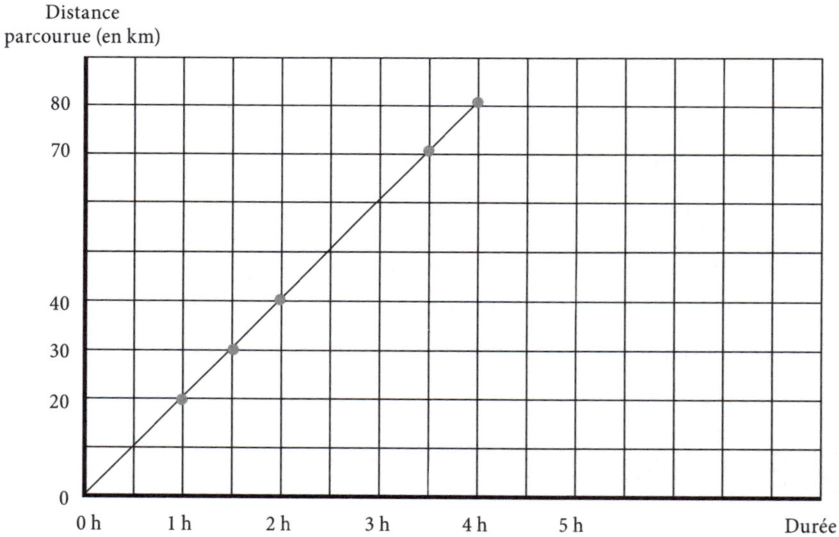

On observe deux choses :
- les cinq points représentatifs sont alignés ;
- la droite qui passe par ces points passe aussi par l'origine du repère.

Ces deux propriétés caractérisent la proportionnalité (une seule ne suffit pas !).

8. Échelle d'un dessin

Le dessin à l'échelle est une application immédiate de la proportionnalité car on doit conserver les proportions exactes de l'objet à représenter.
Trois cas se présentent :
- si l'objet est trop grand, il faut réduire ses dimensions ;
- si l'objet est trop petit, il faut agrandir ses dimensions ;
- si l'objet n'est ni trop grand ni trop petit, on conserve ses dimensions.

De façon conventionnelle, l'échelle du dessin indique si les dimensions de l'objet représenté ont été réduites ou agrandies et combien de fois.

Exemple :
- l'échelle 20 : 1 indique un agrandissement de 20 fois ;
- l'échelle 1 : 20 indique une réduction de 20 fois ;
- l'échelle 1 : 1 (ou la mention dessin en vraie grandeur) indique que rien n'a été changé.

C'est tout ce qu'il faut savoir sur les échelles des dessins, des plans ou des cartes !
Prenons comme exemple les cartes d'état-major à l'échelle 1 : 50 000. Mesurée sur la carte, la distance de 2 points est égale à 4,3 cm. Quelle est la distance réelle de ces deux points ?

Réponse : Les dimensions réelles ont été réduites 50 000 fois, donc 4,3 cm sur la carte correspondent à 50 000 fois plus sur le terrain.
$50000 \times 4{,}3 = 215\,000$ cm $= 2\,150$ m $= 2{,}150$ km.

Statistiques et probabilités

Le cours

1 | Statistiques

1. Vocabulaire et définitions

A. Définitions

Exemple : Pour se rendre à leur cours de master à l'université :
- 135 étudiants viennent en RER ;
- 43 étudiants viennent en scooter ;
- 23 étudiants viennent en bus ;
- 5 étudiants viennent en voiture.

L'étude statistique porte sur un ensemble d'**individus.** On appelle **population statistique** cet ensemble. Ici, il s'agit de l'ensemble des étudiants.

ATTENTION Les termes « population » et « individu » en statistique ont un sens plus général qu'en français courant. Si l'on étudie la contenance de tasses à café, la « population statistique » sera l'ensemble des tasses, chacune d'elles étant un « individu ».

L'**effectif total** de la population statistique, c'est le nombre d'éléments qui la composent.

Dans notre exemple, l'effectif total est $135 + 43 + 23 + 5 = 206$ étudiants.

On étudie ici le moyen de transport des étudiants. On appelle **variable statistique**, ou **caractère**, l'objet de notre étude. On pourra, par exemple, étudier ici la variable statistique « venir en scooter ».

L'ensemble des données s'appelle **série statistique**.

On appelle **effectif** associé à une valeur de la variable statistique le nombre de fois où cette valeur apparaît.

On appelle **fréquence** associée à une valeur de la variable statistique le quotient entre le nombre d'apparitions de la valeur et l'effectif total.

$$\text{Fréquence de la variable} = \frac{\text{effectif de la valeur}}{\text{effectif total}}.$$

B. Variables

Une variable est **quantitative** si elle est représentée par un nombre. Une distance, une durée, une note, un poids, un prix, un âge sont des variables quantitatives.

Cependant, une variable **quantitative** peut être **discrète** ou **continue**. Une variable quantitative est dite **discrète** si elle ne prend que des valeurs isolées. Un âge, une note entière sont des variables discrètes.

Une variable quantitative est dite **continue** si elle peut prendre n'importe quelle valeur comprise entre deux nombres. La masse d'un sachet de cerises, par exemple, est une variable quantitative continue.

Une variable qui n'est pas quantitative est dite **qualitative**. Une adresse, une couleur, un nom, etc., sont des variables qualitatives.

Exemple :
Chacun des cas suivants indique la population, l'individu et la variable statistique étudiée en la qualifiant (qualitative, quantitative, discrète ou continue).
La couleur des voitures sur un parking : *qualitative.*
La taille des élèves de la classe : *quantitative, continue.*
Le nombre de frères et sœurs des étudiants du groupe : *quantitative, discrète.*
La note arrondie à l'entier au concours blanc : *quantitative, discrète.*

2. Présentation

A. Les classes

Les données d'une série statistique sont souvent résumées dans un **tableau de données**.

Exemple :

Sport préféré	Course	Tennis	Natation	Foot
Nombre de réponses	114	98	55	210

On peut également avoir recours à des intervalles : on dira alors que les données sont réparties en **classes**.

On pourrait, par exemple, étudier le temps en minutes au semi-marathon :

Durée (min)	[60 ;75[	[75 ; 90[	[90 ; 105[	[105 ; 120[	[120 ; 135[
Effectif	2	32	107	81	50

Exemple : Une enquête sur la durée des communications téléphoniques a donné les résultats suivants.

Durée (min)	[0 ; 1[	[1 ; 2[	[2 ; 3[	[3 ; 4[	[4 ; 5[
Effectif	35	152	103	76	51

Quel est l'effectif total de la population interrogée ? Quelle fréquence correspond à chaque intervalle ?

Réponse : L'effectif total est de 35 + 152 + 103 + 76 + 51 = 417.

Chaque fréquence est obtenue en divisant l'effectif de la classe par l'effectif total.

Ex. : 35 ÷ 417 = 0,0839 = 8,39 %.

Durée (min)	[0 ; 1[	[1 ; 2[	[2 ; 3[	[3 ; 4[	[4 ; 5[	Total
Effectif	35	152	103	76	51	417
Fréquence	8,39 %	36,45 %	24,70 %	18,22 %	12,23 %	99,99 %

REMARQUE En théorie, le total des fréquences devrait arriver à 100 %. C'est le jeu des arrondis successifs qui fait que l'on obtient en réalité un résultat très proche de 100 %.

B. Diagramme en bâtons

Un **diagramme en bâtons** est la représentation d'une série statistique par des segments (bâtons) de hauteurs proportionnelles aux effectifs.

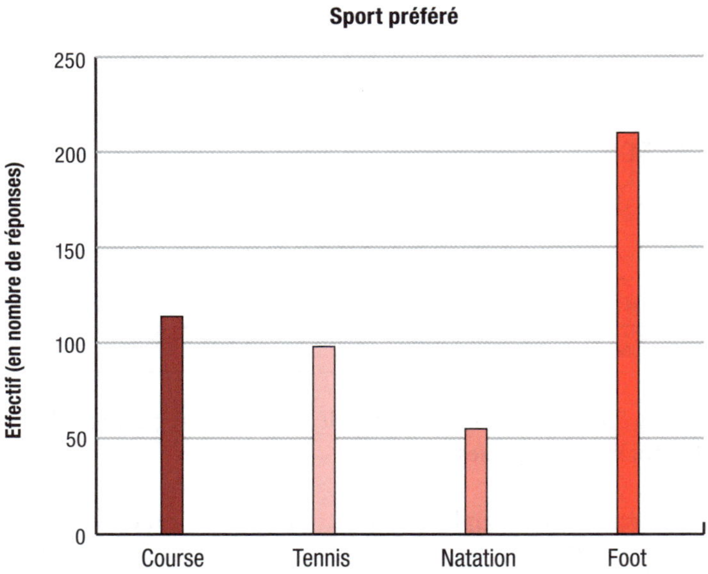

C. Histogramme

Un **histogramme** est la représentation d'une série statistique exprimée en classes par des rectangles dont les aires sont proportionnelles aux effectifs.

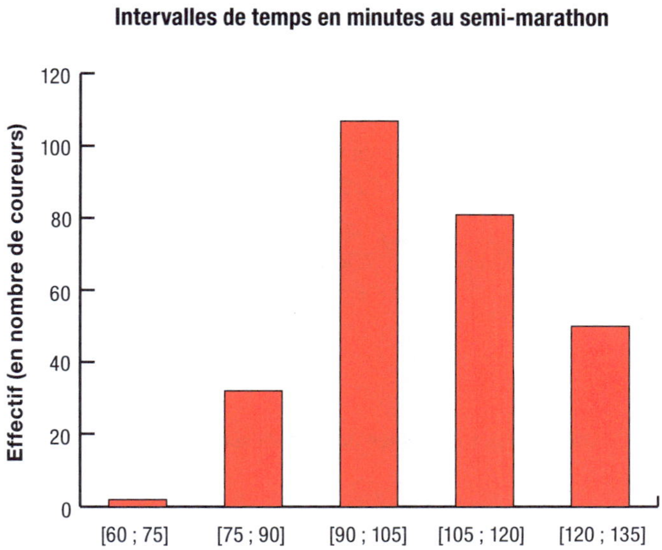

D. Diagramme circulaire

Un **diagramme circulaire** est un disque partagé en secteurs angulaires circulaires dont les aires (et donc les angles au centre) sont proportionnelles aux effectifs.

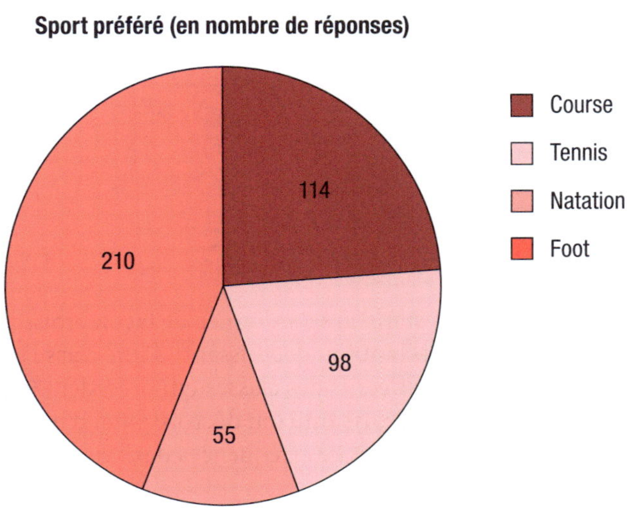

Exemple : Construire, en utilisant le rapporteur, le diagramme circulaire correspondant à la série suivante, se rapportant à la couleur des voitures sur un parking.

Couleur	Rouge	Bleue	Noire	Blanche
Nombre de voitures	236	145	152	187

Réponse : L'effectif total est de : 236 + 145 + 152 + 187 = 720 voitures.

Or chaque secteur doit avoir une aire proportionnelle à l'effectif qu'il représente. Un secteur est proportionnel à l'angle au centre. La totalité du disque représente 360°.

Par exemple, il y a 236 voitures rouges sur 720. Il faudra donc un secteur dont l'angle au centre vaudra : (236 ÷ 720) × 360 = 118°.

Couleur	Rouge	Bleue	Noire	Blanche	Total
Nombre de voitures	236	145	152	187	720
Angle	118°	72,5°	76°	93,5°	360°

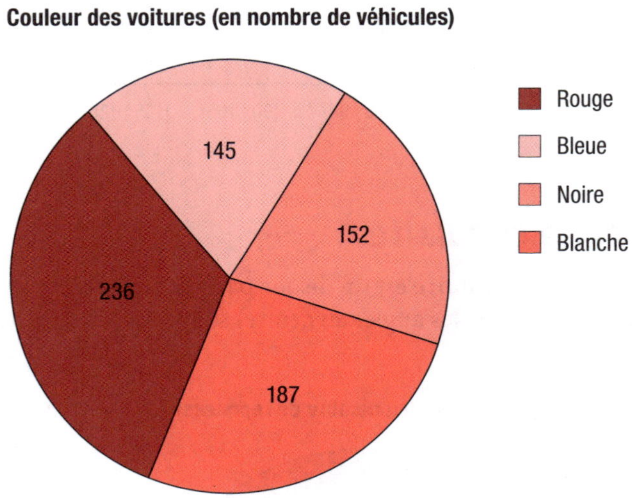

3. Effectifs et fréquences cumulés

Si l'on considère une série statistique ordonnée de façon croissante :

- **l'effectif cumulé croissant** (ou décroissant) d'une classe est la somme de l'effectif de la classe et des effectifs des classes qui précèdent (ou qui suivent) ;
- la **fréquence cumulée croissante** (ou décroissante) d'une classe est la somme de la fréquence de la classe et des fréquences des classes qui précèdent (ou qui suivent).

Exemple 1

Reprenons l'exemple du semi-marathon.

Durée (min)	[60,75[	[75 ; 90[	[90 ; 105[	[105 ; 120[	[120 ; 135[
Effectif	2	32	107	81	50
Effectif cumulé croissant	2	34	**141**	222	272
Fréquence cumulée croissante	0,74 %	**12,5 %**	51,83 %	81,62 %	100 %
Effectif cumulé décroissant	272	270	238	**131**	50
Fréquence cumulée décroissante	100 %	**99,26 %**	87,5 %	48,16 %	18,38 %

On peut interpréter ce tableau ainsi :
- 141 concurrents courent le semi-marathon en moins de 105 minutes ;
- 12,5 % des concurrents courent le semi-marathon en moins de 90 minutes ;
- 131 concurrents courent le semi-marathon en plus de 105 minutes ;
- 99,26 % des concurrents courent le semi-marathon en plus de 75 minutes.

Exemple 2

Les résultats du concours blanc, noté sur 20, sont les suivants :

12	8	15	11	4	7	13	2	9	10	17	13
14	3	6	6	8	12	9	16	12	9	4	15
5	3	13	2	18	5	6	11	10	14	6	14
8	17	10	11	16	10	8	10	9	11	10	14
7	13	19	14	10	15	12	13	6	12	11	9
13	16	15	13	5	10	7	16	10	8	16	11

On peut en conclure :

Note	1	2	3	4	5	6	7	8	9	10
Effectif	0	2	2	2	3	5	3	5	5	9
Fréquence	0,0 %	2,8 %	2,8 %	2,8 %	4,2 %	6,9 %	4,2 %	6,9 %	6,9 %	12,5 %
Eff. Cum. ↑	0	2	4	6	9	14	17	**22**	27	**36**
Fréq. Cum. ↑	0,0 %	2,8 %	5,6 %	8,3 %	12,5 %	19,4 %	**23,6 %**	30,6 %	37,5 %	50,0 %

Note	11	12	13	14	15	16	17	18	19	20
Effectif	6	5	7	5	4	5	2	1	1	0
Fréquence	8,3 %	6,9 %	9,7 %	6,9 %	5,6 %	6,9 %	2,8 %	1,4 %	1,4 %	0,0 %
Eff. Cum. ↑	42	47	54	59	63	68	70	71	72	**72**
Fréq. Cum. ↑	58,3 %	65,3 %	75,0 %	81,9 %	**87,5 %**	94,4 %	97,2 %	98,6 %	100,0 %	100,0 %

On peut interpréter ce tableau ainsi :
- 72 étudiants étaient présents au contrôle ;
- 36 étudiants (72 – 36) ont obtenu une note supérieure à 10 ;

– 22 étudiants ont obtenu une note inférieure ou égale à 8 ;
– 12,5 % des étudiants (100 % – 87,5 %) ont obtenu une note supérieure à 15 ;
– 23,6 % des étudiants ont obtenu au plus 7.

On peut représenter les données sous la forme de ce diagramme en bâtons :

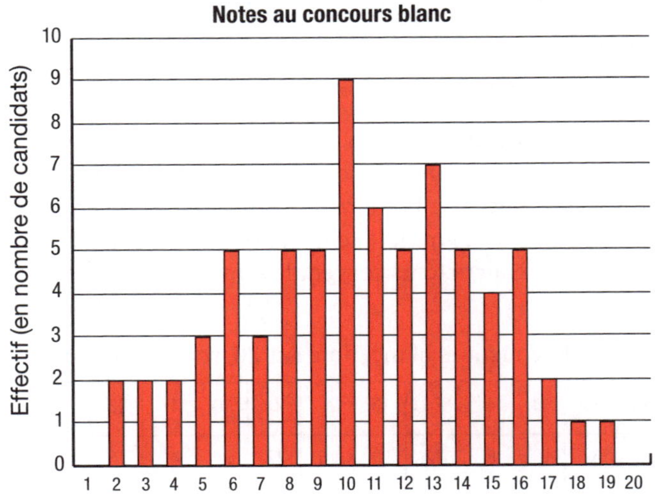

4. Moyennes

A. Moyenne « simple »

La moyenne d'une série statistique de i éléments (n_1, n_2,…, n_i) est obtenue en divisant la somme des éléments par i :
$M = \frac{(n_1 + n_2 + \dots n_i)}{i}$

Exemple : André a obtenu les notes suivantes aux cinq contrôles du semestre : 11, 17, 10, 14 et 10.
Sa moyenne est de : (11 + 17 + 10 + 14 + 10) ÷ 5 = 62 ÷ 5 = 12,4.

B. Moyenne pondérée

La **moyenne pondérée** des nombres n_1, n_2,…, n_i affectés des coefficients respectifs a_1, a_2,…, a_i vaut : $Mp = \frac{a_1 n_1 + a_2 n_2 + \dots a_i n_i}{a_1 + a_2 + \dots a_i}$.

Exemple 1 : Un concours comporte trois épreuves. Éric a obtenu :
– 12 en français (coefficient 3) ;
– 15 en mathématiques (coefficient 4) ;
– 6 en sciences (coefficient 2).
Calculer sa moyenne.

Réponse :
La moyenne d'Éric est de [(12 × 3) + (15 × 4) + (6 × 2)] ÷ (3 + 4 + 2) = 108 ÷ 9 = **12.**

Exemple 2 : Reprenons l'exemple des communications téléphoniques.

Durée (min)	[0 ; 1[	[1 ; 2[	[2 ; 3[	[3 ; 4[	[4 ; 5[
Effectif	35	152	103	76	51

Calculer la durée moyenne d'une communication téléphonique.

Réponse : Dans ce cas, pour calculer la moyenne, on prend comme valeur de l'intervalle le milieu de l'intervalle, soit 0,5 pour la première colonne, 1,5 pour la deuxième, 2,5 pour la troisième, 3,5 pour la quatrième et 4,5 pour la cinquième. La durée moyenne des communications de cette population est donc :

$$\frac{(35 \times 0{,}5) + (152 \times 1{,}5) + (103 \times 2{,}5) + (76 \times 3{,}5) + (51 \times 4{,}5)}{35 + 152 + 103 + 76 + 51} = \frac{998{,}5}{417} \approx \mathbf{2{,}39\ min.}$$

Exemple 3 : Soit le tableau représentant la taille des étudiants.

Taille (cm)	[150 ; 160[	[160 ; 170[	[170 ; 180[	[180 ; 190[
Effectif	5	30	70	20

Calculer la taille moyenne d'un étudiant.

Réponse : Pour calculer la taille moyenne d'un étudiant, **on utilise le centre de chaque classe.**

Taille (cm)	[150 ; 160[	[160 ; 170[	[170 ; 180[	[180 ; 190[
Centre (cm)	**155**	**165**	**175**	**185**
Effectif	5	30	70	20

M = [(5 × 155) + (30 × 165) + (70 × 175) + (20 × 185)] ÷ (5 + 30 + 70 + 20).
M = 21 675 ÷ 125 = 173,4 cm.
La taille moyenne d'un étudiant est donc environ de **1,73 m**.

Exemple 4 : Une station de ski réalise une enquête auprès des 300 skieurs qui la fréquentent. Les résultats de l'enquête sont notés dans le tableau ci-dessous et indiquent la répartition en classes des skieurs en fonction de leur âge (en années).

Âge	[0 ; 10[	[10 ; 20[	[20 ; 30[	[30 ; 40[	[40 ; 50[	[50 ; 60[	[60 ; 70[	[70 ; 80[	[80 ; 90[
Effectifs	27	45	48	39	42	36	33	24	6

Calculer l'âge moyen des skieurs et la fréquence, en pourcentage, de skieurs ayant un âge strictement inférieur à 20 ans.

Réponse : Pour calculer l'âge moyen des skieurs, on utilise le centre de chaque classe.

Âge	[0 ; 10[	[10 ; 20[	[20 ; 30[	[30 ; 40[	[40 ; 50[	[50 ; 60[	[60 ; 70[	[70 ; 80[	[80 ; 90[
Effectifs	27	45	48	39	42	36	33	24	6
Centre	**5**	**15**	**25**	**35**	**45**	**55**	**65**	**75**	**85**
Fréquence	9 %	15 %	16 %	13 %	14 %	12 %	11 %	8 %	2 %

$M = [(5 \times 27) + (15 \times 45) + (25 \times 48) + (35 \times 39) + (45 \times 42) + (55 \times 36) + (65 \times 33) + (75 \times 24) + (85 \times 6)] \div 300.$

$M = 11\ 700 \div 300 = 39.$

L'âge moyen d'un skieur est de **39 ans.**

Pour calculer la fréquence, en pourcentage, de skieurs ayant un âge strictement inférieur à 20 ans, il faut considérer la fréquence des deux premières classes, soit 9 % + 15 % = 24 %.

Ainsi, **24 % des skieurs** ont un âge strictement inférieur à 20 ans.

5. Médiane, quartiles, étendue

A. Médiane, quartiles

La **médiane** d'une série de nombres rangés est un nombre qui sépare la série en deux parties de même effectif.

Le **premier quartile** Q_1 d'une série statistique est le plus petit élément de cette série tel qu'au moins 25 % des valeurs soient inférieures ou égales à cet élément.

Le **troisième quartile** Q_3 d'une série statistique est le plus petit élément de cette série tel qu'au moins 75 % des valeurs soient inférieures ou égales à cet élément.

Exemple : Reprenons les résultats du concours blanc noté sur 20.

12	8	15	11	4	7	13	2	9	10	17	13
14	3	6	6	8	12	9	16	12	9	4	15
5	3	13	2	18	5	6	11	10	14	6	14
8	17	10	11	16	10	8	10	9	11	10	14
7	13	19	14	10	15	12	13	6	12	11	9
13	16	15	13	5	10	7	16	10	8	16	11

La **médiane** de cette série est **10**. En effet, sur les 72 notes proposées, 36 sont supérieures à 10 et 36 sont inférieures ou égales à 10.

Le **premier quartile** est **8.** En effet, sur les 72 notes proposées, un quart des notes est inférieur ou égal à 8.

Le **troisième quartile** est **13.** En effet, sur les 72 notes proposées, trois quarts des notes sont inférieures ou égales à 13.

En fait, 22 notes sont inférieures ou égales à 8. Donc, *a fortiori*, 18 notes sont inférieures ou égales à 8.

Pour déterminer les quartiles :
Soit N le nombre d'éléments de la série.
Si N est divisible par 4 :
– le rang de Q_1 est $\frac{N}{4}$;
– le rang de Q_3 est $\frac{3N}{4}$.

Si N n'est pas divisible par 4 :
– le rang de Q_1 est le plus petit entier immédiatement supérieur à $\frac{N}{4}$;
– le rang de Q_3 est le plus petit entier immédiatement supérieur à $\frac{3N}{4}$.

ATTENTION La médiane est rarement égale à la moyenne.
Pour la série :

12	8	15	11	4	7	13	2	9	10	17	13

La médiane vaut 10,5 et la moyenne est de 10,08.

B. Étendue

L'**étendue** d'une série statistique est la différence entre la valeur maximale et la valeur minimale.

Exemple 1 : Le diagramme en bâtons ci-dessous donne la répartition des notes obtenues à un contrôle de mathématiques par les élèves d'une classe de troisième.

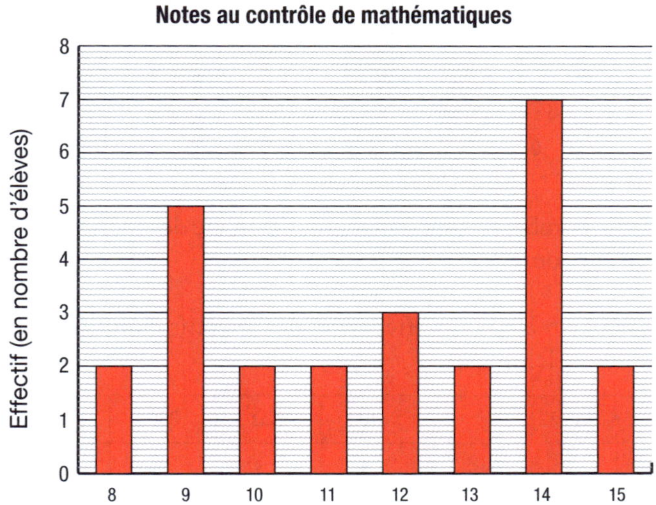

Calculez le nombre total d'élèves, la note moyenne de la classe, la note médiane et l'étendue de cette série de notes.

Réponse : On peut présenter la répartition des notes dans un tableau.

Note	8	9	10	11	12	13	14	15	Total
Effectif	2	5	2	2	3	2	7	2	25
Note × effectif	16	45	20	22	36	26	98	30	293
Effectif cumulé croissant	2	7	9	11	14	16	23	25	

Grâce à ce tableau, on dira qu'il y a **25 élèves** dans cette classe, que la note moyenne de la classe obtenue à ce contrôle est $293 \div 25 =$ **11,72**, que la note médiane est **12** et que l'étendue de cette série de notes est de $15 - 8 =$ **7**.

Exemple 2 : La course automobile des 24 Heures du Mans consiste à effectuer en 24 heures le plus grand nombre de tours d'un circuit. Le diagramme en bâtons ci-dessous donne la répartition du nombre de tours effectués par les 25 premiers coureurs.

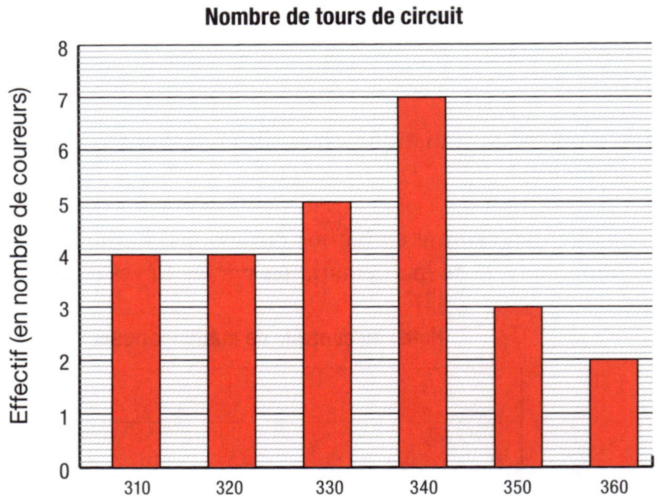

Calculer le nombre de tours médians, l'étendue de la série et la moyenne du nombre de tours par coureur.

Réponse : Le tableau des effectifs et des effectifs cumulés croissants de cette série statistique est le suivant.

Nombre de tours	310	320	330	340	350	360
Effectif	4	4	5	7	3	2
Effectif cumulé croissant	4	8	13	20	23	25

La médiane est **330** et l'étendue $360 - 310 =$ **50**. La moyenne est $8\,320 \div 25 \approx 332$ tours.

2 | Éléments de probabilités

1. Vocabulaire et définitions

Une expérience aléatoire est une expérience possédant plusieurs issues possibles qui ne dépendent que du hasard. Par exemple, jouer à pile ou face, lancer un dé intègre, effectuer un tirage du loto constituent des expériences aléatoires.

En revanche, si le dé est pipé, il ne s'agit plus d'une expérience aléatoire.

Obtenir la face « pile » en lançant la pièce, obtenir un 4 en lançant le dé, trouver la bonne combinaison du loto constituent ce que l'on appelle **un événement aléatoire**.

L'issue d'un événement est la façon dont l'événement peut être réalisé.

Par exemple, lors du lancer du dé, l'événement « tirer un nombre inférieur ou égal à 3 » possède trois issues qui sont tirer un 1, un 2 ou un 3.

> Un événement qui ne peut être réalisé que par une seule issue est appelé **événement élémentaire**.

Par exemple, tirer un 4 avec le dé est un événement élémentaire.

Dans le cas d'une expérience aléatoire, la **probabilité** d'obtenir un résultat correspond à la **fréquence** de réalisation de cet événement.

> On dit que la probabilité correspond au quotient $\frac{\text{nombre d'issues favorables}}{\text{nombre d'issues possibles}}$.

Dans notre exemple, « tirer un 4 en lançant le dé », il n'y a qu'un cas favorable (tirer un 4) alors qu'il y a 6 cas possibles (les six faces du dé).

On constate qu'il y a **1 chance sur 6** d'obtenir une face précise, le 4, par exemple, autrement dit : $1 \div 6 \approx 0{,}1667 \approx$ **16,67 % de chances d'obtenir le 4**. Ou encore, la **probabilité** d'obtenir le 4 est de 16,67 %. Soit A l'**événement « tirer un 4 », on notera** $P(A) = \frac{1}{6}$ et on lira « la probabilité d'obtenir un 4 sur un tirage est de un sixième ».

> Une probabilité est une fraction **toujours comprise entre 0 et 1**.
> Un événement qui a une probabilité égale à 1 est appelé **événement certain**.
> Par exemple, tirer un nombre inférieur à 10 avec un dé classique.
> Un événement qui a une probabilité égale à 0 est appelé **événement impossible**. Par exemple, tirer un 7 avec un dé classique.
> La somme des probabilités de tous les événements élémentaires est **toujours égale à 1**.

Par exemple, dans notre exemple de dé, la probabilité de sortie de chaque face est de $\frac{1}{6}$.

Si on fait la somme de la probabilité de chacun de ces six événements élémentaires (« tirer un 1, un 2, un 3, un 4, un 5, un 6 »), on obtient : $\frac{1}{6} + \frac{1}{6} + \frac{1}{6} + \frac{1}{6} + \frac{1}{6} + \frac{1}{6} = \frac{6}{6} = 1$.

Si, par exemple, avec une pièce truquée, la probabilité de tirer « pile » est de $\frac{1}{3}$, la probabilité de tirer « face » est alors de $\frac{2}{3}$.

> On dit que si la probabilité de l'**événement** A est $P(A)$ alors, la probabilité de l'événement contraire est $1 - P(A)$.

Supposons que l'on mène une expérience aléatoire de lancer d'un dé intègre. Sur un **très grand nombre de lancers**, on constaterait que chaque face est sortie sensiblement **le même nombre de fois**.

On dit que la probabilité d'obtenir l'événement « tirer la face 4 » est identique à celle d'obtenir l'événement « tirer la face 6 ».

On dit alors que les chances des événements « tirer telle ou telle face » sont **équiprobables**.

Beaucoup d'exercices sur les probabilités concernent des jeux de hasard :
- jouer à pile ou face ;
- lancer un ou plusieurs dés ;
- tirer des boules de couleur issues d'un sac ;
- tirer des cartes dans un paquet…

2. Exemples

Exemple 1 : Une urne contient 1 boule de couleur noire, 6 boules de couleur blanche, 4 boules de couleur rouge, indiscernables au toucher. On tire au hasard une boule de cette urne. Quelle est la probabilité de tirer une boule de couleur rouge ? Quelle est la probabilité de ne pas tirer une boule rouge ?

Réponse : L'événement « tirer une boule de couleur rouge » a 4 issues possibles puisqu'il y a 4 boules rouges.
L'événement « tirer une boule » a 11 issues possibles puisqu'il y a 11 boules (1 + 6 + 4). Il y a donc 4 chances sur 11 de tirer une boule rouge.
De même la probabilité de tirer une noire est de $\frac{1}{11}$ et une blanche est de $\frac{6}{11}$.
Quant à la question de déterminer la probabilité de l'événement « ne pas tirer une rouge », il y a deux manières de la résoudre.
Soit on indique que « ne pas tirer une rouge » revient à tirer une blanche ou une noire, et il y a alors 7 cas favorables (6 + 1), donc une probabilité de $\frac{7}{11}$. Soit on se rappelle que l'ensemble des événements élémentaires (tirer une noire, une rouge, une blanche) a une somme égale à 1 et donc « ne pas tirer une rouge » a une probabilité de $1 - \frac{4}{11} = \frac{7}{11}$, $\frac{4}{11}$ étant la probabilité de tirer une rouge.

Exemple 2 : Sur les différentes faces d'un dé cubique équilibré sont inscrits les nombres 2, 3, 6, 3, 6, 2. Calculez la probabilité d'obtenir un 2.

Réponse : Il y a deux faces possédant le nombre 2 sur 6 faces en tout. Il y a donc une probabilité de $\frac{2}{6}$ soit $\frac{1}{3}$ d'obtenir un 2.

Exemple 3 : Soit une cible ronde de rayon $5R$, constituée de 5 cercles concentriques de rayons R, $2R$, $3R$, $4R$, $5R$. Un joueur lance au hasard une fléchette et atteint la cible. Calculez la probabilité que la fléchette atteigne la couronne circulaire n° 2.

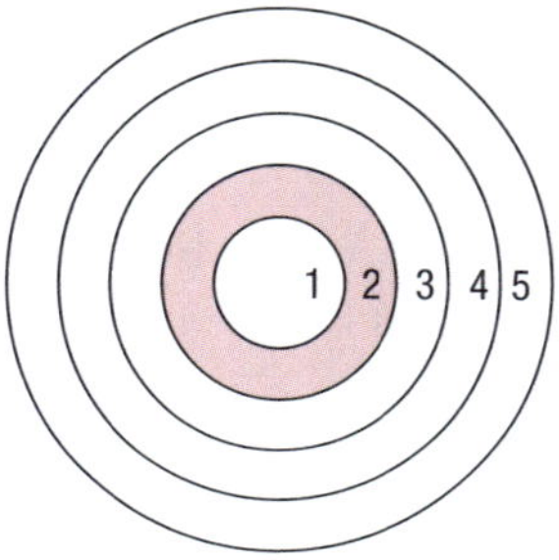

Réponse : La probabilité d'atteindre une zone est proportionnelle à l'aire de la zone : At, l'aire totale de la cible, est égale à $\pi \times (5R)^2$ (le rayon de la cible est $5R$), soit $\boldsymbol{At = 25\pi R^2}$.
$Ac2$, l'aire de la couronne circulaire n° 2, correspond à l'aire du disque de rayon $2R$ moins l'aire du disque de rayon R, soit $Ac2 = \pi \times (2R)^2 - \pi \times (R)^2 = 4\pi R^2 - \pi R^2 = \boldsymbol{3\pi R^2}$.
La probabilité d'atteindre la couronne circulaire n° 2 est donc $\frac{Ac2}{At}$ et vaut $\frac{3\pi R^2}{25\pi R^2}$, soit $\frac{3}{25}$.

Exemple 4 : On considère le lancer simultané de deux dés classiques.
Soit S la somme obtenue à l'issue de ce lancer.
Calculez la probabilité d'obtenir une somme égale à 8, une somme supérieure ou égale à 9, une somme paire.

Réponse : Indiquons dans un tableau l'ensemble des sommes possibles.

Dé 1 \ Dé 2	1	2	3	4	5	6
1	2	3	4	5	6	7
2	3	4	5	6	7	**8**
3	4	5	6	7	**8**	9
4	5	6	7	**8**	9	10
5	6	7	**8**	9	10	11
6	7	**8**	9	10	11	12

Le tableau indique qu'il y a **36 issues possibles** en tout. **La somme 8** est obtenue de 5 manières différentes (cases grisées) : la probabilité d'obtenir une somme égale à 8 est donc de $\frac{5}{36}$.
On peut obtenir des sommes **supérieures ou égales à 9** de 10 manières différentes (nombres en rouge en bas à droite). La probabilité d'obtenir une somme supérieure ou égale à 9 est donc de $\frac{10}{36}$, soit $\frac{5}{18}$. Il y a 18 sommes paires. La probabilité d'obtenir une somme paire est donc de $\frac{18}{36}$, soit $\frac{1}{2}$.

Exemple 5 : Éric joue au jeu suivant.
Il lance une pièce équilibrée :
- si le résultat est pile, il gagne ;
- si le résultat est face, il relance. Au deuxième lancer :
  - si le résultat est pile, il gagne ;
  - si le résultat est face, il perd.

Calculez la probabilité pour Éric de gagner à ce jeu.

Réponse : Faisons un arbre de choix.

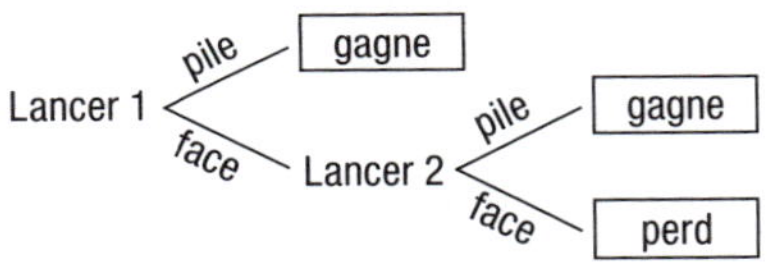

On voit donc qu'il y a 3 issues possibles : gagner au premier lancer, gagner au second lancer ou perdre au second lancer, et 2 issues favorables : gagner au premier lancer et gagner au second lancer.
La probabilité de gagner est donc de $\frac{2}{3}$.

Exemple 6 : André a lancé 4 fois de suite une pièce de monnaie équilibrée et chaque fois le résultat a été face. Alors qu'André se prépare à lancer la même pièce une nouvelle fois, ses amis lui disent :
A : « Maintenant, tu as plus de chances d'obtenir pile. »
B : « Maintenant, tu as plus de chances d'obtenir face. »
C : « Tu as autant de chances d'obtenir pile que face. »
D : « Tu ne peux plus obtenir face. »
Quel est votre avis ?

Réponse : Le hasard n'a pas de mémoire. André a la même probabilité d'obtenir pile que face. Dans les deux cas la probabilité est de $\frac{1}{2}$.

Analyse didactique

Méthodologie et conseils

1 | Notions principales de didactique

La nouvelle forme de l'épreuve de mathématiques comporte une analyse de différents outils pédagogiques ou didactiques.

Afin de vous aider dans cette préparation, il nous est apparu qu'une bonne connaissance des différents éléments de didactique des mathématiques constitue un outil essentiel qui vous permettra d'appréhender rapidement et efficacement les situations proposées. Vous serez ainsi à même de les replacer dans leur contexte et de savoir quelles sont les intentions des auteurs des documents proposés. Vous comprendrez également mieux la teneur des questions qui vous sont posées.

La didactique des mathématiques utilise un vocabulaire qui lui est propre. Pour faciliter la compréhension du lecteur préparant l'oral, nous avons regroupé dans ce chapitre toutes les définitions des notions qui seront citées. Lors de la lecture des différents chapitres, le lecteur pourra retrouver rapidement les notions utilisées car elles sont présentées ici par ordre alphabétique.

Action

Il existe différentes théories sur l'apprentissage. Dans la théorie socio-constructiviste, l'élève est confronté à une situation-problème et c'est en agissant, en mettant en place des procédures qui lui sont personnelles qu'il va ressentir la nécessité de nouveaux concepts ou découvrir l'intérêt de nouveaux outils mathématiques.

On a le schéma suivant :

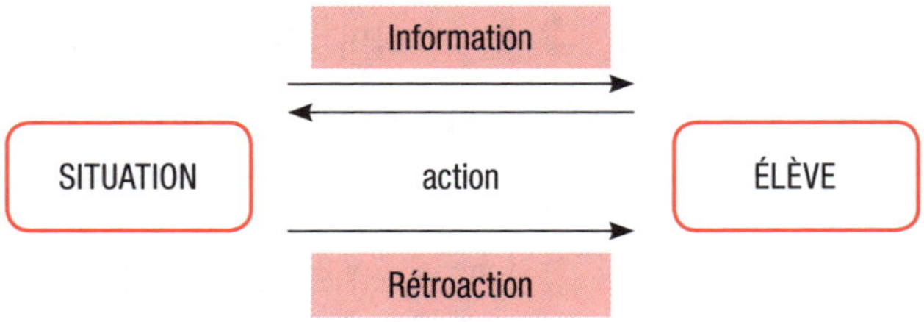

Cadre

On peut distinguer dans les situations proposées aux élèves celles qui sont dans un cadre numérique, celles qui sont dans un cadre graphique et celles qui sont dans un cadre géométrique.

Ce sont les changements de cadres qui vont permettre à l'élève de décontextualiser ou de recontextualiser ses connaissances.

La notion de cadre est une notion dynamique. Le changement de cadres est un moyen d'obtenir des formulations différentes d'un problème et la mise en œuvre d'outils et de techniques qui n'apparaissaient pas dans la première formulation.
Exemple : La proportionnalité est étudiée dans le cadre numérique mais aussi dans les cadres graphique et géométrique.

Compétence

Une compétence est une capacité à effectuer une certaine action mathématique ou à mobiliser une connaissance.
Les compétences sont souvent associées à un verbe d'action, par exemple :

- Utiliser ses connaissances pour traiter des problèmes.
- Déterminer la valeur de chacun des chiffres composant l'écriture d'un nombre entier en fonction de sa position.

On peut lire dans les programmes :

« La définition de ces compétences vise donc à clarifier les attentes, à préciser les priorités et à fournir des repères dans le but d'aider les équipes d'enseignants dans leur travail de programmation et dans la mise au point des évaluations qui permettent d'en baliser la réalisation. »

Conflit socio-cognitif

Lors d'un travail en groupe, ou pendant des phases d'échanges, chaque élève est confronté à des points de vue divergents. Il prend ainsi conscience de sa propre pensée par rapport à celle des autres. Ce déséquilibre peut amener l'élève à reconsidérer, en même temps, ses propres représentations et celles des autres pour construire un nouveau savoir.

Consigne

C'est par la consigne que l'on cherche à déclencher l'activité. C'est en général un texte court sans ambiguïté.

Contextualisation / décontextualisation

Les connaissances sont bâties à travers des situations-problèmes, les élèves associent les savoirs acquis au contexte de la situation. Il est donc important de présenter le nouveau savoir indépendamment du contexte de l'apprentissage, c'est la fonction de la décontextualisation. Pour que les nouvelles connaissances puissent être réutilisées ou transférées, on proposera souvent à l'élève une recontextualisation.

Contrat didactique

Le contrat didactique est le résultat de la négociation des rapports établis explicitement et/ou implicitement entre un élève, un groupe d'élèves, un certain milieu et un système éducatif, aux fins de faire approprier aux élèves un savoir.

Le contrat didactique se révèle à travers ses effets dans le comportement des élèves.
Exemple : Les élèves pensent que tout problème qui leur est soumis possède une solution. Si des nombres figurent dans l'énoncé, ils pensent aussi que c'est par le calcul que la réponse est obligatoirement trouvée.

Dévolution

L'ensemble des conditions qui permet à un élève de s'approprier une situation constitue la dévolution. On parle souvent de phase de dévolution.

Cette phase introductive débouche sur une situation (éventuellement ludique) qui pose problème. Souvent, les connaissances des élèves sont insuffisantes pour résoudre immédiatement le problème posé, mais le maître va faire en sorte que le problème apparaisse clairement à l'élève, qu'il ait du sens pour lui et que celui-ci puisse envisager ce qu'est une réponse possible.

Dialectique outil/objet

Un concept est un outil lorsqu'il est utilisé pour résoudre un problème. La connaissance d'un outil est un savoir-faire.

Après décontextualisation, une fois formulé de façon la plus générale possible, le concept prend place dans un ensemble de connaissances et il acquiert alors le statut d'objet de savoir.

Exemple : La multiplication, lorsque les élèves la découvrent, permet de résoudre un certain nombre de problèmes qui leur sont posés. Elle constitue alors un outil qui sera ensuite utilisé dans d'autres contextes et deviendra une connaissance.

Différenciation

Différencier, c'est ajuster sa pratique ainsi que l'environnement d'apprentissage de façon à tenir compte des caractéristiques d'un ou de plusieurs élèves pour un apprentissage particulier.

Erreur

L'erreur est un indicateur qui doit permettre d'évaluer l'état de connaissance qu'a l'élève d'une notion. Elle ne doit pas être niée mais analysée pour permettre à l'élève de la surmonter. L'origine de l'erreur peut être très diverse. Elle peut provenir de limitations liées à l'âge de l'enfant, elle peut être due à des limitations des capacités de mémorisation, elle peut aussi provenir des représentations que se fait l'élève de la situation.

Exemples :

- $4{,}3 + 5{,}8 = 9{,}11$

Dans cette erreur classique, c'est la représentation d'un décimal comme couple d'entiers qui engendre un tel résultat.

- (D1) et (D2) sont perpendiculaires.

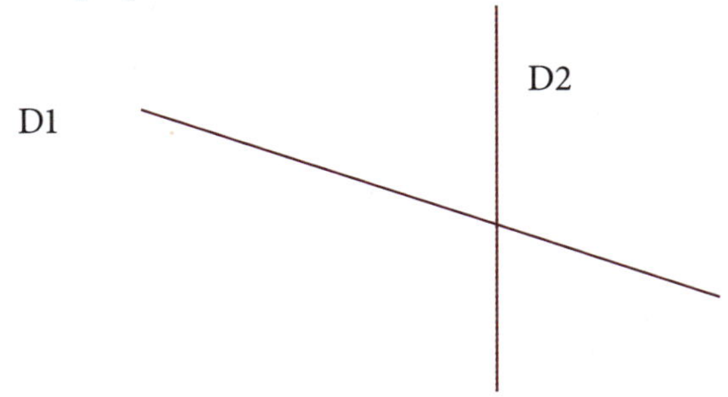

Dans cette erreur, c'est la confusion entre orthogonalité et verticalité qui est en cause.

Évaluation

L'évaluation a deux fonctions. Avant de démarrer une activité, elle permet de vérifier que l'élève dispose bien des prérequis nécessaires pour entrer dans le problème posé. On parle alors d'évaluation diagnostique. Après une activité, elle permet de vérifier que l'élève s'est bien approprié les connaissances visées. Il s'agit cette fois d'évaluation finale.

Formulation

Les élèves formulent leurs réponses et les remarques qu'ils peuvent faire à partir des réponses déjà proposées. Cette phase de mise en commun collective, où les élèves présentent leurs différents travaux et expliquent comment ils ont procédé, permet de recueillir toutes les réponses, les « justes » comme les « fausses ».

Institutionnalisation

Après une activité, le maître fait une synthèse avec les élèves de ce qu'il faut retenir. Dans cette phase, les nouvelles connaissances qui étaient des outils commencent à devenir des objets d'étude (les outils sont décontextualisés de façon à pouvoir servir dans d'autres situations).

Pour donner un statut à ces nouvelles connaissances, il est important qu'il en reste une trace écrite, c'est le résumé ou aide-mémoire que l'enseignant propose aux élèves.

Obstacle

Il s'agit de difficultés qui sont à l'origine d'erreurs reproductibles et persistantes. Elles peuvent être d'origine épistémologique (c'est-à-dire liées à la connaissance visée et dont on peut trouver la trace dans l'histoire du concept), d'origine ontogénique (c'est-à-dire provenant des limitations d'un sujet à une étape donnée de son développement), d'origine didactique (c'est-à-dire résultant des pratiques d'enseignement durant les classes antérieures), d'origine psychologique (c'est-à-dire dues à des contradictions avec des représentations que se fait l'élève).

Procédure

On parlera de procédure mise en œuvre par un élève dans un problème pour qualifier la méthode utilisée pour trouver la solution à ce problème.

Recherche

Durant cette phase, l'élève, individuellement ou en groupe, cherche une solution à la situation qui lui est proposée.

Il est confronté à un obstacle et ne peut directement répondre. C'est en essayant différentes procédures et en analysant la validité des solutions qu'il produit que ses connaissances vont évoluer.

C'est à travers les situations-problèmes que l'on peut mettre l'élève en position de recherche.

Remédiation

Après un apprentissage, lors d'une phase d'évaluation, on peut repérer certaines erreurs et diagnostiquer l'origine de celles-ci. On met alors en place une nouvelle situation qui doit permettre à l'élève de prendre en compte ses erreurs et de les surmonter. Il s'agit d'une activité de remédiation.

Après cette remédiation, on pourra de nouveau évaluer l'élève pour vérifier que l'erreur a bien été surmontée.

Savoir savant, savoir à enseigner, savoir enseigné

Le savoir savant est constitué par l'ensemble des connaissances mathématiques. Il va servir de base à l'élaboration des programmes d'enseignement.

Le savoir à enseigner est fourni par les programmes officiels.

Le savoir enseigné est celui que les enseignants dispensent en classe à partir des programmes officiels.

Le passage entre ces différents savoirs constitue la transposition didactique.

Exemple : C'est la théorie des fonctions linéaires d'une variable réelle à valeurs réelles qui sert de base à la proportionnalité enseignée au cycle III.

Séance

Une séance est l'unité temporelle de base, elle est centrée sur des objectifs spécifiques et fait partie d'une séquence.

Séquence

Une séquence est un ensemble continu ou discontinu de séances articulées entre elles dans le temps et organisées autour d'une ou de plusieurs activités en vue d'atteindre des objectifs fixés par les programmes. Une séquence vise généralement à l'acquisition d'un savoir ou d'un savoir-faire en tenant compte des objectifs assignés et du temps imparti.

Situation

Une situation est caractérisée par l'ensemble des circonstances où est placé l'élève.

Une **situation didactique** est une situation où l'enseignant qui a mis en place la situation vise à enseigner un savoir donné.

Une **situation a-didactique** est une situation dans laquelle l'intention de l'enseignant n'est pas explicite, la charge de l'élève est alors plus lourde.

Une **situation d'apprentissage** est une situation qui permet à un élève de passer d'un état de connaissance à un autre état de connaissance.

Situation-problème

Ce mot a été utilisé à une certaine époque dans les instructions officielles ; il y désignait toute situation dans laquelle des questions étaient posées ou qui pouvait amener à se poser des questions.

Actuellement, il s'agit d'une situation fabriquée dans le but de faire acquérir une connaissance précise aux élèves. Le problème posé doit avoir du sens pour l'élève qui doit pouvoir envisager ce qu'est une réponse possible. La situation doit permettre aux élèves de décider eux-mêmes si une solution trouvée est convenable ou pas. Mais leurs connaissances peuvent se révéler insuffisantes pour résoudre immédiatement le problème posé. L'élève est ainsi confronté à un obstacle.

Surcharge cognitive

La **mémoire de travail** de l'élève étant limitée, s'il a trop d'informations à stocker, il se produit le phénomène de surcharge cognitive. L'élève ne tient alors pas compte de certaines données de la situation. Il peut aussi oublier le but de son calcul et produire un résultat sans rapport avec la question qui lui a été posée.

Tâche

La tâche est ce qui est assigné par la consigne comme travail à l'élève. Une tâche peut ne pas déclencher l'activité attendue.

Théorème en acte ou théorème élève

Un théorème en acte est un résultat qu'un élève applique hors de son domaine de validité.

On peut dire qu'un théorème en acte est une règle d'action utilisée par les élèves et compatible avec la conception qu'ils se font d'une connaissance. Il est vérifié dans un certain domaine seulement.

Exemple : Quand deux entiers naturels sont écrits en chiffres, celui qui s'écrit avec le plus de chiffres est le plus grand. Cette règle que les élèves appliquent parfois aux nombres décimaux engendre des réponses erronées. L'élève applique la règle en dehors de son domaine de validité.

Transposition didactique

Il s'agit de l'ensemble des transformations que subit un savoir savant afin d'être enseigné. Il ne suffit pas d'avoir des connaissances sur un sujet pour pouvoir l'enseigner correctement, sauf à vouloir l'enseigner par imitation comme dans l'enseignement traditionnel.

On a le schéma suivant :

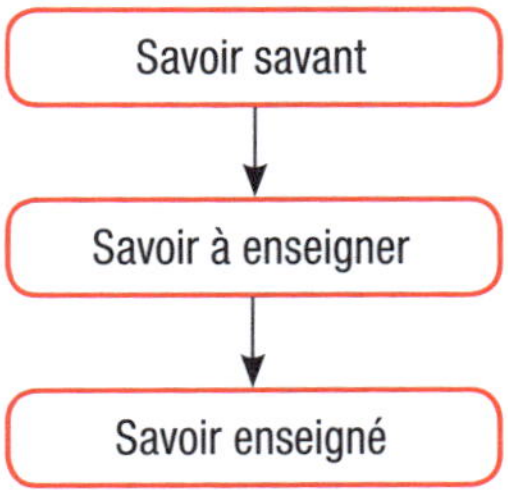

Triangle didactique

Il a pour sommets : le savoir, le maître et l'élève. Il représente les relations entre ces trois pôles.

Validation

Il existe plusieurs modes de validation. Celle-ci peut être **externe**, c'est l'enseignant qui dit si la réponse fournie est exacte ou bien il met à la disposition de l'élève la réponse exacte, à charge pour celui-ci de vérifier la justesse de son travail.

En géométrie, lors de la réalisation d'une figure, on peut fournir la figure exacte sur un transparent à plaquer sur la production de l'élève.

La validation peut être **interne** à la situation, c'est l'obtention de la réponse vérifiant les conditions posées dans l'énoncé qui permet à l'élève de savoir si sa réponse est juste. Cette méthode n'assure pas cependant l'unicité de la réponse en cas de solutions multiples.

Dans une recherche de patrons de solides par exemple, ce sont le découpage puis le montage du solide qui permettent à l'élève, de façon autonome, de s'assurer que sa production est bien une réponse au problème posé.

Lors de la phase de validation, les élèves donnent leurs opinions sur les différents travaux puis, avec l'aide du maître, se mettent d'accord pour savoir si les différentes solutions conviennent ou pas.

Variable didactique

C'est un élément de la situation qui peut être modifié par l'enseignant, il affecte les stratégies de résolution par le coût, la validité, la complexité, etc.

Les principales variables didactiques sont :

- dans le domaine numérique : la taille des nombres, le type de nombre (entier, décimal, rationnel, etc.) ;
- dans le domaine géométrique : l'orientation de la figure, l'orientation des droites, le support utilisé pour tracer les figures.

Pour en savoir plus

› Joël Briand, « Glossaire de la didactique », document pour la formation des professeurs des écoles en didactique des mathématiques, actes du stage de Cahors, IREM de Paris VII, 1991.

› Guy Brousseau, « Le contrat didactique : le milieu », RDM, vol. 9/3, 1990.

› Régine Douady, « Jeux de cadres et dialectique outil-objet », RDM, volume 7.2, 1986, La Pensée Sauvage.

› Documents pour la formation des professeurs des écoles en didactique des mathématiques, COPIRELEM.

2 | Les différentes phases d'une leçon de mathématiques

Dans une perspective constructiviste, on a coutume d'organiser une séance en différentes phases afin de la structurer.

On trouve généralement les phases de dévolution/recherche/mise en commun/institutionnalisation, que nous développerons ci-après.

Un tel découpage n'a rien d'obligatoire ni de systématique mais il peut vous aider à repérer la structure d'une fiche de préparation ou d'une leçon dans un manuel.

Les quatre phases ne se succèdent pas toujours ; il peut y avoir des allers-retours entre les phases.

Exemple : dévolution/recherche/mise en commun/recherche/mise en commun/institutionnalisation.

1. La phase de dévolution

La phase de dévolution constitue le départ de la leçon. L'enseignant s'y assure que le contexte et le vocabulaire des documents de recherche fournis aux élèves sont bien compris. Il fait répéter la consigne aux élèves.

Il incite les élèves à « se mettre au travail » en veillant à ce que la situation proposée ait du sens pour les élèves, qu'ils aient envie de s'y plonger.

S'il introduit un matériel nouveau (jeu, équerre, cartes à points…) il laisse le temps aux élèves de découvrir ce matériel inconnu sans autre contrainte particulière que celle de l'appropriation.

Durant la phase de dévolution l'enseignant doit donc :

- présenter la situation ;
- expliciter le contexte et le matériel ;
- favoriser l'acclimatation au matériel utilisé ;
- engager les élèves dans l'action.

2. La phase de recherche

La phase de recherche constitue le **cœur** de la séance. On a souvent coutume de dire que la **qualité de la recherche** proposée correspond à la **qualité de la séance**.

Lors de cette phase de recherche, le choix de **l'organisation du travail** (individuel/par deux, par quatre) se pose. L'option choisie par l'enseignant ne doit rien au hasard :

– Le travail **personnel** sera favorisé pour les notions ayant besoin d'une intériorisation personnelle de l'apprentissage (utilisation de l'équerre, entraînement à la multiplication posée, etc.).

– L'organisation **par groupe de deux** aura du sens pour favoriser la confrontation entre pairs, afin d'espérer des procédures différentes amenant le duo à s'opposer, à argumenter, à convaincre, à se laisser convaincre (comment savoir combien de petits carreaux contient ce rectangle ? comment faire pour dire si ces droites sont parallèles ?).

– Le travail **par groupe de quatre** n'aura de sens que si la tâche à effectuer est très importante et suppose notamment une répartition des tâches. Le maître pourra alors indiquer le rôle de chacun des protagonistes du groupe (le rapporteur, le calculateur, le chercheur…) ou bien laisser les élèves s'organiser par eux-mêmes. À ce titre, les travaux de type « rallye mathématique » ou « défi maths » se prêtent bien à ce type d'organisation.

De manière générale, on fait travailler les élèves en groupe pour répondre à l'hétérogénéité des classes, pour favoriser les apprentissages, la communication et la socialisation.

Vous remarquerez dans les préparations de classe que l'enseignant fait **varier les formes de travail** au cours de sa leçon en fonction des objectifs recherchés. Cela donnera, en plus, du « rythme » à son travail.

3. La phase de mise en commun

La phase de mise en commun est le moment où les élèves vont pouvoir **faire part** du résultat de leur recherche à leurs pairs et au maître.

L'enseignant aura repéré au préalable, lors de la phase de recherche, les différentes procédures qu'il souhaite mettre en avant.

Durant cette phase de mise en commun, le maître s'efforcera, tant que possible, de :

– faire émerger les différentes procédures ;
– renvoyer les questions (les siennes et celles des élèves) au groupe classe ;
– réguler le débat mathématique, veiller à sa bonne tenue ;
– mettre en avant les aspects positifs et négatifs des solutions proposées.

4. La phase d'institutionnalisation

La phase d'institutionnalisation n'est pas moins importante. C'est à ce moment-là que va s'établir « la parole du maître ». C'est là que l'enseignant va **prendre parti** afin de dire quelle méthode a sa préférence, quel résultat est juste, quelle solution est fausse. L'enseignant établira alors, avec la participation éventuelle des élèves, une trace écrite indiquant ce qui a été appris, ce qu'il convient de retenir.

Cette trace, si elle a été préparée à l'avance, sera distribuée aux élèves à fin d'archivage. Sinon, elle sera copiée au tableau et recopiée par les élèves.

Cette institutionnalisation doit être brève et peut être constituée d'un exemple détaillé. L'institutionnalisation proposée est **en accord** avec les objectifs spécifiques qui ont été fixés.

Durant la phase d'institutionnalisation, l'enseignant :

– « dit le vrai », indique la méthode et/ou la solution qui a sa préférence ;

– élabore, avec l'aide éventuelle des élèves, la trace écrite qui sera archivée par l'élève.

Vous pourrez également trouver dans les différents documents qui vous seront proposés des moments de classe correspondant aux phases décrites ci-dessous.

A. Différenciation

Le maître peut parfois prévoir une « **différenciation** » de ce qui est demandé aux élèves en fonction de leur niveau. Autrement dit, il peut prévoir des consignes particulières pour :

– les élèves qui réussissent le mieux ;

– ceux qui ont plus de difficultés.

CONSEIL Cernez les variables didactiques de la situation qui vous est proposée. C'est en modifiant ces variables que l'enseignant peut rendre l'exercice plus facile ou plus difficile.

B. Réinvestissement - Évaluation

a. Réinvestissement - Prolongement

Si le sujet s'y prête, le maître peut prévoir un réinvestissement ou un prolongement de son travail.

On peut même parfois demander au candidat de l'imaginer. Il convient de vous préparer à cette éventualité.

Notre conseil serait notamment d'examiner ce qui pourrait être proposé dans le cadre de la transversalité avec une autre matière.

CONSEIL Dans tous les cas, nous vous encourageons à être simple et à ne pas chercher de solution trop éloignée de votre travail initial ou trop alambiquée.

ATTENTION Avant de proposer un exemple, veillez à indiquer d'abord le **cadre** de ce que vous allez proposer : « Je vais proposer un prolongement pour introduire la notion de fraction décimale. Voilà l'exercice que je poserai... » ou « Je souhaite réinvestir cette notion de proportionnalité en mathématiques dans le cadre de l'EPS, je vais donc proposer une activité qui... »

b. Évaluation

Dans la même optique, il convient de pouvoir imaginer des éléments d'évaluation qui peuvent faire suite à une séquence proposée.

Autant que possible, évaluez seulement les notions et les compétences qui ont été abordées dans la séquence en veillant notamment à ne pas détourner votre évaluation de son but initial en y mélangeant d'autres notions qui y seraient étrangères.

CONSEIL Là aussi, soyez simple et fabriquez une évaluation proche de la préparation initiale. Veillez à indiquer d'abord le **cadre** de ce que vous allez proposer (« Je veux évaluer si les élèves ont acquis le vocabulaire géométrique sur les polygones, je vais donc leur demander si... »).

5. Spécial école maternelle

■ **La phase de dévolution devient une phase d'appropriation**

À l'école maternelle, cette **acclimatation** à de nouveaux objets est primordiale tant les enfants seront mobilisés par la nouveauté plutôt que par ce que l'enseignant souhaite en faire... De même, il veillera probablement à élaborer avec les élèves un **lexique commun** concernant le matériel utilisé. S'il travaille avec des figurines, par exemple, il est indispensable que tout le monde soit au fait que tel objet sera désigné uniquement par « le cheval blanc » et non par « le poney » ou « le petit cheval ». Dans le cas contraire, la confusion pourrait être importante.

■ **La phase de recherche devient une phase recherche/manipulation**

À l'école maternelle, la phase de recherche/manipulation se fait soit individuellement (reproduction d'après modèle, par exemple) soit par groupe de deux (jeu de cartes de la bataille, par exemple) soit par petits groupes de 6 à 8 élèves (jeu coopératif de type « Le verger », par exemple).

Structurellement, l'habitude veut que dans tous les cas, les élèves soient installés autour d'une même table.

Une autre composante de l'école maternelle est qu'a priori les élèves ne savent ni lire ni écrire. Se pose alors parfois pour l'enseignant le problème de **la mémoire de l'action**.

Lorsque, par exemple, l'élève lance le dé et prend autant que le dé l'indique, il n'y a aucun moyen pour l'enseignant, s'il n'est pas directement présent, de vérifier que l'opération s'est déroulée convenablement. Il convient donc que le maître puisse imaginer un support permettant de mémoriser ce qui s'est passé. Dans l'exemple cité, il pourrait concevoir une petite fiche cartonnée avec un dé pré-imprimé. L'enfant reproduirait alors la constellation obtenue avant de prendre le nombre d'objets indiqués par le dé. Ainsi, de retour dans l'atelier, l'enseignant pourrait facilement vérifier si le nombre d'objets acquis par l'enfant correspond effectivement à la trace dessinée.

La phase de mise en commun devient une phase de bilan d'atelier

À l'école maternelle, la phase de mise en commun se déroule de manière différente. Elle a généralement lieu au moment du bilan d'ateliers effectué par l'enseignant, de préférence à l'issue de la séance mais parfois le jour suivant au moment de répéter les consignes des ateliers. Il s'agit de reprendre les travaux significatifs de quelques élèves, de faire répéter la consigne et de s'interroger sur la validité du résultat par rapport à ce qui était demandé.

La phase d'institutionnalisation collective devient parfois individuelle

À l'école maternelle, la phase d'institutionnalisation se déroule individuellement. Contrairement à l'école élémentaire où cette phase est, la plupart du temps, collective, il convient ici que l'enseignant passe quelques instants particuliers avec l'élève et s'exprime sur sa réussite ou ses difficultés.

FOCUS : La « mémoire du travail »

Il nous apparaît qu'une séance à l'école maternelle est souvent constituée d'une première phase manipulatoire (manipulation/recherche) **puis**, après validation ou auto-validation orale du maître, d'un exercice « papier » du même type qui pourra être collé dans le cahier de l'élève afin de constituer une trace de l'activité. **Il ne s'agit pas ici d'une « trace écrite »** au sens de l'école élémentaire mais d'une **mémoire du travail effectué**. Cette mémoire pourra servir à se souvenir du travail effectué, à en parler avec la famille. Considérons, par exemple, l'activité de reproduction d'après modèle d'un enfilage de perles de couleur sur un axe métallique. Après avoir manipulé les perles et reproduit à l'identique, on pourra demander à l'élève de coller sur une ligne tracée sur une feuille les gommettes de la même manière que sur le modèle. On travaillera ainsi le passage de l'espace vécu à l'espace représenté tout en fabriquant cette mémoire du travail qui sera archivée dans le cahier personnel de l'élève.

3 | L'école maternelle

Le nouveau programme pour l'école maternelle (*Bulletin officiel spécial* n° 2 du 26 mars 2015) ne comporte ni partie Mathématiques, ni autres parties disciplinaires. Cependant, « *les domaines "Construire les premiers outils pour structurer sa pensée" et "Explorer le monde" s'attachent à développer une première compréhension de l'environnement des enfants et à susciter leur questionnement. En s'appuyant sur des connaissances initiales liées à leur vécu, l'école maternelle met en place un parcours qui leur permet d'ordonner le monde qui les entoure, d'accéder à des représentations usuelles et à des savoirs que l'école élémentaire enrichira.* »

On y trouvera donc des propositions d'activités et des compétences qui trouveront un prolongement dans les apprentissages mathématiques ultérieurs. En effet, les enfants n'attendent pas le cycle 2 pour utiliser un mode de pensée mathématique et commencer à élaborer leurs premières connaissances dans ce domaine.

1. Approcher les quantités et les nombres

Depuis leur naissance, les enfants ont une intuition des grandeurs qui leur permet de comparer et d'évaluer de manière approximative les longueurs (les tailles), les volumes, mais aussi les collections d'objets divers (« il y en a beaucoup », « pas beaucoup »...). À leur arrivée à l'école maternelle, ils discriminent les petites quantités, un, deux et trois, notamment lorsqu'elles forment des configurations culturellement connues (dominos, dés). Enfin, s'ils savent énoncer les débuts de la suite numérique, cette récitation ne traduit pas une véritable compréhension des quantités et des nombres.

L'école maternelle doit conduire progressivement chacun à comprendre que les nombres permettent à la fois d'exprimer des quantités (usage cardinal) et d'exprimer un rang ou un positionnement dans une liste (usage ordinal). Cet apprentissage demande du temps et la confrontation à de nombreuses situations impliquant des activités pré-numériques puis numériques[1].

A. Le dénombrement

La comptine orale des nombres sera travaillée quotidiennement. On pourra utiliser les comptines et les livres à compter pour faciliter cette mémorisation.

À l'école maternelle, on commence à dénombrer des collections.

Pour ce faire, il est indispensable de bien connaître la comptine numérique (1, 2, 3...) et de comprendre que lorsqu'on dénombre une collection, élément par élément, le dernier nombre annoncé correspond à la quantité de la collection.

Exemple : 1, 2, 3, 4, 5 ! Il y a 5 enfants sur le banc !

---

1. *Bulletin officiel spécial* n°2 du 26 mars 2015.

Le dénombrement devra être utilisé dans des situations ayant du sens. On pourra comparer deux collections (éventuellement éloignées l'une de l'autre) ou réaliser une collection qui a autant d'objets qu'une collection éloignée. Pour ce faire on pourra utiliser le dénombrement ou l'estimation globale *(subitizing)* ou encore la mémorisation du « mot-nombre ».

Cette utilisation de la comptine suppose :

- de connaître sans erreur d'ordre ou de dénomination la suite des nombres énoncés (principe d'ordre stable) ;
- de n'associer qu'un élément unique à chaque nombre énoncé (principe d'adéquation unique) ;
- de comprendre que le dernier nombre annoncé correspond à la quantité de la collection (principe cardinal) ;
- d'accepter de dénombrer, avec la comptine, des objets qui ne sont pas de même nature (stylos, feutres, crayons, cahiers, par exemple). « Il y a 12 objets sur le bureau » (principe d'abstraction) ;
- de comprendre que l'ordre dans lequel on dénombre les objets n'est pas important (principe de non-pertinence de l'ordre).

Le fait que le dernier nombre annoncé correspond à la quantité fait appel à la mémoire à court terme de l'enfant. Lorsque j'énonce la phrase « rituelle » : 1, 2, 3, 4, 5 ! Il y a 5 enfants sur le banc ! Le 5, dernier nombre énoncé et le 5 représentant la quantité d'enfants sur le banc sont très « proches » et peuvent être relativement facilement retenus.

En revanche, avec les jeux de « autant que », la mémoire de l'élève va devenir un facteur important de réussite : on demande à l'élève d'aller chercher autant de bâtons de colle qu'il y a d'enfants sur le banc, pas un de plus, pas un de moins, en une seule fois. Les bâtons de colle sont volontairement éloignés du banc.

B. Les différents aspects du nombre

Dès l'école maternelle, on travaille sur les correspondances entre les différents aspects du nombre, illustrées par ce schéma.

En effet, on distingue la **quantité** 3 représentée par les 3 objets (ici les 3 étoiles), le **nombre écrit** 3 qui permet la mémorisation de la quantité et la constellation 3 qui correspond à une écriture globale de la quantité. La **constellation**, par son aspect ordonné et codé va favoriser la reconnaissance globale de la quantité 3.

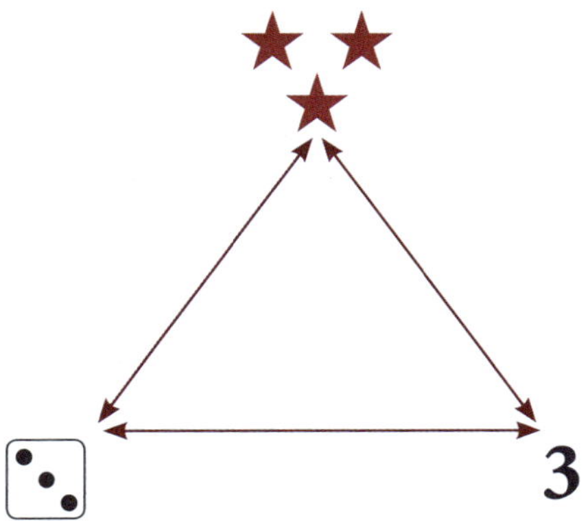

C. Recomptage et surcomptage

On travaille également dès l'école maternelle des structures additives simples. Lorsqu'on ajoute une petite quantité (3 par exemple) à une collection déjà dénombrée (8 par exemple), l'enfant peut :

- recompter la collection à partir du début, sans tenir compte du résultat déjà acquis (1, 2, 3… 11 !) ;
- surcompter, c'est-à-dire reprendre la comptine numérique à partir de la quantité déjà connue (8…9, 10, 11 !). Dans ce cas, il s'aidera probablement de ses doigts pour le surcomptage. Le problème étant pour lui de savoir s'il doit commencer le surcomptage à 8 où à 9. Le même type de problème se retrouve pour les jeux de circuit (type « jeu de l'oie ») pour lesquels l'enfant ne sait pas s'il doit commencer à compter à partir de la case où se trouve son pion ou à partir de case suivante.

Entre deux et quatre ans, stabiliser la connaissances des petits nombre (jusqu'à 5) demande des activités nombreuses et variées portant sur la décomposition et recomposition des petites quantités (3 c'est 2 et encore 1 ; 4 c'est 2 et encore 2 ; 3 et encore 1 ; 1 est encore 3)[1].

2. Se repérer dans le temps

En ce qui concerne tout le travail extrêmement intéressant que l'on peut mener sur le temps, notamment autour des rituels, nous vous renvoyons à l'ouvrage d'Éric Greff et Marilyn Buisson : *Construire la notion de temps à l'école maternelle* (Retz, 2005).

3. Se repérer dans l'espace

De manière générale, une activité à l'école maternelle est toujours introduite par une séance de manipulation. **Manipulation libre** d'abord, durant laquelle l'élève s'approprie le nouveau matériel mis à sa disposition. **Manipulation dirigée** ensuite durant laquelle l'enfant se trouve dans une expérience **vécue** de la situation puis passage à la **représentation** de cette situation ou d'une situation analogue. La représentation utilisée pouvant être en 3 dimensions (maquette et figurines, par exemple) ou en 2 dimensions (feuille de papier, écran d'ordinateur).

La **construction de l'espace** a une grande place à l'école maternelle et particulièrement en grande section.

A. De l'action vers la représentation

Pour accéder à l'espace représentatif et à la mise en place d'images mentales, le jeune enfant devra à la fois acquérir une connaissance directe de l'espace (par déplacements exploratoires, manipulations d'objets, exploration globale qui s'affine

1. *Bulletin officiel spécial* n°2 du 26 mars 2015.

peu à peu vers la recherche d'indices significatifs) et une connaissance indirecte (par la dénomination des objets, des lieux par l'entourage ainsi que les consignes et interdits qui s'y réfèrent).

B. De la verbalisation vers la représentation

La **verbalisation** de l'action par l'utilisation du **langage topologique**, des exercices de motricité globale et fine, la prise de conscience des trois axes du corps permettant la mise en place de la latéralisation conduiront l'enfant à accéder à la projection dans l'espace des notions « par rapport à soi », « par rapport aux objets », « par rapport aux lieux », « par rapport à autrui » ainsi qu'à la projection plan.

Le langage et la verbalisation sont intimement liés aux progrès de l'enfant dans sa découverte du monde.

Le vocabulaire topologique

L'élève de grande section doit acquérir un vocabulaire topologique précis. Les exercices topologiques sont abordés dès la petite section de maternelle et ils sont nombreux, dans les livres de mathématiques, à partir de la grande section de maternelle. Ils sont, le plus souvent, constitués de dessins variés sur lesquels l'élève doit colorier, entourer ou rayer l'objet situé à l'intérieur de, à l'extérieur de, en haut, en bas, sur, sous, à gauche de, à droite de, devant, derrière, entre…

4. Découvrir les formes et les grandeurs

On pratique à l'école maternelle différents types d'activités en rapport avec la géométrie. On s'intéresse notamment à des activités de dénomination et discrimination de formes géométriques (carré, triangle, rond…). On étudie également la reproduction de figures et l'on travaille sur les premiers éléments de symétrie.

A. Reproductions de figures

Les exercices de reproductions de figures sont assez nombreux. Ils utilisent un « modèle » que l'élève doit reproduire sur un support de même nature (papier pointé, quadrillage…) en conservant sa taille originale ou en la modifiant.

Quelques variables didactiques de ces situations :

- Complexité de la figure « modèle ».
- Type de support utilisé (papier pointé, quadrillage…).
- Variation de taille prévue entre le modèle et la reproduction.
- Points du papier pointé ou nombre de cases du quadrillage.
- Amorce de la reproduction présente ou pas.

B. Éléments de symétrie

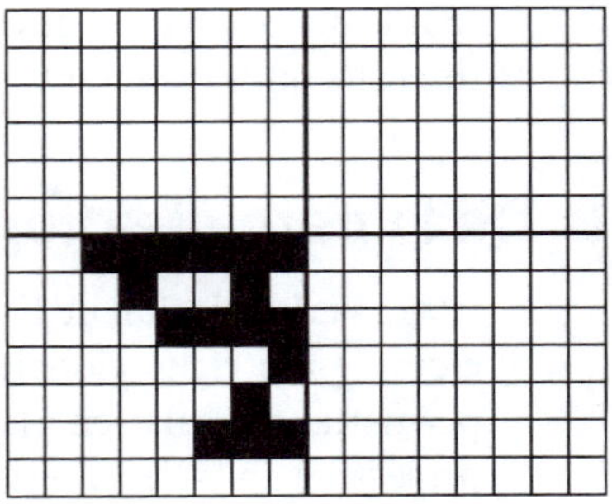

S'il est question, au début, de reproduire des figures « à l'identique », on peut complexifier le problème en proposant à l'élève de compléter des figures par rapport à un axe de symétrie.

On se cantonnera bien entendu à des figures très simples sur quadrillage et à des axes situés sur les lignes du quadrillage. Si la figure « modèle » touche l'axe du quadrillage, le comptage des cases sera facilité.

Bibliographie indicative

- Josiane Helayel : Fichier DIDACTO, pour travailler avec les Polydrons en maternelle.
- Josiane Helayel : Fichier DIDACTO, pour travailler avec les Attrimaths en maternelle.
- Anne Bertotto : Espace et géométrie de l'école maternelle au cycle 2.

5. Les problèmes

Même s'ils n'apparaissent pas dans les programmes, on peut être confronté à des problèmes mathématiques à l'école maternelle. Ceux-ci se situent dans les champs : Découvrir les nombres et leurs utilisations / Consolider la notion de chronologie / Représenter l'espace / Explorer les formes, des grandeurs, des suites organisées, et sont, de ce fait, au programme.

Les travaux de Joël Briand et Marie-Hélène Salin, notamment, rendent compte de situations tout à fait pertinentes[1].

1. Joël Briand, Marie-Hélène Salin, Martine Loudet, *Apprentissages mathématiques en maternelle, situations et analyses*, Paris, Hatier, 2004.

4 | La numération

On distingue généralement trois aspects du nombre :

– L'aspect « **cardinal** » où le nombre désigne une quantité. « Il y a 5 enfants sur ce banc. »

– L'aspect « **ordinal** » où le nombre désigne la place d'un élément dans une collection ordonnée. « Hélène est la 3e enfant de la file. »

– L'aspect « **mesure** » où le nombre est associé à une unité afin de rendre compte d'une mesure. « Le bébé pèse 5 kg. »

Les symboles utilisés dans la numération peuvent avoir des statuts différents en fonction du contexte dans lequel ils sont employés :

– 5 désigne un **nombre**, s'il représente une quantité.

– 5 désigne un **chiffre** s'il sert à écrire le nombre 52. C'est le chiffre des dizaines de 52.

– 5 désigne un **numéro**, c'est-à-dire un identifiant (sur un dossard, par exemple).

1. La construction du nombre

A. À l'école maternelle

Voir chapitre consacré à l'école maternelle.

B. À l'école élémentaire

C'est au CP que le concept de nombre en tant qu'élément écrit avec des chiffres apparaît. Il est introduit par des **jeux d'échanges** du type « jeu du banquier ». Dans un premier temps, on favorise souvent des échanges à 5 contre 1 : 5 jetons jaunes s'échangent contre 1 bleu, 5 bleus s'échangent contre 1 rouge.

Si l'on choisit une règle d'échange à 5 contre 1, c'est pour pouvoir multiplier les échanges car les groupements de 5 sont obtenus facilement, 5 étant un nombre relativement petit.

On veille alors à inscrire le nombre de jetons que l'on possède dans un tableau particulier :

rouges	bleus	jaunes
3	4	1

Assez rapidement, une fois la règle d'échange assimilée, on passe à des échanges à 10 contre 1.

MATHÉMATIQUES
Analyse didactique

Le tableau de nombres prend alors toute son importance :

rouges	bleus	jaunes	Total
	3	7	37

L'écriture 3 bleus et 7 jaunes correspond à la collection que l'on peut dénombrer comme 37.

On abandonnera ensuite les couleurs des jetons pour revenir à leur valeur : 1 bleu vaut 10 jaunes. On parlera de dizaine.

1 dizaine est constituée de 10 unités.

De même 10 bleus valent 1 rouge, donc 10 paquets de 10 jaunes, soit 100 jaunes. On parlera de centaines. **1 centaine est constituée de 10 dizaines.**

Exemple :

centaines	dizaines	unités	Total
1	3	7	137

1 centaine, 3 dizaines et 7 unités constituent le nombre qu'on écrira 137.

On met ainsi en place les règles de notre numération décimale de position.

Celle-ci est extrêmement régulière et est basée sur la « saturation » de chaque colonne. Lorsque la colonne de droite est « saturée » à 9 (qui est le plus grand chiffre existant), il convient de créer une nouvelle colonne dans laquelle on inscrira le nombre de dizaine (1), le nombre d'unité passant alors à zéro : 10. De même, lorsque la colonne des dizaines sera saturée à 9 ainsi que la colonne des unités (99), il faudra créer une colonne supplémentaire utilisée pour désigner les centaines : 100.

2. Comparaison et mémorisation des quantités

En utilisant la comparaison terme à terme, on peut comparer facilement 2 collections de petite taille et déterminer celle qui est la plus grande.

En revanche, si la taille des collections est plus importante ou que les éléments à comparer ne sont pas géographiquement proches, seule la désignation de la quantité permettra cette comparaison. Cette désignation pourrait se faire par bâtonnets (卌 卌 卌 卌 卌 ||), par exemple, qui seront comparés aux bâtonnets de la collection distante (卌 卌 卌 卌 ||||). Il s'agit là de ce que l'on nomme la **comparaison par paquets**. L'aboutissement d'un tel système est la création d'un véritable système de numération dans lequel les quantités sont désignées par des nombres qui sont eux-mêmes comparés. Ce système permet également la **mémorisation des quantités**.

3. Numération orale

Si notre numération écrite jouit d'une grande régularité, il n'en est pas de même pour notre numération orale. En effet :

– De 1 à 16 : chaque nouvelle quantité est désignée par un nouveau mot.

– De 17 à 69 : chaque quantité associe un nom de dizaine à un nom d'unité et chaque nouvelle dizaine (trente, quarante…) est désignée par un nouveau nom. *Exemples :* dix-sept, trente-quatre…

– De 70 à 79 : il n'y a pas de nouveau nom pour la nouvelle dizaine (70) mais c'est la dizaine précédente (60) qui est reprise et à laquelle on associe les nombres de dix à dix-neuf.

– 80 : ici, pour la première fois, le nom de la dizaine est l'association (implicitement multiplicative) de nombres existants : quatre-vingt (4 × 20).

– De 81 à 99 : c'est la même logique que pour la tranche de 61 à 79 qui est utilisée.

– L'emploi du mot de liaison « et » est utilisé de manière irrégulière : trente et un.

Nos voisins belges ou suisses utilisent un nouveau mot pour toutes les nouvelles dizaines : septante (70), octante (80), nonante (90) qui leur permet une plus grande régularité : soixante-huit, soixante-neuf, septante, septante-un, septante-deux, etc.

Le travail sur cette numération orale peut être proposé à l'écrit avec l'utilisation des étiquettes représentant des **mots-nombres** (des mots qui désignent des nombres).

Ainsi, on peut demander : « Quels sont tous les nombres qu'on peut énoncer avec les étiquettes [cinq] [six] et [cent] ? Réponses : 106, 506, 605, etc. (Dans ce type d'exercice, on ne tient pas compte de l'orthographe six cent**s** ni de l'utilisation des tirets.)

5 | Les décimaux

« Les mathématiques permettent de mieux appréhender ce que sont les grandeurs (longueur, masse, volume, durée…) associées aux objets de la vie courante. En utilisant les grands nombres (entiers) et les nombres décimaux pour exprimer ou estimer des mesures de grandeur (estimation de grandes distances, de populations, de durées, de périodes de l'histoire…), elles construisent une représentation de certains aspects du monde. [...] La mise en perspective historique de certaines connaissances (numération de position, apparition des nombres décimaux, du système métrique, etc.) contribue à enrichir la culture scientifique des élèves. [...]

Les fractions puis les nombres décimaux apparaissent comme de nouveaux nombres introduits pour pallier l'insuffisance des nombres entiers, notamment pour mesurer des longueurs, des aires et repérer des points sur une demi-droite graduée. Le lien à établir avec les connaissances acquises à propos des entiers est essentiel. Avoir une bonne compréhension des relations entre les différentes unités de numération des entiers (unités, dizaines, centaines de chaque ordre) permet de les prolonger aux dixièmes, centièmes… Les caractéristiques communes entre le système de numération et le système métrique sont mises en évidence. L'écriture à virgule est présentée comme une convention d'écriture d'une fraction décimale ou d'une somme de fractions décimales. Cela permet de mettre à jour la nature des nombres décimaux et de justifier les règles de comparaison (qui se différencient de celles mises en œuvre pour les entiers) et de calcul[1]. »

Les compétences attendues en fin de cycle sur les décimaux sont les suivantes :

■ Utiliser et représenter les nombres décimaux

– Comprendre et utiliser la notion de nombre décimal.

– Spécificités des nombres décimaux.

– Associer diverses désignations d'un nombre décimal (fractions décimales, écritures à virgule et décompositions).

– Règles et fonctionnement des systèmes de numération dans le champ des nombres décimaux, relations entre unités de numération (point de vue décimal), valeurs des chiffres en fonction de leur rang dans l'écriture à virgule d'un nombre décimal (point de vue positionnel).

– Repérer et placer des décimaux sur une demi-droite graduée adaptée.

– Comparer, ranger, encadrer, intercaler des nombres décimaux.

– Ordre sur les nombres décimaux.

■ Calculer avec des nombres décimaux

– La pratique du calcul mental s'étend progressivement des nombres entiers aux nombres décimaux, et les procédures à mobiliser se complexifient.

– Les différentes techniques opératoires portent sur des nombres entiers et/ou des nombres décimaux :

---

1. *Bulletin officiel spécial* n°11 du 26 novembre 2015.

- addition et soustraction pour les nombres décimaux dès le CM1 ;
- multiplication d'un nombre décimal par un nombre entier au CM2, de deux nombres décimaux en 6e ;
- division euclidienne dès le début de cycle, division de deux nombres entiers avec quotient décimal, division d'un nombre décimal par un nombre entier à partir du CM2.

– Résoudre des problèmes en utilisant les nombres décimaux et le calcul.
– Comparer, estimer, mesurer des grandeurs géométriques avec des nombres entiers et des nombres décimaux.
– Résoudre des problèmes impliquant des grandeurs (géométriques, physiques, économiques) en utilisant des nombres entiers et des nombres décimaux.

1. Des nouveaux nombres

Pendant presque toute sa scolarité primaire, c'est-à-dire jusqu'au CM1, l'élève n'est confronté qu'à une seule sorte de nombres : les entiers naturels. Il apparaît donc normal qu'il bâtisse, sur ces nombres entiers naturels, des règles qui lui semblent universelles :

– Tout nombre entier a un prédécesseur, un successeur.
– La taille du nombre entier (nombre de chiffres) donne une indication sur sa valeur (un nombre à 5 chiffres est plus grand qu'un nombre à 3 chiffres).
– Il sait effectuer les 4 opérations sur les nombres entiers.

Cependant, au CM2 sont introduits ce que certains manuels nomment des « nouveaux nombres » qui se présentent sous forme de fractions et de nombres décimaux.

Pour quoi faire ?

Ces nouveaux nombres vont permettre de résoudre des problèmes que les nombres entiers ne permettent pas de résoudre. La nécessité d'utiliser ces « nouveaux nombres » est essentiellement introduite par l'intermédiaire des mesures de longueur (ou d'aire).

2. Introduction des fractions

Pour présenter la notion de fraction, le maître utilise le plus souvent le dispositif suivant : à l'aide d'une bande de papier « unité », l'élève est invité à mesurer des segments spécifiques. Ceux-ci mesurent une, deux ou trois unités.

On propose ensuite des segments dont les longueurs ne sont pas des nombres entiers d'unités mais que l'on peut mesurer en pliant la bande de papier en deux. Nous pourrons donc avoir un segment mesurant 3 unités et une demi-unité, et la notation 3+1/2 sera alors introduite.

De même, on proposera des segments dont la longueur peut être mesurée avec des quarts d'unité (bande de papier pliée en 4). Nous pourrons donc avoir un segment mesurant 2 unités et un quart d'unité, et la notation 2+1/4 sera alors introduite.

On pourra dès ce stade introduire la notion de « fractions équivalentes » :

$$3 + \frac{2}{4} = 3 + \frac{1}{2} = \frac{6}{2} + \frac{1}{2} = \frac{7}{2}$$

Le maître fournira ensuite aux enfants une bande de papier « unité » qui sera préalablement graduée par 10 segments équivalents. Chaque graduation correspondant à un dixième d'unité, la notation 1/10 sera établie.

Grâce à ce nouvel « outil », l'élève pourra mesurer des segments du type : 3 unités et 4 dixièmes d'unité : 3+4/10 et l'on renouvellera les exercices de transformation d'écritures et de fractions équivalentes.

$$3 + \frac{1}{2} = 3 + \frac{5}{10} = \frac{30}{10} + \frac{5}{10} = \frac{35}{10}$$

Cette dernière écriture permettra, bien sûr, d'introduire l'écriture décimale des nombres : on établira que $\frac{35}{10}$ peut s'écrire 3,5 (qui correspond bien à $3 + \frac{5}{10}$).

REMARQUE Ce dispositif est parfois mis en œuvre en utilisant des fractions d'aire au lieu des fractions de longueur.

On trouve parfois une présentation des fractions sous la forme « fraction partage ». Il s'agit le plus souvent d'une situation faisant intervenir le partage de tartes ou de pizzas (1/3 de pizza ; 3/8 de pizza...). Ce type de présentation favorise les fractions inférieures à 1 et peut présenter une petite difficulté de sens si l'on passe à des fractions supérieures à 1. Une pizza et 2/3 de pizza équivalent à 5/3 de pizza.

3. Des fractions aux nombres décimaux

Il n'y a pas qu'une manière de présenter les nombres décimaux aux élèves. Nous relatons ici l'une des manières les plus « classiques » de le faire, elle concerne la mesure de longueur de différents segments (on peut travailler de manière tout à fait analogue sur la mesure d'aire) :

- On propose à l'élève une unité de longueur (bandelette de papier, par exemple) et l'on s'aperçoit que certains segments ne sont pas mesurables avec cette unité.
- En revanche, certaines longueurs bien choisies peuvent s'exprimer à l'aide de l'unité et de fractions de l'unité. Tel segment mesurera 3 unités et demie (la bandelette pliée en 2), tel autre 2 unités et un quart d'unité (la bandelette pliée en 4). À ce propos, on notera que la notion de quart et de demi ne pose pas de problème particulier aux élèves car ils en ont une « **pratique sociale** » : un quart du gâteau, une demi-banane...
- On élargira ensuite cette activité en proposant aux élèves une bandelette de papier de même longueur que l'unité munie de 10 graduations. On pourra expliquer aisément que chaque graduation correspond à ce qu'on appelle un **dixième** de la bandelette unité puisque la bandelette est séparée en 10 parties de même longueur. Ainsi l'on peut mesurer de nouveaux segments (de longueurs bien choisies) de telle sorte que les longueurs s'expriment sous la forme unité et dixièmes d'unité (exemple : 2 unités et 3 dixièmes d'unité). On pourra noter qu'une demi-bandelette correspond à 5 dixièmes d'unité mais qu'en revanche un quart de bandelette ne correspond à aucun dixième d'unité (la pliure du quart n'est pas sur un trait de la graduation.

– On introduira alors l'**écriture fractionnaire** des dixièmes et l'on notera les longueurs comme une somme d'entiers et de fractions décimales ou non :
$3 + \frac{1}{2}$ $\quad 4 + \frac{1}{4}$ $\quad 2 + \frac{3}{10}$ etc.

– On pourra en profiter pour faire quelques opérations simples sur ces écritures fractionnaires. Ces opérations ne seront pas décontextualisées et correspondront toujours à des mesures de segments :

- Transformations : $3 + \frac{1}{2} = \frac{6}{2} + \frac{1}{2} = \frac{7}{2}$ (de l'unité vers la fraction) ou $\frac{4}{5} + \frac{3}{5} = \frac{7}{5} = 1 + \frac{2}{5}$ (de la fraction vers l'unité)
- Simplification : $\frac{6}{10} + \frac{4}{10} = \frac{10}{10} = 1$
- Fractions équivalentes : $\frac{20}{4} = \frac{10}{2} = 5$

– On introduira ensuite l'**écriture décimale** des fractions décimales ainsi $\frac{3}{10}$ s'écrira 0,3 (0 unité et 3 dixièmes d'unité).

– On favorisera ensuite l'écriture faisant intervenir la somme d'une unité et d'une fraction décimale : $3 + \frac{2}{10}$ s'écrira donc 3,2 (3 unités et 2 dixièmes d'unité).

– Après plusieurs séances d'entraînement sur cette écriture décimale, on pourra renouveler la procédure pour l'appliquer aux dixièmes de dixièmes, c'est-à-dire aux **centièmes** d'unité…

4. Les conceptions erronées des nombres décimaux

Il est rassurant (et compréhensible) pour les élèves de se raccrocher à ce qu'ils connaissent des entiers naturels pour l'appliquer, à tort, aux nombres décimaux. On trouve donc essentiellement chez les élèves deux conceptions erronées des décimaux :

– L'élève ne tient pas compte de la virgule du décimal et le considère, à tort, **comme un entier**.

– L'élève considère, à tort, le décimal **comme la juxtaposition de deux entiers** « indépendants ».

Ce sont ces deux conceptions erronées des nombres décimaux qui vont nous permettre de comprendre les erreurs des élèves.

5. L'élève considère, à tort, le décimal comme un entier

Dans ce cas, l'élève ne tient pas compte de la virgule et considère 7,65 comme 765.

Cette conception erronée va essentiellement apparaître lors de la somme et la comparaison de nombres décimaux.

A. Somme

Dans ce cas, l'élève va effectuer, par exemple la somme de 7,65 + 7,3 de la manière suivante :

$$\begin{array}{r} 7{,}65 \\ +\ 7{,}3 \\ \hline \end{array}$$

8,38 ou 83,8 ou encore 838. En effet, il va additionner malencontreusement 765 et 73 pour trouver 838. Ne sachant trop que faire de la virgule, il la mettra un peu « au hasard » ou l'omettra. Une façon de remédier à cette erreur est de revenir à la décomposition des nombres en somme de fractions décimales : $7{,}65 = 7 + \frac{6}{10} + \frac{5}{100}$ et $7{,}3 = 7 + \frac{3}{10}$ d'où $7{,}65 + 7{,}3 = 14 + \frac{9}{10} + \frac{5}{100}$, soit 14,95.

B. Produit

$$\begin{array}{r} 2{,}31 \\ \times\ 4{,}5 \\ \hline 1155 \\ 924\ \ \\ \hline 10395 \end{array}$$

Dans ce cas, le résultat de la multiplication est exact mais le problème qui va se poser à l'élève est de déterminer la place de la virgule. On pourra donc observer 10395 ou 1039,5 ou encore 103,95.

C. Comparaison

Dans ce cas, l'élève va comparer les décimaux comme s'il s'agissait d'entier. Ainsi, il écrira à tort que 6,25 > 8,4 (puisque 625 > 84).

Là encore, une façon de remédier à cette erreur est de revenir à la décomposition des nombres en somme de fractions décimales : $6 + \frac{2}{10} + \frac{5}{100}$ est inférieur à $8 + \frac{4}{10}$.

6. L'élève considère, à tort, le décimal comme la juxtaposition de 2 entiers

Dans ce cas, l'élève tient compte de la virgule et considère 7,65 comme la juxtaposition de deux entiers indépendants 7 et 65.

Cette conception erronée va essentiellement apparaître lors de la somme et la comparaison de nombres décimaux.

A. Somme

$$\begin{array}{r} 7{,}83 \\ +\ 5{,}41 \\ \hline 12{,}124 \end{array}$$

En effet, comme l'élève considère qu'il s'agit de la somme de 83 + 41, d'une part, et de la somme de 7 + 5, d'autre part, il obtient les résultats 124 et 12 qu'il va juxtaposer en respectant la position de la virgule.

Une façon de remédier à cette erreur est de revenir à la décomposition des nombres en somme de fractions décimales : $(7 + \frac{8}{10} + \frac{3}{100}) + (5 + \frac{4}{10} + \frac{1}{100}) = 12 + \frac{12}{10} + \frac{4}{100}$. On transforme les $\frac{12}{10}$ en $1 + \frac{2}{10}$.

Et l'on obtient $13 + \frac{2}{10} + \frac{4}{100} = 3{,}24$.

On peut également trouver, pour 8,65 + 11,1 :

$$\begin{array}{r} 8{,}65 \\ +\ 11{,}1 \\ \hline 19{,}66 \end{array}$$

Dans ce cas, l'élève additionne 8 + 11, d'une part, et 65 + 1, d'autre part. Il obtient les résultats 19 et 66 qu'il va juxtaposer en respectant la position de la virgule.

Là encore, une façon de remédier à cette erreur est de revenir à la décomposition des nombres en somme de fractions décimales : $(8 + \frac{6}{10} + \frac{5}{100}) + (11 + \frac{1}{10}) = 19 + \frac{7}{10} + \frac{5}{100} = 19{,}75$.

B. Produit

$$\begin{array}{r} 7{,}36 \\ \times\ 2{,}4 \\ \hline 14{,}144 \end{array}$$

Ici la conception erronée apparaît très clairement. L'élève a effectué le produit 2 × 7 (14), d'une part, et le produit 36 × 4 (144), d'autre part. Il a séparé ces 2 résultats par une virgule.

C. Comparaison

Dans cette conception, la comparaison de 2 décimaux va poser problème à l'élève. En effet, s'il doit comparer 6,24 et 4,65, que va-t-il choisir comme résultat puisque $6 > 4$ mais $24 < 65$?

De même, la décomposition des nombres en somme de fractions décimales va permettre de lever l'ambiguïté puisque $6 + \frac{2}{10} + \frac{4}{100}$ est forcément plus grand que $4 + \frac{6}{10} + \frac{5}{100}$.

7. Conceptions erronées non décelées

ATTENTION S'il l'on n'y prend garde et si l'on propose aux élèves des nombres décimaux de même format (par exemple, avec toujours 2 chiffres après la virgule) et tels que les sommes ne comportent pas de retenues, on ne sera pas à même de déceler les conceptions erronées.

A. Somme et comparaison

La somme de 3,25 + 4,53 vaut bien 7,78.

Cependant, si l'élève ne tient pas compte de la virgule et considère malencontreusement les décimaux comme des entiers, alors il considère 3,25 comme 325 et 4,53 comme 453. Ce faisant, sa somme vaut 778 qu'il va écrire 7,78 pour respecter la place de la virgule. Sa conception des décimaux est fausse et pourtant, sur cet exemple, son résultat est juste.

De même, pour la comparaison, il indiquera que 3,25 < 4,53 (ce qui est vrai) car il aura observé que 325 < 453.

Supposons désormais qu'il considère, à tort, le décimal comme la juxtaposition de 2 entiers. En ajoutant 3 + 4 d'une part, et 25 + 53 d'autre part, il va trouver 7 et 78 qu'il va juxtaposer pour donner 7,78 comme résultat. Sa conception des décimaux est fausse et pourtant, sur cet exemple, son résultat est juste.

De même, pour la comparaison, comme 3 < 4 et 25 < 53, il indiquera que 3,25 < 4,53 (ce qui est vrai).

B. Comment éviter cet écueil ?

On aura compris que si l'élève ne manipule que des nombres décimaux ayant le même nombre de chiffres après la virgule, les conceptions erronées qu'il pourrait avoir des décimaux ne pourront pas apparaître. Il conviendra donc de proposer aux élèves des calculs et des comparaisons sur des décimaux ayant des parties décimales de taille variable.

En ce qui concerne la comparaison de décimaux, le fait de « normaliser » le nombre de décimales, en écrivant des zéros à droite de la virgule, facilite la comparaison : il est plus facile de comparer 3,501 à 3,400 que 3,501 à 3,4. Cependant, **cette pratique ne sera pas encouragée** car elle peut renforcer la conception erronée qui considère les décimaux comme des entiers.

De manière générale, la décomposition des nombres en sommes de fractions décimales permet le plus souvent de fournir aux élèves une preuve de leur erreur et/ou une explication pertinente.

8. Le classement de décimaux

Les exercices de classement de listes de nombres décimaux sont fréquents.

A. Algorithme

L'algorithme de comparaison de deux nombres décimaux est une question courante. Nous le rappellerons donc ici, pour mémoire.
Pour comparer deux décimaux :

– on compare leur partie entière ;
– celui qui a la plus grande partie entière est le plus grand ;
– si les parties entières sont égales :
  - on compare le chiffre des dixièmes,
  - celui qui a le plus grand chiffre des dixièmes est le plus grand,
  - si les chiffres des dixièmes sont égaux :
    • on compare le chiffre des centièmes,
    • celui qui a le plus grand chiffre des centièmes est le plus grand,
    • si les chiffres des centièmes sont égaux :
      - on compare le chiffre des millièmes…

B. Erreurs des élèves

Dans les classements de listes de nombres décimaux, les élèves adoptent parfois des procédures qu'ils n'utiliseraient pas pour comparer seulement deux décimaux.

Outre les erreurs évoquées dans les paragraphes précédents et relevant de conceptions erronées des nombres décimaux, on trouve parfois des critères de tri reposant sur la comparaison des parties entières mais en cas d'égalité, les parties décimales sont triées comme s'il s'agissait de nombres entiers. D'autres ne font le classement que sur la partie entière… ou que sur la partie décimale.

C. Propriétés spécifiques des décimaux

Les nombres décimaux possèdent des propriétés spécifiques qui n'ont pas cours dans l'ensemble des nombres entiers :

– La notion de successeur et de précédant n'a pas de sens dans l'ensemble des décimaux.
– Entre deux décimaux distincts, on peut toujours intercaler un autre décimal (en fait, une infinité).
– On peut écrire autant de zéros qu'on veut, à droite de la partie décimale sans changer la valeur du décimal. *Exemple* : 3,24 = 3,240 000.
– Les règles de comparaison des décimaux ne sont pas les mêmes que celles sur les entiers.
– Lorsqu'on multiplie un entier par un décimal, le résultat obtenu n'est pas toujours supérieur à l'entier de départ. *Exemple* : 25 × 0,1 = 2,5.

– Lorsqu'on additionne des nombres décimaux, l'alignement se fait sur la virgule (et non pas sur le chiffre le plus à droite).

D. Usage des décimaux

Les nombres décimaux ont été introduits par la mesure… on les utilisera fréquemment dans le cadre de la mesure.

Exemples : 42,185 km ; 2,5 kg ; 0,5 l ; 5,25 €.

Dans le langage courant, l'utilisation faite des décimaux pourra parfois paraître troublante :

– « 1 kilo et demi » signifie 1,5 kg mais aussi 1,500 kg, soit « 1 kilo cinq cents » ;
– « 1 euro cinquante » signifie 1,50 € ;
– « 1 kilomètre cinq » signifie 1,5 km, soit 1,500 km, soit « 1 kilomètre cinq cents » ;
– « 1 an et demi » signifie 1,5 ans, soit « 1 an et 6 mois », soit « 18 mois ».

6 | Les champs additif et soustractif

1. Repères pour enseigner

Voici des extraits des programmes qu'il faut connaître.

	Cycle 2	Cycle 3
Nombres et calcul	Mémoriser des faits numériques et des procédures : • tables de l'addition ; • décompositions additives de 10 et de 100, compléments à la dizaine supérieure, à la centaine supérieure, doubles et moitiés de nombres d'usage courant, etc. – Élaborer ou choisir des stratégies de calcul **à l'oral et à l'écrit**. – Vérifier la vraisemblance d'un résultat, notamment en estimant son ordre de grandeur : • addition, soustraction ; • propriétés implicites des opérations : « *2+9, c'est pareil que 9+2* » ; • propriétés de la numération : « *50+80, c'est 5 dizaines + 8 dizaines, c'est 13 dizaines, c'est 130* ».	– Mémoriser des faits numériques et des procédures élémentaires de calcul. – Élaborer ou choisir des stratégies de calcul à l'oral et à l'écrit. – Vérifier la vraisemblance d'un résultat, notamment en estimant son ordre de grandeur : • addition, soustraction ; • propriétés des opérations.
	Calcul mental Calculer mentalement pour obtenir un résultat exact ou évaluer un ordre de grandeur.	**Calcul mental** Calculer mentalement pour obtenir un résultat exact ou évaluer un ordre de grandeur.
	Calcul en ligne Calculer en utilisant des écritures en ligne additives, soustractives.	**Calcul en ligne** Utiliser des parenthèses dans des situations très simples. - Règles d'usage des parenthèses.
	Calcul posé Mettre en œuvre un algorithme de calcul posé pour l'addition, la soustraction.	**Calcul posé** Mettre en œuvre un algorithme de calcul posé pour l'addition, la soustraction : • techniques opératoires de calcul.
		Calcul instrumenté Utiliser une calculatrice pour trouver ou vérifier un résultat : • fonctions de base d'une calculatrice.

A. Les problèmes additifs / soustractifs

Les problèmes mettant en jeu une addition ou une soustraction sont nombreux mais fort différents. On observe que pour des énoncés très proches les élèves peuvent obtenir des performances plus ou moins bonnes.

Un outil d'analyse des problèmes relevant du champ additif / soustractif est fourni par la catégorisation proposée par Gérard Vergnaud[1].

Il a élaboré une typologie qui comporte les catégories suivantes :

- Les problèmes de composition de mesures ou de relations.
- Les problèmes de transformation d'une mesure ou d'une relation.
- Les problèmes de comparaison de mesures.
- Les problèmes de composition de transformations.

Voici des exemples de ces différents types de problèmes avec des représentations schématiques que l'on pourrait leur associer.

B. Les problèmes de composition

Ils sont schématisés par un état E_1, un état E_2 et un état global E.

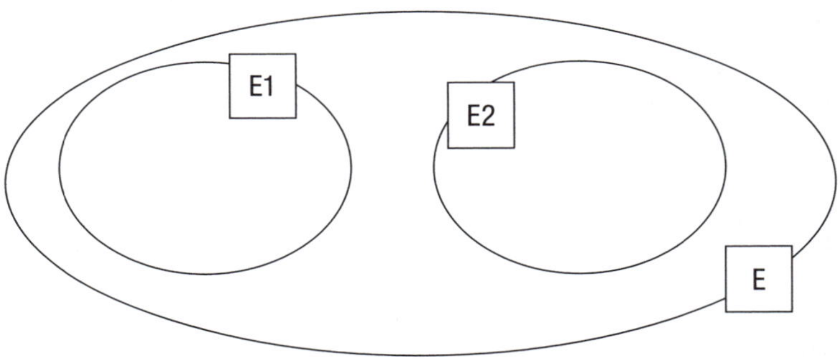

On a alors les deux types de problèmes suivants :

Quantités connues	Quantité à trouver	Opération à faire	Exemple
E_1 et E_2	E	Addition	Éric possède 4 billes rouges et 5 billes bleues. Combien a-t-il de billes ?
E_1 et E	E_2	Soustraction	Éric possède 15 billes qui sont jaunes ou noires. Il a 8 billes jaunes. Combien a-t-il de billes noires ?

C. Les problèmes de transformation

Ils sont schématisés par un état initial noté E_i, une transformation notée T^+ ou T^- selon qu'elle est positive ou négative, qui agit sur celui-ci pour obtenir un état final noté E_f.

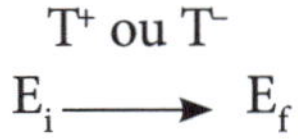

On a alors les six types de problèmes suivants :

1. « Psychologie du développement cognitif et didactique des mathématiques », *Revue Grand N*, n° 38.

Quantités connues	Quantité à trouver	Opération à faire	Exemple
E_i et T^+	E_f	Addition	Jean a 9 billes, il en gagne 5. Combien de billes a-t-il en fin de partie ?
E_i et T^-	E_f	Soustraction	Jean possède 8 bonbons, il en donne 3. Combien lui en reste-t-il ?
E_f et T^+	E_i	Soustraction	Après avoir gagné 3 billes, Jean en possède 5. Combien de billes avait-il en début de partie ?
E_f et T^-	E_i	Addition	Après avoir perdu 3 billes, Jean possède 5 billes. Combien de billes avait-il en début de partie ?
E_i et E_f	T^+	Soustraction	En début de partie Jean a 6 billes, à la fin il en possède 10. Combien de billes a-t-il gagnées ?
E_i et E_f	T^-	Soustraction	En début de partie Jean a 10 billes, à la fin il en possède 6. Combien de billes a-t-il perdues ?

D. Les problèmes de comparaison

Ils sont schématisés par un état noté E_1, un état noté E_2 et une comparaison notée C^+ ou C^- selon qu'elle est positive ou négative entre ces deux états.

$$E_1 \xrightarrow{C^+ \text{ ou } C^-} E_2$$

On a alors les six types de problèmes suivants :

Quantités connues	Quantité à trouver	Opération à faire	Exemple
E_1 et C^+	E_2	Soustraction	Jean a 14 billes, il en a 5 de plus que Pierre. Quel est le nombre de billes de Pierre ?
E_1 et C^-	E_2	Addition	Jean a 14 billes, il en a 5 de moins que Pierre. Quel est le nombre de billes de Pierre ?
E_2 et C^+	E_1	Soustraction	Jean, qui a 12 billes, en possède 4 de plus que Pierre. Quel est le nombre de billes de Pierre ?
E_2 et C^-	E_1	Addition	Jean, qui a 12 billes, en possède 4 de moins que Pierre. Quel est le nombre de billes de Pierre ?
E_1et E_2	C^+	Soustraction	Jean a 8 billes et Pierre a 12 billes. Combien Pierre a-t-il de billes de plus que Jean ?
E_1 et E_2	C^-	Soustraction	Jean a 8 billes et Pierre a 12 billes. Combien Jean a-t-il de billes de moins que Pierre ?

Pour résoudre les problèmes additifs ou soustractifs on constate que les élèves choisissent l'opération à effectuer en fonction de la présence de mots qui leur semblent significatifs, tels que :

– « gagné » ou « plus que » qui sont associés à l'addition ;
– « perdu » ou « moins que » qui sont associés à la soustraction.

Et ce indépendamment du contexte de la situation. Il y a donc un travail important sur le sens du problème qui est à mener. Une schématisation permet souvent, en représentant le problème, de donner du sens et de permettre à l'élève de trouver l'opération à effectuer.

2. La technique opératoire de l'addition

Avant de disposer de la technique opératoire les élèves ont à leur disposition plusieurs méthodes qui permettent de produire le résultat d'une addition.

Ils peuvent pour des petits nombres utiliser les résultats mémorisés.

Ils peuvent pratiquer le surcomptage, en partant du plus grand des deux nombres à ajouter ; l'élève avance jusqu'à obtenir le résultat.

Ils peuvent aussi pratiquer le comptage à partir d'un schéma représentant les deux quantités à ajouter.

La technique opératoire de l'addition repose sur des connaissances relevant de la numération. On peut donc prédire que les élèves maîtrisant mal la numération auront du mal à donner du sens à l'algorithme qu'ils utiliseront alors de façon très mécanique sans disposer de moyens d'autocontrôle. En effet, les élèves doivent bien maîtriser les notions d'unité, de dizaine, centaine pour comprendre le statut de la retenue.

On peut représenter ainsi la technique de l'addition :

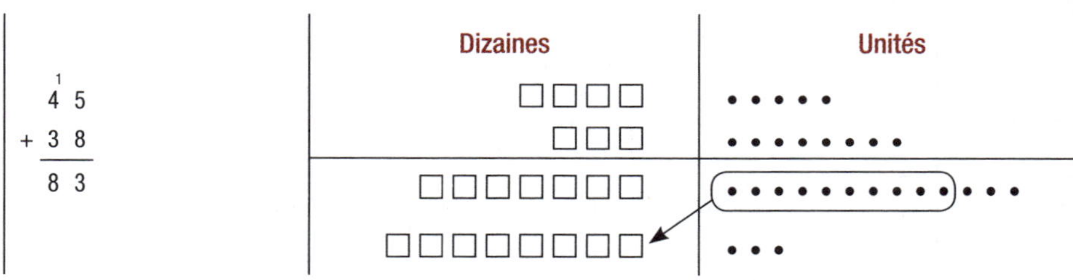

À partir du moment où les élèves ont mémorisé les tables d'addition, les erreurs qu'ils commettent proviennent surtout d'un mauvais alignement des chiffres et d'oublis de retenues. Les erreurs de calcul doivent être examinées en référence à la justification des différentes étapes du calcul.

3. La technique opératoire de la soustraction

La soustraction est une opération qui fait commettre aux élèves de nombreuses erreurs. On présente à l'école l'un ou l'autre des algorithmes suivants.

On peut représenter ainsi la technique de la soustraction :

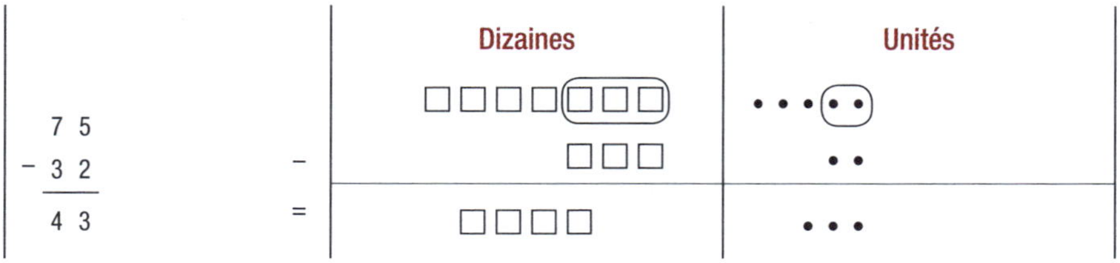

7 dizaines et 5 unités moins 3 dizaines et 2 unités donnent 4 dizaines et 3 unités

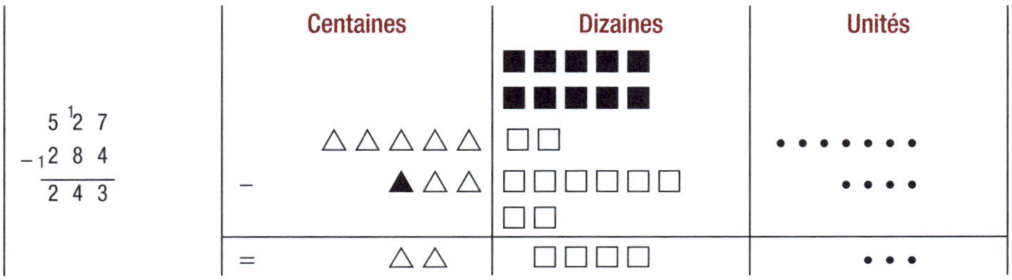

On reconnaît ici l'algorithme usuel qui repose sur l'égalité $a - b = (a + c) - (b + c)$. On cherche ici 527 – 284 en calculant :

$(5 \times 100 + 2 \times 10 + 7) - (2 \times 100 + 8 \times 10 + 4)$

$= (5 \times 100 + 10 \times 10 + 2 \times 10 + 7) - (1 \times 100 + 2 \times 100 + 8 \times 10 + 4)$

On vient d'ajouter 100 à gauche sous la forme de 10 dizaines qu'on équilibre par 100 à droite sous la forme d'1 centaine.

$= (5 \times 100 + 12 \times 10 + 7) - (3 \times 100 + 8 \times 10 + 4)$

$= (2 \times 100 + 4 \times 10 + 3)$

On a ajouté une centaine à 284 et la même quantité sous la forme de dix dizaines à 527.

On peut remarquer que dans cette technique de calcul dite soustraction avec retenue, on ne retrouve pas la même notion que dans l'addition avec retenue. Cette identité d'appellation peut induire en erreur les élèves qui chercheraient des similitudes entre la retenue de la soustraction et celle de l'addition.

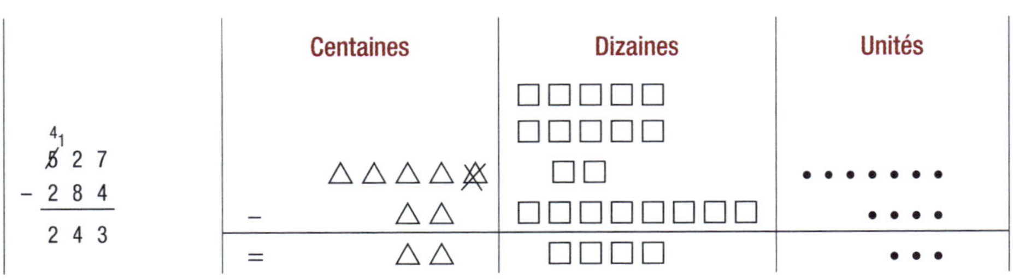

Dans cet algorithme, on transforme une centaine en dix dizaines.

527 – 284

$= (5 \times 100 + 2 \times 10 + 7) - (2 \times 100 + 8 \times 10 + 4)$

$= (4 \times 100 + 12 \times 10 + 7) - (2 \times 100 + 8 \times 10 + 4)$

On a ici « emprunté » une centaine à 500 pour « prêter » 10 dizaines à 20

$= (2 \times 100 + 4 \times 10 + 3)$

Cette technique est beaucoup plus simple à comprendre, c'est celle qui est utilisée dans les pays anglo-saxons. La seule difficulté se trouve dans des soustractions du type 900 – 234.

Avant de disposer de la technique usuelle, les élèves peuvent utiliser les procédures suivantes :

- La soustraction en avançant : 543 – 215

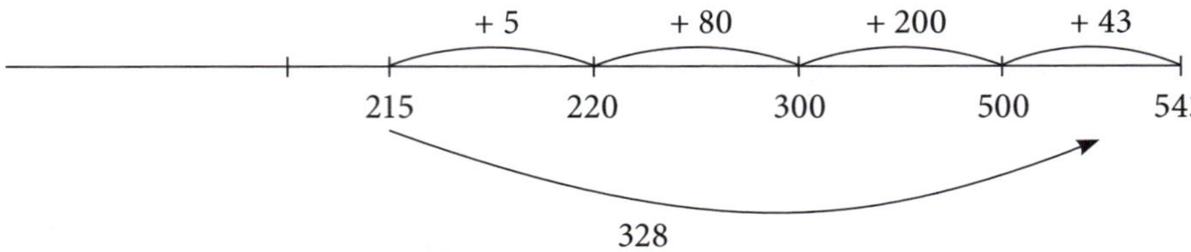

On reconnaît ici la procédure utilisée par les commerçants pour rendre la monnaie. Ils partent du prix à payer et complètent jusqu'à arriver à la somme donnée par le client.

Exemple : Je donne 300 euros pour un objet qui coûte 215 euros. « 215 et 85 qui font 300 »

- La soustraction en reculant : 432 – 325

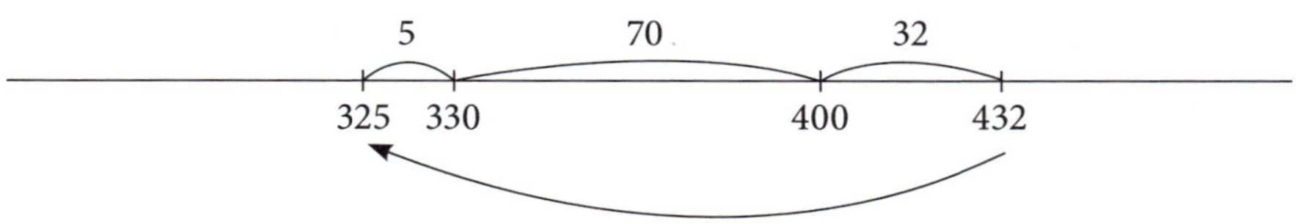

Certains élèves utilisent aussi l'addition à trous, mais cette technique nécessite une bonne maîtrise de l'addition, surtout pour gérer les retenues.

	1	4	2
+	•	•	•
	3	7	5

	2	7	5
+	•	•	•
	5	3	1

Pour la première addition, les chiffres se trouvent en cherchant à chaque fois le complément, mais, dans la deuxième addition, il faut gérer de nombreuses retenues.

4. Conclusion

À la fin du cycle 2, seule la technique opératoire de l'addition est exigible, qu'elle soit traitée en ligne ou en colonnes. C'est au cycle 2 que les élèves se construisent leur répertoire additif. Au cycle 3, les élèves abordent l'addition et la soustraction des nombres décimaux. À ce moment de leur scolarité, s'ils maîtrisent bien l'addition et la soustraction entre les entiers, l'extension de la technique aux décimaux ne pose pas trop de problèmes. On rencontre cependant des erreurs dues essentiellement au mauvais alignement des nombres décimaux. Il faut cependant vérifier que ce type d'erreur n'est pas dû à une mauvaise connaissance des notions de partie entière et partie décimale.

7 | Le champ multiplicatif et la division

1. Introduction

Dans l'étude des opérations, on commence toujours par travailler le sens des opérations avant d'aborder la technique opératoire.

Cela signifie que les élèves vont rencontrer des problèmes multiplicatifs ou relevant de la division qu'ils vont résoudre en produisant le résultat de manière non experte.

Pour l'introduction de la multiplication, on peut partir de problèmes où figurent des additions réitérées ou bien de dispositions rectangulaires.

Exemples :

- Premier cas : Éric reçoit 4 paquets contenant chacun 5 bonbons, combien a-t-il de bonbons ?

Ici, il s'agit d'additions réitérées, seule l'écriture 5 + 5 + 5 + 5 a un sens et elle définit 4 × 5.

- Deuxième cas : Dans un jardin, il y a 4 rangées de 5 salades, combien y a-t-il de salades ?

C'est une disposition rectangulaire, les écritures 5 + 5 + 5 + 5 ou 4 + 4 + 4 + 4 + 4 ont un sens, elles définissent 4 × 5 et 5 × 4.

On remarquera que dans le deuxième cas, on dispose d'entrée d'une multiplication commutative ce qui ne se produit pas dans le premier cas.

> **« De nombreuses techniques de calcul de produits ont été élaborées au cours des temps et, aujourd'hui encore, les techniques utilisées ne sont pas toujours identiques d'un pays à l'autre. L'étude de certaines d'entre elles peut d'ailleurs être conduite avec une visée culturelle et comme support à un travail sur les propriétés de la multiplication. Mais, seule la technique usuelle française doit être maîtrisée (et bien entendu comprise) par les élèves.**
>
> **La compréhension de la technique usuelle de la multiplication nécessite la coordination de plusieurs types de connaissances :**
>
> **– tables de multiplication ;**
>
> **– numération décimale pour la gestion des retenues, dans les multiplications intermédiaires puis dans l'addition finale ;**
>
> **– règle des 0 : passage du résultat de la multiplication d'un nombre par 3 à la multiplication de ce même nombre par 30, par 300… ;**
>
> **– distributivité de la multiplication sur l'addition.**
>
> **Certaines de ces connaissances commencent à être travaillées au cycle 2, mais la maîtrise nécessaire à la compréhension de la technique de la multipli-**

cation posée ne commence à être assurée qu'au cours de la première année du cycle 3.

Le cas de la technique de multiplication de nombres à deux ou trois chiffres... par un nombre à un chiffre est plus simple et sa maîtrise constitue un préalable à celle de la multiplication par un nombre à plusieurs chiffres. Elle repose sur les principes de la numération décimale et la connaissance des produits des nombres à un chiffre (les tables de multiplication) ainsi que sur la commutativité et la distributivité de la multiplication par rapport à l'addition (27 × 6 = 7 × 6 + 20 × 6). Au cours d'une première étape, certains élèves peuvent être autorisés à utiliser un répertoire écrit de ces tables pour alléger la charge de travail. Cette technique peut être mise en relation avec le calcul de l'addition itérée (posée) d'un même nombre[1]. »

Les problèmes liés au champ multiplicatif et à la division font partie de ceux relevant de la proportionnalité.

Si l'on connaît la valeur d'une donnée et que l'on cherche la valeur d'un multiple de cette donnée, on dira que le problème relève de la **multiplication**.
Exemple : 1 caisse pèse 15 kg, combien pèsent 4 caisses ? (60 kg)

Si l'on connaît la valeur d'une donnée et que l'on cherche la valeur d'un sous-multiple de cette donnée, on dira que le problème relève de la **division**.
Exemple : 12 caisses pèsent 180 kg, combien pèsent 4 caisses ? (60 kg)

Si l'on connaît la valeur d'une donnée et que l'on cherche une valeur qui n'est ni un multiple ni un sous-multiple de cette donnée, on dira que le problème relève de la **proportionnalité**.
Exemple : 12 caisses pèsent 180 kg, combien pèsent 7 caisses ? (105 kg)

2. La multiplication

A. Propriétés

Les propriétés de la multiplication sont utilisées de manière implicite à l'école primaire.

- **Commutativité** : « Pierre range ses voitures en 6 lignes de 4 voitures », l'élève peut indifféremment calculer 6 × 4 (6 lignes de 4) ou 4 × 6 (4 voitures sur chacune des 6 lignes).
- **Associativité** : « Sur le parking, il y a 6 rangées de 8 voitures. Chaque voiture a 4 roues ». Pour calculer le nombre total de roues, on utilise implicitement l'associativité. N= (6 × 8) × 4, c'est-à-dire le nombre total de voitures multiplié par 4.
- **Distributivité** : « Chaque enfant de chaque classe reçoit 2 gants. La classe A est constituée de 25 élèves, la classe B de 18 ». Pour calculer le nombre total de gants distribués, on calculera de manière implicite 2 × (25 + 18) = 2 × 25 + 2 × 18.

1. Documents d'accompagnement de 2002.

B. Problèmes multiplicatifs

On peut lister les problèmes suivants relevant de la multiplication.
Les problèmes **simples** relevant de la multiplication sont légion :

- 3 sachets coûtent 15 €, combien coûtent 12 sachets ?
- Combien y a-t-il de photos dans un album de 14 pages avec 4 photos par page ?
- S'il y a 18 pêches par cagette, combien de pêches sont contenues dans une camionnette transportant 52 cagettes ?
- Quelle est l'aire d'un rectangle de 2 m sur 6 m ?

(Réponses : 60 € / 56 photos / 936 pêches / 12 m²)

Les problèmes de **dénombrement** liés à la multiplication :

- J'ai 3 T-shirts et 4 shorts, de combien de manière différente puis-je m'habiller ?
- Dans la classe, il y a 5 garçons et 3 filles, combien de doublettes mixtes peut-on réunir ?

(Réponses : 12 manières / 15 doublettes)

Les problèmes liés à l'expression **« fois plus »** :

- Jean a 5 voitures, Pierre en a « 2 fois plus ». Combien Pierre a-t-il de voitures ?
- Un agneau pèse 35 kg. Quel est le poids d'un veau qui est « 8 fois plus lourd » ?

(Réponses : 10 voitures / 280 kg)

Les problèmes de **multiplications successives** :

- La voiture consomme 6 litres aux 100 km. Le litre d'essence coûte 1,55 €. Quelle sera la dépense en essence pour un voyage de 300 km ?
- Hélène a 8 ans, Louise est 2 fois plus âgée qu'Hélène et la tante Perrine a 5 fois l'âge de Louise. Quel est l'âge de la tante Perrine ?

(Réponses : 27,90 € / 80 ans)

C. Les procédures utilisées par les élèves

On peut lister les **procédures** utilisées par les élèves pour résoudre des problèmes de type multiplicatif. Nous profiterons de l'explicitation de ces procédures pour décrire les **erreurs** afférentes fréquemment rencontrées.

Nous utiliserons un classement allant de la procédure la moins experte vers la plus experte.

Nous nous appuierons sur l'exemple suivant :

Jules a apporté 5 boîtes de 3 bouchons. Combien Jules a-t-il apporté de bouchons ? (Réponse : 15 bouchons)

a. Procédure de type dessin/schéma

L'élève a besoin de **représenter** le problème sous la forme d'un dessin, figuratif ou non :

(figuratif)

***   ***   ***   ***   ***   **(non figuratif)**

L'élève va ensuite procéder par **dénombrement** et compter combien de dessins de bouchons (vs de croix) il a représenté.

Les erreurs possibles liées à cette procédure peuvent provenir :

– d'une **représentation inexacte** du problème :

L'élève oublie de dessiner un bouchon ou oublie de représenter une boîte de 3 bouchons :

– d'une **erreur dans le dénombrement** :

Par mauvaise connaissance de la comptine numérique, par mauvaise correspondance terme à terme entre l'objet compté et la comptine, par oubli d'un objet, le dénombrement peut se révéler inexact.

b. Procédure de type « additions réitérées »

Parce qu'il ne connaît pas, ou pas bien, les tables de multiplication l'élève va procéder par des additions successives de la même valeur, que l'on nomme « additions réitérées » : 3 + 3 + 3 + 3 + 3.

Les erreurs possibles liées à cette procédure peuvent provenir :

– d'un **nombre incorrect d'additions** à réitérer. Dans cette procédure, l'élève doit poser autant d'additions de 3 qu'il y a de boîtes de bouchons. S'il se trompe (et inscrit, à tort, 6 additions) : 3 + 3 + 3 + 3 + 3 + 3, son résultat sera faux ;
– d'une **erreur dans le calcul** de l'addition. L'élève se trompe en additionnant et ne trouve pas le résultat exact. Bien entendu, plus les nombres à additionner sont grands ou complexes et/ou plus le nombre d'additions réitérées est grand et plus cette erreur est courante.

c. Procédure multiplicative

Si l'élève saisit le sens multiplicatif du problème, s'il connaît les tables de multiplication ou s'il a, à sa disposition, un répertoire multiplicatif (extrait d'une table de multiplication) ou une calculette, la procédure multiplicative directe est la plus aisée pour résoudre le problème :
Jules a apporté 3 × 5 = 15 bouchons.

L'utilisation de la calculette constitue une variable didactique importante.

Les erreurs possibles liées à cette procédure peuvent provenir :

– d'une connaissance approximative des tables de multiplication (3 × 5 = 13 !) ;
– d'une mauvaise utilisation des touches de la calculette (ex : on appuie sur le + au lieu du × et 3 × 5 = 8). Très souvent l'utilisation de la calculette est, pour l'élève, antinomique avec le contrôle logique du résultat puisque « la calculette ne fait pas d'erreur ! ». Celui-ci ne contrôle alors même pas l'ordre de grandeur.

D. Comment amener les élèves vers la procédure experte ?

Il est clair que les procédures de type dessin/schéma seront découragées par un trop grand nombre d'objets/symboles à représenter :

Jules a apporté 25 boîtes de 13 bouchons. Combien Jules a-t-il apporté de bouchons ?

Pour décourager une procédure de type additions réitérées, il suffit d'augmenter significativement le nombre d'additions à effectuer :

Jules a apporté 25 boîtes de 3 bouchons. Combien Jules a-t-il apporté de bouchons ?

En effet, la plupart des élèves se fieront au sens du problème et écriront :

$3 + 3 + 3 + 3 + 3 + 3 + 3 + 3 + 3 + 3 + 3 + 3 + 3 + 3 + 3 + 3 + 3 + 3 + 3 + 3 + 3 + 3 + 3 + 3 + 3$,

ce qui constitue à la fois une technique décourageante et une source d'erreur.

En effet, les élèves n'auront pas l'idée d'écrire $25 + 25 + 25$ qui ne correspond à aucune réalité tangible. Autrement dit, l'usage implicite de la commutativité de la multiplication ($25 \times 3 = 3 \times 25$) ne sera pas mise en œuvre.

E. Approche de la technique de la multiplication

Nous relatons ici de manière succincte et résumée le plan classiquement utilisé, dans les classes, pour introduire la technique de la multiplication.

a. Présentation rectangulaire

On utilise généralement, pour démarrer, une « représentation rectangulaire » de la multiplication.

Exemple : Combien y a-t-il de carreaux dans ce rectangle ?

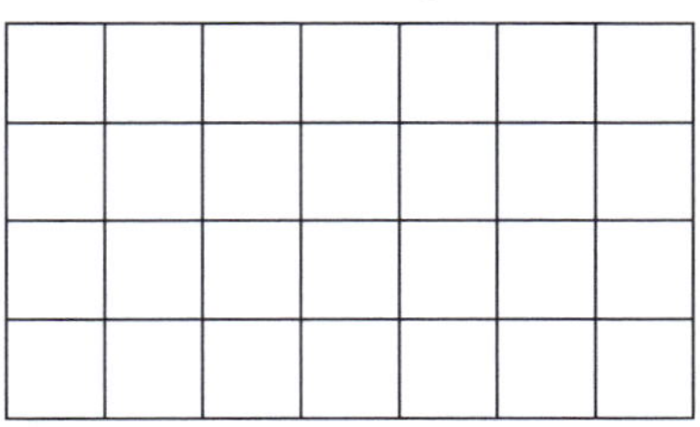

Celui-ci est composé de 4 lignes de 7 carreaux.
On peut facilement les dénombrer un à un (ou 4 par 4) et trouver qu'il y a 28 carreaux.
On notera alors $4 \times 7 = 28$.
On peut également considérer qu'il s'agit de 7 colonnes de 4 carreaux et l'on notera que $7 \times 4 = 28$.
On pourra alors mettre en évidence de manière implicite la propriété de commutativité de la multiplication et écrire que $4 \times 7 = 7 \times 4$.

À travers de nombreux exemples de ce type (produits de nombres à 1 chiffre), on construit avec les élèves une « table de Pythagore » indiquant les résultats de ces différents produits. On utilise la symétrie de la table (liée à la commutativité) pour encourager les élèves à ce remplissage (chaque nouveau résultat permet de remplir 2 cases : 4 x 7 et 7 x 4).

L'utilisation du tableur informatique peut être ici tout à fait encouragée pour reconstituer cette table de manière propre et individuelle à la fin de son élaboration collective par la classe.

Les élèves sont également invités à apprendre « par cœur » ces **tables de multiplication** afin de pouvoir utiliser ces résultats de manière automatique.

Si la table de Pythagore permet d'élaborer les tables de multiplication, elle ne constitue pas le meilleur outil pour les apprendre.

Dès que les enfants connaissent bien quelques tables de multiplication (jusqu'à la table de 5, par exemple), le maître pourra aborder l'étape suivante.

Il aura, au préalable, familiarisé les élèves avec la multiplication par 10 (vs 100, 1 000) et explicité la **« règle des zéros »** : « lorsqu'on multiplie un nombre par 10 (vs 100, 1 000) on écrit 1 (vs 2, 3) zéro à droite de ce nombre ».

CONSEIL On veillera à ne pas laisser s'établir l'expression « on ajoute un zéro au nombre », car ajouter 0 devant un nombre ne modifie pas celui-ci.

b. Multiplication d'un nombre à 2 chiffres par un nombre à 1 chiffre

On pourra alors aborder la multiplication d'un nombre à 2 chiffres par un nombre à 1 chiffre, par exemple : 34 × 5

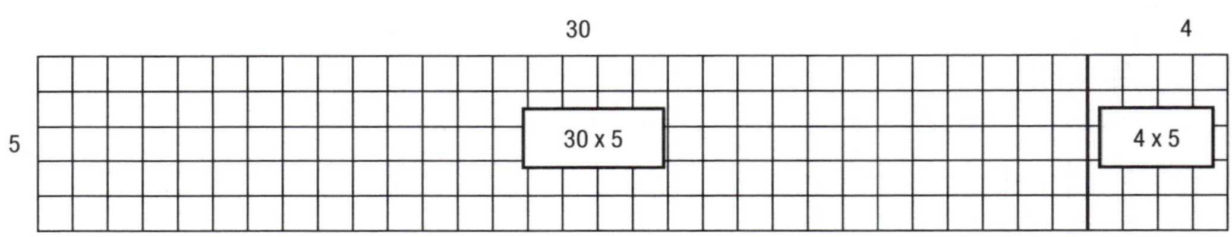

Il s'agit de décomposer le produit 34 x 5 en décomposant les nombres en jeu selon **dizaines et unités**.

On s'appuiera sur le fait que le nombre total de carreaux du grand rectangle est la somme des 2 petits rectangles mis en évidence.

On utilisera ensuite la connaissance des tables de multiplication et la règle des zéros pour calculer facilement les deux résultats partiels.

Ainsi, on utilisera de manière implicite la **distributivité de la multiplication sur l'addition** :

$34 \times 5 = (30 + 4) \times 5 = 30 \times 5 + 4 \times 5$

soit $34 \times 5 = 150 + 20 = 170$

Il ne reste plus alors qu'à disposer correctement ces résultats partiels pour se rapprocher de la division posée :

$$\begin{array}{rl} 34 & \\ \times\ 5 & \\ \hline 20 & \quad 5 \times 4 \\ 150 & \quad 5 \times 30 \\ \hline 170 & \end{array}$$

c. Multiplication d'un nombre à 2 chiffres par un nombre à 2 chiffres

On pourra ensuite aborder la multiplication d'un nombre à 2 chiffres par un nombre à 2 chiffres, par exemple : 35 × 23

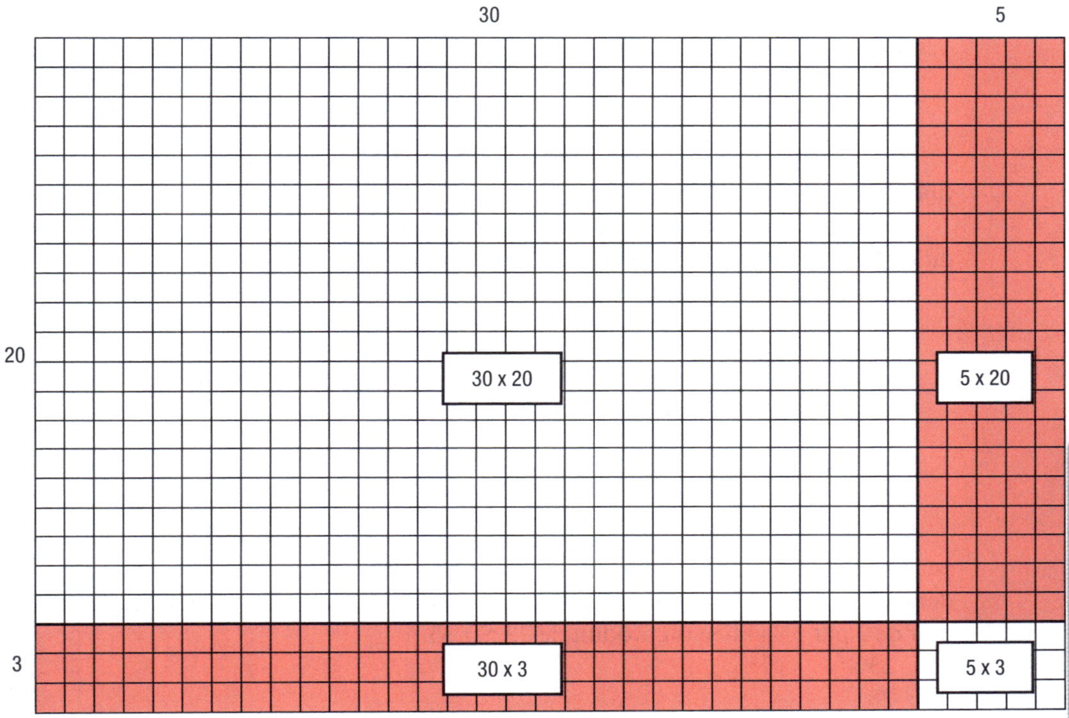

Il s'agit de décomposer le produit 35 × 24 en décomposant les nombres en jeu selon **dizaines et unités**.

On s'appuiera sur le fait que le nombre total de carreaux du grand rectangle est la somme des 4 petits rectangles mis en évidence.

On utilisera ensuite la connaissance des tables de multiplication et la règle des zéros pour calculer facilement les 4 résultats partiels.

Ainsi on utilisera de manière implicite la **distributivité de la multiplication sur l'addition** :

$35 \times 23 = (30 + 5) \times (20 + 3) = 30 \times 20 + 30 \times 3 + 5 \times 20 + 5 \times 3$

Les élèves peuvent donc facilement calculer :

$30 \times 20 = 600$

$30 \times 3 = 90$

$5 \times 20 = 100$

$5 \times 3 = 15$

En faisant la somme de ces résultats partiels on obtient que :

$35 \times 23 = 600 + 90 + 100 + 15$ soit 805.

On sait donc faire des « grandes multiplications » !

Il ne reste plus alors qu'à disposer correctement ces résultats partiels pour se rapprocher de la multiplication posée :

35	
× 23	
15	3 × 5
90	3 × 30
100	20 × 5
600	20 × 30
805	

On notera qu'on a également fait jouer la propriété de **commutativité** de la multiplication.

Peu à peu, on se détachera de la représentation graphique afin d'écrire les produits partiels directement dans la multiplication posée.

On regroupera ensuite les lignes de résultats par 2 afin de gagner en rapidité :

35	
× 23	
105	3 × 5 + 3 × 30
700	20 × 5 + 20 × 30
805	

Sur plusieurs exemples, on remarquera que la seconde ligne se termine toujours par un zéro puisque c'est toujours une dizaine entière qu'on multiplie. On décidera donc de remplacer ce dernier 0 par un point et d'effectuer, pour simplifier, le produit de 2 par 35 au lieu du produit de 20 par 35.

35	
× 23	
105	3 × 5 + 3 × 30
70•	2 × 5 + 2 × 30
805	

Le cas de la technique de la multiplication par un nombre à plusieurs chiffres contenant des zéros intervient plus tard. Sa compréhension nécessite d'avoir assimilé l'utilisation de la « règle des 0 » et de la distributivité de la multiplication sur l'addition (multiplier 523 par 205 revient à multiplier 523 par 200 et par 5 et à additionner les deux résultats obtenus). Il est donc prudent d'attendre la fin de la première année ou la deuxième année du cycle 3. Dans tous les cas, les élèves sont aidés par l'écriture explicite des « 0 » (qui doit être préférée au traditionnel principe de décalage), ainsi que par celle des produits partiels en marge du calcul à effectuer, comme dans l'exemple ci-dessous :

523	
× 205	
2615	523 × 5
104600	523 × 200
107215	

Rappelons que l'acquisition de **technicité** et de **rapidité** dans la technique opératoire s'accompagne toujours d'une **perte de sens**.

3. La division

On distingue habituellement deux types de divisions :
- la division **partition** dans laquelle on calcule la **valeur d'une part** ;
- la division **quotition** où l'on cherche le **nombre de parts**.

Exemples :
- J'ai 18 chocolats, je fabrique 6 sachets. Combien y aura-t-il de chocolats par sachet ? Il s'agit d'une division **partition**. On calcule la **valeur d'une part**.
- J'ai 72 chocolats. Je constitue des sachets de 8 chocolats. Combien y aura-t-il de sachets ? Il s'agit d'une division **quotition**. On cherche le **nombre de parts**.

La division entière, en tant que partage équitable, est une notion abordée très tôt dans la scolarité.

Exemple : « Vous êtes 4 sur cette table, distribue les gommettes (12 gommettes) de telle sorte que chaque enfant ait le même nombre de gommettes », correspondant à un problème de partage équitable, donc de division, posé en grande section de maternelle.

A. Division euclidienne de deux nombres entiers

Comme pour la multiplication, de nombreuses techniques de divisions ont été utilisées dans l'histoire et le sont encore selon les pays. La technique usuelle française telle qu'elle est (a été) enseignée est très dépouillée (pas de soustraction posée) et donc source de nombreuses erreurs. De plus, celles-ci sont difficiles à repérer puisque tous les calculs effectués ne donnent pas lieu à trace écrite.

Par ailleurs, il s'agit d'un calcul « à risque » insécurisant, dans la mesure où un nombre essayé au quotient n'est jamais absolument certain. C'est également le seul calcul où l'estimation intervient « en cours » de calcul alors que pour les autres opérations, elle intervient soit au début, soit à la fin, comme instrument de prévision ou de contrôle.

Il suffit d'interroger un élève moyen de cinquième pour mesurer à quel point la technique de la division posée est peu acquise et souvent remplacée par l'utilisation de la calculatrice.

Le travail légitime lié à la compréhension de chacune des étapes de la division s'oppose à une utilisation efficace et rapide de l'opération.

Nous sommes là dans la dialectique outil/objet. La division est un objet d'apprentissage qui doit devenir un outil pour d'autres apprentissages.

Notons que pour les opérations, en général, le gain obtenu en rapidité et en efficacité de l'outil « opération » s'accompagne forcément d'une perte de sens de celle-ci. C'est un gommage du sens qu'il faut accepter pour gagner en technicité.

Cette technique est la seule dont la connaissance est demandée à la fin de l'école primaire. Sa compréhension suppose de nombreuses connaissances préalables :
– maîtrise des deux « sens » de la division : « quelle est la valeur de chaque part ? » (diviser 2 782 par 26 revient à partager 2 782 en 26 parts égales et chercher la valeur d'une part), « combien de fois ? » (diviser 2 782 par 26 revient à chercher combien de fois 26 est contenu dans 2 782) ;
– maîtrise des tables de multiplication (ce qui englobe la recherche de « combien de fois 7 dans 59 ? », qui n'est pas directement dans la table de multiplication par 7), capacité à prévoir le nombre de chiffres du quotient, par encadrement ou par partage d'une partie du dividende.

Dans toutes les circonstances, trois recommandations peuvent être faites :
– commencer le calcul par une estimation du nombre de chiffres du quotient (ce qui permet un premier moyen de contrôle sur le quotient) ;
– s'autoriser à poser des produits annexes, à la suite d'une première estimation du chiffre cherché dans le quotient (la production de la totalité de « la table du diviseur » ne doit pas être encouragée) ;
– encourager la pose effective des soustractions (sans interdire toutefois aux élèves qui le souhaitent de s'en dispenser).

L'exemple suivant montre ce qui peut être attendu en fin d'école primaire :

	7	8	0	5	2	7	
–	5	4			2	8	9
	2	4	0		c	d	u
–	2	1	6				
		2	4	5			
	–	2	4	3			
				2			

$$\begin{array}{r} 27 \\ \times \quad 9 \\ \hline 243 \end{array} \qquad \begin{array}{r} 27 \\ \times \quad 9 \\ \hline 216 \end{array}$$

B. Procédures des élèves

a. Procédure de type dessin/schéma

L'élève a besoin de **représenter** le problème sous la forme d'un dessin figuratif ou non.
Exemple : J'ai 19 bouchons, je fabrique des sachets de 3 bouchons. Combien puis-je faire de sachets ?

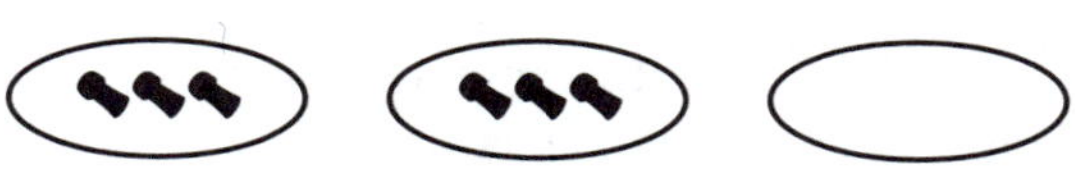

Il s'agit de faire des sachets de 3 et de s'arrêter lorsque le nombre de 19 bouchons est atteint. Cela suppose de compter les bouchons au fur et à mesure qu'on les dessine… ou de les recompter régulièrement.

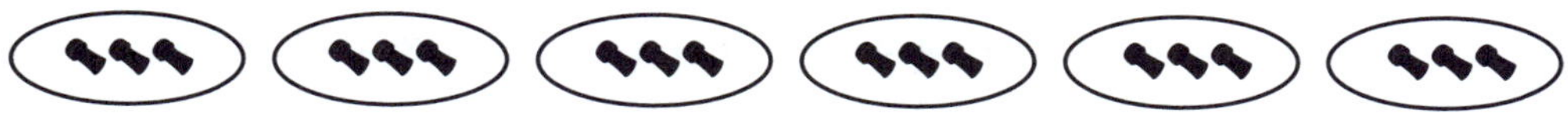

Il me reste un seul bouchon. Je ne peux pas faire de paquet supplémentaire.

Il s'agit enfin de dénombrer les sachets. J'ai pu en faire 6 et il me reste 1 bouchon.

Les erreurs possibles liées à cette procédure peuvent provenir :

- d'un mauvais dénombrement du nombre de bouchon total ;
- d'un mauvais dénombrement du nombre de sachets ;
- d'une mauvaise gestion du reste qui est parfois mis, à tort, dans un paquet.

b. Procédure utilisant additions ou soustractions réitérées (pour des divisions quotition)

Exemple : Soit 19 chocolats à répartir en sachets de 3. Combien peut-on constituer de sachets ?

Procédure utilisant l'addition réitérée

3	1 sachet
+ 3	2 sachets
6	
+ 3	3 sachets
9	
+ 3	4 sachets
12	
+ 3	5 sachets
15	
+ 3	6 sachets
18	
~~+ 3~~	~~7 sachets~~
~~21~~	plus grand que 19

L'élève additionne les groupes de 3 chocolats jusqu'à ce que le total maximum (18) de chocolats groupés soit atteint. Il doit s'arrêter avant d'avoir dépassé la valeur maximale (19). Il doit ensuite dénombrer le nombre de fois où il a utilisé les groupements de 3 puisque c'est ce nombre qui lui donnera le résultat escompté (quotient).

Erreurs possibles :

L'élève peut :
- se tromper dans les additions partielles ;
- se tromper dans le dénombrement des sachets de 3 constitués ;
- oublier de barrer la dernière addition qui donne un nombre plus grand que 19 et ainsi compter un 7e sachet ;
- ne pas savoir quand arrêter ses additions successives parce que la valeur 19 n'apparaît pas.

Procédure utilisant la soustraction réitérée

19	
– 3	1 sachet
16	
– 3	2 sachets
13	
– 3	3 sachets
10	
– 3	4 sachets
7	
– 3	5 sachets
4	
– 3	6 sachets
1	c'est le reste

L'élève part du nombre total de chocolats. Il ôte 3 à chaque fois qu'il constitue un sachet. Il doit ensuite dénombrer le nombre de fois où il a utilisé les groupements de 3 puisque c'est ce nombre qui lui donnera le résultat escompté (quotient). Lorsqu'il ne peut plus effectuer de soustraction, c'est le reste qui apparaît.

Erreurs possibles :

L'élève peut :
- se tromper dans les soustractions partielles ;
- se tromper dans le dénombrement des sachets de 3 constitués ;
- ne pas savoir gérer le reste.

c. Procédure optimisant les précédentes en faisant intervenir la multiplication

Il s'agit désormais d'avancer à « plus grands pas » en utilisant, dans notre exemple précédent, des multiples de 3 :

Procédures

3	1 sachet	19	
+ 3	+ 1 sachet	– 3	1 sachet
6		16	
+ 6	+ 2 sachets	– 6	+ 2 sachets
12		10	
+ 6	+ 2 sachets	– 9	+ 3 sachets
18		1	c'est le reste

Les erreurs possibles liées à cette procédure peuvent provenir :

- d'erreurs dans les multiplications et/ou les additions successives ;
- d'un mauvais dénombrement du nombre de sachets du fait qu'on ajoute (vs ôte) plusieurs sachets à la fois ;
- de l'oubli de barrer la dernière addition qui donne un nombre plus grand que 19 et ainsi compter un 7e sachet ;
- de ne pas savoir quand arrêter ses additions successives parce que la valeur 19 n'apparaît pas.

La difficulté consiste ici à faire le rapport entre le multiple de 3 (6, par exemple) utilisé et le nombre de sachets qu'il représente (ici 2).

d. Procédure optimisant encore les précédentes en faisant intervenir un répertoire multiplicatif

Il s'agit simplement de reproduire les méthodes précédentes en mettant en œuvre un répertoire multiplicatif, c'est-à-dire un extrait simplifié de la table de multiplication correspondant au diviseur de l'opération.
Par exemple, s'il s'agit de diviser 205 par 17, on fournira à l'élève l'extrait :
17 × 2 = 34
17 × 5 = 85
17 × 10 = 170 afin de faciliter ses calculs pour se rapprocher « à très grands pas » du résultat.
Exemple : 205 – 170 = 35 (10 sachets)
35 - 34 = 1 (2 sachets)
On a donc trouvé un quotient de 12 et un reste de 1.

Les erreurs possibles liées à cette procédure peuvent provenir :

- d'erreur dans les additions ou soustractions successives ;
- d'un mauvais dénombrement du nombre de sachets du fait qu'on ajoute (vs ôte) plusieurs sachets à la fois.

e. Procédure utilisant la division posée

Il s'agit là de la procédure experte qui consiste à poser directement 205 divisé par 17.

Les erreurs possibles liées à cette procédure peuvent provenir :

- d'erreur dans la technique de la division posée (ou division en potence). Il s'agit le plus souvent d'erreurs liées à une mauvaise connaissance des tables de multiplication, ou à des erreurs de calculs dans les différences partielles ;
- d'erreurs de disposition dans la potence qui entraînent un résultat faux ;
- d'une mauvaise gestion d'un zéro intercalaire qui ne sera pas noté. « Il y va 0 fois, j'abaisse le 5… » mais le 0 n'est pas noté au quotient.

C. Comment amener les élèves vers la procédure experte ?

Comme pour la multiplication, il est clair que les procédures de type dessin/schéma seront découragées par un trop grand nombre d'objets/symboles à représenter :

Jules a apporté 215 bonbons, il veut faire des sachets de 12 bonbons. Combien Jules va-t-il faire de sachets ?

De même, pour décourager une procédure de type additions (vs soustractions) réitérées, il suffit d'augmenter significativement le nombre d'additions (vs soustractions) à effectuer. La division se révèle alors l'outil indispensable pour résoudre le problème.

D. Approche de la technique de la division posée

Les procédures précédemment mentionnées constituent les étapes indispensables pour arriver à la technique de la division posée. **Additions ou soustractions réitérées**, utilisation de **multiples** de plus en plus **pertinents** du diviseur. Utilisation de la **règle des zéros**.

Afin d'aller plus loin, il sera nécessaire de travailler parallèlement avec les élèves sur la notion **d'ordre de grandeur**, afin de pouvoir estimer l'ordre de grandeur du quotient qu'on aura à chercher.

On pourra ensuite s'acheminer vers la division posée :

8587	35
– 7000	200
1587	40
– 1400	
187	5
– 175	
12	

En divisant 85 par 35, il y va 2 fois, donc en divisant environ 8 500 (8 587) par 35, il y va 200 fois : **200** × 35 = 7 000
Il reste donc 1 587.
En divisant 158 par 35, il y va 4 fois, donc en divisant environ 1 580 (1 587) par 35, il y va 40 fois : **40** × 35 = 1 400
Il reste donc 187.
En divisant 187 par 35, il y va 5 fois : **5** × 35 = 175
Il reste donc **12**.
200 + **40** + **5** = 245 donc le quotient de 8 587 par 35 c'est 245 et le reste 12.
8 587 = 245 × 35 + 12

En s'appuyant sur cette technique détaillée qui fait apparaître les produits partiels et les soustractions détaillées intermédiaires, on ira vers une technique plus rapide nécessitant un bonne connaissance des tables de multiplication, une bonne pratique de la soustraction et une bonne mémoire à court terme.

8587	35
15**8**	245
18**7**	
12	

En divisant 85 par 35, il y va 2 fois. On pose 2.
2 × 35 = 70
70 ôté de 85, il reste 15.
On abaisse le **8**.
En divisant 158 par 35, il y va 4 fois, 4 × 35 = 140.
140 ôté de 158, il reste 18.

On abaisse le **7**.
En divisant 187 par 35, il y va 5 fois, 5 × 35 = 175.
175 ôté de 187, il reste 12.
8 587 = 245 × 35 + 12.

Rappelons que l'acquisition de **technicité** et de **rapidité** dans la technique opératoire s'accompagne toujours d'une **perte de sens**.

E. Cas particuliers de l'estimation du quotient et de la gestion du reste

a. Estimation du quotient

La division est la seule des 4 opérations qui fait appel, à un moment donné, à l'estimation du quotient. En effet, les 3 autres techniques opératoires sont systématiques et mécaniques. Il n'y a que dans la technique de la division où l'on peut parfois se tromper en estimant mal le nombre de fois où « il y va », puisque justement, il s'agit d'une estimation. En multipliant le quotient estimé par le diviseur, on pourra réaliser que celui-ci est trop grand ou, au contraire, trop petit (reste supérieur au diviseur). Cette question de l'**estimation** constitue l'une des difficultés principales de la technique de la division.

b. Gestion du reste

La **gestion du reste** quant au sens qu'il représente peut poser problème aux élèves.

En effet, prenons l'exemple du quotient de 185 par 60 ; il vaut 3 et le reste vaut 5.

Appliquons ce calcul au problème suivant :

– On a 185 chocolats à répartir dans des boîtes de 60, combien peut-on remplir de boîtes ? La réponse est 3.

– Si l'on considère maintenant 185 élèves d'une école qu'on veut répartir dans des cars de 60 places. Combien doit-on commander de cars ? Ici la réponse est 4.

Il faut ajouter 1 au quotient au risque de laisser 5 élèves sur le trottoir. Certains auront, à tort, la tentation de croire qu'il faut systématiquement ajouter 1 au quotient pour trouver le résultat attendu.

8 | La proportionnalité

1. Introduction

A. Classification

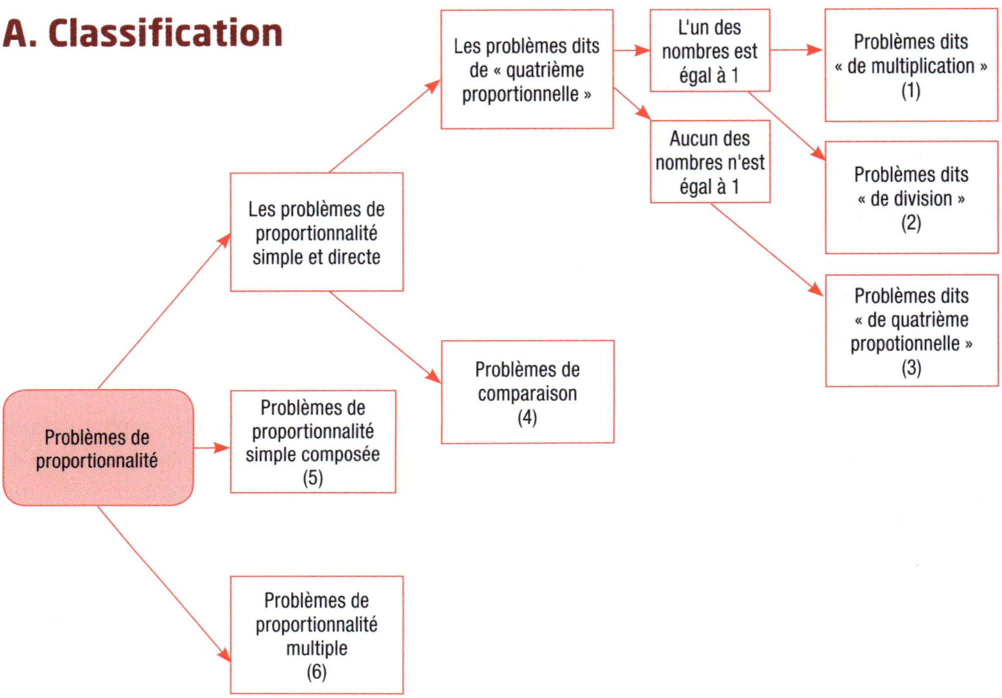

Gérard Vergnaud dresse une typologie des problèmes de proportionnalité que nous présentons ici de manière simplifiée.

B. Explications

Afin de clarifier cette typologie nous reprenons brièvement chaque point, que nous illustrons par un exemple. La plupart de ces points sont repris, plus en détail, dans la suite du chapitre et dans le chapitre « Multiplication/Division » :

- **Les problèmes dits « de multiplication » ou « de division » (1) et (2)**

Ce sont des cas particuliers des problèmes dits « de quatrième proportionnelle », lorsque l'une des données est égale à 1. Ils sont développés dans le chapitre « Multiplication/Division ».

Exemple (1) : 1 kg de pommes coûte 1,20 €. Combien coûtent 5 kg de pommes ?

Exemple (2) : 14 boules pèsent 2 800 g. Quel est le poids d'une boule ?

■ Les problèmes dits de « quatrième proportionnelle » (3)
Dans ce cas, aucun des nombres donnés n'est égal à 1. On a alors affaire aux problèmes auxquels est réservé le nom de « problèmes de quatrième proportionnelle ».

Ce type de problème est très courant à l'école primaire. Il consiste à déterminer le quatrième terme des éléments d'une proportion dont les trois autres sont connus.
Exemple (3) : 3 livres coûtent 15 €, combien coûtent 5 livres ?

■ Les problèmes de comparaison (4)
Ce sont généralement des problèmes de « mélange » de 2 composants dans lesquels il s'agit de comparer la « concentration » des composants par rapport au mélange. On appelle parfois ces problèmes des problèmes de partie/tout.
Exemple (4) (comparaison partie – partie) : Dans un mélange A, il y a 3 l d'eau et 4 doses de sirop de fraise et dans le mélange B, il y a 11 l d'eau et 15 doses de sirop de fraise. Quel est le mélange le plus « foncé » ?
Exemple (4') (comparaison partie – tout) : Dans un collège A de 210 élèves, 35 élèves font de l'allemand, dans le collège B de 265 élèves, 42 élèves font de l'allemand. Quel est le collège qui compte la plus grosse proportion de germanistes ?

■ Les problèmes de proportionnalité simple composée (5)
Les problèmes regroupés sous cette dénomination font intervenir la composition de deux ou plusieurs relations de proportionnalité simple.
Exemple (5) : La voiture de Pierre consomme 5 l d'essence aux 100 km. Avec 30 € Pierre peut acheter 20 l d'essence. Combien coûtera à Pierre un voyage en voiture de 500 km ?

■ Problèmes de proportionnalité multiple (6)
Les problèmes de proportionnalité multiple font intervenir une grandeur qui dépend elle-même de plusieurs grandeurs et qui serait proportionnelle à chacune d'elles si toutes les autres étaient fixées.
Exemple (6) : Une expédition de 55 personnes part dans le Sahara pendant 21 jours. On compte habituellement 420 l d'eau pour une douzaine de personnes par semaine dans le désert. Quelle quantité d'eau doit emporter l'expédition ?

Résoudre les exercices proposés dans les exemples ci-dessus.

Vous trouverez, ci-dessous, un certain nombre de difficultés répertoriées, liées à l'étude de la proportionnalité.

2. Est-ce bien proportionnel ?

A. Les tableaux de nombres

Au cycle 3, l'étude de la proportionnalité se fait souvent sur deux séries de même cardinal (c'est-à-dire des séries ayant le même nombre d'éléments). On étudie donc, le plus souvent, la proportionnalité en présentant les séries de nombres proportionnels dans des tableaux de nombres à 2 lignes et à n colonnes.

Les élèves font alors la confusion entre **tableau de nombres** et **proportionnalité**. Dès que des séries de nombres sont présentées dans un tableau, l'élève préjuge, parfois à tort, de leur caractère proportionnel.

Un premier travail à faire est donc de confirmer (ou de rejeter) le caractère proportionnel des séries de nombres avant d'appliquer (ou pas) les règles adaptées.

Des séries proportionnelles peuvent être représentées par des fonctions linéaires de la forme : $f(x) = ax$.

Comment faire ?

Dans la pratique, pour vérifier le caractère proportionnel de deux séries, on fait les rapports des éléments correspondants. S'ils sont tous égaux, les séries sont proportionnelles. Dans le cas contraire, elles ne le sont pas.

Exemple 1 :

Nombre d'objets	2	5	10
Prix	6	15	25

Dans cet exemple, les rapports 2/6, 5/15 et 10/25 ne sont pas tous égaux (2/6 = 0,333 et 10/25 = 0,4).

De même, on ne peut pas appliquer la linéarité multiplicative par un scalaire, par exemple : $5 \times 2 = 10$ mais $15 \times 2 \neq 25$.

Exemple 2 : Le tableau suivant donne la distance de freinage nécessaire pour s'arrêter à une automobile circulant sur une route mouillée. Cette situation n'est pas proportionnelle.

Vitesse de l'automobile en km/h	30	40	50	60	70	80	90	100	110	120
Distance de freinage en mètres	18	26	40	58	76	98	120	148	180	212

B. Partie fixe et partie proportionnelle

Les situations portant le plus à confusion pour l'élève sont celles faisant intervenir une partie fixe associée à une partie proportionnelle. On peut citer en exemple le cas de la location de DVD pour laquelle on paye 10 € d'abonnement au vidéo-club et 2 € par DVD emprunté. La somme à payer est donc constituée d'une partie fixe et d'une partie proportionnelle (« Plus on emprunte de DVD et plus la somme à payer est importante (sic) »). Cependant la situation n'est pas globalement proportionnelle. Si on emprunte 2 DVD, on paye 14 € alors que si l'on emprunte 6 DVD (le triple), on paye 22 €, qui n'est pas le triple de 14 €.

De même, dans le cas d'une location de voiture pour laquelle on paye 15 € de forfait journalier auquel on ajoute 0,50 € du km parcouru, le problème est encore plus troublant. En effet, le prix forfaitaire payé est proportionnel au nombre de jours d'utilisation (« Plus on garde la voiture longtemps, plus on paye cher (sic) ») et le prix kilométrique est proportionnel à la distance parcourue (« Plus on va loin, plus on paye cher (re-sic) »). Cependant si on loue la voiture une journée et qu'on fait 50 km, on doit 40 € alors que si on roule 500 km (10 fois plus), on doit 265 €, ce qui n'est pas 10 fois plus que 40 €.

Ces situations sont représentées par des fonctions affines du type : $f(x) = ax + b$**.**

C. Recherche de la quatrième proportionnelle

La recherche de la quatrième proportionnelle constitue l'un des exercices les plus courants de l'école élémentaire.

« Ces problèmes sont traités en s'appuyant sur des raisonnements qui peuvent être élaborés et énoncés par les élèves dans le contexte de la situation.

Par exemple, pour le problème “Il faut mettre 400 g de fruits avec 80 g de sucre pour faire une salade de fruits. Quelle quantité de sucre faut-il mettre avec 1 000 g de fruits ?”, les raisonnements peuvent être du type :

- pour 800 g de fruits (2 fois plus que 400), il faut 160 g de sucre (2 fois plus que 80) et pour 200 g de fruits (2 fois moins que 400), il faut 40 g de sucre (2 fois moins que 80). Pour 1 000 g (800 g + 200 g) de fruits, il faut donc 200 g (160 g + 40 g) de sucre ;
- la masse de sucre nécessaire est cinq fois plus petite que la masse de fruits ; il faut donc 200 g de sucre (1 000 : 5 = 200).

Dans certains cas, le passage par l'unité est nécessaire. Par exemple, pour résoudre le problème “2 cm sur le papier représentent 5 km sur le terrain. La distance sur la carte entre deux villes est de 7 cm. Quelle est la distance réelle ?”, le raisonnement peut être du type : 1 cm sur le papier représente 2,5 km (deux fois moins que 2 cm), donc 7 cm sur le papier représentent 17,5 km (sept fois plus que 1 cm) ou 6 cm + 1 cm correspond à 15 km + 2,5 km.

La mise en œuvre de ces raisonnements suppose que l'élève ait identifié qu'ils étaient pertinents pour la situation proposée. Si un seul couple de nombres en relation est fourni (par exemple, “6 objets coûtent 15 €, combien coûtent 9 objets ?”), il doit faire appel à des connaissances sociales, la relation entre quantité et prix est souvent une relation de proportionnalité.

En revanche, la donnée de deux couples de nombres (ou plus) en relation lui permet d'inférer la relation de proportionnalité (par exemple, “pour 50 g de chocolat, il faut 10 g de sucre et pour 100 g de chocolat, il faut 20 g de sucre ; combien faut-il de sucre pour 325 g de chocolat ?”). »

a. Les propriétés de linéarité

Parce qu'elles sont faciles à appréhender, les propriétés de linéarité ont la faveur des élèves. Cependant, cet usage ne doit pas devenir trop systématique au risque de laisser les élèves sans possibilité si les nombres proposés ne sont pas favorables. Il convient donc de développer différentes stratégies de recherche de la quatrième proportionnelle (utilisation du coefficient de proportionnalité, passage à l'unité…) et d'exercer les élèves à l'utilisation de celles-ci. Il faut alors modifier les variables didactiques correspondant aux séries de nombres afin de proposer à l'élève des valeurs sur lesquelles la linéarité ne s'applique pas facilement et « obliger » ainsi l'enfant à appliquer d'autres méthodes.

b. Confusions portant sur la linéarité multiplicative par un scalaire

Il est tentant pour un élève du cycle 3 d'appliquer, à tort, une fausse règle de linéarité multiplicative. Ainsi, sur la série suivante :

Nombre d'objets	3	5	8	15
Prix (€)	21	35	x	y

Pour trouver x, on peut appliquer les règles de linéarité additive et puisque $3 + 5 = 8$, alors $x = 21 + 35 = 56$.

Ainsi, l'élève peut trouver la valeur correspondant à 8 sans passer par le coefficient de proportionnalité ni par l'unité.

Encouragé par cette méthode facile, l'élève peut, à tort, appliquer que « comme 15 est égal à 3×5, alors y est égal à 21×35 », ce qui est faux !

Afin d'expliquer son erreur à l'élève, on pourrait utiliser des nombres plus petits afin de mettre en évidence le caractère erroné de son calcul :

Nombre d'objets	3	2	6
Prix (€)	21	14	z

Afin de trouver z, on peut appliquer la linéarité additive et puisque $3 + 3 = 6$, alors $z = 21 + 21 = 42$.

On peut confirmer ce résultat puisque $2 + 2 + 2 = 6$, alors $z = 14 + 14 + 14 = 42$.

On peut également se ramener à la réalité d'une situation pour conforter le raisonnement : « si 3 boîtes coûtent 21 €, 6 boîtes coûtent 42 € ». En revanche, en multipliant 3 par 2, on obtient 6 alors qu'en multipliant 21 par 14, on n'obtient absolument pas 42.

REMARQUE Pour vous aider... et aider les élèves, on ne peut que vous recommander **d'exprimer clairement les intitulés de lignes** et de vous ramener au **sens** de vos calculs.

Exemple :

Nombre d'objets achetés	3	2	6
Prix payé (€)	21	14	z

c. Le « produit en croix »

Nombre d'objets	3	8
Prix (€)	21	a

Afin de trouver la valeur de a, le « produit en croix » a également souvent, au collège, la faveur des élèves ; il n'est pas enseigné à l'école primaire. En effet, si les séries sont proportionnelles $3a = 21 \times 8$ donc $3a = 168$ donc $a = 168/3 = 56$. Cette méthode plaît beaucoup aux élèves. Nous aurions à lui objecter son caractère « mécanique » et la perte totale de sens qui accompagne son emploi systématique. L'élève ne sait absolument plus à quoi correspondent les opérations qu'il effectue mais « ça marche ! ».

Le problème qui peut alors se poser est que si l'énoncé est posé sous une forme littérale et que la confection du tableau de nombres est à la charge de l'élève, des confusions peuvent apparaître sans que l'enfant les appréhende réellement compte tenu du caractère automatisé de sa tâche. Par exemple « si 3 boîtes coûtent 21 €, combien coûtent 8 boîtes ? » peut être traduit, à tort, par le tableau :

21	8
3	a

qui entraînerait le résultat erroné 24/21.

d. Le « passage à l'unité »

Le « **passage à l'unité** » est une méthode couramment employée dans la recherche de quatrième proportionnelle. Elle ne pose classiquement pas de problème car elle s'appuie fortement sur le sens du problème.

Exemple : Si 3 livres coûtent 15 €, 1 livre coûte 3 fois moins, soit 5 €, donc 7 livres coûtent 7 fois plus, soit 35 €. Il s'agit là d'une résolution du type, appelé autrefois, « règle de trois ».

Exercice 1 : Il faut, en revanche se méfier de ce genre de problème.
« 5 ouvriers peignent un mur en 3 h 30 min. Combien de temps mettraient 7 ouvriers pour peindre ce mur ? »

e. Proportionnalité simple composée et proportionnalité multiple

Les problèmes de proportionnalité simple composée ou de proportionnalité multiple posent essentiellement aux élèves des soucis de compréhension du sujet. Ils ont du mal à modéliser le problème et à gérer la surcharge d'informations apportée par la plus grande quantité de nombres de l'énoncé. Ils interviennent peu dans les sujets de didactique. Citons cependant, pour fixer les choses, deux exemples fréquemment repris.

Proportionnalité simple composée

Il s'agit de problèmes faisant intervenir la composition de deux ou plusieurs relations de proportionnalité simple.

Exercice 2 : Avec 100 kg de blé, on fait 75 kg de farine et avec 25 kg de farine, on fait 30 kg de pain. Quelle est la masse de blé nécessaire pour faire 450 kg de pain ?

Proportionnalité multiple

Il s'agit de problèmes mettant en œuvre une grandeur qui dépend elle-même de plusieurs grandeurs et qui est proportionnelle à chacune d'elles dès lors que les autres sont fixées.

Exercice 3 : L'étude de la fréquentation d'une école primaire qui comporte 125 enfants montre qu'ils sont généralement présents 29 semaines par an. Quelle sera la quantité de crayons à commander sachant que 10 élèves usent, en moyenne, 16 crayons par mois ?

D. La représentation graphique

Ce qui caractérise les séries proportionnelles est que leur représentation graphique est une **droite passant par l'origine** (fonction linéaire). On notera le caractère double de cette caractérisation. Non seulement la représentation doit être une droite mais encore celle-ci doit passer par le point de coordonnées (0,0). Bien souvent, l'élève oublie cette seconde condition (passage par l'origine) pour s'attacher, à tort, uniquement au caractère « droite » de la représentation. De plus, ce qui caractérise une représentation graphique, à savoir, le traçage des axes, le choix de la graduation… ne sont pas à la charge d'un élève de cycle 3. On peut demander à l'enfant de placer des points correspondant à un tableau de nombres sur un graphique dont les axes et les graduations auront été établis.

Le passage à la représentation graphique est donc souvent coûteux pour le maître qui a à sa charge la préparation des axes et des graduations. Cependant, cet aspect de la proportionnalité ne doit pas être négligé car il constitue une première approche simple des représentations fonctionnelles et des courbes liées. Il conviendra souvent d'encourager le passage à la représentation graphique comme élément de réflexion sur la proportionnalité.

E. Agrandissements-réductions

Les problèmes portant sur l'**agrandissement** (vs la réduction) de figures géométriques sont liés à la proportionnalité. En effet, c'est en multipliant par un même réel k toutes les mesures d'une figure que l'on obtient son agrandissement sans déformation.

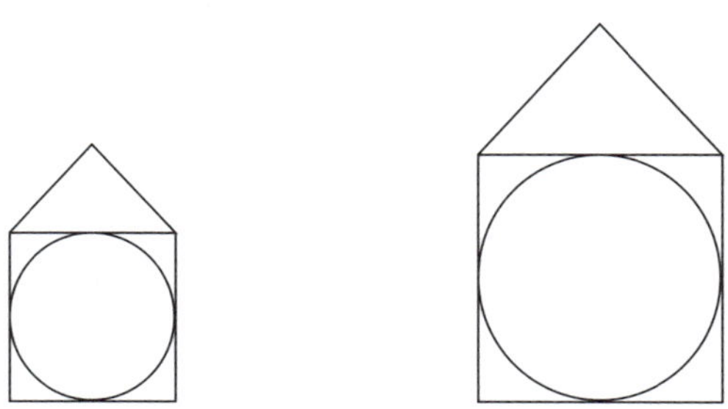

Afin de mettre en évidence les propriétés liées à la proportionnalité dans de tels exercices, il convient de regrouper (dans un tableau !) les différentes mesures de la figure originale et de les mettre en rapport avec les mesures correspondantes de la figure finale. Il s'agit là d'un changement de cadre courant, celui du passage du cadre géométrique au cadre numérique. Il conviendra de travailler ce passage dans les deux sens. Du géométrique vers le numérique et inversement. Il est à noter que les mesures des figures peuvent être exprimées en « carreaux », pour débuter, afin d'aplanir les difficultés liées à la mesure elle-même.

3. De manière générale…

La vérification du caractère proportionnel d'une situation est un préliminaire incontournable.

Les exercices portant sur la proportionnalité font intervenir des calculs portant sur le champ multiplicatif (coefficient de proportionnalité, linéarité multiplicative par un scalaire) ou additif (linéarité additive).

De plus, certains éléments de la vie courante (vente par lot, réductions diverses) viennent mettre à mal certains énoncés se voulant réalistes : un lot de 3 paquets peut coûter moins cher que 3 fois le prix d'un paquet. Dans une recette de gâteau, l'utilisation de 2,5 œufs n'a pas de sens…

Il conviendra également de varier les différentes procédures utilisées afin que l'élève ne « s'enferme » pas dans telle ou telle façon de procéder. Ceci pourra se faire en variant les données numériques utilisées.

9 | Les grandeurs et mesures

Voici des extraits des programmes qu'il faut connaître.

	Cycle 2	Cycle 3
Grandeurs et mesures	Comparer des objets selon plusieurs grandeurs et identifier quand il s'agit d'une longueur, d'une masse, d'une contenance ou d'une durée : • lexique spécifique associé aux longueurs, aux masses, aux contenances, aux durées.	Mesurer des périmètres en reportant des unités et des fractions d'unités, ou en utilisant une formule : • notion de longueur : cas particulier du périmètre ; • formule du périmètre d'un carré, d'un rectangle ; • formule de la longueur d'un cercle ; • unités relatives aux longueurs : relations entre les unités de longueur et les unités de numération (grands nombres, nombres décimaux).
	Comparer des longueurs, des masses et des contenances, directement, en introduisant la comparaison à un objet intermédiaire ou par mesurage : • principe de comparaison des longueurs, des masses, des contenances.	– Comparer, classer et ranger des surfaces selon leurs aires sans avoir recours à la mesure. – Différencier aire et périmètre d'une surface. – Déterminer la mesure de l'aire d'une surface à partir d'un pavage simple ou en utilisant une formule. – Estimer la mesure d'une aire par différentes procédures : • unités usuelles d'aire.
	– Estimer les ordres de grandeur de quelques longueurs, masses et contenances en relation avec les unités métriques. – Vérifier éventuellement avec un instrument : • ordres de grandeur des unités usuelles en les associant à quelques objets familiers ; • rapports très simples de longueurs (double et moitié).	• Unités usuelles de contenance (multiples et sous multiples du litre).
	– Mesurer des longueurs avec un instrument adapté, notamment en reportant une unité. – Mesurer des masses et des contenances avec des instruments adaptés. – Exprimer une mesure dans une ou plusieurs unités choisies ou imposées : • notion d'unité : grandeur arbitraire prise comme référence pour mesurer les grandeurs de la même espèce ; • unités de mesures usuelles ; • relations entre les unités de longueur, entre les unités de masses, entre les unités de contenance.	– Identifier des angles dans une figure géométrique. – Reproduire un angle donné en utilisant un gabarit. – Reconnaître qu'un angle est droit, aigu ou obtus.

1. Introduction

L'étude des grandeurs et de leurs mesures fait intervenir des notions géométriques ainsi que des notions numériques et ce parfois dans un contexte pluridisciplinaire.

Le concept de grandeur est un concept que les enfants ont des difficultés à appréhender ; aussi, comme nous le verrons plus loin, la notion de grandeur est seulement évoquée et l'essentiel de l'étude porte très souvent sur la **mesure des grandeurs**.

La méthode à suivre pour l'étude des grandeurs dans les instructions officielles pour les cycles 2 et 3 se décompose en plusieurs étapes. Les situations proposées aux élèves doivent utiliser :
- la comparaison directe par juxtaposition ou superposition ;
- la comparaison indirecte par le recours à un objet intermédiaire ou à un instrument de report ainsi que la transformation pour rendre la comparaison possible ;
- le mesurage par le choix d'une unité ;
- le calcul par l'utilisation d'une formule.

2. Les longueurs

C'est la première grandeur que les élèves rencontrent au cycle 2 en CP.
La longueur est un concept dont l'apprentissage est premier chez l'élève, essentiellement parce que c'est une propriété de nature perceptive : on voit lequel de deux enfants est le plus grand s'ils sont côte à côte (comparaison directe de longueurs). Si les deux enfants sont séparés par une cloison et ne peuvent pas se déplacer, il est nécessaire d'utiliser un objet intermédiaire pour transporter la longueur de l'un et la comparer à celle de l'autre (comparaison indirecte de longueurs). S'il s'agit de commander un vêtement pour un enfant, il est en général nécessaire de mesurer la taille de cet enfant, par exemple en centimètres (activité de mesurage).

Les programmes montrent bien qu'il s'agit d'étudier les longueurs en deux temps, d'abord l'émergence du concept de longueur au moyen de comparaisons directes ou indirectes puis l'utilisation de la mesure qui fait appel aux nombres.

Les programmes indiquent clairement la démarche à suivre pour installer la notion de mesure de longueur. Le rôle joué par l'étalon et l'utilisation des unités du système métrique seulement après avoir compris le report de l'étalon pour mesurer sont soulignés.

Dans le cas des longueurs, la fabrication d'un instrument de mesure par les élèves constitue une aide à la compréhension du fonctionnement des instruments usuels et à leur utilisation. Cette fabrication est précédée par des mesurages d'objets à l'aide du report d'un étalon de longueur.
On cherche à developper les compétences suivantes :
- Utiliser des instruments pour mesurer des objets physiques ou géométriques.
- Choisir l'unité appropriée pour exprimer le résultat d'un mesurage.
En précisant que les objets mesurés doivent être de nature et de dimensions variées, le choix de l'instrument approprié constituant un objectif important. En particulier, les élèves sont entraînés à la lecture de résultats sur une graduation.

C'est au CP que les élèves commencent à utiliser une règle pour mesurer. Une erreur fréquente est alors de mal positionner sa règle lors de la mesure, comme le montre l'exemple ci-dessous.

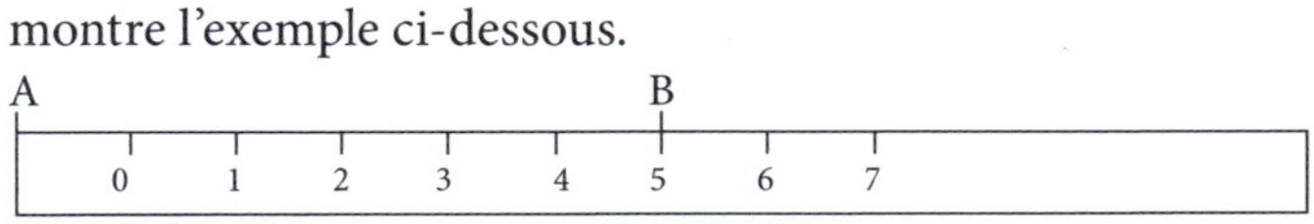

Les élèves doivent connaître les principales unités de longueur du système métrique. Ils peuvent exprimer les longueurs sous forme de nombres complexes tels que 8 m 4 dm ou 123 m 25 cm tant qu'ils n'ont pas à leur disposition les nombres décimaux.

Les unités sont souvent présentées dans un tableau qui permet aussi les conversions.

km	hm	dam	m	dm	cm	mm
			8	4		
	1	2	3	2	5	

Sans disposer des nombres décimaux, les élèves peuvent tout de même ajouter des longueurs. Ils effectuent parfois les conversions de façon très mécanique en déplaçant la virgule ou en « ajoutant » des zéros, il est cependant intéressant de leur faire utiliser leurs connaissances sur la multiplication et la division par 10, 100, 1000 pour effectuer des conversions.

3. Les aires et périmètres

C'est au cycle 3 que les élèves abordent la notion d'aire.

Les activités de classement et rangement des surfaces selon leurs aires précèdent les activités de mesurage avec une unité choisie. En effet, par superposition et recomposition (réelles ou mentales), il est possible de comparer des aires ou de réaliser des surfaces de même aire. Ce procédé nécessite la prise de conscience par l'élève du fait que l'aire d'un assemblage de figures ne change pas lorsque l'assemblage est modifié. L'aire d'une surface obtenue par recollement de deux surfaces est égale à la somme des aires de ces deux surfaces, mais son périmètre n'est pas égal à la somme des périmètres des deux surfaces initiales.

Les propositions d'activités des programmes débouchent en classe sur les activités suivantes :

- Regrouper les figures qui ont la même aire.
- Ranger les figures par ordre croissant des aires.

Par superposition, les élèves doivent reconnaître que les deux figures suivantes ont la même aire. Cette superposition peut s'effectuer mentalement mais aussi en manipulant par découpage ou utilisation du calque.

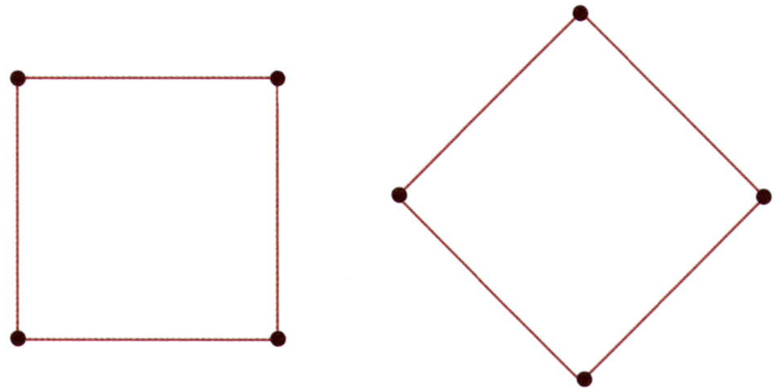

Par découpage et reconstitution après arrangement, les élèves doivent aussi reconnaître que les deux figures suivantes ont la même aire.

Le découpage et la reconstitution peuvent s'effectuer mentalement ou en manipulant.

On verra cependant par la suite les limites du découpage et de la reconstitution effectuée visuellement.

Cet exemple permet aussi de mettre en évidence pour l'élève des figures qui ont la même aire sans pour autant avoir le même périmètre.

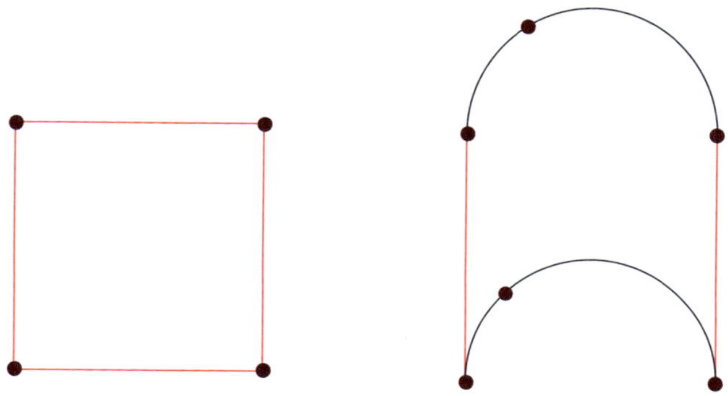

Une erreur fréquente chez les élèves est de croire qu'il existe un lien entre l'aire et le périmètre. Ils pensent par exemple que, pour deux figures, celle qui a la plus grande aire a aussi le plus grand périmètre ou bien que si le périmètre augmente il en est de même pour l'aire. C'est la confrontation à des contre-exemples qui va permettre de rectifier ces erreurs.

Exemple :

Figure A

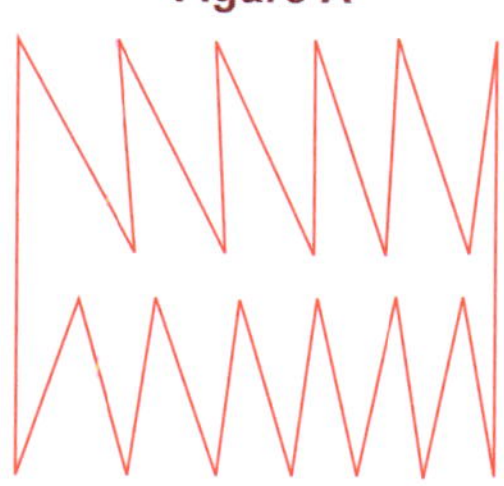

Figure B

On peut voir ici que le périmètre de la figure A est plus grand que celui de la figure B alors que son aire est plus petite que celle de la figure B.

On peut aussi dans un ensemble de figures géométriques demander aux élèves de ranger celles-ci par aires croissantes puis par périmètres croissants pour s'apercevoir que les classements obtenus peuvent être différents.

Il est important que les élèves aient l'occasion de rencontrer :
- deux figures de même aire et de périmètres différents ;
- deux figures de même périmètre et d'aires différentes.

En voici des exemples très simples :

Ces deux figures ont la même aire, mais elles ont des périmètres différents.
Ces deux figures ont le même périmètre mais elles ont des aires différents.

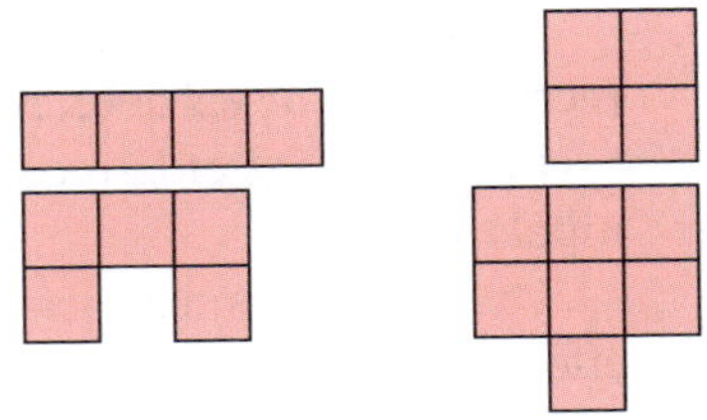

Une fois la notion d'aire découverte, c'est surtout le mesurage qui est étudié en classe. Il s'agit dans un premier temps, à partir d'une aire choisie comme étalon, de mesurer les aires. En choisissant des étalons différents, on montrera que la mesure dépend de l'étalon choisi. Dans la pratique, les figures sont souvent représentées sur un fond quadrillé et c'est l'aire du carreau qui sert d'étalon ; il s'agit alors pour l'élève de dénombrer les carreaux contenus dans la figure. Les figures peuvent être plus ou moins complexes et nécessitent parfois un découpage et une réagencement des morceaux que l'élève effectue mentalement.

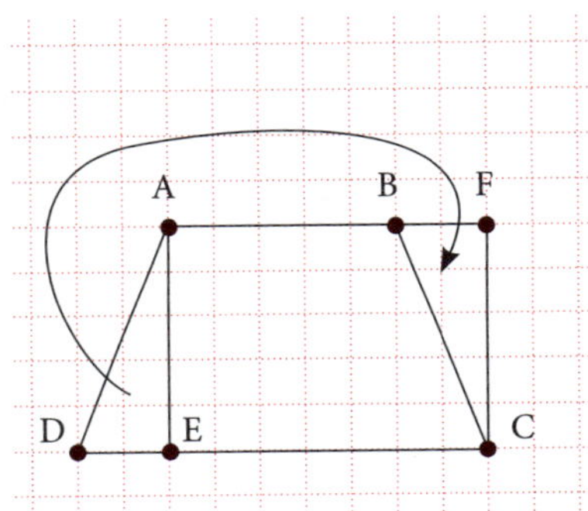

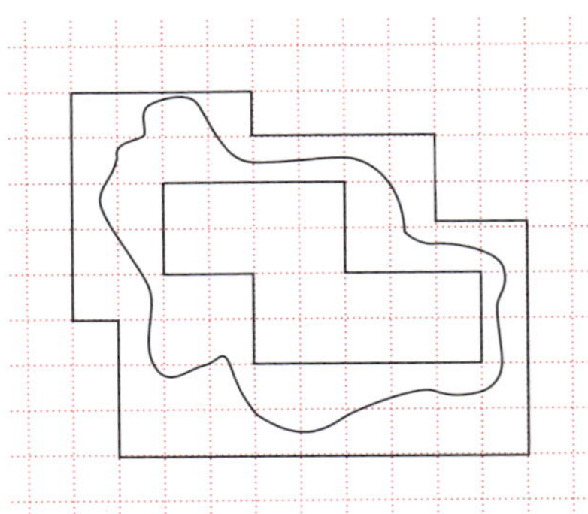

Toujours sur fond quadrillé, si la figure est formée de lignes courbes, un élève doit pouvoir déterminer un encadrement de son aire.

Ici, en évaluant par comptage l'aire du polygone intérieur et l'aire du polygone extérieur, l'élève peut déterminer entre quelles valeurs l'aire de la partie au contour courbe est comprise.

Enfin, les unités d'aires du système métrique sont introduites. Cela permettra ensuite à l'élève de déterminer la mesure des aires par calcul.

Pour les unités d'aires du système métrique, les élèves vont retrouver un tableau comme pour les unités de longueur, mais d'un maniement plus complexe. En effet il faut placer cette fois deux chiffres par colonne.

km²		hm²		dam²		m²		dm²		cm²		mm²	

Là encore, pour effectuer les conversions de façon non mécanique c'est la référence à la multiplication et à la division par 100 qui doit permettre aux élèves de mener à bien leurs conversions.

C'est seulement en situation que les élèves peuvent être confrontés à des unités agraires (are, hectare) et peuvent avoir à utiliser l'équivalence entre 1 hectare et 10 000 m^2, qui doit leur être donnée.

Les seules formules que l'élève de fin de cycle 3 doit connaître sont celles qui donnent l'aire du carré et du rectangle ; il n'est cependant pas interdit de proposer aux élèves des figures plus complexes en fournissant la formule qui permet de déterminer l'aire.

En effet, les élèves doivent être capables d'utiliser une formule pour trouver un résultat.

4. Les masses

Dès le CP, les élèves abordent les masses après avoir étudié les longueurs. Si la distinction entre masse et poids n'est pas à faire, il est cependant recommandé d'utiliser le vocabulaire adéquat et de parler de masse.

À l'occasion des leçons sur les masses, l'élève pourra travailler sur cette grandeur sans passer par la mesure dans des cas de comparaison directe et mettre aussi en œuvre des raisonnements fondés sur la transitivité lors de comparaisons indirectes. La notion de masse est cependant loin d'être simple car, dans leurs représentations, les élèves sont perturbés par la notion de masse volumique. La question : « Qu'est-ce qui est le plus lourd : un kilo de plomb ou un kilo de plumes ? » engendre toujours de nombreux débats en classe.

5. Les durées

La lecture de l'heure sur des cadrans numériques ou à aiguilles est un apprentissage qui s'effectue à l'école en tenant compte des connaissances que les élèves ont déjà acquises dans la vie de tous les jours.

La lecture d'un cadran numérique par les élèves dépend uniquement de la connaissance des nombres qui sont compris entre 0 et 23 pour les heures et entre 0 et 59 pour les minutes. Un élève de cycle 2 peut donc assez tôt lire l'heure sur un tel cadran.

Pour les cadrans à aiguilles, il faut distinguer la petite aiguille qui donne les heures par lecture directe et la grande aiguille où le nombre de minutes est égal au produit du nombre lu par 5. Nous utilisons aussi dans la lecture de l'heure les notions de quart et de demi qui sont à expliquer ainsi qu'un système qui fonctionne additivement jusqu'à la demi et négativement ensuite en passant à l'heure suivante.

En effet, s'il est admis par un enfant que 15 h 15 peut se dire trois heures et quart il est plus complexe d'exprimer 15 h 45 en quatre heures moins le quart.

Les opérations sur les durées

Pour le calcul de durées, des procédures de calcul peuvent être mises en œuvre. Ce recours à des procédures adaptées à chaque cas est favorisé et les élèves doivent être capables de les utiliser. Par exemple :
– pour évaluer la durée comprise entre 2 h 45 min et 4 h 10 min, on peut additionner trois durées : celle comprise entre 2 h 45 min et 3 h, celle comprise entre 3 h et 4 h et celle comprise entre 4 h et 4 h 10 min ; ces durées sont toutes évaluables mentalement ;
– pour additionner deux durées (par exemple, 58 min 47 s et 32 min 18 s), on peut additionner séparément les secondes et les minutes, puis effectuer les conversions nécessaires pour parvenir à l'expression 1 h 31 min 5 s).

En effet, si la disposition en colonnes est pratique pour effectuer une addition ou une soustraction, elle ne permet pas, pour l'élève, de donner du sens aux calculs. Il est donc préférable pour calculer un écart d'utiliser la frise chronologique et en procédant par saut de déterminer la durée. De même pour les additions, des calculs séparés sur les heures, les minutes et les secondes permettent à l'élève de produire le bon résultat dès qu'il a compris qu'une conversion est nécessaire car, par convention, les minutes et secondes sont toujours exprimées par des nombres inférieurs à 60.

10 | Les éléments de base de la géométrie plane et les figures usuelles

Voici des extraits des programmes qu'il faut connaître.

	Cycle 2	Cycle 3
Espace et géométrie	– Décrire, reproduire des figures ou des assemblages de figures planes sur papier quadrillé ou uni – Utiliser la règle, le compas ou l'équerre comme instruments de tracé. – Reconnaître, nommer les figures usuelles. – Reconnaître et décrire à partir des côtés et des angles droits, un carré, un rectangle, un triangle rectangle. Les construire sur un support uni connaissant la longueur des côtés. – Construire un cercle en connaissant son centre et un point, ou son centre et son rayon : • vocabulaire approprié pour décrire les figures planes usuelles ; • propriété des angles et égalités de longueur des côtés pour les carrés et les rectangles ; • lien entre propriétés géométriques et instruments de tracé.	– Se repérer, décrire ou exécuter des déplacements, sur un plan ou sur une carte. – Accomplir, décrire, coder des déplacements dans des espaces familiers : • vocabulaire permettant de définir des positions et des déplacements ; • divers modes de représentation de l'espace.
	– Utiliser la règle (non graduée) pour repérer et produire des alignements. – Repérer et produire des angles droits à l'aide d'un gabarit, d'une équerre. – Reporter une longueur sur une droite déjà tracée. – Repérer ou trouver le milieu d'un segment.	Reconnaître, nommer, comparer, vérifier, décrire : - des figures simples ou complexes (assemblages de figures simples) ; - des solides simples ou des assemblages de solides simples à partir de certaines de leurs propriétés. • Figures planes et solides, premières caractérisations : - triangles dont les triangles particuliers (triangle rectangle, triangle isocèle, triangle équilatéral) ; - quadrilatères dont les quadrilatères particuliers (carré, rectangle, losange, première approche du parallélogramme) ; - cercle (comme ensemble des points situés à une distance donnée d'un point donné).
		Reproduire, représenter, construire : • des figures simples ou complexes (assemblages de figures simples).
		Effectuer des tracés correspondant à des relations de perpendicularité ou de parallélisme de droites et de segments :
		• alignement, appartenance ; • perpendicularité, parallélisme (construction de droites parallèles, lien avec la propriété reliant droites parallèles et perpendiculaires).

1. Généralités sur l'enseignement de la géométrie

On peut distinguer plusieurs sortes de géométrie que l'élève va découvrir progressivement. En effet, au début de l'école primaire, l'élève va essentiellement travailler une **géométrie perceptive**. C'est en voyant que l'élève va reconnaître les différents objets géométriques au programme de l'école primaire. Avec l'utilisation de la règle graduée, de l'équerre, l'élève pourra vérifier certaines propriétés des figures, il sera alors dans le domaine de la **géométrie instrumentée**. Enfin, connaissant les définitions des figures géométriques, il pourra à partir de l'énoncé ou d'indications codées sur la figure passer à une **géométrie déductive**.

De même, dans l'enseignement de la géométrie, la représentation graphique de la situation va évoluer en partant du dessin pour aller vers la figure.

On peut aussi remarquer que les compétences attendues en géométrie sont de plusieurs ordres. Elles concernent tout ce qui relève :

- du tracé, que celui-ci soit exécuté à main levée ou avec les instruments ;
- de la reconnaissance de formes ou de configurations ;
- du discours à tenir sur les objets géométriques ;
- du codage.

2. Droites parallèles et droites perpendiculaires

Il y a deux ordres possibles de présentation, introduire les droites parallèles puis les droites perpendiculaires ou le contraire. À l'école primaire, on présente généralement les droites perpendiculaires en premier, puis les droites parallèles. Cette présentation a l'avantage d'être plus concrète. En effet, par double pliage on obtient deux droites sécantes qui partagent l'angle plein en quatre secteurs angulaires superposables. Les angles sont alors définis comme droits et les droites sécantes sont appelées alors des droites perpendiculaires. La feuille ainsi pliée peut servir de gabarit pour repérer les angles droits dans une figure.

Quand les élèves ont assimilé la notion de droites perpendiculaires, ils peuvent tracer deux droites perpendiculaires à une même troisième. Ce sont ces deux droites que l'on nommera droites parallèles. La définition mathématique du parallélisme, où « deux droites sont parallèles lorsqu'elles ne sont pas sécantes », n'est pas opérationnelle à l'école primaire.

En effet, si deux droites ne se coupent pas sur la feuille où se trouve le dessin, les élèves risquent de conclure qu'alors les droites sont parallèles.

On trouve aussi à l'école primaire une définition des droites parallèles à partir de l'écart constant entre ces deux droites, mais alors il faut bien veiller à mesurer l'écart entre les deux droites perpendiculairement à celles-ci, ce qui n'est pas toujours le cas chez les élèves.

3. Polygones

À l'école primaire, les élèves travaillent sur les polygones essentiellement à partir du nombre de côtés. Ils rencontrent les polygones réguliers, en particulier l'hexagone régulier dont la construction au compas est abordée souvent à travers des activités décoratives (construction de rosaces).

Ce sont surtout les triangles et les quadrilatères qui sont étudiés, principalement dans des cas particuliers tels que triangle isocèle, carré, etc.

On peut remarquer que les quadrilatères sont caractérisés à l'école à partir des propriétés de leurs côtés, ce n'est qu'en fin de cycle 3 que l'on rencontre une caractérisation à partir des propriétés des diagonales.

Les quadrilatères sont étudiés séparément, le carré n'est pas vu comme un rectangle ou un losange particulier. C'est au collège qu'une organisation ensembliste des familles de quadrilatères sera mise en évidence en les définissant justement à partir des diagonales.

Les programmes officiels mentionnent un petit nombre de quadrilatères, mais les élèves de cycle 3 peuvent aussi rencontrer des parallélogrammes ou des trapèzes.

La mise en évidence des propriétés des différents quadrilatères peut se faire à partir d'activités de tri de figures où l'élève doit regrouper les figures ayant des propriétés communes. La définition des critères de tri peut être laissée à la charge de l'élève, de façon à mettre en évidence ceux qui apparaîtront pertinents au niveau géométrique, mais ils peuvent aussi être donnés dans la consigne.

Ces activités de tri conçues pour déboucher sur les propriétés des figures doivent donner lieu à un véritable débat, il est donc important de proposer certaines figures qui soient « presque » carrées, « presque » losanges ou « presque » rectangles pour dépasser le stade de la géométrie perceptive et travailler en géométrie instrumentée.

4. Cercle et disque

Le cercle et le disque sont des figures que les enfants manipulent depuis le cycle 1 sous la forme de « ronds ». Ils sont capables de distinguer le cercle des polygones. Cependant, la perception qu'ils ont du cercle est différente de celle que l'on va chercher à établir au cycle 3 où le cercle est un ensemble de points situés à une distance constante du centre.

Les programmes stipulent que les élèves doivent utiliser à bon escient les mots : rayon, diamètre pour le cercle. Une difficulté importante pour les enfants réside cependant dans le fait que le même mot peut désigner aussi bien un objet géométrique qu'un objet numérique. En effet, c'est seulement l'emploi de l'article défini ou indéfini qui permet de distinguer **le rayon**, qui est un nombre, **d'un rayon** qui est un segment. Il en est de même pour **le diamètre** qui est le double du rayon et **un diamètre** qui est une corde passant par le centre.

C'est en plaçant des points à une distance donnée d'un point fixe ou en repérant sur une figure des points ceux placés à la même distance d'un point donné que vont se construire les notions de centre et de rayon qui permettent de définir un cercle.

5. Programmes de construction

À l'école primaire, les élèves doivent être capables de décrire une figure simple en utilisant le vocabulaire approprié, inversement ils doivent aussi à partir d'un programme de construction être capables de réaliser la figure décrite.

C'est souvent par des jeux de communication que les compétences citées précédemment sont travaillées. Ces activités de description de figures demandent l'emploi d'un vocabulaire important et précis pour caractériser les objets mais aussi pour les situer les uns par rapport aux autres dans une figure complexe. Les élèves peuvent alors utiliser les notions de côtés opposés ou de côtés consécutifs, même si leur maîtrise complète n'est pas exigée en fin de cycle 3.

On rencontre aussi dans les classes des jeux tels que « le jeu du portrait » qui consiste pour l'élève à découvrir une figure géométrique. Généralement, le maître choisit une figure que les élèves ne voient pas. Ceux-ci posent à tour de rôle des questions relatives aux propriétés de cette figure.

Exemple : La figure a-t-elle 4 côtés ? Existe-t-il des côtés perpendiculaires ? La figure a-t-elle un axe de symétrie ?

À partir des réponses données, qui sont oui ou non, les élèves proposent la figure qui leur semble correspondre aux indications fournies.

Généralement, les questions sont notées au tableau pour disposer d'une mémoire du jeu car les élèves ont parfois tendance à ne pas prendre en compte les réponses précédentes qui ont été données.

Ce jeu permet un travail sur les propriétés des figures géométriques et permet aussi à partir des questions notées au tableau de travailler sur la cohérence des propositions des élèves et sur la validité du vocabulaire utilisé.

6. Conclusion

On peut facilement caractériser les activités des élèves à partir du tableau suivant.

Donnée	Production attendue	Activité de l'élève
Dessin	Dessin	Reproduction
Dessin	Texte	Description, rédaction de programme de construction
Texte	Dessin	Traçage de figure
Texte	Texte	

Les élèves ont des représentations très standardisées des figures géométriques, on parlera de **représentations prototypiques** qui les empêchent de reconnaître une figure lorsque celle-ci n'est pas dans une position usuelle pour eux.

Exemple : Un carré « sur la pointe » est souvent perçu différemment, ainsi les élèves pensent souvent que la figure B est un losange.

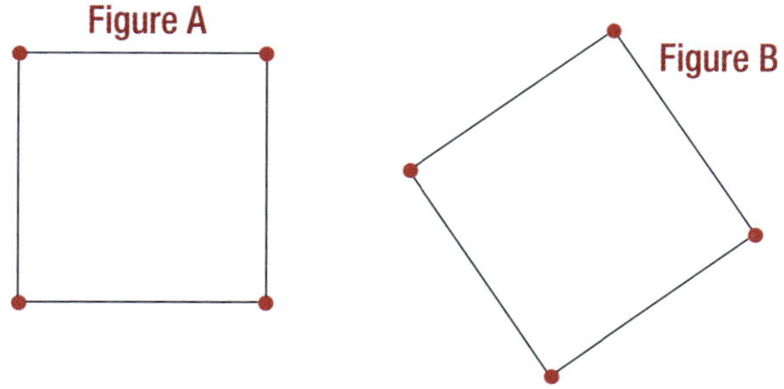

La position des objets géométriques sur la feuille est donc une variable didactique en géométrie.

Il en est de même pour les droites. D3 et D4 sont perçues comme perpendiculaires alors que certains élèves ne pensent pas que D1 et D2 le sont aussi.

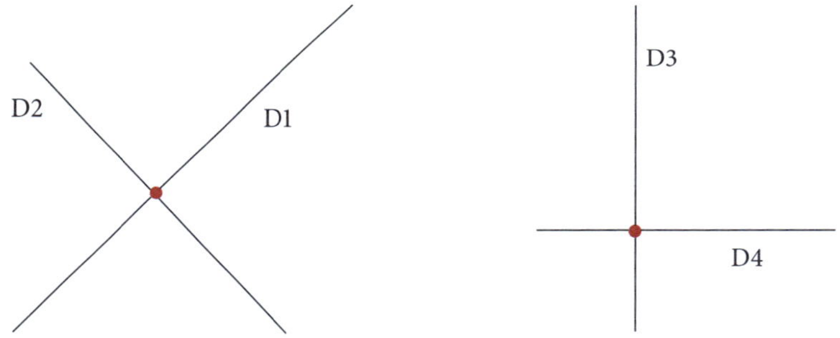

Il existe d'autres variables didactiques qui interviennent dans les situations en géométrie et l'on peut distinguer deux catégories importantes :

- Celles qui relèvent du support : en effet on peut fournir aux élèves du papier uni, du papier quadrillé, du papier pointé, du papier maillé avec des mailles triangulaires ou hexagonales par exemple.
- Celles qui relèvent des instruments utilisés : la règle graduée ou non, l'équerre, le compas, le gabarit, le papier calque. Les procédures utilisées sont donc fortement dépendantes de ces variables et les savoirs mis en jeu dans la réalisation d'une figure ne seront donc pas les mêmes.

Exemple : Pour placer le milieu M du côté [BC] d'un triangle rectangle en A, on peut :

– à l'aide de la règle graduée, mesurer BC, en prendre la moitié et placer M ;
– à l'aide de la règle non graduée et du compas, tracer la médiatrice de [AB] et placer M au point d'intersection de la médiatrice avec le segment ;
– à l'aide de la règle non graduée et de l'équerre, tracer le rectangle ABDC, tracer la diagonale (AD) et placer M au point d'intersection de la diagonale avec le segment.

On voit alors que les savoirs utilisés sont par exemple la propriété de la médiatrice ou la propriété des diagonales d'un rectangle.

11 | Les quadrillages et transformations

Voici des extraits des programmes qu'il faut connaître.

	Cycle 2	Cycle 3
Espace et géométrie	– Reconnaître si une figure présente un axe de symétrie (à trouver). – Compléter une figure pour qu'elle soit symétrique par rapport à un axe donné : • symétrie axiale ; • une figure décalquée puis retournée qui coïncide avec la figure initiale est symétrique : elle a un axe de symétrie (à trouver) ; • une figure symétrique pliée sur son axe de symétrie, se partage en deux parties qui coïncident exactement.	– Compléter une figure par symétrie axiale. – Construire la figure symétrique d'une figure donnée par rapport à un axe donné que l'axe de symétrie coupe ou non la figure, construire le symétrique d'une droite, d'un segment, d'un point par rapport à un axe donné : • figure symétrique, axe de symétrie d'une figure, figures symétriques par rapport à un axe.

1. Les quadrillages

À l'école maternelle, les enfants ont fréquenté les tableaux à double entrée, ils ont déjà rencontré la notion de ligne et de colonne. Au CP puis au CE1, les élèves vont travailler sur quadrillage, sur ce support ils vont repérer ou placer.

Dans un premier temps, c'est la case, c'est-à-dire l'intersection d'une ligne et d'une colonne, qui va être repérée et c'est dans celle-ci que l'on va placer des objets.

Ce n'est qu'ensuite que l'élève va travailler sur les droites horizontales ou verticales à la place des lignes et des colonnes et passer de la case au nœud de quadrillage. Ce passage est difficile car si l'enfant travaille toujours sur le même réseau de lignes, c'est le concept de point qui est sous-jacent.

Le problème du repérage est un problème complexe car celui-ci peut s'effectuer par rapport à un repère absolu comme par rapport à un repère relatif. Il nécessite la connaissance d'un vocabulaire approprié. En effet, l'élève devra situer un objet par rapport à un autre en indiquant par exemple le déplacement pour aller de l'un à l'autre ou indiquer sa position.

Exemple :

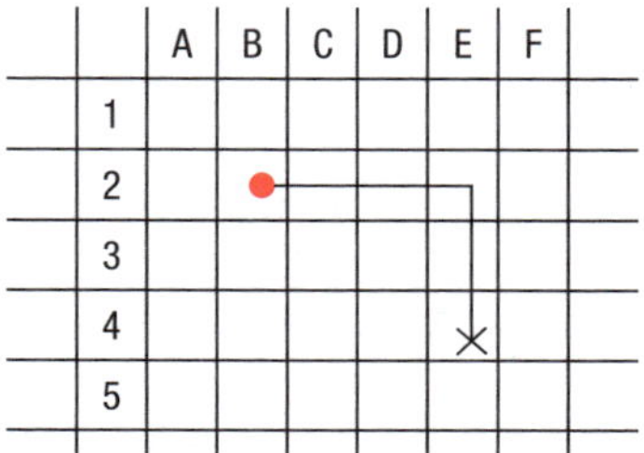

La croix peut être située en E 4 ; on peut aussi dire qu'elle est atteinte en partant de • et en se déplaçant de 3 cases vers la droite et de 2 cases vers le bas.

C'est dans des situations de communication que l'élève va ressentir l'intérêt d'un vocabulaire précis et d'un codage permettant de placer un objet, de guider un déplacement.

2. La symétrie

À l'école primaire, la symétrie est vue à travers la notion d'axe de symétrie d'une figure et comme transformation faisant correspondre une figure à une autre. Elle n'est pas perçue, comme l'indiquent les programmes, comme transformation ponctuelle du plan dans lui-même.

La symétrie fait l'objet d'une première approche au cycle 2, elle est ensuite reprise au cycle 3 pour permettre aux élèves d'étendre leur champ d'expérience sur cette transformation et de mettre en œuvre quelques-unes de ses propriétés.

Au cycle 2, où l'élève est encore dans une géométrie perceptive, c'est à travers la réalisation de frises ou de ribambelles par découpage et pliage que l'enfant découvre la notion de figures symétriques. L'axe de symétrie d'une figure est perçu puis vérifié par pliage. Des tracés peuvent avoir lieu sur papier quadrillé par rapport à des axes suivant les lignes du quadrillage.

Le découpage après pliage permet la fabrication de figures possédant un axe de symétrie qui correspond au pli. Le pliage peut être effectif ou seulement évoqué, par exemple de nombreuses consignes d'exercices sur la symétrie utilisent l'expression : « comme si tu pliais ».

Au cycle 3, si le pliage n'est pas tout de suite abandonné, l'élève utilise aussi le calque ou un gabarit. L'élève doit percevoir que la symétrie est une isométrie, qui est un retournement, c'est-à-dire qu'il obtient par symétrie une figure superposable mais disposée à l'envers. Il doit pouvoir aussi tracer le symétrique d'une figure simple sur un support quadrillé.

L'orientation de l'axe par rapport auquel on va effectuer la symétrie influe beaucoup sur les résultats des élèves. Ils réussissent mieux lorsque l'axe est vertical ou horizontal. On peut proposer des exercices avec un axe oblique lorsque celui-ci correspond par exemple à la diagonale des carreaux du quadrillage.

La technique de traçage du symétrique d'une figure à l'aide du papier calque doit être bien précisée aux élèves ; en effet, après avoir décalqué la figure, il ne faut pas oublier de décalquer aussi l'axe en ayant pris soin de noter un point de repère sur l'axe.

Lors du retournement du calque, les élèves doivent superposer les traits correspondant à l'axe et pour éviter tout décalage il suffit de faire coïncider les points de repère.

Pour bien faire ressentir par les élèves la notion de retournement lors d'une symétrie, il est important de représenter le symétrique de figures ne possédant pas déjà un axe de symétrie. Comme le montre le dessin suivant, les élèves voient bien que les deux triangles ne peuvent se superposer que par retournement alors que les deux rectangles se superposent aussi bien par retournement que par glissement.

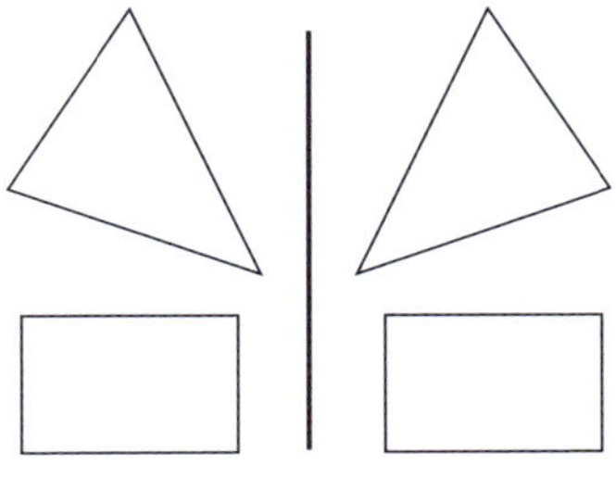

Pour tracer le symétrique d'une figure sur papier quadrillé, les élèves mettent en œuvre diverses procédures.

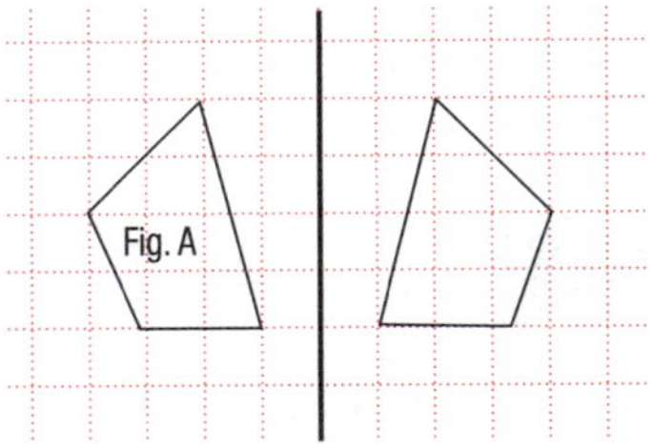

Pour tracer la figure symétrique de A, les élèves peuvent placer un point de l'autre côté de l'axe de symétrie et ensuite de proche en proche reconstituer la figure image en traçant les côtés. Ils peuvent aussi repérer les sommets du quadrilatère puis, en suivant les lignes du quadrillage et en comptant les carreaux qui séparent ces points de l'axe, ils placent les symétriques des sommets qu'ils joignent ensuite pour obtenir la figure symétrique.

On peut dire que la première procédure est locale alors que la seconde est globale. Sur fond quadrillé, lorsque l'axe de symétrie est une ligne du quadrillage et que les points significatifs de la figure sont sur des nœuds de quadrillage, les erreurs que peuvent commettre les élèves ont souvent pour origine un mauvais dénombrement des carreaux.

Les variables didactiques intervenant dans la symétrie

Les performances des élèves dans un exercice peuvent être très variables en raison du grand nombre de variables didactiques sur lesquelles on peut jouer dans une situation sur la symétrie.

En effet, la nature du support, de la figure, des instruments disponibles et la position de l'axe vont intervenir dans une telle situation.

Le support peut être quadrillé ou uni, s'il est suffisamment fin il permettra de voir par transparence lors du pliage.

Les instruments disponibles : règle, équerre, compas, gabarit, calque vont induire des procédures différentes.

La nature de la figure simple ou complexe avec des obliques ou non, avec un ou des axe(s) de symétrie rendra la tâche de l'élève plus ou moins ardue.

Enfin, la position de l'axe de symétrie : verticale, horizontale ou oblique va aussi poser des problèmes aux élèves.

12 | Les solides

Voici des extraits des programmes qu'il faut connaître.

	Cycle 2	Cycle 3
Espace et géométrie	– Reconnaître et trier les solides usuels parmi des solides variés. Décrire et comparer des solides en utilisant le vocabulaire approprié. – Reproduire des solides. – Fabriquer un cube à partir d'un patron fourni : - nommer des solides (boule, cylindre, cône, cube, pavé droit, pyramide).	Reconnaître, nommer, comparer, vérifier, décrire : - des solides simples ou des assemblages de solides simples à partir de certaines de leurs propriétés. • Figures planes et solides, premières caractérisations. • Vocabulaire approprié pour nommer les solides : pavé droit, cube, prisme droit, pyramide régulière, cylindre, cône, boule. Reproduire, représenter, construire : • des solides simples ou des assemblages de solides simples sous forme de maquettes ou de dessins ou à partir d'un patron (donné, dans le cas d'un prisme ou d'une pyramide, ou à construire dans le cas d'un pavé droit).

1. Espace et géométrie

Dans la vie de tous les jours, les enfants sont très souvent confrontés à la manipulation de solides. Il suffit de voir dans un supermarché les différents emballages des produits et de les toucher pour s'apercevoir de la diversité des formes que peut rencontrer un enfant.

Mais si ces objets d'un espace à trois dimensions peuvent donc être manipulés, ce qui permet à l'enfant de se les approprier, c'est le passage aux différentes représentations de ces objets dans un plan à deux dimensions qui va poser des problèmes ainsi que le discours à tenir pour les décrire.

Mais avant de s'intéresser aux solides les enfants vont devoir se familiariser avec l'espace. À partir de l'espace qui les entoure, où ils se déplacent, ils vont se construire par des activités adéquates des représentations.

Savoir, dans l'espace environnant, observer, situer, repérer, guider, communiquer des informations est indispensable à la maîtrise de certaines activités humaines. Ces apprentissages ne s'effectuent pas spontanément. Ils nécessitent l'organisation d'activités se déroulant dans l'espace réel, mettant en liaison, le cas échéant, cet espace avec certaines de ses représentations (maquettes, photographies, plans). Un travail limité à des espaces évoqués ou représentés, sans mise en relation effective avec un espace réel, ne permet pas la construction de connaissances efficaces.

2. Généralités sur les solides

Les premières activités autour des solides sont essentiellement la description : dénombrer ses constituants géométriques, identifier certaines propriétés, et la reconnaissance : pouvoir nommer l'objet géométrique. Vient ensuite la construction : fabriquer avec de la pâte à modeler ou à partir d'une feuille de papier ou de carton. Ce n'est qu'après avoir acquis une bonne connaissance des solides que se pose le problème de leurs représentations grâce aux patrons ou bien en utilisant la perspective cavalière.

Pour cela, un premier travail consiste à faire acquérir le bon vocabulaire c'est-à-dire faire découvrir les notions de face, sommet, arête. Il s'agit ensuite de dénombrer les constituants : faces, sommets, arêtes. Enfin l'élève caractérisera les différentes faces en fonction de leur nature géométrique.

Si les enfants doivent connaître un certain nombre de solides, ce sont surtout les polyèdres simples qui seront étudiés à l'école primaire. Pour cela une première distinction est faite entre les solides qui roulent et ceux qui ne roulent pas.

La sphère, le cylindre et le cône seront évoqués en classe car on les rencontre dans la vie courante, mais ils ne donneront lieu à aucune étude particulière.

Dans les programmes, les compétences décrites sont relatives à une liste limitée de solides, mais il est bien spécifié que les activités qui doivent permettre la construction de ces compétences peuvent aussi concerner d'autres solides.

3. Les polyèdres particuliers

Les enfants ayant étudié certaines figures planes peuvent travailler sur les solides dont les faces sont pour eux des objets connus. La notion de face est généralement établie à partir de l'empreinte que laisserait un solide en contact avec un plan.

Au cycle 2, la reproduction de solides ne s'effectue pas à partir de patrons, c'est en utilisant d'autres matériaux pour représenter les faces ou les arêtes que l'élève s'approprie les propriétés des solides.

On retrouve, lors de l'étude des solides, des activités similaires à celles rencontrées lors de l'étude des figures planes. En particulier, lors du jeu du portrait où les élèves doivent trouver un solide en posant des questions permettant de l'identifier.

Lors des activités de description, les élèves vont aussi travailler la justesse et la qualité du vocabulaire employé. En particulier, lors d'échanges de messages, les élèves mettent en place des moyens de communication qui reposent sur du texte ou des dessins. Dans un premier temps, ils dessinent souvent une ou plusieurs faces, ou le solide tel qu'ils le voient. Ce n'est qu'ensuite que la qualité des messages s'améliore, lorsqu'ils indiquent la nature des faces et leur nombre.

Des problèmes de reproduction de solides sont proposés en utilisant des matériaux (par exemple : pâte à modeler, faces prédécoupées, tiges prédécoupées pour les arêtes) ou par assemblage d'autres solides (jeu de cubes par exemple).

4. Les patrons

Voici des activités essentielles autour des patrons :
Reconnaître, construire ou compléter un patron de cube, de parallélépipède rectangle.

D'autres solides que le cube ou le parallélépipède rectangle peuvent donner lieu à la réalisation de patrons.

Dans un premier temps avec les élèves, on ne peut pas se contenter du seul dessin du patron pour conclure, le découpage et le montage du solide sont nécessaires pour que les élèves puissent soit constater leurs erreurs, soit se convaincre de la validité du patron.

Les patrons du cube fournissent une excellente situation de recherche qui peut être menée en groupe dans une classe de fin de cycle 3. Il s'agit pour les élèves de trouver le plus de patrons possibles du cube. Sans rechercher l'exhaustivité, les élèves parviennent à trouver presque tous les patrons parmi les 11 possibles. Cette situation permet le débat entre les élèves car parfois deux patrons dans des positions différentes ne sont pas perçus comme identiques.

Voici un exercice qui était posé lors des évaluations de sixième il y a quelques années :

« Pour chacun des patrons ci-contre, entoure-le si tu penses que c'est celui d'un cube ; barre-le si tu penses que ce n'est pas celui d'un cube. »

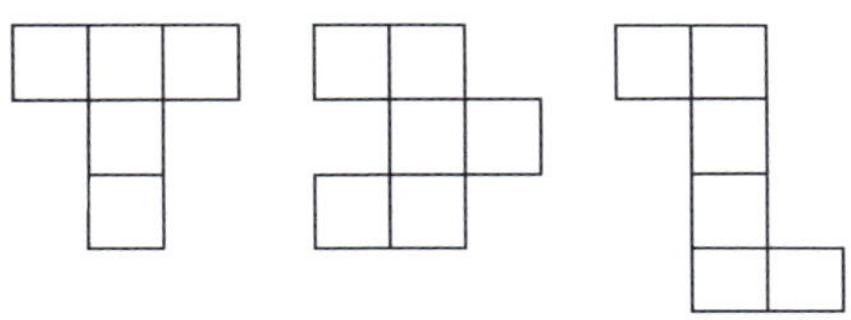

A B C

On peut voir que l'on attend d'abord de l'élève qu'il s'assure que le patron compte bien le bon nombre de faces (patron A). On attend ensuite qu'il puisse mentalement effectuer le pliage pour reconstituer le cube et vérifier qu'il n'y a pas de superpositions de faces.

5. Conclusion

On peut remarquer que la perspective cavalière, qui est un mode de représentation des solides sur un plan, est utilisée dans les manuels de l'école primaire. Elle n'a pas à faire l'objet d'une étude particulière, mais il faut cependant former les enfants à la lecture de telles représentations. On peut dire aussi qu'elle est utilisée en dehors de l'école et que sa fréquentation en fait une connaissance sociale. Pour faciliter la tâche de l'élève, on utilise parfois la représentation en perspective cavalière sur un fond quadrillé.

Certaines difficultés liées à l'emploi du vocabulaire adéquat vont surgir lors de la description de solides. En effet, les segments joignant deux sommets seront souvent appelés côtés en référence à la figure plane, et non arêtes. De même les faces seront aussi désignées comme côtés.

13 | La résolution de problème

1. Introduction

La résolution de problème est au centre de l'activité mathématique. Mais la notion de « problème » est relative à celui qui tente de le résoudre. Ce qui constitue un « problème » pour un élève de grande section de maternelle n'en est plus un pour un élève de CM2. De même, le problème d'un enfant de CM2 n'en est pas un pour l'élève de terminale.

Les connaissances mathématiques actuelles ont été acquises dans le but de résoudre des problèmes. On pourrait alors citer Philippe Mérieux pour qui résoudre un problème, c'est « apprendre en le faisant à faire ce qu'on ne sait pas faire. ».

Dans l'idée de résolution de problème, il y a le fait de mobiliser des savoirs et des savoir-faire antérieurs (parfois acquis lors d'autres résolutions de problème) pour les mettre au service de la résolution du nouveau problème.

On distinguera bien sûr ici le problème de la classe de mathématiques du problème commun. Le problème de la classe de mathématiques correspond à certains codes qui ne sont pas étrangers au **contrat didactique** et que l'élève envisage et accepte comme tel.

Dans l'énoncé suivant : « Dans la basse-cour de M. Martin, il y a des poules et des lapins. À eux tous, les animaux de cette basse-cour ont 19 têtes et 52 pattes. Combien y a-t-il de poules et combien y a-t-il de lapins ? », on saisit bien le caractère irréaliste de ce M. Martin qui compterait les têtes et les pattes au lieu de compter simplement le nombre de poules et de lapins de la basse-cour. Cet énoncé est, en fait, accepté comme tel par les enfants avec les codes qui lui sont attachés, à savoir qu'il s'agit d'un prétexte pour **« chercher ».**

Dans *L'Âge du capitaine*, Stella Baruk étudiait en 1985 le problème suivant, proposé à des élèves de primaire : « Sur un bateau, il y a 26 moutons et 10 chèvres. Quel est l'âge du capitaine ? ». Certains élèves avaient répondu : « 26 + 10 = 36. Le capitaine avait 36 ans. » Stella Baruk attribue cette erreur à un effet pervers du « contrat didactique », dont l'auteur souligne avec humour que « l'une des parties (ndlr : les élèves !) serait d'ailleurs bien en peine de savoir où et quand elle l'aurait signé ».

Désormais, lorsque nous évoquerons le mot « problème », ce sera dans le cadre de la classe de mathématiques.

Au cycle 2, la résolution de problèmes est au centre de l'activité mathématique des élèves, développant leurs capacités à chercher, raisonner et communiquer. Les problèmes permettent d'aborder de nouvelles notions, de consolider des acquisitions, de provoquer des questionnements. Ils peuvent être issus de situations de vie de classe ou de situations rencontrées dans d'autres enseignements, notamment « Questionner le monde ». Ils ont le plus souvent possible un caractère ludique. On veillera à proposer aux élèves dès le CP des problèmes pour apprendre à chercher qui ne soient pas de simples problèmes d'application à une ou plusieurs opérations mais nécessitent des recherches avec tâtonnements.

Les notions de géométrie plane et les connaissances sur les figures usuelles s'acquièrent à partir de résolution de problèmes (reproduction de figures, activités de tri et de classement, description de figures, reconnaissance de figures à partir de leur description, tracés en suivant un programme de construction simple).

En mathématiques, mémoriser, utiliser des outils de référence, essayer, proposer une réponse, argumenter, vérifier sont des composantes de la résolution de problèmes simples de la vie quotidienne.

Au cycle 3, la résolution de problèmes constitue le critère principal de la maîtrise des connaissances dans tous les domaines des mathématiques, mais elle est également le moyen d'en assurer une appropriation qui en garantit le sens.

La progressivité sur la résolution de problèmes, outre la structure mathématique du problème, repose notamment sur :

– les nombres mis en jeu : entiers (tout au long du cycle) puis décimaux ;

– le nombre d'étapes de calcul et la détermination ou non de ces étapes par les élèves : selon les cas, à tous les niveaux du cycle 3, on passe de problèmes dont la solution engage une démarche à une ou plusieurs étapes indiquées dans l'énoncé à des problèmes, en 6e, nécessitant l'organisation de données multiples ou la construction d'une démarche ;

– les supports envisagés pour la prise d'informations : la collecte des informations utiles peut se faire à partir d'un support unique en CM1 (texte ou tableau ou représentation graphique) puis à partir de deux supports complémentaires pour aller vers des tâches complexes mêlant plusieurs supports en 6e.

La communication de la démarche et des résultats prend différentes formes et s'enrichit au cours du cycle.

Dès le début du cycle, les problèmes proposés relèvent des quatre opérations, l'objectif est d'automatiser la reconnaissance de l'opération en fin de cycle 3.

2. Définitions

A. Le problème

On trouve souvent du problème la définition suivante : un problème, c'est une situation initiale contenue dans un **énoncé** qui comporte des données et qui pose une **question** (but à atteindre) qui ne soit pas immédiatement résoluble.

Pour le résoudre, l'élève devra entrer dans une démarche de **recherche**, mobiliser une activité intellectuelle (et mnémonique) afin d'élaborer une suite d'actions qui l'amèneront à la **solution**.

B. Les différents types de problèmes

On distingue, à l'école primaire, différents types de problèmes en fonction des buts didactiques visés :

– Les problèmes visant à construire des connaissances : ce sont des problèmes de « rupture » ayant comme but de montrer à l'élève que les procédures autrefois employées ne sont plus pertinentes et/ou de faire émerger la nécessité d'acquérir une nouvelle connaissance (ou une nouvelle technique). On les placera en début d'apprentissage d'une notion afin de permettre à l'élève de prendre conscience des limites ou de l'insuffisance des connaissances (ou des techniques) dont il dispose.

– **Les problèmes de recherche** : ce sont des problèmes pour lesquels l'élève ne dispose pas d'une solution immédiate. Il doit donc chercher, élaborer une démarche, émettre des hypothèses, les tester, élaborer un raisonnement, trouver une solution et la vérifier. C'est ce type de problème qui pourra donner à l'élève le goût des mathématiques.

– Parmi ces problèmes, ceux qui demandent de mobiliser plusieurs connaissances mathématiques et de mettre en place des étapes ou des questions intermédiaires seront qualifiés de **problèmes complexes**.

– **Les problèmes d'application** appelés aussi problèmes de réinvestissement ont pour but de s'exercer à l'utilisation d'un savoir ou d'un savoir-faire. Ce type de problèmes est très courant dans les manuels de mathématiques. Il n'est pas certain qu'ils méritent l'appellation de « problème » car il s'agit le plus souvent d'exercices d'application permettant d'exercer une technique ou une procédure déjà étudiée.

3. Les étapes de la résolution de problème

Résoudre un problème est une activité complexe, pas forcément linéaire, qui passe par plusieurs étapes :

- lire l'énoncé et la question ;
- se représenter la situation ;
- décider d'une stratégie de résolution ;
- appliquer cette procédure et être capable d'en changer si elle ne débouche pas ;
- vérifier, lorsque c'est possible, le résultat trouvé ;
- rédiger la procédure de résolution de telle sorte qu'elle soit compréhensible par un tiers.

Parmi les différentes stratégies, on peut citer :

– **L'analogie :** la situation proposée ressemble à un problème déjà rencontré et peut être résolu de manière analogue.

– **Le raisonnement hypothético-déductif :** il utilise une structure du type « Si… alors… ». Si on part des hypothèses du problème pour aller vers la conclusion, on parlera de **« chaînage avant »**. En revanche, si le raisonnement démarre à partir de la conclusion qu'on veut obtenir, il s'agira de **« chaînage arrière »**. La mise en rapport des hypothèses du problème permettant d'appliquer des règles déjà connues peut être appliquée.

– **La procédure de type essai-erreur** : on teste les solutions possibles de manière plus ou moins systématique et on les confirme ou les réfute selon les cas.

Il convient toujours d'être capable de passer de l'**instanciation** du problème (je sais reconnaître le type du problème et quelle stratégie appliquer) à son **exécution** (je possède, par exemple, la technique opératoire que j'ai repérée comme efficiente).

4. Les différents éléments d'un problème

Nous pouvons considérer qu'un problème est constitué de plusieurs éléments que nous allons détailler. Nous nous attacherons donc au **contexte**, à l'**énoncé** et à la **question** du problème.

A. Le contexte

Un des éléments du problème mathématique est le contexte sur lequel il repose. Nous envisagerons les contextes les plus courants.

a. Le contexte lié au contrat didactique

Le contexte lié au contrat didactique a déjà été évoqué ci-dessus. Il s'agit de problèmes dont le contexte repose sur un environnement qui n'a tacitement pas d'importance puisqu'il fait partie du contrat didactique de la leçon de mathématiques : le maître propose une histoire pas forcément réaliste (« Dans la basse-cour de M. Martin, il y a des poules et des lapins. À eux tous, les animaux de cette basse-cour ont 19 têtes et 52 pattes. Combien y a-t-il de poules et combien y a-t-il de lapins ? ») qui n'est qu'un prétexte pour « chercher un problème ». Le contexte n'a alors pas d'importance ; il peut tout à fait s'agir d'animaux de la ferme ou de la jungle.
Réponse : 12 poulets et 7 lapins.

b. Le contexte mathématique

Il s'agit là de problèmes pour lesquels le contexte mathématique est purement affiché.

Exemple : « Barre exactement 2 chiffres pour que le nombre formé par les chiffres qui restent soit le plus grand possible : 652 843. »
Cet exercice est purement mathématique (il manipule des chiffres et des nombres). Il n'est pas entouré d'une histoire particulière qui expliquerait pourquoi M. Lécole a besoin d'avoir le nombre le plus grand possible…
Réponse : 6~~52~~843

c. Le contexte de la vie de l'élève

Dans la tradition de l'école Freinet, l'élève doit calculer le prix de revient du journal à vendre, tenir une comptabilité des exemplaires vendus, de l'argent dépensé et gagné, du solde… Nous sommes là dans un contexte de mathématiques « utiles » mais également dans un cadre assez réducteur de l'activité mathématique. Rien n'empêche cependant le maître à l'occasion d'une sortie, de la confection d'une fresque… de proposer des problèmes mathématiques en rapport avec le projet en cours (devis d'un fournisseur, horaires de trains…). Les résultats trouvés devront alors être exploités, voire vérifiés dans la réalité.

d. Le contexte transdisciplinaire

Les situations transversales en géographie, histoire, sciences ou même arts plastiques, par exemple, peuvent être l'occasion de faire des mathématiques et de résoudre des problèmes.

Le contexte est souvent tel que l'élève fait des mathématiques sans s'en apercevoir, comme un outil qu'il maîtrise bien ou, au contraire s'en émeut : « *Mais, Monsieur, c'est des maths !* ». Il réalise, dans tous les cas, que les mathématiques ne sont pas une science isolée mais qu'elles ont à voir avec de nombreuses réalités extérieures.

e. Le contexte du rallye mathématique

Le rallye mathématique (à l'image du « défi lecture ») est une occasion de faire des mathématiques « autrement ». C'est une activité motivante pouvant être mise en place dans les classes. Une des particularités de l'activité de **rallye mathématique** est qu'elle mobilise plus des compétences de logique, de déduction et d'organisation que des connaissances mathématiques formelles. Les épreuves de rallyes (ou défis) mathématiques sont le plus souvent constituées de problèmes qualifiés de « **problèmes ouverts** » qui peuvent avoir plusieurs méthodes de résolution. Une autre composante essentielle de l'activité est que les élèves doivent s'organiser pour chercher ensemble et décider de manière consensuelle quelle réponse valide sera adoptée par le groupe. Il y a donc, pour prendre cette décision, besoin d'argumenter sur la validité des procédures, tenter de convaincre les autres, d'accepter des arguments, et que d'autres procédures puissent aboutir au bon résultat.

Exemple de problème de type « rallyes mathématiques » :

Combien y a-t-il de rectangles dans cette figure ?

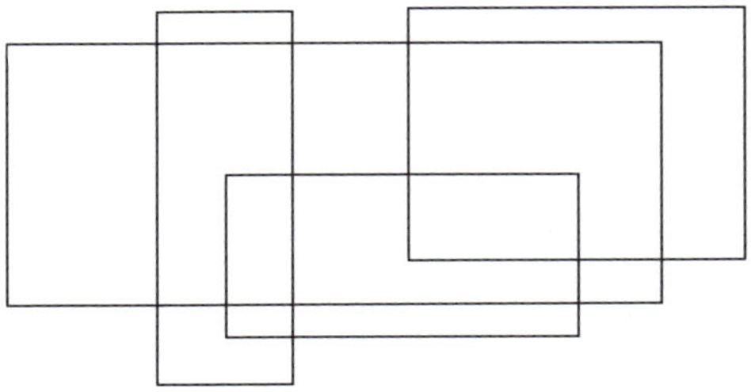

Réponse : 18

f. Le contexte informatique

Certains problèmes peuvent faire appel à la spécificité des nouvelles technologies. Ceux-ci s'appuient essentiellement sur des logiciels de type « tableur » ou « géométrie dynamique ».

B. L'énoncé

C'est dans l'énoncé du problème que vont être fournies les **données** qui vont permettre de résoudre le problème. Ces données peuvent se présenter sous différentes formes.

a. Énoncé oral

Dans le cas où le maître veut capter l'attention des élèves, travailler sur leur concentration auditive ou encore sur la prise de notes, il utilise un énoncé oral.

b. Énoncé de type texte

C'est le cas classique des énoncés de problème. Les données sont présentes dans un texte écrit qui, généralement, raconte une histoire. Il convient éventuellement dans ce texte d'extraire les données **pertinentes**, de laisser de côté des données **surabondantes** ou de repérer des données **manquantes**. Bien entendu le caractère pertinent/surabondant/manquant des données dépend de la question qui est posée.

Exemple : « Le 1er avril, Monsieur Leroux a acheté, à la boucherie Sanzo, un rôti à 15 €, un gâteau à 10 € et un bouquet de fleurs à 6 €. »
Ainsi, le texte ci-dessus pourra être simplifié de la manière suivante :
« ~~Le 1er avril,~~ Monsieur Leroux a acheté, ~~à la boucherie Sanzo~~, un rôti à 15 €, un gâteau à 10 € et un bouquet de fleurs à 6 €. »
La procédure (que nous désapprouvons) qui fait rayer aux élèves les données surabondantes de manière trop radicale aboutit parfois à une perte totale du sens du problème.
« ~~Monsieur Leroux a acheté un rôti à~~ 15 €, ~~un gâteau~~ à 10 € ~~et un bouquet de fleurs~~ à 6 €. »

c. Données organisées

On fait ici allusion à des documents qui, outre un texte explicatif écrit, présentent des données organisées sous forme de tableaux, de diagrammes, de graphiques, de courbes ou d'histogrammes.

Exemples :

PAYS PRODUCTEURS DE SUCRE DE CANNE (en milliers de t)	1969.1970
MONDE	37 297
1. Cuba	5 000
2. Brésil	4 410
3. Inde	2 715
4. Mexique	2 377
5. Chine	1 900
6. Australie	2 134

Toulouse 2003

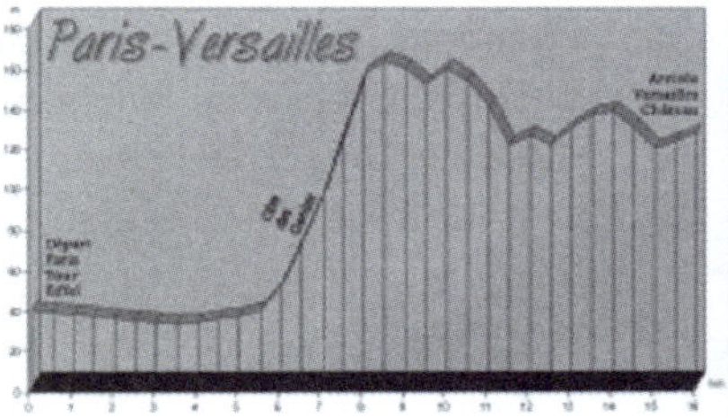

d. Données graphiques

Outre un texte explicatif écrit, le document contient des données graphiques (dessin, schéma, plan, photo, carte, bande dessinée, etc.).

Exemple : « Placer sur la ligne donnée, le centre d'un cercle passant par les deux points A et B ». Ici l'énoncé est uniquement graphique. Seule la question posée permet d'en comprendre le sens.

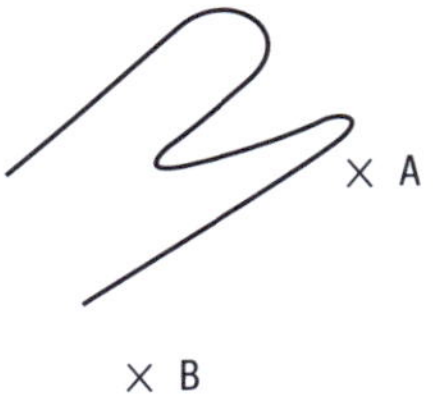

e. Données extraites de la vie courante

Il s'agit de données issues du réel qui constitueront une base de données sur laquelle on pourra travailler. On peut penser à une note de supermarché, à un horaire de train, à un barème d'affranchissement du courrier…

Exemple :

1. **Observe** la pancarte affichée à l'entrée des grottes du Grand Gouffre **et complète** le tableau des prix de 5 tickets de caisse.

Nombre de personnes	Prix payé en euros
1 adulte et 1 enfant	
3 adultes et 1 enfant	
1 adulte et 3 enfants	
4 enfants	
3 adultes et 4 enfants	

C. Les questions

Résoudre un problème, c'est répondre à une question. Celle-ci peut être **présente** en début ou en fin de problème. Elle peut aussi être **absente** et dans ce cas… le problème, c'est de la déterminer.

a. Question présente

La question posée peut être unique ou répartie en sous-questions intermédiaires qui accompagnent l'élève vers la solution à la question principale.

A contrario, les sous-questions intermédiaires peuvent être à la charge de l'élève dont le rôle sera alors de les exprimer avant d'y répondre.

La **place de la question** dans l'ensemble énoncé/question est primordiale. En effet, on ne prend pas connaissance de l'énoncé de la même manière si l'on connaît ou pas la question posée. Si la question est posée à la fin de l'énoncé, comme c'est souvent le cas, on recommande à l'élève de relire une nouvelle fois l'énoncé après avoir pris connaissance de la question.

Redisons-le, c'est la question posée qui permet de déterminer le caractère pertinent/surabondant/manquant des données.

b. Question manquante

Afin de faire prendre conscience à l'élève de l'importance de la question on trouve des énoncés de problèmes pour lesquels la question est de… déterminer la question que l'on peut poser en fonction des données présentes dans l'énoncé. Il est alors important de distinguer les questions qui, effectivement, « posent problème », des questions pour lesquelles la réponse est immédiate et ne mobilise pas de savoirs particuliers.

Exemple : « Monsieur Leroux a acheté un rôti à 15 €, un gâteau à 10 € et un bouquet de fleurs à 6 € ».

La question : « Combien coûte le rôti de M. Leroux ? » n'est pas une question valide pour la résolution de problème puisqu'elle ne pose pas problème et que sa réponse est contenue dans l'énoncé. Cette question pourrait, en revanche être posée par le maître lors de la phase de dévolution du problème pour s'assurer, par exemple, que le terme « rôti » est connu des élèves.

Une autre difficulté concernant la question manquante est de s'assurer que les données du problème permettent effectivement de répondre à la question qu'on proposera. Dans l'exemple précédent, la question « Quel est l'âge de M. Leroux ? » n'est pas valide dans la mesure où les données ne permettent pas d'y répondre.

La question manquante peut également, au moment où on la pose, introduire une nouvelle donnée. Toujours dans notre exemple, la question « sachant que M. Leroux avait 50 € au début du marché, combien lui reste-t-il à la fin ? » est une question que l'on pourra accepter si l'on souhaite une variété plus importante de questions.

En effet, même si elle introduit formellement une donnée supplémentaire, elle permet d'étendre le champ des questions possibles. Si l'on n'accepte pas de donnée supplémentaire, le nombre de questions possibles est très réduit (« Combien M. Leroux a-t-il dépensé au marché ? »).

PARTIE 3

L'épreuve orale d'EPS

Le terme de didactique a donné lieu à diverses définitions à l'échelle de l'enseignement de l'éducation physique et sportive[1] (EPS[2]), en lien avec les nombreux travaux et recherches menés en didactique de l'EPS depuis une trentaine d'années. Si plusieurs courants didactiques se sont développés en EPS en témoignant de conceptions différentes de la discipline et de son enseignement[3], les différentes définitions révèlent des points de convergence qui s'inscrivent dans les recherches menées en didactique des disciplines. Afin d'organiser notre réflexion et de structurer notre propos, nous optons ici pour une acception générique du terme de didactique, ancrée dans les recherches sur les didactiques scolaires[4]. Nous définissons alors la didactique comme une **réflexion sur les contenus en tant qu'objets d'enseignement et d'apprentissage**, à l'échelle de la discipline d'enseignement EPS. Nous appréhendons donc la didactique de l'EPS à travers les **contenus** (terme générique pouvant être associé à des compétences, à des connaissances, à des savoirs...), en lien avec l'enseignement et l'apprentissage, leur **construction par l'enseignant** et leur **acquisition par les élèves.** En raison de l'objet de l'EPS relatif au corps, ces contenus sont liés aux transformations corporelles des élèves et aux activités physiques (AP) enseignées. L'enseignement désigne l'activité de l'enseignant dans son activité de transmission du savoir à l'élève. Mais l'enseignant doit également, en amont, concevoir et construire les savoirs qu'il transmettra à ses élèves. L'apprentissage implique que l'élève élabore et acquière un savoir. Ces définitions liminaires permettent de rappeler les trois pôles du triangle didactique : le savoir, l'élève et l'enseignant. Ces trois pôles, et leurs relations, structureront les différentes parties de ce chapitre.

Une première partie présentera l'EPS en tant que discipline d'enseignement à l'école d'un point de vue institutionnel (ses fondements, visées éducatives, moyens éducatifs, son organisation et sa réglementation). Suivront des connaissances relatives aux activités physiques enseignées en EPS. Nous terminerons cette partie en nous centrant plus particulièrement sur les relations entre l'EPS et la santé.

Une seconde partie fournira des repères et des cadres relatifs à l'enseignement de l'EPS et aux apprentissages en EPS. Nous débuterons avec des connaissances scientifiques sur les élèves (développement, ressources) et l'apprentissage, en particulier moteur. Nous aborderons ensuite la conception de l'enseignement de l'EPS sur plusieurs niveaux et échelles, intégrant la programmation des activités, la définition des objectifs et des contenus d'enseignement, la structuration d'une séance, la construction d'unités d'apprentissage (UA) et de situations d'apprentissage (SA).

Ce manuel prend appui sur plusieurs références qui ne sont pas systématiquement citées compte tenu des contraintes de volume de l'ouvrage, par exemple Loison (dir.), Groenen H., Kapusta P., Lecoutre A.-M., Necker S., Pasqualini S. & Thépaut A., EPS – *Système éducatif/ Entretien à partir d'un dossier*, Vuibert, octobre 2017.

---

1. Voir par exemple Alain Hébrard, *L'Éducation physique et sportive. Réflexions et perspectives*, Paris, Revue EPS, 1986 ; Jacqueline Marsenach (dir.), *L'Évaluation formative dans les collèges*, Paris, INRP, 1987.

2. Nous utiliserons l'expression générique EPS pour qualifier la discipline enseignée à l'école primaire, dans la lignée de sa dénomination dans les programmes scolaires des cycles 2 et 3 et dans la seconde épreuve d'admission du concours du CRPE (cette justification sera complétée plus loin pour ce qui concerne la maternelle).

3. Voir par exemple Annick Davisse, Michel Delaunay, Paul Goirand et Jean Roche, *Quatre courants didactiques de l'EPS, 1985 à 1998*, Paris, Vigot, 2005.

4. Nous avons pris appui en particulier sur « Didactiques » in Yves Reuter (éd.), Cora Cohen-Azria, Bertrand Daunay, Isabelle Delcambre et Dominique Lahanier-Reuter, *Dictionnaire des concepts fondamentaux des didactiques*, Bruxelles, de Boeck, 2010, pp. 69-73.

Les fondements de l'EPS en tant que discipline d'enseignement à l'école primaire

Le cours

1 | Définitions et spécificités de l'EPS

1. L'EPS : une discipline à part entière à l'école primaire

Enseigner une discipline d'enseignement implique d'en maîtriser les caractéristiques et les fondements scolaires. Soulignons tout d'abord que l'EPS peut être considérée comme une **discipline scolaire à part entière**. Les programmes en vigueur le confirment en perpétuant le **caractère obligatoire de l'EPS**, en déterminant les savoirs à enseigner aux différents cycles d'enseignement, voire leurs horaires (uniquement pour la maternelle), deux critères essentiels d'une discipline scolaire[1]. L'EPS est le fruit d'une longue histoire, faite de continuités et de ruptures qui marquent son appellation même. La gymnastique scolaire du XIXe siècle laisse place à l'éducation physique (EP) au début du XXe siècle qui évolue vers l'EPS durant la Seconde Guerre mondiale. L'avènement de l'EPS traduit un processus de sportivisation de la discipline, l'utilisation d'activités sportives (sports athlétiques, collectifs, de combat…) en complément d'autres activités physiques (AP), comme les jeux traditionnels ou les activités artistiques. Pour plus de clarté, nous dirons que l'EPS est **une forme sportivisée et scolarisée d'EP**[2].

Les cinq domaines d'apprentissage structurant les programmes de l'école maternelle ne mentionnent pas l'EPS, mais le domaine « Agir, s'exprimer, comprendre à travers l'activité physique » au cœur duquel trouve place l'éducation du corps, même s'il ne s'y limite pas. Nous utiliserons néanmoins l'expression générique « EPS » pour désigner la discipline d'enseignement ou le domaine d'apprentissage enseigné(e) à l'école primaire de la maternelle au cycle 3. Sur les trois cycles, l'EPS repose en effet sur la pratique d'activités physiques variées, source d'expériences corporelles diversifiées chez les élèves, et moyen d'éducation des élèves.

---

1. Pierre Arnaud, « L'Évolution de l'Éducation physique », in *La gymnastique volontaire*, n° 18, septembre 1981.

2. Yves Gougeon, « EP, EPS : identité, identification, différenciations », in *Textes parcourus, Préparation Écrit 1 Capeps, Session 2000*, IUFM Nord – Pas-de-Calais, Université Charles-de-Gaulle – Lille 3, 1999.

2. L'éducation physique : une discipline essentielle à l'école

L'importance accordée par les acteurs politiques et scolaires à cette discipline est confirmée par les textes ayant réglementé sa place et ses missions à l'école. Après avoir été rendue facultative en 1850, la gymnastique scolaire devient obligatoire en 1880 à tous les types d'enseignement dans le primaire et le secondaire, pour les garçons, avant même l'obligation scolaire proclamée en 1882. Cette année-là, l'EP est également rendue obligatoire pour les jeunes filles. Le caractère obligatoire de l'EPS à l'école n'a jamais été remis en question depuis[1]. Cette situation fait écho à la définition de l'éducation proposée par le sociologue Émile Durkheim : « L'éducation est l'action exercée par les générations adultes sur celles qui ne sont pas encore mûres pour la vie sociale. Elle a pour objet de susciter et de développer chez l'enfant un certain nombre d'états physiques, intellectuels et moraux que réclament de lui et la société politique dans son ensemble et le milieu social auquel il est particulièrement destiné[2]. » **L'idée même d'éducation inclut ainsi une éducation du corps**. Le philosophe et historien Jacques Ulmann argumente dans le même sens : « [...] la notion même d'éducation implique l'existence d'une éducation physique [...] il n'est pas d'éducation en l'absence d'une éducation corporelle ». Il précise aussi : « [...] La disponibilité du corps aux fins éducatives constitue le premier et le plus urgent des impératifs de l'éducation, une sorte de condition sine qua non[3]. » Pour Ulmann, **la santé est la condition de toutes les autres finalités éducatives**[4]. Par son action sur le corps de l'individu, et sa portée hygiénique, l'EP joue un rôle décisif dans le processus éducatif dans son ensemble. Par ailleurs, les liens entre l'EPS et des visées éducatives dépassant la dimension corporelle sont loin d'être contemporains. **Le corps est au cœur de l'identité de l'EP**, ce qui participe à sa singularité. Selon la formule consacrée, l'EPS est une discipline à part entière mais entièrement à part (Hébrard, 1986). Pour autant, si l'EPS est une éducation du corps et pour le corps par la pratique d'AP, elle ne se limite pas à la dimension corporelle de la conduite humaine. L'EP a également toujours été au service **de visées morales et sociales**, ce qui accentue sa spécificité et son identité éducative. En transmettant des valeurs conformes au pouvoir politique (formation du citoyen par exemple) et aux besoins sociaux (notamment en matière de santé publique par exemple), la discipline a construit et perpétué **son utilité sociale**. L'EP a enfin toujours tissé des liens avec des **visées éducatives intellectuelles**. Comme l'a parfaitement montré

---

1. Édouard Solal, *L'Enseignement de l'éducation physique et sportive à l'école primaire (1789-1990). Un parcours difficile*, Paris, Éditions Revue EPS, 1999.
2. Émile Durkheim, « Éducation », in Ferdinand Buisson, *Nouveau dictionnaire de pédagogie*, Paris, Hachette, 1911, p. 532. Cette définition fait encore référence aujourd'hui (Clermont Gauthier et Maurice Tardif, *La pédagogie : théories et pratiques de l'Antiquité à nos jours*, Montréal, Morin, 2005).
3. Jacques Ulmann, « Sur quelques problèmes concernant l'éducation physique », Revue EPS, n° 81, 1966, pp. 7-11.
4. Jacques Ulmann, « Les rapports historiques entre l'Éducation physique et le sport », Revue EPS, n° 238, 1992.

Pierre Arnaud[1] à travers sa thèse sur l'homomorphisme scolaire, l'EP a dû participer au développement chez les élèves des fonctions intellectuelles si chères à l'école française pour asseoir et renforcer sa légitimité scolaire. L'école française a en effet longtemps été marquée par le dualisme, conduisant à une séparation entre le corps et l'esprit, et à une valorisation de ce dernier dans l'enseignement. Deux types de pédagogies ont alors été utilisés en EP : les pédagogies corporelles de l'intelligence visant le développement des fonctions intellectuelles sur la base d'exercices corporels, puis les pédagogies intellectualistes de la motricité utilisant les processus cognitifs pour développer les habiletés motrices.

Les programmes et textes officiels permettent d'aller plus loin dans la compréhension des fondements de l'EPS en tant que discipline d'enseignement. Ils orientent les contenus d'enseignement et les modalités d'enseignement de la discipline.

1. Pierre Arnaud, *Les Savoirs du corps : éducation physique et éducation intellectuelle dans le système scolaire français*, Lyon, Presses universitaires de Lyon, 1983.

2 | Programmes scolaires et textes officiels

Les textes officiels ne constituent pas une vérité intangible, mais un cadrage général et évolutif. Les **programmes** publiés dans le *Bulletin officiel* (*BO*) constituent, en relation avec d'autres textes officiels, un champ de connaissances indispensables pour le candidat au concours du CRPE et l'enseignant. Ces programmes permettent d'identifier **les visées éducatives et les contenus** assignés à la discipline, **les moyens** prévus à cet effet, la spécificité de chaque cycle d'enseignement et **la progression** établie entre ceux-ci. Toutefois **l'EPS** n'apparaît **explicitement** en tant que discipline scolaire qu'aux **cycles 2 et 3** des programmes. Dans les nouveaux programmes de maternelle de 2015, l'EPS est néanmoins présente, au sein du domaine d'apprentissage « Agir, s'exprimer, comprendre à travers l'activité physique ». Comme indiqué plus haut, nous utiliserons l'expression générique « EPS » pour désigner cette discipline enseignée à l'école primaire. Parallèlement, d'autres textes officiels régissent ou orientent l'enseignement de l'EPS à l'école.

Les caractéristiques de certaines AP et les contraintes liées à leur enseignement s'accompagnent de **textes officiels spécifiques**. C'est le cas en particulier des **activités aquatiques et nautiques** (AAN). Plusieurs facteurs convergents sont en jeu : préoccupation sécuritaire, enjeu de santé publique, activités très programmées dans le cadre scolaire, évolution des pratiques physiques extrascolaires.

Il convient de citer l'arrêté du 9 juillet 2015 relatif à l'attestation scolaire « savoir nager » (paru au *Journal Officiel* le 11 juillet 2015). Ce texte officiel vise à attester la compétence à nager en sécurité, dans un établissement de bains ou un espace surveillé. Il n'est pas à confondre avec les activités de la natation fixées par les programmes d'enseignement. Son acquisition est un objectif des classes de CM1, CM2 et 6e. Le savoir nager est défini à travers la maîtrise d'un parcours aquatique (comprenant une entrée dans l'eau, plusieurs déplacements sur le ventre et sur le dos, un franchissement d'obstacle en immersion, un surplace) mais aussi l'intégration de connaissances et d'attitudes.

Il convient également de maîtriser le *BO* n° 34 du 12 octobre 2017 relatif aux enseignements primaire et secondaire. Une circulaire définit les conditions de l'enseignement de la natation dans le respect du cadre législatif et règlementaire actuel. Il détermine notamment les responsabilités, surveillance des activités de natation, normes d'encadrement, conditions matérielles d'accueil, les intervenants professionnels et bénévoles, mais aussi des aspects pédagogiques. Le *BO* précité règlemente également l'encadrement des activités physiques et sportives (différents types d'activités physiques et sportives, l'équipe d'encadrement), tout comme l'agrément des intervenants extérieurs aux activités physiques et sportives.

L'enseignement de certaines AP doit également respecter **la circulaire n° 99-136 du 21 septembre 1999** relative à l'organisation des **sorties réalisées à l'école primaire**.

1. Les visées et les moyens éducatifs de l'EPS

A. Visées éducatives de l'EPS

Les contenus transmis en EPS en lien avec les AP supports répondent à des visées éducatives (au sens de ce qui est visé au plan éducatif) plus larges qui participent à la spécificité de l'EPS en tant que discipline d'enseignement. Les visées éducatives de l'EPS peuvent être formulées à plusieurs niveaux, du plus général au plus spécifique, et sur plusieurs échelles, allant du court au long terme. Précisons d'emblée que les visées éducatives de l'EPS s'inscrivent dans les visées éducatives de l'école, et notamment dans le socle commun de connaissances, de compétences et de culture. Nous choisissons ici de décliner ces visées éducatives en finalités et objectifs, bien que la terminologie des programmes des cycles 1, 2 et 3 ne soit pas toujours homogène. Nous définissons une finalité comme une visée éducative générale **à long terme**, qui constitue une sorte **d'idéal**. La santé, la citoyenneté ou le développement moteur illustrent cette définition car ils peuvent toujours être perfectionnés. Souvent, une finalité de l'EPS concerne également **d'autres disciplines scolaires** et tisse des liens avec le socle commun (cf. la citoyenneté ou l'autonomie par exemple). Nous définissons un **objectif** comme **une visée à court ou moyen terme** et en lien direct avec **les savoirs de la discipline**. Adapter ses équilibres et ses déplacements à des environnements ou des contraintes variées est l'un des objectifs des programmes de maternelle. Produire une performance optimale, mesurable à une échéance donnée est l'un des quatre champs d'apprentissage de l'EPS aux cycles 2 et 3, et peut être considéré comme l'un des objectifs de la discipline.

Le terme de compétence connaît des définitions très variées dans le champ éducatif et scolaire. Nous pouvons définir simplement **une compétence comme étant un savoir-faire** permettant **d'être efficace dans une situation**, et mobilisant un ensemble de ressources. Le socle commun définit d'ailleurs une compétence par « l'aptitude à mobiliser ses ressources (connaissances, capacités, attitudes) pour accomplir une tâche ou faire face à une situation complexe ou inédite ». En EPS, il est possible de distinguer **une compétence propre** à un groupe d'AP, **d'une compétence relative** ou **spécifique** à une AP voire à une situation donnée. Réaliser une performance mesurée est un savoir-faire que l'on peut développer dans la famille des activités athlétiques et en natation. Pour plus de clarté, nous parlerons de « domaine » de compétence à l'échelle d'un groupe d'AP. Nager 15 mètres ne devient une compétence précise que si les **conditions de réalisation** de cette performance sont définies, à travers le milieu (environnement naturel ou piscine, profondeur de l'eau…), le type de nage (nage ventrale, tous types de nages autorisés), le matériel mis à disposition éventuellement (lunettes de natation, utilisation d'engins améliorant la flottaison…), etc. Le professeur doit ainsi préciser et définir les compétences et éventuellement les connaissances qu'il veut transmettre à ses élèves tout en se plaçant en conformité avec les programmes. En cycle 2 et cycle 3, les programmes fixent également cinq compétences générales, transversales à l'ensemble des AP et aux différents cycles.

B. Finalités de l'EPS à l'école primaire

Si les programmes de maternelles spécifient les visées éducatives à l'échelle du cycle 1, les programmes des cycles 2 et 3 fixent une même finalité pour l'EPS pour ces deux cycles, finalité qui vaut tout au long de la scolarité. Le tableau suivant présente les finalités de l'EPS, du cycle 1 (C1) au C3[1].

FINALITÉS DE L'EPS À L'ÉCOLE PRIMAIRE	
Cycle des apprentissages premiers	**Cycle 2 et cycle 3**
– Contribuer au développement moteur, sensoriel, affectif, intellectuel et relationnel des enfants, pour leur permettre d'explorer leurs possibilités physiques, d'élargir et d'affiner leurs habilités motrices, de maîtriser de nouveaux équilibres, de construire leur latéralité et l'image orientée de leur corps, et de mieux se situer dans l'espace et le temps. – Contribuer à la socialisation pour développer la coopération, établir des rapports constructifs à l'autre, lutter contre les stéréotypes, contribuer à la construction de l'égalité entre filles et garçons. – Participer à une éducation à la santé en conduisant tous les enfants à éprouver le plaisir du mouvement et de l'effort, et à mieux connaître leur corps pour le respecter.	– L'EPS développe l'**accès** à un riche **champ de pratiques**, à forte implication **culturelle** et **sociale**, importantes dans le développement de la vie personnelle et collective de l'individu. – Former un **citoyen lucide, autonome, physiquement** et **socialement éduqué,** dans le souci du **vivre ensemble**. – Amener les enfants et les adolescents à **rechercher le bien-être** et à **se soucier de leur santé**. – Assurer l'**inclusion**, dans la classe, des **élèves à besoins éducatifs particuliers** ou en situation de **handicap**. – **Initier** au **plaisir de la pratique sportive**.

Les compétences générales des cycles 2 et 3 permettent de préciser les visées éducatives poursuivies en EPS de façon transversale aux AP et à long terme :

- **développer** sa **motricité** et apprendre à **s'exprimer** en utilisant son **corps** ;
- **s'approprier** par la pratique physique et sportive des **méthodes** et des **outils** ;
- partager des **règles**, assumer des **rôles** et des **responsabilités** ;
- apprendre à **entretenir** sa **santé** par une activité physique régulière.
- s'approprier une **culture physique sportive** et **artistique**.

Les finalités de l'EPS concernent donc différentes dimensions de la conduite humaine : **motrices, psychologiques et sociales.** Des continuités et des spécificités apparaissent au fil des cycles. Le développement de la **motricité** est une permanence dans les finalités de l'EPS, conformément à la spécificité de son objet. La **santé**, le **plaisir** de l'AP, et la **socialisation** sont également permanents. À partir du cycle 2, l'EPS vise la transmission d'une culture physique sportive et artistique, issue des activités physiques sportives et artistiques (APSA). Les APSA sont à la fois le moyen éducatif de l'EPS, et l'une de ses finalités. Ulmann (1966) a parfaitement montré que les activités physiques constituent des phénomènes de civilisation et des faits de culture. Les APSA font partie du mode de vie des sociétés contemporaines, dont témoigne leur place croissante dans les loisirs et les médias par exemple. Ulmann (1966) trouve ainsi dans la dimension culturelle des AP un facteur de légitimation de l'EP. Si chaque discipline scolaire transmet un domaine de la culture jugée légitime, l'EPS est chargée de transmettre le secteur culturel relatif à la culture physique sportive et artistique, constitutive des APSA.

1. Le contenu des programmes a été cité, ou reformulé légèrement, pour favoriser la clarté du propos.

C. Objectifs de l'EPS à l'école primaire

Les programmes fixent quatre objectifs au cycle 1 pour le domaine d'apprentissage Agir, s'exprimer, comprendre à travers l'activité physique, et quatre champs d'apprentissage (traduits ici en termes d'objectifs) aux cycles 2 et 3.

Objectifs au cycle 1 pour le domaine Agir, s'exprimer, comprendre à travers l'activité physique	Objectifs de l'EPS aux cycles 2 et 3
– Agir dans l'espace, dans la durée et sur les objets. – Adapter ses équilibres et ses déplacements à des environnements ou des contraintes variées. – Communiquer avec les autres au travers d'actions à visée expressive ou artistique. – Collaborer, coopérer, s'opposer.	– Produire une performance optimale, mesurable à une échéance donnée. – Adapter ses déplacements à des environnements variés. – S'exprimer devant les autres par une prestation artistique et/ou acrobatique. – Conduire et maîtriser un affrontement collectif ou individuel.

Les programmes précisent qu'aux cycles 2 et 3, chaque champ d'apprentissage permet aux élèves de construire des compétences intégrant trois dimensions : motrice, méthodologique et sociale, en s'appuyant sur une diversité d'APSA.

Des points communs apparaissent entre le cycle 1 d'une part, et les cycles 2 et 3 d'autre part, malgré des formulations différentes : l'adaptation de ses déplacements à l'environnement (objectif 2), l'expression (objectif 3), l'opposition et la coopération (objectif 4).

Les programmes fixent des attendus de fin cycle. Par exemple en cycle 1 :

- courir, sauter, lancer de différentes façons, dans des espaces et avec des matériels variés, dans un but précis ;
- ajuster et enchaîner ses actions et ses déplacements en fonction d'obstacles à franchir ou de la trajectoire d'objets sur lesquels agir ;
- se déplacer avec aisance dans des environnements variés, naturels ou aménagés ;
- construire et conserver une séquence d'actions et de déplacements, en relation avec d'autres partenaires, avec ou sans support musical ;
- coordonner ses gestes et ses déplacements avec ceux des autres, lors de rondes et jeux chantés ;
- coopérer, exercer des rôles différents complémentaires, s'opposer, élaborer des stratégies pour viser un but ou un effet commun.

Chacune de ces attentes renvoie à l'un des quatre objectifs présentés plus haut. Les programmes de C2 et C3 fixent également des attendus de fin cycle dans les quatre domaines d'apprentissage, et des repères sur les compétences travaillées pendant le cycle. Nous ne ferons qu'illustrer cette démarche pour le champ d'apprentissage « Adapter ses déplacements à des environnements variés », à l'aide de quelques exemples non exhaustifs concernant les attendus de fin de cycle et les compétences travaillées pendant le cycle.

	Cycle 2	Cycle 3
Attendus de fin de cycle	Se déplacer dans l'eau sur une quinzaine de mètres sans appui et après un temps d'immersion.	Valider l'attestation scolaire du savoir nager (ASSN), conformément à l'arrêté du 9 juillet 2015.
Compétences travaillées pendant le cycle	Transformer sa motricité spontanée pour maîtriser les actions motrices. Respecter les règles essentielles de sécurité.	Adapter son déplacement aux différents milieux. Gérer son effort pour pouvoir revenir au point de départ.

Une comparaison des programmes laisse apparaître des axes de progression au fil de la scolarité, selon des critères généralement qualitatifs, voire quantitatifs. Dans l'exemple ci-dessus de la natation, un élève de cycle 2 doit être capable de nager une quinzaine de mètres sans appui, alors qu'en fin de cycle 3 l'élève doit être capable de nager plus de 30 mètres (cf. le contenu du parcours à réaliser pour l'attestation scolaire savoir nager). Dans le domaine d'apprentissage « produire une performance maximale, mesurée à une échéance donnée », les attendus de fin de cycle en C2 sont notamment de courir, sauter, lancer à des intensités et des durées variables dans des contextes adaptés. Les attendus de fin de cycle 3 sont notamment de réaliser des efforts et enchaîner plusieurs actions motrices dans différentes familles pour aller plus vite, plus longtemps, plus haut, plus loin. On passe donc entre le C2 et le C3 de la maîtrise isolée d'actions motrices relevant des activités athlétiques (courir, sauter, lancer), à la combinaison et coordination d'actions motrices relevant des activités athlétiques[1].

D. Les activités physiques : supports et moyens éducatifs de l'EPS

La nature de ces AP varie selon les cycles d'enseignement et les objectifs poursuivis. Cette organisation repose sur l'idée que **chaque AP** permet de contribuer de manière singulière à l'éducation de l'individu, en le confrontant à **des situations et problèmes** à résoudre particuliers, permettant ainsi de développer **des compétences particulières**. Chaque AP est donc associée à des **enjeux éducatifs**.

Ces objectifs sont adaptés au niveau de **développement de l'enfant** et visent à le favoriser.

L'enseignant choisit les activités, et des formes pratiques afin qu'elles soient adaptées aux caractéristiques développementales et aux capacités des enfants.

Les programmes du C1 ne citent que rarement les AP associées aux quatre objectifs. L'accent n'est pas mis sur l'APSA en tant que support culturel, mais sur le développement des capacités des élèves en privilégiant les formes jouées. Un objectif peut mobiliser plusieurs AP, et une même AP peut éventuellement être utilisée pour atteindre plusieurs objectifs. La déclinaison de ces quatre objectifs dans

1. Nous renvoyons le lecteur à une analyse fine des programmes afin de situer précisément les acquisitions visées aux C2 et C3 et les progressions entre les cycles dans les quatre domaines d'apprentissages de l'EPS.

les programmes laisse toutefois apparaître en filigrane certaines AP. Le tableau suivant illustre ces liens possibles, sans prétendre à l'exhaustivité.

Objectifs	Apprentissages visés	AP supports possibles
Agir dans l'espace, dans la durée et sur les objets	Enchaîner des comportements moteurs pour assurer une continuité d'action ; fournir des efforts dans la durée ; reproduire un effet obtenu au hasard des tâtonnements ; constater les résultats de ses actions ; expérimenter les propriétés des objets.	Parcours moteurs, activités athlétiques (courses, sauts, lancers).
Adapter ses équilibres et ses déplacements à des environnements ou des contraintes variées	Découvrir leurs possibilités ; mettre en jeu des conduites motrices inhabituelles ; développer de nouveaux équilibres ; permettre de nouveaux modes de déplacement ; découvrir des espaces inconnus ou présentant de l'incertitude.	Activités gymniques, activités aquatiques, escalade, activités de roule et de glisse (tricycles, vélos, trottinettes, draisiennes, patins…), marche, course…
Communiquer avec les autres au travers d'actions à visée expressive ou artistique	Découvrir et affirmer ses possibilités d'improvisation, d'invention et de création ; s'inscrire dans une réalisation de groupe et participer ainsi à un projet collectif ; tenir des rôles d'acteurs et de spectateurs.	Rondes, danses, art du cirque, jeux chantés…
Collaborer, coopérer, s'opposer	Intégration de règles communes ; atteinte d'un but commun ; entrer au contact du corps de l'autre en le respectant ; s'approprier différents rôles sociaux (arbitre, observateur…).	Jeux moteurs, jeux traditionnels (jeu des déménageurs, jeu du chat et de la souris…), jeux de lutte.

Les programmes de maternelle fixent quelques repères généraux sur la progressivité des apprentissages. Par exemple, pour « agir dans l'espace, dans la durée et sur les objets », il faut apprendre à parcourir plus de distance dans un temps donné.

Les programmes des C2 et C3 illustrent, de façon plus ou moins précise et exhaustive, les APSA supports pour chaque champ d'apprentissage. Souvent, les activités sont identiques, mais il peut y avoir des activités spécifiques à tel ou tel cycle. Le tableau suivant illustre cette démarche, en précisant le cycle concerné, sans être exhaustif.

Champs d'apprentissage	APSA
Produire une performance optimale, mesurable à une échéance donnée.	Activités athlétiques aménagées (C2). Activités athlétiques (courses, sauts, lancers) et natation (C3).
Adapter ses déplacements à des environnements variés.	Activités de roule et de glisse, activités nautiques, équitation, parcours d'orientation, parcours d'escalade (C2 et C3). Natation (C2). Savoir nager (C3).
S'exprimer devant les autres par une prestation artistique et/ou acrobatique.	Danses collectives, danse de création, activités gymniques, arts du cirque (C2 et C3).
Conduire et maîtriser un affrontement collectif ou individuel.	Jeux collectifs avec ou sans ballon, jeux de lutte, jeux de raquettes (C2 et C3). Jeux de lutte (C2). Jeux de combat (de préhension) (C3).

Soulignons que la progression établie dans les programmes part du principe qu'un élève de cycle 3 a atteint le niveau visé au cycle 2. Dans la réalité, l'enseignement doit partir du niveau réel de ses élèves.

Mais les contenus d'enseignement de l'EPS ne sont pas à appréhender uniquement à l'échelle de la discipline. Ils sont également à penser en lien avec la polyvalence du maître, et donc les autres disciplines enseignées et le socle commun de compétences.

2. EPS, socle commun de connaissances, de compétences et de culture, et interdisciplinarité

À l'école primaire, l'apport des différents domaines d'apprentissage et disciplines n'est pas à envisager de façon isolée, mais à travers les complémentarités et convergences que permet l'interdisciplinarité. Les programmes de maternelle précisent d'ailleurs « dans la mesure où toute situation pédagogique reste, du point de vue de l'enfant, une situation riche de multiples possibilités d'interprétations et d'actions, elle relève souvent pour l'enseignant de plusieurs domaines d'apprentissage ». Et par exemple, les domaines « agir, s'exprimer, comprendre à travers l'activité physique » et « agir, s'exprimer comprendre à travers les activités artistiques » « permettent de développer les interactions entre l'action, les sensations, l'imaginaire, la sensibilité et la pensée ».

Le socle commun de connaissances, de compétences et de culture défini dans le Bulletin officiel n° 17 du 23 avril 2015, concerne les cycles 2, 3 et 4, et va plus loin dans les liens établis entre les disciplines. Le socle est « composé de cinq domaines de formation qui définissent les grands enjeux de formation durant la scolarité obligatoire », et « chaque domaine de formation comprend des objectifs de connaissances et de compétences ». De plus, « chacun de ces domaines requiert la contribution transversale et conjointe de toutes les disciplines et démarches éducatives ». Le BO renseigne la façon dont chaque discipline ou enseignement peut contribuer à la construction du socle (même si les disciplines ne sont généralement pas citées). Certains objectifs et savoirs sont transversaux à toutes les disciplines (par ex. : maîtrise de la langue, compétences méthodologiques pour apprendre, accès à des valeurs morales, civiques et sociales, formation du jugement…). Dans les programmes, un chapitre est consacré spécifiquement aux contributions essentielles des différents enseignements au socle commun, pour le C2 et le C3.

Le tableau suivant présente les cinq domaines du socle, et illustre de façon non exhaustive la contribution de l'EPS à chacun d'entre eux :

Domaines du socle	Illustrations de la contribution de l'EPS
Domaine 1 : les langages pour penser et communiquer	*Comprendre, s'exprimer en utilisant les langages mathématiques, scientifiques et informatiques.* L'EPS permet de donner un sens concret aux données mathématiques en travaillant sur temps, distance et vitesse (C2). *Comprendre, s'exprimer en utilisant les langages des arts et du corps.* L'EPS apprend aux élèves à s'exprimer en utilisant des codes non verbaux, gestuels et corporels originaux (C3).
Domaine 2 : les méthodes et outils pour apprendre	Le parcours d'éducation artistique et culturelle (PEAC) permet des croisements disciplinaires, notamment ceux liés au corps (danse en lien avec l'EPS, théâtre en lien avec le français (C2).
Domaine 3 : la formation de la personne et du citoyen	L'EPS permet tout particulièrement de travailler sur le respect des autres, sur le refus des discriminations et l'application des principes d'égalité fille/garçon (C3).
Domaine 4 : les systèmes naturels et les systèmes techniques	En EPS, les élèves s'approprient des principes de santé, d'hygiène de vie, de préparation à l'effort (principes physiologiques) et comprennent les phénomènes qui régissent le mouvement (principes biomécaniques) (C3).
Domaine 5 : les représentations du monde et l'activité humaine	Les enseignements « Questionner le monde », les mathématiques et l'EPS mettent en place les notions d'espace et de temps (C2).

Les programmes d'EPS des C2 et C3 déclinent de façon originale les domaines du socle, en articulant chacun de ses cinq domaines du socle et les cinq compétences générales de l'EPS.

Domaines du socle	Compétences générales de l'EPS
Domaine 1 : les langages pour penser et communiquer	Développer sa motricité et construire un langage du corps
Domaine 2 : les méthodes et outils pour apprendre	S'approprier seul ou à plusieurs par la pratique, les méthodes et outils pour apprendre
Domaine 3 : la formation de la personne et du citoyen	Partager des règles, assumer des rôles et responsabilités
Domaine 4 : les systèmes naturels et les systèmes techniques	Apprendre à entretenir sa santé par une activité physique régulière
Domaine 5 : les représentations du monde et l'activité humaine	S'approprier une culture physique sportive et artistique.

Chaque compétence générale est déclinée en termes de contenu aux C2 et C3, laissant apparaître une progression dans les apprentissages. Les programmes d'EPS intègrent aussi un paragraphe dédié aux croisements entre enseignements.

3. Horaires et organisation de l'EPS

A. Horaires

Les programmes de la maternelle fixent comme « impératif d'organiser une séance quotidienne (de 30 à 45 minutes environ [...])». Les programmes de C2 et C3 ne fixent pas d'horaire pour l'EPS. Les documents d'accompagnement Eduscol pour les C2 et C3 (qui n'ont pas de fonction prescriptive) précisent qu'il est de 108 heures, soit une moyenne de 3 heures par semaine

B. Organisation

Les programmes ne fixent pas les méthodes pédagogiques et démarches à utiliser par l'enseignant en EPS. Ils donnent, en revanche, des indications sur l'organisation de l'enseignement de l'EPS et la programmation des AP. Au C1, les programmes de 2015 précisent : « le choix des activités physiques variées, prenant toujours des formes adaptées à l'âge de l'enfant, relève de l'enseignant, dans le cadre d'une programmation de classe et de cycle pour permettre d'atteindre les quatre objectifs caractéristiques de ce domaine d'apprentissage ». De plus, les « séances doivent être organisées en cycles de durée suffisante pour que les enfants disposent d'un temps qui garantisse une véritable exploration et permette la construction de conquêtes motrices significatives ». Il convient donc à la fois de varier les AP programmées, tout en prévoyant des cycles suffisamment longs pour autoriser des apprentissages significatifs. Les programmes des C2 et C3 précisent que chaque cycle des programmes doit permettre aux élèves de rencontrer les quatre champs d'apprentissage de l'EPS. Ils précisent qu'un projet pédagogique doit définir un parcours de formation équilibré et progressif, adapté aux caractéristiques des élèves, aux capacités des matériels et équipements disponibles, aux ressources humaines mobilisables. Il importe donc de définir **une programmation des AP sur l'année** et **les différents cycles**.

4. Documents d'accompagnement des programmes et ressources au service des enseignants

Le ministère de l'Éducation nationale, de l'Enseignement supérieur et de la Recherche a élaboré des ressources susceptibles d'aider les professeurs dans la compréhension et la mise en œuvre des nouveaux programmes. Il ne s'agit pas de textes officiels et ils n'ont donc pas de fonction prescriptive. Les documents sont accessibles sur le site Eduscol du ministère[1].

Pour la maternelle, les quatre objectifs du domaine « Agir, s'exprimer, comprendre à travers l'activité physique » sont ainsi illustrés au plan didactique et pédagogique (documents datés de septembre 2015). Chaque document situe en particulier les enjeux de l'objectif, les conditions de la réussite, la progressivité au regard de l'âge des élèves, et certaines thématiques spécifiques au regard de l'objectif considéré (par exemple pour l'objectif « adapter ses équilibres et ses déplacements à des environnements et contraintes variées », deux thématiques sont développées : investir des espaces aménagés et explorer le milieu aquatique), tout en réservant une partie spécifique pour l'enseignement à des enfants de moins de 3 ans.

Pour le C2 par exemple, plusieurs documents sont disponibles autour du thème « Éducation physique et sportive – Concevoir et mettre en œuvre un enseignement de l'EPS au cycle 2 » : Un nouveau programme ; Concevoir une organisation de l'EPS pour les trois années du cycle ; Concevoir un module d'apprentissage en EPS ; Concevoir une séance d'EPS ; Mettre en œuvre une situation d'apprentissage : deux exemples en vidéo ; Un exemple de situation complexe : le parcours d'orientation.

1. Adresse du site : eduscol.education.fr. Au moment où est rédigé cet ouvrage, la fiche ressource pour l'EPS au C3 n'est pas en ligne.

3 | Les moyens éducatifs de l'EPS : les APSA

1. Le statut culturel et éducatif des APSA

A. Repères historiques

Si les activités physiques, sportives et artistiques (APSA) sont actuellement le moyen éducatif de l'EPS (voire l'un de ses objets d'enseignement, en particulier au C3), cette situation résulte d'un processus historique. Les AP sont devenues, en particulier à partir du xxe siècle, des phénomènes de culture et de civilisation, à l'image d'autres domaines culturels (peinture, littérature, musique, cinéma…). Le passage de la gymnastique à l'EP, puis à l'EPS souligne un changement dans la nature de ses AP supports.

Pour comprendre ce processus, il faut **différencier et relier sport et AP** (ou pratique physique corporelle). Nous définissions le sport comme l'ensemble des situations motrices codifiées et règlementées sous forme d'institutions et de compétitions[1]. Parler de **sport** au sens restreint du terme, en opposition avec le sens générique conféré par la langue anglaise ou le sens commun, implique que l'AP soit régie par **un règlement**, puisse donner lieu à des **compétitions** et soit administrée par une **institution**, telle une fédération. La place grandissante du sport dans les moyens et objets de l'EPS tient à l'évolution du statut et de la fonction du sport dans la société, et la reconnaissance de sa portée éducative par les instances scolaires. Lorsque le sport moderne né en Angleterre est introduit en France durant la seconde moitié du XIXe siècle, il est réservé à une élite sociale, adulte et masculine[2]. Le sport est durablement considéré comme dangereux pour les femmes et les enfants. Sont décriés ses dangers physiques (efforts inadaptés car trop intenses pour les enfants et les femmes) et moraux (le sport est associé à des dérives telles la tricherie ou le dopage).

La démocratisation du sport se réalise progressivement durant le xxe siècle et franchit un cap décisif dans les années 1960. Le sport devient alors **un phénomène culturel de masse**, dans une société des **loisirs** naissante. Sans nier les dérives possibles du sport, une majorité d'acteurs issus des milieux politiques et éducatifs le considère alors comme **un moyen d'éducation morale et de socialisation** de la jeunesse, et une pratique bénéfique pour **la santé.** Parallèlement, des éducateurs et des scientifiques élaborent des méthodes éducatives reposant sur les activités sportives. Le sport acquiert ainsi une nouvelle légitimité scolaire. Parallèlement, d'autres formes de pratiques physiques se développent, comme la psychomotricité,

1. Pierre Parlebas, *Contribution à un lexique commenté en science de l'action motrice*, Paris, INSEP, 1981.
2. Pierre Arnaud et Jean Camy (dir.), *La Naissance du mouvement sportif associatif en France*, Lyon, Presses universitaires de Lyon, 1986.

utilisée à l'école. Mais la reconnaissance éducative du sport dépasse l'école, grâce à des promoteurs tels Pierre de Coubertin ou Léo Lagrange par exemple.

B. Spécificité scolaire dans la pratique des activités physiques

La spécificité de la pratique scolaire des AP concerne à la fois **les visées éducatives et les moyens de l'EPS**. L'EPS poursuit des finalités liées au corps et qui lui sont propres, tout en s'inscrivant dans les visées de l'école. Par ailleurs, les **AP** ne sont pas pratiquées telles quelles en EPS. Elles sont **adaptées notamment au regard des objectifs éducatifs** poursuivis et **des caractéristiques des élèves** grâce au processus de **transposition didactique**. De plus, l'EPS n'enseigne pas toutes les APSA qui existent socialement : **des choix** sont faits en fonction des visées éducatives et des contraintes scolaires. Ces choix s'imposent d'autant plus que le champ des AP est en perpétuelle évolution. Depuis les années 1980[1], soulignons notamment une massification, une démocratisation et une diversification des AP. À cela s'ajoute une diversification des modalités de pratique d'une même AP (logiques de loisir, de santé ou de compétition…). De nouvelles modalités de pratique sont également créées pour répondre aux attentes de publics variés (enfants, publics féminins, troisième âge, personnes présentant des handicaps, etc.). Par ailleurs, on observe un engouement croissant pour des modes d'organisation à faibles contraintes qui s'écartent des modes de pratique proposés dans les fédérations sportives (course à pied libre sous forme de footing, roller…). Nous observons aussi une individualisation ou une personnalisation des pratiques, tandis qu'une écologisation aboutit à l'essor d'activités en pleine nature, et un attrait pour les grands espaces « libres ». Ces exemples suffisent à montrer que l'école ne peut transmettre l'ensemble du champ culturel composé par les AP et que l'EPS doit **sélectionner ses supports et objets d'enseignement**. Il importe alors d'avoir des cadres d'analyse permettant de classer les APSA.

2. Les classifications des APSA

Plusieurs classifications ont été proposées[2], selon l'idée que les AP induisent un **rapport particulier entre l'individu et son environnement physique et social.**

Bernard Jeu classe les AP selon le **type d'émotion** vécue en relation **avec l'espace**, grâce à trois catégories **: l'épreuve, la performance et la compétition**.

---

1. Pour une vue synthétique, voir par exemple : Christian Pociello, *Sports et sciences sociales. Histoire, sociologie et prospective*, Paris, Vigot, 1999.

2. Michel Bouet, *Significations du sport*, Paris, Éditions Universitaires, 1968 ; Bernard Jeu, *Le sport, l'émotion, l'espace*, Paris, Vigot, 1977 ; Jacqueline Marsenach, « Contribution à l'évolution de l'éducation physique », in Revue EPS, n° 96-97, 1969, p. 25 ; Pierre Parlebas, « Problématique de l'EPS : spécificité des APS et spécificité de leur objet », in Pierre Arnaud et Gérard Broyer, *Psychopédagogie des activités physiques et sportives*, Toulouse, Privat, 1985, pp. 23-43 ; Claude Pineau, *Introduction à une didactique de l'éducation physique*, Dossier EPS n° 8, Paris, Éditions Revue EPS, 1990.

La classification de Pierre Parlebas repose sur le concept **de logique interne de l'activité**, articulé à celui de **conduite motrice**. Chaque AP se caractérise par une logique interne qui fonde sa spécificité et oriente l'activité et les conduites motrices du pratiquant. Cette logique interne dépend **du but** poursuivi par le pratiquant et **du règlement**. Par exemple, la logique interne des activités athlétiques est de produire une performance mesurée dans l'espace et/ou le temps, en projetant son corps voire un objet dans l'espace. La logique interne des sports collectifs est de s'organiser collectivement dans un espace délimité pour vaincre l'équipe adverse en atteignant une cible avec un objet. Chaque AP peut ensuite être classée selon trois **critères** : la présence ou non **d'une incertitude liée à l'environnement physique** (ex. : activité de pleine nature en forêt, montagne, rivière…), la présence ou non **de partenaires et d'adversaires.** Si les partenaires et adversaires sont sources d'incertitude (qui va faire quoi ? quand ? comment ? avec qui ?), ils débouchent aussi sur de la communication motrice, avec le(s) partenaire(s), en vue d'une coopération ; et/ou de la contre-communication motrice, avec le(s) adversaire(s), en vue d'une opposition. Huit catégories d'AP renvoient elles-mêmes à deux types de motricité : **la sociomotricité** (définie par l'interaction motrice avec partenaires et/ou adversaires) et **la psychomotricité** (activité réalisée seul).

Type de motricité	Définition	Incertitude liée au milieu physique	Exemples d'AP
Sociomotricité	Coopération avec partenaire(s)	Incertitude	escalade, voile, canoë, plongée
		Pas d'incertitude	relai (natation, athlétisme), danse classique
	Opposition contre adversaire(s)	Incertitude	ski de fond, course d'orientation
		Pas d'incertitude	sports de combat, sports de raquette (individuel)
	Coopération et opposition	Incertitude	jeux sportifs de groupe en pleine nature
		Pas d'incertitude	sports collectifs, balle au prisonnier
Psychomotricité	En isolé (individu seul)	Incertitude	ski, canoë-kayak, planche à voile
		Pas d'incertitude	natation, gymnastique, athlétisme

Ces classifications ne sont pas reprises dans les programmes, mais peuvent aider à mieux comprendre la nature des APSA et à concevoir une EPS complète et équilibrée.

La nature de l'AP et de la motricité en jeu oriente les compétences en jeu et les apprentissages en EPS.

4 | L'EPS et l'éducation à la santé à l'école

1. Contextualisation et définitions préalables

Comme l'a parfaitement montré Georges Vigarello (1993), la santé est inscrite dans l'histoire de l'humanité[1]. Il constate de longue date une attention envers l'entretien du corps, et une attitude visant à prévenir toute atteinte à celui-ci. Deux principes traversent les périodes : une volonté d'épurement du corps (crainte des déchets par exemple) et la force (apportée par la nourriture, les boissons, le régime ou encore l'exercice physique par exemple). Mais la santé a été représentée, définie et appréhendée de manière variable selon les époques, les cultures et les milieux sociaux. Les frontières et les définitions entre le sain et le pathologique ont évolué depuis le Moyen Âge, en lien avec l'état des connaissances scientifiques disponibles, mais aussi les systèmes philosophiques ou religieux, un ensemble de croyances et le rapport à la norme. La santé est donc une notion complexe. La santé ne peut par ailleurs être appréhendée indépendamment des acteurs (notamment le corps médical), des organisations et des politiques publiques qui se sont progressivement saisies de cette question. Depuis le XIXe siècle, les acteurs politiques ont témoigné une attention croissante envers la santé de la population. De véritables politiques publiques ont ainsi vu le jour au XXe siècle. Elles ont visé à la fois la lutte contre certaines maladies, mais aussi une prévention de la santé et un contrôle des populations. D'ailleurs, le dictionnaire Petit Robert distingue bien la santé individuelle, et la santé publique renvoyant à un sens collectif, social.

La définition de la santé dépend alors de la manière d'appréhender les **normes** sanitaires et hygiéniques. Deux approches peuvent être identifiées à partir des travaux de Canguilhem. Dans une conception normative, on détermine comme étant normal ce qui correspond à ce qui doit être. Ici la norme définit une moyenne vis-à-vis de laquelle seront positionnés les individus (comme étant sains ou malades). Selon une seconde acception (conception qualitative de la moyenne), c'est la moyenne des individus qui détermine la norme. Canguilhem[2] a par ailleurs montré que **la santé** est devenue progressivement **relative** et **individuelle**. À partir des années 1960-1970, la prise en compte de la douleur a modifié la perception de la santé et a contribué à l'individualisation de la notion de bien-être. Historiquement, il y a alors un ajustement entre des politiques sanitaires et des exigences privées, qui s'affirment toutes deux.

1. Sur ces repères historiques nous prenons appui en particulier sur Georges Vigarello, *Le Sain et le Malsain. Santé et mieux-être depuis le Moyen Âge*, Paris, Seuil, 1993.
2. Georges Canguilhem, *Le Normal et le Pathologique*, Paris, PUF, 1966.

La santé a longtemps été associée à **l'absence de maladie**. Cette définition restrictive a toutefois été dépassée. En 1946, l'organisme mondial de la santé (OMS) (conférence internationale sur la santé, New York, juin) propose la définition suivante : « La santé est un état de complet bien-être physique, mental et social et ne consiste pas seulement en une absence de maladie ou d'infirmité ». Cette acception, encore largement admise et utilisée dans les milieux professionnels et scientifiques, intègre donc une dimension **psychologique** et **sociale**. Ulmann témoigne d'une autre évolution du concept, en y associant une capacité **d'adaptation et de dépassement de soi** : « L'homme en bonne santé est celui qui affronte des problèmes ou des difficultés qu'il n'a pas encore rencontrés et qui trouve en lui de quoi les surmonter » (1966, op. cit., p. 11). Par ailleurs, nous constatons une évolution qui va d'une volonté de **préserver** un état de santé à celle de l'**améliorer** sans cesse. L'école, et en particulier l'EP, ont témoigné historiquement un intérêt particulier pour la santé.

La santé est un état qui dépend d'une multitude de facteurs en interaction, parmi lesquels on peut citer[1] des facteurs :
– génétiques (sur lesquels il est par définition impossible d'agir, mais qui peuvent favoriser l'apparition de certaines maladies par exemple) ;
– économiques (par exemple le revenu des individus, qui peut impacter leur capacité à préserver leur santé ou faire face à certaines maladies) ;
– sociaux (les réseaux de soutien social sont également déterminants, et plus largement la nature et la densité des relations sociales) ;
– culturels (le mode de vie promu dans certaines sociétés ou groupes sociaux étant potentiellement bénéfiques ou néfastes pour la santé) ;
– environnementaux (certains environnements physiques et sociaux font courir des risques en matière de santé, d'autres favorisent le bien-être des individus) ;
– éducatifs (ce qui a été appris en matière de santé est un facteur essentiel pour améliorer celle-ci) ;
– sociétaux (l'état des services proposés en matière de santé) ou encore liés aux habitudes, aux choix et aux comportements de chaque individu.

Il convient de souligner que les connaissances sur la santé, en particulier scientifiques, sont en perpétuelle évolution, et qu'il convient donc d'actualiser ses connaissances pour connaître au mieux les facteurs de risque et les facteurs bénéfiques (voir plus loin pour ce qui concerne les liens entre activité physique et santé). Il convient également de noter que les problématiques liées à la santé évoluent aussi notamment fonction de facteurs conjoncturels. Parmi les questions qui occupent actuellement une place importante dans la société et qui sont traitées par les autorités publiques, citons en particulier l'augmentation des phénomènes de surpoids et d'obésité (elle-même liée à la sédentarité et à l'évolution de habitudes alimentaire) ; la pollution de l'air en milieu urbain, rural (mais pour des raisons différentes) et à l'intérieur des habitations ; la présence de produits potentiellement dangereux dans l'alimentation, les produits cosmétiques ou encore les produits ménagers ; les maladies sexuellement transmissibles ; ou encore la consommation de tabac, d'alcool et de produits stupéfiants.

1. Nous exposons ici certains des 12 facteurs mentionnés sur le site de l'INPS (consulté le 7 juillet 2017), qui s'appuie sur les déterminants retenus par l'Agence de santé publique du Canada.

2. Les rapports historiques entre la santé, l'école et l'EPS

A. Repères historiques

Le XVIIIe siècle et la période des Lumières conduisent à une « nouvelle conception de la vie, de la mort, de la santé et du corps[1] ». Cette évolution touche progressivement l'école. Dans le contexte d'un mouvement hygiéniste, **des médecins** interviennent en direction de l'élite sociale scolarisée, tandis que se met en place **l'hygiène publique** à l'école. Au début du XXe siècle, les programmes scolaires intègrent un souci de santé publique, alors que s'affirment des craintes en termes de dégénérescence de la race. La gymnastique puis l'EP jouent un rôle central dans ces politiques publiques et scolaires en matière de santé. À partir des années 1920, les médecins vont même exercer un monopole sur les finalités, les moyens, l'organisation et le contrôle de l'EP scolaire. Plus largement, deux logiques peuvent être identifiées en EPS. Certaines **pratiques** ont été **prescrites** pour favoriser ou renforcer l'état de santé physique des élèves. La gymnastique de développement de la fin du XIXe siècle visait à renforcer le corps, en développant certaines qualités physiques comme la force, la résistance… Aujourd'hui, la course de durée est souvent enseignée en EPS dans une perspective de santé, en lien avec le développement ou la gestion des capacités physiques. À l'inverse certaines **pratiques** ont été **proscrites** en raison de leur **dangerosité** supposée. La pratique sportive a longtemps été considérée comme étant dangereuse sur un plan physique pour les enfants et les jeunes filles, en raison de l'intensité des efforts associés. Soulignons par ailleurs une particularité en EPS vis-à-vis des autres disciplines scolaires, puisqu'un élève peut en être dispensé par un médecin (certificat médical).

B. Santé, activité physique et EPS

Si la santé constitue une justification essentielle de l'EP scolaire (Ulmann, 1966, 1992), cette situation tient aux bénéfices associés à l'activité physique. Aujourd'hui, **l'activité physique** est reconnue comme étant un **facteur** important de santé, de **bien-être physique** mais aussi **psychologique et social**. Pour autant, cet **effet** bénéfique n'est **pas automatique** et cette relation est **complexe.** La pratique physique peut en effet avoir des **effets néfastes** sur la santé (blessures, douleurs, dommages corporels, sentiment de mal-être…). Il s'agira donc de mener une réflexion didactique liée à cette finalité santé.

Les connaissances scientifiques et les recommandations qui s'en inspirent évoluent au fil du temps. Si le Programme national nutrition santé (PNNS), initié en 2001, a conduit à la recommandation d'une AP quotidienne modérée de 30 minutes environ, les repères du PNNS sur l'activité physique et la sédentarité ont été réactualisés en février 2016 dans un rapport d'expertise collective coordonné

---

1. Didier Nourrisson et Séverine Parayre, « Histoire de l'éducation à la santé à l'école : une lente et complexe ascension (XVIIIe -XXIe siècles)», *Spirale*, 50, 2012, pp. 81-94.

par l'Agence nationale de sécurité sanitaire de l'alimentation, de l'environnement et du travail (Anses). Une synthèse a été publiée en août 2017[1]. Si les recommandations portent toujours sur une activité physique quotidienne et une augmentation de celle-ci pour lutter contre la sédentarité, des recommandations spécifiques sont adressées aux publics concernées (enfants, adolescents, adultes…). Une distinction est faite entre les enfants de moins de 6 ans et ceux de 6 à 11 ans. Des conseils ou repères sont donnés sur l'activité physique et la sédentarité, sur les précautions à prendre, sur le lien entre AP, sédentarité et sommeil, les risques liés à la pratique d'AP, de même que sont donnés des conseils aux parents. Jusqu'à 5 ans, il est recommandé que les enfants soient actifs pendant au moins 3 heures par jour grâce à des AP et des jeux. Pour les enfants de 6 à 11 ans, il est recommandé au moins 1 heure par jour d'AP, d'intensité modérée et élevée. Pour ces deux publics, il est recommandé qu'ils ne restent pas plus d'heure d'affilée en position assise ou allongée (hors temps de sommeil, repas et sieste) dans des activités sédentaires. Nous invitons le lecteur à consulter ce dossier pour des repères et conseils plus précis.

La santé physique gagne à être analysée en lien avec l'effet de l'EPS sur le **développement corporel** de l'enfant (cf. les finalités de l'EP au C1). Une activité physique journalière au C1 peut favoriser un développement harmonieux et complet du corps, si elle prend appui sur des supports variés et pertinents (adaptés au niveau de développement de l'enfant). La santé physique gagne aussi à être appréhendée en lien avec les **qualités physiques** développées chez les élèves, car elles peuvent constituer un facteur de bien-être, à court et à long terme. C'est le cas par exemple de **la condition physique** et de **l'endurance** par exemple, les capacités aérobies de l'individu influençant positivement sa santé. Des travaux scientifiques ont montré que l'activité physique régulière constituait un levier efficace pour **la prévention** de certaines maladies cardiovasculaires, certains cancers ou encore le surpoids par exemple. La capacité à fournir un **effort** peut aussi participer à la santé des élèves, car elle permet de s'adapter à différentes situations de la vie quotidienne.

Néanmoins, l'action directe de l'EPS en matière de santé présente forcément des **limites** en raison des horaires attribués à la discipline à l'école. Les transformations corporelles, et le développement des qualités physiques en particulier, requièrent du **temps**, souvent supérieur à celui dont on dispose à l'école. La pratique physique extra-scolaire constitue dès lors un enjeu important, auquel peut contribuer l'EPS.

La santé psychologique gagne à être appréhendée en lien avec **les émotions positives** procurées par la **pratique des APSA** en EPS, ou encore le **sentiment de compétence** développé chez les élèves. Des travaux scientifiques ont également montré que l'activité physique pouvait procurer un état de bien-être psychologique. Il est alors important de poser la question de la **réussite** des élèves, de valoriser leur **estime de soi** et le développement de leur **personnalité**, et de tenir compte des **facteurs motivationnels**. L'enseignant gagne alors à valoriser les buts d'accomplissement et non les buts de performance, la motivation intrinsèque et non la motivation extrinsèque.

La finalité santé doit être appréhendée en EPS notamment sous l'angle des AP programmées, des contenus enseignés, des situations d'apprentissages (SA), des

1. *État des connaissances, Synthèse pour les professionnels des recommandations de l'Anses de février 2016 sur l'activité physique et la sédentarité*, Santé publique France, août 2017.

conditions de pratique physique, des règles de sécurité, de la relation pédagogique, des relations instaurées entre élèves, ou encore des évaluations mises en place. Mais la contribution de l'EPS à la santé doit aussi être analysée spécifiquement sous l'angle de l'éducation à la santé.

3. Repères sur l'éducation à la santé en EPS

A. Éléments de définitions

La seconde partie de la seconde épreuve d'admission du concours du CRPE relative à l'enseignement de l'EPS porte notamment sur « la place de cet enseignement dans l'éducation à la santé à l'école primaire ». L'expression « **éducation à** » prend un sens particulier qu'il convient de dégager. Les « éducations à » sont généralement appréhendées à travers une double finalité à l'école[1] : **les apprentissages** et **les attitudes sociales**. L' « éducation à » implique que **l'élève** soit **acteur** de ses apprentissages et **expérimente** des situations concrètes. Les « éducations à » visent à **transformer les pratiques sociales** des individus. Si l'on regarde du côté des textes officiels[2], l'éducation à la santé vise à permettre à l'enfant de faire des **choix**, d'adopter des comportements responsables pour lui-même, autrui et son environnement. L'éducation à la santé vise la construction de **compétences**, l'appropriation de **connaissances**, la maîtrise de méthodes de pensée et d'action permettant le développement d'**attitudes** et d'un **esprit critique**. Cette visée est donc étroitement liée au développement de **l'autonomie** et de **la responsabilité** des élèves, deux finalités centrales à l'école. La circulaire relative au parcours éducatif de santé précise que l'éducation à la santé est l'une des composantes de l'éducation à la citoyenneté. Nous pouvons rajouter que l'éducation à la sécurité contribue à l'éducation à la santé, tout au moins pour certaines catégories de risques.

Finalement, dans un souci synthétique, nous dirons que l'éducation à la santé renvoie à ce que doit apprendre l'élève (connaissances, compétences, attitudes) pour préserver, voire améliorer, sa santé (physique, psychique, sociale), dans le temps présent, à court et long terme, à l'école et en dehors de celle-ci.

B. Vers une éducation à la santé à l'école

Jusqu'à l'heure actuelle, la santé constitue une finalité permanente de l'EP scolaire qui oriente ses pratiques et ses contenus, bien que sa définition ait évolué. S'il s'agit toujours de **forger des corps en bonne santé**, l'EPS vise également à partir des années 1980 à permettre à l'élève de **gérer sa vie physique à l'âge adulte**, en particulier dans le second degré. L'expression « **éducation à la santé** » apparaît quant à

1. Sur ces définitions, voir notamment les contributions au numéro spécial de *Spirale* coordonné par Maria Pagoni et Nicole Tutiaux-Guillon : *Les éducations à… : nouvelles recherches, nouveaux questionnements ?*, 50, 2012.

2. Voir par exemple la circulaire n° 98-237 du 24 novembre 1998, les programmes ou le socle commun.

elle dans le cadre scolaire dans les années 1980. Des textes officiels récents confirment cette préoccupation envers la santé[1]. Les programmes et le socle commun mettent l'accent sur le rôle de l'école en matière de santé des élèves et d'éducation à la santé, notamment en EPS, mais aussi dans d'autres domaines disciplinaires.

Les programmes de la maternelle mettent en avant l'éducation à la santé, à travers, par exemple, l'accompagnement des moments d'hygiène. Cette finalité est explicite dans le domaine « agir, s'exprimer, comprendre à travers l'activité physique ». Elle est également développée dans le domaine d'apprentissage « explorer le monde » : « les enfants apprennent à mieux connaître et maîtriser leur corps. Ils comprennent qu'il leur appartient, qu'ils doivent en prendre soin pour se maintenir en forme et favoriser leur bien-être. Ils apprennent à identifier, désigner et nommer les différentes parties du corps. Cette éducation à la santé vise l'acquisition de premiers savoirs et savoir-faire relatifs à une hygiène de vie saine. Elle intègre une première approche des questions nutritionnelles qui peut être liée à une éducation au goût ». Cette finalité illustre les liens tissés entre plusieurs domaines d'apprentissage à l'école maternelle. Le socle commun prévoit la contribution de plusieurs domaines, disciplines et enseignements à l'éducation à la santé. Par exemple, le domaine 4 vise à ce que l'élève connaisse l'importance d'un comportement responsable vis-à-vis de la santé, qu'il soit conscient des enjeux de bien-être et de santé et des pratiques alimentaires et physiques, qu'il sache que la santé repose notamment sur des fonctions biologiques coordonnées, et le rôle des conduites sociales et choix personnels. Les programmes des C2 et C3 précisent les orientations en matière d'éducation à la santé, en lien avec le socle commun. Par exemple l'enseignement « Questionner le monde » amène les élèves à développer un comportement responsable vis-à-vis de l'environnement et de la santé (C2) en lien avec la formation de la personne et du citoyen (domaine 3 du socle). Cet enseignement développe aussi des gestes simples et l'acquisition de quelques règles simples d'hygiène relatives à la propreté, à l'alimentation et au sommeil, la connaissance et l'utilisation de règles de sécurité simples. Les programmes précisent qu'au C3, l'EPS assure une contribution essentielle à l'éducation à la santé en permettant, par la pratique physique, de s'approprier des principes de santé, d'hygiène de vie, de préparation à l'effort (principes physiologiques) et de comprendre les phénomènes qui régissent le mouvement (principes biomécaniques). Plus largement, l'une des compétences générales de l'EPS développée aux C2 et C3 porte spécifiquement sur l'éducation à la santé : apprendre à entretenir sa santé par une pratique physique régulière.

Le socle commun et les programmes soulignent donc la complémentarité entre différents domaines, enseignements et disciplines dans l'éducation à la santé. Ces textes relient, tout en les différenciant, santé et bien-être, et articulent l'éducation à la santé et l'éducation à la sécurité.

Le parcours éducatif de santé mis en place à la rentrée 2016 pour tous les élèves, en référence à la circulaire n° 2016-008 du 28 janvier 2016, confirme la mission éducative de l'école en matière de santé tout en précisant la politique menée. Le texte fait de la promotion de la santé un levier pour améliorer le bien-être et la réussite des élèves,

1. Voir en particulier le socle commun, les programmes et la circulaire relative à la mise en place du parcours éducatif de santé.

et pour lutter contre les inégalités entre les élèves. Il prévoit en particulier la mise en œuvre, dans chaque école et établissement, des projets de prévention centrés sur les problématiques de santé, notamment celles susceptibles d'avoir un effet sur la réussite scolaire. Il s'agit aussi de créer un environnement scolaire favorable à la santé et à la réussite scolaire de tous les élèves. Cette politique de santé à l'école se structure autour de trois axes : un axe d'éducation à la santé, un axe de prévention, et un axe de protection de santé. Elle repose sur la coordination et la complémentarité entre plusieurs actions, dispositifs, personnels et structures, d'éducation mais aussi de formation, au bénéfice de chaque élève afin de former un parcours éducatif de santé.

C. Repères en EPS

Il ne suffit pas pour l'enseignant de veiller à l'état de santé des élèves, ou de contribuer à l'amélioration de celle-ci pour réaliser une éducation à la santé à l'école. L'éducation à la santé en EPS nécessite d'articuler développement de compétences, de connaissances et d'attitudes chez les élèves. Elle invite à se placer dans une perspective temporelle allant du **court** au **long terme**. D'une part, les élèves sont amenés à pratiquer des AP à l'école, mais aussi en dehors de celle-ci. Il est donc important de construire chez eux des repères permettant une pratique en toute **sécurité** et respectueuse de leur santé, voire de celle d'autrui.

Les programmes donnent des indications sur les objectifs que l'on peut poursuivre dans l'une des compétences générales de l'EPS et permettent une progression des apprentissages dans ce secteur.

Compétences générales de l'EPS : apprendre à entretenir sa santé par une pratique physique régulière	
C2	**C3**
– Découvrir les principes d'une bonne hygiène de vie, à des fins de santé et de bien-être. – Ne pas se mettre en danger par un engagement physique dont l'intensité excède ses qualités physiques.	– Évaluer la quantité et la qualité de son activité physique quotidienne dans et hors de l'école. – Connaître et appliquer des principes de bonne hygiène de vie. – Adapter l'intensité de son engagement physique à ses possibilités pour ne pas se mettre en danger.

Plus précisément, des contenus d'enseignement relatifs à l'importance d'un **échauffement** et d'un retour au calme avant et après l'effort peuvent trouver place ici (tout en devant être adaptés au niveau de classe de élèves, voire aux caractéristiques des AP). Des **règles d'hygiène** simples peuvent concerner **l'alimentation** : on ne doit pas prendre un repas conséquent à moins de 3 h d'un effort intense, on doit avoir une alimentation équilibrée[1], il faut **s'hydrater** après l'AP, voire pendant celle-ci selon sa durée. Il faut éviter de faire une AP lorsque les températures sont trop élevées (risque d'insolation), et protéger la tête du soleil si besoin. En cas de pollution de l'air, il faut adapter voire proscrire l'AP. Plus largement, il faut adapter l'AP pratiquée à ses possibilités et caractéristiques personnelle (âge, niveau, etc.). Les jeux de lutte pourront être l'occasion de sensibiliser les élèves à l'importance d'une bonne hygiène corporelle (de par les contacts physiques entre élèves par

1. Il est possible de s'inspirer des préconisations faites dans le cadre du PNNS.

l'intermédiaire de différentes parties du corps). La natation pourra contribuer au même objectif (les élèves devant prendre une douche avant d'aller dans la piscine). En course, il sera possible de transmettre des connaissances sur la **récupération** après un effort (récupération marchée, active en courant à faible allure)[1], mais aussi sur l'intensité de l'effort adaptée aux possibilités de chacun. Plus largement, il sera utile de développer chez les élèves un **regard critique** sur certains **excès** dans la **pratique sportive**. Il est également pertinent de les sensibiliser à l'importance d'une pratique physique régulière tout au long de la vie, en tant que facteur de santé physique, et plus largement de bien-être. Il sera donc important de faire vivre aux enfants des expériences et émotions positives permettant de développer chez eux le **goût** pour une **pratique physique régulière**.

L'éducation à la santé psychique peut être envisagée en EPS au moyen de contenus permettant aux élèves de mieux se connaître, de se centrer sur leur réussite et leurs progrès, donc de valoriser une motivation intrinsèque (et pas une motivation extrinsèque) pour la pratique physique, des buts d'accomplissement (et pas des buts de performance), ne pas encourager la comparaison sociale, autant de leviers permettant de participer à la construction d'une image de soi positive et à l'amélioration de l'estime de soi.

L'EPS peut contribuer à l'éducation à la santé sociale en transmettant aux élèves des connaissances, des compétences et des attitudes permettant le vivre ensemble, le respect d'autrui durant les activités de coopération et d'opposition, une écoute, une tolérance et une ouverture d'esprit permettant de comprendre que chacun a le droit d'être différent, et de dépasser les différences individuelles.

D. Éducation à la santé en EPS et APSA

L'éducation à la santé en EPS peut potentiellement être réalisée à travers l'enseignement de diverses **APSA**. En principe toutes les AP peuvent contribuer au bien-être physique, psychologique et social des élèves, et servir de support au développement de connaissances, compétences et attitudes relatives à l'entretien ou l'amélioration de la santé. Certaines d'entre elles peuvent néanmoins paraître plus directement liées au développement de certaines qualités physiques qui jouent un rôle important dans la santé. Notons la course longue et la natation pour l'endurance. Mais cet **effet bénéfique** n'est **pas automatique** et implique le développement de **compétences motrices**, telles la capacité à courir à allure régulière en gérant l'intensité de l'effort et sa respiration sur des durées plus ou moins longues. En natation, la gestion de l'intensité de l'effort doit être réalisée conjointement à la maîtrise de sa respiration et son équilibre horizontal, en particulier lors d'une nage ventrale de type crawl. Sur ces deux exemples, des **connaissances sur le corps**, son fonctionnement sont alors également utiles (sur la respiration, la fréquence cardiaque…). Les rapports établis par certaines APSA entre l'individu et son environnement permettent également d'envisager une éducation à la santé sous un angle social (activités de coopération et/ou d'opposition) et psychologique.

1. *Cf.* les contenus proposés dans le *BO* du 5 janvier 2012 pour le CP, dans les activités athlétiques et le « courir longtemps ».

Repères sur l'enseignement et les apprentissages en EPS à l'école primaire

Le cours

1 | Connaissances scientifiques sur l'enfant et l'apprentissage moteur

1. Développement de l'enfant, ressources et apprentissages

A. Repères sur l'apprentissage

L'apprentissage doit être situé par rapport au développement de l'enfant, à ses ressources et aux APSA. L'apprentissage peut être défini sous plusieurs angles : comme **produit** (le fait d'avoir appris) ou comme **processus** (le fait d'apprendre). Dans le premier cas, on s'intéresse à ce qui est appris : des compétences, connaissances, savoirs, savoir-faire ou savoir-être, etc. Il existe d'ailleurs plusieurs types d'apprentissages : conceptuel ou notionnel, instrumental, moteur, etc. Dans le second cas, on se penche sur les mécanismes en jeu. L'apprentissage renvoie à une « modification stable du comportement ou des activités psychologiques, attribuables à l'expérience du sujet[1] ». C'est-à-dire que l'apprentissage n'est pas dû à la croissance morphologique du sujet par exemple. Il en va de même pour l'apprentissage moteur pouvant être défini comme « un ensemble de processus associé à la pratique ou à l'expérience amenant un changement relativement permanent dans la capacité à répondre[2] ». Cette définition souligne une autre caractéristique importante : ces modifications s'inscrivent dans le temps et présentent un caractère durable et relativement systématique[3]. L'apprentissage n'est pas la modification de la conduite elle-même, mais les processus internes qui en sont à l'origine[4]. L'apprentissage implique des modifications dans les structures internes, notamment cognitives, du sujet. Pour résumer, l'apprentissage est un **processus** qui conduit à des **modifications de**

1. Jean-Pierre Changeux, *L'Homme neuronal*, Paris, Fayard, 1983.
2. Richard A. Schmidt, *Apprentissage moteur et performance*, Paris, Vigot, 1993.
3. Maurice Reuchlin, *Psychologie*, Paris, PUF, 1995.
4. Didier Delignières et Pascal Duret, *Lexique commenté en sciences et techniques des activités physiques et sportives*, Paris, Vigot, 1992.

l'activité du sujet, de **ses comportements**, de **ses conduites** ; il **résulte** d'une **activité**, d'une **expérience** du sujet ; ces modifications sont **durables** (sur des échelles de temps variables) et **systématiques** (selon une fréquence variable). Pour que l'individu apprenne, il faut donc qu'il soit placé dans des **situations**, mis face à des **problèmes nouveaux** face auxquels il n'a pas d'emblée de réponse adaptée.

B. EPS, activités physiques et ressources

L'EPS vise le développement de compétences et de connaissances par l'intermédiaire de la pratique de diverses AP. Celles-ci mettent l'individu en contact avec des environnements particuliers. La **pratique** de ces **AP** permet de **solliciter** et de **développer** les **ressources** des élèves en les confrontant à des catégories de problèmes spécifiques. Les ressources peuvent être définies comme des « classes de moyens très hétérogènes susceptibles d'interagir pour supporter le système des échanges entre le sujet et son environnement[1]. Les ressources sont constituées des **connaissances, capacités, aptitudes**, etc., sur lesquelles repose la conduite d'un individu, un **répertoire** des **pouvoirs** d'un **sujet**. Les ressources peuvent être classées de différentes manières. On peut distinguer par exemple des ressources cognitives (liées à l'utilisation de représentations mentales, à la prise et au traitement d'informations, à la mémorisation…), des ressources motrices (liées à la production d'un mouvement, d'énergie…). Certains auteurs[2] différencient les ressources **motrices** (liées à la production du mouvement), **cognitives** (liées aux représentations mentales, aux connaissances, à la prise de décisions…), **perceptives** (liées à la prise d'informations), **affectives** (liées à la maîtrise des émotions) et **sociales** (liées aux relations établies avec les autres).

La pratique des **APSA sollicite** les différentes catégories de **ressources** du sujet, mais de manière **spécifique**, en posant des **problèmes particuliers** de types moteur, énergétique, affectif, cognitif ou encore perceptif-décisionnel. **Les sports collectifs** posent des problèmes d'opposition et de coopération, et sollicitent les ressources cognitives et informationnelles du sujet qui doit s'informer (informations visuelles) sur la situation qui se présente à lui pour choisir entre les alternatives s'offrant à lui (pour le porteur de balle : aller vers la cible avec la balle, faire une passe…). Elles sollicitent aussi les ressources motrices du sujet en relation avec les contraintes de déplacement (changer d'orientation de course, aller plus ou moins vite, d'où production d'une énergie variable…) et de manipulation de la balle (coordinations et dissociations segmentaires au niveau des membres supérieurs en handball, ou des membres inférieurs en football par exemple) liée au règlement et aux caractéristiques de la balle (en handball possibilité de prendre la balle dans une seule main). La **course longue** sollicite aussi les ressources informationnelles et motrices, mais de manière différente. Le sujet doit être attentif aux informations proprioceptives (sensation du corps propre, qu'il soit à l'arrêt ou en mouvement) pour apprécier et réguler l'intensité

1. Bernard Boda et Michel Récopé, « Instrument d'analyse et de traitement de l'APS à des fins d'enseignement de l'EPS », Revue EPS, n° 231, 1991, pp. 56-59. In Delignières & Duret, 1992, op. cit.
2. AEEPS, *Éducation physique : le guide de l'enseignant. Tome 1. Comment enseigner l'EPS aux enfants : compétences et savoirs de l'enseignant*. Éditions Revue EPS, Paris, 1995, pp. 62-70.

de son effort, et se déplacer à l'aide d'une foulée la plus économe possible impliquant une technique efficace (bien dérouler la cheville, coordonner les membres inférieurs et supérieurs…). En **gymnastique**, l'élève doit également utiliser des informations proprioceptives, à la fois celles qui renseignent sur son état d'équilibre (pour se réceptionner de manière équilibrée avec une impulsion sur un tremplin par exemple) et celles qui renseignent sur la position des différentes parties du corps dans l'espace (garder les jambes tendues lors d'une roue), en même temps que des informations visuelles (pour sauter sur un mouton par exemple). La gymnastique sollicite également les ressources motrices par des dissociations segmentaires (entre les deux bras lors d'une roue par exemple), de coordinations segmentaires (lors d'une impulsion vers le haut par exemple), et la production d'efforts brefs mais pouvant être intenses (saut sur mouton par exemple). Par ailleurs, les ressources affectives jouent également un rôle central lors de la pratique des AP. Comme l'a montré Parlebas, l'affectivité est la clé des conduites motrices. Ainsi, chaque AP sollicite potentiellement les différentes catégories de ressources du sujet, mais de façon singulière.

Mais les apprentissages relevant du développement de telle ou telle ressource ne doivent pas être appréhendés de manière isolée, car ces **ressources** sont en **interaction.** En basket-ball, la prise d'informations repose sur un déplacement de tout ou partie du corps (pour voir un partenaire, la cible, le ballon…). De même, le déplacement en dribble avec la balle repose sur la prise et l'utilisation d'informations visuelles et proprioceptives (informations vestibulaires sur son équilibre, tactiles sur la balle…). La capacité à produire un effort physique intense implique une motivation de la part du sujet.

Les **ressources** en jeu dans la pratique d'une AP permettent de mieux **comprendre l'activité** de l'élève, et les **difficultés** qu'il rencontre durant ses **apprentissages**. Le **comportement** renvoie à **la manifestation visible**, objective, de l'activité du sujet. Prenons une situation en natation où l'élève doit, à partir du bord, pousser contre le mur avec ses pieds pour glisser tout droit vers l'avant le plus loin possible en ayant la tête sous l'eau. Le comportement de l'élève peut être le suivant : il pousse et dévie à droite. **La conduite** désigne **l'organisation signifiante du comportement** (Parlebas, 1985), son sens, ses causes. Un comportement peut renvoyer à différentes sources, explications et conduites motrices. Dans notre exemple, l'élève peut avoir des difficultés pour pousser avec une même intensité sur ses deux jambes (problème moteur). Il peut avoir placé ses pieds sur le mur de manière non symétrique (pieds décalés, ou un pied posé à plat et l'autre non), ce qui oriente la poussée et peut être lié à de mauvaises prises d'informations tactiles, ou à une mauvaise représentation de la tâche (il faut avoir les pieds à plat pour bien pousser et ne pas glisser). Lors d'un jeu de lutte debout en un contre un, un élève peut rester éloigné de son adversaire en gardant les bras tendus (comportement) parce qu'il a peur du contact mais aussi parce qu'il n'a pas compris l'importance de se rapprocher de l'autre pour pouvoir le déséquilibrer (conduite motrice). Lors d'une situation de match en basket-ball, l'élève porteur de balle peut dribbler en regardant constamment vers le sol (comportement) car il est centré sur la possession de la balle, mais aussi car il est incapable de contrôler la balle uniquement grâce à des repères tactiles et à la vision périphérique (il utilise donc la vision centrale). Lors d'une roulade avant, un élève peut dévier vers la droite parce qu'il n'a pas poussé de manière identique sur ses deux jambes ou qu'il n'a pas enroulé son dos correctement. Il peut être incapable de se relever parce qu'il n'a pas compris qu'il fallait ramener les talons près des fesses, ou qu'il est incapable de le faire au bon moment (coordinations segmentaires).

Si **les ressources** sollicitées sont utiles pour comprendre les problèmes rencontrés par les élèves et les obstacles aux apprentissages, elles gagnent aussi à être interrogées en relation avec des **cadres d'analyse** propres aux **APSA**. Par exemple, les activités aquatiques et nautiques posent au pratiquant quatre problèmes fondamentaux : informationnels, respiratoires, de propulsion et d'équilibration. Chaque problème peut être interrogé à travers les ressources mobilisées par l'élève. Un problème respiratoire (l'élève sort systématiquement la tête en dehors de l'eau pour expirer) peut être dû à des problèmes affectifs (peur de l'eau), cognitifs (mauvaise connaissance du milieu aquatique), moteurs (ne souffle pas dans l'eau).

C. Apprentissages et développement

Comme l'a montré Jean Piaget, l'apprentissage ne peut être dissocié du développement en général. Le développement renvoie à **l'évolution structurale** et **fonctionnelle** d'un système. Le **développement** peut être appréhendé à plusieurs **niveaux** : **morphologique** (croissance…), **physiologique** (fonctions cardio-pulmonaire, musculaire…), **psychologique** (attention, abstraction, mémorisation…), **moteurs** (coordination, équilibration, vitesse, force…). De nombreux débats ont agité la communauté scientifique concernant la part qui revient à **l'inné** et à **l'acquis** dans le développement. Actuellement, les théories qui dominent envisagent ces rapports à travers une **approche interactionniste**. Elles considèrent qu'il y a une interaction historique (dans le temps) entre un patrimoine génétique et **l'expérience** vécue du sujet. Ceci implique que l'expérience d'un sujet, ses rapports à son environnement sont des conditions indispensables au développement, mais aussi que ce dernier ne consiste pas à « révéler » simplement des structures génétiques préexistantes. Cette approche conduit alors à rejeter une approche déterministe du développement selon laquelle tout serait écrit à l'avance. Les facteurs génétiques pondèrent les effets que l'environnement peut avoir sur le développement du sujet, et inversement.

Le développement doit être appréhendé dans **le temps**. Des scientifiques ont mis en évidence des **stades du développement** de l'enfant, des périodes durant lesquelles certaines fonctions, habiletés… se développent sur différents plans (cognitif, moteur…). Les illustrations suivantes concernent principalement le plan moteur[1].

Entre 1 et 2 ans l'enfant se situe dans une phase de motricité rudimentaire. Il apprend notamment à marcher de façon autonome (15e mois), à s'asseoir sur une chaise et à monter/descendre un escalier en se tenant à une rampe, commence à sauter sur 2 pieds (18e mois), se met sur la pointe des pieds, marche de manière coordonnée et stabilisée (2 ans). À partir de 3 ans, un enfant est par exemple généralement capable de monter un escalier seul, sans aide, ou de tenir debout sur une jambe, et de faire du tricycle.

---

1. Pour une vue plus complète, voir par exemple AEEPS, *Éducation physique : le guide de l'enseignant, tome 1*, op. cit., 1995, pp. 71-82 ; Martine Gérard et Jean-Paul Gérard, *Réussir l'épreuve d'éducation physique et sportive au concours de professeur des écoles*, Paris, Seli Arslan, 2006.

À partir de 5 ans, il développe des capacités à reproduire des formes corporelles. Il découvre et explore les possibilités de son corps. Toutefois les apprentissages restent souvent fortuits, liés à l'imitation et aux sollicitations externes. Mais entre 3 et 6 ans, la motricité demeure globale et souvent bilatérale (actions symétriques et simultanées), et le tonus mal maîtrisé, tandis que les capacités d'attention restent faibles et caractérisées par la centration sur un seul élément à la fois. Le mouvement est généralement balistique, le contrôle de l'action « après coup ».

La période qui va de 6 à 7 ans est décisive car l'enfant achève la construction des patrons moteurs de base (marche, course, saut…). À partir de 7 ans, l'enfant perfectionne le contrôle de ses mouvements. L'enfant va pouvoir guider son action selon un projet. La coordination, l'orientation et la finesse du mouvement s'améliorent, tout comme la force, la vitesse et l'endurance. Les performances progressent régulièrement en course, sauts et lancers par exemple. Parallèlement, la pensée logique apparaît et les capacités de compréhension augmentent. La règle est progressivement intériorisée.

De 8 à 11 ans, l'enfant entre dans une nouvelle phase et se situe dans une période de croissance forte. En même temps, il témoigne un fort intérêt pour de nouveaux savoirs. Il recherche l'autonomie et simultanément les relations entre pairs. La pensée rationnelle, les réussites occupent une grande place chez l'enfant.

Ces caractéristiques développementales débouchent sur des **besoins particuliers** et des **conséquences pédagogiques**. Au C1, il est pertinent de valoriser chez l'enfant une activité de découverte de son corps, de l'espace, grâce à un environnement riche et stimulant, et des buts précis et concrets. Une démarche pertinente articule phases de découvertes et de structuration motrice, et valorise le lien avec le langage. Au C2, on peut valoriser davantage la structuration des réponses motrices et aller plus loin dans celles-ci. Au C3, l'AP est importante pour que l'enfant ne régresse pas au plan de ses habiletés motrices (à cause de la croissance). Il faut être vigilant à la constitution des groupes d'élèves.

Les **stades** du développement correspondent bien sûr à des **repères moyens**. Tous les enfants ne se développent pas au même rythme et en même temps. Ils peuvent être en avance ou « en retard » dans tel ou tel secteur. Les contraintes de ce chapitre ne permettent pas de traiter ici le développement de l'enfant de manière détaillée et exhaustive. Nous renvoyons le lecteur aux travaux d'auteurs de référence tels Piaget, Wallon, Vigotsky ou encore Bruner, et à des ouvrages abordant cet aspect en EPS[1].

Pour conclure, le **développement** peut **favoriser** ou **limiter** de nouveaux **apprentissages,** et inversement les apprentissages **concourent** au développement de l'individu. L'enseignant doit donc choisir des AP, des catégories de savoirs, des SA et une pédagogie adaptées aux caractéristiques développementales de ses élèves pour favoriser leurs apprentissages et leur développement.

1. AEEPS, *Éducation physique : le guide de l'enseignant*, tome 1, op. cit., 1995, pp. 71-82 ; Martine Gérard et Jean-Paul Gérard, op. cit., 2006.

D. EPS et efforts physiques

En EPS, l'enseignant doit également accorder une importance particulière aux efforts physiques demandés aux élèves. Selon le niveau de développement de l'enfant, certains **efforts** seront **bénéfiques,** d'autres **contre-indiqués**. Toute pratique physique implique une production d'**énergie**. Le corps humain dispose de plusieurs systèmes de productions énergétiques, appelés **filières,** produisant différents types d'efforts physiques[1]. Elles se différencient selon le substrat énergétique utilisé, et l'utilisation ou non d'oxygène. La filière **aérobie** produit de l'énergie en utilisant l'oxygène respiré par l'individu. Les filières **anaérobies** n'ont pas besoin d'oxygène pour fonctionner et utilisent d'autres substrats. La filière **anaérobie lactique** produit de l'acide lactique, contrairement à la filière anaérobie alactique. L'acide lactique est un déchet des réactions chimiques produites par la filière anaérobie lactique. Il se diffuse dans le sang et les muscles et conduit à la nécessité de diminuer, voire d'arrêter l'effort. Plusieurs paramètres définissent ces différentes filières :

- la **quantité d'énergie maximale** qu'elles sont capables de fournir à l'individu par unité de temps. C'est **la puissance**, comparable au débit d'un robinet par exemple ;
- la **quantité totale d'énergie** qu'elles sont capables de fournir. C'est la **capacité**, comparable à la taille d'un réservoir d'eau par exemple ;
- la **période** durant laquelle la filière peut fonctionner, dépendant des paramètres précédents ;
- le **délai** à partir duquel la filière peut fonctionner à intensité maximale.

Le tableau suivant présente ces filières pour un sujet adulte. La puissance anaérobie alactique est supérieure à la puissance anaérobie lactique, elle-même supérieure à la puissance aérobie. On peut associer ces filières à une des **qualités physiques**.

	Anaérobie alactique	Anaérobie lactique	Aérobie
Délai d'intervention	immédiat	à partir de 15 à 20 secondes	environ 2 minutes
Puissance	jusque 7 secondes	jusque 30 à 45 secondes	entre 3 et 10 minutes
Capacité	jusque 15 à 20 secondes	2 à 3 minutes	pratiquement illimitée, selon l'intensité
Qualité physique	puissance	résistance	endurance

Dans chacune de ces filières, l'individu peut produire un effort variable, en référence à une intensité maximale individuelle, comme la puissance maximale aérobie (PMA). Il peut par exemple courir à 70 % ou à 100 % de PMA. La faculté à produire de l'énergie à partir de ces filières dépend de plusieurs paramètres, dont l'**âge** (donc le niveau de développement du sujet) et l'**entraînement**. Les **enfants** n'ont pas encore les outils métaboliques permettant d'avoir recours de manière importante à la filière lactique. Il est donc recommandé de ne pas leur proposer

1. Pour plus de détails sur ces aspects, voir par exemple Michel Pradet, *La Préparation physique*, Paris, INSEP, 2001 ; pour une présentation synthétique, voir par exemple Gérard et Gérard, op. cit., 2006.

d'efforts sollicitant cette filière, mais des **efforts intenses et brefs**, ou **modérés et prolongés** dans le temps.

Ce principe se retrouve parfaitement dans les programmes de l'EPS, par exemple pour l'enseignement de la course. Les programmes de C2 fixent comme attendus de fin de cycle de savoir différencier courir vite (effort intense et bref) et courir longtemps.

Au-delà du type d'effort proposé, il est également nécessaire d'adapter plus finement l'intensité et la durée des efforts aux caractéristiques développementales et aux capacités des élèves. Par exemple, en course de durée, on peut fixer un temps de course maximal de 15 minutes en CM2. Mais tous les élèves d'un même niveau de classe n'en sont pas forcément au même stade de leur développement physique, et n'ont pas développé les mêmes compétences. Les efforts proposés gagnent donc le cas échéant à être adaptés aux caractéristiques individuelles des élèves d'une même classe (par exemple en course de durée en CM2, on peut proposer un effort allant de 8 à 15 minutes).

Toutes les AP ne se distribuent pas parfaitement selon ces trois filières. La plupart du temps, plusieurs filières sont sollicitées parallèlement. Il faut donc raisonner en termes de dominante(s). Certaines **AP** peuvent être **classées** facilement selon qu'elles sollicitent principalement la puissance ou la capacité d'une **filière.** Pour la puissance anaérobie alactique, citons les courses de vitesse, les sauts et lancers athlétiques, un saut en gymnastique, un tir en handball. La capacité aérobie peut être illustrée chez un adulte par le marathon, chez un enfant dans le fait de courir 12 minutes. Beaucoup d'AP sollicitent des efforts appelés mixtes, mettant en jeu plusieurs filières. C'est le cas des sports collectifs et de combat par exemple. Une erreur fréquemment commise consiste à vouloir déterminer les filières énergétiques en jeu uniquement à partir d'un critère, comme le temps d'effort. Ceci conduit à une impasse, car il faut tenir compte **simultanément** des **paramètres** suivants :

- le **type** d'effort : continu (intensité constante) ou intermittent (variations d'intensité) ;
- l'**intensité** de l'effort au regard des possibilités du sujet (100 % de PMA par exemple) ;
- la **durée** totale l'effort ;
- le niveau de **développement** et d'**entraînement** du sujet.

Les élèves de l'école primaire peuvent donc faire des efforts brefs et intenses ou des efforts modérés et prolongés dans le temps.

2. Les apprentissages moteurs en EPS

A. Définitions et théories

La capacité de l'enseignant à proposer des situations d'apprentissages adaptées en EPS implique de cerner certaines particularités des apprentissages moteurs. Ce domaine a vu se développer plusieurs théories, concepts et connaissances. Le cadre de ce chapitre ne nous permet pas d'en proposer une synthèse ni d'en commenter l'essentiel[1]. Les cadres d'analyse qui suivent visent à aider l'enseignant à interroger, concevoir voire optimiser son enseignement. Si les **apprentissages moteurs** relèvent de principes transversaux aux différents types d'apprentissage, ils présentent des **particularités** susceptibles d'influer sur l'activité didactique de l'enseignant. De par leur nature motrice, les savoirs en jeu dans la pratique d'une AP sont de nature différente que ceux impliqués dans l'acquisition de notions ou concepts fondant la plupart des disciplines scolaires.

Mais il existe diverses **théories** de l'apprentissage moteur. Les théories **cognitivistes**, influencées par les théories du traitement de l'information, expliquent l'apprentissage moteur sur la base de l'utilisation par le sujet de représentations mentales. Ce modèle accorde une grande importante dans l'apprentissage aux feed-back (informations en retour) et à la connaissance du résultat (CR) à l'issue de, voire pendant l'action. L'apprentissage aboutit en particulier à la construction de programmes moteurs. Il en découle des procédés pédagogiques tels l'observation, le questionnement, la réflexion, la verbalisation. Les théories dites « **écologiques** » expliquent l'apprentissage moteur en mettant l'accent sur les informations prises et utilisées par le sujet dans son environnement. Mouvement et perception sont liés. Les apprentissages moteurs peuvent s'effectuer à travers des régulations des structures motrices du sujet compte tenu de l'environnement. Les procédés pédagogiques privilégiés ici centrent l'attention des élèves sur les informations qu'ils extraient de l'environnement et utilisent.

B. Repères sur les conditions d'apprentissage

Plus largement, l'enseignant doit s'interroger sur les conditions d'apprentissage à instaurer, selon des **critères quantitatifs et qualitatifs**. Il faut tout d'abord insister sur l'importance de la **quantité de pratique** physique des élèves. Les apprentissages moteurs s'inscrivent dans un processus généralement long et coûteux. L'apprentissage d'une nouvelle coordination motrice comme un battement de jambe alternatif en natation au C2 implique plusieurs répétitions et séances d'apprentissages. L'apprentissage d'une nouvelle habileté tel le tir au panier en basket-ball nécessite aussi une quantité de pratique importante. Les APSA regroupent des techniques sportives et corporelles plus ou moins complexes. Les conditions d'apprentissage mises en place par l'enseignant doivent donc laisser le temps d'expérimenter une situa-

1. Voir, par exemple, Schmidt, 1993, op. cit. ; ou Patrick Fargier, *EPS et apprentissages moteurs*, Paris, Vigot, 2006.

tion, de s'exercer autour d'une même habileté motrice, sans pour autant susciter de lassitude chez l'élève. La situation pédagogique résulte en effet d'une multitude de variables en interaction, dont les effets peuvent être divergents voire contradictoires. Une **variable** favorisant l'apprentissage moteur (la répétition d'une même tâche) peut entraîner une lassitude et ainsi faire baisser la motivation des élèves (condition nécessaire aux apprentissages). L'enseignant doit donc faire des choix et trouver les meilleurs **compromis.** Mais la quantité de pratique n'est pas suffisante pour autoriser ou optimiser les apprentissages moteurs. Il est utile d'interroger en particulier deux paramètres qualitatifs : **les conditions de la pratique**, et **les informations** dont dispose l'élève.

Il existe deux grands types de feed-back : la **connaissance du résultat** (CR) concernant le produit (ai-je réussi ou pas un tir en basket-ball ?) et la **connaissance de la performance** (CP) concernant la manière dont on s'y est pris (ai-je produit une trajectoire tendue ou en cloche lors de mon tir ?). D'une manière générale, il est possible de dire que la CR est une condition favorable aux apprentissages moteurs. La compétence générale n° 2 de l'EPS (s'approprier seul ou à plusieurs par la pratique les méthodes et outils pour comprendre) consiste justement à apprendre par essai-erreur en utilisant les effets de son action (à partir du C2). La CP peut également être bénéfique. Tout dépend bien sûr des processus d'apprentissage privilégiés, des théories de référence, des habiletés concernées et du niveau de développement des élèves (*cf.* ce qui a été dit plus haut sur les capacités d'abstraction et attentionnelles des élèves). **Les habiletés motrices** impliquées dans les AP diffèrent des actions réflexes en ce sens qu'elles sont « **programmées** » à partir d'une intention du sujet. Les théories cognitivistes expliquent que le sujet planifie les différents **paramètres spatiaux et temporels du mouvement** (pour la trajectoire d'un tir en basket-ball : moment, intensité, vitesse, hauteur, profondeur). En fonction de la réussite ou de l'échec de l'action, le sujet peut mémoriser ou réorganiser ses réponses. Dans cette optique, les SA doivent permettre aux élèves de formuler, d'expérimenter, de réajuster des projets d'action. Cette démarche permet de contribuer au socle commun (domaine 2 : les méthodes et outils pour apprendre), notamment à travers le développement de la compétence générale d'EPS n° 2 « s'approprier seul ou à plusieurs par la pratique, les méthodes et outils pour apprendre ». Au C2, il s'agira en particulier d'apprendre à planifier son action avant de la réaliser. Au C3, il s'agira d'apprendre par l'action, l'observation, l'analyse de son activité et de celle des autres. Il faut bien sûr tenir compte du niveau et des possibilités des élèves, comme des caractéristiques des AP et des conditions d'enseignement et d'apprentissage. Dans nombre d'AP et de SA, l'élève dispose de la CR, sans avoir recours à un observateur extérieur. Il lui est par contre plus difficile, sinon impossible d'accéder à la CP sans l'aide d'une personne extérieure. Les programmes d'EPS préconisent d'ailleurs dans la compétence générale n° 2 que l'élève apprenne par l'analyse de son activité et de celle des autres. Le rôle d'observateur de l'élève peut donc être particulièrement important. En EPS, l'action motrice ne laisse pas de trace figée dans le temps, comme dans d'autres disciplines (un texte, par exemple). Or l'enseignant ne peut observer tous ses élèves en même temps, et ces derniers n'ont généralement pas le niveau requis pour observer la CP de façon juste et précise. Par ailleurs, l'élève doit avoir les capacités cognitives pour identifier et utiliser la

CR et/ou la CP. L'enseignant doit donc choisir les informations dont les élèves vont disposer et celles qu'ils devront utiliser. En suivant le cadre de la « tâche motrice »[1], chaque SA doit alors présenter un but et un critère de réussite. Mais le fait de réussir deux ou trois fois consécutivement la situation ne suffit pas pour qu'il y ait forcément apprentissage. Des auteurs recommandent d'ailleurs un taux de réussite significatif allant de sept à huit fois sur dix pour s'assurer que l'apprentissage est effectif. La compétence générale n° 2 de l'EPS prévoit d'ailleurs que l'élève apprenne par essai-erreur au C2 (ce qui implique plusieurs répétitions) et au C3 qu'il répète un geste pour le stabiliser et le rendre plus efficace.

Un second paramètre concerne les **conditions de pratique** d'une habileté motrice. Parmi celles-ci, on différencie une pratique en « **standard** » d'une pratique en « **variabilité** », selon que les paramètres du mouvement sont identiques ou non entre plusieurs essais. Un mouvement est déterminé par des paramètres spatiaux (orientation, amplitude) et temporels (vitesse, accélération). Les conditions optimales de l'apprentissage dépendent de plusieurs facteurs, et notamment du type d'habileté (ouverte ou fermée) concerné, et des stades de l'apprentissage moteur. Les **habiletés fermées** sont réalisées dans un environnement stable, sans incertitude (gymnastique par exemple) ; les **habiletés ouvertes** présentent une incertitude liée au milieu physique (escalade en milieu naturel par exemple) et/ou humain (jeux de lutte par exemple). Prenons un exemple d'habileté ouverte pour illustrer l'intérêt de cette distinction pour la construction de SA[2]. Les sports collectifs impliquent des habiletés ouvertes. C'est le cas du tir. L'élève va devoir mettre en jeu cette habileté dans des conditions environnementales variables (distance et orientation par rapport à la cible, tir à l'arrêt ou en mouvement…). Pour que l'élève comprenne ce qu'il doit faire et construise une approximation de réponse efficace (premier stade de l'apprentissage moteur : **stade cognitif**), il est préférable de le placer lors d'une première phase dans des conditions de pratique standard. Une fois ce stade atteint, et pour construire une habileté motrice efficace dans différentes conditions environnementales (**stade moteur**), il est plus pertinent d'introduire une variabilité dans la pratique. L'enseignant peut alors demander à l'élève de tirer à des distances et à des angles différents par rapport à la cible, et/ou à des vitesses variées. L'on pourra ensuite construire une automatisation des réponses efficaces (**stade autonome**, l'attention peut se détacher de la réalisation motrice), impliquant néanmoins une grande quantité de pratique.

À travers les pistes et exemples précédents, on s'aperçoit que l'enseignant doit concevoir des conditions d'apprentissage pertinentes, mais que l'élève joue un rôle important pour que les conditions d'apprentissage puissent être optimales, notamment par rapport aux feed-back qu'il peut utiliser ou communiquer à un autre élève. Certaines compétences générales développées chez les élèves, et à travers elles les apprentissages relevant du socle commun, constituent des facteurs de progrès essentiels.

---

1. Jean-Pierre Famose, *Apprentissage moteur et difficulté de la tâche*, Paris, INSEP, 1990.
2. Pour l'apprentissage d'habiletés fermées, nous renvoyons le lecteur à des ouvrages de référence tels que Schmidt, 1993, op. cit.

2 | Analyse et transposition didactique des APSA en EPS

1. L'analyse didactique des APSA

Des analyses didactiques ont été réalisées à l'échelle de nombreuses activités afin d'en faciliter l'enseignement[1]. Malgré certaines différences au sein de ces propositions, on distingue généralement un ensemble de rubriques articulées entre elles :

– une **définition** de l'APSA : elle est importante pour situer la nature de l'activité ;

– sa **logique interne** (en référence aux travaux de Parlebas), en lien avec le règlement (lorsqu'il existe) : elle permet de comprendre l'essence, la spécificité de l'activité ;

– les **problèmes fondamentaux** posés par l'activité (analysés souvent en termes de contradictions essentielles à résoudre par le pratiquant) : ils sont au cœur de la pratique, quel que soit le niveau de pratique considéré ;

– les **ressources** sollicitées : elles déterminent les problèmes posés aux élèves, et orientent les apprentissages et les compétences que l'on peut développer ;

– les **enjeux éducatifs** : ce que l'élève a à gagner à travers la pratique de l'AP ;

– les **niveaux de pratiques** : ils permettent d'identifier des axes de progrès au fil de la scolarité.

Nous illustrons ici cette analyse dans une activité très enseignée à l'école, et dont l'apprentissage fait partie des priorités scolaires : la natation.

Analyse didactique de l'activité natation[2]

a. Définitions et logique interne

Nager c'est « évoluer dans le milieu aquatique appréhendé dans son volume, sans utiliser d'équipements particuliers et sans avoir la possibilité immédiate de reprise d'appuis solides » (Maillard et Pelayo, 1997). La natation peut aussi être définie comme l'AP par laquelle **l'individu se déplace dans l'eau** pour atteindre un **but** (d'où plusieurs formes de natations : sportive, sécuritaire, de sauvetage, hygiénique, etc.). Les activités aquatiques se déroulent entre deux eaux (natation sportive, avec

1. Voir par exemple AEEPS, *Éducation physique : le guide de l'enseignant. Tome 2. Comment enseigner l'EPS aux enfants : les activités.* Éditions Revue EPS, Paris, 1995 ; Gérard et Gérard, 2006, op. cit.

2. Nous avons pris appui notamment sur AEEPS, 1994, *tome 2*, op. cit ; Dominique Maillard et Patrick Pelayo, « Natation », in Patrick Seners, *Enseigner les APS, activités physiques scolaires du collège au lycée*, Paris, Revue EP.S, 1997 ; Corinne Cortyl et Philippe Kapusta, *Six étapes pour les activités aquatiques aux cycles 2 et 3*, Lille, CRDP de Lille, 2002 ; Patrick Pelayo et Michel Sydney, « Natation », in A. Thépaut, *Les APS en licence Staps, théories et pratiques d'apprentissage*, Paris, Masson, 2004, pp. 127-136.

palmes, water-polo, natation synchronisée…) et se différencient des AP **nautiques** (canoë kayak, voile…) et **subaquatiques** (plongée, apnée…). On peut alors identifier **deux logiques** de pratique :

- l'**adaptation** au milieu aquatique pour réaliser un **déplacement finalisé**, en toute **sécurité** ;
- la production d'une **performance mesurée** dans un espace normé et sans incertitude.

Ces éléments permettent d'orienter l'enseignement dans deux directions, que l'on retrouve d'ailleurs dans les programmes. Aux C1 et C2, la natation (ainsi que les activités aquatiques) est enseignée pour atteindre l'objectif d'adapter ses déplacements à l'environnement. Au C3, à cet objectif s'ajoute celui de produire une performance.

b. Problèmes fondamentaux : la littérature en distingue classiquement quatre

■ **L'équilibration :** les propriétés de l'eau posent des problèmes d'équilibration au nageur qui doit constamment gérer et optimiser son équilibre. L'équilibre du terrien, vertical, est perturbé dans l'eau. Le corps y est en situation de **semi-apesanteur**. Mais, la construction de **l'équilibre aquatique** (généralement horizontal) nécessite de modifier les repères utilisés en milieu terrestre. La position de la **tête** est déterminante dans la gestion de l'équilibre et l'orientation des déplacements (rôle de gouvernail).

■ **La propulsion :** il faut parvenir simultanément à créer et entretenir une vitesse, tout en conservant son équilibre. En milieu terrestre, les jambes jouent un rôle propulsif majeur (les bras un rôle de rééquilibration). Cette logique est inversée dans l'eau : la **propulsion** est assurée principalement par les **bras**, et les **jambes** servent principalement à se **rééquilibrer**. Mais il existe plusieurs modalités de propulsion (en lien avec les **techniques de nages**).

■ **Les informations :** le nageur doit **s'informer** dans un **milieu** aux caractéristiques particulières (on voit trouble dans l'eau, l'audition est moindre) pour orienter son **déplacement**. De plus, dans la plupart des nages, le corps est allongé à la surface de l'eau (tête dans le prolongement du corps). Le **regard** devient donc **perpendiculaire** au déplacement (regard vers le fond de l'eau en nage ventrale, vers le haut en nage dorsale). La prise d'informations visuelles dans le sens du déplacement est ainsi perturbée. De plus, la nécessité de **sortir la tête** de l'eau pour **respirer** perturbe également la prise d'informations visuelles. D'autre part, les informations plantaires du terrien sont supprimées dans l'eau. Enfin, les informations relatives à son équilibre sont perturbées par les propriétés de l'eau. Ces éléments renforcent l'importance des informations proprioceptives.

■ **La respiration :** la respiration réflexe et spontanée du milieu terrestre doit être transformée dans l'eau. **L'expiration** doit y être **active** pour vaincre la résistance offerte par l'eau qui entoure la cage thoracique. Pour que **l'inspiration** soit efficace et donc **courte, l'expiration** doit être **complète** (forcée). La nécessité de respirer influe sur la gestion de son déplacement (il faut organiser les temps respiratoires pour ne pas gêner son déplacement, notamment si l'on veut nager vite ou longtemps). La gestion de la respiration va poser des problèmes énergétiques en lien avec la **gestion de l'effort** (essoufflement si la respiration n'est pas maîtrisée).

La résolution de ces problèmes implique de modifier le fonctionnement et les repères habituels du terrien. Le nageur doit gérer simultanément plusieurs **problèmes** qui peuvent être contradictoires : se déplacer, s'équilibrer, respirer, s'informer.

c. Les ressources sollicitées

■ **Aspects énergétiques**

L'eau a une **conductibilité** et une **capacité d'absorption de la chaleur** bien supérieures à l'air (on ne sue pas dans l'eau). De par la **pression hydrodynamique** au niveau des veines superficielles, la fréquence cardiaque maximale est de 10 battements inférieure aux valeurs terrestres. La natation a ainsi un effet particulier sur la condition physique et la santé. Selon l'intensité et la durée de l'effort, les différentes filières énergétiques peuvent être sollicitées.

Mais le niveau de pratique peut aussi orienter l'intensité de l'effort. Un débutant ne disposant pas de technique de nage efficace aura un mauvais rendement énergétique et se fatiguera plus rapidement.

■ **Aspects biomécaniques**

Les déplacements dans l'eau sous soumis à des forces invisibles en milieu terrestre.

L'eau offre un support qui donne une sensation de gravité moindre, en lien avec **la poussée d'Archimède.** Un corps immergé totalement ou partiellement subi une force égale au poids du volume d'eau déplacé par le corps. Si la densité du corps immergé est inférieure, égale ou supérieure à celle du liquide, le corps respectivement flottera, s'immergera sans couler complètement, ou coulera. La **densité du corps** humain varie selon les individus (en lien avec la répartition et le pourcentage des masses osseuses, musculaires et graisseuses). En position horizontale (bras contre les cuisses), les jambes ont tendance à couler, car le centre de gravité du corps humain ne concorde pas avec son centre géométrique. Pour rester en surface, il vaut mieux écarter les bras et les jambes tendues et adopter la figure de l'étoile de mer.

L'eau offre aussi des **résistances à l'avancement** plus élevées que l'air. Il existe plusieurs résistances à l'avancement : friction avec l'eau, turbulences à l'arrière du corps, résistance de vague (l'eau s'entasse devant le nageur, et un creux se forme à l'arrière). Dans les nages ventrales, plus le corps est horizontal dans l'eau, moins il y a de résistances de frottement.

Enfin, la propulsion dans l'eau ne peut, contrairement aux déplacements en milieu terrestre, s'effectuer à partir d'un appui solide. Le déplacement est principalement assuré par le train supérieur, grâce à ce que l'on appelle les **surfaces motrices**. L'**efficacité** des actions motrices dépend de **facteurs spatiaux** (quantité, orientation, profil des surfaces motrices, longueur et profondeur des trajets moteurs) et **temporels** (vitesse et accélération des surfaces motrices, fréquence et continuité des actions motrices).

■ **Aspects moteurs**

Les ressources motrices sont mobilisées en lien avec les problèmes d'équilibration posés au nageur, et les **coordinations** voire les **dissociations segmentaires** imposées par les différentes modalités de déplacements. Selon les **techniques de nage** (crawl, brasse, dos, papillon), mais aussi d'autres **actions techniques** telles le plongeon, le plongeon canard, le virage… ces coordinations et dissociations segmentaires varient. Nous pouvons néanmoins pointer plusieurs cas de figures relatifs aux déplacements :

– Les nages où les **bras** et les **jambe**s effectuent des **mouvements alternatifs** (crawl, dos) : dans ce cas il faut apprendre à faire avec le train supérieur (et le train inférieur) des **mouvements identiques et symétriques** mais en les **coordonnant** dans le **temps** de façon alternée. Le battement de jambe par exemple impliquera un apprentissage particulier car il peut poser de nombreux difficultés aux élèves (l'élève n'avance pas, voire recule…). La réussite du battement de jambe implique une bonne orientation, amplitude et structure rythmique (accélérer lorsque la jambe descend) du mouvement. En crawl, le trajet moteur des deux bras doit également être symétrique et alterné. La difficulté tient notamment du fait que l'élève ne voit pas ses trajets moteurs (il devra donc utiliser des **informations proprioceptives**). Et dans le cas d'une **nage ventrale**, la **respiration** impliquera une dissociation de la tête par rapport au corps en position ventrale (sinon le corps se redresse dans son ensemble, ce qui perturbe l'équilibre et freine le déplacement).

– Les autres nages (brasse par exemple) : les deux bras font un **mouvement symétrique simultané** (tout comme les deux jambes), mais le sujet doit **coordonner** les **trains supérieur et inférieur**.

Les ressources motrices sont également à analyser sous l'angle de la **vitesse de nage** (dont l'amélioration peut devenir un objectif au C3). La vitesse est le résultat de l'**amplitude** (distance parcourue lors d'un cycle complet des deux bras) multipliée par la **fréquence** (nombre de cycles réalisés par unité de temps). Dans l'ordre de progression, il faut dans un premier temps augmenter l'amplitude du mouvement, puis sa fréquence.

■ **Ressources cognitives, perceptives et décisionnelles**

Les ressources perceptives sont mobilisées de façon originale de par la nature des informations visuelles à utiliser selon les contraintes du déplacement, et l'importance des informations proprioceptives (se repérer et repérer ses segments corporels dans l'espace, gérer son équilibre, percevoir la sensation de glisse…), et tactile (lorsqu'on pousse sur le mur avec les pieds, sentir l'eau sur sa surface corporelle…). Les élèves devront généralement transformer leurs **représentations initiales du milieu aquatique** (l'eau remplit mon corps si je m'immerge, je ne flotte pas dans l'eau donc je coule…).

■ **Au plan affectif**

Le milieu aquatique est source de **plaisir** (milieu inhabituel, sensation de glisse…) mais également potentiellement de **peurs** (risques associés au milieu). Les émotions peuvent varier selon la logique de pratique (performance, s'adapter au milieu, s'opposer, coopérer…).

d. Les enjeux éducatifs liés au savoir-nager

■ **Accéder aux pratiques culturelles sportives**, aux activités physiques d'entretien et de loisirs en milieu aquatique, particulièrement nombreuses et développées en France (plages, lacs, piscines, etc.).

■ Assurer sa **sécurité** lors des pratiques scolaires et/ou de loisirs ; voire celle d'autrui. Avec la démocratisation des loisirs en général et le développement des sites et pratiques aquatiques/nautiques en particulier, le savoir-nager sécuritaire est devenu un enjeu essentiel.

- **Éducation à l'autonomie, à la responsabilité et à la citoyenneté** : la pratique de l'activité implique l'apprentissage de droits et de devoirs (en lien avec les contraintes de sécurité, les relations à autrui…), elle se prête à la construction de projets individuels et collectifs.
- **Santé** : la natation est une pratique potentiellement bénéfique pour la santé physique, et qui se prête particulièrement bien à une éducation à la santé (cf. partie plus haut).

e. Objectifs et niveaux de pratique

Il n'existe pas de niveaux de pratique dans l'absolu. Il n'y a pas de progression linéaire et unique, et la pratique de la natation n'induit pas automatiquement les mêmes effets. Tout dépend des objectifs poursuivis par l'enseignant et des conditions d'apprentissage. Plusieurs élèves débutants (n'ayant jamais pratiqué la natation) n'auront pas forcément les mêmes comportements et difficultés. Par contre, on peut dégager des comportements plus ou moins pertinents et adaptés au regard des contraintes posées par l'activité.

On peut identifier des niveaux de pratique croissants en lien avec les **compétences visées** en EPS et **trois secteurs** constitutifs de l'activité : **l'entrée** dans l'eau, **l'immersion**, les **déplacements**. Sur ce dernier secteur, on peut envisager la progression suivante : 1. En grande profondeur (GP) se déplacer le long du mur uniquement grâce à ses appuis manuels ; 2. En GP, se déplacer le long d'une ligne d'eau, sans s'arrêter ; 3. En petite ou GP, pousser contre le mur et rejoindre un appui solide (à 3-4 m) en autonomie (avec un dispositif de sécurité comme une perche dans l'eau) ; 4. Rester en surface immobile en étoile de mer, puis rejoindre le bord en nageant (2-3 m) ; 5. Se déplacer en surface sur 15 mètres ; 6. Enchaîner plusieurs actions : coulée, déplacement ventral sur 25 mètres, passer sur le dos…

Les programmes présentent des axes de progression entre le C1 et le C3, même s'ils restent peu précis.

Les analyses didactiques des APSA présentent également parfois des bases techniques voire tactiques, qui peuvent être utiles pour la définition des contenus d'enseignement[1].

2. La transposition didactique des APSA en EPS

A. Éléments de définition

Les APSA constituent à la fois le moyen éducatif et l'objet de l'EPS. Se pose alors la question de la transposition didactique de cet objet culturel en EPS. En effet, la

1. Nous renvoyons le lecteur aux ouvrages de référence pour plus de compléments sur les niveaux de pratique et les bases techniques de la natation.

culture représentée par les APSA ne peut être enseignée ni totalement ni telle quelle à l'école. De plus, les AP pratiquées par les élèves doivent être adaptées aux caractéristiques développementales, au niveau de pratique des élèves, et aux visées éducatives. Le concept de transposition didactique répond à ces questions. Nous le définissons sommairement ici comme « le travail qui d'un objet de savoir à enseigner en fait un objet d'enseignement[1] ». Plus largement, il s'agit d'étudier le **passage** de **l'objet de savoir** à **l'objet à enseigner** et à **l'objet d'enseignement**. La transposition didactique ne peut être envisagée de la même manière dans toutes les disciplines scolaires, car l'objet du savoir présente des origines et des caractéristiques variées. En EPS, contrairement à ce qui se produit dans les disciplines scientifiques comme les mathématiques, la transposition didactique ne conduit pas à passer d'un savoir savant à un objet d'enseignement. Comme d'autres disciplines technologiques ou praxiques, les savoirs de l'EPS sont issus principalement de **pratiques sociales de référence**[2] constituées ici par les **APSA.** Les **références** de l'EPS pouvant se traduire en **objets d'enseignement** (OE) sont multiples et sources de savoirs variés. Les APSA donnent lieu à des **savoirs techniques, scientifiques, professionnels**[3], et plus largement **culturels**. Au-delà du **choix** à opérer au sein des différentes **APSA** se pose la question du **choix** et de **l'adaptation** de ces différents **savoirs.** La transposition didactique des APSA est orientée par les programmes, mais le maître participe aussi à ce processus[4]. Dans tous les cas, il s'agit de tenir compte de plusieurs contraintes. D'une part, les **savoirs** à enseigner doivent être **proches des réalités sociales et culturelles** pour présenter une utilité sociale présente et future. En même temps, nous avons vu plus haut que la dimension **culturelle** des APSA n'était valorisée en tant que telle dans les programmes qu'à partir du C2 et du C3. Ainsi, il est possible de prendre plus de distance avec la logique interne de l'AP au C1. D'autre part, il faut assurer une **adéquation des savoirs aux élèves** pour leur conférer une valeur éducative, **une pertinence et une légitimité** au sein du système éducatif. La transposition didactique des APSA conduit à des **formes de pratique physique** adaptées de ces activités aux élèves scolarisés. Si l'on vise une représentativité culturelle des savoirs, cette adaptation scolaire doit alors préserver la logique interne de l'APSA, faute de quoi on perdrait l'essence des fondements culturels de l'APSA. S'il est important de conserver certaines règles essentielles de l'APSA pour préserver sa spécificité (par exemple en football, ne pas pouvoir attraper la balle avec les mains sauf quand on est gardien), il est recommandé de **faire varier les contraintes spatiales, temporelles ou encore sociales de la pratique de l'APSA pour adapter les ressources sollicitées aux possibilités des élèves** et aux savoirs visés. De par le rapport évolutif que l'EPS entretient aux APSA en tant que pratiques culturelles entre le C1 et le C3, la transposition didactique des APSA diffère selon le cycle d'enseignement envisagé.

---

1. Yves Chevallard, *La Transposition didactique*, Grenoble, La Pensée sauvage, 1985.
2. Jean-Louis Martinand, *Connaître ou transformer la matière. Des objectifs pour l'initiation aux sciences et techniques*, Berne, Peter Lang, 1986.
3. André Terrisse, « La référence dans l'enseignement de l'éducation physique et sportive », in André Terrisse (Dir.), *Didactique des disciplines. Les références au savoir*, Bruxelles, De Boeck, 2001, pp. 119-139.
4. Yvon Léziart, (1997), « Savoir savant et transposition didactique en éducation physique et sportive », *Staps*, n° 42, 2004, pp. 59-72.

La transposition didactique peut être réalisée en adaptant les règles de l'AP, et en jouant sur des **variables didactiques** (VD). Celles-ci permettent de faire varier le processus didactique, selon la construction par l'enseignant des contenus, et leur appropriation par les élèves. Les VD dépendent des caractéristiques des AP, mais on peut identifier de grandes catégories communes : **l'espace** (taille, zones interdites, obligatoires...), **le temps** (plus ou moins long, temps forts...), **les autres** (rôles, pouvoirs attribués...), **le corps** (parties à utiliser ou pas...), les **règles** (actions interdites, obligatoires...). La transposition didactique des APSA permet de proposer à l'échelle d'une même AP différentes formes de pratique et **situations de référence** (permettant d'évaluer les compétences que l'on veut développer chez les élèves).

B. Exemples à l'échelle des APSA

Dans les **jeux sportifs collectifs**, on peut supprimer certaines règles inadaptées au niveau des élèves. En basket-ball, on supprimera la règle du retour en zone, inutile à l'école primaire. On pourra au CP supprimer la règle de la reprise de dribble et adapter la règle du marcher. En handball, on pourra proposer un but de taille adaptée et sans gardien, et supprimer la zone interdite autour de la cible. On diminuera les effectifs des équipes, pour que les élèves n'aient pas trop d'informations à traiter (ex. : 3 contre 1 en CE1). On diminuera la taille du terrain pour limiter le temps nécessaire pour atteindre la cible et favoriser les actions de marque. En course de durée, on modifiera la nature de la performance visée. Dans la pratique sociale de référence, celle-ci consiste à réaliser une distance donnée en un temps minimum. À l'école, on visera à augmenter le temps durant lequel l'élève est capable de courir.

En **gymnastique**, au sol, on pourra proposer une forme de pratique consistant à réaliser un enchaînement d'éléments gymniques, ou au contraire la réalisation d'éléments séparés. On adaptera les agrès aux capacités des élèves (hauteur des obstacles à sauter, des barres, etc.). On pourra valoriser dans un premier temps l'adaptation au milieu et délaisser la dimension esthétique qui n'est pas accessible avant une certaine maîtrise des éléments gymniques.

En course d'orientation au C2 on délaissera l'incertitude liée à l'environnement physique car elle est inadaptée aux capacités cognitives et perceptives-décisionnelles des élèves. On pourra proposer au CP par exemple un déplacement dans un milieu connu, pouvant être une cour d'école si elle est suffisamment grande.

En **jeux de lutte** au C2, on délaissera le combat debout pour se centrer uniquement sur un affrontement au sol, plus sécurisant pour les élèves et plus adapté à leurs ressources motrices. On pourra imposer la saisie réciproque entre les combattants au début de combats debout ou à genoux pour éviter qu'ils ne perdent du temps lors de la saisie ou que la défense soit privilégiée. La durée du combat sera réduite pour éviter des efforts intenses prolongés dans le temps.

3 | Repères généraux sur la conception de l'enseignement de l'EPS

L'enseignement de l'EPS est conçu sur plusieurs **échelles et niveaux**. L'enseignant conçoit son action éducative en mettant en relation et en prenant en compte **simultanément** différents **paramètres essentiels** :

- les besoins éducatifs des enfants : en lien avec leur âge, caractéristiques développementales, vécu en EPS et niveau dans les AP ;
- les orientations fixées par les textes officiels (programmes, *BO*) : en termes de finalités et d'objectifs poursuivis et de compétences à atteindre, d'AP à enseigner ;
- les AP : en lien avec leur nature, les problèmes qu'elles permettent de poser aux élèves, les ressources sollicitées, les enjeux éducatifs…
- les contraintes, possibilités et ressources pédagogiques locales (y compris le projet d'école) ;
- les connaissances et cadres relatifs à l'enseignement ;
- les caractéristiques de l'enseignant : expérience, connaissances, compétences….

La conception de l'enseignement de l'EPS s'étend de la programmation sur un cycle à la programmation annuelle, aux UA, séances et SA, mais va aussi des objectifs aux contenus d'enseignement proprement dits.

1. Programmation de l'EPS et des AP

L'enseignement de l'EPS est planifié dans le temps au moyen d'une **programmation** des **AP** sur les trois **cycles** de l'école primaire, et en leur sein sur l'**année** en lien avec les différentes **périodes** scolaires et le **projet d'école**. Le nombre d'AP programmées peut varier entre le C1 et le C3, en lien avec le nombre d'heures et de séances d'EPS par semaine, et la durée des UA (voir plus loin). Les AP sont choisies en fonction des prescriptions des programmes, des besoins éducatifs des élèves et des contraintes locales en termes d'infrastructures. Les AP gagnent à être programmées en fonction des objectifs éducatifs assignés à l'EPS au plan institutionnel (cf. plus haut). En maternelle, les AP sont à programmer de façon à couvrir les quatre objectifs et à atteindre les six attendus en fin de cycle. Au C2 et au C3, il est nécessaire de couvrir les quatre champs d'apprentissages complémentaires de l'EPS. Il n'est pas forcément nécessaire de couvrir chaque année ces quatre champs d'apprentissage si l'on suit les principes proposés dans les documents d'accompagnement Eduscol relatif à l'EPS au C2. Par contre, pour chaque champ d'apprentissage, il est alors conseillé de programmer plusieurs AP. L'enseignant doit alors choisir les AP présentant la plus grande

pertinence et cohérence éducative[1]. La répartition des horaires hebdomadaire peut être diverse (*cf.* le document d'accompagnement Eduscol C2 pour des illustrations). L'enseignement de chaque AP s'effectue dans le cadre d'une unité d'apprentissage (UA), elle-même composée de plusieurs séances. Une **séance** se compose elle aussi de différentes parties aux objectifs distincts : **mise en train** (préparation de l'organisme aux efforts et apprentissages de la séance), **corps de séance** (apprentissages liés à l'objet ou au thème de la séance), **retour au calme** (récupération suite aux efforts fournis, transition avec les autres temps de la journée scolaire). L'enseignant doit bien sûr **préparer** en amont ces différentes étapes et phases de l'enseignement, et faire des **bilans** intermédiaires (de séance par exemple) pour réguler le cas échéant son projet éducatif. **L'évaluation** (initiale, formative) joue un rôle essentiel dans la conception de l'enseignement, et sa régulation.

2. Définition des objectifs

L'enseignant doit définir les objectifs poursuivis à l'échelle de l'UA, et des différentes SA composant les séances. Les objectifs sont liés aux compétences que l'on cherche à développer chez les élèves dans l'AP concernée, donc le savoir-faire en jeu, et la situation dans laquelle il est requis. Il est également important de déterminer les connaissances et les attitudes que l'on souhaite développer chez les élèves. Aux C1 et C3, en conformité avec les programmes, les objectifs de l'enseignant doivent concerner non seulement l'EPS et l'AP concernée, mais aussi le socle commun et les compétences générales de l'EPS. Aux C2 et C3, les compétences retenues doivent être définies en lien avec trois dimensions : motrices, méthodologiques et sociales[2].

3. Définition des contenus d'enseignement

Ces compétences et connaissances gagnent ensuite à être traduites en termes de contenus d'enseignement (CE). Les CE désignent les **différents savoirs pratiques et théoriques** à **apprendre et intérioriser** par les **élèves** pour acquérir la **compétence visée**, et **transformer** par conséquence ses **conduites motrices**. Les CE sont donc situés au plus près de **l'activité de l'élève,** qu'elle soit de nature motrice, cognitive, perceptive, décisionnelle, ou affective. Les CE peuvent être formulés **en lien avec les ressources sollicitées.** On distingue des CE moteurs, cognitifs, affectifs, sociaux, méthodologiques, etc.

Un CE moteur peut être formulé en termes d'actions motrices à réaliser, mais elles sont généralement à appréhender en relations les unes avec les autres, et non de façon isolée. Par exemple, pour réussir une roulade avant sur un tapis horizontal avec un départ accroupi (au CE1), l'élève doit en même temps pousser sur ses jambes vers l'avant, poser ses mains au sol, et enrouler la nuque et le dos pour basculer vers l'avant. Une même compétence implique donc potentiellement plusieurs CE de dif-

1. Nous renvoyons le lecteur aux documents d'accompagnement proposés par Eduscol, en particulier celui intitulé « Concevoir une organisation de l'EPS pour les trois années du cycle 2 ».

2. Nous renvoyons le lecteur aux documents d'accompagnement proposés par Eduscol, en particulier ceux intitulés « Concevoir un module d'apprentissage en EPS » et « Concevoir une séance d'EPS ».

férente nature. Sur l'exemple précédent, il faut également intégrer éventuellement un CE affectif : accepter la bascule avant et de perdre ses repères habituels. Mais selon les difficultés des élèves, une même compétence nécessitera l'intériorisation de **CE différents**. Dans l'exemple précédent, certains élèves auront du mal à rouler vers l'avant dans l'axe et pourront dévier à droite ou à gauche, d'autres encore ne parviendront pas à se relever. Dans le premier cas, il faut prévoir des CE moteur et perceptif permettant à l'élève : de poser ses deux mains de façon symétrique à l'axe du corps (pas une main plus en avant que l'autre) et tournées légèrement vers l'intérieur, de pousser de façon identique sur ses deux jambes, de fléchir la nuque dans l'axe du corps (s'il tourne la tête il risque de dévier latéralement). Dans le second cas, il faut prévoir un CE permettant, durant la rotation, de ramener ses talons vers les fesses et de tirer ses épaules et bras tendus vers l'avant. Si un élève tombe plat dos, il devra intégrer des CE moteurs et perceptifs permettant d'enrouler le dos durant la rotation. Rappelons que la réalisation d'un mouvement implique généralement la prise en compte d'informations proprioceptives. En gymnastique, pour réaliser un appui tendu renversé (ATR – équilibre) au CM2, l'élève doit « tirer » la jambe arrière vers le haut en la gardant tendue, en même temps fléchir la jambe avant et poser les mains au sol. Comme il ne peut pas voir la jambe arrière, la réalisation de l'action implique la prise en compte de repères proprioceptifs relatifs à la position de ce segment dans l'espace.

La formulation des CE par l'enseignant va donc l'aider à **concevoir** des SA adaptées et à **réguler** l'apprentissage durant les séances. Lors de la réalisation d'une roulade arrière, des élèves peuvent avoir peur d'aller dans l'espace arrière (espace invisible), d'autres peuvent accepter de basculer vers l'arrière mais une fois sur le dos n'arrivent pas à se relever à cause d'une mauvaise pose des mains par exemple. Selon les cas, les **remédiations** de l'enseignant ne seront pas les mêmes. Dans le premier cas, on pourra proposer un **aménagement du milieu** permettant une hauteur de rotation moins élevée (l'élève est en boule, accroupi). Dans le second cas, on pourra donner une **consigne verbale** à l'élève relative à la pose de ses mains (« mains aux oreilles, les doigts vers l'arrière »). La connaissance des CE est donc aussi une condition essentielle à la mise en place d'une **pédagogie différenciée**.

4. Organisation pédagogique de l'enseignement

La programmation de l'EPS et des AP, la définition des objectifs et des contenus d'enseignement vont orienter la conception des UA, des séances et des SA. Mais d'autres choix pédagogiques sont également essentiels pour organiser l'enseignement et optimiser les apprentissages. Soulignons en particulier l'importance d'assurer une sécurité optimale des élèves, des formes de groupement (groupes homogènes ou hétérogènes, de besoin ou affinitaire…), les formes de travail (parcours, ateliers…) ou encore les formes de communication (orale, écrite, vidéo, démonstrations…). Ils permettent notamment de gérer l'hétérogénéité des élèves, leur motivation, et leur autonomie[1].

1. Pour des compléments sur ces questions, voir par exemple M. Loison (coord.), H. Groenen et B. Dhorme, *Concours Professeur des écoles. EPS, Cours et exercices*, Paris, Vuibert, 2015.

4 | Conception d'une unité d'apprentissage en EPS

Une unité d'apprentissage[1] se compose d'**une série de séances** relatives à l'enseignement d'une **même AP**. Le **nombre** de séances et la **durée** d'une UA peuvent varier entre le C1 et le C3, et selon les AP, et il n'y a pas de fourchette officielle à respecter. Pour autant, les apprentissages moteurs requièrent du temps, c'est pourquoi on conseille généralement un minimum de 6 à 7 séances en EPS et une dizaine d'heures de pratique (voir par exemple les fiches ressources Eduscol). Dans certaines AP comme la natation qui relèvent d'apprentissages fondamentaux à l'école, on peut aller jusqu'à 15 séances par exemple, sachant qu'on peut proposer plusieurs séances sur une même semaine et qu'une séance de natation dure moins d'une heure (compte tenu des contraintes de déplacement, de la perte de temps liée au changement de tenue, la réservation des créneaux horaires dans les piscines…). Une UA peut être découpée en plusieurs **phases** aux **durées, objectifs et contenus** différents.

- Phase de **familiarisation** : lorsque les élèves n'ont pas de vécu dans l'AP ou que leur niveau ne permet pas d'emblée de maîtriser la SR, il est fréquent de débuter l'UA par une phase d'entrée dans l'activité permettant aux élèves de comprendre les buts et règles de l'activité et de la situation qui sera proposée lors de l'évaluation.
- Phase d'**évaluation diagnostique** : elle permet d'évaluer le niveau de compétence (voire également de connaissance) initial des élèves, grâce à une situation de référence (SR) ou une forme de pratique adaptée aux élèves et aux objectifs de l'enseignant, et ainsi de fixer des objectifs pertinents.
- Phase d'**apprentissage** : elle vise à développer de nouveaux apprentissages chez les élèves. Elle peut être divisée en plusieurs **temps** et organisée autour de plusieurs **objets d'enseignement**. Un objet d'enseignement est un élément constitutif de l'AP, présent aux différents niveaux de pratique (par exemple, en jeux sportifs collectifs : l'échange ; en natation : l'entrée dans l'eau). Cette phase gagne à être découpée en étapes afin de définir une progression d'enseignement et d'apprentissage par rapport à l'objectif final (à travers des objectifs intermédiaires par exemple).
- Phase d'**évaluation sommative** : elle évalue le niveau des élèves en fin d'UA, grâce à une SR ou une forme de pratique liée aux compétences que l'on cherche à développer.

---

1. D'autres expressions sont utilisées pour désigner ce que nous nommons ici une unité d'apprentissage, par exemple : module d'apprentissage, séquence, unité d'enseignement. Pour un exemple de démarche de construction d'une UA, on peut se référer au document d'accompagnement Eduscol intitulé « Concevoir un module d'apprentissage en EPS ».

Exemple de structuration d'une UA en course de durée en classe de CE1

Nous faisons l'hypothèse que les élèves auront été initiés à la course de durée au CP, par exemple à travers divers jeux collectifs (2 équipes) impliquant de courir individuellement sur des durées plus ou moins longues pour déplacer des objets (ex : le jeu des déménageurs). L'objectif à atteindre en CE1 pourra être de courir longtemps (de 6 à 12 min par exemple) de façon régulière, en aisance respiratoire sur une piste horizontale. L'enseignant pourra **différencier le niveau de compétence attendu** en fin d'UA sur la base d'**un temps de course variable** selon les élèves. La situation de référence peut se composer de plusieurs parcours de distances croissantes, mais à parcourir sur une durée identique (permet de différencier la vitesse de course aux capacités des élèves). L'élève doit donc courir plusieurs minutes (maximum 12), sur un parcours adapté. L'UA gagne à débuter par une phase de familiarisation, durant laquelle les élèves expérimentent différents parcours associés à des vitesses croissantes, en les mettant en relation avec l'effort ressenti ou encore leur respiration. La 2e séance pourra ensuite être consacrée à une évaluation diagnostique pour évaluer le temps durant lequel les élèves peuvent courir sans s'arrêter, et leurs capacités à courir à allure régulière. La phase d'apprentissage peut ensuite être divisée en deux parties (composée chacune de 3 ou 4 séances par exemple). La première est dédiée à l'expérimentation plus approfondie de différentes allures de courses. Il s'agit alors de ressentir les effets des différentes allures sur son corps et sur les efforts fournis. La seconde partie vise à expérimenter une allure de course choisie par l'élève et adaptée (aisance respiratoire), sur des durées croissantes (l'objectif final étant que chaque élève sache courir entre 6 et 12 min.). L'UA se termine par une évaluation sommative. Les objectifs de l'enseignant ne se cantonnent pas à une dimension motrice, et doivent également couvrir les dimensions sociales et méthodologiques, en apprenant aux élèves :

– des rôles sociaux (observateur d'un binôme par ex.) et des règles (fonctionnement du groupe classe lors des situations d'apprentissage, récupération entre exercices, hygiène…) qui participent à la compétence générale 3 de l'EPS et au domaine 3 du socle commun ;

– des méthodes et outils pour apprendre (par exemple utiliser les effets de ses actions pour déterminer une vitesse de course adaptée, apprendre à planifier son action pour choisir une vitesse de course adaptée à l'élève) qui participent à la compétence générale 2 de l'EPS et au domaine 2 du socle commun ;

– à entretenir leur santé par une activité physique régulière (par exemple découvrir des principes d'une bonne hygiène de vie, ne pas se mettre en danger par un engagement physique dont l'intensité excède ses qualités physiques) en lien avec la compétence générale 4 et le domaine 4 du socle commun.

5 | Conception d'une situation d'apprentissage en EPS

Une SA est conçue pour permettre à l'élève de **résoudre** certaines **difficultés** d'apprentissage, de développer une **compétence** identifiée, et d'intégrer les **CE** associés. Il faut donc concevoir la SA en fonction d'un objectif précis, qui prend du sens au regard de comportements et de conduites d'élèves hypothétiques ou observées antérieurement. Lorsque les élèves rencontrent des problèmes différents dans une même SR ou SA, on peut éventuellement proposer une seule SA tout en la modulant à l'aide de variables didactiques. Cela permet une différenciation de l'enseignement en réponse à l'hétérogénéité des élèves. Si les problèmes rencontrés par les élèves sont trop différents (problèmes affectifs pour certains, problèmes moteurs pour d'autres par exemple) des SA différentes peuvent aussi être proposées à des groupes de besoin.

Une SA repose généralement sur plusieurs rubriques[1].

- **L'objectif :** c'est la compétence que l'on cherche à développer.

- **Le but :** c'est **ce que doit faire l'élève** dans la tâche. Sa formulation doit être claire, concise, adaptée au niveau de développement et de compréhension de l'enfant.

- **Le(s) critère(s) de réussite(s) :** il permet à l'élève de savoir s'il a réussi ou non la tâche. Un critère de réussite peut être formulé selon des paramètres **qualitatifs** (par exemple rouler dans l'axe, si le but est de faire une roulade avant) et/ou **quantitatif** (marquer au moins 3 paniers sur 5 essais en basket-ball). Le nombre et la nature des critères de réussite doivent être adaptés au niveau de développement, d'attention et de mémorisation des élèves.

- **L'aménagement matériel et humain :** il précise aux élèves comment réaliser correctement la tâche. Cela peut concerner l'attribution de rôles différents (plusieurs équipes, un observateur, un arbitre…), le matériel orientant l'activité des élèves (un parcours aménagé en gymnastique…).

- **Les règles de fonctionnement :** elles permettent aux élèves de répondre aux questions suivantes : qui fait quoi ? où ? quand ? comment ? avec qui ?

- **Les règles de sécurité :** elles s'avèrent très importantes, en général en EPS, mais aussi plus particulièrement dans certaines AP présentant des risques objectifs, comme en natation (on ne court pas dans la piscine), en course d'orientation

1. Voir par exemple le document d'accompagnement Eduscol intitulé « Concevoir une séance d'EPS ». Ces rubriques ne sont toutefois pas uniformisées dans la littérature professionnelle.

(on reste dans le dispositif et les limites de la tâche), dans les lancers (j'attends mon tour), dans les jeux de lutte (règle d'or : ne pas faire mal).

- **L'organisation pédagogique :** la mise en œuvre d'une SA implique de définir plusieurs paramètres, notamment les formes de groupements, les formes de travail, le mode de communication pédagogique. Ils vont avoir un impact sur la communication des informations permettant aux élèves de s'engager dans l'activité, l'aménagement matériel et humain de la SA, les règles de fonctionnement et de sécurité.

- **Les interventions didactiques de l'enseignant :** elles regroupent tout ce que l'enseignant est susceptible de faire – une fois que la tâche a débuté – pour favoriser l'apprentissage des élèves et leur appropriation des CE. Ces interventions répondent aux comportements et problèmes des élèves susceptibles d'être observés par l'enseignant. Elles peuvent prendre la forme de **démonstrations** pour réexpliquer autrement les caractéristiques de la tâche. Il peut aussi s'agir de **consignes verbales** orientant l'activité d'apprentissage de l'élève, ses actions (« Tends tes jambes » lors d'une roue), sa prise d'information (« Vérifie que ton camarade est démarqué avant de lui faire la passe » en handball), son attention (« N'oublie pas que tu dois changer de rôle après » lors d'un atelier en gymnastique), ses réflexions (est-ce qu'il vaut mieux faire une passe en cloche ou tendue ? en basket-ball), etc. Ces interventions peuvent aussi conduire l'enseignant à **adapter la tâche** aux difficultés et aux réussites des élèves. Il peut alors augmenter ou diminuer la **difficulté** ou la **complexité** de la tâche en utilisant des variables didactiques (par exemple le nombre de joueurs en sports collectifs, la hauteur d'un banc en gymnastique, la distance d'élan en sauts athlétiques) en fonction des comportements et conduites des élèves.

Les situations d'apprentissages peuvent se différencier selon les **objectifs** poursuivis, mais aussi des **modèles pédagogiques** sous-jacents et de certains cadres théoriques. Les modèles pédagogiques se différencient en particulier selon les rapports établis entre le savoir, l'élève et l'enseignant. Deux grands modèles sont classiquement différenciés : la **pédagogie traditionnelle** et les **pédagogies actives**, même s'il existe encore d'autres modèles pédagogiques intermédiaires[1]. Les pédagogies traditionnelles partent du principe que c'est l'enseignant qui détient le savoir et qu'il doit le transmettre à l'élève. Les pédagogies actives partent du principe que l'élève joue un rôle central dans la construction du savoir. Une autre façon de classer les situations renvoie à la définition ou non des buts et des moyens permettant de les atteindre.
On distingue alors trois situations :

– **Situation fermée :** le but est donné par l'enseignant, tout comme les moyens à mettre en œuvre ou les actions à réaliser par les élèves. En basket-ball par exemple, l'élève de CE1 doit marquer un panier dans une situation sans partenaire ni adversaire, il est seul face à la cible. L'enseignant indique à l'élève comment il doit réaliser l'action du tir : tirer à deux mains, vers le haut et l'avant pour produire une trajectoire en cloche, en restant équilibré sur ses deux pieds. Actuellement, on privilégie généralement des modèles pédagogiques permettant à l'élève de jouer un rôle plus important dans la construction des savoirs. Mais les situations fermées peuvent être pertinentes notamment dans le cas où il n'est pas possible ou pertinent de proposer des situations plus ouvertes. C'est

1. Voir par exemple Clermont Gauthier et Maurice Tardif, 2005, *op. cit.*

le cas avec les **savoirs** dits **sécuritaires**. En vélo, l'utilisation des équipements de sécurité (casque, genouillères) implique un apprentissage chez les élèves à partir des normes fixées par l'enseignant. L'élève peut au CP apprendre à s'équiper seul et au CE1 à vérifier et régler seul le matériel et les équipements de sécurité. En escalade, on est sur une logique similaire au C3. L'enseignant doit donner les règles et les techniques permettant de s'équiper seul (baudrier et encordement). La répétition de situations fermées est alors pertinente.

– **Situation semi-ouverte :** le but est donné par l'enseignant, mais les moyens efficaces permettant de réussir doivent être trouvés par les élèves. Ce type de situation peut aboutir à des **situations de résolution de problème**. Ces situations sont pertinentes pour rendre l'élève acteur de ses apprentissages, donner du sens à ces derniers, développer l'autonomie et des compétences méthodologiques transversales liées à la recherche de solutions. Par exemple, dans un jeu de lutte au C2, les élèves sont au sol, un défenseur à quatre pattes (qui n'a pas le droit de se relever), l'attaquant se trouve sur le côté et doit trouver une solution pour retourner l'adversaire sur le dos. L'attaquant a pour contrainte de poser ses deux mains à deux endroits différents sur le corps de l'adversaire, et de poser son buste contre l'adversaire.

– **Situation ouverte :** le but et les moyens à mettre en œuvre ne sont pas donnés par l'enseignant. On confronte ici l'élève à un milieu, qu'il peut **explorer** à sa guise. L'enseignant devra toujours proposer un milieu garantissant la **sécurité** des élèves, et le cas échéant donner des règles. Toutes les AP ne se prêtent pas à ce type de situation.

Il existe divers moyens de **favoriser les apprentissages** des élèves et de construire des SA adaptées. Selon les théories de l'apprentissage, on pourra valoriser des procédés différents. En EPS, on pourra dans certaines APSA mettre en place une **activité d'adaptation de l'élève** à l'environnement physique proposé, en jouant par exemple sur l'**aménagement** du milieu. En escalade, le fait de confronter un élève de CM2 de façon répétée à un type particulier de prises (crochetante vers le bas) légèrement espacées en largeur sur la totalité d'un parcours (3 m de haut) peut favoriser la découverte de solutions motrices adaptées (coordination entre la poussée sur les jambes et la traction sur les bras, et transfert du poids du corps sur la jambe gauche qui pousse pour aller chercher une nouvelle prise avec la main gauche). D'autres exemples de ce type peuvent être proposés en athlétisme, en natation, en jeux sportifs collectifs, en gymnastique…

Exemple de SA en jeux de lutte en classe de CM2

La situation suivante est proposée à des **élèves** de CM2 qui rencontrent des **difficultés** pour immobiliser leur **adversaire sur le dos**. Ce constat pourrait être fait dans la **situation de référence** suivante : les élèves réalisent un combat au sol (les élèves n'ont pas le droit de se lever) en un contre un, sur une surface réduite (cercle de 2 mètres de diamètre), durant 20 secondes. Le but est d'amener l'adversaire sur le dos, et de l'y maintenir 5 secondes (au moins une épaule touchant le sol avec le dos orienté vers le tapis). La notion d'**immobilisation** (manière de se placer vis-à-vis de/sur l'adversaire pour le garder sur le dos) prend un sens précis pour l'élève car nous sommes en C3 (vécu antérieur en C2). Lorsque les élèves sont à genoux face à face, ils peuvent parvenir à déstabiliser leur adversaire en le tirant, poussant, tournant... pour l'amener sur le dos, mais ils ne parviennent pas à l'y maintenir pendant la durée requise. Lorsqu'un combattant est à quatre pattes, l'attaquant peut parvenir à retourner son adversaire pour l'amener sur le dos. Il s'agit ici d'utiliser des techniques permettant de maintenir l'adversaire sur le dos, conformément au but poursuivi dans certaines activités physiques de combat. Les CE associés à la compétence concernent notamment les saisies sur l'adversaire selon la position par rapport à celui-ci (si l'attaquant est allongé en croix, perpendiculaire à l'adversaire, on peut le saisir au niveau de l'épaule, et entre les cuisses), l'utilisation du poids de son corps (en serrant l'adversaire contre soi, en pesant avec son buste contre le buste de l'adversaire et en poussant avec ses pieds dans le tapis), la position écartée des pieds au sol (orteils « accrochés »).

Les **difficultés** à immobiliser l'adversaire peuvent se traduire par plusieurs **comportements** :
– L'attaquant peut par exemple s'asseoir à califourchon sur l'adversaire en tendant ses deux bras pour appuyer sur les épaules de l'adversaire (il ne peut alors utiliser le poids de son corps de manière optimale).
– L'attaquant peut se placer à genoux, à côté du défenseur allongé sur le dos, et tenter de l'empêcher de se retourner à plat ventre en tirant uniquement sur un bras et/ou sur une jambe.
– L'attaquant s'allonge sur le corps de l'adversaire mais en étant éloigné de son centre de gravité (situé au-dessus du bassin) : sur les jambes par exemple. Le contact insuffisant avec le corps adverse et la distance par rapport au bassin ne permet pas de le contrôler.

Ces comportements peuvent être liés à plusieurs **problèmes** :
– **cognitif** (l'élève ne sait pas quelles sont les actions efficaces pour immobiliser) ;
– **moteur** (il n'arrive pas à adopter une saisie efficace, à utiliser le poids de son corps pour peser sur l'adversaire, à supprimer les appuis de l'adversaire qui veut se relever, à pousser sur ses pieds car les orteils ne sont pas « accrochés dans le tapis »...) ;
– **perceptif décisionnel** : il ne voit et ne réagit pas assez vite aux défenses adverses.
L'objectif de l'enseignant est alors de rendre les élèves capables d'utiliser de manière efficace le poids de leur corps pour peser sur leur adversaire, et des formes d'immobilisation adaptées. La SA suivante s'inscrit dans cette démarche.

SA : « coincer le lézard »

Objectif : utiliser son corps et peser sur l'adversaire pour limiter ses déplacements.
But : empêcher le lézard de s'échapper.
Critère de réussite : réussir durant 15 secondes.

Aménagement et fonctionnement : un carré de 3 mètres de côté, entouré d'une zone de sécurité de 2 mètres qui sépare chaque espace de lutte. Un élève allongé sur le dos (le lézard), doit toucher la limite extérieure du carré. L'autre élève à côté du lézard peut se placer comme il veut sur lui.
L'enseignant met en place une situation de résolution de problème en introduisant la contrainte suivante : l'élève qui est au-dessus doit forcément poser son buste sur le lézard, à un endroit situé entre la tête et le bassin (une démonstration est utile), et a le droit de saisir le lézard comme il l'entend. Cette contrainte ne permet plus aux élèves d'utiliser leurs réponses spontanées non efficaces : contact trop éloigné, actions sur les segments adverses sans utiliser tout son corps... Au signal sonore de l'enseignant, la situation débute.
Règles de sécurité : interdiction de saisir les extrémités (doigts, orteils), de mettre la main sur le visage, de ceinturer cou ou tête, de tirer sur un bras tendu vers l'arrière, de mettre un coup (poing, pied, coude, genou, etc.), de griffer. Règle d'or : **ne pas faire mal, ne pas se faire mal.** Les élèves doivent enlever tout objet solide. Interdiction de sortir complètement de la surface de jeu.
Interventions et variables didactiques : plusieurs variables didactiques peuvent faire évoluer la situation pour répondre aux difficultés d'apprentissage et les réussites des élèves :
– la position du lézard : allongé sur le ventre. Cela lui permet plus facilement de pousser sur ses mains pour se déplacer, et rend la tâche plus difficile pour l'adversaire qui sera amené à supprimer les appuis du lézard ;
– système de points : 1 point si on maintient le lézard 5 secondes, 2 points si c'est 10 secondes, 3 points si c'est 15 secondes ;
– la durée de la situation (maximum 20 secondes) : en donnant plus de temps, on rend la situation plus difficile, mais il ne faut pas trop allonger le temps sous peine de conduire à des efforts trop importants ;
– la distance à parcourir : on l'augmente si l'élève n'a pas le temps d'immobiliser le lézard (3 mètres de la cible par exemple) ;
– l'orientation du lézard (tête, pieds, etc.) par rapport au but : modifie la difficulté de la tâche.

L'enseignant gagne à faire observer et verbaliser les élèves pour dégager des **stratégies efficaces** : comment se déplace le lézard ? Que fait-il avec ses bras ? Comment se place l'adversaire sur le lézard ? Où place-t-il son buste ? Comment pose-t-il ses pieds ? Que fait-il avec ses bras ?
Le but est alors de dégager quelques **règles d'action** simples :
– pour immobiliser l'adversaire, je dois utiliser le poids de mon corps, peser sur lui, au niveau de son buste ; et je le serre fort contre moi avec mes bras ;
– pour pousser sur mes pieds, j'accroche mes orteils dans le tapis.

PARTIE 4

L'épreuve orale sur la connaissance du système éducatif français

Histoire de l'école primaire

Le cours

1 | L'Ancien Régime scolaire, de la Renaissance à 1789

1. Le temps des petites écoles

Sous la Renaissance, quelques **écoles paroissiales** s'emploient à enseigner **les rudiments : lire et prier, parfois écrire et compter.** Avec l'essor de l'imprimerie et la concurrence entre l'Église catholique et les Églises protestantes, les petites écoles se multiplient durant les XVIe et XVIIe siècles et jouent un rôle décisif dans l'accès au savoir.

A. Émergence de l'idée d'éducation populaire

À la fin du XVe siècle naît progressivement le besoin d'école, école dont on peut considérer qu'elle est la **fille de l'imprimerie et de la Réforme**. On parle alors « **d'institution des enfants** ». Sous ce terme on entend à la fois **l'instruction religieuse, l'éducation morale et l'apprentissage des bases du savoir : lire, écrire et compter**. **Luther (1483-1546)** estime qu'il faut des personnes spéciales pour instruire et éduquer comme il faut les enfants. Dans les familles aisées on engage **un précepteur**. À la ville, quand on ne peut s'offrir le luxe d'un précepteur domestique, on peut confier ses enfants à quelque maître du voisinage ou alors, à la campagne, on s'adresse **au curé**. Mais cette formule d'éducation familiale et personnalisée ne s'adresse qu'à une infime partie de la population. Pour Luther, **l'objectif de l'éducation est la préparation à une vie religieuse sincère et profonde.** Le souci d'une interprétation rigoureuse des textes sacrés le conduit à conférer à l'étude du latin, du grec et de l'hébreu une place très importante. Il sait parfaitement que la connaissance approfondie de ces langues n'est pas accessible à tous. Aussi veut-il que la Parole soit, au moins, traduite dans la **langue vulgaire**. Dans cette perspective, il fait apparaître la nécessité d'une **éducation populaire** dont il demande le développement urgent aux magistrats de toutes les villes d'Allemagne en les pressant de mettre en place dans tous les lieux « **des écoles pour nos filles et nos garçons afin que l'homme devienne capable d'exercer convenablement sa profession et la femme de diriger son ménage et d'élever chrétiennement ses enfants** (Y. Gaulupeau, 1992) ».

L'école ne tarde donc pas à devenir **un enjeu pour les Églises protestantes, l'Église catholique et les pouvoirs civils**. Pour les réformateurs, la foi du chrétien demande à être nourrie et entretenue par la lecture personnelle de la foi. **L'instruction religieuse postule donc l'alphabétisation**. Pour favoriser celle-ci, **les réformateurs** assurent donc l'impression et la diffusion **d'abécédaires.** En 1529, Luther innove en composant un *Petit catéchisme*, dialogué de manière élémentaire. De son côté, **Calvin (1509-1564)** publie en 1541 le *Formulaire d'instruire les enfants en la chrétienté.* Il s'agit du **premier manuel de catéchisme** construit selon une succession de demandes et de réponses susceptibles d'être apprises par cœur par les enfants. Cette initiative sera reprise par les catholiques et elle aura dans toute la chrétienté le succès que l'on sait. Parallèlement à la création de leurs Églises, les réformés instituent leurs propres écoles.

Consciente du péril que l'école protestante fait courir à l'orthodoxie, l'Église catholique s'emploie à surveiller les maîtres et leur enseignement. Si certes l'édit de Nantes de 1598 permet aux fidèles de la religion prétendue réformée d'exercer l'instruction publique d'enfants dans les lieux où le culte protestant est autorisé, celui de décembre 1606 affirme l'autorité du clergé catholique sur l'enseignement élémentaire.

B. Église catholique et promotion de l'école

Le clergé catholique, à l'instar des protestants mais avec quelques années de retard**, assure la promotion de l'école** qui, à ses yeux, permet **d'inculquer la foi en même temps que l'instruction.** Ainsi, au lendemain du concile de Trente (1545-1563), dans nombre de diocèses, **les évêques ordonnent l'ouverture d'écoles** où pourront se rendre les enfants et les jeunes gens ou du moins qu'il y ait toujours **un prêtre ou un clerc suffisamment instruit pour pouvoir enseigner aux enfants les rudiments.**

Le pouvoir royal a voulu apporter, lui aussi, sa contribution au développement de l'enseignement élémentaire. Ainsi l'ordonnance de 1560 stipule que dans chaque église, cathédrale ou collégiale, une partie du revenu du chanoine sera destinée à entretenir un précepteur qui devra instruire gratuitement et sans autre salaire les jeunes enfants de la ville.

Dans le prolongement du concile de Trente, des dispositions sont prises pour **instituer des petites écoles**. On peut en distinguer deux types dans la France des Temps modernes : un **type ecclésiastique ou paroissial** qui prédomine dans la France du Nord ; **un type laïc ou communal** qui l'emporte dans la France du Midi.

C. À l'école du plus grand nombre

L'école paraît le moyen le plus approprié pour lutter contre l'hérésie et moraliser la jeunesse. Au cours du XVIIe siècle, l'œuvre scolaire de la Contre-Réforme se concrétise, faisant surgir un réseau d'**écoles urbaines de charité**. Elles se tiennent soit dans un hôpital, soit dans une maison particulière transformée en véritable petit pensionnat, et accueillent principalement mais non exclusivement des orphelins. **La ville de Lyon** a un rôle prophétique en matière d'**assistance aux pauvres**.

Dans les années 1530, ayant pris conscience, sous le coup d'une famine, de l'état de pauvreté de certains enfants, les notables lyonnais créent l'Aumône générale. Celle-ci ne prévoit pas seulement d'accueillir et de loger les enfants orphelins et vagabonds ; elle prévoit aussi un **maître d'école pour apprendre aux garçons « à lire, écrire, et toutes les autres bonnes mœurs qu'on peut et doit enseigner aux jeunes enfants** ». Après cet enseignement, les garçons seront mis en **apprentissage** et les plus doués d'entre eux pourront toutefois être admis au collège. **Les filles, de leur côté, se voient enseigner seulement à lire, à filer et à coudre.** Dans cette même ville de Lyon, Charles Démia, prêtre séculier, avec le soutien de l'archevêque et l'aide des échevins et des notables, joue à partir de 1666, un rôle essentiel dans le **développement des écoles charitables**. Grâce aux appuis dont il bénéficie, Charles Démia crée à Lyon une **véritable structure d'enseignement élémentaire** pour les pauvres. De fait, à sa mort, en 1689, il ne laisse pas moins de seize écoles gratuites de garçons et de filles.

D. Jean-Baptiste de La Salle et le mode simultané

L'œuvre de **Jean-Baptiste de La Salle (1651-1719)** est d'une tout autre ampleur. En 1678, il renonce à une carrière prometteuse pour se consacrer à la scolarisation gratuite des pauvres. En 1680, il fonde **l'Institut des Frères des Écoles chrétiennes**. Ces derniers ont la mission d'ouvrir des établissements, dotés d'**au moins trois maîtres** et souvent davantage. La taille de ces établissements permet de créer **des classes de niveau au sein desquelles l'utilisation de livres identiques se prête à un enseignement simultané des élèves**, contrairement à **l'enseignement individuel** utilisé dans l'immense majorité des écoles rurales et des écoles charitables urbaines qui ne bénéficient pas de l'encadrement d'une congrégation novatrice. Les Frères des Écoles chrétiennes appliquent le mode simultané à tous les niveaux de **l'apprentissage des rudiments (lire, écrire, compter**). Cette nouvelle méthode entraîne **l'unification du matériel pédagogique** : **cartes ou tableaux** suspendus aux murs de la classe ; **deux grandes tables**, l'une « remplie de simples lettres, petites et grandes diphtongues et lettres liées, l'autre des syllabes à deux et trois lettres » (J.-B. de La Salle, 1720) ; **livres identiques** pour les élèves les plus avancés. Avec cette méthode, le groupe d'enfants est devenu **une classe**, un lieu où règne, en principe, l'atmosphère silencieuse d'une **discipline révérencielle**, ponctuée par les signaux sonores qui commandent le début et la fin des exercices ou de la leçon. Il règne dans les classes un silence impressionnant et pénétrant. Cette discipline, mélange subtil de **punitions et de récompenses** emprunté au collège, est parfois assortie de **châtiments corporels**. Dans *La Conduite des Écoles chrétiennes* publié en 1720, Jean-Baptiste de La Salle insiste sur le fait que la **fonction de l'école** est d'abord de faire de **bons chrétiens**, ensuite de donner de bonnes habitudes de comportement en société (**les civilités**) et enfin d'apprendre **les rudiments** (lire, écrire, chiffrer). La pédagogie des Frères préfigure la **forme scolaire** des siècles suivants. L'école publique du XIXe siècle s'y ralliera en la laïcisant. La qualité pédagogique d'un enseignement auquel les Frères des Écoles chrétiennes sont spécialement préparés est sans doute la raison principale de leur succès.

E. École, pouvoirs et société

Au tournant des XVIIe et XVIIIe siècles, les provinces françaises sont soumises à une législation scolaire destinée surtout à **combattre le protestantisme**. Outre le fameux **édit de Fontainebleau de 1685** qui, en révoquant l'édit de Nantes de 1598, interdit les écoles protestantes, il faut citer les deux déclarations royales de 1698 et de 1724. Ces dernières, au regard de la résistance des huguenots qui poursuivent au sein des familles l'alphabétisation et la transmission de leur foi, posent le principe **d'une obligation scolaire sous l'égide de l'État** et **le contrôle de l'Église catholique**. Par ailleurs ces législations, en ordonnant qu'on établisse des maîtres et des maîtresses d'école dans les paroisses qui en sont dépourvues et que les habitants soient imposés pour subvenir à leur subsistance, contribuent à **la création de nombreuses écoles** ou **à la réanimation de celles qui existaient** de façon aléatoire ou sporadique.

Dans cette France si majoritairement rurale, l'école, lorsqu'elle existe, présente **un bien pauvre visage** par rapport à l'école citadine. L'initiative d'engager un maître ou clerc laïc revient à la communauté des habitants, à moins qu'elle n'émane d'un riche fondateur. Le **clerc laïc** est d'abord un clerc, c'est-à-dire **un homme d'Église qui assiste le prêtre** dont il est l'auxiliaire indispensable. Les contrats de nomination assignent aux clercs ou magisters la tâche prioritaire **d'enseigner aux enfants la religion catholique, apostolique et romaine**, de leur apprendre ensuite à lire, écrire et si possible les premières règles de l'arithmétique. Pour s'acquitter de cette tâche, le maître d'école dispose d'un **mobilier scolaire fort rudimentaire** : quelques bancs et deux ou trois tables dans une pièce exiguë. Même si **l'Église est hostile à la mixité**, bien souvent, par la force des choses, le clerc laïc a, face à lui, un groupe de garçons et de filles d'âges variés, avec lequel il pratique **la pédagogie rudimentaire du mode individuel**. À tour de rôle, chaque élève vient épeler sur le psautier ou réciter un morceau d'oraison pendant que ses camarades travaillent sur l'unique table d'écriture ou s'adonnent à des activités bruyantes auxquelles le maître tente de remédier par quelque châtiment corporel. L'enseignement dispensé dans les petites écoles est fondamentalement, sinon **exclusivement religieux. L'apprentissage de la lecture est étroitement lié à celui du catéchisme.**

2. L'ébranlement éducatif du siècle des Lumières

On ne peut comprendre l'avènement de l'école contemporaine sans se référer à la période antérieure et en particulier au formidable ébranlement éducatif des Lumières. Ce dernier croit passionnément au **pouvoir de la pédagogie** et ambitionne de fonder une « **science de l'éducation** ». Tout au long du XVIIIe siècle, et plus nettement après 1760, se manifeste une demande croissante d'instruction.

A. Le grand débat scolaire des années 1760-1780

a. La Chalotais et l'idée d'Éducation nationale

Les parlements reçoivent mission par l'édit de 1762 qui dissout la compagnie de Jésus, de veiller à ce que les collèges retrouvent sans délai des enseignants de qualité. **Caradeuc de La Chalotais (1701-1785)** qui préside le parlement de Rennes, souhaite que l'on fasse plus et que l'on réforme l'enseignement lui-même. En 1763, il publie un projet de réforme de l'enseignement au titre très explicite ***d'Essai d'éducation nationale ou plan d'études pour la jeunesse.***

Dans son *Essai,* La Chalotais affirme sans détour que l'école doit sortir **de la tutelle de l'Église** et, son objectif étant de préparer les individus à remplir une fonction sociale, **être sous la direction de l'État.**

b. Rousseau et le respect de la situation d'enfance

L'œuvre pédagogique de **Rousseau (1712-1778**) ne prend toute sa signification que si on la replace dans l'ensemble de ce qu'il a pensé et écrit. ***L'Émile*** est une pièce essentielle dans le vaste plan révolutionnaire qu'il a établi. Il est aussi le témoignage d'une **profonde mutation des mentalités face aux divers problèmes posés par l'enfance**.

Chez Rousseau, la théorie de l'éducation soutient une nouvelle genèse de l'homme : l'accès de celui-ci à un état social et civilisé qui lui est imposé et qu'il faut bien qu'il assume. Rousseau cherche à **accompagner son élève tout au long de cet itinéraire** et il voudrait lui offrir, pour sortir de cet état privilégié que constitue l'état de nature, l'appui permanent de cette nature elle-même. D'où l'apparition, dans le processus éducatif, de **deux valeurs** qui se révèlent encore aujourd'hui comme « **nouvelles** » : le **respect de la situation d'enfance** et la **connaissance des caractères** qui définissent cette situation par rapport à celle de l'adulte.

De fait, au temps de **Calvin**, l'enfant est un « **adulte** » **en réduction**, plein de désirs naturellement mauvais qu'il faut soumettre par la force et le savoir. Au temps de Rousseau on découvre **l'enfant innocent, exposé à la dépravation de ses aînés**, dont il faut respecter l'évolution.

Émile ne sera point un savant, ni un lettré. Les seules connaissances scientifiques qu'il se donnera seront celles dont **l'expérience** lui aura révélé l'utilité et qu'il aura acquises occasionnellement. Ce seront les connaissances requises pour une existence simple, à la campagne, avec le travail manuel et pratique pour base, la vie de famille saine pour cadre. À mesure qu'il les acquerra, son jugement se formera, simplement, naturellement et très sûrement ; de sorte qu'il sera, à la fin, en état d'apprendre rapidement et facilement tout ce dont il pourra avoir besoin en supplément.

Pour être réussie, l'éducation doit être progressive, tenant compte du fait que l'enfant n'est d'abord que **sensations, puis « raison sensitive », puis « raison intellectuelle », et enfin conscience morale**. De plus, la méthode éducative doit consister à laisser faire au maximum la nature. **C'est à l'enfant de découvrir tout par lui-même, en lui et autour de lui**. Le rôle du maître, pour être discret, n'en est pas moins capital. À lui, incombe la tâche de susciter les rencontres, les contacts, les situations qui permettront à l'enfant de se former lui-même peu à peu.

c. Diderot et la libération des esprits

Dans le débat scolaire, aux côtés de Rousseau, **les auteurs de l'*Encyclopédie*** interviennent à leur tour. C'est notamment le cas de **Diderot (1713-1784)** qui se distingue toutefois de Rousseau par une croyance enthousiaste en l'efficacité morale et politique de l'institution éducative.

Diderot voit dans **l'instruction et la science un puissant moyen de libération des esprits et la condition du progrès humain**. Aussi pose-t-il le principe que **l'instruction est due à tous** et qu'**il incombe à l'État de la distribuer aussi largement que possible.** Il pense que « depuis le Premier ministre jusqu'au dernier des paysans, il est bon que chacun sache lire, écrire, compter ». Si ce point de vue rencontre l'opposition de la noblesse c'est, dit-il, « qu'un paysan qui sait lire et écrire est plus malaisé à opprimer qu'un autre ».

Le contenu de l'enseignement est déterminé par Diderot **en fonction de la vie pratique**, mais avec des perspectives bien plus larges que des conceptions étroitement utilitaires. Il veut que **l'enseignement, trop orienté vers l'étude des mots et de la langue, le soit davantage vers celle des choses.** Il entend par là les réalités sociales aussi bien que les arts mécaniques.

d. Les physiocrates et la réorganisation de l'enseignement

Les physiocrates, qui luttent pour un développement économique fondé sur l'agriculture participent également au débat scolaire. De fait, ceux-ci souhaitent une agriculture éclairée par le savoir et donc plus rentable.

Influencé par la pensée physiocratique dont il s'éloignera cependant pour concevoir un système économique préfigurant le libéralisme, **Turgot (1727-1781)** souhaite par une réorganisation de l'enseignement, former une **génération nouvelle tout entière dévouée à l'État.** C'est en quelque sorte demander à l'école d'assurer l'ordre social. Dans la lignée de La Chalotais, il prône **une éducation nationale, uniforme au service de la nation.** Pour lui, la religion ne suffisant plus à assurer la cohésion de la société, c'est à l'école de remplir cette mission.

Devenu ministre de Louis XVI, Turgot propose de **généraliser l'instruction, d'imposer un maître par commune, de faire un concours de rédaction de livres scolaires**, de concevoir un **enseignement** dans les collèges qui soit **adapté aux professions**, et enfin de créer un « **conseil de l'éducation nationale** » qui aurait pour mission de diriger et d'uniformiser l'enseignement dans le pays.

En faisant cette proposition, Turgot vise à supprimer **la tutelle de l'Église sur le dispositif scolaire** et de faire de ce dernier un outil au service du pouvoir politique. C'est par un souci de **conservatisme social** que Turgot veut que l'on développe l'enseignement et qu'il pense qu'il revient à l'État de le faire. Toutefois l'éducation nationale telle que Turgot la conçoit doit certes assurer **la cohésion sociale et l'ordre** mais aussi permettre **le développement libéral et l'économie.** C'est à ce niveau que se situe la divergence avec La Chalotais.

B. Les finalités de l'instruction et de l'éducation

a. Les sympathisants et les opposants à l'instruction des campagnes

Parmi les très grands noms de la philosophie, on ne peut guère citer parmi **les sympathisants éventuels de l'éducation des masses agraires que d'Alembert et Diderot.** La seule des grandes sectes de l'Ancien Régime qui se soit prononcée en faveur de l'instruction des campagnes est celle **des physiocrates** incarnée par **Quesnay et Turgot.**

De fait, **certains philosophes et non des moindres dont Voltaire, au même titre que le roi et son administration, ne voient guère l'utilité d'instruire les paysans.** Ainsi Voltaire déclare que ce n'est pas le manœuvre qu'il faut instruire, c'est le bon bourgeois ».

Même Rousseau, avant la publication de l'*Émile*, émet dans *La Nouvelle Héloïse*, en 1761 un jugement similaire en déclarant : « N'instruisez pas l'enfant du villageois car il ne lui convient pas d'être instruit ». **Le programme de l'*Émile* n'est donc pas pour le petit paysan.** Pour Emmanuel Le Roy Ladurie (1975), une réaction antipaysanne se dessine chez les penseurs citadins, allergiques à l'école du village. Rousseau ne croyant guère praticable l'ascension sociale chez les campagnards déclare : « Le pauvre n'a pas besoin d'éducation ; celle de son état est forcée, il n'en saurait avoir d'autre […] En choisissant un enfant riche pour l'éduquer nous serons sûrs au moins d'avoir fait un homme de plus. »

Ainsi, si le peuple rural a été instruit, fût-ce insuffisamment, au XVIIIe siècle, et si l'école de paroisse à la campagne, et aussi à la ville, a pu devenir, comme l'a suggéré Lawrence Stone, l'une des matrices de la Révolution française « c'est pas la faute à Voltaire, c'est pas la faute à Rousseau » (E. Le Roy Ladurie, 1975).

b. L'Église, principal soutien de l'école

En définitive, au XVIIIe siècle, **c'est bien l'Église qui, beaucoup plus que la plupart des gens « éclairés », demeure le principal soutien de l'instruction populaire**. Emmanuel Le Roy Ladurie (1975) déclare à ce propos que « les forces motrices qui ont déclenché ce processus (de maturation de la conscience paysanne), sans parvenir du reste à le contrôler jusqu'au bout, ce sont (outre les communautés paysannes) les Églises ».

L'Église catholique a eu incontestablement, au début du XVIIIe siècle, comme figure emblématique des écoles de charité **Jean-Baptiste de La Salle**. L'Église protestante compte parmi les siens, en cette fin de XVIIIe siècle, **le fondateur des premières salles d'asile** en la personne du pasteur **Jean-Frédéric Oberlin (1740-1826).** La grande innovation de Jean-Frédéric Oberlin, que l'on peut qualifier de pasteur pédagogue et animateur rural, est, sans doute, la **création des « poêles à tricoter ».** Il s'agit de chambres chauffées où se réunissent les enfants âgés de moins de sept ans sous la responsabilité de « conductrices de la tendre enfance ». Ces dernières sont des jeunes filles douées, formées par Madame Oberlin. Elles ont la charge de préparer les petits aux classes élémentaires et leur enseignent les points du tricot.

2 | Émergence de l'école contemporaine, de 1789 à 1815

1. Révolution et Éducation nationale, le temps des débats

Malgré l'émergence durant le XVIIIe siècle de l'idée d'un **État-enseignant, l'État monarchique ne veut pas s'emparer de l'idéal pédagogique promu par le siècle des Lumières** et confirme les évêques dans la direction de l'enseignement élémentaire. **La Révolution va ouvrir le champ des possibles.**

A. Condorcet : la Révolution comme héritière des Lumières

Élu député à l'Assemblée législative en 1791, **Condorcet (1743-1794)** anime les travaux du Comité d'instruction publique auquel il impose ses vues. Le 20 avril 1792, il présente à l'Assemblée son ***Rapport et projet de décret sur l'organisation générale de l'instruction publique.*** Ce rapport est un acte de foi en la vertu de l'instruction, pour assurer le perfectionnement indéfini et le bonheur de l'espèce humaine. Par l'instruction triompheront la liberté, la démocratie, l'égalité et enfin la moralité publique.

Dans son plan d'instruction publique, Condorcet propose **une hiérarchie à cinq degrés** allant des écoles primaires jusqu'à une société nationale des sciences et des arts en passant par les écoles secondaires, les instituts et les lycées.

Le premier degré qui nous intéresse ici est formé des écoles primaires. Le projet en prévoit **une pour quatre cents habitants** ou une par arrondissement dans les zones d'habitat dispersé. Dans ces écoles doivent être enseignées « **les connaissances rigoureusement nécessaires à tous les citoyens** ». **L'enseignement gratuit est assuré par des instituteurs**. Il comprend l'apprentissage de la lecture, de l'écriture, de l'arithmétique, des rudiments de la morale, de droit politique et d'économie rurale dans les campagnes, de connaissances relatives aux arts et au commerce dans les villes. **« Les femmes ont autant d'intelligence que les hommes », la formation doit donc être la même pour les deux sexes.**

Dans ce projet ambitieux, la scolarisation doit durer quatre ans et concerner plus de deux millions d'écoliers admis dans environ 31 000 écoles. On y prévoit également **la composition de livres pour les élèves et les maîtres**. Par ailleurs, afin d'entretenir les connaissances acquises naguère à l'école, les maîtres ont vocation à donner des conférences dominicales à l'intention de tous les citoyens. Ces conférences ont aussi pour objectif d'instruire le peuple « des lois nouvelles, des observations d'agriculture, des méthodes économiques [...] l'art de s'instruire par soi-même ».

Le plan d'instruction publique de Condorcet est abandonné vraisemblablement en raison de son coût, la Convention ayant, avec l'entrée en guerre, d'autres préoccupations. Comme le souligne Baczko (1982), « les finalités de l'éducation définies par Condorcet traduisent sa foi dans l'avenir de la démocratie, assurant le bonheur et l'épanouissement de chaque individu, et dans le progrès de l'esprit humain ». **C'est à l'État de garantir une telle éducation. Il doit la décréter gratuite et laïque, mais non obligatoire,** ceci par respect pour le droit des individus. Condorcet, estimant que les écoles privées « sont le moyen de corriger les vices de l'instruction publique, de suppléer à son imperfection, de soutenir le zèle des maîtres par la concurrence, de soumettre la puissance publique à la censure de la raison des hommes éclairés » (C. Lelièvre, 1990), se prononce également pour la liberté d'enseigner. Au total, le projet de Condorcet réunit trois des principes qui régissent notre système d'instruction publique : **gratuité, liberté et laïcité**.

B. Les débats à la Convention nationale (1792-1795)

Avec l'instauration de la République en septembre 1792, la question scolaire revient en force. La pérennité du nouveau régime, bien fragile il faut l'avouer, est en effet liée à **l'instruction de la jeunesse mais aussi à la régénération et l'éducation de la Nation**. Entre 1792 et 1795, les conventionnels s'interrogent sur le rôle de l'État dans l'organisation et la direction de l'enseignement, sur la mission de l'école, sur la liberté, l'obligation et la gratuité scolaires. **L'instruction publique doit-elle être sous le contrôle de l'État ? Faut-il une instruction publique ou une éducation nationale ?** L'école doit-elle être gratuite, laïque et obligatoire ? Voilà quelques-unes des questions qui émaillèrent les débats de la Convention nationale. Ceux-ci ont été ponctués de quelques propositions, projets ou plans, notamment ceux de Jean-Paul Rabaut Saint-Étienne, Gilbert Romme et Pierre-Claude-François Daunou.

Gilbert Romme affiche sa préférence pour **une instruction publique chargée de la formation intellectuelle et morale de la population tout entière**. Pour le protestant **Rabaut Saint-Étienne,** la Révolution doit certes propager les Lumières mais aussi et surtout **faire une révolution dans les têtes et les cœurs.** Pour cela il faut organiser des fêtes nationales et des jeux publics. **À l'éducation nationale incombe la mission de former le cœur et de façonner les mœurs républicaines.**

Daunou, dans son *Essai sur l'instruction publique*, propose une espèce de compromis entre ces deux points de vue. En substituant la notion d'instruction publique à celle d'éducation nationale proposée par Rabaut Saint-Étienne, Daunou considère que **l'instruction publique** s'appuie non seulement sur **des fêtes nationales mais aussi sur une formation civique** grâce à des lectures et à des conférences publiques, grâce aussi à la fondation de bibliothèques.

2. À l'école de la Révolution

Consciente de l'urgence et de l'importance des questions à résoudre, l'Assemblée législative confie, dès le 14 octobre 1791, le soin d'élaborer les réformes scolaires à un Comité d'instruction publique composé de 24 membres. Ce dernier fonctionne jusqu'à la séparation de la Convention le 4 brumaire an IV (26 octobre 1795). En dépit d'un important renouvellement de ses membres, il est à l'origine d'un immense travail. On peut considérer que **les lois Bouquier, Lakanal et Daunou** qui s'échelonnent entre le 29 frimaire an II (19 décembre 1793) et le 3 brumaire an IV (25 octobre 1795) **fondent l'école primaire**.

A. Fonder l'école primaire : le temps des lois scolaires

a. La première loi scolaire

Le décret Bouquier est adopté le 29 frimaire an II (19 décembre 1793). C'est véritablement **la première loi scolaire sur l'enseignement primaire** que le gouvernement révolutionnaire entend faire passer dans la réalité. Celle-ci institue **l'obligation scolaire** « au moins pendant trois années consécutives » pour les enfants âgés d'au moins six ans accomplis, **la gratuité de l'enseignement et donc la rémunération des enseignants par l'État**. L'article premier de ce décret proclame que « **l'enseignement est libre** ». **Quiconque peut donc exercer les fonctions d'instituteur à condition de produire un certificat de civisme et de bonnes mœurs.**

Le décret Bouquier diminue les exigences de capacités professionnelles, ce qui facilite et encourage le recrutement des patriotes éprouvés, notamment ceux des sections sachant à peine lire et écrire. Les maîtres ainsi recrutés sont libres de décider de leurs programmes d'enseignement en toute indépendance. On leur enjoint toutefois de **ne rien enseigner de contraire aux lois républicaines.** L'enseignement doit en effet se conformer aux livres élémentaires officiels. **Les enseignants doivent se borner « à enseigner à lire, à écrire et les premières règles de l'arithmétique ».** Par ailleurs en acceptant de salarier tous les enseignants, au prorata du nombre de leurs élèves, la République cherche à **rendre le projet moins dispendieux mais aussi à étendre l'emprise publique sur l'enseignement.**

b. Loi Lakanal plus complète

Le contenu de la loi **Lakanal** adoptée le 27 brumaire an III (17 novembre 1794) révèle une triple préoccupation. **La première est d'ordre administratif.** La nouvelle loi, *a contrario* de la précédente, fixe la distribution des écoles primaires. Celles-ci doivent être établies à raison d'**une pour mille habitants. Chaque école doit comprendre une section pour les garçons et une section pour les filles.** Le décret prévoit par ailleurs que les enseignants sont « pendant la durée du gouvernement révolutionnaire [...] examinés, élus et surveillés par un jury d'instruction » désigné par l'administration de district. Les salaires payés par l'État sont respectivement de 1 200 et 1 000 livres pour les instituteurs et les institutrices.

La deuxième préoccupation est d'ordre intellectuel et pédagogique et vise **à étoffer le programme d'enseignement**. Ce dernier comprend la lecture, l'écriture, le calcul mais également la grammaire française, l'arpentage, des éléments de géographie, d'histoire, de sciences naturelles, l'éducation morale et physique ainsi qu'une initiation aux diverses activités de l'industrie humaine, notamment avec la visite de manufactures et d'ateliers.

La dernière préoccupation du décret Lakanal touche la liberté d'enseignement. Celle-ci est clairement admise : chaque citoyen a la possibilité « d'ouvrir des écoles particulières et libres ». **Les parents sont libres du choix de leur école et il n'y a aucune obligation scolaire.**

Cette loi considérée comme la plus complète et plus réussie des lois révolutionnaires pour l'enseignement primaire dure moins d'un an.

c. Loi Daunou, retour en arrière ?

Au lendemain de la chute de Robespierre, **Daunou** fait voter, en 1795, ce que l'on peut qualifier comme étant la dernière grande loi révolutionnaire sur l'Instruction publique. Le décret du 27 brumaire an III concernant seulement les écoles primaires, il faut adopter une loi générale sur l'instruction publique.

Cette loi constitue un retour en arrière par rapport aux différents projets et réalisations qui l'ont précédée. De fait, **il n'est plus question d'obligation et de gratuité**. Les instituteurs et institutrices, encore examinés par un jury d'instruction, sont nommés par les autorités départementales sur présentation des autorités municipales. **La création des écoles est donc laissée à l'appréciation voire au bon vouloir des autorités départementales**. C'est un net recul puisqu'il n'y a plus obligation d'ouvrir une école par commune. **Les instituteurs ne sont plus rétribués par la République mais par leurs élèves.** L'État se contente désormais de fournir à chaque instituteur un local pour le logement et pour l'accueil des élèves. Le programme d'enseignement se réduit à la lecture, l'écriture, le calcul et la morale républicaine.

B. Fonder l'école primaire : outils, moyens et finalités

a. Outils

En 1763, Caradeuc de La Chalotais réclame la composition de livres classiques élémentaires qui soient à la portée des enfants depuis 6 ou 7 ans jusqu'à l'âge de 17 ou 18 ans. Les hommes de la Révolution lui emboîtent le pas. **Le livre doit devenir le moyen d'imprimer dans les cœurs et dans les esprits les principes de la Révolution.** En 1794, la Convention, sur proposition du Comité d'instruction publique, décrète l'ouverture d'un concours destiné à recueillir des projets de livres élémentaires. **Les projets d'ouvrages reçus par le Comité d'instruction publique ne sont guère utilisables dans les écoles primaires en raison de leur contenu particulièrement complexe.**

b. Finalités

L'abbé Grégoire est incontestablement le chantre de la lutte contre les patois. Celui-ci est convaincu **que l'apprentissage généralisé de la langue française est un enjeu décisif pour la réalisation de l'unité nationale**. Les patois et dialectes sont perçus comme une arme pour la contre-révolution. La Basse-Bretagne, la Corse, le Pays basque et l'Alsace sont particulièrement visés. Les sociétés populaires sont invitées à « multiplier les moyens de faire connaître la langue française dans les campagnes les plus reculées ». Ces mesures ne sont guère suivies d'effet. Avec la chute de Robespierre, la réaction thermidorienne revient aux tolérances antérieures.

c. Moyens

En 1794, la Convention vote **un décret portant création d'une école normale à Paris**. Il s'agit de **former des formateurs d'instituteurs**. Ce projet est bien vite voué à l'échec.

C. Dualisme public-privé

Le bilan par département d'après les opinions émises par les conseils généraux en 1800-1801 montre *a posteriori* un détachement à l'égard de l'école telle qu'elle existe et le regret de la situation antérieure. On estime alors que « l'instruction publique est presque nulle dans toute la France, parce qu'on a voulu s'écarter de la pratique confirmée par l'expérience. On ne parle ni de la divinité, ni des principes de la morale. On croit donc qu'il faut en revenir à ce qui se faisait anciennement ». **Bon nombre de conseils généraux réclament le rétablissement des congrégations enseignantes** notamment les Frères des Écoles chrétiennes et les Ursulines.

Sous le Directoire et au début du Consulat, la condition matérielle des enseignants des écoles publiques se dégrade, provoquant de **nombreux abandons ou des départs vers l'enseignement particulier jugé plus rémunérateur.** Ceci explique en partie **la diffusion de ce dernier et l'effondrement de l'enseignement public.**

Cette situation est quasi générale si l'on en croit le message adressé par le Directoire exécutif, en 1798, au Conseil des Cinq-Cents, dans lequel on admet qu'« à l'exception d'un très petit nombre de départements, les écoles primaires, ou n'existent pas ou n'ont qu'une existence précaire ». Pour expliquer cet échec, l'autorité centrale désigne « l'insouciance et la malveillance d'un grand nombre d'administrations » mais surtout **la multiplication des « écoles anti-républicaines ».**

L'explication de cette situation n'est pas seulement idéologique. **La médiocrité ou la nullité de beaucoup de maîtres serait une raison suffisante dans bien des cas pour bouder l'école publique et lui préférer l'école particulière.**

Des quelque 23 000 écoles nouvelles prévues par la première loi scolaire sur l'enseignement primaire (décret Bouquier) **moins du tiers voient le jour**. « Loin de la fièvre des assemblées, **les projets les plus hardis n'ont guère rencontré que l'incompréhension ou l'hostilité** résolue des familles. [...] L'œuvre scolaire de la Révolution a pourtant fait date. Il en a subsisté **un ensemble de grands principes**. Les républicains des générations ultérieures y ont puisé leur résolution de bâtir une École affranchie de l'Église et de faire de l'accès au savoir un droit et un devoir du citoyen. **De Condorcet à Ferry, la filiation est ici manifeste**. » (Y. Gaulupeau, 1992)

3. La législation consulaire et impériale : centralisation et stabilisation

L'instruction populaire aborde l'époque impériale sans grandes possibilités d'amélioration. L'époque troublée qui se termine a juste permis le maintien, en dehors de l'initiative gouvernementale, d'un certain nombre d'habitudes bien antérieures. **Ni le Consulat ni l'Empire n'ont les moyens d'organiser l'instruction primaire.**

A. L'instruction primaire en sommeil

Sous le Consulat est adoptée **la loi du 11 floréal de l'an X** qui n'imprime aucune impulsion nouvelle. En effet, avec la loi du 11 floréal an X, **une école peut appartenir à plusieurs communes à la fois**. Les maires et les conseils municipaux doivent choisir les instituteurs, leur fournir un logement ou à défaut une indemnité et fixer le taux de rétribution à faire payer par les parents. Un cinquième des enfants sont dispensés de cette rétribution pour indigence.

Avec les **décrets impériaux du 10 mai 1806 et du 17 mars 1808** est créée **l'Université impériale.** Avec ce décret l'Université impériale reçoit le monopole de l'enseignement public. Toutes les écoles sont donc concernées, y compris les établissements particuliers, hormis l'éducation domestique et le préceptorat.

L'article 5 indique explicitement la hiérarchie des écoles intégrées dans la structure universitaire :

1° **Les facultés**, pour les sciences approfondies et la collation des grades.

2° **Les lycées**, pour les langues anciennes, l'histoire, la rhétorique, la logique, les éléments des sciences mathématiques et physiques.

3° **Les collèges, écoles secondaires communales**, pour les éléments des langues anciennes et les premiers principes de l'histoire et des sciences.

4° **Les institutions, écoles tenues par des instituteurs particuliers**, où l'enseignement se rapproche de celui des collèges.

5° **Les pensions, pensionnats appartenant à des maîtres particuliers**, et consacrés à des études moins fortes que celles des institutions.

6° **Les petites écoles, écoles primaires, où l'on apprend à lire, à écrire, et les premières notions de calcul.**

Dans ce dispositif, l'enseignement primaire entre « par la porte de service » pour reprendre l'expression de Maurice Gontard. **De fait la nouvelle loi ne change rien à la situation matérielle des instituteurs.** On continue d'appliquer les dispositions de la loi du 11 floréal an X. *A contrario* des enseignants des autres écoles intégrées dans la structure universitaire, **les instituteurs sont trop humbles pour figurer dans la hiérarchie académique**. Ils ne doivent ni être gradués, ni prêter serment. Seuls les Frères des Écoles chrétiennes brevetés et encouragés par le Grand-Maître sont admis dans l'Université avec toutefois l'obligation de prêter serment. On demande néanmoins aux instituteurs, pour pouvoir enseigner – et c'est une innovation –, **d'être muni d'un brevet d'État,** délivré par le Grand-Maître sur proposition rectorale.

B. Centralisation et surveillance des écoles

Du Consulat à la fin de l'Empire, le préfet, le recteur, l'évêque vont jouer un rôle plus ou moins important dans l'administration de l'enseignement primaire. On peut considérer qu'entre 1800 et 1808, l'école primaire est sous administration préfectorale pour tomber ensuite sous la tutelle universitaire jusqu'en 1814.

a. Le rôle des préfets

La loi du 17 février 1800 confie **la tutelle administrative des départements aux préfets.** Ceux-ci, au début du Consulat, assurent la continuité administrative dans l'organisation de l'enseignement primaire.

Avec la loi du 11 floréal an X (1er mai 1802)**, les sous-préfets sont spécialement chargés de l'organisation des écoles primaires.** Ils doivent rendre compte de leur état, une fois par mois, aux préfets.

b. Le rôle des évêques

À la faveur du Concordat (1801), l'Église retrouve une partie de son influence perdue durant la Révolution. À partir de 1804-1805, arguant l'état déplorable de l'enseignement primaire, les évêques tentent d'élargir leur sphère d'intervention administrative. Afin de satisfaire partiellement cette requête, un décret impérial du 6 janvier 1807 autorise les évêques à faire par intervalle **des visites pastorales** dans les établissements consacrés dans leurs diocèses à l'instruction publique.

Avec la création de l'Université impériale, le Grand-Maître Fontanes sollicite la collaboration des évêques dans l'effort de redressement scolaire. Le 30 janvier 1809, il les invite à se prononcer sur le fonctionnement des écoles communales et le zèle des instituteurs.

c. Le rôle des recteurs

L'Université impériale est réglée et gouvernée par le Grand-Maître. Sous l'autorité de ce dernier, nommé et révocable par l'empereur, sont placés **les recteurs d'académie, les inspecteurs et les conseils académiques.** On détermine alors **les chefs-lieux d'académie**. Le **renforcement de la centralisation s'opère grâce aux actions conjuguées des préfets et des recteurs.** On assiste alors à un relatif effacement du rôle des évêques.

Les directives émanant tant du recteur et du préfet confirment bien la volonté de centralisation, la volonté de faire du chef-lieu d'académie « le centre où tous les objets d'instruction publique, sous le double rapport de l'enseignement et de l'administration, vont désormais se rattacher et se réunir […] le centre (duquel) vont se diriger auprès du Grand-Maître de l'Université impériale, tous les détails qui concernent cette importante partie de l'administration publique ».

3 | XIXe siècle : le siècle de l'école primaire

1. Premier essor de l'enseignement primaire contemporain (1815-1833)

Au cours de cette période, l'administration de l'enseignement primaire conforte davantage son caractère public et universitaire. Entre la fin du Premier Empire et les débuts de la monarchie de Juillet, on observe une lente mais incontestable progression du nombre des écoles primaires.

A. L'État et l'enseignement primaire

a. L'ordonnance de 1816, texte fondateur

L'ordonnance du 29 février 1816 est couramment représentée comme l'un des textes fondateurs de l'enseignement public au XIXe siècle.

En attestant dans l'article 14 que « toute commune sera tenue de pourvoir à ce que les enfants qui l'habitent reçoivent l'instruction primaire, et à ce que les enfants indigents la reçoivent gratuitement », l'ordonnance de 1816 affirme **le principe d'obligation scolaire qui ne connaîtra sa pleine application que beaucoup plus tard car elle ne s'impose pas encore aux individus mais uniquement aux communes. En cela ce texte est fondateur**.

Il l'est moins quand il reprend l'idée des jurys d'instruction de l'époque révolutionnaire et celle de l'examen des instituteurs par un fonctionnaire de l'enseignement de l'époque impériale.

b. Les brevets de capacité

Cependant, le fait de dépasser ces principes et d'exiger que **les maîtres soient titulaires d'un brevet de capacité délivré par le recteur,** après examen passé devant un fonctionnaire de l'instruction publique, n'en constitue pas moins un progrès par rapport à la période antérieure où certains maîtres présentaient des compétences limitées. Les brevets de capacité sont au nombre de trois, selon l'étendue des connaissances. **Le troisième degré ou degré inférieur exige de savoir « suffisamment lire, écrire et chiffrer pour en donner des leçons » ;** le second, correspondant à peu près à l'enseignement simultané tel que le donnent les Frères des Écoles chrétiennes, y ajoute l'orthographe, la calligraphie et le calcul. Le premier degré ou supérieur, quant à lui, exige de leurs titulaires qu'ils maîtrisent par principe la grammaire française et l'arithmétique ainsi que des notions de géographie, d'arpentage et autres connaissances utiles dans l'enseignement primaire.

c. La surveillance des écoles

La surveillance des écoles et des maîtres retient particulièrement l'attention des rédacteurs de l'ordonnance qui lui consacrent près de la moitié des quarante-deux articles. Sur le plan départemental et académique, **l'enseignement primaire est placé sous la triple surveillance universitaire, religieuse et administrative. En conséquence les écoles et les maîtres peuvent être inspectés par les recteurs, les inspecteurs d'académie, les évêques, les préfets et les sous-préfets.**

C. Nique (1990) évoque l'idée de « **libéralisme surveillé** ». Ce dernier se traduit par la mise en place **d'un comité de surveillance dans chaque canton chargé de stimuler l'enseignement primaire** et de veiller au maintien de l'ordre, des mœurs et de l'enseignement religieux, à l'observation des règlements et à la réforme des abus. Il est également chargé de faire connaître les besoins des écoles et d'en faire créer là où il n'y en a pas. **Les agents de surveillance de chaque école sont le curé et le maire de la commune.**

d. La dotation étatique

Pour F. Mayeur, il n'y a là rien de très neuf. Toutefois ce texte innove dans trois domaines : **l'instauration des brevets de capacité, la création des comités cantonaux et la dotation étatique, premier « budget » destiné à l'instruction primaire.** De fait, pour la première fois, l'État décide de consacrer une partie de son budget pour composer des ouvrages scolaires, établir des « écoles modèles » pour diffuser les bonnes méthodes et récompenser les bons maîtres.

e. La réorganisation de l'instruction publique

L'ordonnance de 1816 accorde une place de choix au clergé dans l'administration primaire. Mais la première est dévolue, nous l'avons vu, à l'Université. L'ordonnance du 1er mai 1822 rétablit l'Université et la fonction de Grand-Maître. Est nommé dans cette fonction l'évêque Frayssinous. Le monopole de l'Université est restauré et remis entre les mains de l'Église.

En 1824, l'instruction primaire est mise sous tutelle de l'Église. L'ordonnance de 1816 est abrogée, sauf pour les écoles protestantes fort peu nombreuses. Pour les écoles catholiques (pratiquement toutes celles de France), **le recteur n'a désormais plus qu'un rôle secondaire :** faire passer les examens du brevet de capacité (délivrance et retrait). **L'évêque a, lui, un rôle essentiel.**

En 1827, l'enseignement primaire se trouve à nouveau placé sous la triple surveillance universitaire, ecclésiastique et administrative. Les recteurs retrouvent leurs principales attributions, sauf pour le retrait du brevet de capacité.

Mal reçue tant par les ultras que les libéraux, l'ordonnance de 1828 est bien vite remplacée par celle de 1830. Toute commune est désormais obligée de se doter des moyens d'instruction primaire (seule ou en regroupement avec d'autres). Cette ordonnance prescrit par ailleurs « la généralisation des classes modèles » : une école modèle dans chaque académie au moins, une dans chaque département au mieux. Pour nombre d'historiens, cette ordonnance marque l'aboutissement de la politique menée par la Restauration en faveur de l'enseignement primaire.

B. Bilan scolaire de la Restauration

Pour apprécier l'évolution du réseau scolaire durant la Restauration, nous disposons de peu de statistiques. Celles-ci, quand elles existent, manquent parfois de précisions. Les chiffres donnés ci-après doivent donc être considérés avec une très grande prudence. Ils constituent plus des ordres de grandeurs permettant de dégager quelques grandes tendances.

Réseau scolaire et nombre d'élèves en France durant la Restauration[1]

Année	Nombre total d'écoles	Nombre total d'élèves
1817	Entre 20 734 et 20 880	Entre 865 721 et 866 000
1818	Entre 25 245 et 25 900	Entre 947 077 et 965 000
1819	28 000	1 070 500
1820	27 581	1 123 700
1821	28 236	?
1829	30 996	1 358 000

Entre 1817 et 1819 on assiste à une progression assez sensible du nombre des écoles et des élèves, respectivement de 35 % et de 23 %. Dans les années 1820 le mouvement d'essor semble freiné. Entre 1819 et 1829 la progression du nombre des écoles est de l'ordre de 10 % alors que celle du nombre d'élèves reste stable, de l'ordre de 26 %, laissant supposer que l'on crée moins d'écoles mais que l'on scolarise mieux.

On peut donc estimer que le bilan global de la Restauration est positif, malgré des hauts et des bas selon les périodes. Comme l'indique C. Nique (1990), le fait que l'école soit devenue un enjeu politique a au moins « le mérite de faire créer des écoles, et plus encore peut-être d'**inscrire définitivement dans les mentalités la nécessité de donner une instruction primaire à tous les enfants** même si les différents acteurs ne sont pas d'accord, loin s'en faut, sur le contenu et la méthode d'enseignement ni sur la tutelle qu'il faut mettre sur les écoles ». Ceci se traduit par **un décollage, de la fin de la Restauration jusqu'à la loi Guizot, du nombre des écoles et de la scolarisation** comme en témoignent les statistiques suivantes.

1. Tableau statistique établi à partir des sources suivantes : Arch. nat. F17 10224, rapport de l'inspecteur général Guairard, 1819 ; État dressé en 1824 par le ministère des Affaires ecclésiastiques et de l'Instruction publique in Adrien Garnier, *Frayssinous : son rôle dans l'Université sous la Restauration* (1822-1828), Paris, 1925 ; *Almanach de l'Université royale*, 1821 ; Maurice Gontard, *L'Enseignement primaire*... op. cit., p. 424. Chiffres cités par René Grevet, *L'Avènement de l'école contemporaine en France*, 1789-1835, Villeneuve d'Ascq, Presses universitaires du Septentrion, 2001, p. 183 et Antoine Prost, *Histoire de l'enseignement en France. 1800-1967*, Paris, Armand Colin, 1968.

Évolution du nombre des écoles entre la fin de la Restauration et la loi Guizot[1]

	1829	1832	1833
Communes dépourvues d'écoles	13 998	10 439	9 568
Communes pourvues d'écoles	24 148	26 710	27 619
Nombre total des écoles	30 796	42 092	45 119

Le nombre de communes dépourvues d'école par rapport au nombre total de communes passe de 36 % en 1829 à 25 % en 1833. Dans le même temps le nombre total d'écoles progresse de plus de 46 %. **Par voie de conséquence la scolarisation primaire connaît un décollage qui semble anticiper la loi Guizot** (R. Grevet, 2001).

Scolarisation primaire en France en 1832-1833[2]

Élèves scolarisés	1832	1833
Garçons	1 202 673	1 654 828
Filles	734 909	795 348
Total	1 937 582	2 450 176

Ce sont surtout les garçons qui voient leur taux de scolarisation progresser : plus de 37 % entre 1832 et 1833 alors que dans le même temps celui des filles n'évolue que d'un peu plus de 8 %.

2. De l'école primaire d'État de garçons à celle de filles

Au début du XIXe siècle, l'État ne dispose pas des finances et du personnel nécessaires pour fonder un service public, il manque même des renseignements les plus élémentaires. Avec l'ordonnance de 1816, l'État s'en remet donc aux initiatives locales ou particulières pour fonder les écoles. « Dix-sept ans plus tard, l'administration municipale a réalisé d'incontestables progrès. Délibérations et budgets des conseils municipaux sont régulièrement soumis aux préfets **: l'État peut agir** » estime A. Prost (1968).

1. D'après le rapport Gillon du 28 avril 1834, *Archives parlementaires*, t. 89, p. 427 ; *Statistique comparée de l'enseignement primaire, 1829-1877*, Paris, Imprimerie nationale, 1880, p. LII-LIII, CX-CXI, pp. 8-10, 76-78, 88-90, 120-122. Cité par René *Grevet* in *L'Avènement*… op. cit., p. 185.

2. Tableau cité par René Grevet in *L'Avènement*… op. cit. et établi à partir des effectifs scolarisés en hiver. Il s'agit donc de maxima. *Statistique comparée de l'enseignement primaire*…, op. cit. ; rapport Gillon, *Archives parlementaires*…, op. cit.

A. Loi Guizot : un enseignement primaire d'État

Dans le texte de loi de 1833, l'enseignement des filles, pour des raisons budgétaires, n'est pas évoqué. Malgré cette absence qui restreint la notion d'instruction universelle, la loi Guizot n'en constitue pas moins **une première charte complète et détaillée de l'enseignement primaire en France qui fait de l'école une affaire d'État**.

a. Le rôle de l'État

De fait, avec la loi Guizot du 28 juin 1833, **l'État intervient dans la définition du brevet de capacité, la nomination des membres chargés de le faire passer, la constitution des commissions d'examen d'entrée et de sortie des écoles normales, la participation au comité local** (par le biais du maire, fonctionnaire nommé). Par ailleurs **il domine majoritairement le comité d'arrondissement**. De plus il **fixe le traitement des instituteurs et oblige les communes à le verser et enfin il fixe avec précision le fonctionnement des écoles.** Au regard de toutes ces prérogatives, C. Nique (1990) affirme qu'avec la loi Guizot, **l'école devient réellement une affaire d'État.**

b. L'obligation scolaire

La loi Guizot fait de l'obligation imposée aux communes d'ouvrir une école une réalité effective. **De fait, toute commune est tenue, soit par elle-même, soit en se réunissant à une ou plusieurs communes voisines, d'entretenir au moins une école primaire élémentaire**. Dans celle-ci, on y enseigne nécessairement l'instruction morale et religieuse, la lecture, l'écriture, les éléments de la langue française et du calcul, le système légal des poids et mesures. Par ailleurs, les communes chefs-lieux de départements, et celles dont la population excède six mille âmes, doivent avoir, en outre, une école primaire supérieure.

c. La formation des maîtres

En 1831, le député Gillon, engage le gouvernement à mettre en place une véritable politique en faveur de la formation des instituteurs. Il revient alors à Guizot de donner l'impulsion décisive aux écoles normales. C'est chose faite avec l'article 11 de sa loi qui stipule que pour améliorer la formation des maîtres, « **tout département sera tenu d'entretenir une école normale primaire, soit par lui-même, soit en se réunissant à un ou plusieurs départements voisins** ».

d. Le débat pédagogique

L'État intervient également dans le débat pédagogique : Guizot crée, en 1832, la revue *Le Manuel général de l'instruction primaire*, **bulletin quasi officiel** qui fait connaître à la France entière les décisions et les orientations ministérielles. Les objectifs de cette revue sont de publier tous les documents officiels concernant l'instruction populaire, de présenter des expériences intéressantes dans ce domaine, d'analyser les ouvrages disponibles et de donner des conseils aux instituteurs. C'est ainsi, par le truchement de cette revue, « qu'au grand désappointement des tenants de l'école mutuelle, Guizot tranche en faveur de la méthode simultanée, héritée des Frères des Écoles chrétiennes » (Y. Gaulupeau, 1992).

e. Le corps des inspecteurs

Conscient du fait que l'action pédagogique des comités d'arrondissement semble nulle, Guizot décide d'ajouter une dernière pierre à l'édifice scolaire **: il crée par l'ordonnance du 26 février 1835, le corps des inspecteurs pour stimuler le zèle des instituteurs**. On pense alors que « l'instituteur, sachant qu'un homme compétent, qui ne s'occupe que d'instruction élémentaire, arrivera tous les ans pour examiner comment il se conduit, craindra le blâme de cet homme et cherchera à mériter ses louanges. […] La visite de l'inspecteur lui inspirera le zèle dont il a besoin et qu'il ne peut puiser dans le sein même de la localité » (Archives parlementaires, 1834). L'ordonnance du 18 novembre 1845 organise leur carrière. **L'inspection primaire et l'inspection académique sont nées, une administration autonome est créée : désormais des fonctionnaires vont voir périodiquement ce qui se passe dans les écoles.**

B. Vers une école d'État spécifique pour les filles

Pour Françoise et Claude Lelièvre « dans la longue histoire des guerres scolaires, la loi Falloux […] est restée célèbre en raison de sa charge symbolique [...]. Dans l'historiographie républicaine, (elle) apparaît comme **un dispositif législatif réactionnaire**. Le moindre des paradoxes est qu'elle est également **le premier texte législatif depuis la Révolution dans lequel il est question des écoles primaires de filles** » (F. et C. Lelièvre, 1991).

Analysons très rapidement les principales modifications apportées à la législation antérieure par cette loi votée en mars 1850, dans un climat de méfiance à l'égard des instituteurs publics.

a. Suppressions et restrictions

Tout d'abord, en première modification, **la gratuité et l'obligation ne sont pas retenues**, mais en revanche **les écoles de filles entrent dans le champ d'application de la loi, les communes de plus de 800 habitants étant tenues d'y veiller.** La loi Falloux remplace les comités d'arrondissement par un conseil académique de département. Les comités de surveillance des écoles sont remplacés par des délégués cantonaux désignés par le conseil académique du département. La loi prévoit également un inspecteur primaire par arrondissement. **Le droit d'inspection dans les écoles primaires n'est pas seulement réservé au recteur, aux inspecteurs et aux délégués cantonaux mais étendu aux maires, aux curés et aux ministres des autres cultes.** L'enseignement primaire ne comprend, obligatoirement, instruction morale et religieuse en tête, que la lecture, l'écriture, les éléments de la langue française, du calcul et du système légal des poids et des mesures.

Il n'est fait mention nulle part d'école primaire supérieure. La loi ne demande aux départements que de pourvoir au recrutement des instituteurs communaux en entretenant des élèves-maîtres, soit dans les établissements d'instruction primaire désignés par le conseil académique, soit aussi dans l'école normale établie à cet effet par le département. **Non seulement l'entretien d'une école normale n'est pas obligatoire pour le département mais lorsqu'elle existe, elle peut être supprimée par le conseil général ou par le ministre. Les communes sont tenues d'entretenir une ou plusieurs écoles primaires. Elles peuvent toutefois en être dispensées** à la condition de pourvoir à l'enseignement gratuit dans une école libre de tous les enfants indigents.

Les auteurs des *Notices rédigées à la demande du conseil général du Pas-de-Calais* (1990) estiment par ailleurs qu'avec la loi Falloux « **la situation matérielle des instituteurs s'est trouvée améliorée** par l'élévation de leur traitement et la création d'une caisse de retraites [...]. Mais à côté de ces améliorations que d'atteintes à la liberté et à l'indépendance de l'instituteur, **quelle puissance accordée au clergé, que de faveurs consenties aux congrégations** ».

b. Renforcement de l'enseignement confessionnel

De fait, **la loi Falloux vise à renforcer l'enseignement confessionnel**. L'Église obtient davantage de liberté pour ouvrir des écoles privées. **Il faut surtout développer l'enseignement congréganiste, le seul véritablement bon pour la société** : on fait donc tomber quelques clauses de la loi Guizot réglementant la liberté d'enseignement. **De nombreuses dispenses du brevet sont ainsi prévues** pour les instituteurs congréganistes et, pour les sœurs, **une simple lettre d'obédience fournie par leur supérieure tient lieu de capacité.**

c. Obligation d'ouverture d'écoles de filles

Toutefois, comme le souligne A. Prost, la loi Falloux est une étape décisive et ses aspects politiques font souvent oublier ses aspects techniques. « **Rares sont les historiens laïques qui la jugent avec objectivité** : certains oublient qu'on lui doit **l'obligation imposée aux communes de plus de 800 habitants d'entretenir une école de filles, ou le relèvement à 600 francs du traitement minimum des instituteurs** » (A. Prost, 1968).

d. Offensive congréganiste

La loi Falloux prévoyant l'ouverture d'une école de filles par commune de plus de 800 habitants et, les institutrices laïques étant très peu nombreuses, les congrégations féminines se trouvent sur un terrain extrêmement favorable : elles **se multiplient**. 923 congrégations, pour la plupart enseignantes, sont autorisées entre 1852 et 1859. Elles ouvrent des écoles privées ou publiques, particulièrement à la campagne, là où se constate une sous-scolarisation des filles. Par ailleurs, les institutrices congréganistes, financièrement peu exigeantes, sont souvent recherchées par les petites communes impécunieuses (P. Albertini, 1992).

Ainsi, malgré son caractère réactionnaire, la loi Falloux constitue une étape majeure dans l'histoire de l'enseignement des filles, dans le sens où elle fait émerger une école spécifiquement féminine.

e. Loi Duruy, correction des lacunes

Les progrès rapides des congréganistes finissent par inquiéter le gouvernement impérial qui ne peut plus, d'ailleurs, compter sur le soutien inconditionnel de l'Église, hostile à sa politique italienne. **Avec Victor Duruy, ministre de 1863 à 1869, est alors promulguée la loi sur l'enseignement primaire du 10 avril 1867**. Pour F. Mayeur cette loi représente la dernière étape avant la série des grandes lois républicaines et apparaît **comme une mise à jour de la loi de 1850, avec la correction des lacunes apparues à l'usage.** Elle exprime en même temps de nouvelles exigences traduisant une tout autre attitude vis-à-vis de l'école (F. Mayeur, 1981). Tout d'abord, en stipulant que les instituteurs ne pourront plus être remplacés par des congréganistes dans les écoles publiques, **la loi Duruy prône une laïcisation partielle**. Elle donne ensuite des facilités supplémentaires aux communes qui voudraient instaurer la gratuité notamment en donnant la possibilité, dans certains cas, **de subvention du département et même de l'État.**

La loi abaisse le seuil d'ouverture des écoles de filles à 500 habitants qui, avec la loi Falloux, était de 800. Par ailleurs, des garanties de traitement sont assurées aux institutrices. En sortant ainsi de la misère féminine précédente, on espère se procurer plus facilement les institutrices laïques qui font cruellement défaut. Enfin pour terminer ce rapide tour d'horizon, **la loi introduit l'histoire et la géographie** parmi les disciplines obligatoires de l'enseignement élémentaire.

3. De la salle d'asile à l'école maternelle ou l'invention du jeune enfant

Avant la fondation effective de la salle d'asile, des notables et des philosophes français et européens, à l'instar de Jean-Frédéric Oberlin, se préoccupent également **d'organiser la garde éducative des jeunes enfants.** Si les premières initiatives sont relativement simultanées, les motivations sont diverses mais présentent toutes néanmoins une ambition pédagogique.

A. Naissance et théorie de la salle d'asile

a. Première étape : les salles d'hospitalité

En France, l'éducation de la première enfance devient tard dans le siècle une véritable préoccupation des pouvoirs publics. En 1801, la marquise Adélaïde de Pastoret (1766-1842), vice-présidente de la Société de la Charité maternelle, fonde dans la capitale une salle d'hospitalité pour accueillir une douzaine de jeunes enfants dont la plupart ne sont pas encore sevrés. Une sœur et une femme de ménage assurent la marche de cette salle conçue pour élever jusqu'à la mise en apprentissage les enfants laissés en quelque sorte à l'abandon par le travail de leurs parents.

L'initiative de la salle d'hospitalité de la marquise de Pastoret s'avère être vite un échec. Ce dernier est sans doute lié au caractère inouï de la tentative qui va à l'encontre des habitudes mais répond pourtant à des besoins. De fait, **à Paris comme en province, sont ouvertes par des personnes privées, pour le profit personnel, des sortes de garderies.** Émile Gossot les décrit comme « des espèces de refuges, repoussants de malpropreté et de mauvaise odeur. [...] c'était là qu'une trentaine de marmots s'agitaient, pleuraient ou dormaient, sous la garde d'une femme la plupart du temps illettrée » (cité par F. Mayeur, 1981).

b. Création des salles d'asile

La marquise de Pastoret crée alors, **en 1826**, un comité des salles d'asile, composé de douze femmes dont quatre protestantes. Grâce à ce comité **est ouverte la première salle d'asile parisienne,** rue du Bac, dans l'ancien Xe arrondissement. Ouverte de 8 heures à 19 heures, puis à 17 heures durant la mauvaise saison, cette salle d'asile accueille, très vite, une centaine d'enfants âgés de dix-huit mois à sept ans. Quelques mois plus tard, en 1827, le philanthrope **Jean-Denys-Marie Cochin**, maire du plus pauvre arrondissement de Paris[1], inquiet des conséquences de l'oisiveté sur les jeunes enfants dont les mères travaillent dans les fabriques, fonde à son tour une deuxième salle d'asile.

L'institution des salles d'asile reçoit sa première consécration officielle de Guizot qui la déclare premier degré de l'enseignement primaire dans une circulaire datant du 4 juillet 1833.

L'ordonnance de 1837 définit un programme, institue un examen et **établit la maison provisoire d'études, institution chargée de préparer les futures maîtresses de salles d'asile**. Sa direction en est confiée à **Marie Pape-Carpantier**. Une classe annexe est créée pour permettre aux élèves de recevoir un enseignement théorique et pratique.

L'essor des manufactures mobilise les femmes et, dès qu'ils ont l'âge de raison, les enfants sont mieux dans l'atelier, sous la surveillance de leurs parents ou d'adultes, que dans la rue. Alors que faire, pour reprendre l'expression d'A. Prost (1968) des plus petits, sales, morveux et pleurnichants ? À la maison, ils resteraient seuls ; à l'atelier ils gêneraient. **Les salles d'asile répondent donc prioritairement à une nécessité sociale évidente qui en assure le succès.**

B. Première éducation collective

Dès l'origine, les promoteurs de la salle d'asile **aménagent l'espace en fonction des exigences de la discipline et de l'enseignement.** Pour cette première éducation collective, ils proposent un plan modèle valable dans ses grandes lignes jusqu'en 1881.

a. Espaces et matériel d'enseignement

Tout d'abord, **la salle d'enseignement** doit être située au rez-de-chaussée, pour éviter les chutes dans les escaliers. Elle doit offrir un espace proportionné au nombre des usagers. Ensuite cette salle doit être meublée avec des gradins, des bancs latéraux et des instruments didactiques. Elle doit pouvoir accueillir toute la population de la salle d'asile pour les leçons magistrales. **Le matériel pédagogique** de la salle d'enseignement comprend, au minimum, un boulier-compteur et un tableau noir installés au pied des gradins ; plusieurs porte-tableaux ; des représentations de lettres, de chiffres, de figures géométriques ; des illustrations d'histoire sainte, d'histoire naturelle et de géographie.

1. Il s'agit de l'ancien XIIe arrondissement.

Pièce polyvalente, **le préau couvert** sert de vestiaire, de salle de nettoyage, de réfectoire et, par mauvais temps, de lieu d'attente et de récréation. Il doit posséder des bancs mobiles, une fontaine ou un grand lavabo, avec des robinets et cuvettes placés à la portée du jeune enfant.

La cour de récréation, d'après l'arrêté de 1838, doit être plantée d'arbres pour protéger les bambins du soleil et orientée « de la manière la plus favorable à leur santé ». Elle doit en outre renfermer plusieurs matériels de jeu et de gymnastique.

En définitive cette organisation de l'espace prouve le souci d'accueillir un grand nombre d'enfants dans des conditions d'hygiène et de sécurité jugées satisfaisantes. Toutefois, la plupart des salles d'asile ne possèdent pas de locaux appropriés et le mobilier des classes n'est pas toujours complet.

b. Programme d'enseignement

Les textes officiels de 1837-1838 et ceux de 1855 placent l'instruction religieuse et ensuite les exercices moraux au cœur du programme. Avec l'âme, le corps du jeune enfant et les soins quotidiens d'hygiène retiennent par ailleurs toute l'attention des promoteurs de la salle d'asile. Dès l'arrivée de l'enfant, la directrice doit vérifier si son visage et ses mains sont lavés, ses cheveux peignés et ses vêtements raccommodés.

Dans le programme des salles d'asile, l'éducation physique collective occupe une place importante : marches et évolutions, mouvements hygiéniques, pantomimes accompagnées de chants, exercices de développement des sens, chants, travaux manuels, exercices de gymnastique, jeux de récréation.

Toutefois le programme de la salle d'asile ne se limite pas à la seule éducation de l'âme et du corps. De fait la circulaire du 9 avril 1836 prévoit l'initiation des petits élèves à la lecture, à l'écriture, aux chiffres ordinaires, à quelques nombres et à l'histoire naturelle. Le décret du 21 mars 1855, beaucoup plus ambitieux, ajoute à ce programme des salles d'asile le dessin linéaire et un ensemble détaillé de connaissances usuelles. Ce dernier est notamment composé d'histoire naturelle, de géographie, d'histoire et de connaissances élémentaires sur la vie quotidienne : la division du temps, les saisons, les couleurs, les sens, formes, matière, usage des objets familiers aux enfants, notions sur les animaux, les plantes, les industries simples, l'explication des poids et mesures donnée à l'aide de solides ou de tableaux.

c. Critique du contenu d'enseignement

Le programme de 1855 suscite bien évidemment des réticences à l'égard d'une instruction jugée trop poussée et anticipant sur l'instruction élémentaire. Ainsi, en 1858, Mme Muller, directrice d'une salle d'asile à Montpellier, propose de restaurer l'œuvre dans « **son esprit maternel** » en supprimant la lecture des mots, la mémorisation de la table de multiplication, l'apprentissage du dessin linéaire, les exercices de géographie et l'étude des poids et mesures (J.-N. Luc, 1997).

Sous l'influence de Marie Pape-Carpantier, directrice du « Cours normal des salles d'asile » de 1847 à 1874, s'élabore une pédagogie plus concrète, en partie inspirée **des jardins d'enfants de l'Allemand Frœbel (1782-1852)** qui s'inscrit dans **le courant de pensée de Pestalozzi (1746-1827) et confère au jeu un caractère éducatif de tout premier plan.**

C. Avènement de l'école maternelle républicaine

a. Importance du jeu éducatif

En 1846, Marie Pape-Carpantier conseille de distribuer pendant les récréations, à côté du matériel des jeux de plein air, des jeux de dominos et de patience, qui enseignent le calcul et l'application. Elle estime alors que **le jeu doit être dissocié du travail scolaire**, qu'il ne forme pas directement l'esprit mais qu'il le recrée. Selon elle, l'activité ludique, simple divertissement, permet à l'enfant de récupérer son énergie, après le travail. Jusqu'en 1881, les instructions officielles adoptent le même point de vue et associent le mot jeu à la notion d'exercice physique et à la récréation.

Dans les années 1855-1860, Marie Pape-Carpantier, convaincue de la valeur formatrice des activités de l'enfant avec des objets prônées par Frœbel dans le *Kindergarten* (jardin d'enfants) reconsidère son point de vue. La revue *L'Ami de l'enfance* reproche alors à la salle d'asile sa discipline contraignante, les longues stations sur les gradins et le refus de tirer parti du jeu des enfants. **Le débat autour de la notion de jeu éducatif est lancé.**

En 1855, Marie Pape-Carpantier, devenue adepte des activités des jardins d'enfants telles que la manipulation de balles et de cubes, le tissage et le jardinage, affiche clairement sa préférence pour les procédés pédagogiques sensoriels, dans son rapport sur l'expérimentation de la méthode Frœbel. **Pauline Kergomard**, convaincue comme Frœbel de la supériorité de l'éducation domestique, le félicite d'avoir érigé le jeu en instrument privilégié d'expression et d'éducation (J.-N. Luc, 1997).

b. Réquisitoire des salles d'asile

Dans les années 1880, Pauline Kergomard **se livre au réquisitoire des salles d'asile** en ces termes : « La salle d'asile, encombrée dès le début par un trop grand nombre d'enfants les a enrégimentés ; elle les a casernés par centaine dans d'immenses salles […] ; elle les a fait marcher tous soudés les uns contre les autres par les épaules en longues chaînes […], comme des forçats ; elle les a alignés les uns contre les autres sur des marches de gradins ou sur des bancs rivés au sol ; elle les a fait se lever tous ensemble au claquoir […] ; elle les a fait compter ; réciter ; répondre tous ensemble et toujours au claquoir. Privé de la liberté de ses mouvements […] l'enfant n'a plus eu, à l'école, ni originalité, ni personnalité ».

La nouvelle inspectrice générale esquisse, dès lors, le programme des futures écoles maternelles : « Favoriser d'abord le développement physique, la santé du corps étant le plus sûr garant de celle de l'esprit ; laisser faire aux enfants leur métier d'enfant […] ; leur enseigner à voir ce qu'ils regardent, à se rendre compte de l'ensemble et des détails et à en rendre compte dans leur langage ; à comparer les choses entre elles ; exciter la curiosité de savoir, par des leçons courtes, claires, vivantes, sur des sujets concrets avec exemples à l'appui ; se garder de l'abstraction, qui, ne pouvant être comprise, ne peut intéresser et habitue par degrés les enfants à l'indolence intellectuelle ; ne se servir de la mémoire que pour graver dans l'esprit les choses que l'intelligence s'est assimilées […] ; faire éclore dans leur cœur les germes de bonté, de générosité, d'enthousiasme, qu'il renferme, par des histoires

[…] ; rendre leurs doigts habiles par l'habitude du travail manuel ; se garder toujours de faire produire à leur intelligence des fruits hâtifs (P. Kergomard, 1886) ».

c. Des salles d'asile aux écoles maternelles

Ferdinand Buisson et Jules Ferry – qui ne se résignent pas à la solution des salles d'asile dont l'appellation traduit bien la conception « charitable » et « sociale » et qui sont au mieux des garderies hygiéniques et moralisatrices – **transforment juridiquement ces maisons d'assistance en maisons scolaires. Le décret du 2 août 1881 remplace le terme de salle d'asile par celui d'école maternelle. La loi Goblet du 30 octobre 1886 situe explicitement la place des maternelles dans l'ordre du primaire**. Le décret d'application du 18 janvier 1887 les définit comme **des établissements de première éducation**. Dans ce cadre institutionnel et juridique ainsi défini, Pauline Kergomard va maintenant s'employer à faire en sorte que l'école maternelle ne soit pas identifiée comme une école au sens établissement d'instruction mais comme **une maison d'éducation maternelle** (S. Coquart, 1982).

4. Forme scolaire entre transformations, permanences et résistances

Au XIXe siècle, dans les écoles françaises, les différentes méthodes d'enseignement sont l'objet de bon nombre d'interrogations et d'hésitations.

A. L'hésitation sur les méthodes

Dans les années 1800-1880, pour réaliser les objectifs sommaires qui lui sont fixés par l'institution, le maître d'école dispose approximativement de **trois méthodes : la méthode simultanée, la méthode individuelle et le mode mutuel.**

a. La méthode simultanée

Le mode simultané, mis en œuvre dès avant la Révolution par les Frères des Écoles chrétiennes, consiste à répartir les enfants selon l'âge et le niveau de connaissances et à assurer à chaque niveau le même enseignement, en faisant faire les mêmes exercices, sans dissocier chronologiquement l'apprentissage de l'écriture de celui de la lecture et même du calcul (F. Reboul-Scherrer, 1989). **Les élèves progressent du même pas, simultanément**. « Cette manière a l'avantage d'être ordonnée mais point trop mécanique » (P. Albertini, 1992). D'autre part, elle nécessite un personnel nombreux : un maître pour 30 élèves. C'est évidemment la présence de deux ou trois instituteurs par école et de plusieurs salles qui permet de la mettre en œuvre efficacement. Au début du XIXe siècle, dans la campagne française, le mode simultané requérant un personnel nombreux et supposant « un apprentissage de leur métier par les maîtres » (F. Mayeur, 1981) semble être supplanté par le mode traditionnel d'enseignement dit individuel.

b. La méthode individuelle

La méthode individuelle consiste à **instruire chaque élève indépendamment des autres.** Elle s'explique par l'hétérogénéité des élèves, le manque de moyens matériels, sans doute aussi par une certaine routine et par le poids des mentalités villageoises. **Le maître s'adapte à la diversité des élèves, des scolarités mais aussi des manuels.** Il fait venir à tour de rôle chaque écolier pour une lecture, une récitation. Avec cette méthode destinée avant tout au préceptorat, l'enseignement doit devenir rapidement répétitif et lasser élèves et maître et, dans une classe un peu chargée, le brouhaha doit très rapidement s'installer et les résultats scolaires en pâtir.

Le mode d'enseignement individuel présente donc de nombreuses insuffisances et il n'est pas surprenant que la méthode mutuelle apparaisse aux individus soucieux de l'éducation et aux philanthropes éclairés, comme une solution miraculeuse.

c. La méthode mutuelle

La méthode mutuelle ou lancastérienne (du nom de Lancaster, son initiateur d'outre-Manche), même si beaucoup de ses caractéristiques n'étaient pas inconnues en France d'Ancien Régime, se développe avant tout en Angleterre sous l'action de Bell et Lancaster. En 1815, quelques grands bourgeois philanthropes parmi lesquels le ministre de l'Intérieur Lazare Carnot, fondent la Société pour l'instruction élémentaire dont l'objectif sera de promouvoir l'enseignement mutuel.

Ce dernier s'efforce de pallier le manque de maîtres par la participation de certains élèves avancés à la tâche d'enseignement : ces **moniteurs**, juchés sur de minuscules estrades latérales, se partagent les élèves et **sous le commandement parfaitement codifié du magister**, en s'aidant de **tableaux muraux et d'ardoises** enseignent l'un la lecture, l'autre l'écriture et un autre enfin le calcul[1].

B. Des permanences d'Ancien Régime

Vers 1830, dans la plupart des villages, l'école reste la classe unique, mixte par nécessité, qui se tient au logis du maître ou, si la place est trop exiguë, dans une pièce quelconque affectée par la commune. Mobilier scolaire et outils pédagogiques y sont réduits au strict minimum. Le maître dépourvu de formation, pratique une pédagogie routinière, proche de la vieille méthode individuelle. **Une forte majorité des maîtres ne possèdent que le brevet de capacité de troisième degré** exigeant uniquement de savoir « suffisamment lire, écrire et chiffrer ».

Rappelons que pour lutter contre la médiocrité générale (Y. Gaulupeau, 1992) et améliorer la formation des maîtres, la loi Guizot de 1833 instaure un certain nombre d'obligations notamment celle d'entretenir **une école primaire élémentaire pour les communes et une école normale primaire pour les départements.** Par ailleurs pour stimuler le zèle des instituteurs, le corps des inspecteurs primaires est créé en 1835.

1. Il faut noter que les tableaux muraux et les ardoises utilisés par les moniteurs constituent un nouveau matériel pédagogique. Par ailleurs les apprentissages de la lecture, de l'écriture et du calcul sont conjoints, sans respect pour la tradition qui voulait que l'on sût lire avant d'apprendre à écrire et ensuite à compter, par référence au fameux triptyque « lire, écrire, compter ».

Enfin la revue *Le Manuel général de l'instruction primaire*, bulletin quasi officiel, fait connaître à la France entière les décisions et les orientations ministérielles. Elle a par ailleurs l'objectif de présenter des expériences intéressantes dans le domaine de l'instruction primaire, d'analyser les ouvrages disponibles et de donner des conseils aux instituteurs.

Ainsi, en 1834-1835, en insistant sur le fait que l'enseignement est défectueux dans les écoles où l'on applique le mode mutuel (C. Nique, 1990), **le *Manuel général*,** au grand désappointement des tenants de l'école mutuelle, **tranche en faveur de la méthode simultanée, héritée des Frères des Écoles chrétiennes.**

a. La méthode mixte

En cette première moitié du XIXe siècle, les méthodes évoluent lentement et l'on voit alors l'émergence d'un nouveau mode d'enseignement, **le mode mixte** dont la principale particularité est de **marier des principes empruntés aux méthodes simultanée et mutuelle**. Cette évolution pédagogique intervient par ailleurs dans un contexte d'amélioration des locaux scolaires.

La méthode mixte reprend une partie des **apports des écoles mutuelles (usage de l'ardoise et des tableaux muraux, uniformité des manuels, apprentissage conjoint de la lecture et de l'écriture, utilisation de moniteurs**) et répartit, comme **dans l'enseignement simultané, les élèves en trois cours selon leur âge,** comme le prévoyait déjà Guizot en 1834, dans les *Statuts sur les écoles primaires communales* : cours élémentaire de 6 à 8 ans, cours moyen de 8 à 10 ans et cours supérieur au dessus de 10 ans.

b. Organisation pédagogique de Gréard

C'est **l'organisation pédagogique d'Octave Gréard en 1868** qui généralise ce partage. Chaque cours comprend deux années. On voit donc se constituer une scolarité primaire à étapes où chacune d'entre elles est censée correspondre à un niveau moyen des élèves et où **tout écart trop net à la moyenne est sanctionné par un redoublement**. Toutefois les apprentissages ne varient pas avec les cours : on enseigne à tous les niveaux la lecture, l'écriture, le calcul et le catéchisme. **Cette pédagogie où l'on revient tous les ans au cœur du savoir utile est dite concentrique.**

On assiste toutefois à la survie tenace des vieilles pratiques pédagogiques, au fond des campagnes, jusqu'aux abords de l'école républicaine et même au-delà. **L'enseignement individuel est désormais absent des textes officiels mais pas de la pratique,** si l'on en croit les rapports d'inspection. Pour F. Mayeur (1981), est « responsable (de cette survie) d'abord l'insuffisance de la formation des maîtres : c'est l'école normale qui a le plus efficacement lutté contre le procédé. La disparité des livres de lecture, l'absence d'un emploi du temps fixé au maître, d'une fréquentation uniforme, enfin l'amour-propre des parents, fidèles à une forme d'enseignement regardée par eux comme traditionnelle, voire « aristocratique », ont empêché aussi le maître, à supposer qu'il en ait eu la velléité, d'évoluer vers une autre relation éducative ».

5. À l'école de Jules Ferry

L'œuvre de Jules Ferry marque une rupture dans l'histoire scolaire des Français. Cette révolution n'est pas dans les effectifs mais dans les esprits : la laïcité fait sentir ses effets à tous les niveaux, en matière de locaux et de personnel, comme de programmes et de contenus. L'enseignement primaire est incontestablement le grand bénéficiaire de cette mutation idéologique : cessant d'être tenue en suspicion, l'école communale a pour mission désormais **de populariser les Lumières et d'enraciner la République dans l'esprit du futur citoyen.**

A. L'école gratuite, obligatoire et laïque

Est tout d'abord votée **la loi du 16 juin 1881 qui règle la question de la gratuité des écoles primaires publiques dont bénéficiaient déjà près de 60 % des élèves.**

Les débats précédant **la loi du 28 mars 1882 ayant trait à l'obligation et à la laïcité** sont beaucoup plus mouvementés.

a. Laïcité et neutralité confessionnelle

Dans l'esprit des républicains les deux notions sont liées. Le droit et le devoir de s'instruire ne peuvent être garantis que par l'obligation de recevoir une instruction élémentaire dans une école publique, privée ou à domicile. **À l'école du plus grand nombre, à savoir l'école publique, l'obligation implique la neutralité confessionnelle ou en d'autres termes la laïcité. En classe, la prière et le catéchisme sont remplacés par la morale et l'instruction civique.** Ces principes reçoivent force de loi le 28 mars 1882.

L'Église et les milieux cléricaux réagissent alors avec virulence contre « l'école sans Dieu ». Ils posent la question des valeurs et du sens d'une morale dissociée de la religion révélée. L'école publique doit-elle continuer à former des chrétiens ou bien avoir pour objectif de faire accéder le plus grand nombre à l'autonomie critique ?

Dans sa circulaire aux instituteurs du **27 novembre 1883, Jules Ferry recommande la modération et fait une concession aux catholiques**, à savoir fonder une laïcité durable en écartant tout sectarisme.

b. Laïcité, espaces scolaires et personnel enseignant

Toutefois la laïcité ne se limite pas aux programmes. Elle gagne aussi les locaux pour lesquels la circulaire du 2 novembre 1882 stipule de **ne pas mettre d'emblème religieux dans les locaux neufs ou rénovés, et dans les autres cas, de suivre le vœu de la population.**

Elle gagne ensuite les maîtres. **La loi Goblet du 30 octobre 1886 laïcise le personnel et oblige le gouvernement à remplacer tous les instituteurs publics congréganistes par des laïques dans un délai de cinq ans et les institutrices au fur et à mesure des vacances de postes. En 1889, avec la fonctionnarisation des instituteurs publics** désormais rémunérés par l'État, on peut estimer que la sécularisation de l'institution scolaire est achevée.

B. Une révolution plus qualitative que quantitative

C'est une erreur de croire que la Troisième République scolarise les petits Français. Ceux-ci franchissent les portes de l'école avant les lois Ferry.

Les lois Ferry créent donc plus une révolution qualitative que quantitative.

a. La modification de la forme scolaire

C'est surtout la forme scolaire qui est touchée avec la **construction de bâtiments scolaires à plusieurs classes** pour lutter contre les effectifs pléthoriques, **le développement de la scolarisation précoce, la formation des maîtres** et enfin **l'amélioration des méthodes, des programmes, des contenus et du matériel pédagogique mobilisé.**

Il s'agit avant tout de **faire acquérir aux élèves un bagage pour la vie, un viatique de savoirs et de savoir-faire** (C. Lelièvre, 1996).

b. Méthodes, viatique de savoirs et certificat de fin d'études

Les autorités pédagogiques alourdissent périodiquement ce viatique de connaissances et de valeurs. Au triptyque lire, écrire et compter de jadis se sont ajoutés chemin faisant, l'orthographe et la grammaire ; des rédactions, des problèmes d'arithmétique, la géographie, l'histoire de France, la morale, l'instruction civique, sans oublier les leçons de choses et les premières notions scientifiques, principalement dans leurs applications à l'agriculture ; les éléments du dessin, du chant et du travail manuel ; la gymnastique, les exercices militaires pour les garçons et les travaux d'aiguille pour les filles.

L'instituteur de la République, confronté à **un absentéisme scolaire encore élevé et une scolarité brève** (six à onze ans dans bon nombre de cas bien que la scolarité soit obligatoire jusque 13 ans) éprouve bien des difficultés à mettre en place ces contenus ambitieux. Les organisateurs de la pédagogie primaire essaient d'en limiter les effets en **imposant un enseignement d'approfondissement et de répétition**. Au **découpage progressif des contenus,** Octave Gréard et après lui **Ferdinand Buisson** préfèrent « **la méthode concentrique** qui consiste à revenir, quitte à en donner un tableau plus complet, sur ce que l'on a appris l'année précédente (F. Mayeur, 1981) ».

La méthode concentrique a pour principal objectif de **lutter contre les effets négatifs de la fréquentation irrégulière** qui perdure jusque dans les années 1930 où, **avec la création des allocations familiales, la loi sur l'obligation scolaire devient plus contraignante.** À partir de cette époque, on commence à préférer la **méthode progressive** à la méthode concentrique.

Le certificat d'études vient couronner la construction concentrique de ce viatique de savoirs et de savoir-faire. Un arrêté de 1880 uniformise la procédure de l'examen et la loi de 1882 rend obligatoire l'organisation des épreuves. Ce n'est pas une simple attestation de fin d'études mais bel et bien un **examen sélectif**, dont les épreuves se déroulant au chef-lieu de canton sont empreintes d'une certaine solennité.

Avec la réforme Berthoin (décret du 6 janvier 1959) portant l'obligation scolaire à 16 ans et organisant un cycle d'observation de deux ans à la fin de l'école primaire et ensuite **la réforme Haby (loi du 11 juillet 1975) créant le collège unique,** on assiste au repli progressif des écoles élémentaires sur la tranche d'âge des 6 à 11 ans. Les classes de fin d'études primaires sont progressivement et rapidement supprimées.

c. Essor des maisons d'école

Avec les lois Ferry, on assiste à un effort sans précédent de l'État et des communes en faveur des maisons d'école. **Une importante réflexion architecturale prenant en compte les prescriptions des hygiénistes a alors cours.** Du groupe scolaire urbain à l'école de hameau, on voit apparaître de nouvelles écoles comprenant un espace clos, à l'écart de la rue, avec sa cour, son préau, ses lieux d'aisance, le logement de l'instituteur et les salles de classe, bien éclairées et aérées où s'ordonnent soigneusement les rangées de pupitres.

d. Développement et spécificités de la préscolarisation

L'école maternelle républicaine est fondée par un ensemble de textes publiés en 1881 et 1882, dans la continuité des lois fondamentales, et en 1887, dans le sillage de la loi Goblet de 1886. Les écoles maternelles sont limitées à cent cinquante élèves, sauf autorisation spéciale, et destinées, à partir de 1887, aux enfants de deux à six ans. Ces écoles demeurent facultatives. Les communes de plus de 2 000 habitants sont toutefois tenues, en vertu de la loi de 1886, de pourvoir au fonctionnement d'une école maternelle dite conventionnellement obligatoire.

De 1879 à 1917, Pauline Kergomard, nommée inspectrice générale en 1881, va jouer un rôle essentiel dans l'évolution pédagogique des écoles maternelles. Elle souligne l'importance de l'activité des enfants et de leur liberté. **Elle s'élève contre le dressage** et estime que **le jeu est une forme essentielle de l'activité enfantine**, le « travail des enfants », leur « métier » en quelque sorte. Dès janvier 1887, elle fait inscrire le jeu à la première ligne du programme, tandis que tout ce qui dépasse l'âge des enfants disparaît : plus de notions, plus de leçons. « Les premiers éléments du calcul, du dessin, de l'écriture et de la lecture » sont réservés aux enfants de cinq ans seulement. P. Kergomard réclame par ailleurs un **mobilier adapté à la taille des petits**, bien avant que petites tables et petits fauteuils ne soient préconisés par Maria Montessori (A. Prost, 1968). Ce faisant, P. Kergomard donne à l'école maternelle sa direction actuelle.

e. Formation des maîtres

Enfin, **aux yeux des Républicains, la formation des maîtres est un enjeu capital.** La **loi Paul Bert du 9 août 1879 fait alors obligation aux départements d'avoir une école normale de filles, comme de garçons**. À cette date, il n'existe que 22 écoles normales de filles, 62 sont ouvertes dans la décennie suivante.

En définitive, **avec l'école de la République, la révolution ne se fait plus dans les effectifs mais dans les esprits, les perspectives, les programmes et les contenus. L'école de Jules Ferry est surtout fondatrice dans sa rupture avec l'enseignement clérical.**

Les enjeux contemporains de l'école primaire

Le cours

1 | Discrimination positive et politique d'éducation prioritaire

1. Une revendication du SGEN-CFDT

En France, la création de « zones d'éducation prioritaires (ZEP) » apparaît d'abord comme une revendication du Syndicat général de l'Éducation nationale (SGEN-CFDT). En 1972, dans la revue *Syndicalisme universitaire*, il fait explicitement référence à l'expérience des aires d'éducation prioritaires anglaises et **parle d'enfants « en difficultés scolaires ».** Il écrit alors : « Les zones d'éducation prioritaires sont déterminées par **analyse sociologique des quartiers défavorisés**. Les écoles situées dans ces zones d'éducation prioritaires bénéficieront d'un allègement d'effectif, d'une subvention versée par l'Éducation nationale aux communes et d'une transformation des postes ordinaires en postes spécialisés. Les maîtres titulaires de ces postes seront possesseurs du Certificat d'Aptitude à l'Enfance Inadaptée (CAEI), option « handicapés sociaux ». Une pédagogie appropriée devra progressivement être élaborée » (*Syndicalisme universitaire*, 1972).

A. Donner plus à ceux qui ont le moins

La revendication du SGEN est donc fortement inspirée par une problématique du handicap socio-culturel. Il faut noter que cette problématique, à l'époque, peut jouer un rôle progressiste car **elle bat en brèche « l'idéologie des dons » encore largement dominante dans les analyses de l'échec ou de la réussite scolaire**. Pour le SGEN de l'époque, « **au primat de l'égalité, il convient de substituer un principe d'inégalité : donner plus à ceux qui ont le moins** » (J.-Y. Rochex, 1988). Cette idée sans doute à l'origine des textes fondateurs de l'éducation prioritaire, est reprise et développée dans l'ouvrage *Libérer l'école, plan socialiste pour l'Éducation nationale* « **une école formellement égalitaire profite aux favorisés**. Il s'agit au contraire de **donner plus à ceux qui, actuellement, sont exclus de l'école** en apportant en priorité des moyens supplémentaires aux zones et aux catégories scolairement défavorisées » (L. Mexandeau, R. Quilliot, 1978).

La plupart des syndicats de la Fédération de l'Éducation nationale (FEN), attachés à une égalité de traitement des questions scolaires sur l'ensemble du territoire, et craignant les risques de stigmatisation des zones ainsi désignées, se montrent alors réticents vis-à-vis de cette revendication de **« discrimination positive »**, avec toutefois des positions nuancées d'un syndicat à un autre.

B. Donner autrement

Dans la décennie 1970 qui voit la publication et la diffusion, d'une part des travaux critiquant les diverses variantes de la théorie du handicap, d'autre part des grandes synthèses sociologiques sur **« l'école de la reproduction » de Pierre Bourdieu, Jean-Claude Passeron, Christian Baudelot et Roger Establet**, les positions du SGEN vont évoluer sensiblement. De fait, dès 1977, le SGEN ne parle plus de maîtres spécialisés mais de maîtres volontaires pour exercer dans les zones d'éducation prioritaires. En 1979, il souhaite que les ZEP puissent englober les collèges. Enfin, ses positions en matière de lutte contre l'échec scolaire, évoluent également : **on passe alors de la théorie « donner plus à ceux qui ont le moins » au principe de « donner autrement, voire autre chose ».**

2. Les textes fondateurs

Le nouveau ministère issu du changement politique de 1981 est très rapide à satisfaire cette revendication. **Les deux circulaires fondatrices de la politique de l'éducation prioritaire** en France sont datées du **1er juillet et du 28 décembre 1981**, et portent toutes deux la signature **d'Alain Savary**.

Le premier de ces textes affirme que l'objectif prioritaire du gouvernement est de « contribuer à corriger **l'inégalité sociale par le renforcement sélectif de l'action éducative** dans les zones et les milieux sociaux où le **taux d'échec scolaire** est le plus élevé ». **L'augmentation du taux d'encadrement** constitue l'essentiel des mesures préconisées par ce premier texte qui semble plus destiné à « prendre date » qu'à réellement mettre en œuvre la politique d'éducation prioritaire (J.-Y. Rochex, 1988).

Cette fonction échoit au second texte fondateur, beaucoup plus fourni, et structuré en trois grandes parties, la première précisant **les critères de détermination des zones**, la seconde définissant **le projet de zone et les moyens à mettre en œuvre** et enfin la troisième fixant **le dispositif d'impulsion de la politique d'éducation prioritaire**.

A. Le choix des zones prioritaires

« Le choix des zones prioritaires doit reposer sur une approche globale de ce concept » indique la circulaire. Les études mises en œuvre pour déterminer **les**

zones d'éducation prioritaires doivent intégrer – contrairement aux précédents anglo-saxons qui ne prenaient en compte que des critères socio-économiques –, **deux types de données : les données propres au système éducatif (définies comme critères internes) et les données économiques, sociales et culturelles de la zone (définies comme critères externes).** J.-Y. Rochex note toutefois qu'aucune interrogation n'est cependant formulée dans ce texte, à propos des liens, des médiations entre ces différents types de critères.

B. Projet de zone

La circulaire précise ensuite qu'« aucune zone ne devra être définitivement retenue sans qu'un **projet spécifique à la zone** n'ait été préalablement élaboré », en fonction des caractéristiques analysées à l'étape précédente. Les mesures prévues ne devront pas consister en « un simple renforcement des moyens traditionnellement mis en œuvre » ; « le plus souvent, il faudra envisager des mesures qualitatives portant sur le personnel et les équipements, ainsi que sur la **rénovation de la pédagogie**, l'amélioration du climat scolaire des établissements, ou des actions à destination des publics adultes ».

Enfin, **un dispositif spécifique d'impulsion et d'appui de la politique ZEP doit être mis en place à chaque échelon administratif (ministère, académies, départements)**. Une équipe d'animation locale doit être constituée pour chaque zone. Pour cela on doit faire appel à des « compétences variées ». Cette équipe est chargée de l'élaboration du projet, de la mise en œuvre, de l'animation, de la coordination, du suivi et de l'évaluation des actions menées. C'est **l'inspecteur d'académie** qui nomme les membres de cette équipe et désigne **un coordonnateur** en son sein.

C. Innovation pédagogique et transformation des pratiques

Ces textes, comme la démarche d'ensemble du ministère Savary, reposent sur l'idée que la « **lutte contre l'échec scolaire** », la « **démocratisation** » du système de formation, peuvent et doivent reposer pour l'essentiel sur **l'innovation pédagogique** et **la transformation des pratiques quotidiennes à l'école.** J.-Y. Rochex (1988) considère que les circulaires Savary vont constituer « un appel d'air important, dans lequel de nombreuses équipes enseignantes, entraînant parfois nombre de partenaires locaux vont s'engouffrer largement et de manière très différenciée selon les terrains. On assiste alors à une **floraison d'initiatives innovantes** ».

3. Du relatif oubli à la relance de l'éducation prioritaire

A. Remise en cause

Entre 1984 et 1988, lors des ministères successifs de Jean-Pierre Chevènement et Alain Monory, l'efficacité des ZEP et l'ouverture sur l'école sont remises en cause. Alors que l'on assiste à une certaine forme d'essoufflement et de découragement de beaucoup de ZEP, **Jean-Pierre Chevènement recentre les missions de l'école sur la transmission des savoirs.** Dès 1986, lors de la première cohabitation gauche-droite, le ministère **d'Alain Monory adopte une position de retrait vis-à-vis de la politique d'éducation prioritaire**.

B. Confirmation de la politique d'éducation prioritaire

En 1989, la loi d'orientation sur l'Éducation initiée par Lionel Jospin, confirme la politique d'éducation prioritaire et se fixe comme objectif premier « **la réussite scolaire pour tous les élèves** ». Cet objectif est rappelé explicitement dans la circulaire du 1er février 1990 qui lui fait suite et qui indique que la politique des zones d'éducation prioritaires vise « une amélioration significative des résultats scolaires des élèves, notamment les plus défavorisés ». Cette circulaire fait d'autre part obligation de mettre en place une structure pédagogique et administrative dans chaque zone d'éducation prioritaire. Il est alors prévu **d'engager un coordinateur de zone.** En raison de la montée des problèmes de banlieues et des politiques publiques urbaines, **les ZEP s'inscrivent dans une politique de la ville**.

C. Mise en veilleuse

Entre 1994 et 1997, alors que François Bayrou est ministre de l'Éducation nationale, l'éducation prioritaire est mise en veilleuse, en raison de la montée et de la médiatisation des problèmes de violence scolaire. Un dispositif « Zones sensibles » vient se superposer au dispositif ZEP et en brouille la lisibilité.

D. Relance de l'éducation prioritaire

En 1997-1998, alors que Claude Allègre et Ségolène Royal sont respectivement ministre de l'Éducation nationale et ministre déléguée à l'enseignement, on procède à la relance de l'éducation prioritaire. Celle-ci se fait par le truchement des circulaires du **31 octobre 1997 et du 10 juillet 1998.**

Ces deux circulaires visent incontestablement à **confirmer la légitimité de la politique d'éducation prioritaire mise en œuvre dès 1981.** Elles rappellent par ailleurs avec force que l'école doit apporter aux élèves en difficulté l'acquisition de savoirs. **La relance est recentrée autour des apprentissages de base et de la citoyenneté.** Les zones d'éducation prioritaires (ZEP) deviennent des **réseaux**

d'éducation prioritaires (REP). Tous les collèges et écoles en ZEP font désormais partie d'un réseau d'éducation prioritaire. La mise en réseau se fait selon des critères mesurant la concentration des difficultés sociales, économiques et culturelles. **Chaque réseau ainsi constitué doit élaborer un contrat de réussite avec le recteur mais aussi avec les partenaires concernés.** Ce contrat doit reposer sur un diagnostic de la situation et des résultats obtenus, en identifiant les causes de réussite et d'échec. Il comporte **des objectifs précis et des engagements mutuels pour la réussite des élèves.**

4. Politique d'égalité des chances et refondation de l'éducation prioritaire

A. Réduire les effets des inégalités

La France est devenue le pays où le milieu social influe le plus sur le niveau scolaire. Ainsi, un enfant d'ouvrier et d'employé a deux fois moins de chances qu'un enfant de cadre d'obtenir un baccalauréat général ou un diplôme de l'enseignement supérieur. La politique d'éducation prioritaire vise donc à réduire les effets des inégalités sociales et économiques sur la réussite scolaire. Cette politique d'égalité des chances a pour principal objectif de ramener à moins de 10 % les écarts de réussite avec le reste du territoire sur l'ensemble du parcours scolaire des élèves qui y sont scolarisés.

B. Continuité des apprentissages

Depuis la rentrée scolaire 2012, l'éducation prioritaire comprend **les ÉCLAIR (Écoles, collèges et lycées pour l'ambition, l'innovation et la réussite)**, où se concentrent les difficultés sociales et scolaires, et **les RRS (réseaux de réussite scolaire),** qui accueillent un public socialement plus hétérogène. L'objectif est de favoriser la continuité des parcours d'apprentissage de la maternelle au collège, avec une attention particulière portée **au passage de la maternelle à l'élémentaire, puis de l'élémentaire au collège**. L'orientation après la classe de 3e a pour objectif d'engager les élèves dans des **parcours scolaires ambitieux**.

C. Actions mises en œuvre

Les actions mises en œuvre au sein des classes, des écoles ou collèges, concourent à **garantir les apprentissages scolaires, la maîtrise du socle commun par tous les élèves et des parcours de réussite ambitieux**. Le recours aux innovations et aux expérimentations, prévues par l'article 34 de la loi d'orientation et de programme pour l'avenir de l'école, permet de **faire évoluer les pratiques pédagogiques** individuelles et les organisations collectives, afin de mieux **prendre en considération la diversité des élèves** afin d'assurer leur réussite.

La mise en cohérence des actions engagées, tant dans le temps scolaire que hors temps scolaire, est première dans la réussite et l'épanouissement de l'ensemble des élèves. Tous les collégiens de l'éducation prioritaire bénéficient, s'ils le souhaitent, **d'un accompagnement éducatif après la classe. Cette mesure est étendue, depuis 2008, aux élèves des écoles élémentaires de l'éducation prioritaire.**

D. Moyens

Les écoles et collèges de l'éducation prioritaire bénéficie d'une **dotation en personnels renforcée** (enseignants supplémentaires et assistants pédagogiques) offrant une plus grande souplesse dans l'organisation des heures de cours. Ces personnels constituent des appuis pour impulser une dynamique pédagogique au sein du réseau. Ils facilitent la prise en charge des élèves rencontrant des difficultés d'apprentissage, au sein de la classe ou dans des **dispositifs d'aide et de soutien comme les programmes personnalisés de réussite éducative (PPRE)**. Ils jouent également un rôle majeur dans les actions inter-degrés.

Les corps d'inspection sont mobilisés pour mieux accompagner les équipes pédagogiques et assurer un suivi des réseaux. Ils apportent leur expertise lors des instances de pilotage des réseaux, des rencontres des équipes pédagogiques ou des équipes de direction ou dans le cadre de journées académiques et de formations.

E. Relations avec les familles

Une place particulière est faite aux relations avec les familles : présentation des enjeux de la scolarité et des programmes de l'année, diffusion du règlement intérieur de l'établissement, organisation de rencontres ou d'activités associatives, ouverture de permanences d'associations de parents, mise en place de cours d'alphabétisation dans le cadre de l'opération « Ouvrir l'école aux parents pour réussir l'intégration ». La « mallette des parents » constitue un appui méthodologique pour **développer le dialogue avec les familles**. Chaque réseau développe des **partenariats de haut niveau choisis en fonction du contexte local.** Il peut s'agir d'une institution culturelle ou sportive, d'un laboratoire universitaire, d'un organisme de recherche, d'une entreprise ou d'une personnalité reconnue. Ces partenariats ont vocation à caractériser le réseau et concernent chaque élève à un moment ou un autre de sa scolarité et chaque personnel. Les actions prévues dans le cadre des conventions signées avec des grandes écoles, des universités, comme les « **cordées de la réussite** », sont renforcées avec l'objectif de développer l'ambition scolaire et professionnelle des élèves.

Avril 2014 : Lancement de la refondation de l'éducation prioritaire

En avril 2014, au titre de la refondation de l'éducation prioritaire, 102 REP+ préfigurateurs sont identifiés sur la base d'un indice social qui prend en compte la part d'élèves dont les parents appartiennent aux catégories socio-professionnelles défavorisées, la part d'élèves boursiers, la part d'élèves résidant en zones urbaines sensibles et la part d'élèves arrivant en classe de sixième avec au moins un an de retard. Après cette phase de préfiguration, la refondation de l'éducation prioritaire est entrée en vigueur à la rentrée 2015 sur l'ensemble des réseaux REP et REP+ qui ont été identifiés sur la base de cet indice social. Par la même occasion, les dispositifs Éclair et RRS sont supprimés. La carte de l'éducation prioritaire, devenue au fil du temps hétérogène et peu lisible, sera désormais réexaminée tous les quatre ans. À la rentrée 2015, elle comportait 1 089 réseaux, dont 350 REP+ et 739 REP. Dans les REP+, les obligations de service des enseignants du premier et du second degré ont été modifiées afin de tenir compte du temps à consacrer au travail en équipe. Dès la rentrée 2017, les classes de CP en REP+ sont dédoublées et comportent au maximum 12 élèves. Cette mesure sera ensuite progressivement étendue aux CP et CE1 en REP+ et en REP.

2 | Organisation, valeurs et objectifs de l'école primaire

1. Les acteurs du système éducatif

Plusieurs corps de métier travaillent au sein de l'école chacun avec des rôles définis et complémentaires.

A. Les enseignants

Le corps de professeur des écoles a progressivement remplacé, depuis 1990, celui des instituteurs. Les professeurs des écoles sont recrutés par concours externes, concours internes et par voie d'inscription sur les listes d'aptitude, par académie ou par département selon le mode de recrutement choisi. Ils assurent un service de 27 heures par semaine. *A contrario* des enseignants du second degré les professeurs des écoles sont **des maîtres polyvalents**, capables d'enseigner l'ensemble des disciplines dispensées à l'école primaire. Ils ont vocation à instruire et à éduquer de la petite section de maternelle au CM2.

Le professeur des écoles a quatre grandes missions :

– **Enseigner l'ensemble des disciplines** dispensées à l'école primaire

Il enseigne le français, les mathématiques, l'histoire-géographie, les sciences physiques et la technologie, la biologie et la géologie. Il peut être assisté d'intervenants pour les langues vivantes, les arts plastiques, la musique et l'éducation physique et sportive.

– Donner la priorité à l'apprentissage de la **maîtrise de la langue** par les élèves

La maîtrise de l'oral en classe maternelle doit ouvrir sur la maîtrise de l'écrit à l'école élémentaire.

– Gérer la **diversité des élèves**.

– Exercer la **responsabilité éducative** et **l'éthique professionnelle**.

Certains d'entre eux sont spécialisés dans la réponse aux besoins éducatifs particuliers de certains élèves (grande difficulté, handicap, etc.).

B. Les personnels de direction

Dans les écoles d'au moins deux classes, un directeur d'école est nommé parmi les professeurs des écoles par le directeur académique des services de l'Éducation nationale (DASEN). Il exerce des responsabilités administratives, pédagogiques et représente l'institution auprès de la commune et des parents d'élèves.

C. Les personnels d'inspection et d'encadrement

Les inspecteurs de l'Éducation nationale du premier degré et les inspecteurs de l'Éducation nationale information et orientation exercent à l'échelle d'une circonscription, les autres à l'échelle académique.

Ils assurent quatre missions :

- le pilotage du système éducatif ;
- l'évaluation des enseignements et des établissements ;
- l'inspection des personnels enseignants et la contribution au management de ces personnels ;
- la conception, la conduite ou l'évaluation du dispositif de formation des personnels.

D. Les personnels de santé

Un médecin de l'Éducation nationale est chargé des actions de prévention individuelles et collectives et de la promotion de la santé. Ces actions sont menées auprès de l'ensemble des élèves scolarisés.

E. Les agents territoriaux spécialisés d'école maternelle (ATSEM)

Les agents territoriaux spécialisés d'école maternelle (Atsem) assistent les professeurs des écoles pour **l'hygiène des élèves et la préparation matérielle** des exercices. Leurs missions devraient être appelées à évoluer dans un proche avenir.

F. Les personnels chargés de l'enseignement précoce des langues

L'enseignement des langues vivantes étrangères à l'école primaire est assuré par des enseignants de langues du second degré, des assistants de langues vivantes (étudiants étrangers) ou des intervenants extérieurs recrutés localement. À terme, l'enseignement des langues **devra être pris en charge par la majorité des professeurs des écoles**.

G. Les intervenants chargés des disciplines sportives

Les intervenants chargés des activités sportives sont **agréés par le directeur académique des services de l'Éducation nationale (DASEN)** qui apprécie leurs compétences selon des critères précis (diplôme, statut).

H. Les intervenants chargés des disciplines artistiques

Les intervenants chargés des activités artistiques doivent être **diplômés** d'une discipline artistique ou posséder une compétence professionnelle dans le domaine artistique, attestée par la direction générale des affaires culturelles.

I. Les personnels des réseaux d'aides spécialisées aux élèves en difficulté (Rased)

Les RASED rassemblent des psychologues et des professeurs des écoles spécialisés. Ils aident les enseignants à analyser les situations, à reconnaître et prendre en compte les besoins des élèves et à construire des réponses adaptées.

2. Les structures de formation

Différentes structures permettent aux acteurs et aux partenaires de l'Éducation nationale de se rencontrer. Certaines d'entre elles ont un pouvoir décisionnel.

A. Le conseil des maîtres

Le conseil des maîtres de l'école est composé du directeur, président ; de l'ensemble des maîtres affectés à l'école, des maîtres remplaçants exerçant dans l'école au moment des réunions du conseil et des membres du réseau d'aides spécialisées intervenant dans l'école. Il se réunit au moins une fois par trimestre, en dehors de l'horaire d'enseignement dû aux élèves et chaque fois que le président le juge utile ou que la moitié de ses membres en fait la demande. Le conseil des maîtres **donne son avis sur l'organisation du service** et sur tous **les problèmes concernant la vie de l'école**.

B. Le conseil de cycle

Le conseil des maîtres de cycle est constitué des membres de l'équipe pédagogique exerçant dans un cycle. Le conseil de cycle est présidé par un membre choisi en son sein. Lorsqu'une école élémentaire compte trois ou quatre classes, le conseil des maîtres de cycle rassemble tous les maîtres de l'école. Le conseil des maîtres de cycle fait le point sur la progression des enfants dans l'acquisition des diverses compétences définies pour ce cycle.

C. Le conseil d'école

Le conseil d'école est composé du directeur de l'école, président ; du maire ou de son représentant et d'un conseiller municipal désigné par le conseil municipal, des maîtres de l'école, des maîtres remplaçants exerçant dans l'école au moment des réunions du conseil et d'un des membres du réseau d'aides spécialisées intervenant dans l'école choisie par le conseil des maîtres de l'école, des représentants élus des parents d'élèves en nombre égal à celui du nombre de classes de l'école, du délégué départemental de l'éducation chargé de visiter l'école. L'inspecteur de l'Éducation nationale de la circonscription assiste de droit aux réunions.

Le conseil d'école se réunit au moins une fois par trimestre. Il exerce notamment les compétences suivantes :

- Établit et vote le **règlement intérieur de l'école**.
- Élabore le **projet d'organisation de la semaine scolaire**.
- Dans le cadre de l'élaboration du projet d'école à laquelle il est associé, donne tous avis et présente toutes les suggestions sur le fonctionnement de l'école et sur **toutes les questions intéressant la vie de l'école** (dont les conditions de bonne intégration d'enfants handicapés, les activités périscolaires, la restauration scolaire, les actions pédagogiques, l'utilisation des moyens alloués à l'école).
- Donne son accord sur **l'organisation d'activités complémentaires éducatives**, sportives et culturelles, etc.

D. Le conseil école-collège

Le conseil école-collège a pour objectif de **renforcer la continuité pédagogique entre les premier et second degrés** notamment au profit des élèves les plus fragiles. Il réunit des enseignants du collège et des écoles du secteur de celui-ci. Le conseil école-collège est présidé par le principal du collège et l'inspecteur de l'Éducation nationale chargé de la circonscription.

Le conseil école-collège contribue à améliorer la continuité pédagogique et éducative entre l'école et le collège. Il se réunit au moins deux fois par an et établit son programme d'actions pour l'année scolaire suivante ainsi qu'un bilan de ses réalisations.

Avec le projet de loi « Pour une école de la confiance » de février 2019, il y aura possibilité d'ouverture d'établissements publics des savoirs fondamentaux visant à améliorer le lien entre le primaire et le collège et mieux accompagner les élèves dans les apprentissages du socle commun. Voir infographie : https://www.education.gouv.fr/cid140423/le-projet-de-loi-pour-une-ecole-de-la-confiance.html#Infographie_interactive_Le_projet_de_loi_pour_une_Ecole_de_la_confiance_pour_quoi

3. Scolarisation, évaluations et aides pédagogiques

A. Les cycles

La scolarité de l'école maternelle à la fin du collège est organisée en quatre cycles pédagogiques successifs :

- Le cycle 1, **cycle des apprentissages premiers**, correspond aux trois niveaux de l'école maternelle appelés respectivement : petite section, moyenne section et grande section ;

– Le cycle 2, **cycle des apprentissages fondamentaux**, correspond aux trois premières années de l'école élémentaire appelées respectivement : cours préparatoire, cours élémentaire première année et cours élémentaire deuxième année ;
– Le cycle 3, **cycle de consolidation**, correspond aux deux années de l'école élémentaire suivant le cycle des apprentissages fondamentaux et à la première année du collège appelées respectivement : cours moyen première année, cours moyen deuxième année et classe de sixième ;
– Le cycle 4, **cycle des approfondissements**, correspond aux trois dernières années du collège appelées respectivement : classes de cinquième, de quatrième et de troisième.

B. La sectorisation

L'affectation d'un élève dans une école maternelle ou une école élémentaire relevant de l'enseignement public **obéit à la sectorisation scolaire** : les élèves sont scolarisés dans l'établissement scolaire correspondant à leur lieu de résidence.

Certaines communes possédant plusieurs écoles maternelles et élémentaires établissent une sectorisation scolaire. Le territoire communal est découpé en plusieurs secteurs. Les habitants doivent inscrire leurs enfants dans l'école située dans leur secteur.

C'est une décision du conseil municipal. Celui-ci définit les différents secteurs. **Le maire affecte les élèves** et traite les éventuelles demandes de dérogation relatives à la sectorisation.

Une dérogation à la sectorisation scolaire peut être accordée, à titre exceptionnel, par le maire de la commune. Elle permet à un enfant d'être admis dans une école maternelle ou élémentaire qui n'est pas celle correspondant à son lieu d'habitation.

C. L'inscription à l'école

Une particularité du système scolaire français est **l'importance de la scolarisation des enfants dès l'âge de 3 ans voire 2 ans**. L'école maternelle publique est gratuite. La première inscription d'un enfant dans une école maternelle publique se fait en mairie. Les enfants français et étrangers peuvent y être accueillis à 3 ans. Ils peuvent également être admis dans la limite des places disponibles s'ils ont atteint l'âge de 2 ans au jour de la rentrée scolaire, à condition qu'ils soient physiquement et psychologiquement prêts à la fréquenter. Dans certains secteurs défavorisés touchés par la grande pauvreté, une politique volontariste de préscolarisation à 2 ans est bien souvent mise en œuvre.

Ils y restent jusqu'à la rentrée scolaire de l'année civile au cours de laquelle ils atteignent l'âge de 6 ans.

L'instruction jusqu'alors obligatoire à partir de 6 ans (et non la scolarisation), le sera à partir de 3 ans dès la rentrée 2019. Les enfants sont inscrits à l'école élémentaire à la rentrée scolaire de l'année civile au cours de laquelle ils atteignent l'âge de 6 ans. Aucun enfant ne peut être maintenu à l'école maternelle au-delà de 6 ans sauf :

– dans le cadre d'un projet personnalisé de scolarité ;

– décision de la commission départementale d'appel des décisions relatives à la poursuite de la scolarité à l'école.

Une demande de scolarisation au cours préparatoire peut être présentée pour des enfants de moins de 6 ans qui sont prêts à aborder les enseignements de l'école élémentaire.

D. Santé et assurance scolaire

Pour la fréquentation scolaire des enfants nés avant 2018, **la vaccination** contre les maladies suivantes **est obligatoire : diphtérie, tétanos, poliomyélite** (souvent associés à la coqueluche). D'autres sont vivement recommandées : rougeole, oreillons, rubéole (ROR), hépatite B. Désormais, pour les enfants nés en 2018 et après, 11 vaccins au lieu de 3 sont obligatoires. Le premier bilan de santé est effectué entre 5 et 6 ans, en grande section de maternelle ou au cours préparatoire (C.P). Cet examen médical comprend le repérage précoce des signes qui peuvent entraîner des difficultés ultérieures d'apprentissage : problèmes visuels, auditifs, troubles du langage. Il prévient et détecte aussi les cas d'enfants maltraités. Pour faciliter l'accueil des élèves ayant une allergie alimentaire ou autre, une maladie chronique comme l'asthme ou le diabète, ou encore des troubles psychiques évoluant sur une longue période, un projet d'accueil individualisé (PAI) peut être mis en place. Celui-ci permet de suivre une scolarité normale tout en bénéficiant de traitement ou régime alimentaire particulier.

Pour les **activités scolaires obligatoires, l'assurance scolaire est facultative.** Mais, dans les faits, elle est vivement recommandée afin de protéger l'élève en cas de dommage.

Pour les **activités scolaires facultatives** (sorties et voyages scolaires), **l'assurance scolaire est obligatoire.**

Pour les activités périscolaires, les organisateurs peuvent exiger des élèves qu'ils soient assurés.

E. Les évaluations des acquis et le livret scolaire unique du CP à la troisième

Depuis la rentrée 2016 est mis en place le livret scolaire unique. Ce dernier comporte des bilans périodiques et des bilans de fin de cycle qui permettent le suivi de la progression des acquis des élèves et la validation des compétences. À la fin de chaque cycle (CE2, sixième, troisième), une fiche dresse un bilan global sur huit composantes du socle commun grâce à un indicateur simple : maîtrise insuffisante, fragile, satisfaisante ou très bonne.

F. La scolarisation des enfants en situation de handicap

La loi du 11 février 2005 pour l'égalité des droits et des chances, la participation et la citoyenneté des personnes handicapées renforce les actions en faveur de la scolarisation des élèves handicapés. Elle affirme le droit pour chacun à une scolarisation en milieu ordinaire au plus près de son domicile, à un parcours scolaire continu et adapté. Les parents sont de plus étroitement associés à la décision d'orientation de leur enfant et à la définition de son **projet personnalisé de scolarisation (P.P.S.)**.

Dès l'âge de 2 ans, si leur famille en fait la demande, les enfants handicapés peuvent être scolarisés à l'école maternelle. Chaque école a vocation à accueillir les enfants relevant de son secteur de recrutement. Pour répondre aux besoins particuliers des élèves handicapés, un projet personnalisé de scolarisation (PPS) organise la scolarité de l'élève, assorti des mesures d'accompagnement décidées par la commission des droits et de l'autonomie des personnes handicapées (CDAPH). La scolarisation peut être individuelle ou collective, en milieu ordinaire ou en établissement médico-social.

Les conditions de la scolarisation individuelle d'un élève handicapé dans une école élémentaire ou dans un établissement scolaire du second degré varient selon la nature et la gravité du handicap. Selon les situations, la scolarisation peut se dérouler soit :

- sans aucune aide particulière,
- faire l'objet d'aménagements lorsque les besoins de l'élève l'exigent.

Les personnels chargés de l'aide humaine auprès des élèves en situation de handicap sont les accompagnants des élèves en situation de handicap (AESH). Dans les écoles élémentaires, les unités locales d'inclusion scolaire (ULIS) accueillent des enfants présentant un handicap et pouvant tirer profit d'une scolarisation en milieu scolaire ordinaire. Les objectifs d'apprentissage envisagés pour les élèves bénéficiant de l'ULIS requièrent des modalités adaptées nécessitant des temps de regroupement dans une salle de classe réservée à cet usage.

G. Les réseaux d'aides spécialisées aux élèves en difficulté

Les enseignants spécialisés et les psychologues des RASED dispensent des aides spécialisées aux élèves d'écoles maternelles et élémentaires en grande difficulté. Leur travail spécifique, complémentaire de celui des enseignants dans les classes, permet d'apporter en équipe une meilleure réponse aux difficultés d'apprentissage et d'adaptation aux exigences scolaires qu'éprouvent certains élèves. Les personnels des RASED apportent l'appui de leurs compétences aux équipes pédagogiques des écoles. Ils les aident à analyser les situations, à reconnaître et prendre en compte les besoins des élèves et à construire des réponses adaptées. Ils contribuent aussi à l'élaboration et à la mise en œuvre des plans d'accompagnement personnalisés (PAP) et au suivi des projets personnalisés de scolarisation (PPS). Les aides spécialisées peuvent intervenir à tout moment de la scolarité à l'école primaire. Selon les besoins de l'élève, elles peuvent prendre différentes formes. Elles ont lieu pendant les heures de classe.

Les aides spécialisées à dominante pédagogique

Ces aides concernent les élèves qui ont des difficultés pour comprendre et apprendre dans le cadre des activités scolaires. Elles ont pour objectifs de prévenir et de repérer les difficultés et d'aider les élèves à prendre conscience et maîtriser des attitudes et des méthodes de travail qui conduisent à la réussite et au progrès dans l'appropriation des savoirs et des compétences.

- **Les aides spécialisées à dominante rééducative**

Ces aides concernent les élèves pour lesquels il faut faire évoluer le rapport aux exigences de l'école, instaurer ou restaurer l'investissement dans les activités scolaires.

- **Le suivi psychologique**

À partir de l'analyse de la situation particulière d'un enfant, en liaison étroite avec la famille et les enseignants, le RASED recherche des solutions adaptées au sein de l'école ou à l'extérieur.»

4. Projet d'école, coopérative scolaire, intervenants extérieurs et parents d'élèves

A. Le projet d'école

Chaque école est dans l'obligation de se doter d'un projet. Il a vocation à répondre aux besoins particuliers des élèves de l'école. Il concrétise la volonté de **placer l'enfant au centre du système éducatif**, en prenant en compte la diversité des situations dans lesquelles il évolue. Il reconnaît l'espace d'autonomie indispensable aux acteurs du système éducatif pour adapter leurs actions aux réalités du terrain. Il doit contribuer à développer le sens de la responsabilité, l'implication effective de chacun des membres de l'équipe pédagogique et de l'équipe éducative. C'est également un **outil de cohérence**, aussi bien à l'intérieur de l'école que dans les relations avec les autres partenaires. La démarche qui conduit au projet peut être résumée ainsi :

- On analyse l'école, son environnement, ses élèves.
- On choisit les points à améliorer, à renforcer.
- On définit des objectifs pour l'école et on les adapte à chaque cycle.
- On retient les actions qui permettront d'atteindre ces objectifs.
- On met en place un dispositif d'évaluation.

À noter que le projet doit être validé par le conseil d'école et par l'inspecteur d'académie. Certaines actions pédagogiques du projet peuvent faire l'objet d'une demande de moyens spécifiques auprès de l'inspection académique. Ils peuvent servir à :

- Rémunérer les enseignants (intervention en dehors de leur service horaire) ;
- Rémunérer des intervenants extérieurs ;
- Acheter du matériel nécessaire aux actions du projet.

En arrivant dans une nouvelle école, lors d'un stage, prenez connaissance du contenu du projet de l'école. Cela permet de s'intégrer plus vite dans l'équipe, de comprendre quelles sont les pistes de travail de l'école.

B. Les coopératives scolaires

La coopérative scolaire est un regroupement d'adultes et d'élèves. Ils décident de créer un projet éducatif en s'inspirant de la pratique de la vie associative et coopérative.

Gérée par les élèves avec l'aide des enseignants, elle vise à :

- Développer l'esprit de solidarité entre les élèves ;
- Améliorer le cadre scolaire et les conditions de travail et de vie des élèves dans l'école.

Elle finance des activités communes : sorties, abonnements, etc.

Les coopératives scolaires ne doivent pas se substituer aux communes et ne peuvent servir à financer ni l'entretien ni le fonctionnement de l'école. **Elles ne sont pas habilitées à gérer des fonds publics** et leurs ressources proviennent de dons, subventions, cotisations et du produit des fêtes. Les versements doivent toujours être volontaires et libres.

Une coopérative scolaire peut être affiliée à la section départementale de l'office central de coopération à l'école (O.C.C.E.) ou être constituée en association autonome.

C. Les intervenants extérieurs

Toute personne susceptible d'apporter une contribution aux activités obligatoires d'enseignement **peut être autorisée ou agréée** à intervenir au cours des activités d'enseignement. Les parents d'élèves, d'autres adultes, notamment membres d'associations, peuvent intervenir à titre bénévole. Les intervenants non bénévoles sont rémunérés par des associations (ou d'autres personnes morales de droit privé) ou par des collectivités publiques (collectivités territoriales ou administrations de l'État).

Lorsqu'ils interviennent régulièrement, une **convention** précisant notamment leur rôle et les conditions de sécurité doit être passée entre l'employeur (association ou collectivité publique) et l'inspecteur de l'Éducation nationale de la circonscription (IEN) ou le directeur académique des services de l'Éducation nationale (DASEN), selon le champ d'application de la convention. Celle-ci est contresignée par les directeurs des écoles concernées qui en gardent un exemplaire à l'école.

Les intervenants en éducation physique et sportive doivent avant toute intervention régulière ou ponctuelle obtenir un agrément du DASEN, qui apprécie leurs compétences en fonction de leur statut.

Dans les enseignements artistiques, les intervenants réguliers doivent justifier d'une compétence professionnelle vérifiée et attestée par le directeur régional des affaires culturelles (DRAC) ou de diplômes préparant à l'intervention en milieu scolaire dans les disciplines artistiques.

L'enseignant titulaire de la classe, ou celui qui en a la charge au moment de l'activité, **garde la responsabilité pédagogique permanente** de l'organisation de la séance. Il peut être déchargé de la surveillance des élèves (une partie ou la totalité de la classe) confiés à des intervenants, à condition :
- qu'il sache constamment où se trouvent ses élèves ;
- que les intervenants aient été régulièrement autorisés ou agréés ;
- que les intervenants soient sous son autorité.

Il arrête le cadre d'organisation de l'activité, après l'avoir préparée avec l'intervenant. Il peut convenir avec l'intervenant des mesures à prendre pour assurer la sécurité des élèves qui seraient confiés à ce dernier. Il doit interrompre immédiatement l'activité s'il constate que les conditions de sécurité ne sont plus réunies.

D. Le rôle des parents

Les parents sont des **membres à part entière de la communauté éducative**. Le rôle et la place des parents à l'École sont reconnus et leurs droits sont garantis par des dispositions réglementaires énoncées dans le Code de l'éducation. Le suivi de la scolarité par les parents implique que ceux-ci soient bien informés des résultats mais également du comportement scolaire de leurs enfants. Sont mis en place :
- des réunions chaque début d'année, pour les parents d'élèves nouvellement inscrits avec le directeur d'école ;
- des rencontres parents-enseignants au moins deux fois par an ;
- une information régulière à destination des parents sur les résultats et le comportement scolaires de leurs enfants ;
- l'obligation de répondre aux demandes d'information et d'entrevues présentées par les parents ;
- un examen des conditions d'organisation du dialogue parents-école, notamment à l'occasion de la première réunion du conseil d'école.

5. Le professeur des écoles, fonctionnaire et agent de l'État

A. Les obligations du professeur des écoles

Les agents ont d'abord l'obligation de **servir l'intérêt général**. En vertu de l'article 25 de la loi Le Pors du 13 juillet 1983, « les fonctionnaires consacrent l'intégralité de leur activité professionnelle aux tâches qui leur sont confiées » (surveillance, ponctualité, assiduité entrent dans ce cadre). Cela implique que, sauf cas particuliers réglementés, « ils **ne peuvent exercer à titre professionnel une activité privée lucrative** de quelque nature que ce soit. »

Les agents doivent **se conformer aux instructions de leur supérieur hiérarchique**, « sauf dans le cas où l'ordre donné est manifestement illégal et de nature à compromettre gravement un intérêt public » (article 28). Cela signifie en clair que le fait de se conformer aux instructions de son supérieur hiérarchique **ne délivre jamais le fonctionnaire de ses responsabilités propres**.

Chaque agent a également pour obligation de **respecter le principe de neutralité** de service public : il doit faire **preuve d'impartialité à l'égard des usagers**, ne tenir aucun compte d'aucune de leur particularité (sexe, âge, religion, opinion, etc.). Pour les enseignants, cette obligation de neutralité concerne bien évidemment pour l'essentiel leurs attitudes vis-à-vis de leurs élèves.

Selon l'article 26, « **les fonctionnaires sont tenus au secret professionnel** dans le cadre des règles instituées dans le code pénal. (Ils) doivent faire preuve de discrétion professionnelle pour tous les faits, informations ou documents dont ils ont connaissance dans l'exercice ou à l'occasion de l'exercice de leurs fonctions ». Contrairement à une idée fort répandue parmi les enseignants, voire parmi leurs supérieurs hiérarchiques, l'obligation de signalement implique un **signalement direct à la Justice** : « dès qu'un élève a confié à un membre de l'Éducation nationale des faits dont il affirme avoir été victime, il appartient à ce fonctionnaire d'aviser immédiatement et directement le procureur de la République, sous la forme écrite et transmise, si besoin est, par télécopie »

L'article 27 stipule que **les fonctionnaires ont une obligation d'informer le public**. Les enseignants sont doublement concernés par cette obligation : ils doivent bien évidemment informer les familles de l'avancée **des apprentissages scolaires de leurs enfants** mais ils doivent aussi informer les parents, dans la mesure où ils en font la demande, **des programmes scolaires** dont ils ont la charge, ainsi que des **grandes lignes des méthodes** qu'ils mettent en œuvre pour atteindre les objectifs qui leur sont assignés par ces programmes.

Les professeurs des écoles sont personnellement pénalement responsables des enfants régulièrement inscrits dans leurs classes respectives pendant toute la durée réglementaire de présence des enfants à l'école. Les enfants de l'enseignement primaire sont pénalement irresponsables, c'est l'adulte qui a autorité sur eux au moment des faits qui est **pénalement responsable de tous leurs actes**, donc leur enseignant durant le temps scolaire.

B. Les droits du professeur des écoles

Au titre des **droits fondamentaux** dont bénéficient les fonctionnaires, on relève **le droit à la carrière** (progression en échelon et en grade).

Les fonctionnaires ont **droit à une rémunération après service fait**, qui comprend le traitement, le supplément familial, ainsi que, éventuellement, les indemnités réglementairement définies pour leurs corps, grades et postes.

En vertu de l'article 6, « **aucune distinction ne peut être faite entre les fonctionnaires en raison de leurs opinions politiques, syndicales, philosophiques ou religieuses, de leur sexe, de leur état de santé, de leur handicap, ou de leur appartenance ethnique** ». Corrélativement, les agents publics peuvent exercer **un droit syndical et un droit de grève**. **La liberté d'opinion des fonctionnaires**, comme celle de tout citoyen d'ailleurs, est absolue. Mais attention la liberté d'opinion peut se heurter à **l'obligation de réserve** du fonctionnaire.

L'article 22 indique que tout agent a **droit à la formation**, sous réserve du **respect des nécessités de service** mais il peut être aussi tenu de suivre des actions de formation professionnelle dans les conditions fixées par les statuts particuliers.

Selon l'article 11, les fonctionnaires ont **droit à une protection judiciaire** contre des menaces, violences, voies de fait, injures, diffamations ou outrages dont ils pourraient être victimes à l'occasion de leurs fonctions ; ils ont droit à la réparation du préjudice.

L'article L.238-1 du Code du Travail indique : « Le salarié signale immédiatement à l'employeur ou à son représentant toute situation de travail dont il a un motif raisonnable de penser qu'elle présente un **danger grave et imminent pour sa vie ou sa santé (...). L'employeur ou son représentant ne peut demander au salarié de reprendre son activité dans une situation de travail où persiste un danger grave et imminent** ». L'article L. 231-8-1 précise : « Aucune sanction, aucune retenue de salaire ne peut être prise à l'encontre d'un salarié ou d'un groupe de salariés qui se sont retirés d'une situation de travail dont ils avaient un motif raisonnable de penser qu'elle présentait un danger grave et imminent pour la vie ou pour la santé de chacun d'eux . » L'article L. 231-8-2 pose toutefois une condition à ce droit de retrait : « La faculté ouverte par l'article L. 231-8 doit être exercée de telle manière qu'elle ne puisse créer pour autrui une nouvelle situation de risque grave et imminent. »

6. Les compétences et responsabilités du professeur des écoles

Refonder l'école de la République, c'est garantir la **qualité de son service public d'éducation** et, pour cela, s'appuyer sur des personnels bien formés et mieux reconnus. Les métiers du professorat et de l'éducation s'apprennent progressivement dans un processus intégrant des savoirs théoriques et des savoirs pratiques fortement articulés les uns aux autres. L'arrêté du 1er juillet 2013 (*Bulletin Officiel*, n° 30, 25 juillet 2013) a fixé le référentiel de compétences des enseignants. Ce texte met l'accent sur la professionnalité du métier et réunit pour la première fois tous les métiers de l'éducation. Il distingue 14 compétences communes à tous les métiers de l'éducation, 5 propres aux professeurs, 4 propres aux professeurs documentalistes et 8 pour les CPE.

Ce référentiel de compétences vise à :

– Affirmer que tous les personnels concourent à des objectifs communs et peuvent ainsi se référer à la culture commune d'une profession dont l'identité se constitue à partir de la reconnaissance de l'ensemble de ses membres ;

– Reconnaître la spécificité des métiers du professorat et de l'éducation, dans leur contexte d'exercice ;

– Identifier les compétences professionnelles attendues.

Celles-ci s'acquièrent et s'approfondissent au cours d'un processus continu débutant en formation initiale et se poursuivant tout au long de la carrière par l'expérience professionnelle accumulée et par l'apport de la formation continue.

A. Compétences communes à tous les professeurs et personnels d'éducation

Les professeurs et les personnels d'éducation, acteurs du service public d'éducation :

En tant qu'agents du service public d'éducation, ils transmettent et font respecter les valeurs de la République. Ils agissent dans un cadre institutionnel et se réfèrent à des principes éthiques et de responsabilité qui fondent leur exemplarité et leur autorité.

- **Compétence 1** : Faire partager les **valeurs de la République**.
- **Compétence 2** : Inscrire son action dans le **cadre des principes fondamentaux** du système éducatif et dans le **cadre réglementaire** de l'école.

Les professeurs et les personnels d'éducation, pédagogues et éducateurs au service de la réussite de tous les élèves :

La maîtrise des compétences pédagogiques et éducatives fondamentales est la condition nécessaire d'une culture partagée qui favorise la **cohérence des enseignements et des actions éducatives**.

- **Compétence 3** : Connaître les élèves et les processus d'apprentissage.
- **Compétence 4** : Prendre en compte la diversité des élèves.
- **Compétence 5** : Accompagner les élèves dans leur parcours de formation.
- **Compétence 6** : Agir en éducateur responsable et selon des principes éthiques.
- **Compétence 7** : Maîtriser la langue française à des fins de communication
- **Compétence 8** : Utiliser une langue vivante étrangère dans les situations exigées par son métier.
- **Compétence 9** : Intégrer les éléments de la culture numérique nécessaires à l'exercice de son métier.

Les professeurs et les personnels d'éducation, acteurs de la communauté éducative

Les professeurs et les personnels d'éducation font partie d'une équipe éducative mobilisée au service de la réussite de tous les élèves dans une action cohérente et cordonnée.

- **Compétence 10** : Coopérer au sein d'une équipe.
- **Compétence 11** : Contribuer à l'action de la communauté éducative.
- **Compétence 12** : Coopérer avec les parents d'élèves.
- **Compétence 13** : Coopérer avec les partenaires de l'école.
- **Compétence 14** : S'engager dans une démarche individuelle et collective de développement professionnel.

B. Compétences communes à tous les professeurs

Les professeurs, professionnels porteurs de savoirs et d'une culture commune :

La maîtrise des savoirs enseignés et une solide culture générale sont la condition nécessaire de l'enseignement. Elles permettent aux professeurs des écoles d'**exercer la polyvalence propre à leur métier** et d'avoir une vision globale des apprentissages, en favorisant la cohérence, la convergence et la continuité des enseignements.

– **Compétence 15** : Maîtriser les savoirs disciplinaires et leur didactique.
– **Compétence 16** : Maîtriser la langue française dans le cadre de son enseignement.

Les professeurs, praticiens experts des apprentissages :

– **Compétence 17** : Construire, mettre en œuvre et animer des situations d'enseignement et d'apprentissage prenant en compte la diversité des élèves.
– **Compétence 18** : Organiser et assurer un mode de fonctionnement du groupe favorisant l'apprentissage et la socialisation des élèves.
– **Compétence 19** : Évaluer les progrès et les acquisitions des élèves.

7. Histoire de la laïcité en France

Comme l'indique Pierre Ognier (1995), « la présentation de l'évolution historique de la laïcité en France est un exercice habituel et inévitable : il faut bien repérer l'origine de ce concept, reconnaître ses premières manifestations, dérouler son évolution ». Cette dernière, par référence aux travaux d'Émile Poulat (1990), peut se distribuer en quatre étapes.

A. La laïcité sacrale

Cette première forme de laïcité couvre la période de l'Ancien Régime : le débat entre l'État monarchique et l'Église s'y développe à l'intérieur même de l'espace religieux chrétien, de cette « France toute catholique ». En 1787, un édit de tolérance crée la possibilité d'un mariage civil pour les protestants. Jean Baubérot (2000) considère que c'est le premier embryon de laïcisation dans un contexte où politique et religion sont en symbiose.

Voltaire, déiste, fait construire une église à Ferney, tout en attaquant le « fanatisme » de l'Église catholique. Le jansénisme, réprimé par l'État et la hiérarchie, influence des juristes et favorise les idées de liberté et de représentation qui constituent une des origines de l'effervescence révolutionnaire (D. Van Kley, 2002). Rousseau, dans le *Contrat social*, prône une « religion civile » dont les « dogmes se rapportent à la morale et aux devoirs que celui qui la professe est tenu de remplir envers autrui (G. Waterlot, 2004)». Parmi ces devoirs, Rousseau place le refus de l'intolérance – intolérance attribuée au catholicisme qui est le seul culte autorisé et influence la quasi-totalité de la population.

B. La laïcité éclairée

La Révolution française inaugure cette forme de laïcité. Consacrant la philosophie des Lumières, la *Déclaration des droits de l'homme et du citoyen* du 26 août 1789 reconnaît la liberté de croire ou de ne pas croire, donc de sortir de la sphère chrétienne. L'article 3 de la Déclaration laïcise la souveraineté : il n'existe plus de roi de droit divin. La laïcité se fondera sur cette désacralisation du pouvoir. Pourtant, si le souverain ne représente plus Dieu, la religion reste une instance de légitimation politique et une part importante du lien social (J. Baubérot, 2000). Le 20 septembre 1792, l'Assemblée législative laïcise l'état civil et le mariage.

Bien que les projets de laïcisation de l'enseignement n'aboutissent guère, l'école devient la figure centrale des pouvoirs illimités de la société sur le bonheur de l'individu. Sous l'Ancien Régime, l'école avait pour vocation de former des chrétiens, sous le nouveau elle aura désormais celle de faire des hommes libres et heureux. Ainsi Condorcet, en 1792, dans son *Projet de décret sur l'organisation générale de l'instruction publique*, prône un enseignement laïque à partir d'une vision du progrès indéfini de l'esprit humain. Aucune opinion politique ou religieuse ne doit être enseignée à l'école. L'enseignement de la morale doit être détaché de celui de la religion (M. Loison, 2007).

C. La laïcité radicalisée

L'étape de la laïcité radicalisée est ouverte avec les grandes lois scolaires de 1881-1882. Jules Ferry, aidé par son fidèle collaborateur Ferdinand Buisson, affirme alors qu'il mène un combat anticlérical et non point une lutte antireligieuse : ainsi l'école publique arrête ses cours le jeudi afin que les parents qui le souhaitent puissent envoyer leurs enfants au catéchisme. Dans sa circulaire aux instituteurs du 27 novembre 1883, il recommande la modération (voir « Histoire de l'école primaire », point 3.5, « À l'école de Jules Ferry »).

Un premier projet de loi visant la séparation des Églises et de l'État, porté par Émile Combes, échoue avant qu'un autre, plus libéral, n'aboutisse, porté par Aristide Briand et Jean Jaurès. La loi de 1905 réaffirme, dans son premier article, la liberté de conscience et garantit le libre exercice des cultes, qui ne sont cependant pas reconnus officiellement (article 2). Est ainsi aboli le Concordat de 1801. Cependant, pour que la liberté religieuse soit effective, des aumôneries sont officiellement installées dans les établissements publics clos (écoles, hôpitaux, prisons…).

D. La laïcité reconnue

Aujourd'hui nous sommes parvenus à la quatrième étape, celle de la laïcité reconnue, puisqu'elle est devenue depuis 1946 un principe constitutionnel, confirmé par l'article premier de la Constitution de la Ve République du 4 octobre 1958 : « La France est une République indivisible, laïque, démocratique et sociale. Elle assure l'égalité devant la loi de tous les citoyens sans distinction d'origine, de race ou de religion. Elle respecte toutes les croyances. »

Toutefois, la société française reste imprégnée de culture catholique, notamment à travers le calendrier des jours fériés qui correspondent aux principales fêtes catholiques. Par ailleurs, la loi de 1905 n'est pas appliquée dans les départements alsaciens et en Moselle, départements qui faisaient partie de l'Empire germanique en 1905, et qui vivent toujours sous régime concordataire. Elle ne s'applique pas non plus en Guyane, en Polynésie française, à Saint-Pierre-et-Miquelon et Mayotte, qui sont régis par des textes spécifiques.

La Charte de la laïcité à l'école[1] (circulaire du 6 septembre 2013) a été élaborée à l'intention des personnels, des élèves et de l'ensemble des membres de la communauté éducative. Dans un langage accessible à tous, cette charte explicite les sens et les enjeux du principe de laïcité à l'école, dans son rapport avec les autres valeurs et les principes de la République.

1. Celle-ci peut être téléchargée sur le site du ministère de l'Éducation nationale. Sa lecture est vivement conseillée.

Lois et événements ayant institué l'école primaire

1530 François Ier fonde le Collège royal.

1556 Les jésuites ouvrent leur premier collège en France.

1614 Les oratoriens créent leur premier collège.

1678-1688 Jean-Baptiste de La Salle fonde à Reims l'Institut des Frères des Écoles chrétiennes.

1685 L'édit de Fontainebleau révoque l'édit de Nantes et supprime les écoles protestantes.

1687 Fénelon : *De l'éducation des filles*.

1720 J.-B. de La Salle : *La Conduite des écoles chrétiennes*.

1762 Le Parlement ordonne la fermeture des collèges des jésuites. Jean-Jacques Rousseau : *L'Émile ou de l'éducation*.

1789 10 septembre : Lecture du rapport de Talleyrand sur l'Instruction publique.

1792 20 avril : Condorcet présente son rapport sur un nouveau plan d'Instruction publique à l'Assemblée législative.

1793 19 décembre : Décret Bouquier (obligation scolaire, gratuité et liberté d'enseignement).

1795 25 octobre : Loi Daunou sur l'organisation de l'enseignement primaire.

1806 10 mai : Fondation de l'Université impériale.

1810 4 août : Arrêté autorisant les Frères des Écoles chrétiennes.

Première école normale primaire à Strasbourg.

1815 Naissance de la Société pour l'Instruction élémentaire.

1er septembre : Ouverture de la première école mutuelle à Paris.

1816 29 février : Ordonnance royale portant sur l'instruction primaire (création du brevet de capacité) et faisant place au clergé dans l'administration primaire.

1824 8 avril : Ordonnance remettant au clergé l'enseignement primaire.

1828 4 janvier : L'Instruction publique devient un ministère à part entière.

21 avril : Ordonnance enlevant au clergé l'enseignement primaire.

16 juin : Ordonnance interdisant l'enseignement aux congrégations non autorisées.

Denys Cochin ouvre à Paris la première salle d'asile.

1831 12 mars : Ordonnance supprimant le certificat d'instruction religieuse exigé des instituteurs depuis 1826.

1832-1836 Guizot, ministre de l'Instruction publique.

1833 28 juin : Loi Guizot rénovant l'instruction primaire.

1834 25 avril : Publication des « statuts sur les écoles primaires élémentaires communales ».

1835 26 février : Création d'un premier corps d'inspecteurs primaires.

1838 Première école normale d'institutrices.

1841 2 mars : Loi relative au travail des enfants dans les manufactures, usines ou ateliers.

1850 15 mars : Loi Falloux favorable à l'enseignement congréganiste.

1863-1869 Duruy, ministre de l'Instruction publique.

1866 Fondation de la Ligue française de l'enseignement par Jean Macé.

1867 10 avril : Loi Duruy sur l'enseignement primaire.

1877 G. Bruno, *Le Tour de France par deux enfants*.

1878 1er juin : Loi créant la caisse des écoles.

1879 4 février : Jules Ferry, pour la première fois, ministre de l'Instruction publique. Il le sera presque continûment jusqu'en novembre 1883.

9 août : Loi Paul Bert sur la création des écoles normales d'institutrices.

1881 16 juin : Loi Ferry instaurant la gratuité de l'école primaire publique.

1882 28 mars : Loi Ferry instaurant l'obligation de l'enseignement élémentaire et la laïcisation des programmes des écoles publiques.

1882 Buisson, *Dictionnaire de pédagogie*.

1883 27 novembre : Circulaire de Jules Ferry aux instituteurs.

1884 Première édition du *Petit Lavisse*.

1886 30 octobre : Loi Goblet fixant l'organisation générale de l'école primaire.

Laïcisation du personnel des écoles publiques.

1889 19 juillet : Les maîtres des écoles publiques deviennent des fonctionnaires de l'État.

1901 1er juillet : Loi sur les associations.

1904 5 juillet : La loi Combes interdit d'enseigner à tous les congréganistes.

1905 9 décembre : Loi séparant les Églises et l'État.

1918 Publication de *L'Université nouvelle* qui milite en faveur d'une « école unique ».

1926 12 février : Les programmes des écoles primaires et ceux des classes élémentaires des lycées et collèges sont uniformisés.

1927 Célestin Freinet : *L'Imprimerie à l'école*.

1933 1er septembre : Création d'un examen d'entrée en sixième.

1934 Le ministère de l'Instruction publique est rebaptisé ministère de l'Éducation nationale.

1936 9 août : L'obligation scolaire est portée de 13 à 14 ans, à l'initiative de Jean Zay, ministre du Front populaire.

1937 21 mai : Les programmes des EPS (écoles primaires supérieures) et du premier cycle des lycées et collèges sont uniformisés.

1938 20 septembre : Organisation des classes de fin d'études primaires.

1940 3 septembre : Loi autorisant les congrégations à enseigner.

1941 15 août : Le ministre Carcopino transforme les EPS en collèges modernes.

1944 8 novembre : Création de la commission Langevin-Wallon dont les travaux relancent le thème de « l'école unique ».

1945 3 mars : Suppression des classes élémentaires des lycées.

1956 23 novembre : Arrêté supprimant les devoirs à la maison.

1959 6 janvier : Réforme Berthoin : l'obligation scolaire est portée à seize ans, création des CEG (collèges d'enseignement général).

31 décembre : Loi Debré instaurant un système de contrats entre l'État et les écoles privées.

1963 3 mai : Instauration de la « carte scolaire ».

3 août : Réforme Fouchet : création des CES.

1968 3 mai-13 mai : Insurrection étudiante à Paris.

1969 6 janvier : Circulaire supprimant la notation, les compositions, les classements.

7 août : Réforme de l'organisation pédagogique des écoles primaires ; mise en œuvre des « disciplines d'éveil ».

1970 2 janvier : Introduction des mathématiques modernes à l'école primaire.

1972 4 décembre : Instructions sur l'enseignement du français à l'école primaire valorisant l'expression orale.

1975 11 juillet : Réforme Haby, instauration du collège unique.

1977 25 novembre : Loi Guermeur en faveur de l'enseignement privé.

1982 Mise en place des zones d'éducation prioritaires (ZEP) par Alain Savary, nouveau ministre.

1989 10 juillet : Loi d'orientation sur l'éducation votée à l'initiative de Lionel Jospin : création des cycles dans l'enseignement primaire, création du conseil national des programmes et des instituts universitaires de formation des maîtres (IUFM). Chaque établissement scolaire est tenu d'élaborer un projet d'établissement.

1991 Suppression des anciennes écoles normales, ouverture des IUFM, chargés de la formation des professeurs des écoles et du secondaire.

1997-1998 Relance de l'éducation prioritaire : les contrats de réussite.

2003 septembre : Grand débat sur l'école en prévision d'une nouvelle loi d'orientation.

2006 juillet : Décret relatif au socle commun de connaissances et de compétences et modifiant le code de l'éducation.

2012 septembre : L'éducation prioritaire comprend désormais les ÉCLAIR (écoles, collèges et lycées pour l'ambition, l'innovation et la réussite) et les RRS (réseaux de réussite scolaire).

2013 septembre : Refondation de l'école. Aménagement des rythmes scolaires. Ouverture des ÉSPÉ (écoles supérieures du professorat et de l'éducation).

2014 Refondation de l'éducation prioritaire. Identification de REP+.

2014-2016 Entrée en vigueur de la nouvelle organisation des cycles à l'école primaire et au collège.

2017 Dédoublement des classes de CP en REP+ (12 élèves maximum)

Pour en savoir plus sur l'histoire et les enjeux contemporains de l'école primaire

› Marc Loison, *L'École primaire française de l'Ancien Régime à l'éducation prioritaire*, Paris, Vuibert, 2007.

Achevé d'imprimer en août 2019 sur les presses de la SEPEC (France)
N° d'impression : 09463190795 - N° d'éditeur : 2018-0858 - Dépôt légal : août 2019

IMPRIM'VERT®

PEFC 10-31-1470 / Certifié PEFC / Ce produit est issu de forêts gérées durablement et de sources contrôlées. / pefc-france.org